베이비시터

이론과 실제

베이비시터 이론과 실제
ⓒ 박선희 · 박찬옥 · 김현희 · 오채선 · 김은심 · 김희태 · 이윤옥, 2009

초판 1쇄 펴낸 날 2009년 12월 24일

지은이 박선희 · 박찬옥 · 김현희 · 오채선 · 김은심 · 김희태 · 이윤옥
펴낸이 장시원
펴낸곳 (사)한국방송통신대학교출판부
　　　　110-500 서울시 종로구 이화동 57번지
　　　　전화 | 영업_ 02-742-0954
　　　　　　　편집_ 02-3668-4764
　　　　팩스 | 02-742-0956
　　　　출판등록 | 1982년 6월 7일 제1-491호
　　　　홈페이지 | press.knou.ac.kr

표지 · 편집디자인 프리스타일
인쇄 (주)신흥피앤피

ISBN 978-89-20-00215-1 93370

값 28,000원

* 잘못 만들어진 책은 바꾸어 드립니다.

취업 희망자와 예비부모, 보육교사를 위한 실전 활용서

베이비시터

이론과 실제

babysitter

박선희 · 박찬옥 · 김현희 · 오채선 ·
김은심 · 김희태 · 이윤옥 지음

에피스테메
EPISTEME

보육에 대한 교육과 취업 준비를 위한 안내서

　여성의 사회참여가 활발해지고 육아에 대한 사회적 인식의 변화로 보육서비스에 대한 요구가 늘어나고 있다. 이에 따라 어린이집이나 놀이방 등의 보육시설이 증가해 왔으나 자녀가 너무 어리거나 방과후 연장 보육을 필요로 하는 경우와 같이 시설에서 충족될 수 없는 상황에 의해 베이비시터 서비스에 대한 요구가 점차 높아지고 있다. 그러나 베이비시터는 국가자격증이 없고 평가나 관리체계가 없어 질적인 측면에서 공신력 있는 기관에서의 교육과 관리가 필요하다.

　이 책은 훌륭한 베이비시터가 되는 데 필요한 이론과 실제의 내용으로 구성되어 있다. 즉, 베이비시터의 개념과 기본적 자세 및 역할, 아동 발달과 심리의 이해, 신생아기부터 영유아기 및 아동기의 보육, 아동관찰 및 부적응 아동의 이해와 지도, 현장실습지도 내용을 기본 원리뿐만 아니라 적합한 실제 적용 사례를 제시하여 보육 현장에서 실질적 도움이 되도록 하였다.

　따라서 이 책은 영유아와 학령기 아동의 보육과 교육의 원리를 이해하고, 실제 양육 능력과 전문성 함양을 통한 베이비시터의 교육뿐만 아니라 보육교사, 예비부모의 교육과 취업 준비를 위한 좋은 안내서가 될 것이다.

차례

제 *1* 장

베이비시터의 이해

이 장에서는 베이비시터의 정의와 필요성, 베이비시터의 전문성 및 자질과 역할에 대해 알아보고
자 한다. 또한 베이비시터 제도의 국내 · 외 현황과 정책 과제를 살펴봄으로써 앞으로 우리나라에
베이비시터 제도가 올바르게 자리매김할 수 있는 방안을 모색해 보고자 한다.

학습
목표

01 베이비시터의 정의와 필요성에 대해 안다.

02 베이비시터의 전문성 및 자질과 역할에 대해 안다.

03 베이비시터 제도의 국내외 현황을 안다.

04 베이비시터 관련 정책 과제를 알고 정책의 방향을 모색한다.

주요
용어

• 베이비시터 부모가 외출 중이거나 외부 근무 중에 부모 대신 아동을 보육하는 사람을 말한다.

• 전문성 시간을 요하는 부단한 노력에 의해 얻어진 고도의 지식 수준, 책임 있는 의사 결정, 자
율성, 직업 윤리성, 그리고 봉사 정신을 포함하는 전문적 능력이다.

○, × 퀴즈

진단 문제	○	×
1	우리나라의 베이비시터라는 용어는 선진국에서 사용되는 좁은 의미의 베이비시터와 내니를 포함하는 포괄적인 의미를 지닌다.	V	
2	베이비시터는 가정 내 보육을 담당하는 사람이므로 지역 사회와의 관계를 유지하는 역할은 필요 없다.		V
3	베이비시터는 영유아의 바람직한 상호 작용을 통해 영유아들의 긍정적인 애착 관계를 형성함으로써 또래들과도 잘 적응하여 영유아의 사회성을 잘 발달시켜 주어야 할 책임이 있다.	V	

해설

01 베이비시터라는 용어는 선진국에서 사용되는 좁은 의미의 베이비시터와 내니를 포함하는 포괄적인 의미를 지닌다.

02 베이비시터 파견 회사의 인적 자원인 베이비시터는 보육 활동 시 지역 사회의 여건과 요구를 파악하고, 특히 지역 사회와 그 자원을 충분히 이해하고 활용함으로써 지역 사회의 복지를 위한 역할을 수행하여야 한다.

03 베이비시터는 상호 작용자로서의 역할을 해야 하는데, 영유아와 바람직한 상호 작용을 통해 영유아들의 긍정적인 애착 관계를 형성함으로써 또래들과도 잘 적응하여 어린이들의 사회성을 잘 발달시켜 주어야 할 책임이 있다.

베이비시터의 정의와 필요성

1. 베이비시터의 정의

베이비시터(baby-sitter)란 부모가 외출 중이거나 외부 근무 중에 부모 대신 아동을 보육하는 사람을 말한다. 또 아동의 모(母)가 집에 있는 경우에는 보조 양육자로 아동을 돌보는 역할을 하는 사람을 말한다. 아동의 집을 방문하여 아동을 돌봐 주는 사람을 caregiver, sitter, baby-sitter 등으로 표현한 것을 가정 보육인 또는 방문 보육인 등으로 번역하기도 한다. 베이비시터는 0세부터 12세 정도의 아동을 대상으로 보육 서비스를 제공하는 사람으로서 고도의 경제 성장 과정을 거치면서 여성의 사회 진출이 확대되고, 이로 인하여 영·유아들의 보육 문제가 사회적으로 대두되고 있는 현 상황이 만들어 낸 직종의 종사자이다.

우리나라에서 사용되고 있는 베이비시터라는 용어는 선진국에서 사용되는 좁은 의미의 베이비시터와 내니(nanny)를 포함하는 포괄적인 의미를 지닌다(한국보건사회연구원, 2002). 좁은 의미에서의 베이비시터는 아동의 가정에 부정기적으로 종일제 및 시간제로 고용되어 아동에 대한 감독, 후견, 보호 업무를 하는 자를 의미하며 특별한 자격 기준은 없다. 내니는 일정 기간 동안 가정에 입주 또는 아동의 가정에 출·퇴근하며 종일제로 일정 기간 계약에 의하여 아동을 돌보는 자를 일컬으며 어느 정도 교육 등의 전문성이 요구된다.

즉 우리나라에서의 베이비시터는 아동의 집에 종일제 및 시간제로 고용되어 아동의 양육을 담당하는 주 양육자, 보조 양육자뿐만 아니라 아동의 각 발달 영역에 맞는 교육과 그 외의 다양한 서비스와 프로그램까지 담당하는 포괄적인 보육인을 지칭한다.

2. 베이비시터의 필요성 및 장점과 단점

1) 베이비시터의 필요성

여성의 적극적인 사회 참여와 인식의 변화로 보육의 필요성이 증대되면서 보육 시설이 늘어나고 있다. 그러나 보육에 대한 수요와 보육 시설의 증가에도 불구하고 자녀들을 보육 기관에 보내지 않는 경우가 있다. 그 이유를 살펴보면 다음과 같다.

(1) 맞벌이 가정의 자녀 양육에 대한 연구
- 아이를 보육 기관에 보내지 않는 것은 보육 기관의 아이들이 많아 상대적으로 우리 아이가 보호를 덜 받게 되기 때문이다.
- 시설에 맡기기 불안하기 때문이다.
- 자녀가 가기 싫어하기 때문이다.
- 영아의 경우 자녀가 너무 어려서 보내지 않고, 유아의 경우 보육 시설의 인식이 좋지 않기 때문에, 안전 교육 면에서 미덥지 않다는 이유로 보육 기관을 이용하지 않기 때문이다.

(2) 방문 보육 교사 파견 업체 조사(2001)
전국 76개 방문 보육 교사 파견 업체의 회원 부모 787명의 3세 미만아 이용률이 61.7%로 아동의 연령이 어릴수록 보육 기관보다 방문 보육 교사를 활용하는 비율이 높다.

요약하면, 자녀가 너무 어리거나 안전과 위생 등의 이유로 시설 보육이 불안한 경우, 자녀가 보육 시설을 원하지 않는 경우, 베이비시터 제도는 좋은 보육 방법이 되고 있다. 특히 모자 가정과 달리 부자 가정은 소득이 있어도 가사 해결이나 아동 교육이 제대로 이루어지지 않아 금전적인 지원보다 가사 도우미나 베이비시터 지원 등 정상적인 생활이 유지되도록 지원받기를 원하는 경향이 높다.

2) 베이비시터의 장단점

베이비시터 제도는 현대 사회에서 필요한 제도이지만 몇 가지 장단점이 있는데, 먼저 장점은 다음과 같다.

첫째, 베이비시터 제도는 아기나 부모가 이동해야 하는 번거로움이 없고, 아동이 친숙한 환경인 가정에서 이웃의 친한 또래와 계속해서 놀 수 있으며, 성인과 아동의 상호 작용 기회가 보육 시설보다 훨씬 많고, 개별적인 관심을 받을 수 있으며, 자녀가 여럿인 경우에는 경제적이라는 이점이 있다.

둘째, 취업, 취미 생활, 집안의 경조사, 육아 스트레스로부터의 일시적 해방 등 부모의 다양한 요구에 따라 탄력적 이용이 가능하고, 비용을 시간 단위로 지불하기 때문에 이용 시간 조절이 가능하며, 보육 대상 아동이 2명 이상일 경우 분리하지 않고 동일한 공간에서 보육할 수 있다는 장점이 있다.

셋째, 다양한 현실적 상황과 요구를 충족시켜 줄 수 있는 베이비시터 제도는 공식적 보육 기관과 병행 또는 독립적으로 보육의 새로운 형태로 자리 잡아 가고 있다.

반면 베이비시터 제도의 단점은 다음과 같다.

첫째, 인력에 대한 자격 기준 미비, 정부의 규제 미비, 보육 서비스의 내용 및 질 파악 곤란, 통제의 어려움 등의 문제를 가지고 있다.

둘째, 보육 인력의 아동 보육에 대한 전문성이 부족하다.

셋째, 비용이 비싸고 아동의 부모가 고용주로서 피고용자의 정신적·신체적 건강을 책임져야 하는 부담이 있다.

2 베이비시터의 전문성 및 자질과 역할

1. 베이비시터의 전문성

전문성이란 시간을 요하는 부단한 노력에 의해 얻어진 고도의 지식 수준, 책임 있는 의사 결정, 자율성, 직업 윤리성, 그리고 봉사 정신을 포함하는 전문적 능력을 말한다. 베이비시터의 전문성 향상을 위해 개인적, 국가적, 제도적 차원에서 다음과 같은 노력이 절실히 요구된다.

1) 개인적 차원

- 보육 대상인 영유아의 특성을 존중하고 인정하며 윤리적 자세를 지녀야 한다.
- 유아를 위한 장기간에 걸친 이론적, 실제적 훈련과 지식을 습득해야 한다.
- 자신의 이윤 추구보다는 이타주의적 봉사 정신을 지녀야 한다.
- 현실적인 상황과 부모, 외부의 영향에 흔들리지 않고 확고하게 자리 잡은 자신의 철학

에 따라 책임감을 가지고 보육 프로그램을 운영할 수 있는 자율성이 있어야 한다.
- 베이비시터 자신이 전문성에 대해 올바르게 인식하여 직업을 수행하면서 자기 교육, 자기 발전에 힘써야 한다.

2) 국가적, 제도적 차원

- 베이비시터의 전문성 향상을 위해서는 신체적, 정서적 건강을 유지할 수 있는 환경 조건이 갖추어져야 한다.
- 전문성 있는 베이비시터를 위한 양질의 훈련 및 교육 환경이 제공되어야 한다.
- 아동의 건강한 성장을 위해 질 높은 교사의 자질은 필수라는 사회적 요구 형성과 함께, 전문인으로 인정받을 수 있는 신분 보장 제도 마련과 사회적 전문성을 유지할 수 있도록 하는 제도적 및 비제도적 환경이 뒷받침되어야 한다.
- 베이비시터 파견 업체나 협회, 센터 등 관련 기관이 근무 환경의 개선과 교사 지원 환경을 마련하는 것이 필요하다.
- 베이비시터 직에 대한 제도적 기준이 정립되어야 한다.

3) 교육적 차원

베이비시터로서 전문성을 갖추기 위하여 신뢰성 있는 교육 과정을 운영 · 실시해야 한다. 베이비시터 양성을 위한 기본적인 교육 내용은 다음과 같다.

(1) 베이비시터의 이해
베이비시터의 개념을 이해하고, 기본적으로 갖추어야 할 자세와 역할을 함양한다.

(2) 아동 발달 · 심리의 이해
0세부터 13세까지의 아동인 신생아, 영아, 유아, 학령기 아동의 발달과 심리에 대한 기초 지식을 이해한다.

(3) 태아기의 특성과 출생 과정의 이해
임신부터 출산까지 임산부의 신체적, 정신적, 심리적 변화를 이해함으로써 베이비시터로서 임산부를 대할 때 갖춰야 할 기본 태도를 함양한다.

(4) 신생아 보육의 원리 및 실제

신생아를 돌보는 데 필요한 신생아의 건강, 인지 · 정서 관리의 원리에 대해 이해하고 실제 보육 방법을 습득하여 실천할 수 있도록 한다.

(5) 영아 보육의 원리 및 실제

영아 보육을 위해 영아의 건강 관리, 인지 · 사회 · 정서 관리의 원리를 이해하고 실제 보육 방법을 습득하여 실천할 수 있도록 한다.

(6) 유아 보육의 원리 및 실제

유아 보육을 실천할 수 있도록 내용의 기초 지식을 습득하고 실제로 수행할 수 있도록 한다. 즉 발달에 적합한 유아 보육의 이해, 놀이에 기초한 보육의 실제, 언어 · 문학을 통한 보육의 실제, 미술 · 음악 · 동작을 통한 보육의 실제 등이다.

(7) 방과후 아동 보육의 원리 및 실제

학령기 아동의 방과후 보육의 기본 원리를 익히고 실제로 보육에 적용할 수 있는 내용을 다룬다. 즉 안전 및 건강 관리, 학습 관리 및 독서 지도, 문화 생활 지도 등이다.

(8) 아동 관찰 및 부적응 아동의 이해와 지도

0세부터 13세까지 아동을 관찰하고 환경과 또래, 성인 등의 주변인들과 적응하기 어려워하는 아동을 발견하고 그들을 돕는 방법을 익힌다.

(9) 현장 실습 지도

베이비시터가 되기 위해 배운 지식을 현장에 적용하기 위해서는 현장 실습이 필요하고, 이때 유의해야 할 사항과 실제 지도에 필요한 내용을 다룬다.

2. 베이비시터의 자질과 역할

1) 베이비시터의 자질

기본적으로 영유아를 사랑할 수 있는 온화하고 따뜻한 어머니와 같은 인성을 갖추고, 영유아 발달에 대한 전문적인 지식과 경험을 갖추고 있으며, 영유아 발달과 자신의 발전을 위해 끊임없이 노력하는 자질이 필요하다.

2) 베이비시터의 역할

역할이란 어떤 지위에 있는 사람에게 사회가 공통적으로 기대하는 행동 유형을 뜻한다. 영유아, 부모, 사회가 영·유아의 바람직한 성장과 발달을 위해 베이비시터가 수행하기를 기대하는 역할은 대리 양육자, 학습 촉진자, 생활 대행자, 상호 작용자, 지역 사회와의 관계 유지 역할이다.

(1) 대리 양육자로서의 역할

보육 서비스에서 가장 중요한 부분을 차지하고 있는 것으로 취업모가 경제 활동에 참가하는 동안 취업모를 대신하여 영유아의 건강, 영양, 안전을 돌보아야 하며, 영유아의 성장 과정에서 당면하는 불안과 긴장을 해소하고 안정된 느낌을 가지도록 상황을 통제하며, 영유아의 자아를 옹호해 주어야 하는 역할이다.

(2) 학습 촉진자로서의 역할

보육 서비스는 '탁아'의 개념에서 탈피하여 보호와 교육을 포함한 에듀케어(educare)의 개념으로 전환된 것은 교육 기능이 강화되었음을 말해 주는 것이다. 베이비시터는 영유아의 학습을 촉진하기 위하여 다양한 학습 자료와 학습 경험을 마련해 주고, 개개인의 다양한 개인차를 고려하여 발달 수준에 적절한 활동을 유발할 수 있는 환경을 준비해야 한다.

(3) 생활 대행자로서의 역할

생활 지도는 영유아의 건전한 성장 발달을 돕는 과정이다. 오늘날은 아동의 개성을 중시하고, 개별 진단과 상담을 통한 지도를 중시하게 되었다. 생활 지도에서 중요한 것은 영유아의 성장과 발달은 개인차가 있음을 인지하고 지속적으로 안내하고, 이끌어 주고, 지도하면서 반복적으로 행동의 변화를 이끌어 나가는 것이다.

(4) 상호 작용자로서의 역할

질 높은 보육 시설에서는 영유아의 바람직한 상호 작용을 이끌어 냄으로써 영유아들의 긍정적인 애착 관계를 형성하고, 바람직한 활동을 하며, 또래들과도 잘 적용하여 영유아의 사회성을 잘 발달시키는 것으로 나타난다. 즉 영유아와의 상호 작용이 보육의 질적 서비스의 중요한 요인임을 보여 주는 것이다.

(5) 지역 사회와의 관계 유지 역할

보육 시설은 지역 사회의 주민이 원하는 프로그램의 구성이나 실천에 참여할 책임이 있으며, 지역 사회도 그가 가지고 있는 자원을 교육적 자원으로 제공할 책임이 있다. 베이비시터 파견 회사의 설립은 보육에 대한 다양한 서비스의 형태로 이루어졌기 때문에 지역 사회와 밀접한 연관이 있다. 베이비시터 파견 회사의 인적 자원인 베이비시터는 보육 활동시 지역 사회의 여건과 요구를 파악하고, 특히 지역 사회와 그 자원을 충분히 이해하고 활용함으로써 지역 사회 복지를 위한 역할을 수행하여야 할 것이다.

③ 베이비시터의 국내외 현황 및 정책 과제

1. 우리나라의 베이비시터 현황

1) 베이비시터 서비스 운영 방법

우리나라의 베이비시터 파견 회사는 1990년대 말부터 설립되기 시작하여 대부분 서울과 수도권 지역을 중심으로 중산층 아파트 밀집 지역에 설립되고 있다. 아동의 가정뿐 아니라 호텔 및 콘도로 베이비시터를 파견하고, 백화점이나 공연장, 운전 연습장 등에서 부가적 서비스로 마련된 놀이방을 위탁 운영하는 경우도 있다. 대개 베이비시터 서비스는 회원제와 예약제를 원칙으로 제공되는데, 베이비시터를 회원으로 확보하여 서면 계약이 이루어진다. 시터 회원의 약관에는 시터 및 회사의 책임과 의무 사항을 명시하고 있다.

2) 베이비시터 서비스 유형

베이비시터 서비스는 내용에 따라 전반적으로 보호자를 대신하여 보육하는 일반 보육 서비스가 있고, 특별 프로그램 운영 서비스가 있다. 예를 들면, 유아 교육 전문가에 의한 특별 교육지도(놀이 지도), 학습 지도·관리(박물관 체험, 방학 숙제), 체육 활동(비만 관리), 영어 등이 있다. 이 외에 장애 아동 보육, 소풍 및 탐방, 간호 서비스, 이벤트 사업으로 생일 파티, 장난감 대여 등의 서비스가 있다.

3) 국내 베이비시터 운영 현황

한국보건사회연구원(2002)의 조사에 따르면, 현재 우리나라에서 활동하고 있는 베이비시터는 8,300여 명에 이르며 이들은 각 업체와 협회에 회원으로 등록되어 사전 교육을 받고 활동하고 있다.

(1) 베이비시터 자격
베이비시터는 특정한 자격이 요구되지 않으며, 현재 연령은 18세부터 60세까지 다양하게 분포되어 있다. 학력은 주로 고졸 이상이며, 과반수가 보육 교사, 유치원 교사 및 간호 조무사 자격증을 소지하고 있다. 대부분 여성이고, 기혼에 자녀가 있는 베이비시터가 과반수를 넘는다(65.4%).

(2) 비용
베이비시터 사용 비용은 최소 2~3시간당 기본 요금이 설정되어 있고, 그 이상부터 시간당으로 요금을 부과하고 있으며, 아동 수, 보육 시간 등의 상황에 따라서 할증이 적용된다.

(3) 교육
베이비시터 교육은 3~4시간이 가장 많고, 최고 12시간으로 조사되었다. 교육 후 서비스를 제공하고 사후 보고 형식으로 진행된다. 교육 담당은 주로 회사 또는 협회별로 자체 실시하며, 외부 강사를 초빙하는 형식이다. 이 밖에도 소모임이나 월례회 등을 통해 재교육을 실시하고 있다.

(4) 부모의 이용

부모들은 인터넷과 소개를 통해 베이비시터 파견 업체를 선택하고 회원 가입을 통해 상황과 요구에 맞는 베이비시터를 선정한다. 베이비시터의 학력, 연령, 사진 등의 정보를 인터넷으로 보고 적절한 사람을 구하기도 한다. 부모가 베이비시터 회사를 이용하는 사유는 집안 일로 바쁠 때(35.5%), 보조 양육자로 활용(31.1%), 주 양육자(13.9%)로 활용이 많은 부분을 차지하며, 이 밖에도 취미활동을 위하여, 몸이 불편할 때, 평소 자녀를 돌보던 사람이 갑자기 일이 생겼을 때의 순으로 조사되었다.

베이비시터 이용 부모의 실태를 보면 30대의 고학력, 중산층 이상이 가장 많고, 미취업모와 취업모의 비율은 같다. 맡기는 자녀 수는 대다수가 1명이고, 이용 빈도는 모의 취업과 밀접하게 관련된다. 미취업모는 일주일에 한두 번 또는 한 달에 한두 번 정도 베이비시터를 활용하였다. 반면에 취업모는 일주일에 한두 번 이용하는 경우와 종일제로 출퇴근하는 시터를 활용하는 두 가지 양상을 보였다. 전체적으로는 주 1~2회(41.6%), 월 1~2회(23.3%), 거의 매일(19.8%)의 순으로 많이 나타났고, 3~4개월에 1~2회(7.6%), 1년에 1~2회(6.7%), 입주하는 경우도 0.9% 정도로 나타났다(한국보건사회연구원, 2002).

(5) 베이비시터 이용 만족도

베이비시터를 이용하는 부모는 베이비시터 및 베이비시터 업체에 대하여 대체로 만족하는 편이지만, 베이비시터 이용 시 어려운 문제로 시터의 자질 부족(12.6%), 시터 교체로 고정된 시터의 서비스 수혜 불가(8.9%), 아이를 믿고 맡길 수 있는 신뢰감 부족(8.0%) 등을 들었다(한국보건사회연구원, 2002).

(6) 선택 기준

베이비시터를 선택하는 기준은 소양, 자질, 경험 등이 연령이나 학력, 자격에 비해 높게 나타났다.

2. 외국의 베이비시터 현황

1) 미국의 베이비시터

베이비시터는 노동 관련법의 적용을 받지 않는다. 베이비시터 및 정규 내니의 연령 및 교육 조건은 일정하지 않으나 미국 적십자사에서는 베이비시터의 연령을 12세 이상을 권하고 있으며, 청소년 대상의 단순 베이비시터 교육은 초단기적으로 실시된다. 내니는 통상적으로 18세 또는 19세 이상, 고졸 이상 학력, 금연 등을 명시하고 있으며, 그 밖에도 응급 구조 자격, 무사고 운전 면허, 건강 진단서를 요구하는 경우가 많다. 전문적인 내니에 대한 교육 과정은 보다 길고 전문적이다.

2) 영국의 베이비시터

법적으로 베이비시터의 자격을 규정하고 있지 않으며 교육 기준도 일정하지 않다. 베이비시터의 경우 아동잔혹행위예방협회(National Society for the Prevention of Cruelty to Children, NSPCC)에서는 아동법(Children Act)에 기초하여 16세 이상을 권고하고 있으며, 적십자사 등 청소년 관련 단체 및 대학 등에서 실시하는 베이비시터 교육은 초단기로 실시되고 있다. 내니는 19세 이상으로 담배를 피우지 않아야 하고, 참고인을 제시하여야 한다고 명시하고 있으며, 대부분 신원 보증 및 범죄 기록 조회 등을 하고, 일반 보육 인력과 같은 정도의 교육 수준이 요구된다.

3) 호주의 베이비시터

베이비시터 및 내니에 대한 정해진 자격 조건은 없으나 법적으로는 15세 이상만 종일제 취업이 가능하다. 청소년 관련 단체 및 대학 등에서 초단기 베이비시터 교육을 실시하고 있다. 내니의 연령은 18~19세 이상으로 대부분 훈련과 경력을 요구하고 있으며, 그 밖에도 금연, 참고인 제시, 신원 보증 등이 요구된다. 관련 교육은 대체로 기술교육전문대학 (Technical and Further Education)의 1~2년 과정이 기준이 되고 있다(Australia Institute of Health and Welfare, 2000).

4) 캐나다의 베이비시터

캐나다에서는 일정한 자격을 갖추지 않은 사람에 의한 보육을 베이비시터로 규정하고 여기에 친구, 친척, 이웃, 외국인까지 포함시키는 데 반해, 내니는 일정한 자격이나 경력을 갖춘 자를 나타내는 용어로 사용되고 있다. 캐나다는 각 지방정부법으로 가정 내 근로자에 대한 사항을 정하고 있는데, 가정 내 정규 고용자는 노동기준법(Labor Standard Act)의 적용을 받으나, 베이비시터는 적용받지 않는다. 베이비시터는 연령, 교육 기준 등 법으로 정해진 자격 조건은 없으나 12세부터 가능하며, 특히 응급 구조 자격이 있는지 확인하도록 권하고 있다. 캐나다안전위원회(The Canada Safety Council) 등에서 청소년을 대상으로 8~10시간의 베이비시터 훈련을 실시하고 있다. 가정 보육 제공자에 대해서는 일정한 훈련 및 풍부한 경험을 요구하며, 대부분의 경우 200시간 정도의 단기 교육 과정을 개설하고 있다.

5) 일본의 베이비시터

가정 내 베이비시터에 의한 대리 보육 제공자를 통칭 베이비시터라고 부르며, 전국에 베이비시터협회(All-Japan Babysitter Association)가 구성되어 있다. 일본은 베이비시터 회사에 대한 설립 요건이 전혀 없으므로 기업처럼 누구나 희망하면 설립할 수 있다. 베이비시터의 자격 기준은 없으나, 회사 자체나 협회에서 실시하는 베이비시터 과정을 거치도록 지도하고 있다. 2000년부터 협회에서 베이비시터 자격인정제도 사업을 실시하여, 만 18세 이상인 자가 13시간의 교육 후 3개월간 90시간 이상의 실무 경험을 쌓고, 다시 교육 및 인정 시험을 거치도록 하고 있다.

3. 베이비시터 관련 정책 과제

베이비시터 서비스의 질적 수준을 높이기 위해 앞으로 노력을 기울여야 할 과제는 다음과 같다.

첫째, 베이비시터 회사의 직업 소개업 등록 문제이다. 베이비시터 파견업 및 베이비시터는 앞으로 그 수요가 크게 확대될 것으로 전망되므로, 이러한 직종이 적용받을 수 있는 제도를 마련할 필요성이 있으나 사실상 이를 영유아보육법에 포함시키는 등 새로운 조치를 취하기 쉽지 않으므로 최소한 이러한 사업자 등록 및 직업 소개업으로 등록을 준수하도록 해야 한다.

둘째, 베이비시터 자격 기준을 강화할 필요가 있다. 베이비시터 자격 기준을 연령, 학력 및 경험, 결격 사유 등 일정 수준 이상이 되도록 통일되게 정할 필요가 있다. 그러나 이러한 기준을 법으로 정하기 어렵고, 업체 스스로 자율적으로 기준을 정하여 이를 따르도록 유도해야 한다.

셋째, 베이비시터에 대한 교육 및 재교육 강화가 요구된다. 베이비시터에 대한 교육 및 재교육 기준이 필요하다. 베이비시터 교육은 업체와의 협의 하에 공동으로 교육 프로그램을 개발 · 운영하는 것이 효율적이다.

넷째, 베이비시터를 근로자로서 보호할 체계를 마련할 필요가 있다. 아르바이트 형식의 베이비시터의 경우는 제외하더라도 가정 내 보육을 정규적인 일로 하는 경우 근로자로서 보호받을 수 있어야 한다. 앞으로는 직업 분류 체계 등에 베이비시터업 및 베이비시터를 하나의 직종으로 포함하여 근로자 관련 각종 제도에 이들이 적용받도록 하여야 한다. 베이비시터를 보호하기 위한 통일된 지침 및 안전 관련 지침 등이 필요하다.

다섯째, 업체의 자발적인 질 관리 체계를 유도할 필요가 있다. 베이비시터 업체의 서비스 질 향상을 위한 자발적인 노력은 업체들 간의 협력 위에서 공동으로 마련되는 것이 효율적이다. 베이비시터 자격 기준, 교육 과정, 시터 및 아동 안전 기준, 부모의 의무 등 관련 가이드라인, 각종 양식의 마련 및 베이비시터 교육의 실시 등을 공동으로 추진하는 것이 바람직하다. 관련 단체는 정부의 베이비시터 회사 창구로서 역할을 할 수 있고, 정부는 이러한 단체를 통하여 필요한 지원 및 지도 체계 기능을 할 수 있다.

여섯째, 정부의 지원이 요구된다. 장기적으로 정부는 영리 부문의 보육에 대해서도 보육료 지원이나 세금 공제 대상에 포함하는 방안, 그리고 이들의 자발적인 질 향상 노력에 대한 지원 방안을 검토하여야 한다.

1 다음 중 베이비시터의 정의에 대한 설명 중 적합하지 <u>않은</u> 것은?

① 베이비시터는 특별한 국가 자격 기준이 요구된다.

② 베이비시터란 아동의 모(母)가 집에 있는 경우에는 보조 양육자로 아동을 돌보는 역할을 하는 사람을 말한다.

③ 베이비시터란 부모가 외출 중이거나 외부 근무 중에 아동의 집을 방문하여 부모 대신 아이를 보육하는 사람을 말한다.

④ 내니는 일정 기간 동안 가정에 입주 또는 아동의 가정에 출퇴근하며 종일제로 일정 기간 계약에 의하여 아동을 돌보는 자를 일컬으며 어느 정도 교육 등 전문성이 요구된다.

|정답| ①

|해설| 베이비시터는 아동의 가정에 부정기적으로 종일제 및 시간제로 고용되어 아동에 대한 감독, 후견, 보호 업무를 하는 자를 의미하며 특별한 자격은 없다.

2 베이비시터 제도의 장점에 대한 설명으로 적합한 것은?

① 아기나 부모가 이동해야 하는 번거로움이 있다.

② 비용을 시간 단위로 지불하기 때문에 이용 시간 조절이 가능하다.

③ 아동이 친숙한 환경인 가정에서 이웃의 친한 또래와 계속해서 놀이할 수 없다.

④ 육아 스트레스로부터의 일시적 해방과 같은 부모의 요구에 따른 탄력적 이용이 불가하다.

|정답| ②

|해설| 베이비시터 제도는 아기나 부모가 이동해야 하는 번거로움이 없고, 아동이 친숙한 환경인 가정에서 이웃의 친한 또래와 계속해서 놀 수 있으며, 성인과 아동의 상호 작용 기회가 보육 시설보다 훨씬 많고, 개별적인 관심을 받을 수 있으며, 자녀가 여럿인 경우에는 경제적이라는 이점이 있다.

3 베이비시터의 다양한 역할로 적합하지 <u>않은</u> 것은?

① 취업모가 경제 활동에 참가하는 동안 취업모를 대신하여 대리 양육자로서의 역할을 수행한다.

② 베이비시터는 가족 구성원의 역할을 대행하므로 가족과의 관계 외에 지역 사회와 밀접한 관계를 유지할 필요는 없다.

③ 개개인의 다양한 개인차를 고려하여 발달 수준에 적절한 활동을 유발할 수 있는 환경을 준비하는 학습 촉진자로서의 역할을 해야 한다.

④ 영유아의 바람직한 상호 작용을 이끌어 냄으로써 영유아들의 긍정적인 애착 관계를 형성하고, 또래들과도 잘 적응하도록 돕는 상호 작용자로서의 역할도 필요하다.

|정답| ②

|해설| 베이비시터의 역할로는 대리 양육자로서의 역할, 학습 촉진자로서의 역할, 상호 작용자로서의 역할, 생활 대행자로서의 역할, 지역 사회와의 관계 유지 역할 등이 있다. 베이비시터는 보육 활동 시 지역 사회의 여건과 요구를 파악하고, 특히 지역 사회와 그 자원을 충분히 이해하고 활용함으로써 지역 사회 복지를 위한 역할을 수행하여야 할 것이다.

4 베이비시터 관련 정책에 관한 내용으로 타당한 것은?

① 가정 내 보육을 정규적인 일로 하는 경우 근로자로서 보호받을 수 있어야 한다.

② 베이비시터 자격 기준을 연령, 학력 및 경험, 결격 사유 등 일정 수준 이상이 되도록 통일되게 정할 필요는 없다.

③ 베이비시터 회사를 영유아보육법에 포함시키는 등 새로운 조치를 취하기 용이하므로 국가 차원에서 실행해야 한다.

④ 베이비시터 교육과 재교육은 업체 간의 협의보다는 개별적으로 교육 프로그램을 개발하여 실시하는 것이 효율적이다.

|정답| ①

|해설| 베이비시터는 가정 내 보육을 정규적인 일로 하는 경우 근로자로서 보호받을 수 있어야 하고, 베이비시터 자격 기준을 연령, 학력 및 경험, 결격 사유 등 일정 수준 이상이 되도록 통일되게 정할 필요가 있다. 베이비시터 회사를 영유아보육법에 포함시키는 등 새로운 조치를 취하기 어려우므로 업체 차원에서 실행해야 하며, 베이비시터 교육과 재교육은 업체 간의 협의를 통해 교육 프로그램을 공동으로 개발하여 실시하는 것이 효율적이다.

1 　베이비시터란 부모가 외출 중이거나 외부 근무 중에 부모 대신 아동을 보육하는 사람 또는 아동의 모(母)가 집에 있는 경우에는 보조 양육자로 아동을 돌보는 역할을 하는 사람을 말한다. 자녀가 너무 어리거나 안전과 위생 등의 이유로 시설 보육이 불안한 경우, 자녀가 보육 시설을 원하지 않는 경우 베이비시터 제도는 좋은 보육 방법이 되고 있다. 베이비시터는 아기나 부모가 이동해야 하는 번거로움이 없고, 아동이 친숙한 환경인 가정에서 이웃의 친한 또래와 계속해서 놀 수 있으며, 성인과 아동의 상호 작용의 기회가 보육 시설보다 훨씬 많고, 개별적인 관심을 받을 수 있으며, 자녀가 여럿인 경우에는 경제적이라는 이점이 있다.

2 　베이비시터 자신이 전문성에 대해 올바르게 인식하여 직업을 수행하면서 자기 교육, 자기 발전에 힘써야 한다. 양질의 훈련 및 교육 환경이 제공되어야 하고, 아동의 건강한 성장을 위해 질 높은 교사의 자질은 필수라는 사회적 요구 형성과 함께, 전문인으로 인정받을 수 있는 신분 보장 제도 마련과 사회적 전문성을 유지할 수 있도록 하는 제도적 및 비제도적 환경이 뒷받침되어야 한다. 베이비시터의 기본적인 역할은 대리 양육자, 학습 촉진자, 생활 대행자, 상호 작용자로서의 역할, 지역 사회와의 관계 유지 역할을 수행하여야 한다.

3 　베이비시터 서비스의 발전을 위해서 서비스의 질적 수준이 제고되어야 하는데, 그 과제로는 베이비시터 회사의 직업 소개업 등록, 베이비시터 자격 기준 강화, 교육 및 재교육 강화, 업체의 자발적 질 관리 체계 유도, 정부의 지원 등이 있다.

전세경(1994). 취업모의 탁아에 대한 태도 및 탁아 유형 선택에 영향을 미치는 요인 연구. 중앙대학교 대학원 박사학위 논문.

한국보건사회연구원(2002). 영리 보육의 현황과 정책 과제: 베이비시터를 중심으로.

Australia Institute of Health and Welfare(2000). *Australia's Welfare*. Commonwealth.

제 *2* 장

영유아 발달·심리의 이해

0세부터 취학 전 시기까지의 영유아 발달 과정과 그에 따른 심리 상태를 이해하는 데 중점을 둔다. 이를 위하여 다양한 발달 이론을 개관하고 실질적으로 영유아의 행동을 이해하는 데 도움이 되는 자료들의 수집 방법을 알아보기로 한다.

**학습
목표**

01 발달 이론가들의 다양한 발달적 관점을 이해하고 숙지한다.

02 다양한 발달 이론에 기초하여 영유아의 발달 특성과 심리 상태를 이해한다.

03 영유아의 행동을 이해할 수 있는 자료 수집 방법을 탐색한다.

**주요
용어**

• 표준 성숙 목록표 신체적 성장 과정을 측정하여 연령별 발달 이정표를 작성한 것을 말한다.

• 조건화 인간은 환경이 주는 자극에 대하여 반응하는 행동을 보이는데, 이 반응 행동을 주위에서 칭찬하거나 벌을 줌으로써 그 행동을 습관화시키거나 나타나지 않도록 해 주는 것이다.

• 강화 행동의 발생 빈도를 증가시키는 것을 뜻한다. 유아가 바람직한 행동을 하면, 맛있는 음식을 주거나 따뜻한 미소를 보내고 칭찬을 해 주는 등의 강화를 해 줄 때 유아는 그와 같은 행동을 증가시킬 것이다.

• 관찰과 모방 자극이나 강화가 없어도 모델의 행동을 관찰하고 그를 모방함으로써 행동을 학습할 수 있다는 반두라의 사회학습이론의 핵심 용어이다.

• 리비도 심리성적 에너지. 프로이드는 인간은 출생 시에 고정된 양의 리비도를 가지고 태어나며, 리비도를 건설적인 방향으로 표출하려는 시도를 통하여 인간 발달이 이루어진다고 주장하였다.

• 자아 정체감 에릭슨의 인간발달이론의 핵심 용어. 인간 발달의 각 단계마다 욕구를 잘 이해하고 개인이 스스로 조절할 수 있도록 돕는 사회 문화적 환경이 조성된다면 긍정적인 자아 정체감을 형성하게 될 것이다.

• 적응 피아제 이론의 핵심 용어. 동화와 조절 간의 평형을 유지하는 능력을 의미한다.

• 근접 발달 지대 비고츠키 이론의 핵심 용어. 유아가 혼자서는 할 수 없으나, 성인이나 자기보다 뛰어난 또래와 함께 상호 작용하면 성공할 수 있는 영역을 말한다.

- 미시 체계 유아와 직접 상호 작용이 일어나는 환경 체계이다. 예 가족, 이웃, 어린이집

- 중간 체계 미시 체계들 간의 상호 작용이 일어나는 환경 체계이다. 예 어린이집과 가정 간의 상호 협조

- 외 체계 유아 발달에 간접적 영향을 미치는 환경 체계이다. 예 부모의 직장, 언니의 초등학교, 친구의 가정 환경

- 거시 체계 법·문화 등 광의의 사회 환경 체계이다.

- 일상 기록법 영유아와 만나서 헤어질 때까지 일상 중에 이루어지는 영유아의 행동을 기록하는 방법이다.

- 면담법 영유아 또는 그들의 부모와 직접적인 대화를 나누면서 정보를 수집하는 방법이다.

- 관찰법 영유아가 경험하고 있는 것을 이해하기 위한 목적으로 영유아를 지켜보아 정보는 수집하는 방법이다.

○, × 퀴즈

진단 문제	○	×
1 발달은 모든 면에서 양적·질적으로 향상되는 것을 뜻한다.		v
2 보육적 차원에서 영아는 3세 미만까지의 어린이를 가리킨다.	v	
3 인간은 유전과 환경의 영향을 받으며 성장한다.	v	
4 영유아기 경험의 질은 성인기에도 영향을 끼친다.	v	
5 인간의 발달은 계단을 올라가듯이 연속적으로 이루어진다.	v	

해설

발달은 인간의 생명이 시작되는 수정의 순간에서부터 죽음에 이르기까지 전 생애를 통해 이루어지는 모든 변화의 양상과 과정을 의미하며, 이에 따라 진보적 변화와 함께 퇴행적 변화도 발달 과정에 포함된다.

영유아 발달 심리를 위한 이론적 접근

발달 심리 이해란 글자 그대로, 발달해 감에 따라 나타나는 마음의 상태를 이해하는 것을 말한다. 즉 인간이 태어나서 무덤에 이르기까지 신체적·사회정서적·언어인지적 차원에서 양적·질적으로 어떤 변화를 겪는지, 그리고 그 변화에 따른 생각·느낌·행동은 어떻게 표출되며 그것을 우리는 어떻게 해석해야 하는지를 알아보는 것이다. 여기서는 인간의 발달 단계 중 특히 0세~취학 전 시기까지의 영유아기 발달 심리를 중심으로 다양한 발달 이론가들의 설명을 들어보고자 한다.

1. 성숙이론

이 이론은 영유아가 발달하는 데 작용하는 결정적인 힘이 유전적 요인에 있다는 관점을 취한다. 이 이론은 다윈의 진화론에서 스탠리 홀, 게젤, 터만 등으로 이어진다. 그 중 게젤(Gesell)은 성숙이론의 대표적 학자로서, 표준 성숙 목록표를 제시한 바 있다. 소아과 의사였던 게젤은 소아 환자들의 신체적 성장 과정을 측정하여 연령별 발달 이정표를 작성하였다.

우리가 소아과에서 으레 보게 되는 아기들의 발육표는 성숙이론에 기초한 것이다. 게젤은 유전자가 발달 과정을 방향 짓는 기제에 대한 일반적인 명칭을 성숙이라고 명명하고, 발달의 기본 원리를 다음과 같이 제시하였다(정옥분, 2004).

첫째, 발달 방향의 원리이다.

발달은 일정한 원칙을 가지고 한 방향으로 이루어진다는 것이다. 즉 머리에서 발 쪽으로 발달이 진행되는 두미 발달(예 신생아는 다리 부분보다 머리 부분이 더 빨리 성숙하고, 팔의 협응이 다리의 협응보다 먼저 나타남)의 원칙과 중심에서 바깥으로의 발달이 진행되는 근원 발달(예 어깨 동작이 이루어진 후에 손목, 손가락 동작이 나타남)의 원칙을 들 수 있다.

둘째, 상호적 교류의 원리이다.

발달은 한쪽(예 왼손)과 다른 쪽(예 오른손)이 동시에 기능하기보다는, 마치 뜨개질을 하듯이 상호 교류 방식으로 이루어진다는 것이다. 예를 들어 영아는 먼저 한 손을 사용하고 다음에 다른 한 손을 사용하며, 각각의 손 사용이 원활해지면서 양손을 사용하는 과정을 보인다. 또한 3세까지는 내향적이고 소심한 듯한 성격 특성을 보이다가, 4세에서는 외향적 특성을 보이고, 5~6세가 되면 이 두 가지 성격 특성이 통합되어 균형을 이루는 것이다.

셋째, 기능적 비대칭의 원리이다.

좌우 신체 구조의 발달이 완벽하게 균형과 조화를 이루기는 어려우며, 약간의 불균형이 환경에 적응하는 데 훨씬 더 기능적이라는 것이다. 예를 들어 신생아의 경직성 목반사에서 보듯이, 신생아가 머리를 한쪽 방향으로 돌리고, 한 팔은 머리가 돌려진 방향으로 내미는 데 비하여 다른 쪽 팔은 가슴에 얹은 상태로 있는 자세를 취한다. 이와 같은 기능적 비대칭의 원리를 볼 수 있는 또 다른 예로, 오른손잡이 또는 왼손잡이의 경향성을 들 수 있다.

넷째, 자기 조절의 원리이다.

영유아가 스스로 자신의 수준에 맞도록 성장을 조절하고 이끌어 간다는 것이다. 이 같은 발달 원리는 영유아가 너무 빨리, 너무 많이 배우도록 강요받을 때 영유아 내부에서 스스로 저항하는 힘을 의미한다. 게젤은 영아 연구에서 부모가 영아의 요구대로 수유와 수면 등의 생리적 리듬을 따랐을 때, 영아 스스로 점차 수유 시간을 줄이고 더 오랫동안 깨어 있음을 발견하였다고 밝혔다. 이 같은 현상은 걸음마를 배울 때도 나타나는데, 영아는 몇 걸음 걷다가 다시 기고, 또 몇 걸음 걷다가 기는 것과 같은 발전과 퇴보의 과정을 주기적으로 거친 후에 걷게 된다.

게젤은 이상의 발달 원리를 기초로 성숙과 환경을 구별했는데, 환경적 요인들은 적절한 성장을 유지시켜 주기는 하나 구조와 행동 유형을 순서적으로 전개하는 데에는 직접적인 역할을 하지 못한다고 하면서, 그것은 성숙 기제의 역할이라고 주장하였다. 따라서 말하고 걷는 것도 유아의 신경계가 충분히 성숙해져 준비가 완료된 후에야 앉고 걷고 말하게 되는 것이라고 하였다. 어느 순간에 이르면 유아는 자신의 내적 충동에 의하여 과제를 쉽게 숙달하기 시작할 것이며, 그때까지의 교육은 별 가치가 없다고 보았다.

이와 같은 성숙론적 입장의 증거는 일란성 쌍생아 연구에서 볼 수 있다. 예를 들어, 게젤은 톰슨과 함께한 연구에서(1929) 쌍생아 중 한 명에게 계단오르기, 블록쌓기, 어휘, 손 협응 등의 활동을 연습시켰다. 그 결과 훈련받은 한 명은 다른 한 명보다 이러한 기술에서 우수했지만 연습하지 않은 다른 한 명도 별 연습 없이 곧 이를 잘하게 되었는데, 그 시기는 대략 여러 가지 과제를 수행할 수 있다고 여겨지는 연령쯤에서 그렇게 수행하였다. 그렇다면 어떤 일을 할 수 있게 되는 준비성을 결정짓는 내적 시간표가 있으며, 조기 훈련의 이점은 비교적 일시적인 것이라고 볼 수 있다. 조기 자극에 대한 의문점은 논쟁의 여지가 많으나, 발달이 주로 내적 성숙 요인에 의해 좌우된다면 성숙 스케줄에 앞서 교육하는 것은 거의 효과가 없을 것으로 보인다.

　그러나 게젤은 조심스럽게 발달의 기본적인 진행 과정을 생성하는 것이 성숙이기는 하나, 이를 유지·변화·수정하는 데에는 환경 요인이 작용한다는 점을 지적하였다. 즉 매우 낙후된 환경에서 자라는 유아는 제대로 발달하기 어려우며, 정상적인 유아의 발달보다 뒤지게 된다고 하였다.

2. 행동주의 학습이론

　이 이론은 성숙이론과 정반대의 입장에서 유아가 발달하는 데는 유아가 겪는 경험이나 학습이 주된 작용을 한다고 믿는 관점이다.

　이 이론은 파블로브의 개 실험에서 나온 고전적 조건화에서 왓슨의 조건 형성 원리, 스키너의 조작적 조건화 이론 및 반두라의 사회학습이론으로 이어진다.

　여기서 왓슨의 조건 형성 원리란 인간은 환경이 주는 자극에 대하여 반응하는 행동을 보이는데, 이 반응 행동을 주위에서 칭찬하거나 벌을 줌으로써 그 행동을 습관화시키거나 나타나지 않도록 해 주는 것이다. 왓슨은 유아가 이러한 과정을 거쳐서 발달해 간다고 보았다. 알버트라는 소년에게 흰쥐와 큰 소리를 연합시켜 자극함으로써 토끼나 털코트 같은 흰털 달린 물건들을 모두 두렵게 반응하는 소년으로 만든 왓슨의 공포 정서 조건 형성 실험은 유명하다. 이같이 왓슨은 환경을 영유아 발달에 영향을 미치는 중요한 요인으로 보고, 자극과 반응의 연합을 잘 통제하면 어른이 원하는 대로 유아를 만들어 갈 수 있다고 큰소리치기도 하였다.

　스키너 역시 환경이 인간의 행동을 통제하는 방식에 관심을 가졌다. 그는 유아가 만족한 결과를 가져오는 행동은 이후에도 계속할 가능성이 높으며, 만족하지 못한 결과를 가져오는 행동은 더 이상 하지 않는다는 견해를 가졌다. 스키너 상자 실험은 이 같은 견해를 입증하기 위해 고안된 것이다. 스키너의 조작적 조건화 이론에서 가장 중요한 개념은 강화이다. 강화란 행동의 발생 빈도를 증가시키는 것을 뜻한다. 유아가 바람직한 행동을 하면, 맛있는 음식을 주거나 따뜻한 미소를 보내고 칭찬해 주는 등의 강화를 줄 때 유아는 그와 같은 행동을 증가시킬 것이다. 그러나 잘못된 행동을 할 때 타임아웃이나 특권 박탈 등의 벌을 주면 유아는 그 같은 행동을 다시는 하지 않으려고 할 것이다. 그러나 벌은 예상치 못한 부작용을 유발할 수 있다는 점에서 스키너는 벌주는 것에 반대하였다.

고전적 조건화나 조작적 조건화와 달리, 반두라(Bandura)는 자극이나 강화 없이도 모델의 행동을 관찰하고 그를 모방함으로써 행동을 학습할 수 있다고 주장하였다. 말하자면 유아가 발달하는 데는 관찰과 모방이 강력한 도구가 된다고 믿었다.

그렇다면 유아는 어떤 모델의 행동을 모방하고 싶어할까? 반두라는 유아가 닮고자 하는 사람은 따뜻하고 영향력 있으며, 바람직하거나 자신에게는 없는 특성을 지닌 모델이라고 한다. 모델처럼 행동함으로써 유아는 앞으로 자신도 훌륭한 사람이 될 것이라 기대하는 것이다. 유아가 닮고 싶어하는 모델을 반두라는 '의미 있는 타인' 이라 불렀다.

행동주의 학습이론의 주요 장점은 기본 개념의 의미가 명확하고 가설 검증을 통한 과학적 연구의 중요성을 강조한 데 있다. 특히 조작적 조건 형성 원리를 이용한 행동 수정 개념은 유아의 문제 행동을 바람직한 행동으로 대체하는 데 효과가 있다. 그러나 행동주의 학습이론은 유아를 자극에 반응하는 수동적인 존재로 생각한다는 점, 인간의 자유 의지를 고려하지 않았다는 점, 그리고 인간의 모든 행동이 자극과 반응으로 단순화될 수 없다는 점에서 비판을 받고 있다.

3. 정신분석이론

이 이론에서 발달은 무의식적인 것이며, 행동은 단지 표면상 나타나는 특성일 뿐이라고 하면서 부모와의 초기 경험이 영유아 발달에 큰 영향을 미친다는 관점을 취한다. 다시 말하면, 유아기의 충동적 욕구를 부모가 어떻게 지도하는지가 성인기의 성격 발달을 좌우한다는 관점을 가지고 있다. 이러한 관점은 프로이드의 심리성적 발달이론과 에릭슨의 심리사회적 발달이론이 대표적이다.

프로이드(Freud)에 의하면, 인간은 출생 시에 고정된 양의 리비도를 가지고 태어나며, 이것을 각각의 발달 단계마다 발산한다고 한다. 이때 리비도를 발산하려는 욕망과 발산하지 못할 때 생기는 불만이 미래에 정서적 또는 심리적 문제를 일으킨다는 것이다. 리비도는 심리성적 에너지를 말한다. 프로이드는 리비도를 건설적인 방향으로 표출하려는 시도를 통하여 인간 발달이 이루어진다고 주장하였다.

리비도가 집중되는 신체 부위는 연령에 따라 달라지는데, 프로이드의 발달 단계는 이 변화에 따르고 있다. 그는 인생의 전체 발달 과정에서 영유아기의 경험이 가장 중요하다고 보왔다.

프로이드의 심리성적 발달이론이 성적 충동을 강조하고, 성인의 기억을 기초로 유아기의 중요성을 지나치게 강조하였다는 점에서 비판을 받는 데 비하여, 에릭슨(Erikson)의 심리사회적 발달이론은 프로이드의 기본 개념에 사회 문화적 환경의 중요성을 부가하였다는 점에서 의의가 크다고 하겠다. 무엇보다도 에릭슨은 인간을 성본능에 좌우되는 수동적 존재가 아니라, 사회 문화적 환경을 능동적으로 탐색하는 존재로 보았다.

에릭슨은 인간 발달의 핵심을 자아 정체감에 두었다. 말하자면 '나는 누구인가?' 라는 스스로의 물음에 '나는 나의 삶을 잘 살고 있다.' 라는 대답이 스스로 나올 때 성공적인 사람이라고 할 수 있다는 것이다. 이러한 질문과 대답은 인간의 탄생에서부터 무덤으로 가는 순간까지 지속된다고 할 수 있다. 에릭슨은 인생의 전 과정을 모두 8단계로 구분하였다. 각 단계에는 분명 프로이드가 말하는 욕구가 있을 것이며 유아가 욕구들을 잘 이해하고 스스로 조절할 수 있도록 돕는 사회 문화적 환경이 조성되어 있다면 긍정적인 자아 개념을 형성하게 될 것이다. 그러나 이것이 부적응적인 결과를 초래하면 부정적인 자아 개념을 가지게 될 것이다. 그래서 에릭슨은 각 단계마다 성취해야 할 발달 과정과 극복해야 할 위기를 개념화하였는데, 그 내용은 아래 표에 제시한 것과 같다. 예를 들어, 3~6세의 유아기는 프로이드의 남근기에 해당하는 시기로서 자기 주장과 경쟁을 경험하는 시기인데, 이때 자기 주도적인 활동이 수용되고 인정받는 사회적 환경이라면 자신감에 찬 주도성을 형성할 것이다. 그렇지 않고 비난을 받거나 실패 경험이 쌓이게 되면 자기 주장에 대하여 죄책감을 가지는 부정적인 자아 개념이 형성될 것이다.

이 같은 에릭슨의 이론 역시 프로이드의 이론과 마찬가지로 실제로 과학적으로 증명할 수 없는 개념을 다루고 있다는 비판을 받고 있다. 그러나 이러한 비판에도 불구하고, 어머

프로이드의 심리성적 발달 단계

- **구강기**(0~18개월)   구순의 경험을 통해 세상의 즐거움과 고통을 알게 되는 시기
- **항문기**(18개월~3세) 대소변 배설 경험을 통해 리비도의 충족이 이루어지는 시기
- **남근기**(3세~6세)   성기에 관심을 가지는 시기. 오이디푸스 콤플렉스와 엘렉트라 콤플렉스를 경험하는 시기
- **잠복기**(6세~12세) 성충동이 잠복해 버리는 시기. 동성의 친구 관계 형성 시기
- **생식기**(12세 이후) 성충동이 시작되는 시기. 이성에 대한 관심이 커지는 시기

니와 영아의 애착, 공격성, 또래 관계, 양육의 실제, 성역할 발달, 정체성 확립 등 중요한 사회 정서적 영역의 연구들이 수행되도록 하는 데 정신분석이론이 많은 기여를 했다고 볼 수 있다.

4. 인지발달이론

이 이론은 유아 발달이 학습이나 경험과 같은 외부적 요인이 아닌, 인지나 정신과 같은 내부적 요인에 의해 결정된다고 보는 관점이다. 이 이론에 의하면 인간은 능동적이고 적극적으로 환경에 적응하며, 스스로 사고하고 정보를 처리하며 새로운 지식을 구성해 나가는 창의적 존재라는 것이다. 인지발달이론을 대표하는 학자로는 피아제와 비고츠키를 들 수 있다.

스위스의 발달 심리학자인 피아제(Piaget)는 20세기의 가장 영향력 있는 인지 발달 이론가이다. 그의 이론의 핵심 개념은 '적응' 이다. 적응이란 생물학적 용어로서 동화와 조절 간의 평형을 유지하는 능력을 말한다.

피아제는 그야말로 '아는 것이 힘' 이라는 것을 '적응' 이라는 차원에서 강조했다고 볼 수 있다. 말하자면 인간이 이 생태계에 적응력 있게 살아남기 위해서는 그 힘이 되는 아는 것(지식)이 있어야 한다는 것이다. 지식이란 아기가 태어나서 첫 번째로 경험한 지식, 즉 '젖은 맛있다.' 에서 출발하여 새롭게 경험하는 것들을 동화하거나 조절하는 과정을 거치면서 구성되고 확장해 나가게 된다고 보았다. 그리고 유아가 자신의 인지 구조와 외부 환경 요구 간의 균형을 이루려 하는 인지적 노력을 평형이라고 했다.

피아제는 인지 구조가 연령에 따라 질적으로 다른 단계를 거친다고 보고, 감각운동기, 전조작기, 구체적 조작기 및 형식적 조작기의 네 단계로 구분하였다. 피아제의 이 같은 발

에릭슨의 심리사회적 발달 단계

- 신뢰감 대 불신감(0~1세)
- 자율성 대 수치감(1세~3세)
- 주도성 대 죄책감(3세~6세)
- 근면성 대 열등감(6세~12세)

- 자아 정체감 대 역할 혼미(청년기)
- 친밀감 대 고립감(성년기)
- 생산성 대 침체(중년기)
- 자아 통합 대 자아 절망(노년기)

달 단계 구분은 오늘날 '발달에 적합한 교육 실제'에 많은 영향을 미쳤다고 할 수 있다.

피아제와 같은 해인 1896년에 출생한 러시아의 비고츠키(Vygotsky) 역시 인지적 발달 측면에 관심을 가진 학자이다. 피아제가 주로 유아 개인의 능동적인 지식 구성에 관심을 보인 반면, 비고츠키는 유아란 타인과의 관계에서 영향을 받으며 성장하는 사회적 존재임을 강조하였다.

특히 언어 능력은 사회 문화적 학습의 결과로 보았으며, 인지 발달은 성인이나 자신보다 뛰어난 또래 간의 대화와 상호 작용을 통해 이루어진다고 보았다. 유아는 사회적 경험을 통해 자신이 살고 있는 세계에 대해 사고하고 해석하는 방법을 터득한다는 것이다.

비고츠키는 언어는 사회 문화적 세계와 유아의 정신 기능을 연결시켜 주는 중요한 매개체로서, 언어의 습득은 유아 인지 발달의 초석이 된다고 하였다. 따라서 인지 발달에서 가장 중요한 시기는 취학 전 유아가 언어를 사용하기 시작하는 때라고 보았다.

비고츠키 이론의 핵심 개념은 근접 발달 지대이다. 근접 발달 지대란 유아가 혼자서는 할 수 없으나, 성인이나 자기보다 뛰어난 또래와 함께 상호 작용하면 성공할 수 있는 영역을 말한다. 그러므로 교육이란 유아에게는 도전적이지만 성인의 안내를 받아 성취할 수 있는 활동들, 즉 근접 발달 지대에 있는 경험들을 제공하는 것을 의미한다. 따라서 교사는 유아의 현재 발달 특성을 나타내는 실제적 발달 수준과 앞으로 가능성을 가지고 기대되는 잠재적 발달 수준을 설정하여 유아가 잠재적 발달 수준에 도달할 수 있도록 유아에게 적합한 상호 작용 전략을 사용하는 능력이 요구된다. 이때의 상호 작용 전략을 스케폴딩이라고 한다.

이상에서와 같이 피아제와 비고츠키는 인간의 가장 중요한 측면을 인지 발달 또는 정신 발달에 두고, 지식의 능동적 구성 과정에 대하여 아이디어를 제시했다는 점에 큰 의의가 있다.

●표 2-1 | 피아제와 비고츠키의 핵심 용어

피아제	비고츠키
적응	근접 발달 지대
동화	실제적 발달 수준
조절	잠재적 발달 수준
평형	사회 문화적 상호 작용

5. 생태학적이론

이 이론은 능동적인 인간과 변화하는 환경이 서로에 대한 조절 과정을 거쳐 인간 발달이 이루어진다고 보는 관점이다. 이 관점에서 인간은 동기와 경험을 갖춘 능동적인 존재이고, 환경 또한 고정된 요소가 아니라고 본다. 가족·이웃·어린이집·지역 사회 등의 환경은 인간의 의지와 상관없이 끊임없이 변화한다. 따라서 인간 발달은 고유한 특성을 지닌 개인과 각각의 변화하는 환경이 서로 상호 작용하면서 이루어진다.

이 이론의 대표적인 학자인 브론펜브레너(Bronfenbrenner)는 인간을 둘러싸고 있는 생태 환경을 가장 가까운 것에서부터 가장 먼 것에 이르기까지 4개의 층으로 구분했다. 가장 가까운 층인 미시 체계는 가정·어린이집·또래 집단·놀이 마당처럼 유아 발달에 직접적으로 영향을 미치는 환경 맥락이다. 다음 층인 중간 체계는 유아가 적극적으로 참여하는 미시 체계 맥락들 간의 상호 관계를 포함한다. 예를 들어 어린이집과 가정 간의 상호 협조는 유아의 중간 체계를 형성한다.

외 체계는 유아 발달에 직접적인 역할을 하지는 않으나, 유아가 성장하는 데 영향을 미치는 생태 환경을 의미한다. 부모의 직장·언니의 초등학교·친구의 가정 환경 등은 대표적인 예로서, 집을 자주 비우는 아버지의 직업은 유아가 직접 몸담고 있지는 않지만 유아 발달에 중요한 영향을 미친다.

마지막으로 거시 체계는 중간 체계와 외 체계를 포괄하는 체계로서 각 문화권 특유의 가치·태도·신념 등이 이에 속한다. 예를 들어 한국에서 태어난 아이들이 한국에서 자라는 것과 미국에 일찍 이민 가서 자라는 경우, 그 아이들이 보여 주는 발달적 특성은 두 문화권의 차이에 의해 크게 달라질 것이다.

이 같은 생태학적이론은 유아 발달에 대한 연구에서 유아의 능동성과 변화하는 환경의 영향력이 동시에 고려되었다는 점에서 긍정적인 평가를 받고 있다. 미국의 경우, 이 이론

브론펜브레너의 생태 환경 체계

- **미시 체계** 유아와 직접 상호 작용이 일어나는 환경 체계
- **중간 체계** 미시 체계들 간의 상호 작용이 일어나는 환경 체계
- **외 체계** 유아 발달에 간접적 영향을 미치는 환경 체계
- **거시 체계** 법·문화 등 광의의 사회 환경 체계

●표 2-2 | 주요 발달 이론의 비교

이론	관련학자	발달관과 핵심 개념
성숙이론	다윈, 홀, 게젤	유전 인자의 성숙으로 인해 발달(표준성숙목록표)
행동주의이론	파블로브, 왓슨, 스키너, 반두라	환경적 자극으로 인해 발달(조건화 · 강화 · 관찰과 모방)
정신분석이론	프로이드, 에릭슨	심리성적 발달(리비도), 심리사회적 발달(자아 정체감)
인지발달이론	피아제	개인의 능동적 지식 구성을 통한 인지발달(적응 · 동화 · 조절 · 평형)
	비고츠키	사회 문화적 환경과의 상호작용을 통한 정신적 발달(근접 발달 지대)
생태학적이론	브론펜브레너	능동적 인간과 변화하는 환경 간의 조절을 통한 발달 (미시 체계 · 중간 체계 · 외 체계 · 거시 체계)

이 아동 학대에 관한 정책 수립에 미친 영향력이 매우 크다고 할 수 있다. 예를 들어 아동 학대가 단순히 부모의 성격이 나빠서 초래된다기보다는, 동네나 지역적 특성이 복합적으로 작용한다는 주장이다. 이러한 관점이 정책에 반영되어 미국에서는 아동 학대 가족에 대하여 정부가 지원하는 교육 프로그램이 실시되고 있다. 우리나라에서도 삼성복지재단이 수행하는 포괄적 보육 시스템 운영은 생태학적이론을 적용한 좋은 예라고 할 수 있다.

2 영유아 행동 이해를 위한 자료 수집 방법

영유아의 발달 심리를 이해하기 위해서는 영유아가 표출한 외현적 · 내면적 행동 자료 및 주변 환경 자료들을 수집하여 합리적으로 연구할 필요가 있다. 즉 영아의 울기 행동에 대하여 의문을 가지고 그 이유를 찾아내고자 한다면, 우선 영아가 울 때마다 관찰하여 우는 시간의 길이, 우는 소리의 강약, 우는 행동의 변화, 우는 것을 달래 주는 부모의 행동, 울 때, 울기와 관련된 기질적 특성 등의 자료를 수집할 것이다. 다음에는 부모와의 면담을 통해 언제부터 울기 시작했는지, 특히 어떤 상황에서 우는지, 집에서 울 때와 어린이집에서 울 때의 차이점이 있는지, 영아가 울 때 가족들 반응은 어떠한지, 영아의 울음을 그치기 위해 어떤 방법을 썼는지 등을 알아보아야 할 것이다. 또한 영아의 개인적 기질이나 성격을 알아보기 위한 검사 도구를 활용할 수도 있을 것이다. 이러한 자료 수집을 통해 영아 울기 행동에 관련된 정보를 확보하고, 이를 관련 이론에 근거하여 해석함으로써 문제 해결 방안을 강구해 낼 수 있을 것이다.

이제 영유아의 행동을 이해하는 데 유용한 자료 수집 방법으로 일상 기록, 부모와의 수시 면담, 관찰(여성가족부, 2007) 등을 알아보기로 한다.

1. 일상 기록

1) 정의

일상 기록은 영유아와 만나서 헤어질 때까지 일상 중에 이루어지는 영유아의 행동을 기록하는 방법이다.

2) 종류

영유아가 등원할 때 가정에서의 일상적인 생활과 관련하여 대화를 나누거나 개인 형식의 수첩에 영유아의 일상 정보를 제공받는다. 이러한 가정에서의 일상 기록과 연계하여 어린이집에서의 일상을 기록해 나가야 한다. 작성된 일상 기록은 다시 하원 시 대화를 통해서 혹은 기록 수첩을 통해 부모에게 전달된다. 영유아가 평상시와 다른 특이한 점이 있으면 부모에게 알려 필요한 처치를 받도록 한다.

3) 예시

[날짜] 2009. 9. 15. 화

세영이가 어젯밤부터 감기 기운이 있는 것 같습니다. 병원에 갈 정도는 아니지만 미열이 있어서 아침에 밥도 잘 못 먹었어요. 혹시 열이 오르면 전화 주세요.　　　　　　　　　　　－엄마

세영이가 약간의 열 기운이 있는 것 같아서 가능하면 쉬면서 놀이하도록 낮잠 시간을 길게 하였습니다. 잠에서 깰 때 엄마를 찾으며 울기는 했지만 금방 울음을 멈추고 책을 읽었습니다. 점심에 세영이가 좋아하는 반찬이 나와서 밥도 남기지 않고 모두 먹었어요.　　　　　　　　　－선생님

2. 유아 또는 부모와의 수시 면담

1) 정의

면담은 영유아 또는 그들의 부모와 직접적인 대화를 나누면서 정보를 수집하는 방법이다. 면담 기술은 원래 임상적 진단이나 상담 및 치료에 사용되어 왔으며, 피아제가 임상적 방법으로 유아의 인지 발달 연구에 적용한 후로 더욱 유용한 방법이 되었다.

2) 종류

면담은 주로 일 대 일로 얼굴을 맞대고 이루어지지만, 가끔은 전화 면담이나 정기적인 부모 모임도 가능하다. 면접법에는 구조적 면담법과 비구조적 면담법이 있다.

구조적 면담법은 표준화 면담법이라고도 하며, 면담의 내용과 순서가 미리 일관성 있게 준비되고 이에 따라 면담이 실시되는 것이다. 예를 들면 유아의 또래 관계를 알아보기 위해 질문할 사항을 면담표에 작성해 놓고 그 순서에 따라 '친한 친구가 몇 명인가? 소풍 가는 버스에서 같이 앉고 싶은 친구는 누구인가?' 등을 알아보는 것이다. 비구조적 면담법은 비표준화 면담법이라고도 하며, 연구 목적에 부합된 질문의 내용이나 어법, 순서 등을 면담자에게 일임하는 방법이다. 이 방법은 면담을 통해 수집될 자료가 무엇인지 분명해야 하며, 가장 타당성 있는 자료를 수집하기 위한 융통성 있는 질문과 개략적인 절차가 준비되어야 한다. 예를 들면, 유아의 또래 관계를 알아보기 위해 "친구는 어떤 사람이라고 생각하니?", "친구와 사이좋게 지내려면 어떻게 해야 할까?" 등의 질문을 하는 것이다.

3) 예시

서로 대화가 가능한 유아나 영유아의 부모와 면담을 통해 영유아의 행동을 이해할 수 있는 사항들을 예시하면 다음과 같다.

●표 2-3 | 부모 또는 영유아와의 구조적·비구조적 면담 예시

	구조적 면담법	비구조적 면담법
부모	영아 양육의 어려움을 알아보기 위한 구조적 면담법의 예시 면담 대상 김○○(여, 32세, 2세 영아의 어머니) 면 담 자 교사 면담 일시 2009년 5월 13일 면담 장소 어린이집 교사실 질문 목록(질문할 내용) −아이를 키우면서 가장 힘든 점은 무엇입니까? −갈등 상황이 가장 많이 일어날 때는 언제입니까? −이럴 때에는 어떻게 하십니까? −갈등 상황이 해결된 후 어떤 생각이 드십니까? −양육에 관련된 강의가 있다면 어떤 주제의 강의를 들으시겠습니까?	영아 양육의 어려움을 알아보기 위한 비구조적 면담법의 예시 면담 대상 김○○(여, 32세, 2세 영아의 어머니) 면 담 자 교사 면담 일시 2009년 5월 15일 면담 장소 피면담자의 가정 면담 내용 교 사 아이를 키우면서 뭐가 가장 힘드세요? 어머니 아무리 설명해도 허용되지 않는 행동을 하겠다고 계속 소리 지르고 울면서 고집을 피울 때 난감해요. 교 사 그럼 어떻게 하세요? 어머니 계속해서 설명해 주고, 기다려 주고, 협상해 주다가, 한계를 느끼게 되면 타임아웃을 하던지 불이익을 줘요. 교 사 화내지 않고 계속해서 이야기해 주고 장시간 기다려 주는 것이 쉬운 일은 아니지요. 어머니 아이의 자는 모습을 보면 내가 잘하고 있는지 의문이 들기도 해요. 매일 안개 속을 걷는 것처럼 답답하기도 하고요. 교 사 바람직한 양육 행동을 돕기 위한 강의가 있다면 어떤 강의 주제를 듣고 싶으세요?
유아	유아의 하루 일과를 알아보기 위해 −어린이집에서 집으로 돌아가면 제일 먼저 하는 일이 무엇이니? −집에서는 주로 누구와 놀이를 하니? −좋아하는 TV 프로그램이 있니? 어떤 프로그램을 보는지 이야기해 줄 수 있겠니? −잠은 누구와 자니?	유아의 하루 일과를 알아보기 위해 −집에서 가장 행복한 시간은 언제니? −하룻동안 어떤 놀이를 하니? −집에서 하는 일을 말해 줄래?

3. 관찰

1) 정의

관찰은 영유아의 행동을 이해하는 데 가장 기본적이며 필수적인 방법이다. 그것은 영유아의 발달 특징상 언어를 통한 의사 소통이 원활하지 않기 때문에 검사나 면담보다 관찰이 적합한 경우가 많으며, 대부분의 영유아는 관찰자의 존재에 크게 개의치 않고 자연스러운 행동을 보이기 때문이다.

2) 종류

관찰법에는 자연적 관찰과 구조적 관찰의 두 가지 접근 방식이 있다. 자연적 관찰은 있는 그대로의 자연스러운 상황에서 관찰이 이루어지며, 관찰 장면에서 일어나는 다양한 현상을 아무 제한 없이 관찰하는 것을 뜻한다(이은해, 1985). 매일매일 변화하는 신생아의 행동과 성장을 기록하는 유아 전기는 자연적 관찰의 대표적인 예라고 할 수 있다.

구조적 관찰은 관찰될 행동이나 시간을 미리 일정한 형태로 계획해 놓고 특정한 영역의 행동에 대해서만 관찰하는 것을 뜻한다. 예를 들어 어린이집의 하루 일과 중 자유 선택 활동 시간에 쌓기 놀이 영역에서 5세 유아들 간의 사회적 관계를 관찰하는 것을 들 수 있다.

일반적으로 영유아를 관찰하는 데 주로 사용되는 방법으로는 일화 기록법, 시간 표집법, 사건 표집법, 행동 목록법, 평정 척도법 등이 있다. 그 중 가장 일반적으로 사용되는 일화 기록, 행동 목록법을 중심으로 구체적으로 살펴보면 다음과 같다.

(1) 일화 기록

일화 기록은 짧은 내용의 사건이나 행동에 대한 사실적인 기록으로 개인의 특성을 이해하기 위하여 그 개인이 나타낸 구체적인 행동 사례나 어떤 사건에 관련된 관찰 일지를 상세히 기록하는 방법이다. 일화 기록은 신문 기사를 쓰듯이 사실적으로 무슨 상황이 언제, 어디서, 어떻게 일어났으며 영아가 그 상황에서 무슨 말을 하고 어떻게 행동했는지를 적는 것이다. 따라서 교사는 일화 기록을 할 때 자신의 주관적인 판단이 내포되지 않은 단어를 사용하여, 관찰한 사건에 대한 사실적이고 객관적인 기록이 되도록 주의해야 한다. 또한 일화 기록은 영아의 일상적인 행동을 그 영아가 속한 사회 문화적 상황이나 물리적 환경과의 관련 속에서 총체적으로 기록해야 한다. 일화 기록은 특별한 기록 양식 없이 노트나 접착 메모지에 간단히 기술할 수 있다. 그러나 이때 행동에 대한 기술과 함께 영아의 이름, 관찰 일시, 관찰 장면 등과 같은 기본 정보를 반드시 기록해야 한다.

(2) 행동 목록법(체크리스트)

행동 목록법은 어느 정도 구조화된 관찰법으로서, 교사가 관심 있는 행동 목록을 사전에 준비하고 각 행동의 출현 여부를 관찰한 후에 '예/아니요', 또는 '그렇다/그렇지 않다'로 표기하는 방법이다. 이 방법은 어떤 행동의 출현 여부를 판단하는 것과 변화 여부를 판단하는 데 도움이 된다. 특히 미리 작성된 목록표를 사용하기 때문에 간편할 뿐만 아니라 이미 개발된 것으로 적용 가능한 목록표가 있을 때에는 더욱 간편하게 사용할 수 있다. 행동 목록표를 작성하여 사용할 경우, 문항은 관찰 가능한 구체적 행동을 나타내는 것이어야 하고 문항 간 서로 중복이 없어야 하며, 가능한 논리적으로 구성하여야 한다.

3) 예시

영유아들을 돌보면서 관찰을 통해 영유아의 행동을 이해할 수 있는 사항들을 예시하면 다음과 같다.

●표 2-4 | 자연적 · 구조적 관찰의 예시

자연적 관찰	구조적 관찰
◉ 숟가락과 유아용 보조 젓가락의 식사 도구를 사용하면서 소근육 통제력을 형성해 나가는 영아 행동에 대한 자연적 관찰 예시 • 관찰 초반 2008년 11월 21일(23개월) 콩자반의 콩을 푹 떠서 먹고 어머니가 잘라 놓은 달걀말이를 숟가락으로 뜨려고 시도한다. 3회 시도하다 뜻대로 되지 않자 왼손으로 달걀을 집어 숟가락에 올린 다음, 오른손으로 숟가락을 엎어 잡고 먹어 버린다.	• 일화 기록 관찰 양식 관찰 유아 김길동 생년월일 2006년 7월 3일(남) 관 찰 일 2009년 9월 15일 관 찰 자 교사 장 면 출근하는 엄마와 떨어지기(8: 50 a.m.) 관찰 내용 길동이가 보육실 문 앞에서 엄마의 무릎을 잡고 울고 있다. 엄마가 길동이를 떼어 내려고 하자, 길동이는 우는 목소리로 "싫어, 싫어." 하고 외치며 고개를 크게 가로 젓는다.

유아용 보조 젓가락에 손가락을 끼우고 멸치 그릇에 있는 멸치를 집으려고 시도한다. 오므렸다 폈다 여러 차례 시도하였으나 멸치가 집히지 않는다. 젓가락을 허공에다 대고 몇 번 오므렸다 폈다를 반복하더니 다시 멸치를 집으려고 한다. 이번에도 집어지지 않자 왼손으로 젓가락 아랫부분을 꽉 쥐고 두 손으로 조심스레 집어서 입에 넣는다.

• 관찰 후반 2009년 6월 8일(29개월)

유아용 보조 젓가락으로 제법 능숙하게 반찬을 집어 먹었다. 작은 콩자반 콩도 한 번에 집어 먹었고, 마늘쫑도 능숙하게 집어 먹었다. 반찬을 집어 입에 넣고는 "음냐, 음냐." 소리를 내어 씹으며 즐거워한다.

• 평정 척도 관찰 양식

유 아 명 김을동(성별: 남, 여)

조사 일시 2009년 10월 9일

	전혀 그렇지 않다	보통 이다	항상 그렇다
❶ 신발을 가지런히 정리한다.			
❷ 입었던 옷을 잘 정리한다.			
❸ 차례를 지켜 줄을 선다.			

• 체크리스트 관찰 양식

유아명: 김병동(남)	조사일시: 2009년 10월 16일	
예	아니오	
		올바르게 앉아서 식사한다.
		의자에 바른 자세로 앉는다.

4. 유의 사항

영유아를 관찰할 때 일반적으로 유의해야 할 점은 다음과 같다.

• 영유아의 실수나 과오를 찾으려 하기보다는 건설적이고 발전된 행동을 발견하도록 한다. 영유아 개개인의 독특함과 창의적인 활동에 각별한 관심을 기울이도록 한다.

• 영유아에 대한 관찰자 자신의 느낌이나 태도에 편견이 없도록 유의한다. 영유아를 관찰할 때 주변의 요소가 작용하는 영향이 있는지 살펴보고 이를 배제함으로써 후광 효과에 의해 잘못 판단할 여지를 미리 방지해야 한다.

• 실제로 일어난 상황을 객관적이고 사실적으로 기록하여야 한다.

• 자연적 관찰과 구조적 관찰의 여러 가지 관찰 방법을 숙지하여 관찰 목적에 알맞은 관찰 방법을 사용하도록 한다.

1 게젤이 제시한 연령별 발달 이정표는 무엇인가?

|정답| 표준 성숙 목록표

|해설| 소아과 의사였던 게젤은 소아 환자들의 신체적 성장 과정을 측정하여 연령별 발달 이정표를 작성
하였다.

2 스키너의 조작적 조건화에 대한 설명으로 바람직하지 <u>못한</u> 것은 무엇인가?

① 환경이 인간의 행동을 통제하는 방식에 관련된 이론이다.

② 스키너 이론의 가장 중요한 개념은 강화로, 유아가 바람직한 행동을 했을 때 칭찬과 격려
로 강화해 주면 그 행동의 발생 빈도가 증가할 것이다.

③ 유아가 바람직하지 못한 행동을 했을 때 벌을 주면 그 행동을 소거할 수 있다.

④ 스키너의 조작적 조건화 견해를 입증하기 위해 고안된 실험은 상자 실험이다.

|정답| ③

|해설| 스키너는 벌은 예상치 못한 부작용을 유발할 수 있다고 주장하고 벌주는 것에 반대하였다.

3 에릭슨의 심리사회적 발달이론의 8단계는 무엇인가?

|정답| 1단계 – 신뢰감 대 불신감   2단계 – 자율성 대 수치감

　　　3단계 – 주도성 대 죄책감   4단계 – 근면성 대 열등감

　　　5단계 – 자아 정체감 대 역할 혼미   6단계 – 친밀감 대 고립감

　　　7단계 – 생산성 대 고립감   8단계 – 자아 통합 대 자아 절망

|해설| 에릭슨은 인생의 전 과정을 모두 8단계로 구분하여 설명하였다.

4 피아제와 비고츠키 이론의 공통점은?

|정답| 인간의 가장 중요한 측면을 인지 발달 또는 정신 발달에 두고, 지식의 능동적 구성 과정에 대한 아
이디어를 제시하였다.

|해설| 두 사람 모두 인지발달이론을 대표하는 학자로서, 인간을 능동적이고 적극적으로 환경에 적응하
며, 스스로 사고하고 정보를 처리하며 새로운 지식을 구성해 나가는 창의적 존재로 보았다.

5 미시 체계, 중간 체계, 외 체계, 거시 체계를 설명하시오.

│정답│ 미시 체계: 유아와 직접 상호 작용이 일어나는 환경 체계
중간 체계: 미시 체계들 간의 상호 작용이 일어나는 환경 체계
외 체계: 유아 발달에 간접적 영향을 끼치는 환경 체계
거시 체계: 법 · 문화 등 광의의 사회 환경 체계

│해설│ 브론펜브레너는 인간을 둘러싸고 있는 생태 환경을 가장 가까운 것에서부터 가장 먼 것에 이르기
까지 4개의 층으로 구분하여 설명하였다.

6 영유아의 행동을 이해하는 데 유용한 자료 수집 방법은?

│정답│ 일상 기록법, 면담법, 관찰법

│해설│ 영유아의 발달 심리를 이해하기 위해서는 영유아가 표출한 외현적 · 내면적 행동 자료 및 주변 환
경 자료들을 수집하여 합리적으로 연구할 필요가 있다. 이러한 자료 수집의 방법으로 일상 기록
법, 면담법, 관찰법 등이 있다..

1 주요 발달 이론 정리

이론	관련 학자	발달관과 핵심 개념
성숙이론	다윈, 홀, 게젤	유전 인자의 성숙으로 인해 발달 (표준 성숙 목록표)
행동주의이론	파블로브, 왓슨, 스키너, 반두라	환경적 자극으로 인해 발달 (조건화 · 강화 · 관찰과 모방)
정신분석이론	프로이드, 에릭슨	심리성적 발달(리비도) 심리사회적 발달(자아 정체감)
인지발달이론	피아제	개인의 능동적 지식 구성을 통한 인지 발달 (적응 · 동화 · 조절 · 평형)
	비고츠키	사회 문화적 환경과의 상호 작용을 통한 정신적 발달(근접 발달 지대)
생태학적이론	브론펜브레너	능동적 인간과 변화하는 환경 간의 조절을 통한 발달 (미시 체계 · 중간 체계 · 외 체계 · 거시 체계)

2 영유아 행동 이해를 위한 자료 수집 방법

	정 의	종 류
일상 기록법	영유아와 만나서 헤어질 때까지 일상 중에 이루어지는 영유아의 행동을 기록하는 방법이다.	
면담법	영유아 또는 그들의 부모와 직접적인 대화를 나누면서 정보를 수집하는 방법이다.	구조적 면담법 비구조적 면담법
관찰법	영유아가 경험하고 있는 것을 이해하기 위한 목적으로 영유아를 지켜보는 것이다.	자연적 관찰 구조적 관찰

여성가족부(2007). 보육 프로그램.

이은해(1985). 아동 발달의 평가와 측정. 교문사.

정옥분(2004). 영유아 발달의 이해. 학지사.

제 *3* 장

학령기 아동 발달·심리의 이해

6세에서 11세까지 초등학교에 다니는 시기를 학령기라고 하는데 유아기나 사춘기에 비해 비교적 조용한 시기이다. 신체 발달은 성장 속도가 둔화되지만 운동 능력이 더 빠르고 정교하게 발달하며 모든 운동 기능을 수행할 수 있게 된다. 인지 발달은 논리적이고 체계적으로 사고할 수 있게 되며 보존 개념, 조망 수용 능력, 유목화, 서열화 개념 등을 습득할 수 있다. 언어적 진보의 시기로 어휘와 의사 소통 기술이 급속도로 증가한다. 자신에 대한 개념과 도덕성, 친사회적 행동이 발달하며 또래 관계가 중요해진다.

01 학령기 아동의 신체적 발달 특징을 이해하여 잘 돌볼 수 있도록 한다.

02 학령기 아동의 인지 발달 특징을 이해함으로써 인지 발달을 촉진시킬 수 있게 한다.

03 학령기 아동의 언어 발달 특징을 이해하여 의사 소통 · 쓰기와 읽기 능력을 장려한다.

04 학령기 아동의 사회 · 정서 발달 특징을 이해하여 자존감을 가지고 학교 생활을 잘할 수 있도록 돕는다.

• 신체적 발달 인간의 발달 과정 중에 신장과 체중 · 신체 비율의 변화, 골격과 근육의 발달, 운동 기능 발달 등 신체적 변화를 의미한다.

• 구체적 조작기 피아제의 인지 발달 단계 중 세 번째 단계로서, 아동은 탈중심화와 가역성 같은 인지적 조작을 습득함으로써 논리적이고 체계적으로 사고할 수 있게 되며, 보존 개념, 조망 수용 능력, 유목화, 서열화 개념 등을 습득할 수 있다. 그러나 자신이 직접 경험한 구체적인 세계에 한정된다.

• 조망 수용 능력 사고의 자기 중심성에서 벗어나 타인의 입장, 감정, 인지 등을 추론하고 이해할 수 있는 능력

• 정보 처리적 관점 인간의 마음과 컴퓨터가 용량 제한이 있다는 점에서 공통점이 있다고 보는 이론이다. 아동의 뇌와 신경계(하드웨어 향상)가 성숙하면서 정보에 주의 집중, 해석, 기억, 새로운 책략을 사용(소프트웨어 향상)함으로써 아동은 복잡한 인지 과제를 정확히 수행한다는 이론이다.

• 친사회적 행동 다른 사람을 이롭게 하는 행동으로서 나누어 주기, 돕기, 감정 이입하기, 관용 베풀기, 다른 사람의 복지 증진에 관심 가지기 등이 포함된다.

○, × 퀴즈

진단 문제	○	×
1 학령기 아동의 신체적 발달은 성장 속도가 비교적 느린 편이다	v	
2 학령기 아동의 사고의 특징 중 하나는 가역적 사고이다	v	
3 학령기 아동의 언어 발달을 볼 때 어휘력의 증가는 그다지 뚜렷하지 않다.		v
4 학령기 아동은 유아기에 비해 자존감이 높은 편이다		v
5 아동의 도덕성 발달에서 부모의 양육 태도가 자율적이고 개방적일 때 도덕성 발달 수준이 낮았다.		v

해설

01 학령기 아동의 신체 발달은 유아기나 사춘기에 비해 성장 속도가 느리지만 꾸준히 성장을 계속한다.

02 학령기 아동의 사고의 특징은 구체적 조작기 사고로서 탈중심화와 가역적 사고로 인하여 보존 개념을 형성하고 유목화, 서열화, 조망 수용 능력이 발달한다.

03 아동기는 보다 많은 단어를 학습하고, 길이가 길고 문법적으로 복잡한 문장을 이해하게 되며 급속도로 어휘 능력이 발달한다.

04 유아기에는 일반적으로 자존감이 높은 편이나 아동기에 들어서면서 여러 영역에 걸쳐 자신을 객관적으로 평가하게 됨에 따라 보다 현실적인 수준으로 자존감이 조정되어 터무니없이 높던 유아기보다는 자존감이 낮아진다고 볼 수 있다.

05 아동의 도덕성 발달과 부모의 학력, 사회 경제적 지위, 문화 수준과는 밀접한 관계가 있다. 그중에서 애정 지향적이고 수용적인 양육 태도는 긍정적인 영향을 미치나 지나치게 엄격하고 통제적인 양육 태도는 부정적인 영향을 미친다. 따라서 부모의 양육 태도가 애정 지향적이고 자율적이며 개방적일 때 도덕성 발달 수준이 높은 것으로 나타났다.

① 신체 발달

학령기 아동은 초등학교에 다니는 시기(6세~11세)로서, 학교 생활을 통해 많은 사회적 관계를 형성하며(학동기), 또래 집단의 비중이 점차 커지게 되는 시기이다. 유아기나 사춘기의 격동에 비해 상대적으로 조용한 시기(잠복기)로서, 아동기의 에너지는 내부적으로 조작 능력을 획득하고 급격한 인지 발달을 육성하기 위해 사용된다.

1. 신체적 성장

1) 신장과 체중의 변화

학령기 신체 발달은 성장 속도가 둔화되고 아주 조금밖에 자라지 않지만 성장은 꾸준히 계속된다. 〈그림 3-1〉에서 보듯이 신체적 성장은 학령기 아동기에는 별로 자라지 않다가

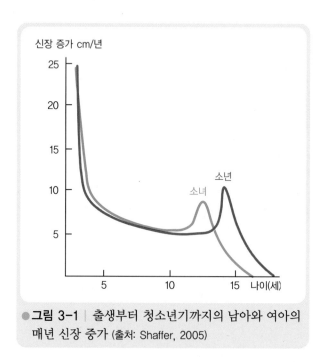

● 그림 3-1 │ 출생부터 청소년기까지의 남아와 여아의 매년 신장 증가 (출처: Shaffer, 2005)

사춘기에 들어서 급성장하는데, 여아는 만 10.5세 정도에 급격한 성장을 보인다.

2) 신체 비율과 신체 시스템의 변화

학령기 아동은 머리의 크기가 신체에서 차지하는 비중이 작아져서 성인 수준에 가까워
진다. 〈그림 3-2〉는 태아기에서 성인기까지의 신체 비율의 변화를 잘 보여 준다. 학령기
아동기에는 얼굴 모양도 동그란 모습에서 길쭉하게 변하며, 코와 입이 커지고 넓어져 전체
적인 얼굴 모습이 달라진다.

신체 발달의 다른 부분처럼 근육 조직의 성숙도 아동기 동안에 매우 점진적으로 이루어
진다. 또한 신체 발달은 여러 신체 시스템들이 각각 다른 성장 패턴을 보여 준다. 〈그림 3-
3〉에서처럼 뇌와 머리는 신체의 다른 부분보다 매우 빠르게 성장하여 성인의 비율에 빨리
도달한다. 반면에 생식 기관은 학령기에는 느리게 성장하며 림프 조직의 성장은 아동기 후
반에 성인의 수준을 넘어서고 청소년기에 급감하게 된다.

3) 성장통

학령기 아동의 신체는 훨씬 더 가늘어진 모습이 되며, 근육이 성장하는 신체에 적응할
때 근육이 당기는 듯한 느낌의 통증을 느끼게 되는데, 성장기 아동의 10~20%가 경험하는
성장통은 밤에 심하고 아침이 되면 사라지는 것이 보통이다.

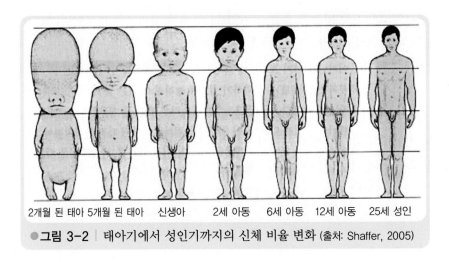

2개월 된 태아 5개월 된 태아 신생아 2세 아동 6세 아동 12세 아동 25세 성인

●**그림 3-2** │ 태아기에서 성인기까지의 신체 비율 변화 (출처: Shaffer, 2005)

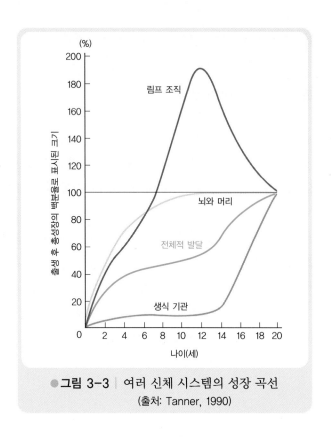

●**그림 3-3** │ 여러 신체 시스템의 성장 곡선
(출처: Tanner, 1990)

2. 운동 기능의 발달

초등학교에 들어가면 아동은 운동 능력이 더 빠르고 정교하게 발달하며, 달리기, 줄넘기, 자전거 타기, 등산, 수영, 스케이트 등 모든 운동 기능을 수행할 수 있게 된다. 운동 기능이 훨씬 정교해지고 협응 능력도 발달하여 공을 더 멀리 던지고 더 잘 받을 수 있게 된다.

운동 능력 발달에서 개인차와 성차를 보이게 되는데, 남아는 17세까지 운동 능력이 계속적으로 발달하나 여아는 13세경에 최고조에 달한 이후 쇠퇴하거나 그 능력을 유지하게 된다. 운동 기능에서 남아는 힘이 세져서 결국 대근육 사용 운동(**예** 야구, 축구 등)을 잘하게 되고 여아는 유연성이 발달하여 소근육 활동(**예** 체조, 수공예 등)에서 우세해진다. 이런 운동 기능의 발달은 아동의 자아 개념에도 영향을 미친다.

●표 3-1 | 아동기의 대근육 운동 기능의 발달

6세	7세	8세	9세	10세	11세	12세
깡충깡충 뛸 수 있다.	눈을 감고 한쪽 발로 균형을 잡을 수 있다. 평균대 위를 걸을 수 있다. 사방치기, 거수 도약 운동을 할 수 있다.	발을 번갈아 가며 한 발로 뛸 수 있다. 여러 가지 놀이를 할 수 있다.	작은 공을 12m 정도 던질 수 있다. 25cm 정도의 높이로 뛰어오를 수 있다.	1초에 5m 정도를 달릴 수 있다.	1.5m 정도의 멀리뛰기를 할 수 있다.	1m 정도의 높이로 뛰어오를 수 있다.

1) 대근육 운동

- 대근육 운동 기능의 습득: 자전거 타기, 스케이팅, 수영, 줄넘기, 야구, 농구, 피구, 테니스, 술래잡기 등이 대근육 운동기능인데, 학령기 아동은 이러한 기본 기술을 습득함으로써 여러 가지 놀이나 스포츠 게임에 참여할 수 있게 된다.
- 스포츠 게임에 참여하게 됨으로써 아동들은 운동의 효과, 우정 관계의 형성, 게임 규칙의 준수, 구성원들과의 협동을 잘할 수 있는 효과를 보게 된다. 〈표 3-1〉은 아동기의 대근육 운동 기능의 발달을 잘 보여 준다.

2) 소근육 운동

- 소근육 운동: 손과 손가락을 사용하는 운동으로 8~9세가 되면 스크루 드라이버 등과 같은 가정용 도구들을 사용할 수 있게 되고 눈과 손의 협응이 필요한 카드, 닌텐도와 같은 게임에 능숙해진다.
- 중추 신경계의 수초화가 증가하면서 아동기의 소근육 운동 기능이 증가한다.
- 소근육 운동 기능이 증가하면서 다양한 악기 연주나 수공예 등 취미 활동이 가능해진다.
- 소근육 운동 기술의 증가로 〈표 3-2〉에서 볼 수 있듯이 독립심이 증가한다

●표 3-2 │ 아동기의 소근육 운동 기능의 발달

6세	7세	8~9세	10~12세
도움 없이 옷을 입고 벗을 수 있고, 신발 끈을 매며 식사 시간에 수저를 잘 사용할 수 있게 된다.	손놀림이 더 안정되고, 글씨를 쓰는 데 크레용보다는 연필을 선호하며, 글씨 쓰는 속도도 빨라지게 된다. 글자나 숫자를 거꾸로 쓰는 일도 드물어진다.	양손을 따로따로 쓸 수 있다.	손놀림이 성인 수준에 가까워지고, 정교한 수공예품을 만들 수 있으며, 어려운 곡을 악기로 연주할 수 있게 된다.

3. 건강 관리와 질병

학령기 아동은 면역력의 증가로 일반적으로 건강한 편이다. 그러나 전염성 질병(감기)에 노출되기 쉬운데, 잘 걸리는 질병으로 중이염, 편도선염, 수두, 백일해 등이 있다.

아동기에 발생하는 사망과 신체 장애의 주요 요인으로는 사고를 들 수 있다. 신체 활동량이 많아지고 호기심이 왕성해져서 사고가 자주 발생한다. 교통 사고는 초등학교 1학년 때 가장 위험하며 남아 사망률이 2배 정도 높다. 그 외에도 낙상, 화상, 약물·독극물 섭취, 질식, 인라인 등 놀이 중에 사고가 발생하기도 한다. 부모가 안전에 유의하면 이러한 사고는 방지할 수 있다.

아동기에는 시력 교정을 필요로 하는데, 근시, 원시, 난시 등이 있다. 초·중·고생의 40%가 근시(교육인적자원부, 2001)인 것으로 나타났다.

1) 영양

① 아동기는 성장하는 시기이므로 성인보다 단백질을 더 많이 섭취해야 한다.
② 다섯 가지 식품군의 고른 섭취가 필요하다.
③ 아동기에는 체중이 2배로 늘고 에너지 소모량이 증가하므로 유아기보다 많은 양의 음식을 섭취해야 한다. 일반적으로 7~10세에는 2,400Kkal가 필요하다.

2) 비만

① 비만은 정상 체중보다 20% 이상의 체지방이 과다하게 축적되는 것을 의미한다.

② 우리나라 아동 중 10%가 비만이다.

③ 아동기 비만의 원인

• 유전적 요인: 비만 인자 → 렙틴 → 시상하부 → 식습관

• 체격은 좋아졌지만 운동 부족으로 체력은 저하됨(TV와 컴퓨터의 영향)

• 과식

④ 신체적 · 의학적 문제 초래-고혈압, 심장질환, 당뇨 등

⑤ 비만 아동의 심리적 문제

• 또래로부터의 놀림과 따돌림 → 낮은 자아 존중감, 부정적 신체상, 우울증

　(자아 존중감: 자신의 존재에 대한 긍정적 견해로서 자기 존재에 대한 느낌,

　신체상: 자신의 신체에 대해 얼마나 만족하는가 하는 느낌)

• 악순환: 따돌림, 고립, 낮은 자아 존중감 → 과식, 낮은 활동성 → 체중 증가, 따돌림

⑥ 식습관을 바꾸고 운동을 시키는 행동 요법이 효과적이다.

• 다이어트, 운동, 행동 수정 프로그램을 병행해야 한다.

⑦ 원인별 대처 방법

• 과식으로 인한 비만 → 적절한 운동, 간식의 양 줄이기

• 사랑과 관심 끌기에서 비롯된 과식 → 관심 주기

• 대인 관계에서 느끼는 외로움 → 대인 관계의 융화를 통해 해결

3) 질병

① 감기: 가장 흔한 질병

② 알레르기: 특정 물질에 대한 과민 반응

③ 천식: 꽃가루, 먼지, 동물의 털, 화학 약품, 기온이나 기압의 갑작스러운 변화, 과도한 운동, 스트레스 등에 기관지가 과민 반응을 일으키는 질환이다. 아동기 말이나 청소년 초기에 저절로 없어지거나 감소하기도 한다.

④ 암: 사고 다음으로 많은 사망 원인이다. 〈그림 3-4〉에서 보듯이 아동기에 가장 많이 발생하는 암은 백혈병이다. 백혈병은 골수에서 백혈구가 지나치게 많이 생성되는 반면, 적

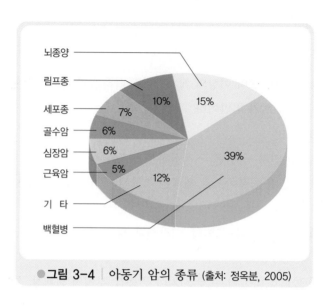

●그림 3-4 │ 아동기 암의 종류 (출처: 정옥분, 2005)

혈구와 혈소판은 감소하는 질환이다.

4) 치아 건강

① 아동기 동안 가장 눈에 띄는 신체적 변화 중 하나는 젖니가 빠지는 것이다.

② 치아 관리를 제대로 하지 않으면 충치, 잇몸 질환이 생긴다.

• 당+박테리아 → 산 → 법랑질 부식 → 상아질 파괴 → 치수(치아 내 신경 및 혈관 조직)
에 염증 발생

③ 치열 교정을 위해서는 치열 교정기를 착용해야 한다.

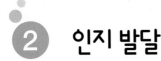

2 인지 발달

1. 아동기 사고의 특성(Piaget의 관점)

아동기는 Piaget의 인지 발달 단계 중 세 번째 단계인 구체적 조작기에 해당한다. 구체적 조작기의 아동은 자아 중심성에서 벗어나고 가역성과 같은 인지적 조작을 습득함으로써 논리적이고 체계적으로 사고할 수 있게 된다. 이들은 조작(주어진 정보를 특정한 목적을 위해 변형시키거나 관련된 사고로 통합하는 정신적 활동)의 순서가 전환될 수 있다는 것을 이해한다. 덧셈이나 뺄셈과 같은 능력이 이에 속하는데, 이러한 사고의 특성은 보존 개념, 조망 수용 능력, 유목화, 서열화 개념 등을 습득할 수 있게 해 준다. 그러나 구체적 조작기 아동의 사고는 자신이 직접 경험한 구체적인 세계에 한정된다.

액체: 2개의 동일한 용기에 같은 높이로 액체를 붓고, 아동은 동일한 양의 액체가 담겨 있다고 말한다.

한 용기에 담긴 액체를 다른 모양의 용기에 부어 두 용기에 담긴 물의 높이가 달라진다.

보존 개념을 습득한 아동은 각 용기에 동일한 양의 액체가 담겨 있다는 것을 인식한다(평균적으로 액체 보존 개념은 6~7세에 습득된다).

질량(점토성 물질): 찰흙으로 만든 2개의 동일한 공을 제시하고, 아동은 동일한 양의 찰흙이 뭉쳐져 있다고 말한다.

동일한 양의 찰흙 중 하나의 모양을 다르게 한다.

보존 개념을 습득한 아동은 각 모양에 동일한 양의 찰흙이 뭉쳐 있다는 것을 인식한다(평균 연령: 6~7세).

수: 2줄의 구슬을 제시하고, 아동은 각 줄에 동일한 수의 구슬이 놓여 있다고 말한다.

한 줄의 구슬 간격을 넓힌다.

아동은 각 줄에 동일한 수의 구슬이 놓여 있음을 인식한다(평균 연령: 6~7세).

부피(물 차지량): 찰흙으로 만든 2개의 동일한 공을 동일한 양의 액체가 담긴 동일한 모양의 용기에 넣고, 아동은 각 용기의 물의 높이가 동일한 정도로 상승하는 것을 본다.

찰흙 공 하나를 꺼내어 모양을 다르게 빚은 다음 용기 위에 얹어 놓는다. 아동에게 이 찰흙 덩어리를 다시 물 속에 넣으면 옆 용기보다 물 높이가 올라갈지, 내려갈지 또는 동일할지에 대해 물어 본다.

보존 개념을 습득한 아동은 찰흙 공의 모양 이외에는 변화된 것이 없으므로 찰흙이 동일한 양의 액체를 차지할 것이기 때문에 두 용기의 물의 높이가 동일하게 될 것임을 인식한다(평균 연령: 9~12세).

●**그림 3-5** | 아동기 보존 개념에 대한 실험 절차 (출처: Shaffer, 2005)

1) 보존 개념

① 학령기 아동은 문제 해결 과정에서 논리적 조작이나 규칙을 적용하기 시작한다.

② 보존 개념은 물체의 외관과 표면이 조금 달라진다고 해도 물체의 특정 속성(부피, 질량, 수 등)은 변함이 없다는 것을 판단할 수 있는 능력이다.

③ 보존 개념 획득의 전제 조건

* 가역성: 어떠한 상태 변화가 그 변화의 과정을 역으로 밟아 가면 다시 원상으로 복귀될 수 있다는 사실(**예** 2+3=5, 따라서 검산할 때 5-2=3)
* 보상성: 높이의 감소가 폭이라는 차원으로 보상된다는 것
* 동일성: 어떤 방법으로든 더하거나 빼지 않았으므로 양은 동일하다는 것

2) 조망 수용 능력

① 아동기에는 조망 수용 능력을 획득하게 된다. 조망 수용 능력이란 사고의 자기 중심성에서 벗어나 타인의 입장, 감정, 인지 등을 추론하고 이해할 수 있는 능력이다. 즉 특정 상황에서 타인의 감정이나 사고 과정, 또는 행동의 원인을 추론하고 이해할 수 있다

② 사회적 조망 수용 능력은 학년이 높아질수록, 여아일수록 더 높다

③ 감정 조망 수용 능력은 두 가지 감정이 복합적으로 사용되는 복합적 상황에서 더 늦게 발달한다.

3) 유목화

아동기에는 물체를 공통의 속성에 따라 분류하고, 한 대상이 하나의 유목에 속하는 것으로 분류할 수 있다(**예** 고래는 포유류로 동물에 속하며 생물에 포함됨).

4) 서열화

① 구체적 조작기에는 사물을 영역별로 차례나 순서대로 배열할 수 있는 능력, 즉 서열화가 가능하다.

② 단순 서열화(한 가지 속성에 따라 대상을 비교하면서 순서대로 배열)와 다중 서열화(두 가

지 이상의 속성에 따라 대상을 비교하면서 순서대로 배열)가 가능하다.

2. 아동기 지능과 창의성

1) 지능의 본질

(1) 지능의 정의
어휘력이나 독해력 같은 언어 능력, 논리적 사고와 건전한 판단을 수반하는 문제 해결 능력, 그리고 환경 적응 능력 등을 말한다.

(2) Binet
지능이 단일 능력이라고 믿었지만, 최근에 와서 지능은 다차원적인 것으로 보는 경향이 우세하다. 즉 Wechsler는 지능을 개인이 목적에 따라 행동하고, 합리적으로 사고하며, 환경에 효율적으로 대응할 수 있는 능력이라고 정의했다.

(3) Sternberg(1985, 1991)
지능의 세 가지 요인을 강조하는 삼원이론을 〈그림 3-6〉처럼 제안하였다.

즉 정보 처리적(혹은 요소적, 구성적) 요인, 경험적 요인, 맥락적 요인들로 구성되어 있다고 하였다.

① 정보 처리적 요인: 정보를 얼마나 효율적으로 처리하는가 하는 문제로, 이 지능이 높은 사람은 검사 점수가 높게 나타나며, 논쟁에서 상대방의 허점을 잘 찾아낸다.

② 경험적 요인: 문제를 해결하는 데 이전 경험을 어떻게 활용하는가 하는 것인데, 이 지능이 높은 사람은 새로운 문제를 신속히 해결하고 익숙한 문제는 기계적으로 해결한다. 그래서 어려운 문제에 몰두할 수 있도록 정신을 자유롭게 해 준다.

③ 맥락적 요인: 환경에 어떻게 대처하는가 하는 것으로, 학교에서 배우지 못하는 실생활에 필요한 중요한 정보를 얻는 능력이다.

(4) Gardner(1983, 1999)
다중지능이론을 소개하면서 인간은 적어도 일곱 가지의 지능을 가진다고 제안하였다.

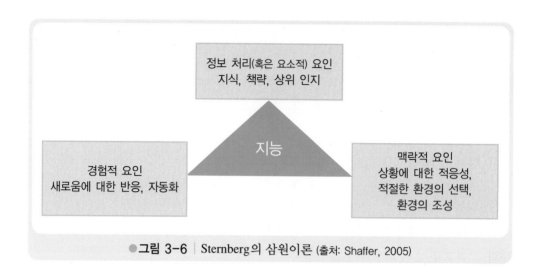

●그림 3-6 │ Sternberg의 삼원이론 (출처: Shaffer, 2005)

그 이후 8번째 지능을 더하였고 9번째 지능을 고려하고 있다. 그는 뇌의 각기 다른 부분이 각기 다른 종류의 정보를 처리하는 것임을 알 수 있기 때문에, 지능은 단일 요인이 아니고 복합 요인(다중 지능)이라고 주장한다. 〈표 3-3〉이 이 내용을 잘 설명하고 있다.

2) 아동기 지능의 안정성

일반적으로 2세 이전의 지능 점수는 별 의미가 없으나, 유아기나 아동기에 측정된 지능 점수는 예측력이 높은 것으로 보인다. 특히 8세의 IQ는 18세의 IQ와 분명히 상관이 있다. 2.5세부터 17세까지 15년간 17번에 걸쳐 지능 검사를 실시한 연구에 의하면, 변하지 않고 안정된 상태로 유지된 아동이 절반 정도였다.

IQ가 높아진 아동들은 그 부모가 전형적으로 자녀의 지적 성취에 관심이 있고 성취하도록 장려하며, 양육 방법이 지나치게 엄하거나 허용적이지 않은 사람들이었다. 반대로 IQ가 유의미하게 감소한 아동들은 지속적인 가난 속에서 생활한 아동들이었다. 이를 설명하기 위해 Klineberg(1963)는 누적적 결함 가설을 제안하였다. 박탈된 지적 환경 속에 오래 남아 있을수록 지적 성장이 저해된다는 것이다.

3) 창의성

① 창의성의 정의: 참신하고 색다른 방법으로 사고하고, 독특한 해결책을 생각해 낼 수

지능의 종류	지적 과정	직업 분야
언어	단어의 의미와 소리에 대한 민감성과 언어의 구조와 언어가 사용될 수 있는 다양한 방법에 대한 민감성	시인, 소설가, 저널리스트
공간	시·공간적 관계를 정확하게 지각하고 이러한 지각을 변형하며 관련 자극이 없을 때도 시각적 경험의 측면을 재창조하는 능력	엔지니어, 조각가, 지도 제작자
논리·수학	추상적인 상징 체계를 조작하고 그들의 관계를 지각하며 논리적이고 체계적으로 아이디어를 평가하는 능력	수학자, 과학자
음악	음의 높낮이, 선율에 대한 민감성, 음조와 음악적 구절을 더 큰 리듬으로 결합하는 능력, 음악의 정서적 측면을 이해하는 능력	음악가, 작곡가
신체·운동	자신을 표현하고 목적을 달성하기 위해 몸을 기술적으로 사용하는 능력, 사물을 기술적으로 다루는 능력	무용가, 운동 선수
대인간	타인의 기분, 기질, 동기 및 의도에 적절하게 반응하는 능력	심리 치료사, 대인 관계 전문가, 영업자
개인 내	자신의 내부 상태에 대한 민감성, 자신의 강점과 단점을 파악하고 자신에 대한 정보를 적절하게 사용하여 적응적으로 행동하는 능력	인생의 거의 모든 성공에 기여
정신적/존재론적 (현재 고려중)	인생의 의미, 죽음, 인간적 조건의 다른 측면에 관계되는 주제에 대한 민감성	철학자, 신학자

(출처: Shaffer, 2005)

있는 능력인데, 확산적 사고와 밀접한 연관이 있다.

② 창의적이라고 평가받는 사람들의 사고 유형은 연상적 사고와 자발성이라고 볼 수 있다. 연상적 사고는 새로운 문제 해결을 위해 수많은 관계 목록을 끌어 낼 수 있는 것이며, 자발성은 놀이를 하는 것과 같은 이완된 분위기에서 자연스러운 태도로 문제 해결에 참여하는 것이다.

③ 창의성의 투자 이론과 같은 최근의 다요인적 접근은 다양한 인지적·성격적·동기적·환경적 자원들이 결합하여 창의적인 문제 해결을 촉진한다고 주장하고 있다.

④ 지능과 창의성의 관계

• 창의성과 지능이 모두 높은 집단의 아동들은 자신감, 독립심, 통찰력을 가지고 있으며, 통제와 자유, 행동 표출에서의 어른스러움과 어린이다움을 동시에 표현할 수 있는

특성이 있다.

- 창의성은 높으나 지능이 낮은 집단의 아동들은 심한 스트레스와 갈등을 느끼며, 자신이 무가치하고 부적절하다고 느낀다. 그러나 긴장이 해소된 자유스러운 분위기에서는 자신의 능력을 최대한 발휘할 수 있다.
- 지능은 높으나 창의성이 낮은 집단의 아동은 학교 생활에 적응을 잘하고, 학교 성적은 좋으나 실패에 대한 두려움이 크며, 전통적이고 관습적인 것에 대한 적응력이 높다.
- 창의성과 지능이 둘 다 낮은 집단의 아동은 다양한 방어 기제를 사용하며, 학교에서의 학업 성취 등에는 소극적이나 사회적 행위를 요구하는 상황에서는 성공적인 수행을 위해서 노력하기도 한다.

3. 정보 처리적 관점

1) 주의 집중의 발달

정보를 부호화하고 유지하며, 문제 해결을 위해서는 정보를 탐지하면서 이에 주의를 집중해야 한다. 주의를 유지하는 능력은 아동기와 청소년 초기에 점차 향상되고 이러한 향상은 부분적으로는 중추 신경계의 성숙한 변화에 기인한다. 예를 들어 망상체, 즉 뇌에서 주의 집중를 관장하는 부분은 사춘기가 되어서야 수초화가 완전히 진행된다. 주의 집중 능력이 연령에 따라 높아지는 이유는 자신의 주의를 조절하는 데 더 효과적인 책략을 사용할 수 있기 때문이다. 즉 나이 든 아동이 어린 아동보다 관계되는 정보에는 주의를 집중하고 무관한 정보는 무시해야 한다는 것을 더 잘 이해하며, 따라서 주의 집중이 더 뛰어나다는 것을 보여 준다.

2) 기억의 발달

아동의 기억 발달을 돕는 요인들을 살펴보면 다음과 같다.

(1) 작업 기억의 용량

나이 든 아동은 특히 정보 처리 속도가 빠르고, 따라서 작업 기억에 정보를 저장하고 다른 인지적 과정을 실행할 공간적인 여유를 더 가진다는 의미에서 정보 처리 용량이 더 크다.

(2) 기억 책략

나이 든 아동은 정보의 부호화, 저장, 인출을 위해 더 효과적인 기억 책략을 사용한다. 즉 아동들에게 더 잘 기억하도록 하기 위하여 시연, 의미적 조직화, 인출 책략을 가르치면 기억을 잘할 수 있다(Bjorklund & Douglas, 1997). 시연은 외우고자 하는 항목을 기억할 때까지 반복하는 것이다. 7~10세 아동들은 시연을 하면 할수록 더 잘 기억하였다. 의미적 조직화는 기억하기 쉽도록 자극을 의미 있는 덩어리로 분류하거나 조직하는 방법이다.

(3) 상위 기억

나이 든 아동은 기억 과정에 대해 더 많이 알며, 그들의 상위 인지는 즉각적으로 가장 적절한 책략을 선택하고 주의 깊게 감찰할 수 있도록 돕는다.

(4) 지식 기반

나이 든 아동은 일반적으로 더 많은 것을 알고 있으며, 그들이 가진 더 큰 지식 기반은 학습하고 기억하는 능력을 향상시킨다.

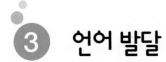

③ 언어 발달

아동 중기와 청소년 초기는 언어적 진보의 시기이다. 아동들은 문법적 규칙이 적용되지 않는 미묘한 예외 사항들을 배우고 모국어의 가장 복잡한 통사적 구조를 이해하게 된다.

형태론적 지식과 함께 언어와 언어의 속성에 대해 생각하는 능력으로, 읽기 성취를 가장 잘 예언하는 변인인 상위 언어적 인식이 높아지며, 더불어 어휘도 급속도로 증가한다.

학령기 아동들은 더 나은 참조적 의사 소통 기술을 습득하여 애매모호한 문장의 문어적 의미에 조심스럽게 주의를 기울이며, 그들이 주고받는 메시지의 비정보성을 더욱 잘 명료화한다.

인지 발달, 사회 언어적 지식의 성숙, 언어적으로 미성숙한 동생 혹은 또래들과의 대화 기회는 모두 의사 소통 기술의 발달에 기여한다(Shaffer, 2005).

1. 문법과 어휘의 확장

1) 후기 통사의 발달

아동 중기의 아동은 많은 통사적 오류를 정정하고 보다 복잡한 문법적인 형태를 사용하기 시작한다. 통사적으로 세련되어 가는 시기이다.

2) 의미와 상위 언어적 인식

의미와 의미적 관계에 대한 아동의 지식은 학령기 동안 성장한다. 어휘 발달은 특히 인상적이다. 어휘 능력은 초등학교 졸업 시 약 40,000단어 정도 습득하게 되고, 단어를 구성하는 형태소의 의미에 대한 지식을 획득하게 되며, 단어에 대한 여러 가지 의미나 이중적 의미를 이해함으로써 은유적 표현이나 유머도 이해한다.

2. 의사 소통 기술의 발달

학동기 아동에게서 의사 소통 기술이 빠르게 발달하는데, 특히 분명한 언어적 메시지를 전달할 수 있는 능력인 참조적 의사 소통 기술이 발달한다. 그 이유는 이 시기의 인지적 발달로 자기 중심성이 완화되고 역할 수용 기술을 획득하는 한편, 듣는 이에게 맞도록 말을 조절해야 한다는 사회 언어학적 이해 능력이 발달하기 때문이다.

3. 읽기와 쓰기 능력의 발달

1) 읽기 능력의 발달

① 준비 단계(출생~초등 1학년)
② 1단계(초등 1~2학년): 글 읽는 법과 단어를 소리로 바꾸는 능력을 획득한다.
③ 2단계(초등 2~3학년): 글읽기가 능숙해진다(쓰기 능력은 읽기 능력이 발달 후에 나타남).

④ 3단계(초등 4~중 3학년): 글을 통해 정보를 획득하는 능력이 급속히 발달하며 읽기를 통한 학습이 이루어진다.

⑤ 4단계(고등학생): 철학적이고 복잡한 논의도 가능하다.

2) 쓰기 능력의 발달

학령기 아동은 글씨를 바르게 쓸 수 있게 되고 자신의 생각을 글로 표현하는 능력이 발달한다. 문학 작품을 통한 읽기 지도 전략이 아동의 어휘력, 이야기 이해력 증진에 효과가 있었고, 특히 초인지 읽기 기능이 이야기 문법 구조의 습득을 통해 그 효과가 나타났다(김순덕과 장연집, 2000).

4 사회 정서 발달

1. 자기 이해의 발달

자기 인식(대상과 구분되는 독립된 실체로 자기 인식)은 자아 개념, 자아 존중감의 발달을 초래한다.

1) 자아 개념

신체적 특징, 개인적 기술, 특성, 가치관, 희망, 역할, 사회적 신분 등을 포함한 '나'는 누구이며, 무엇인가를 깨닫는 것을 의미한다.

① Strang(1957)은 자아 개념의 종류를 다음과 같이 분류하였다. 즉 자신의 능력, 신분, 역할에 대한 전반적인 인식은 전체적 자아 개념, 순간적인 기분에 영향을 받는 것은 일시적 자아 개념, 다른 사람이 자신을 어떻게 보느냐에 따라 자신을 평가하는 것은 사회적 자아 개념, 그리고 사회적 상호 작용과 타인의 반응에서 형성되는 명경 자아가 그것이다.

② 연령이 높아질수록 구체적(행동)인 것에서 추상적인 것으로, 신체적 · 활동적 자아에

서 사회적 · 심리적 자아로 발달한다.

2) 자아 존중감

자신의 존재에 대해 인지적으로 형성된 것이 자아 개념이고, 자기 존재에 대한 정서적, 감정적 느낌이 자아 존중감이다. 자신이 다른 사람에게 중요하게 여겨지는 인간 상호 작용으로부터 싹트고, 작은 성취나 칭찬 또는 성공을 통해서 형성된다.

① Branden(1969): 인간의 기본 욕구로서 충족 여부는 생사를 가늠할 정도로 중요한 문제라고 주장하였다.

② Maslow(1965): 개인의 적응력의 한 요인으로 자아 존중감의 필요성을 강조하였다. 자아 존중감에 관한 욕구가 충족되면 자신감 있고 가치 있으며 유용한 사람으로 인식하게 된다. 그러나 자아 존중감에 대한 욕구를 충족시키지 못하면 열등감이 생기고 보잘 것 없는 사람으로 인식하게 되어, 심하면 정신 질환을 앓기도 한다.

③ Harter(1990): 전반적 자아 존중감은 다음의 세 가지로 분류하였다.

- 학업적 자아 존중감: 읽기, 셈하기, 기타 과목
- 사회적 자아 존중감: 또래 관계, 부모와의 관계 등
- 신체적 자아 존중감: 신체적 능력, 외모 등

  *조현철(2000): 우리나라 초등 · 중학생 모두 학업적인 자아 존중감 비중이 높다.

④ 아동기의 자아 존중감 형성에 영향을 미치는 요인

- 부모의 양육 태도: 온정적, 수용적인 양육 태도가 겁을 주고, 제재를 가하며, 위협적인 양육 태도보다 자아 존중감 형성에 좋은 영향을 미친다.

  *남아는 어머니의 양육 태도와, 여아는 아버지의 양육 태도와 높은 상관 관계를 가진다.

- 출생 순위: 맏이나 외동의 자아 존중감 점수가 높으며, 형제 관계가 친밀할수록 높다.
- 사회 경제적 지위가 낮은 집단은 높은 집단에 비해 자아 존중감이 낮다.
- 아동이 지각한 사회적 지지: 또래, 가족, 교사로부터 지지받는다고 지각할수록 자아 존중감이 높다.

3) 자기 효능감

자신이 스스로 상황을 극복할 수 있고, 자신에게 주어진 과제를 성공적으로 수행할 수

있다는 신념이나 기대를 의미한다.

① Bandura(1981) & Scheier(1992): 높은 자기 효능감은 긍정적인 자아 개념을 촉진하고, 지속적으로 과제 지향적 노력을 하게 하여 높은 성취 수준에 도달하지만, 낮은 자기 효능감은 부정적인 자기 개념을 가지게 하여 자신감이 결여되고, 성취 지향적 행동을 위축시킨다.

② 학습된 무력감: 계속되는 실패 경험에서 발생하며 자기가 아무리 노력해도 성공할 수 없다고 느끼게 되는 것을 의미한다. 자신의 무능력으로 실패하고 성공은 운이 좋아서 그렇게 된 것으로 느낀다. → 학업을 포기하게 되고, 잠재력을 발휘하지 못한다.

③ 가정의 사회 경제적 수준, 어머니의 심리적 요인(어머니의 효능감, 결혼 만족도)은 어머니의 양육 행동에 영향을 미침으로써 아동의 자기 효능감에 영향을 미친다.

4) 자기 통제

목표를 달성하기 위해 순간의 충동적인 욕구나 행동을 억제할 수 있는 능력을 말한다. 유혹에 저항하는 능력, 만족을 지연하는 능력, 충동을 억제하는 능력으로 구성된다.

① Bandura(1986), Freud(1960), Kopp(1987), Mischel(1986)

- 아동들의 행동은 거의 전적으로 외적인 감독(부모 등에 의한)에 의해 통제된다.
- 연령이 높아지면서 아동이 자기 통제의 가치를 강조하는 규준을 채택하게 되고, 규준을 따르게 해 주는 자기 규제 기술을 습득함에 따라, 자기 통제는 점차 내면화되어 스스로 통제할 수 있게 된다.

② 자기 통제 능력이 아동기에 급격히 높아지는 이유

- 아동이 인지적으로 성숙함에 따라 자신의 사고와 행동을 규제할 수 있는 보다 효율적인 전략을 사용할 수 있기 때문이다.
- 자기 규제와 자기 통제의 가치를 강조하는 규준을 내면화하기 때문이다.

③ 아동의 배려심이 클수록, 친구 관계에 잘 적응(사회적 자아 개념)할수록 자기 통제력이 크며, 어머니가 권위적이고 통제가 많을수록 작아진다.

2. 정서의 발달

① Harter, Wright, & Bresnick(1987): 부모나 교사가 칭찬하거나 야단치지 않아도 어려운 일을 해 내고 나면 스스로 자긍심을 느낄 것이고, 도덕적으로 옳지 못한 일을 했다면 고통스러운 죄책감을 느낄 것이다. 책임 관념과 관련이 있다.

② 분노 및 슬픔의 상황에서 아동의 정서 조절 동기와 정서 조절 전략 연구(이지선, 유안진, 1999): 분노의 표현에도 성차가 나타난다. 여아는 남아에 비해 보다 관계 지향적인 동기를 가짐으로써 분노를 조절한다는 것을 보여 주며, 정서 사회화가 성별에 따라 다르게 나타난 것임을 알 수 있다.

③ 경우에 따라서는 자신의 감정을 솔직하게 표현하지 않는 것이 더 좋다는 것을 이해한다.

④ 얼굴 표정이 그 사람의 진짜 정서를 표현하는 것이 아닐 수도 있다는 것을 이해한다.

⑤ 한 가지 이상의 정서를 경험할 수 있다는 것을 이해한다.

3. 도덕성의 발달

선악을 구별하고, 옳고 그름을 바르게 판단하며, 인간관계에서 지켜야 할 규범을 준수하는 능력을 말한다. 도덕성 발달에 대한 연구는 심리학 이론에 따라 다르게 접근하고 있다.

① 인지발달이론에서는 도덕성을 어떤 행동의 옳고 그름에 대한 평가인 도덕적 판단으로 보고 도덕적 갈등 상황을 연구하였다.

② 정신분석이론에서는 도덕성을 사고나 행동에 대한 정서적 반응(죄책감 등)인 도덕적 감정 으로 보고 양심, 초자아를 강조하였다.

③ 학습이론에서는 도덕성을 어떤 행동이 옳은지 알고 있다고 해서 반드시 그렇게 행동하는 것은 아니며, 따라서 실제로 어떻게 행동하느냐 하는 것을 중요하게 보았고, 자기 통제 능력과 유혹에 저항할 힘을 연구하였다.

1) 인지발달이론

(1) Piaget의 이론
Piaget는 5~13세의 공기 놀이 관찰을 통해 규칙의 존중에 대한 발달 과업을 연구하였다. 도덕성 단계를 다음과 같이 설명하였다.

① 타율적 도덕성 단계(4~7세): 규칙은 신이나 부모와 같은 권위적 존재에 의해서 만들어진 것으로 믿으며, 그 규칙은 신성하고 변경할 수 없는 것으로 이를 위반하면 벌을 받아야 한다고 생각한다. → 행위의 의도와는 상관없이 단지 행동의 결과만으로 판단한다.

② 과도기(7~10세): 타율적, 자율적 도덕성이 함께 나타나는 시기이다.

③ 자율적 도덕성 단계(10세경): 규칙은 사람이 만든 것이므로 그 규칙은 변경할 수 있고, 도덕적 판단에서 상황적 요인을 고려하는 융통성을 보인다. 옳고 그름에 대한 판단도 행위의 결과가 아닌 의도성에 의해 판단하게 된다.

> *타율적 도덕성 단계에서 자율적 도덕성 단계로 발달하기 위해서는 인지적 성숙과 사회적 경험 (또래와의 대등한 상호 작용)이 중요한 역할을 한다. 인지적 요소로는 자기 중심성의 감소와 역할 수용 능력의 발달이 있다.

(2) Kohlberg의 이론

Kohlberg는 10~16세의 75명을 가상적인 도덕적 갈등 상황을 제시하여 30년 이상 연구하였다. 핵심은 인지 발달이며, 각기 상이한 도덕성 발달 단계에서는 각기 다른 인지 능력이 필요하다는 것이다.

① 전 인습적 수준의 도덕적 판단은 자기 중심적이다. 인습적 수준에 도달하고 도덕적 규범을 따르기 위해서는 다른 사람의 견해와 입장을 이해할 수 있어야 한다. 후 인습적 수준의 도덕적 추론을 하기 위해서는 형식적, 조작적 사고가 필요하다.

② 역할 수용 능력이 있는 모든 사람이 다 인습적 수준의 도덕적 추론을 하는 것은 아니고 형식적·조작적 사고를 하는 모든 사람이 다 후 인습적 수준에 있는 것은 아니다.

③ 비판: 도덕적 사고를 지나치게 강조하고 도덕적 행동이나 감정은 무시했다.

- 문화적 편견: 아동이나 청소년은 모든 문화권에서 3, 4단계까지는 순차적으로 발달하지만, 후 인습적 사고는 어떤 문화권에서는 존재하지도 않는다.
- 여성에 대한 편견: 여성의 도덕적 판단에서 나타나는 대인 관계적 요소를 평가 절하함으로써 도덕적 추론에서 여성들이 내는 다른 목소리를 무시했다.

④ 남성은 개인의 권리를 존중하며 법과 질서를 우선하는 정의의 도덕성을 지향하고, 여성은 다른 사람에 대한 책임과 복지가 핵심인 배려의 도덕성을 지향하게 된다.

2) 사회학습이론

도덕적 행동은 주로 사회 학습 이론가들에 의해 연구되는데, 다른 모든 행동과 마찬가지로 강화, 처벌, 모방 등으로 설명된다. 사회화의 주요 목적은 외적인 감독이나 보상 또는 처벌로부터 자유로울 때조차도 사회의 규칙들을 고수하려는 능력과 의욕을 심어 주는 것이다.

Bandura(1977)는 행위의 도덕적 기준이 학습과 모델링에 의해 설정되면 개인은 자기 평가적 능력을 가지게 된다고 한다. 그러면서 사회화가 제대로 이루어진 아동들은 자기 자신을 위해 하위 목표를 설정하고, 그 기준들에 부합하거나 능가할 때는 자기 자신을 보상하며, 그 기준에 미달할 때는 자신을 벌한다는 주장을 한다.

3) 정신분석이론

(1) Freud(1933)

인간의 성격 구조는 원욕과 자아, 그리고 초자아로 구성되어 있는데, 도덕성 발달은 초자아의 발현을 통해서 이루어진다고 보았다. 오이디푸스 콤플렉스의 해결책으로 아동이 같은 성의 부모와 동일시하게 되면 초자아를 통해서 부모의 행동이나 가치 기준을 내면화하게 된다. 이렇게 내면화된 부모의 가치 기준이나 외적 규범에 위배되는 행동을 하면 죄책감을 느끼게 된다. 이러한 죄책감의 형성은 도덕성 발달로 이어진다.

Freud는 여성의 도덕성 발달은 불완전하다고 주장하였는데, 여성에게는 거세 불안이 없는 만큼 보다 약한 초자아를 발달시켜 도덕적으로 남자보다 덜 엄격한 편이라는 것이다.

(2) Hoffman(1980)

남성보다 여성이 도덕적 원리를 더 잘 내면화한다면서, 이는 도덕적으로 옳지 못한 일이 여성에게는 죄책감과 연결되나, 남성에게는 탄로나 처벌의 두려움과 연결되기 때문이라고 하였다.

4. 도덕성 발달과 영향 요인

1) 부모의 영향

애정 지향적이고 수용적인 양육 태도는 자녀의 도덕성 발달에 긍정적인 영향을 미치고, 아동은 부모에게서 사랑받고 신뢰받음으로써 도덕적 기준을 내면화하며, 다른 사람에 대해서도 배려하게 된다.

(1) Brody & Shaffer(1982)

논리적 설명(자녀의 행동이 다른 사람에게 어떤 결과를 초래하는지 설명하는 것)이 애정 철회나 권력 행사보다 자녀의 도덕성 발달과 더 관련 있는 것으로 나타났다.

(2) Bandura & Walters(1959)

도덕성 발달에 좋지 못한 영향을 미치는 또 다른 양육 태도는 비일관성이다. 일관성 없는 부모의 기대 또는 훈육법은 혼란과 불안, 적의, 불복종을 초래하고 심지어는 청소년 범죄 등을 유발한다.

(3) 허재윤(1984)

부모의 학력, 사회 경제적 지위, 문화 수준 등 지위 요인이 도덕성 발달과 관계 있는 것으로 보인다.

2) 또래의 영향

부모의 가치관과 또래의 가치관이 일치할 경우에는 도덕적 가치를 강화하는 데 도움을 주지만, 이들이 서로 다를 경우에는 아동이 도덕적 결정을 내리는 데 갈등을 느끼게 된다.

자신보다 단계가 높은 도덕적 추론을 접하게 되면, 인지적 불평형 상태를 유발함으로써 높은 수준으로의 상향 이동이 이루어진다고 Kohlberg는 주장한다. 하지만 아동이 또래들과 함께 있을 때에는 반사회적 행동에 대해 불안이나 죄책감을 더 느끼게 되므로, 아주 낮은 단계로까지 퇴행하는 경향이 있다고 한다(Hoffman, 1980).

3) 대중 매체의 영향

텔레비전이나 영화에 나오는 역할 모델을 관찰함으로써 태도, 가치, 정서적 반응, 새로운 행동들을 학습한다. 이타적 행동을 하는 모델을 본 아동들은 보다 이타적이 되고, 공격적 행동을 하는 모델을 본 아동은 더 공격적이 되었다는 연구도 있다.

4) 친사회적 행동: 다른 사람을 이롭게 하는 행동

① 정신분석이론: 초자아가 발달함에 따라 친사회적 행동이 발달한다고 보았다.
② 인지발달이론: 친사회적 행동은 인지 발달과 마찬가지로 단계적으로 발달하며 역할 수용이라는 사회 인지 기술이 결정적인 요인이라고 보았다.
③ 사회학습이론: 친사회적 행동 발달에도 강화와 벌이 중요하다고 보았다.
④ 동물행동학, 사회생물학: 종의 생존을 보장해 주는 인간 본질의 기본적 구성 요소라고 주장하였다.

(1) 이타적 행동

호혜성은 다른 사람이 나에게 해 주기 원하는 것을 다른 사람에게 그대로 해 주는 것이다. 친사회적 행동의 동기가 어디에 있느냐에 따라 이타적 행동인지 아닌지를 구분한다. 즉 자신에게 돌아올 어떤 보상을 기대하지 않을 경우 이타적 행동으로 간주한다. 실제로 알 수 없으므로 동기가 무엇이든 다른 사람을 이롭게 하면 모두 이타적 행동으로 간주한다.

(2) 감정 이입

감정 이입은 다른 사람이 느끼고 있는 감정을 그대로 느끼는 것을 말한다. 역할 수용은 다른 사람이 느끼고 생각하고 지각하는 것을 정확하게 이해는 하지만 반드시 자신도 그와 똑같이 느낄 필요는 없다.

■ 감정 이입의 발달 4단계: Hoffman(1987)은 감정 이입의 발달을 4단계로 설명하였는데, 각 단계마다 아동이 획득한 인지 능력이 반영된다고 하였다.
• 1단계(0~1세): 영아는 자신과 다른 사람의 존재를 구분하지 못한다. 다른 영아에게 일어난 일이 마치 자신에게 일어난 일처럼 행동한다.
• 2단계(1~2세): 인간 영속성 단계로, 자신이 아니라 다른 사람이 고통당하고 있다는 것

을 이해한다.

- 3단계(2~3세): 다른 사람은 자신과 다른 감정을 가질 수 있다는 것을 깨닫고, 이제 다른 사람의 고통의 원인을 찾아 해결해 주려고 한다. 눈앞에 보일 때에만 감정 이입이 가능하다.
- 4단계(아동기): 직접 보지 않더라도 상상하는 것만으로도 감정 이입이 가능하며, 특정인에 국한되지 않고 사회적으로 버림받은 사람 전반을 대상으로 한다.

5. 또래 관계

1) 또래 집단의 기능

(1) 사회화의 기능

또래 집단의 규칙을 준수하고 협동심과 타협을 필요로 한다. 따라서 자기 중심적 사고나 행동이 줄어들며, 사회적 상호 작용 기술과 규범을 배우게 된다. 또래 집단은 상호간에 강화와 모방을 통해 영향을 주고받는데, 집단이 자신과 유사하다고 지각하기 때문에 적절한 모델이라고 생각하며, 공격성과 친사회적 행동에 중요한 영향을 미친다.

(2) 태도나 가치관의 형성

또래 집단은 다른 가치에 우선하는 집단만의 고유한 가치를 공유한다. 인정받기 위해 아동은 이들 집단의 기준이나 가치에 동조하려는 경향을 보인다. 이를 동조 현상이라고 한다.

(3) 정서적 안정감 제공

또래들의 평가가 부모의 평가보다 더 중요한 의미를 가지게 되어 또래 집단으로부터 수용되고 인정받음으로써 부모가 제공할 수 없는 정서적 안정감을 얻고 긍정적인 자아 개념을 형성하게 된다.

(4) 인지 발달과 정보 제공

또래와의 상호 작용 과정에서 생기는 갈등을 경험함으로써 아동의 인지 발달 수준은 더 향상된다. 아동은 논리적 토론을 통해 갈등 상황을 해결해 나가는 과정에서 자신의 관점과 부합되지 않는 다른 관점이 존재한다는 사실을 알게 되고, 이를 조정해 나가는 과정에서 인지 발달이 이루어진다(자신보다 조금 더 능력 있는 또래와의 상호 작용을 통해 가장 큰 효과를 기대할 수 있음).

2) 우정의 발달

유아들은 일시적인 놀이 상대로서 또래에게 관심을 가지지만, 아동기 초기에는 우정을 주고받는 것, 함께 나누어 가지는 것으로 생각한다. 아동기 중반부터 지속적이고 헌신적인 관계를 유지하게 된다. 믿음이 전제가 되며, 후기로 갈수록 동성 친구와 밀착된다.

여아들의 우정에는 정서적 친밀감과 신뢰감이 중요한 역할을 한다. 여아들은 자신의 감정을 이야기하고 나눔으로써 친밀감이 형성되며, 남아들은 운동 경기를 함께 하거나 관람하는 등 같은 활동을 함으로써 친밀감을 형성한다.

3) 또래 집단에서의 인기도

아동기에 또래 집단으로부터의 수용은 아동의 자기 역량 지각을 예측하는 중요한 변인이 되며, 또래 집단으로부터 가치를 인정받은 아동은 성인이 되어서도 다른 사람으로부터 인기 있는 사람이 된다.

Asher & Dodge(1986)의 연구에 의하면, 인기 있는 아동은 좋아하거나 친구가 되고 싶다는 응답을, 거부되는 아동은 싫어한다는 응답을 가장 많이 받는 아동이다. 또 무시되는 아동은 거의 응답을 못 받는 아동이며, 혼합형 아동은 좋아한다는 반응과 싫어한다는 반응을 비슷한 정도로 받는 아동이다.

4) 또래 관계와 영향 요인

① 인기도: 신체적 매력, 성격적 특성이나 인지적 능력, 지적인 경향을 보이며, 사려 깊고 창의적인 사고를 가지고 있는 것으로 나타난다.

② 부모와의 애착 형성이나 상호 작용 경험도 또래 관계에 영향을 미친다.

③ 무시당하거나 거부당하는 아동의 특성으로 유난히 뚱뚱하거나 매력적이지 못한 외모, 어리석고 아기 같은 행동 특성, 수줍음이 많고 비사교적이며 의사 소통 능력과 같은 사

회적 능력이 부족한 경우가 많다. 이는 '따돌림'이라는 현상으로 나타난다.

6. 학교 생활

1) 교사의 역할

홀륭한 교사는 아동으로 하여금 열등감 대신 근면성을 가지도록 만든다. 홀륭한 교사는 위엄이 있고 열의가 있으며, 공정하고 적응력이 있다. 또 따뜻하고 융통성이 있으며, 학생들의 개인차를 잘 이해한다.

2) 열린 교육

정보화 시대에 필요한 창의적인 인간을 육성하기 위해서는 아동 중심의 개별 학습이 이루어지는 열린 교육이 실시되어야 한다. 아동들이 적극적으로 학습 활동에 참여하여 자율적인 소집단 수업이 이루어지는 열린 교육은 교과목의 특성을 고려하여 확대함으로써 학업 성취도를 끌어올릴 수 있다.

3) 학업 성취와 영향 요인

(1) 부모의 양육 행동
부모가 애정적이고 수용적이며, 자녀의 성취에 대해 칭찬해 주고 적절한 통제를 하며, 자녀의 독립심과 자율성을 칭찬하고 격려해 주는, 이른바 권위 있는 양육 행동이 학업 성취와 관련 있다.

(2) 사회 계층
중류, 상류층의 아동들은 성취 욕구가 높고, 학업 성적이 좋은 것으로 나타난다. 중류 계층의 아동들은 만족 지연 능력(보상의 만족을 지연시켜 더 큰 보상을 받는 것) 또한 높은 것으로 나타난다.

(3) 출생 순위

첫째가 성취 욕구와 열망 수준이 높다.

(4) 성차

남성은 성공을 자신의 능력으로 생각하고, 실패를 자신의 노력 부족으로 생각한다. 반면 여성은 자신의 실패를 능력 부족으로 생각하고, 자신의 성공은 운이나 열심히 노력한 덕분으로, 혹은 주어진 과제가 쉬웠기 때문이라고 생각한다.

1 다음 중 학령기 아동기에 빨리 발달하지 <u>않는</u> 영역은 무엇인가?

① 어휘와 통사 발달　　　　　　　② 의사 소통 능력

③ 대근육 운동 능력　　　　　　　④ 신체적 성장

|정답| ④

|해설| 학령기 아동기에는 유아기와 사춘기에 비해서 신장이나 체중 등 신체 발달의 성장 속도가 둔화되고 아주 조금밖에 자라지 않지만 성장은 꾸준히 계속된다. 신체적 성장은 학령기 아동기에는 별로 자라지 않다가 사춘기에 들어서 급성장하는데, 여아는 약 10.5세에 급격한 성장을 보인다.

2 구체적 조작기 아동의 사고 특성 중 물체의 외관과 표면이 약간 달라진다고 해도 물체의 특정 속성은 변함이 없다는 것을 판단할 수 있는 능력은 무엇인가?

|정답| 보존 개념

|해설| 아동기는 Piaget의 인지 발달 단계 중 세 번째 단계인 구체적 조작기에 해당한다. 구체적 조작기의 아동은 탈중심화와 가역성 같은 인지적 조작을 습득함으로써 물체, 사건 및 경험에 대해 논리적이고 체계적으로 사고할 수 있게 된다. 이러한 사고의 특성은 보존 개념, 조망 수용 능력, 유목화, 서열화 개념 등을 습득할 수 있게 해 준다. 보존 개념은 물체의 외관과 표면이 조금 달라진다고 해도 물체의 특정 속성(부피, 질량, 수 등)은 변함이 없다는 것을 판단할 수 있는 능력이다. 보존 개념 획득의 전제 조건으로 가역성과 보상성, 동일성을 들 수 있다.

3 아동기의 도덕성 발달에 영향을 미치는 요인에 대하여 설명하시오.

|정답| 1) 부모의 양육 태도: 애정 지향적이고 수용적인 부모의 양육 태도는 자녀의 도덕성 발달에 긍정적인 영향을 미치고, 아동은 부모에게서 사랑받고 신뢰받음으로써 도덕적 기준을 내면화하면서 다른 사람에 대해서도 배려하게 된다. 논리적 설명(자녀의 행동이 다른 사람에게 어떤 결과를 초래하는지 설명하는 것)이 애정 철회나 권력 행사보다 자녀의 도덕성 발달과 더 관련 있는 것으로 나타났으며, 도덕성 발달에 좋지 못한 영향을 미치는 양육 태도는 비일관성이다. 즉 일관성 없는 부모의 훈육은 혼란과 불안, 적의, 불복종을 초래하고 심지어는 청소년 범죄 등을 유발하기도 한다.

2) 부모의 학력, 사회 경제적 지위, 문화 수준 등 지위 요인도 도덕성 발달과 관계가 있는 것으로 보인다.

4 다음 문장을 읽고 맞으면 O, 틀리면 X 하시오.

> 유아기에는 터무니없이 자존감이 높다가 학령기 아동기에 이르면 일반적으로 자존감이
> 낮아진다.

|정답| O

|해설| 유아기에는 일반적으로 자존감이 높은 편이나 아동기에 들어서면서 여러 영역에 걸쳐 자신을 객
관적으로 평가하게 됨에 따라 보다 현실적인 수준으로 자존감이 조정되어 터무니없이 높던 유아
기보다는 자존감이 낮아진다고 볼 수 있다.

1　학령기 아동은 초등학교에 다니는 시기(6세~11세)로서, 학교 생활을 통해 많은 사회적 관계를 형성하며(학동기), 또래 집단의 비중이 점차 커지는 시기이다. 유아기나 사춘기의 격동에 비해 상대적으로 조용한 시기(잠복기)로서, 아동기의 에너지는 내부적으로 조작 능력을 획득하고 급격한 인지 발달을 육성하기 위해 사용된다.

2　신체 발달은 성장 속도가 둔화되지만 운동 능력이 더 빠르고 정교하게 발달하며 대근육 운동과 소근육 운동 기능의 발달로 모든 운동 기능을 수행할 수 있게 된다.

3　인지 발달은 Piaget의 인지 발달 단계 중 세 번째 단계인 구체적 조작기에 해당한다. 구체적 조작기의 아동은 탈중심화와 가역성과 같은 인지적 조작을 습득함으로써 물체, 사건 및 경험에 대해 논리적이고 체계적으로 사고할 수 있게 된다. 이들은 조작(주어진 정보를 특정한 목적을 위해 변형시키거나 관련된 사고로 통합하는 정신적 활동)의 순서가 전환될 수 있다는 것을 이해한다. 덧셈이나 뺄셈과 같은 능력이 여기에 속하는데, 이러한 사고의 특성은 보존 개념, 조망 수용 능력, 유목화, 서열화 개념 등을 습득할 수 있게 해 준다. 그러나 구체적 조작기의 아동의 사고는 자신이 직접 경험한 구체적인 세계로 한정된다.

4　아동 중기와 청소년 초기는 언어적 진보의 시기이다. 아동들은 문법적 규칙이 적용되지 않는 미묘한 예외 사항들을 배우고 모국어의 가장 복잡한 통사적 구조를 이해하게 된다. 학령기 아동들은 더 나은 참조적 의사 소통 기술을 습득하여 애매모호한 문장의 문어적 의미에 조심스럽게 주의를 기울이며, 그들이 주고받는 메시지의 비정보성을 더욱 잘 명료화한다. 인지 발달, 사회 언어적 지식의 성숙, 언어적으로 미성숙한 동생 혹은 또래들과의 대화 기회는 모두 의사 소통 기술의 발달에 기여한다(Shaffer, 2005).

5　자기 이해의 발달은 자기 인식(대상과 구분되는 독립된 실체로서의 자기 인식)에서 출발하여 자아 개념, 자아 존중감, 자기 효능감, 자아 통제 능력의 발달을 돕는다.

6　도덕성은 선악을 구별하고, 옳고 그름을 바르게 판단하며, 인간 관계에서 지켜야 할 규범을 준수하는 능력을 말한다. 학령기는 과도기(7~10세)로서 타율적, 자율적 도덕성이 함께 나타나는 시기이다. 자율적 도덕성 단계(10세경)에서 규칙은 사람이 만든 것이므로 변경할 수 있으며, 도덕적 판단에서 상황적 요인을 고려하는 융통성을 보인다. 타율적 도덕성 단계에서 자율적 도덕성 단계로 발달하기 위해서는 인지적 성숙과 사회적 경험(또래와의 대등한 상호 작용)이 중요한 역할을 한다. 애정 지향적이고 수용적인 양육 태도는 자녀의 도덕성 발달에 긍정적인 영향을 미치고, 아동은 부모에게서 사랑받고 신뢰받음으로써 도덕적 기준을 내면화하여 다른 사람에 대해서도 배려하게 된다.

7 학령기의 또래 관계는 공격성과 친사회적 행동 등의 사회화 기능에 영향을 미치며, 정서적 안정감을 제공하고 인지 발달을 돕는다. 또래 관계에 영향을 미치는 요인으로는, 신체적 · 성격적 · 인지적 능력과 창의적 사고가 있으며, 부모와의 애착 형성과 상호 작용 경험도 포함된다.

8 학업 성취에 미치는 영향 요인으로는 권위적인 부모의 양육 태도, 사회 경제적 지위(중 · 상류 계층), 성차, 출생 순위 등이 있다.

김순덕 · 장연집(2000). 문학 작품을 통한 읽기 지도 전략이 초등학교 아동의 문식성에 미치는 효과. 아동학회지, 15(2), 243-257.

송명자(2001). 발달심리학. 학지사.

정옥분(2004). 발달심리학-전생애 인간발달. 학지사.

Shaffer, D. R., 송길연 · 장유경 · 이지연 · 정윤경 옮김(2005). 발달심리학. 시그마프레스.

http://www.kiyd.re.kr/ 한국청소년개발원

http://www.youthcounselor.or.kr/ 한국청소년상담원

http://youth.go.kr/ 국가청소년위원회

제 **4** 장

신생아 보육의 원리

이 장에서는 신생아를 포함한 생후 1년 이내 영아의 발달적 특징을 이해하고, 신생아 발달 특징을 고려하여 중점적으로 양육하여야 할 신생아 보육 원리를 제시하며, 양육자의 역할을 살펴본다.

01 신생아의 발달 특징을 이해한다.

02 신생아 발달 특징에 기초한 보육의 원리와 중점 보육 내용을 안다.

03 신생아 보육 원리에 따른 양육자의 역할을 이해하고, 실천한다.

• 신생아 생후 4주(1개월) 이내의 아기를 신생아(newborn baby)라고 한다. 이 기간에 신생아는 모체의 태 안에서 자동적으로 산소나 영양을 받고 있던 상태에서 자력으로 호흡이나 영양 섭취를 하게 되는 급격한 변화가 일어난다.

• 반사 외부 자극에 대한 무의식적이고도 자동적인 반응을 말한다. 신생아는 생존 및 근육 운동의 발달에 기초가 되는 반사를 가지고 태어난다. 반사는 수유, 감각적 탐색, 신체적 운동에 기초가 되는 기능으로, 발달을 위한 가장 기초적인 기능이다.

• 옹알이 언어와 유사한 최초의 말소리로서 신체적 성숙에 의해 나타난다. 옹알이는 4~5개월경에 시작하며, 계속 심화되어 6~9개월에는 최고조에 이른다. 아기가 양육자나 주변 사람들로부터 반응을 얻게 되면 옹알이는 점차 빈번하고 다양해진다.

• 낯가림 영아가 낯선 사람을 보면 우는 것을 말한다. 생후 4~6개월이 되면 자주 대하는 친숙한 얼굴의 형상을 인지하게 되면서 낯가림을 시작한다. 따라서 낯가림은 아기가 자신과 친숙한 사람들의 얼굴을 잘 기억할 수 있으며, 엄마를 확실하게 인지하고 사랑하게 되었다는 것을 의미한다.

○, × 퀴즈

진단문제	○	×
1	신생아는 태어난 지 일주일 된 아기를 말한다.		v
2	신생아의 청각은 매우 예민하다.		v
3	신생아는 성인보다 낮은 체온을 가지고 있어 주위 온도 변화에 민감하다.		v
4	신생아는 큰 소리가 나면 팔이 활처럼 펴지게 되는데 이것이 모로 반사이다.	v	
5	바빈스키 반사는 신생아의 발바닥을 간질이면 네 발가락을 부채처럼 쫙 펴는 반응을 보이는 반사이다.	v	

해설

01 신생아는 태어난 지 4주(1개월) 이내의 아기를 말한다. 신생아기는 엄마의 태내와는 다른 환경에서의 생존과 적응이 시작되는 중요한 시기이다.

02 신생아의 청각은 예민하지 못하다. 따라서 신생아는 작은 소리는 잘 듣지 못한다. 그 이유는 출산 과정에서 내이도로 침투된 양수 때문인 것으로 보인다. 양수가 제거되면 신생아는 소리에 민감하게 반응하며, 말소리도 구분할 수 있게 된다.

03 신생아의 체온은 성인보다 다소 높은 37~37.5℃로 어른보다 약 1℃ 정도 높다. 땀샘이 잘 발달되지 않아 체온 조절 능력이 성인보다 미흡하여 외부 영향에 의해 체온이 쉽게 변한다.

04 모로 반사는 갑자기 큰 소리를 내거나 신생아를 안고 있다가 갑자기 내려놓으면 팔이 활 모양으로 휘는 자세를 취하는 반사를 말한다.

05 바빈스키 반사는 바빈스키가 발견한 반사로서, 신생아의 발바닥을 발꿈치에서 발가락 쪽으로 간질이면 엄지발가락을 구부리는 반면, 다른 네 발가락은 부채처럼 쫙 펴는 반응을 보이는 반사를 말한다.

1 신생아 이해하기

1. 신생아 특징

신생아에서부터 생후 1년간은 영아들의 성장이 매우 빠른 시기이다. 특별히 신생아기는 감각 기관이나 운동 기능적인 면에서 급속한 성장이 이루어진다. 이 장에서는 신생아를 이해하기 위해 신생아가 자라면서 보여주는 발달적인 특징들을 중심으로 살펴보고자 한다.

1) 신체적 특징

출생 후 첫 한 달 동안의 아기를 신생아라고 부른다. 신생아기는 비록 짧은 기간이지만 태내 환경과는 상이한 새로운 환경에 적응해야 한다는 점에서 중요한 의미를 가진다.

(1) 신생아의 외모

갓 태어난 아기는 좁은 산도를 통과하느라 머리 모양이 다소 일그러져 있거나 눈꺼풀이 부어 있고, 전체는 솜털로 덮여 있는데 몇 주가 지나면 점차 없어진다.

●그림 4-1 │ 신생아의 외모

●표 4-1 │ 소아 발육 표준치(대한소아과학회, 2007)

구분	남자	여아
체중(kg)	3.41	3.29
신장(cm)	50.12	49.35
머리 둘레(cm)	34.70	34.05

(2) 신생아의 체중과 신장

신생아의 체중은 임신 기간이나 부모의 체격, 임신 중 합병증 여부나 영양 상태에 따라 좌우되나, 보통 신생아의 평균 신체 치수는 아래와 같다.

- 신생아의 체중은 출생 직후부터 3~4일간은 5~10% 정도 일시적으로 감소한다. 이 시기에는 젖을 잘 먹지 못하고 젖을 빨더라도 그 양이 적으며 수분이 소변이나 대변으로 배설되고, 또 피부나 폐에서 수분이 증발하여 먹는 분량보다 소실되는 분량이 많기 때문에 이러한 생리적 체중 감소가 나타나게 된다.
- 생후 7~10일 정도쯤 되면 출생 시의 체중을 회복하고, 그 후에 매우 빠른 성장을 보인다. 따라서 보통 하루 20~30g 정도로 체중이 급속히 늘어나 생후 1개월경에는 약 4kg 정도가 된다. 영아의 꾸준한 체중 증가는 수유가 제대로 되고 있고 영아가 건강하게 자라고 있는지를 알 수 있는 가장 중요한 지표가 되므로 자주 체크할 필요가 있다.

2) 생리적 기능

(1) 호흡

신생아의 호흡은 보통 분당 30~40회 정도이며, 분당 17회인 어른에 비해 약2.5배 정도 빠르며 불규칙적이다. 작은 자극에도 호흡수가 달라지며, 울거나 흥분해 있을 때는 분당 60회 이상의 숨을 쉬기도 한다.

(2) 맥박

신생아의 심장은 몸 구석구석에 보다 효과적으로 혈액을 공급하기 위해 어른보다 훨씬 빨리 뛴다. 신생아의 맥박은 1분에 120~180회 정도로 빠르고 불규칙하다.

(3) 체온

신생아의 체온은 성인보다 다소 높은 37~37.5℃로 어른보다 약 1℃ 정도 높다. 땀샘이 잘 발달하지 않아 성인보다 체온 조절 능력이 미흡하여 외부 영향에 의해 체온이 쉽게 변한다. 즉 외부 온도가 차면 체온이 곧 내려가고, 더우면 쉽게 높아진다. 지방층은 마지막 2개월에 발달하기 때문에, 조산아는 체온 조절 능력이 다소 부족하므로 몸을 따뜻하게 유지시켜 주는 것이 필요하다.

체온 측정 방법

체온 측정은 체온계의 종류와 선택, 사용 방법에 따라 측정 방법이 달라진다.

1. 체온계의 종류와 선택
체온계의 종류에는 수은 체온계, 디지털 체온계, 적외선 고막 체온계가 있다.

1) 수은 체온계

수은 체온계는 읽기 어렵고 측정 시간이 좀 길다는 불편함이 있지만, 제대로 사용할 경우 가장 정확한 체온을 잴 수 있고 값이 저렴한 것이 큰 장점이다. 단, 체온계가 깨질 경우 방출된 수은이 몸에 흡수되면 매우 위험하므로, 사용 후에는 반드시 영아의 손이 닿지 않는 곳에 보관해야 한다.

2) 디지털 체온계

디지털 체온계는 디지털 기능이 장착되어 있어 영아의 체온을 빠르고 정확하게 측정할 수 있으며, 체온이 숫자로 표시되므로 읽기가 쉽다. 또 비교적 값이 저렴하다는 장점도 있다. 사용법과 발열 기준 온도는 수은 체온계와 같고 측정 시간은 30~40초 정도이다.

3) 적외선 고막 체온계

적외선으로 탐지하는 방식으로 고막을 통해 열을 재는 체온계이다. 다른 체온계에 비해 상당히 비싸 구입할 때 부담이 되나, 1초 내에 체온을 측정할 수 있어 울며 보채는 어린 아기의 체온을 비교적 정확히 측정할 수 있다는 장점이 있다. 일반적으로 37.6℃ 이상이면 열이 있다고 보는데, 재는 방향이나 방법에 따라 달라지므로 사전에 정확한 방법을 숙지하고 측정하도록 한다. 단, 귀에 귀지가 많은 경우에는 열이 있어도 측정되지 않을 수 있으며, 아주 어린 아기의 경우는 정확한 측정이 어려울 수도 있다.

2. 체온 측정 방법

1) 겨드랑이

- 먼저 겨드랑이의 땀을 닦아 낸다.
- 체온계를 놓고 팔을 가슴 쪽으로 붙인다.
- 체온계의 체온을 읽는다.

겨드랑이에서 잴 때의 정상 체온 범위는 35.3~37.3℃이며, 따라서 37.4℃ 이상일 때 열이 있다고 한다. 수은 체온계는 5분 정도 측정하고, 디지털 체온계는 소리가 날 때까지 측정하면 되는데, 일반적으로 40초 정도는 측정해야 한다.

2) 입

입으로 체온을 측정할 때에는 체온계를 혀 밑에 놓고 입술을 다물어 체온계가 고정되도록 하고 숨은 코로 쉬게 하여 3분 정도 지난 후 체온을 읽는다. 입으로 잰 체온의 경우 37.6℃ 이상이 되면 열이 있다고 본다.

3) 항문

- 보호자가 바닥에 앉고 자신의 넓적다리 위에 아기를 엎어 놓는다. 이때 아기가 뒤집지 않도록 주의한다.
- 아기의 항문과 체온계 끝에 바셀린과 같은 윤활제를 소량 바른다.
- 체온계 끝을 2.5㎝ 정도 항문 속으로 부드럽게 집어넣는다.
- 2분 정도 지난 후 체온을 읽는데, 38℃ 이상이면 열이 있는 것으로 본다.
- 수은 체온계로는 3분 정도 측정하고, 디지털 체온계로는 소리가 날 때까지 재거나 30초 정도 재어야 한다.

직장으로 체온을 재는 방법은 단점이 많아서 잘 사용하지 않는데, 잘못하면 직장 점막을 다칠 위험이 있으며, 열이 높을 경우 오히려 체온이 정확하지 않다는 단점이 있기 때문에 잘 판단해야 한다.

4) 귀의 고막

고막으로 체온을 측정할 경우 정상 체온은 35.8~37.9℃이며, 38℃ 이상이면 열이 있는 것으로 본다. 귀의 고막에서 열을 측정할 때는 체온계를 귓구멍에 빈틈없이 대고 잰다. 이 방법은 측정 시간이 짧고 편리하지만, 측정 방법에 따라 체온이 달라진다는 단점이 있다.

3) 소화기관의 발달

(1) 위

신생아의 위는 어른과 달리 옆으로 길게 누워 있는 모양으로 꼭 자라목을 세워 놓은 듯하다. 게다가 위의 입구에 있는 괄약근의 기능이 미숙하여 젖을 먹으면 위에서 식도로 역류하기 쉬워 젖을 잘 넘기거나 토할 수 있다.

젖이 위 속에 머무는 시간은 모유가 2~2.5시간, 우유가 약 3~3.5시간 정도로 모유가 더 빨리 소화된다. 따라서 모유를 먹는 아기가 우유를 먹는 아기보다 금방 배가 고파져 자주 먹으려 할 수 있다.

(2) 장

정상적인 어른의 장이 어른 키의 4배 정도인 데 비해, 신생아의 장은 무려 키의 7배 정도나 된다. 즉 신생아의 장이 어른에 비하여 길다고 할 수 있다. 또한 영양소의 흡수 능력이 어른에 비해 떨어지기 때문에 모유나 분유 이외의 것들을 함부로 먹이면 흡수 장애나 소화 불량이 올 수 있다.

(3) 신장(콩팥)

신장은 몸 안의 노폐물을 걸러서 소변으로 내보내는 역할을 하는데, 신생아의 경우 아직 신장의 기능이 제대로 발달하지 않아 수분을 잘 배설하거나 제대로 농축하지 못한다. 따라서 몸이 쉽게 붓거나 탈수가 될 수 있다.

(4) 두뇌 발달
① 두위

영아의 두위(머리 둘레)는 곧 뇌의 성장을 의미하기 때문에 많은 관심을 기울여야 한다. 출생 직후 아기의 평균 두위는 약 34㎝이고, 흉위(가슴둘레)는 약 33㎝이다. 이처럼 신생아는 두위가 흉위보다 1㎝ 정도 커서 머리가 커 보인다. 이후 생후 1개월이 되면 평균 37.5㎝가 되며, 첫돌 정도가 되면 출생 시보다 약 10㎝ 커진다.

② 숨구멍

머리의 뼈는 한 개로 이루어진 것이 아니라 여러 개의 뼈가 모여 있는 것이다. 갓 태어난 신생아의 경우 이 뼈들이 아직 완전히 붙어 있지 않은 상태로 틈이 남아 있다. 이 부분이 숨을 쉴 때마다 솟았다 꺼졌다 하는데, 앞에 있는 것이 마름모꼴의 '대천문'이고, 그 뒷부분이 '소천문'이다.

대천문은 생후 1년 반쯤 지나면 닫히고, 소천문은 생후 6~8주 사이에 닫힌다. 그러나 선천성 증후군이 있거나 골 형성에 문제가 있는 경우, 혹은 미숙아이거나 자궁 내 발육이 지연된 상태로 태어난 아기의 경우에

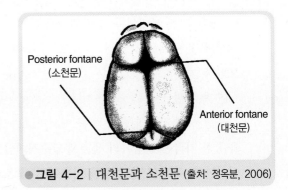

●**그림 4-2** │ 대천문과 소천문 (출처: 정옥분, 2006)

는 천문이 지나치게 크거나 늦게 닫힐 수도 있다. 그러나 정상적으로 태어난 아기 중에서 2년이 지나 닫히는 경우도 있으므로 조금 늦게 닫힌다고 걱정할 필요는 없다.

(5) 감각 기관의 발달

① 시각 발달

갓 태어난 아기는 눈앞에 있는 물체를 희미하게 볼 수 있다. 특히 밝은 빛에 매우 민감하여 빛을 비추면 눈을 감을 수도 있다. 그렇기 때문에 신생아가 있는 방은 너무 환하게 불을 켜 두는 것이 좋지 않다.

② 청각 발달

• 신생아는 작은 소리는 잘 듣지 못한다. 그 이유는 출산 과정에서 내이도로 침투된 양수 때문인 것으로 보인다.

• 양수가 제거되면 신생아도 소리의 크기나 음조, 지속 시간, 소리가 나는 방향, 주파수 등을 구별할 수 있다. 특히 높고 강한 소리에 대해 민감하게 반응한다.

• 신생아는 단순히 소리의 크기나 음조뿐만 아니라 말소리도 구분할 수 있다. 생후 2주 경에는 사람의 목소리와 다른 소리를 구분할 수 있으며, 3주경에는 낯선 사람이나 아버지의 목소리보다 어머니의 목소리에 민감하게 반응한다.

③ 미각 발달

미각은 태내에서도 어느 정도 기능을 하며 출생 시에도 여러 가지 맛의 액체를 구분하는 것이 가능하다. 쓴맛, 신맛, 짠맛보다는 단맛이 나는 액체를 더 오래 빨며, 맹물과 단맛이 나는 포도당액을 구분할 수 있다.

④ 후각 발달

후각은 다른 동물에 비해서는 덜 발달되어 있으나 출생 초기부터 상당히 발달되어 있

다. 생후 며칠 이내에 독특한 냄새들 간의 차이를 구분하는 것이 가능하며, 어머니와 다른 여성의 젖 냄새를 구분할 수 있고, 암모니아와 같은 독한 냄새에는 고개를 돌리는 반응을 보인다.

⑤ 촉각 발달

출생 시 촉각은 입술과 혀를 제외하고는 그다지 발달되어 있지 않다. 그러나 피부 접촉을 통한 자극은 신생아의 생존에 필수적이다. 신생아는 주로 촉각에 의존하여 주변 환경을 인지한다. 촉각의 발달이 잘 이루어질 때 소화 기능도 원활하게 이루어지고, 순조롭게 주변 환경에 적응해 나가게 된다.

(6) 반사 운동

신생아는 외부의 자극에 대해 여러 가지 반사 행동을 보이는데, 반사 행동에는 생존 반사와 원시 반사의 두 종류가 있다.

① 생존 반사

생존 반사는 신생아의 생존에 필요한 것으로 유해한 자극에 대해 보호 기능을 할 뿐만 아니라 신생아의 기본 욕구를 충족시키는 기능도 한다. 생존 반사는 아래와 같은 것들이 있다.

- 호흡 반사
- 눈 깜박거리기 반사
- 빨기 반사: 신생아는 구강 자극에 민감하여 입에 닿는 것은 무엇이든지 빨려고 하는데, 이것이 빨기 반사이다.
- 삼키기 반사
- 근원 반사: 신생아는 입 주위에 자극을 주면 그 자극을 향해 고개를 돌리고, 입을 벌려 이것을 빨려고 한다. 입에서 먼 뺨에 자극물을 가져다 대어도 필사적으로 음식이라는 자극물을 찾아간다.

② 원시 반사

원시 반사는 신생아의 생존과는 관계가 없는 반사이며, 대부분 수개월 이내에 사라진다. 이는 대뇌 피질이 발달함에 따라 신생아의 반사 운동이 점차적으로 의식적이고 자발적인 행동으로 대체되기 때문이다. 신생아의 원시 반사는 아래와 같다.

- 모로 반사: Moro가 발견한 반사 행동으로, 갑자기 큰 소리를 내거나 신생아를 안고 있다가 갑자기 내려놓으면 팔이 활 모양으로 휜다. 또한 신생아를 똑바로 눕힌 채 누

운 자리 근처를 양쪽에서 세게 두드리면 팔을 쭉 벌리면서 손으로 무엇인가를 잡으려고 하는 것 같은 자세를 취한다.

- 바빈스키 반사: 바빈스키가 발견한 반사 행동이다. 신생아의 발바닥을 발꿈치에서 발가락 쪽으로 간질이면 엄지발가락을 구부리는 반면, 다른 네 발가락은 부채처럼 쫙 펴는 반응을 보인다.
- 수영 반사: 아기를 물속에 넣으면 물 위에 뜨기 위해 적절한 팔다리 운동과 호흡을 한다.
- 파악 반사: 신생아의 손바닥에 어떤 물건을 쥐어 주면 그것을 빼내기 힘들 정도로 꼭 쥐는 반응을 보인다.
- 걸음마 반사: 신생아의 겨드랑이를 잡고 살짝 들어 올려 바닥에 발을 닿게 하면, 걸어가듯이 무릎을 구부려 발을 번갈아 땅에 내려놓는데 이것을 걸음마 반사라고 한다.

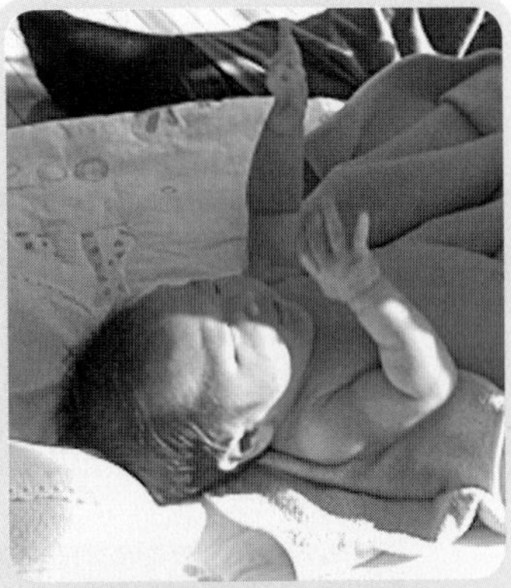

●그림 4-3 │ 모로 반사

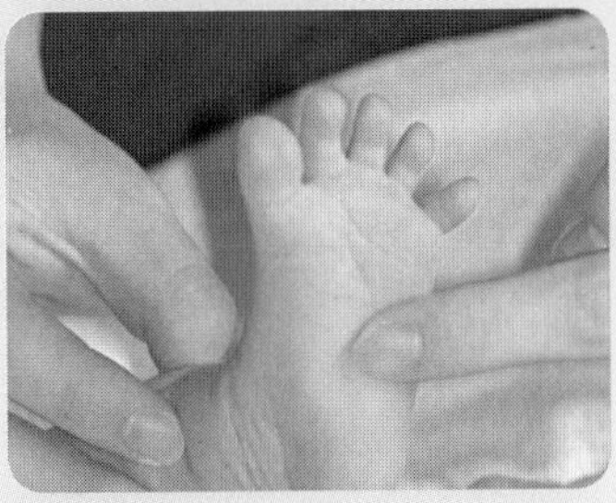

●그림 4-4 │ 바빈스키 반사

2. 2~12개월 영아의 특징

1) 신체 특징

(1) 신장과 체중의 변화

생후 첫 1년간의 특징은 빠른 신체적 성장이라 할 수 있다. 건강한 영아의 경우 신장은 1년 동안 1.5배, 체중은 3배 정도 증가한다. 2~12개월 영아의 평균 신체 치수는 아래와 같다.

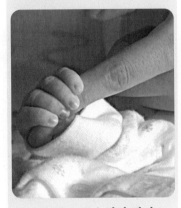

●그림 4-5 │ 파악 반사

(2) 치아의 발달

치아에는 젖니와 영구치가 있는데, 젖니의 수는 모두 20개이고 영구치의 수는 모두 32개이다. 치아는 생후 6개월경에 아래 앞니부터 젖니가 나기 시작하여 1년이 되면 6~8개의 앞니가 난다. 그 다음 첫째 어금니, 송곳니, 둘째 어금니 순서로 24~30개월경에는 20개

● 표 4-2 | 소아 발육 표준치 (대한소아과학회, 2007)

구분	1개월		2개월		3개월		4개월		5개월		6개월	
	남아	여아	남아	여아	남아	여아	남아	여아	남아	여아	남아	여아
체중(kg)	5.68	5.37	6.45	6.08	7.04	6.64	7.54	7.10	7.97	7.51	8.36	7.88
신장(cm)	57.70	56.655	60.90	59.76	63.47	62.28	65.65	64.42	67.56	66.31	69.27	68.01
머리 둘레 (cm)	38.30	37.52	39.85	39.02	41.05	40.18	42.02	41.12	42.83	41.90	43.51	42.57

구분	7개월		8개월		9개월		10개월		11개월		12개월	
	남아	여아	남아	여아	남아	여아	남아	여아	남아	여아	남아	여아
체중(kg)	8.71	8.21	9.04	8.52	9.34	8.81	9.63	9.09	9.90	9.35	10.41	9.84
신장(cm)	70.83	69.56	72.26	70.99	73.60	72.33	74.85	73.58	76.03	74.76	78.22	76.96
머리 둘레 (cm)	44.12	43.15	44.63	43.66	45.09	44.12	45.51	44.53	45.88	44.89	46.53	45.54

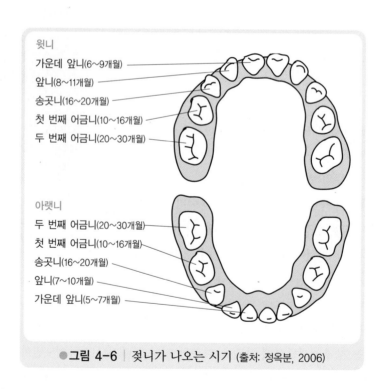

윗니
가운데 앞니(6~9개월)
앞니(8~11개월)
송곳니(16~20개월)
첫 번째 어금니(10~16개월)
두 번째 어금니(20~30개월)

아랫니
두 번째 어금니(20~30개월)
첫 번째 어금니(10~16개월)
송곳니(16~20개월)
앞니(7~10개월)
가운데 앞니(5~7개월)

● 그림 4-6 | 젖니가 나오는 시기 (출처: 정옥분, 2006)

●표 4-3 | 운동 기능의 발달 시기와 순서

1개월경	엎드린 자세에서 고개를 들 수 있다.	3개월경	가슴을 들 수 있다.
3~4개월경	뒤집기를 할 수 있다.	6개월경	혼자 앉을 수 있다.
7~8개월경	혼자 설 수 있다.	10개월경	붙잡고 걸을 수 있다.
12개월경	혼자 걸을 수 있다.		

(출처: 정옥분, 2006)

의 젖니가 모두 나게 된다. 그러나 치아가 나는 시기는 개인마다 큰 차이가 있다.

2) 운동 기능의 발달

운동 기능은 편의상 특정 운동에 사용되는 근육의 크기(대근육 또는 소근육)와 신체 부위에 따라 대근육 운동과 소근육 운동으로 나뉜다.

(1) 대근육 운동

대근육 운동은 기기, 서기, 뜀뛰기, 걷기, 한 발로 서 있기와 같이 팔, 다리, 몸통 같은 대근육을 사용하는 운동을 말한다.

1세 이전에 가장 주목할 만한 대근육 운동 기능은, 고개도 못 가눌 정도로 전적으로 의존적이던 인물에서 뒤집기, 기기, 서기, 걷기, 달리기 등을 할 수 있는 기동성 있는 인물로 바꿔 놓는 것이다. 영아가 서기까지의 과정은 아래와 같다.

(2) 소근육 운동

소근육 운동은 손을 뻗쳐 물건 잡기, 손가락으로 물건 집기, 긁적거리기와 같이 몸의 소근육을 사용하는 운동을 말한다. 소근육 운동 기능은 근원 발달의 원칙에 의해 팔과 손, 그리고 손가락의 순으로 발달한다.

출생 시의 신생아에게는 잡기 반사 능력이 있지만, 그것을 통제하는 능력은 없다. 물건을 잡기까지의 발달 과정은 아래와 같다.

1개월	매달려 있는 물체를 보면서 팔과 발을 움직여 보지만 그 물체를 잡지는 못한다.
6개월	매달려 있는 물체를 팔을 뻗어 잡을 수 있다.
8~9개월경	자기 앞으로 던져 준 물체를 잡으려 해 보지만 놓친다.
12개월	물체를 보면서 잡을 수 있다.

(3) 감각과 지각의 발달
① 시각 발달

시각은 영아의 감각 능력 중 가장 늦게 성숙한다. 출생 시 시각 조절에 필요한 뇌 회로가 충분히 성숙해 있지 않아 신생아의 시력은 매우 약한 편이다.

출생 후 몇 개월 동안 심한 근시 현상을 보이지만, 첫돌 무렵에는 시력이 1.0에 가까워져서 정상 시력을 가지게 된다. 영아의 시각 발달은 아래와 같다.

1개월	사물에 초점을 맞추고 응시하는 것이 가능하다.
2개월경	180도 각도에서 물체를 추적하는 수평 추시가 가능하다.
3개월	시력이 급속도로 향상되어 물체를 따라 볼 수 있다.
4개월경	색에 대한 지각이 가능하다.

② 청각 발달

영아의 듣는 능력은 보는 능력과 동시에 발달하며, 양자를 협응시키려는 반응을 보인다. 또한 듣는 능력에 문제가 있으면 이는 이후의 언어 발달에도 영향을 미치게 된다. 영아의 청각 발달은 아래와 같다.

1개월경	'바' 음과 '파' 음 같은 음소의 구별이 가능하다.
2개월경	서로 다른 목소리에 다르게 반응하고 같은 사람이 내는 다른 음색의 목소리를 구분할 수 있다.
4~6개월	소리가 나는 방향을 정확하게 알아볼 수 있으며, 낯익은 목소리를 구별할 수 있고 음악을 들으면 좋아한다.
6개월경	낮은 소리나 중간 소리보다 높은 소리를 더 잘 듣는다.

③ 미각 발달

영아는 맹물보다는 단물을 선호하고 쓰거나 신맛에는 얼굴을 찡그리며 반응을 보인다.

- 2~3개월경에는 특정한 맛에 대한 기호가 생길 정도로 발달되며, 특정한 맛에 대한 거부 현상도 보인다.
- 4개월이 되면 신생아기 때에는 싫어하던 짠맛을 좋아하기 시작하는데, 이것은 아마도 이유식에 대한 준비를 하는 것인지도 모른다.
- 영아기 말이 되면 미각은 매우 예민해진다. 소아과 의사들은 영아에게 다양한 음식을 제공할 것을 추천하는데, 이것은 영양적인 측면뿐 아니라 영아기에 음식에 대한 선호가 급격히 발달하기 때문이다.

④ 후각 발달

영아는 여러 가지 다양한 냄새를 식별할 수 있다. 또한 모유 수유를 하는 영아가 어머니가 가까이 왔음을 엄마의 젖 냄새를 통해 안다.

⑤ 촉각 발달

- 촉각은 영아가 성인과 맺는 관계에서 매우 중요한 역할을 한다.
- 생후 6개월이 지나면 영아는 촉각을 이용해서 주위 물체를 탐색하기 시작한다. 따라서 촉각은 영아가 자신의 환경에 대한 지식을 습득하는 주요 수단이 된다. 이것은 초기 인지 발달에서 매우 중요한 것이다.
- 영아는 온도 변화에 대해서도 민감한 반응을 보이는데, 체온보다 높은 온도보다는 낮은 온도에 더 민감하다. 따라서 방안 온도가 갑자기 떨어지거나 영아의 옷을 갈아입히기 위해 옷을 다 벗겨 놓으면 울면서 불편함을 호소하거나 체온을 유지하기 위해 몸을 활발하게 움직인다.

(4) 사회성 발달

① 아기의 첫 미소

생후 2개월 이전의 웃음은 일반적으로 배냇짓이라 불리는 원시적이고 반사적인 것이 대부분이다. 그러나 2개월 이후에는 영아의 감정 표현의 한 수단으로 바뀌어 상호 작용에 의해서 기쁨 또는 친근함을 나타내는 미소를 짓게 되며, 이를 사회적 미소라 한다.

② 낯가림

낯가림이란 영아가 낯선 사람을 보면 우는 것을 말한다. 영아는 이전에는 인지 능력이 부족하여 친숙한 것과 친숙하지 않은 것을 구별하지 못하다가, 생후 4~6개월이 되면 자주 아기의 미소는 3단계를 지나면서 아기의 사회적 발달에 큰 역할을 한다.

- 반사적 미소의 단계: 반사적인 근육 수축에 의한 미소 또는 배냇짓을 보인다(생후 1개월경까지).
- 비선택적 사회적 미소의 단계: 사람 얼굴을 좋아하며, 보면 미소를 짓는다(생후 4~6주).
- 선택적 사회적 미소의 단계: 친숙한 얼굴을 반기며, 보면 미소를 짓는다(생후 4~5개월).

대하는 친숙한 얼굴의 형상을 인지하게 되면서 낯가림을 시작하게 된다. 낯가림이 가장 심한 시기는 8~10개월까지이며, 첫돌 정도 되면 어느 정도 낯가림을 하지 않게 된다.

(5) 언어 발달

단어나 문장을 습득하는 시기에는 개인차가 있지만, 대부분 영아는 언어 획득 시에 동일한 발달 단계를 거친다. 영아는 단어를 표현하기 전부터 울음이나 표정, 몸짓 등 비언어적인 행동을 통하여 의사 소통을 한다.

① 울음

울음은 영아가 자신의 욕구를 표현할 수 있는 유일한 의사 소통 수단이다. 초기의 울음은 영아가 왜 우는지 이유를 구분할 수 없는 미분화된 울음이지만, 점차 우는 이유를 알 수 있는 분화된 울음으로 바뀌게 된다.

② 옹알이

4~5개월경에 나타나는 옹알이는 언어와 유사한 최초의 말소리다. 이는 신체적 성숙으로 인해 나타나는 근육 활동의 결과로, 농아도 처음에는 옹알이를 한다. 일반적으로 옹알이는 만족스러운 상태에서 가장 많이 나타난다. 처음에는 옹알이를 하는 기쁨 자체를 위해 옹알이를 하지만, 이후에는 자신의 옹알이가 환경에 주는 영향 때문에 옹알이를 하게 된다. 따라서 영아가 양육자나 주변 사람들로부터 반응을 얻게 되면 점차 그 소리가 빈번해지고 다양해진다. 이러한 옹알이는 모국어를 습득하는 중요한 기제로 작용한다.

③ 반응 살피기

생후 6~7개월부터는 발음을 능동적으로 따라 하는 시기이다. 이 시기에는 영아가 양육자의 음성에 반응을 잘 보이며 양육자를 따라 하려고 노력하는 것이 가장 큰 특징이다.

④ 말 흉내 내기

생후 9~10개월이 되면 어른들의 행동과 말을 흉내 내어 따라 하게 된다. 조금씩 어른들의 말을 이해하기 시작하는데 영아에게 "빠이빠이~."라고 하면 손을 움직이는 행동을 보이기도 한다. 또 "안 돼!" 하면 하던 행동을 재빨리 멈추거나 손을 떼지만 뭔가 먹고 싶을 때는 "맘마"나 "엄마" 혹은 이와 비슷한 발음을 하며 재촉하기도 한다.

2 신생아 보육 원리

1. 신체 돌보기

1) 피부 자극하지 않기

아기의 피부는 매우 예민하기 때문에 빨래 후에 옷이나 침구류에 남아 있는 비누나 세제 찌꺼기에도 자극을 받기 쉽다. 따라서 영아의 옷과 침구류는 반드시 다른 가족들 것과 분리해서 빨고 세제나 비누가 남아 있지 않도록 철저히 헹궈야 한다.

2) 배꼽 관리

배꼽은 아기가 엄마 뱃속에 있는 동안 혈액과 영양분을 공급받던 탯줄이 있던 자리이다. 출생 당시 잘려진 탯줄이 남아 있는 꼬투리는 말라서 1~2주일 사이에 완전히 떨어진다. 탯줄 꼬투리는 세균이 자라기에 아주 좋은 장소이기 때문에 매일매일 깨끗하고 건조하게 유지해야 한다. 이때 탯줄 꼬투리가 완전히 떨어지기 전까지는 염증이 생기는 것을 막기 위해 알코올을 묻힌 면봉이나 알코올 솜을 이용해서 남은 꼬투리를 항상 청결하게 닦아 주고 반드시 잘 말려 주어야 한다. 탯줄 꼬투리가 떨어진 일주일 후까지도 꼬투리가 붙어 있던 자리는 하루 두 번 이상 소독해 주는 것이 좋다.

3) 손발톱 깎기

(1) 손톱

영아의 손톱을 다듬지 않고 그대로 두면 길게 자라 얼굴이나 피부를 긁어 상처를 낼 수 있으므로 그때그때 깎아 주어야 한다.

영아의 손톱을 깎을 때 아래와 같은 점에 유의한다.

• 손톱을 다듬을 때에는 아기용 손톱깎이나 끝이 뭉툭한 아기용 손톱 가위를 사용하는 것이 좋다.
• 손발톱을 다듬기 좋은 시간은 잠자고 있는 동안과 목욕 후이다.
• 손톱은 가능한 짧고 부드럽게 깎아 준다.
• 영아의 손톱을 깎을 때는 둥글게 깎지 말고, 평평하게 깎은 뒤 양쪽 끝만 살짝 잘라 준다.

(2) 발톱

손톱과 달리 발톱은 훨씬 더 늦게 자라고 매우 부드럽다. 또한 길더라도 얼굴을 긁을 염려가 없기 때문에 손톱만큼 짧게 깎을 필요가 없다. 대체로 1개월에 한두 번만 깎으면 충분하다.

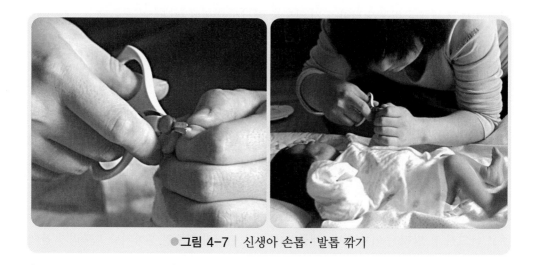

●그림 4-7 │ 신생아 손톱·발톱 깎기

2. 수면

1) 영아의 수면 양상

신생아는 하루 중 대부분의 시간 동안 잠을 자지만, 수면 양상이 밤에 자고 낮에 깨어 있는 성인들과는 달리 하루 24시간을 밤낮 구별 없이 일정한 간격으로 자고 깨고 한다. 이후 영아기 수면 시간은 극적으로 감소하는데, 이와 같은 수면 시간의 감소는 출생 시 미성숙했던 뇌가 출생 후 첫 1~2년간 빠른 속도로 성장한 결과이다.

2) 영아의 수면

출생~1개월	18~20시간	1개월~3개월	18~19시간
4개월~5개월	16~17시간	6개월~8개월	15~16시간
9개월~첫돌	14~15시간		

3) 영아의 수면에 따른 보육 원리

2개월	- 영아가 점차 눈을 뜨고 깨어 있는 시간이 길어진다. - 이 시기부터 아기에게 조용하고 어두운 밤에는 자야 한다는 것을 가르쳐야 한다. 따라서 낮에는 더 많은 시간을 영아와 놀아 주고, 밤에는 어수선한 분위기를 정리하면서 조용한 환경을 조성해 주는 것이 좋다.
3~5개월	어느 정도 밤과 낮을 구분할 수 있게 되므로 차츰 밤에 많이, 그리고 길게 재운다.
6개월	대부분의 영아들은 점차 밤에는 자고 낮에는 깨어 있는 성인의 수면 양상을 보이게 된다. 그래도 하루에 3~4회 정도는 낮잠을 잔다.

밤낮이 바뀐 아기

1. 밤낮이 바뀐 아기

아기가 낮에는 활발히 놀고 밤에는 낮잠과는 다른 긴 잠을 잔다는 것을 제대로 알게 되는 시기는 3개월 정도이다. 그러나 아기들 중에는 밤낮이 바뀌어 낮에는 세상 모르고 자다가 밤이 되면 눈을 말똥말똥 뜨고 같이 놀자고 떼쓰는 아기들이 있다. 이처럼 아기가 밤낮이 바뀌는 현상은 주로 생후 1개월 전후에 많이 나타난다. 시간이 지나면서 좋아지는 경우가 대부분이지만 여기에 잘 대처하지 못하면 장기간, 심지어 수개월간 밤낮을 바꾸어 생활해야 하기도 한다. 따라서 밤낮이 바뀐 경우 초기에 양육자가 어떻게 대처하는가가 매우 중요하다.

2. 밤낮이 바뀐 아기 돌보기

- 영아가 밤과 낮이 바뀌었다면 먼저 2개월 정도 지난 경우 밤중 수유를 조금씩 줄이는 것이 좋다.
- 낮 시간 동안은 낮잠을 자는 시간 외에는 가능한 방을 밝게 하여 아기가 자지 않고 놀도록 유도한다. 만약 낮에 아기가 먹어야 할 시간인데도 잠을 자고 있다면 조심스럽게 깨워서 먹이도록 한다.
- 자다가 깨서 운다면 안아서 달래기보다는 누워 있는 상태에서 부드러운 목소리를 들려 주거나 아기를 편하게 해 주면서 달래 본다. 아기가 밤에 깨서 울 때마다 젖병을 먼저 물린다면 나중에 밤중 수유를 끊지 못할 수도 있다.

3. 수유와 이유

영아기의 빠른 신체적 성장은 영아가 섭취하는 영양소에 의한 것이다. 영양이 적절하지 않으면 영아의 신체 발달뿐만 아니라 인지적, 사회적 발달 또한 순조롭게 진행되지 못한다. 따라서 수유와 이유를 적절히 해야 한다. 수유와 이유에 대해서는 6강 신생아 돌보기의 실제 1에서 상세히 다루고자 한다.

4. 대변과 소변

1) 대변

(1) 대변의 상태
① 태변과 이행변
아기가 태어나면 보통 12시간 내 또는 48시간 내에 첫 번째 변을 보는데, 그 변을 태변이라 한다. 태변은 출생 전에 장을 가득 채우고 있어 정상적인 소화가 이루어지기 전에 장 밖으로 빠져 나와야 한다. 태변은 검고 끈적끈적하며, 태변을 본 다음에는 1~2주 정도 황록색의 이행변을 보다가 누런색의 보통 변으로 변한다.

② 대변의 상태
변은 먹은 음식을 소화시키고 남는 찌꺼기인 만큼, 영아가 모유를 먹느냐 분유를 먹느냐에 따라 변의 색깔과 변을 보는 횟수 등이 달라진다. 또한 영아의 소화 기능이나 몸의 상태에 따라서도 색깔이나 단단함 정도가 다르게 나타난다.

(2) 대변 횟수
영아가 모유를 먹거나 먹는 양이 많을 경우에는 그만큼 변을 더 자주 보게 되며 양도 많다. 처음에는 묽은 변을 자주 보지만 차츰 변의 횟수는 줄어들게 된다. 때로 생후 1개월 된 영아가 변을 일주일에 한 번밖에 보지 않는 경우가 있는데, 이때 특별히 다른 증상이 없으면 정상인 경우가 대부분이다.

2) 소변

1~5개월 영아들은 대부분 1~3시간 간격으로 소변을 보지만, 기온이 높거나 열이 나면 피부를 통해 수분이 밖으로 배출되기 때문에 소변 양이 평소보다 절반 가까이로 줄어들 수 있다.

3) 대소변 가리는 시기

• 대변과 소변을 통제할 수 있는 근육과 신경의 미성숙으로 인해 생후 6~7개월 이전에

는 직장이나 방광이 꽉 차면 반사적으로 대소변을 배설하게 된다.
- 6~7개월이 지나 대소변을 통제하는 근육이나 신경이 발달하더라도 뇌에서 이를 통제할 수 있는 것은 아니다.
- 대변은 약 13~15개월경이면 가리게 되고, 소변은 20개월 정도가 되어야 가릴 수 있다.

4) 배변 훈련

- 대소변 가리기는 영아의 건강 상태나 정서 상태에 따라 차이가 나기 때문에 무리하게 강요하는 것은 좋지 않다.
- 배변 훈련은 아이가 혼자 일어서고, 앉고, 걸을 수 있을 때가 적절한 시기이다.
- 말을 알아듣고 모방을 좋아하며 배설 활동에 흥미를 느낄 때가 효과적이다.

5. 환경 구성

1) 온도와 습도

영아의 방은 햇빛이 잘 드는 밝은 곳이 좋으며 실내 온도는 22~25℃, 습도는 50~60%가 적당하다. 또 빛이나 소리의 자극이 적고 변화가 많지 않은 곳이어야 한다. 만약 방의 온도가 높아 냉방을 해야 한다면 적어도 1시간에 5~10분 정도는 창문을 활짝 열어 환기를 시키도록 한다. 또한 여름에 바깥 기온과 너무 차이가 나면 체온이 낮아져 오히려 좋지 않으므로 실내외 온도 차가 5℃를 넘지 않도록 조절한다.

2) 환경과 환기

영아 방에는 가능하면 영아를 돌보는 사람 외에는 출입을 제한하는 것이 좋다. 만약 감기에 걸린 사람이 있으면 영아와 접촉하지 않도록 주의하고, 각종 전염성 질환이 있는 사람의 출입은 반드시 금해야 한다.

3) 위생

신생아는 입술과 혀의 촉각이 민감하며, 거친 느낌보다는 부드러운 느낌을 좋아한다. 따라서 아기의 옷이나 이불 등 아기가 사용하는 모든 용품을 고를 때에는 촉각 및 위생에 많은 신경을 기울여야 한다.

3 양육자의 역할 (동영상 강의)

1. 우는 아기 달래기

1) 아기 울음의 의미: 의사 표현 수단

이제 갓 태어난 신생아에게는 울음이 유일한 의사 표현 수단이다. 물론 특별한 이유 없이 울기도 하지만, 아기의 울음소리는 아기가 원하는 것에 따라 다르다.

2) 아기 울음의 이해

아기가 울 때는 원하는 것을 바로 이해하고 요구 사항을 들어 주는 것이 중요하다. 그러기 위해서는 아이가 왜 우는지 알아야 하는데, 이를 위해 다음 사항을 체크해 본다.

■ 아기가 울 때의 체크 사항
① 배가 고픈 것은 아닌지 확인한다.
② 기저귀가 젖었거나 기저귀 발진 때문인지 살핀다.
③ 실내가 너무 춥지는 않은지 온도를 확인한다.
④ 너무 졸려도 아기는 잠들지 못하고 계속 울어 댈 수 있다.
⑤ 손톱에 긁혔거나 상처 난 곳은 없는지 살펴본다.
⑥ 열이 나거나 몸이 아픈지 등을 살펴본다.

공갈 젖꼭지는 아기의 빠는 욕구를 해소해 주기 위해 사용하는 것이므로 무조건 공갈 젖꼭지를 물리는 것은 좋지 않다. 특히 6개월 이후의 아기를 달랠 목적으로 공갈 젖꼭지를 물리면, 아기가 이에 대한 의존성이 생길 수 있으므로, 아기가 울 때는 왜 우는지 그 원인을 파악하는 것이 가장 중요하다.

3) 우는 아기 달래기

아기를 달래는 가장 좋은 방법은 아기의 필요에 신속하게 답해 주는 것이다. 아기의 요구에 바로 대응한다고 해서 아기의 버릇이 나빠지는 것은 아니다. 그러나 특별한 요구나 불편이 없는 상황에서 아무리 달래도 아기가 울음을 그치지 않는다면 다음 방법을 시도해 볼 수 있다.

① 아기의 머리를 쓰다듬어 주거나 등을 다독거린다.
② 아기를 안고 가만히 살살 흔들어 준다.
③ 아기에게 부드럽고 다정한 목소리를 들려 준다.
④ 조용한 음악을 틀어 준다.
⑤ 아기를 안거나 업어 준다. 또는 유모차에 태운다.
⑥ 위에 가스가 찬 경우에는 트림을 시켜 본다.
⑦ 따뜻한 목욕으로 기분을 전환시켜 준다.

2. 부드럽게 대하기

자신을 돌보는 사람이 표현하는 부드러움에 아기는 매우 민감하다. 아기를 부드럽게 대하는 방법은 아래와 같다.

1) 접촉할 때 부드럽게 대한다

① 아기는 완전히 의존적인 상태에 있기 때문에, 오랜 시간 동안 자신이 아닌 타자에 의

해 다루어지는 입장이다.

　② 아기가 양육자와 접촉하는 상황

　기저귀 갈아 주기, 목욕하기, 다른 곳으로 이동하기, 수유하기 등

　③ 접촉을 통해 아기가 아는 것

　양육자의 손길이 따뜻한지, 침착한지, 자신을 환영하는지, 아니면 차갑고 기계적이며 빨리 끝내려 조바심을 내는지 즉시 알아차린다.

　④ 아기의 반응

　아기에게 신체적 접촉은 매우 중요하고, 아기는 촉감에 민감하기 때문에 난폭한 취급을 견뎌 내지 못한다. 따라서 아기 스스로 자신이 계속 거칠게 다뤄진다고 느낄 경우 불만을 표하거나, 쉽게 화를 내면서 이러한 취급을 견디지 못하게 된다.

2) 부드러운 목소리로 대한다

　① 아기들은 따뜻하고 자신감 있으며, 자신에게 부드럽게 말하는 목소리를 좋아한다. 마찬가지로 무뚝뚝하고 공격적이며, 날카롭고 근심에 찬 목소리를 접하게 되면, 아기는 마음의 문을 닫고 울어 댄다.

　② 어떤 아기들은 이러한 부드러움이 없을 때 극도로 민감하게 반응한다. 따라서 이 경우 아기와 접촉할 때 친밀도가 약한 사람들, 아기에게 따뜻함을 줄 수 없다고 생각되는 사람들로부터 아기를 잘 보호해야 한다.

3. 시선 마주치기

　양육자는 아기와 시선을 마주치는 것이 중요한데, 아기와 시선 마주치기를 하는 내용은 아래와 같다.

　① 아기는 얼굴, 특히 양육자의 얼굴과 눈에 특별한 관심을 보인다.

　　특히 시선은 그 무엇보다 가장 강력하게 말하는 얼굴 부위이다.

　② 아기는 시선을 찾는다.

　　중요한 것은 아기와 시선을 마주치는 것이다.

③ 아기와 시선을 마주칠 수 있는 상황

　아기에게 수유할 때, 말을 걸 때, 아기의 얼굴을 마주 볼 때 등

4. 말 걸어 주기

　일찍부터 아기와 대화하는 습관을 가지는 것이 중요하다. 이때 아기가 양육자의 말을 이해하지 못할 것으로 생각하지 않도록 한다. 바로 이러한 목소리를 이용한 놀이, 목소리를 통한 교류는 아기가 언어를 습득하고 내적인 안정성을 획득하는 데 기본이 된다.

1) 아기에게 말하는 것이 중요한 이유

① 양육자는 아기는 부드러운 대화를 통해 서로의 기쁨을 찾는다.
② 말하는 것은 아기에게 말을 가르치는 유일한 방법이다.

2) 아기와 말하는 방법

① 아기가 양육자의 얼굴을 볼 수 있도록 아기의 정면에서 마주보며 이야기한다.
② 아기의 옹알거리는 소리에 미소로 응답하면서 서로 대화한다.
③ 아기와 함께 있을 수 있는 기회가 될 때마다 아기와 말을 한다.
④ 단어를 극도로 단순화시킬 필요는 없다. 단순하고 정상적으로 말해도 아기는 충분히 이해한다.
⑤ 반복은 말을 배우는 데 중요한 요소이다. 아기는 반복을 좋아하나, 의도적으로 무슨 말이든지 반복할 필요는 없다. 대화는 말을 끝없이 쏟아붓는 것이 아니라 의미 있는 말을 아기와 양육자가 서로 주고받는 것이다.
⑥ 아기가 자기 몫의 대화를 할 수 있도록 중간 중간에 침묵해 주는 것도 좋다.

1 신생아의 특징 중 여러 발달 측면 중에서 가장 급속한 성장이 이루어지는 부분으로 맞는 것은?

① 언어 발달   ② 감각 기관과 운동 기능적 측면

③ 정서 발달   ④ 사회성 발달

|정답| ②

|해설| 신생아기는 성장이 매우 빠른 시기인데, 특별히 감각 기관이나 운동 기능적인 면에서 급속한 성장이 이루어진다. 신생아가 가지고 태어나는 시각, 청각, 촉각, 미각, 후각 능력이 발달하며, 운동 기능에 있어서도 목을 가누지 못하던 상태에서 고개를 들고 앉기까지, 급격한 발달이 이루어진다.

2 신생아의 손바닥에 어떤 물건을 쥐어 주면 그것을 꼭 쥐는 반응을 보이는 반사는?

① 모로 반사   ② 바빈스키 반사

③ 파악 반사   ④ 빨기 반사

|정답| ③

|해설| 파악 반사는 손바닥에 자극이 닿으면 꼭 쥐는 반사이다. 이때의 힘은 한 손으로 철봉에 매달리게 하면 자기 체중을 지탱할 수 있을 만큼 세다. 이 반응은 생후 4개월쯤에 사라진다.

3 신생아는 대부분 잠을 자면서 보내는데, 밤에 점차 많이 자다가 성인의 수면 양상을 보이는 시기는 언제인가?

① 3개월   ② 4개월

③ 5개월   ④ 6개월

|정답| ④

|해설| 신생아의 수면 양상은 밤에 자고 낮에 깨어 있는 성인들과는 달리 하루 24시간을 밤낮의 구별 없이 일정한 간격으로 자고 깨고 한다. 그러다 6개월 정도 영아들은 밤에 자고 낮에 깨어 있는 성인의 수면 양상을 보이게 된다.

4 다음 중 신생아를 돌보는 양육자의 역할이 <u>아닌</u> 것은?

① 조용히 침묵하기   ② 신생아에게 말 걸기

③ 신생아와 시선 마주치기   ④ 우는 아기 달래기

|정답| ①

|해설| 신생아를 돌보기 위해서 양육자는 신생아기에 특별히 중점을 두어야 할 사항에 주의하여 신생아를 돌보아야 한다. 이 중 신생아기에 양육자는 아기가 울 때 달래 주고, 아기와 접촉하거나 말할 때 부드럽게 대하며, 아기와 시선을 마주치고, 말을 걸어 주는 등의 역할을 할 필요가 있다.

1 신생아 이해하기

1) 신생아 특징

신체적 특징에서 신생아의 체중은 보통 남아 3.41kg, 여아 3.29kg 정도이며, 신장은 남아 50.12cm, 여아 49.35cm 정도이다. 신생아의 호흡은 보통 분당 30~40회 정도이며, 맥박은 1분에 120~180회 정도로 빠르고 불규칙하다. 신생아의 체온은 성인보다 다소 높은 37~37.5℃로 어른보다 약 1℃ 정도 높다. 신생아기는 소화 기관이 제대로 발달하지 않은 시기이며, 갓 태어난 신생아의 경우 머리뼈들이 아직 완전히 붙어 있지 않은 상태로 틈이 남아 있어 대천문, 소천문이 있는 시기이다.

감각 기관 발달에서 갓 태어난 아기는 눈앞에 있는 물체를 희미하게 볼 수 있다. 특히 밝은 빛에 매우 민감하여 빛을 비추면 눈을 감을 수도 있다. 신생아는 작은 소리는 잘 듣지 못하다가 생후 2주경에는 사람의 목소리와 다른 소리를 구분할 수 있다. 미각은 태내에서도 어느 정도 기능을 하며 출생 시에도 여러 가지 맛의 액체를 구분하는 것이 가능하다. 후각은 다른 동물에 비해서는 덜 발달되어 있으나 출생 초기부터 상당히 발달되어 있다. 출생 시 촉각은 입술과 혀를 제외하고는 그다지 발달되어 있지 않다. 신생아는 외부 자극에 대해 여러 가지 반사 행동을 보이는데, 생존 반사로서 호흡 반사, 눈 깜박거리기 반사, 빨기 반사, 삼키기 반사, 근원 반사가 있다. 원시 반사로는 모로 반사, 바빈스키 반사, 수영 반사, 파악 반사, 걸음마 반사 등이 있다.

2) 2~12개월 영아의 특징

신체 발달에서 건강한 영아의 경우 신장은 1년 동안 1.5배, 체중은 3배 정도 증가한다. 치아는 생후 6개월경에 젖니가 아래 앞니부터 나기 시작하여 1년이 되면 6~8개의 앞니가 난다. 운동 기능에서 1세 이전에 가장 주목할 만한 대근육 운동 기능은 고개도 못 가눌 정도로 전적으로 의존적이던 인물에서 뒤집기, 기기, 서기, 걷기, 달리기 등을 할 수 있는 기동성 있는 인물로 영아를 바꿔 놓는 것이다. 소근육 운동 기능은 근원 발달의 원칙에 의해 팔과 손, 그리고 손가락의 순으로 발달한다.

시각은 영아의 감각 능력 중 가장 늦게 성숙한다. 출생 시 시각 조절에 필요한 뇌 회로가 충분히 성숙해 있지 않아 신생아의 시력은 매우 약한 편이다. 청각에 있어 영아의 듣는 능력은 보는 능력과 동시에 발달하며, 양자를 협응시키려는 반응을 보인다. 미각 면에서 영아는 맹물보다는 단물을 선호하며, 쓰거나 신맛에는 얼굴을 찡그리며 반응을 보이다가 영아기 말이 되면 매우 예민한 미각을 가지게 된다. 후각 면에서 영아는 여러 가지 다양한 냄새를 식별할 수 있다. 촉각 면에서 생후 6개월이 지나면 영아는 촉각을 이용해서 주위 물체를 탐색하기 시작한다. 따라서 촉각은 영아가 자신의 환경에 대한 지식을 습득하는 주요한 수단이 된다.

생후 2개월 이후에는 사회적 미소가 나타나며 아기는 기쁨 또는 친근함을 나타내는 미소를 짓게 된다. 생후 4~6개월이 되면 자주 대하는 친숙한 얼굴의 형상을 인지하게 되면서 낯가림을 시작하게 된다. 영아는 단어를 표현하기 전부터 울음이나 표정, 몸짓 등 비언어적인 행동을 통하여 의사 소통을 한다. 4~5개월경에 옹알이가 나타나며 9~10개월이 되면 어른들의 행동과 말을 흉내 내어 따라하게 된다.

2 신생아 보육 원리

1) 신체 돌보기

2) 수면

신생아의 수면 양상은 밤에 자고 낮에 깨어 있는 성인들과는 달리 하루 24시간을 밤낮의 구별 없이 일정한 간격으로 자고 깨고 한다. 그 후 영아기 수면 시간은 극적으로 감소한다.

3) 수유와 이유

영아기의 빠른 신체적 성장은 영아가 섭취하는 영양소에 의한 것이다. 따라서 수유와 이유 시기를 적절히 조절해야 한다.

4) 대변과 소변

아기가 태어나면 보통 12시간 내 또는 48시간 내에 첫 번째 변을 본다. 대변과 소변을 통제할 수 있는 근육과 신경의 미성숙으로 인해 생후 6~7개월 이전에는 직장이나 방광이 꽉 차면 반사적으로 대소변을 배설하게 된다.

5) 환경 구성

영아의 방은 햇볕이 잘 드는 밝은 곳이 좋으며 실내 온도는 22~25℃, 습도는 50~60%가 적당하다. 영아 방에는 가능하면 영아를 돌보는 사람 외에는 출입을 제한하는 것이 좋으며 신생아가 사용하는 모든 용품을 고를 때 촉각 및 위생에 많은 주의를 기울여야 한다.

3 양육자의 역할

1) 우는 아기 달래기

아기를 달래는 가장 좋은 방법은 아기의 필요에 신속하게 답해 주는 것이다. 아기의 요구에 바로 대응한다고 해서 아기의 버릇이 나빠지는 것은 아니다.

2) 부드럽게 대하기

아기와 접촉할 때, 아기에게 말할 때 부드럽게 대한다. 아기는 자신을 돌보는 사람이 표현하는 부드러움에 매우 민감하다.

3) 시선 마주치기

아기를 대할 때 시선 마주치기를 한다. 시선은 그 무엇보다 가장 강력하게 말하는 얼굴 부위이다.

4 말 걸어 주기

일찍부터 아기와 대화하는 습관을 가지는 것이 중요하다.

대한소아과개원협의회(2006). 소아과구조대. 21세기북스.

박찬옥 · 한종화 · 이승아 · 김은정 · 김성숙 · 최은주(2000). 영아를 위한 창의적 교육 활
　　동-0~12개월-. 정민사.

정옥분(2006). 아동 발달의 이해. 학지사.

http://www.cdc.go.kr/ 질병관리본부

http://www.lovenkid.com/ 러브 앤 키드

http://www.pediatrics.or.kr/ 대한소아과학회

http://www.unicef.or.kr/bfhi/ 엄마 젖 먹이기-유니세프한국위원회

제 5 장

신생아 돌보기의 실제 1: 건강 관리

이 장에서는 신생아 건강 관리와 관련된 돌보기의 실제를 우유 먹이기, 목욕시키기, 이유식 만들기, 예방 접종하기 등의 네 가지 측면에서 살펴보고자 한다. 따라서 네 가지 측면의 건강 관리와 돌보기 실제에 대한 이론을 통해 필요성과 중요성을 알고, 이를 기초로 돌보기 실제를 이해하며, 네 가지 돌보기 실제와 관련된 양육 방법을 실천할 수 있도록 구체적인 방법들을 제시하고자 한다.

01 신생아 건강 관리에서 적용할 수 있는 실제들의 중요성을 알고, 아기를 소중히 다루는 태도를 가진다.

02 우유 먹이기, 목욕시키기, 이유식 만들기, 예방 접종하기 네 가지 실제에 대한 실천 방법을 이론을 통해 이해한다.

03 우유 먹이기, 목욕시키기, 이유식 만들기, 예방 접종하기 네 가지 실제를 아기를 돌보는 데 직접 실천할 수 있다.

• 유두 혼동 엄마 젖꼭지를 빨던 아기가 분유병을 빨려고 하지 않거나, 반대로 분유병을 빨던 아기가 엄마 젖을 물렸을 경우 엄마 젖꼭지를 빨지 않으려고 하는 현상을 말한다. 이러한 유두 혼동은 엄마 젖과 분유병 젖꼭지를 빠는 방법이 다르기 때문에 생기는 것으로 생후 3~4주 전에 분유병을 사용하는 경우에 생기기 쉽고, 그 이후에는 덜하게 된다.

• DHA 도코사 헥사엔산(docosa hexaenoic acid)을 의미하는 것으로, 보통 바다에서 잡히는 생선의 기름에 5~10%가 포함된 불포화 지방산의 일종이다. 이 성분은 체내에서 합성되지 않아 반드시 음식물로 섭취해야 하는 필수 지방산이다. 보통 동물성 지방은 포화 지방산으로 식물성 지방은 불포화 지방산으로 분류되지만 이 성분은 불포화 지방산이면서도 식물이 아닌 어패류에 들어 있는 것이 특징이다.

• 타우린 아미노산처럼 양성 전해질의 성질을 가지고 있는 아미노에틸술폰산으로, 이 물질은 소의 쓸개즙 중에서 처음으로 발견되었으며, 담즙산과 결합하여 타우로콜산(taurocholic acid) 등 담즙산의 형태로 각종 동물의 쓸개즙에 들어 있다. 오징어의 신경 섬유에는 타우린의 탈아미노 생성물, 이세티온산과 함께 다량 존재한다. 담즙의 분비와 지방의 흡수를 원활하게 한다.

• 유단백질 물이나 염류 용액에 잘 녹지 않고 산, 알칼리, 효소 따위에 잘 분해되지 않는 단백질을 말하는데, 동물의 피부, 손발톱, 뼈의 성분을 이룬다.

- 유당 젖당이라고도 하며, 포유류의 젖 속에 들어 있는 이당류. 가수 분해를 하면 갈락토스와 포도당으로 분해되고, 젖산균에 의하여 젖산 발효를 일으킨다. 유당은 물이나 염류 용액에 대한 용해도를 기준으로 단백질을 분류했을 경우 불용성 단순 단백질의 한 군으로, 동물 조직 중에 존재하며 지지 물질, 골격 물질로서 조직의 보호 역할을 하는데, 콜라겐과 케라틴이 대표적이다.
- 유당 분해 원유 또는 저지방 우유를 유당 분해 효소로 유당을 분해한 뒤 살균 또는 멸균한 우유이다. 유당을 분해한 뒤 비타민, 무기질을 강화하기도 한다.

○, × 퀴즈

진단 문제	○	×
1 모유 수유 시 물을 많이 먹으면 모유가 묽어진다.		∨
2 모유 수유는 분유 수유에 비해 영양가가 낮다.		∨
3 아기가 편안히 잠들게 하기 위해 목욕은 수유 직후에 하는 것이 좋다.		∨
4 이유식은 일찍 시작할수록 좋다.		∨
5 BCG는 파상풍을 예방하는 접종이다.		∨

해설

01 아이가 자라면서 필요한 물의 양이 증가함에 따라 모유에 들어 있는 물의 비중도 높아진다. 따라서 모유 수유 시 충분한 양의 물을 먹어야 하는데, 식사 외에도 하루에 2ℓ의 물은 마셔야 한다.

02 모유 수유는 두뇌 발달, 질병 예방, 알레르기 예방, 비만 예방에 매우 효과적이며, 아기에게 가장 적합한 음식으로서 영양가가 높다. 또한 모유는 아기 성장에 따라 성분이 조금씩 변한다.

03 아기를 목욕시키기에 좋은 시간이 따로 있는 것은 아니나 수유 직후는 피하고 수유 후 30분 정도 지나서 하는 것이 좋다.

04 이유식을 무조건 일찍 시작하는 것은 좋지 않으며, 아기의 발달 상황에 맞게 시작하는 것이 좋다. 일반적으로 4~6개월 정도 지나고 체중이 6~7㎏ 정도가 되면 이유식을 시작할 수 있다.

05 BCG는 결핵을 예방하는 접종으로, 생후 1개월 이내에 시행해야 한다.

① 우유 먹이기

1. 모유 수유

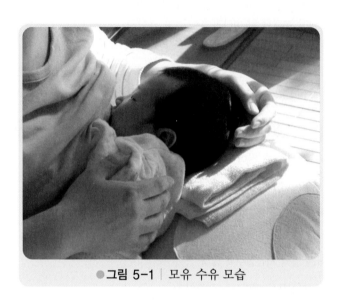

●그림 5-1 │ 모유 수유 모습

1) 모유 수유의 장점

(1) 두뇌 발달

모유에는 타우린, DHA, 아라키돈산과 같은 두뇌 발달에 영향을 주는 성분이 많이 들어 있어 분유보다 두뇌에 더 많은 영향을 미친다. 또한 아기에게 필요한 영양분과 철분, 미네 랄 등이 골고루 들어 있어 건강한 아기로 자라는 데 가장 좋은 영양소이다.

(2) 질병 예방

모유에는 병에 걸리지 않게 하는 여러 가지 면역 성분이 많아 모유로 자란 아기들은 잔 병치레를 적게 한다. 엄마의 면역력을 그대로 이어 받기 때문에 감기와 같은 호흡기 질환 은 물론이고, 중이염이나 기타 감염성 질환에 걸릴 확률 역시 분유를 먹은 아기보다 훨씬 낮다.

(3) 알레르기 예방

모유는 엄마 몸에서 만들어진 것이므로 분유에 비해 알레르기를 적게 일으킨다. 따라서 모유로 자란 아기는 분유로 자란 아기보다 우유 알레르기는 물론 천식이나 아토피성 피부염, 알레르기 비염과 같은 알레르기 질환에 걸릴 확률이 낮다.

(4) 비만 위험이 작음

모유로 자란 아기는 비만 확률이 낮다. 첫돌 이전 아기의 경우 모유를 먹는 아기는 분유를 먹는 아기에 비해, 키는 같지만 체중은 덜 나간다.

(5) 아기에게 가장 적합한 음식

모유는 아기들이 먹기 좋게 만들어져 소화가 잘 되므로 분유를 먹는 아기보다 설사나 소화 불량 같은 소화기 질환에 덜 걸린다. 또한 분유는 물에 타는 과정이나 보관 과정에서 균에 오염될 수 있지만, 모유는 수유하는 엄마에게 특별한 질환만 없다면 균에 오염될 것을 걱정할 필요가 없다.

(6) 아기 성장에 따른 성분 변화

모유는 아기의 성장 발육 단계에 맞춰 성분이 조금씩 변한다. 특히 출산 후 약 4일간 분비되는 초유에는 단백질과 미네랄이 풍부하며, 각종 세균으로부터 아기를 보호하는 면역 항체가 많이 들어 있다. 또한 아기가 자라면서 필요한 물의 양이 증가함에 따라 모유에 들어 있는 물의 비중도 높아진다.

(7) 정서 안정에 도움

엄마가 아기를 품에 안고 젖을 물리면 아기에게는 엄마의 뱃속에 있을 때와 같은 정서적인 안정감과 포근함이 전달되어 엄마와 정서적 유대감과 사랑을 느낄 수 있다.

2) 모유 수유하기

아기가 태어나면 엄마의 젖은 모유를 만들기 시작하고, 아기는 입이 젖에 닿게 되면 본능적으로 젖을 빨기 시작한다.

(1) 모유 수유 방법

• 아기의 얼굴을 유방에 잘 밀착시킨다.

• 아랫입술이나 볼을 유두에 비비면 아기는 반사적으로 입으로 유두를 찾아간다.

• 아기에게 젖꼭지를 물린다.

(2) 1회 수유 시간

젖을 빨릴 때는 우선 한쪽 젖을 10~15분 정도 아기가 원하는 만큼 충분히 빨린다. 한쪽 젖을 다 빨고 나면 트림을 시킨 뒤 다른 쪽 젖을 10~15분 정도 빨린다. 중요한 것은 젖을 빨릴 때는 양쪽 젖을 다 빨려야 다음 번 수유 시에도 젖이 충분히 나온다.

(3) 10분 이상 물리기

수유 초반에는 상대적으로 수분과 탄수화물이 많은 전유가 나오고, 수유 후반으로 가면 수분 함량이 적은 대신 두뇌 발달에 좋은 지방이 많이 들어 있는 후유가 나온다. 따라서 전유와 후유를 모두 충분히 먹어야 영양을 골고루 섭취할 수 있게 된다. 따라서 한쪽 젖을 물릴 때 아기가 후유까지 먹을 수 있도록 10분 이상 충분히 물려서 젖을 비워야 한다.

(4) 적당한 모유 수유의 간격

모유 수유는 2~3시간 간격이 적당하다. 일반적으로 모유는 분유보다 쉽게 소화되므로 모유를 먹는 아기는 분유를 먹는 아기보다 자주 먹는다.

3) 모유 수유 확인 방법

모유를 먹일 때 단점 중 하나는 아기가 모유를 충분히 먹고 있는지 알기 힘들다는 것이다. 따라서 다음의 내용을 체크해 보면 충분히 수유가 되었는지 확인할 수 있다.

젖꼭지 물리기

젖꼭지를 깊숙이 물리지 않으면 젖꼭지에 통증이 올 수 있고 아기가 잘 빨지도 못한다. 또 아기의 입과 유방이 잘 밀착되지 않아 아기가 젖과 함께 공기를 들이마시게 된다. 따라서 아기가 젖꼭지를 깊숙이 물 수 있도록 도와주어야 한다.

30분 이상 젖을 빤다면 모유의 양이 부족하기 때문일 수 있다. 이럴 때는 짜낸 모유를 분유병에 담아 두었다가 먹이거나 분유로 보충해야 한다.

(1) 충분한 수면
아기가 충분히 모유를 먹으면 포만감에 바로 잠이 들어 2시간 정도는 가볍게 깨우면 쉽게 깨지 않는다.

(2) 사용된 기저귀의 개수
아기는 먹는 만큼 배설하기 때문에 정상적으로 모유를 충분히 먹었다면 첫 3~4일이 지난 생후 첫째 달에는 하루에 적어도 6회 이상 소변을 보고, 하루 3~4회 정도의 대변을 본다. 첫 달이 지나면 소변 횟수와 달리 대변 횟수는 줄어들어 1~2일에 한 번 정도 보게 된다.

(3) 체중 증가 체크
모유 수유가 제대로 되고 있으면 첫 3개월 동안은 아기의 체중이 하루에 약 30g 정도 증가한다. 이후 3개월에서 6개월 사이에는 하루에 약 20g 정도, 6개월 이후에는 하루 15~20g 정도의 체중이 늘어나게 된다.

4) 모유를 잘 나오게 하는 방법

모유를 잘 나오게 하려면 아래 방법에 유의하여야 한다.

(1) 빨리 먹이기
아기가 태어난 지 1시간 내에 젖을 물려야 호르몬이 자극되어 모유가 잘 나오므로 아기가 태어나면 가능한 빨리 젖을 물린다.

(2) 편안한 수유 자세
수유 자세가 편안한지, 젖을 깊숙이 제대로 물렸는지 확인한다.

(3) 충분히 젖을 먹이고 마사지하기

모유를 잘 나오게 하는 가장 중요한 방법은 젖을 자주 충분히 빨리는 것이다. 유방 마사지를 충분히 하면서 적어도 2~3시간 간격으로 하루 8~12회 이상 수유한다.

(4) 물과 분유 먹이지 않기

수유 초기에는 모유 이외에 물이나 분유를 같이 먹이지 않는다. 초기에는 모유가 조금씩 나오는 것이 정상인데, 모유가 조금 나온다고 물이나 분유를 같이 먹이다 보면 이내 모유 먹는 양이 줄어들면서 분비되는 모유의 양도 덩달아 줄어든다.

(5) 산모의 영양

산모가 충분한 영양과 수분을 섭취하고 균형 잡힌 식사를 해야 모유가 잘 나온다. 밥, 채소, 고기, 과일, 우유 등을 고루 섭취하고, 특히 비타민과 미네랄이 많이 들어 있는 녹황색 채소나 해조류를 많이 먹는다.

(6) 산모가 피해야 할 음식

초콜릿, 차, 커피, 청량음료 등 카페인이 함유된 음료와 술은 산모가 피한다. 특히 아기에게 그대로 영향을 줄 수 있기 때문에 지나친 음주는 좋지 않다.

(7) 모유 수유에 자신감 가지기

산모가 모유 수유에 자신감을 가져야 한다. 모유의 생산과 분비는 엄마의 심리 상태에

유두 혼동

수유 초기에 초유의 양이 적다고 분유병을 빨렸던 아기나 공갈 젖꼭지를 한 번이라도 사용한 아기는 엄마 젖을 잘 빨지 않으려 한다. 이것을 흔히 유두 혼동이라고 하는데, 반대로 엄마 젖을 빠는 데 익숙해져서 나중에 분유병을 빨지 않으려는 경우에도 유두 혼동이라는 말을 쓴다.

유두 혼동이 생기는 이유

이는 엄마 젖과 분유병 젖꼭지를 빠는 방법이 다르기 때문이다. 유두 혼동은 보통 생후 3~4주 이전에 분유병을 사용하는 경우에 생기기 쉽고 그 이후에는 덜하므로, 부득이하게 직접 수유를 하지 못하고 모유를 짜서 먹여야 한다면 생후 1개월은 지난 다음에 분유병에 담아 먹이도록 한다. 그 이전에는 분유병 대신 숟가락이나 컵 또는 수유 보충기를 사용한다.

크게 좌우된다. 엄마가 모유 수유에 대해 자신이 없거나 불편하다고 생각하면 모유가 적게 나오고, 반대로 모유 수유에 자신감을 가지고 편안하게 생각하면 모유가 잘 나오게 된다.

5) 수유 후의 트림

모유나 분유를 먹은 직후에는 아기를 바르게 세워 안아 주어야 한다. 간혹 모유나 분유가 역류되어 게울 수도 있기 때문이다. 그러나 트림 중에 아기가 몇 번 게운다고 걱정할 필요는 없다. 트림시키는 편한 자세는 여러 가지가 있으나 다음 세 가지 방법 중 한 가지를 사용할 수 있다.

- 아기를 무릎 위에 바로 앉힌 다음, 한 손으로 가슴에 대면서 동시에 머리가 너무 숙여지거나 쉬로 젖혀지지 않도록 받치고, 다른 쪽 손으로 아기의 등을 가볍게 두드린다.
- 아기가 수직에 가까운 자세를 취하도록 가슴으로 안는다. 아기 머리가 엄마의 어깨에 고정되도록 한 다음 아기의 등을 가볍게 두드린다.
- 엄마의 무릎에 아기를 엎드린 자세로 올려놓고, 머리가 숙여지지 않도록 약간 높인 상태에서 등을 가볍게 두드린다.

●그림 5-2
트림시키는 방법

2. 분유 수유

아기에게는 건강한 엄마의 모유가 가장 좋다. 그러나 여러 가지 사정으로 모유를 먹일 수 없을 때는 모유 이외의 음식으로 아기를 키우는데, 이를 인공 영양이라 한다. 인공 영양으로 분유는 모유만큼 좋을 수는 없지만 훌륭한 영양 공급원이라 할 수 있다.

1) 분유 수유 자세

분유 먹이는 시간은 단순히 아기에게 생물학적인 포만감을 주는 시간일 뿐만 아니라, 양육자와 아기가 서로의 사랑을 확인할 수 있는 소중한 기회이다. 따라서 분유 수유는 아기에 대한 관심과 사랑을 기초로 이루어져야 한다.

분유 수유 자세는 아래와 같다.

- 양육자는 아기를 안고 안락 의자나 벽에 기대어 앉는다.
- 아기를 안은 팔 밑에 베개나 쿠션을 받친다.
- 분유병을 든 팔은 다른 쪽 의자 팔걸이에 기대고 아기를 비스듬히 안는다.
- 분유병을 기울여서 분유병 젖꼭지를 아기의 입속에 충분히 깊게 넣는다. 그래야 아기가 분유를 빨 때 힘들지 않다.
- 분유병을 아기의 입과 직각이 되도록 잡는다. 그래야 아기가 빨 때 공기를 삼키는 것을 막아 줄 수 있다.
- 수유하는 동안 자주 트림을 시킨다.

유의할 점

아기가 분유병을 입에 문 채 잠들게 해서는 안 된다. 특히 이가 난 이후에는 입 안에 고여 있는 분유가 심각한 충치를 유발할 수 있다. 따라서 수유하고 난 후에는 아기가 잠들기 전에 잇몸에 남아 있는 분유를 부드럽게 닦아 준다.

2) 분유 타기

(1) 적당한 물
① 분유는 맹물에 탄다.

분유를 어떤 물에 타는지는 사소한 고민거리 같지만 아기에게 더 좋은 영양분을 공급해 주려는 엄마들에게는 매우 중요한 문제이다. 주위에서 보리차에 타 먹이라는 의견도 많이 들었겠지만 분유는 맹물에 타는 것이 가장 좋다. 그러나 보리차 정도는 무방한데, 아기에게 필수적인 영양분이 다 들어 있는 분유는 맹물에 타는 것을 전제로 만들어졌기 때문이다. 또 아기에게 좀 더 좋은 영양을 주고 싶은 마음에 다시마나 새우, 멸치 등을 넣고 끓인 물에 분유를 타는 경우도 있다. 그러나 맹물이 아닌 다른 무언가를 첨가한 물은 특성상 맛을 다르게 낼 수 있을 뿐 아니라 분유의 조성을 변화시켜 알레르기를 유발할 수도 있으니 주의해야 한다.

② 물의 종류

수돗물이나 정수된 물, 생수 등이 다 가능하지만, 어떤 물이든 1분 이상 완전히 끓여서 식힌 후 분유를 타서 먹여야 한다. 특히 생후 1~2개월 동안에는 적어도 5분 정도는 끓인 물이 좋다.

(2) 적당한 온도
분유를 먹일 때는 보통 체온이나 상온의 물에 타서 먹이는 것이 좋다.

① 찬물에 탈 경우: 아기의 장에도 좋지 않고 체온이 떨어질 수도 있다.

② 뜨거운 물에 탈 경우: 열에 약한 영양소가 들어 있어 너무 뜨거운 물에 타면 영양소가 파괴될 수 있다.

(3) 분유의 양
월령에 따른 표준량은 분유통에 표시되어 있지만 아기에 따라 개인차가 있으므로 꼭 표준량에 맞출 필요는 없다.

· 아기의 분유 양을 체크하는 방법
　─아기는 분유를 배불리 먹으면 혀로 젖꼭지를 밀어 낸다.
　─아기가 분유를 남김없이 다 먹는다면 분유병에 탄 분유 양이 부족하다는 신호이므로 다음에는 5~10cc 정도 남을 만큼 분유를 타는 것이 좋다.

(4) 분유 수유 횟수

월령	분유 수유 횟수	분유의 양
신생아	평균 3~4시간(하루 6~10회 정도)	매번 60~90cc 정도
1개월	평균 4시간(하루 6~10회 정도)	매번 60~120cc
2~3개월	평균 5시간(하루 4~6회 정도)	매번 120~180cc
3~7개월	평균 5시간(하루 4~5회 정도)	매번 150~200cc

(5) 먹다 남은 분유

밤중에 분유를 타 놓고 먹이다가 아기가 잘 먹지 않으면 분유병을 머리맡에 두고 아기가 보챌 때마다 입에 물리는 경우가 있다. 그러나 아기가 분유를 먹을 때, 아기의 침과 입 안의 세균이 분유병 속으로 같이 빨려 들어가 분유를 상하게 한다.

먹다 남은 분유는 금방 상하므로 바로 버리는 것이 가장 좋고, 잠시 후에 다시 먹일 생각이라면 적어도 30분은 넘지 않도록 한다. 그러나 이것은 주위의 온도에 따라 차이가 날 수 있으므로 30분 이내라도 안심해서는 안 된다.

3) 분유 수유 시 체크 사항

(1) 젖꼭지 구멍의 크기

① 분유병은 젖꼭지 종류도 많지만 구멍의 크기도 다양하다. 따라서 아기는 성장함에 따라 빠는 힘이 세지고 먹는 양이 늘기 때문에 그때그때 적절하게 젖꼭지를 바꿔 줘야 한다.

② 젖꼭지 구멍의 크기는 아기가 분유 먹는 속도에 영향을 미친다.
- 구멍의 크기가 너무 작을 경우: 빨기가 힘들어 충분한 양의 분유를 먹지 못하므로 아기가 보챌 수 있다.
- 구멍의 크기가 너무 클 경: 분유를 급하게 먹어 공기를 삼키게 된다. 만일 아기가 수유 도중 구역질을 하거나 너무 빨리 꿀꺽꿀꺽 삼킨다면 구멍이 큰 것이다.

(2) 분유병 마개 잠그기

분유병의 마개는 죄고 난 다음 다시 푸는 쪽으로 약간 돌려 공기가 병 안으로 들어갈 수 있도록 해 준다. 그래야만 분유가 병 밖으로 잘 나갈 수 있다. 마개를 지나치게 조이면 공기의 흐름이 차단되어 아기가 분유를 빨아 내기 힘들어진다.

아기가 분유병을 빨고 있을 때 마개와 병의 경계에 거품이 생기는지를 살펴보는데, 이것은 공기의 흐름이 좋다는 것을 의미한다.

(3) 보관해 두었다 먹이기

사정이 있을 때는 한 번 먹을 양을 미리 타서 냉장고에 넣어 두었다가 데워 먹여도 큰 상관은 없다. 하지만 어떤 분유이든 일단 물에 탄 것은 냉장고에 보관하고, 냉장고에 보관했더라도 24시간 이상 지난 것은 과감히 버려야 한다.

아기들은 따뜻한 분유를 좋아하므로 냉장고에 두었던 분유는 방 안에 1시간 정도 두거나 약간 데워 먹이는 것이 좋다.

- 분유 데우기
  - 뜨거운 수돗물에 분유병을 대고 있거나, 뜨거운 물이 들어 있는 그릇 안에 수분간 놓아둔다.
  - 데운 후 손목 안쪽에 몇 방울 떨어뜨려서 너무 뜨겁지 않은지 확인해야 한다.
  - 전자레인지에 분유를 데우는 것은 피한다. 전자레인지에 분유를 데우면 분유병은 차게 느껴져도 그 안의 분유는 매우 뜨거울 수 있기 때문이다. 또 분유 성분에 변화를 일으킬 수도 있다.

(4) 관리

① 아기의 분유병을 만지거나 아기에게 수유하기 전에는 항상 손을 씻고, 특히 수유 전에는 젖꼭지가 깨끗한지 반드시 확인해야 한다.

② 분유를 타는 데 쓰이는 컵, 주전자, 스푼 등의 기구들이 깨끗한지도 확인한다.

③ 먹다 남은 분유를 버리고 난 다음에는 바로 씻어야 한다.

④ 분유병은 반드시 끓는 물에 넣어서 소독해야 한다. 이때 끓는 물에 넣어 5분에서 10분 정도 소독하면 되는데, 젖꼭지는 오래 끓이면 고무가 상할 수 있으므로 주의한다.

(5) 분유 바꾸기

① 특별한 이유가 없으면 분유를 바꿔 먹일 필요는 없다. 하지만 부득이 분유를 바꾼다

해도 큰 차이가 있는 것은 아니기 때문에 아기에게 탈이 생기지는 않는다.

② 다만 분유를 바꿀 때는 며칠에 걸쳐 먹이던 분유와 바꿔 먹일 분유의 비율을 서서히 바꾸면서 아기의 장이 적응할 시간을 주는 것이 안전하다.

4) 분유 수유 시 고려할 점

(1) 분유 수유 기간

① 일반적으로 분유 회사에서는 4단계로 나누어 24개월까지 먹이기를 권유하고 있다. 그러나 제대로 이유기를 거친 12개월 이후에는 분유에만 의존하여 영양을 공급할 필요는 없다.

② 분유는 첫돌까지는 주식으로 먹여야 하지만, 첫돌이 지나면 분유 대신 생우유를 먹여도 된다.

③ 첫돌이 지나서도 밥과 반찬을 잘 먹지 않으면 분유를 당분간 더 먹이는 것도 괜찮다.

(2) 밤중 수유

① 아기가 배고파할 때는 당연히 먹여야 하지만 아기가 밤중에 깨어 먹고 싶어한다고 다 배고픈 것은 아니다.

② 밤에 너무 자주 먹으려 한다면 낮에 많이 먹이고 자기 전에 충분히 먹이는 등, 식습관을 바꾸어 밤에 오래 배고프지 않게 해 주어야 한다.

③ 6개월이 지나도 밤에 수차례 깨서 먹어야만 잠을 잔다면 적극적으로 밤중 수유를 조절할 필요가 있다.

• 밤중 수유 조절 방법
　−아기를 무조건 굶기기보다는 배고프지 않게 낮에 많이 먹이는 연습을 하고, 자기 전에 충분히 먹여서 밤에 먹는 양을 줄여 가야 한다.
　−젖을 물려 재우는 습관을 끊는다.
　−밤중 수유를 끊으면서 잠에는 잠만 자야 한다는 것을 아기에게 가르친다.

• 밤에 스스로 잠들게 하기
　아기가 밤중에 엄마를 깨웠을 때 곁에 가서 가볍게 토닥이면서 엄마가 곁에 있다는 것을 확인시켜 주고, 몇 분간 스스로 잠들기를 기다려 준다. 이때 방의 불을 켜거나, 아기를 안고 흔들면서 달래거나, 아기와 놀아 주거나, 분유병이나 젖을 물리지 않도록 한다.

특수 분유는 건강한 아기가 갑자기 설사하는 경우나 우유에 알레르기가 있는 아기, 대사성 질환이나 신장 질환을 가진 아기처럼 식이에 주의를 요하는 경우에 사용하는 분유이다.

1. 설사 분유

아기의 설사가 심해지면 먹이던 분유를 끊고 흔히 설사 분유라고 하는 특수 분유를 먹이기도 한다. 그러나 설사 분유는 설사를 치료하는 분유가 아니다. 설사 분유는 설사하는 아기의 장을 자극하지 않으면서 필요한 영양분을 보충해 주기 위해 특수하게 제조된 분유일 뿐이다. 따라서 급성 설사용 분유를 함부로 먹여서는 안 된다.

2. 저 알레르기 분유

저 알레르기 분유는 우유 알레르기를 일으키는 유 단백을 분해하고 유당을 포함하지 않아, 우유 알레르기나 유당 분해 효소가 결핍된 경우에 먹이는 특수 분유이다. 저 알레르기 분유는 우유 알레르기에 효과적인 것으로, 우유 알레르기가 있는 아기나 알레르기 가족력이 강력한 경우에 예방 차원에서 먹일 수 있다.

3. 콩 분유

콩 분유는 대두 단백을 단백지로 사용하고, 유당을 포함하고 있지 않아 유당을 소화시키지 못하는 아기들에게 우선적으로 먹인다. 많은 아기들이 설사병을 앓고 난 뒤에는 장 점막의 소화 효소가 손상되어 유당을 소화시키지 못하는 기간이 생긴다. 이 기간에는 설사 정도와 종류에 따라 일주일에서 여러 달 동안 유당 없는 분유를 먹여야 한다.

② 목욕시키기

1. 목욕 전 체크 사항

1) 목욕 횟수

매일 목욕시킬 필요는 없다. 기저귀를 갈면서 기저귀 찼던 부위를 잘 씻어 주기만 한다면 첫돌이 될 때까지는 일주일에 2~3회가 적당하다. 목욕을 너무 자주 시키면 자칫 피부가 건조해질 수 있으므로 특별히 아기가 땀을 많이 흘리는 경우가 아니라면 목욕 횟수를 늘리지 않아도 된다.

2) 목욕 준비물

목욕을 시키기 전에는 목욕 중이나 후에 필요한 여러 가지 준비물들을 미리 챙겨 둔다.

3) 목욕물의 온도

목욕물의 온도는 여름에는 38℃, 겨울에는 40℃ 정도가 적당하다.
목욕을 시킬 때의 실내 온도는 24~27℃ 정도로 따뜻해야 하고, 목욕시키는 시간이 너무 길면 아이가 지치므로 5~10분 정도에 끝내도록 한다.

4) 목욕 시간

목욕시키기에 좋은 시간이 따로 있는 것은 아니나, 수유 직후는 피하고 수유 후 30분 정도 지나서 시키는 것이 좋다. 처음 몇 개월간은 젖을 먹이기 전에 아기의 컨디션이 좋을 때 시키는 것이 좋고, 조금 후에는 조용하고 따뜻한 아침에 시키는 것이 좋다. 그러다가 아기가 혼자 앉을 수 있게 되어 목욕통 밖으로 나오게 되었을 때 목욕 시간을 저녁 시간으로 바꾸면, 밤에 아기가 깊은 잠을 자는 데 도움이 된다.

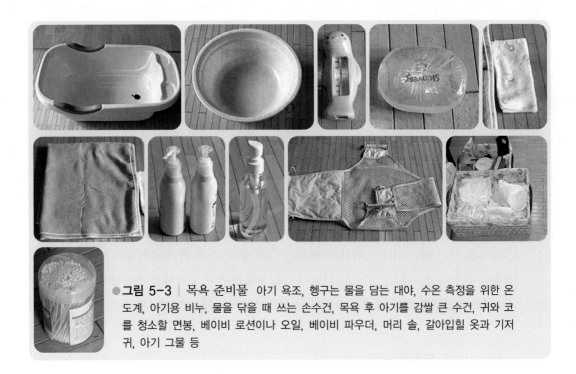

●그림 5-3 | 목욕 준비물 아기 욕조, 헹구는 물을 담는 대야, 수온 측정을 위한 온도계, 아기용 비누, 물을 닦을 때 쓰는 손수건, 목욕 후 아기를 감쌀 큰 수건, 귀와 코를 청소할 면봉, 베이비 로션이나 오일, 베이비 파우더, 머리 솔, 갈아입힐 옷과 기저귀, 아기 그물 등

2. 목욕시키기

1) 목욕 용품 준비하기

목욕 용품은 손이 닿는 곳에 준비해 두고, 아기 옷을 벗기기 전에 방을 따뜻하게 한다.

2) 목욕통 물 채우기

목욕통에는 약 5cm 깊이로 물을 채우고, 물의 온도를 확인한다. 또한 아기를 헹굴 깨끗

목욕물의 온도 측정

온도계로 하는 것이 정확하나, 여의치 않을 때는 손목이나 팔꿈치 안쪽을 물에 담가 보아 너무 차거나 뜨겁지 않은지 확인한다.

한 물을 따로 준비해 둔다.

3) 아기 옷 벗기고 물속에 넣기

아기의 옷을 벗기면 아기가 춥지 않도록 바로 물에 넣는다. 이때 한 손으로는 머리를 받치고 다른 쪽 손으로는 아기의 발부터 담근다.

4) 얼굴과 머리 닦기

목욕을 시킬 때는 위에서 아래로 씻기는 것이 좋다. 먼저 아기의 얼굴과 머리부터 부드러운 수건으로 닦아 준다. 이때 아기의 숨골을 포함해서 머리 전체를 부드럽게 마사지해 준다. 머리의 샴푸를 헹굴 때에는 거품이 눈으로 들어가지 않도록 이마를 손으로 가려 준다.

5) 아기를 목욕통 속에 담그기

아기를 잘 어르면서 몸이 완전히 목욕통 속에 들어가도록 몸의 나머지 부분을 부드럽게 아래쪽으로 내린다. 안전을 위해서 얼굴과 몸의 대부분은 물 위에 있어야 한다. 이때 아기의 몸이 목욕통에 잠기도록 약간의 따뜻한 물을 추가한다.

6) 몸의 나머지 부분 씻기

몸의 나머지 부분을 위에서 아래로 내려가면서 닦는다. 먼저 목과 겨드랑이를 씻긴 다음 왼손으로 아기의 손과 몸을 잡고 뒤로 젖힌 후 등을 씻긴다. 계속해서 발, 그리고 엉덩이를 깨끗하게 씻긴다. 이때 춥지 않도록 따뜻한 물을 자주 몸에 끼얹어 준다.

7) 깨끗한 물로 헹구기

끝으로 깨끗한 물을 끼얹어 전신을 헹구고 큰 수건 위에 뉘여 몸을 닦는다.

3. 목욕 후 해야 할 일

- 눈을 감긴 상태에서 소독 솜으로 안쪽에서 바깥쪽으로 눈을 닦고 입 주위를 닦는다.
- 콧속에 보이는 분비물을 닦아 낸다.
- 귓구멍 근처와 귓바퀴 부위를 면봉으로 닦는다. 그러나 귓속은 닦아 내지 않는다.
- 목욕 후 일주일에 두 번 정도 손톱을 깎아 준다.
- 배꼽을 소독 솜으로 닦고 알코올로 소독한 후 말리도록 한다.
- 옷을 입힌 후 배 고파하면 수유를 한다.

3 이유식 만들기

1. 이유식의 의미

이유식은 밥과 반찬을 먹기 전에 먹는 고형식으로, 어른과 같은 식단으로 가기 위한 준비 과정이다. 그런 의미에서 이유식은 다른 말로 이행식이라고도 한다. 아기가 젖을 떼는 것과 함께 밥을 먹을 수 있도록 준비하는 과정을 말한다.

2. 이유식 시기

이유식은 아기의 발달 상황에 맞춰 시작하는 것이 좋다. 일반적으로 4~6개월이 지나고 체중이 6~7kg 정도가 되면 이유식을 시작할 수 있지만, 아기의 체질이나 건강 등도 고려해야 한다.

3. 이유식 진행 단계

1) 초기 단계(4~5개월): 이유식을 연습하는 시기

이 시기 정도가 되면 이유식을 시작할 수 있는 도입기로 접어든다. 이유식은 곡물인 쌀죽부터 시작하고 하루에 한 번 정도 주는 것이 좋다.

2) 중기 단계(6~8개월): 칼로리보다 영양소가 중요한 시기

이 시기의 이유식은 영양소를 위주로 하는 것으로, 아직 칼로리의 공급은 모유나 분유에 의존하게 된다. 이유식은 반고형식을 하루에 두 번 정도 준다. 시간은 오전 10시와 오후 6시가 적당하다. 이 시기에는 아기가 턱을 움직여 음식을 부술 수 있기 때문에 혀나 잇몸으로 부서지는 두부와 같은 반고형식이 좋다.

(3) 후기 단계(9~11개월): 이유식으로 열량과 영양소를 얻는 시기

이 시기는 이유 후기로서 고형식을 하루 세 번, 오전 10시, 오후 2시, 오후 6시 정도에 맞춰 준다. 이 시기에는 이유식을 통해서 점차적으로 영양분을 모유나 분유보다는 음식에서 섭취하도록 한다.

4) 완료 단계(생후 12개월): 하루 세 끼 식사가 정착되는 시기

생후 12개월 이후는 이유 완료기로 분유나 생우유는 하루에 500cc 정도만 먹인다. 음식은

어른과 같이 먹어도 되기 때문에 다른 가족 구성원과 함께 식사할 수 있게 된다. 이때 어른 음식보다 조금 질고, 부드럽게 조리한 음식은 대부분 먹을 수 있다. 따라서 이 시기 아기에게는 잘게 자르거나 삶아서 소화가 잘 되는 형태로 주는 것이 좋다.

유의할 점

간혹 이유식은 일찍 시작할수록 좋을 것이라고 생각하는 엄마도 있다. 그러나 이유식을 너무 일찍 시작하면 장의 미성숙으로 설사나 알레르기와 관련된 질병이 올 수 있고, 너무 늦게 시작하면 성장 부진이나 단백질과 열량 부족으로 인한 신체 기능 저하, 미량 원소 부족과 편식 등이 생길 수 있다.

4. 이유식 먹이는 요령

1) 아기를 세운 상태에서 먹이기

아기가 사레들리지 않도록 항상 세운 상태에서 먹여야 한다. 엄마 무릎 위에 앉히고 먹일 수도 있지만 아기를 유아용 식탁 의자에 앉히고 안전벨트까지 착용시키면 엄마의 양손이 자유롭기 때문에 편하게 먹일 수 있다. 또한 정해진 자리에서 넉는 바람직한 식습관을 들이는 데에도 도움이 된다.

2) 숟가락 사용하기

이유식을 먹일 때에는 항상 숟가락을 사용하는 것이 중요하다. 아기가 숟가락으로 먹

숟가락으로 먹이는 이유

숟가락 사용 방법을 익힘과 동시에, 숟가락으로 먹는 중간 중간 쉬어서 아기가 과식하거나 과체중이 되는 것을 막을 수 있다.

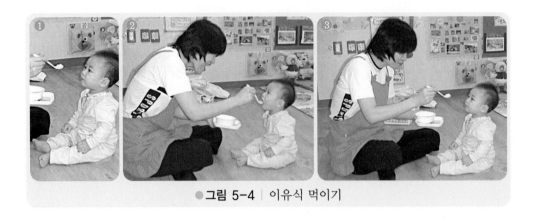

●그림 5-4 │ 이유식 먹이기

는 것을 싫어한다고 이유식을 분유병에 넣어 먹이는 경우가 있는데 이것은 좋은 방법이 아니다.

3) 억지로 먹이지 않기

이유식을 먹일 때 아기가 고개를 돌리거나 울면서 음식을 거부할 수도 있는데, 먹이는데 집착한 나머지 억지로 먹이려 해서는 안 된다. 엄마나 아기 모두 식사 시간이 즐거워야 이유식을 잘 진행시킬 수 있고 올바른 식습관을 심어 줄 수 있다.

4) 조금씩 늘려 가기

이유식을 줄 때 음식이 가득 담긴 유아용 수저를 아기의 혀 중간쯤에 넣어 본다. 처음에는 잘 받아 삼키지 못하지만 점점 능숙해져 큰 수저로 2~3스푼 되는 양을 먹을 수 있다. 아기가 더 이상 배고파 보이지 않고 고개를 옆으로 돌려 음식을 피한다면 바로 이유식을 끝내도록 한다.

5) 턱받이나 앞치마 준비하기

아기에게 턱받이를 두르거나 비닐로 된 유아용 앞치마를 걸치게 하고, 아기 주위에 신문지 등을 깔아 놓으면 옷이나 주변이 더러워지는 것을 막을 수 있어 좋다. 이유식은 꾸준히 해 나가야 하기 때문에 이런 사소한 부분도 미리 조치해 두는 것이 좋다.

이유식은 시판용 이유식보다 직접 만들어 먹이는 것이 좋다. 이때 이유식에 소금 간을 하는 경우가 있는데, 이는 절대 피해야 한다. 특히 12개월 미만의 아기가 먹는 이유식에는 전혀 간을 하지 않아도 된다.

소금 간을 하면 안 되는 이유
- 일반적으로 모든 식품에는 아기에게 필요한 만큼의 나트륨 성분이 들어 있다.
- 소금이나 조미료를 습관적으로 넣게 되면 아기는 점점 자극적인 음식을 찾게 되고, 이로 인해 소금 섭취가 늘게 된다. 뿐만 아니라 섬세한 미각을 갖추지 못하게 되고, 이것이 식성으로 굳어질 수 있다.

5. 예방 접종하기

1) 예방 접종의 중요성

전염병은 갑작스럽게 발생하여 심각한 고통과 부작용을 일으킬 뿐 아니라 경우에 따라서는 무서운 후유증을 남겨 평생을 고통 속에서 살게 한다. 그러므로 질병이나 그 후유증을 예방 접종으로 미연에 방지할 필요가 있다. 이러한 예방 접종은 아기가 태어나자마자 시작된다. 따라서 예방 접종을 제때 하는 것은 아기가 병을 앓지 않고 건강하게 살아가게 하는 데 가장 중요한 일 중 하나이다.

2) 신생아 예방 접종

(1) B형 간염 접종
① B형 간염 접종은 간염을 예방하는 가장 효과적인 방법이다.
② 접종 횟수: 접종은 생후 0, 1, 6개월의 일정으로 하면 된다. 엄마가 간염 보유자가 아니라면 만 2개월부터 시작해도 괜찮다.
③ 추가 접종: 1997년 이전에는 5년마다 추가 접종을 하도록 권장하였으나, 1997년부터는 추가 접종을 하지 않도록 하고 있다. 일단 항체가 형성되면 10년 이상 효과가 지속되고 항체가 많이 떨어진 다음에도 간염 바이러스가 들어오면 다시 항체가 만들어져 병에 걸리

지 않기 때문이다.

④ 접종 부작용: 간염 접종 후에는 접종 부위가 아프면서 붓거나 딱딱해지기도 하고, 간혹 열이 나거나 권태감, 피부 발진, 관절통이 있을 수 있지만 심한 이상 반응은 거의 없다. 이상 반응이 나타나더라도 보통 24시간 내에 사라진다.

(2) BCG 접종
① BCG는 결핵을 예방하는 접종이다.

② 흔히 BCG 접종을 하면 결핵에 걸리지 않는 것으로 알고 있으나, 실제로는 심한 결핵(결핵성 뇌막염, 신장 결핵, 뼈 결핵 등)이 되는 것을 막아 주는 것이지 결핵으로부터 완벽하게 보호되는 것은 아니다.

③ BCG 접종은 생후 1개월 이내에 해야 한다.

3) 1~6개월 아기 예방 접종

(1) DPT 백신
① DPT는 디프테리아(Diphtheria), 백일해(Pertussis), 파상풍(Tetanus) 등의 세 가지 성분이 혼합되어 있는 백신이다.

② 기초 접종 3회를 생후 2, 4, 6개월에, 추가 접종 2회를 생후 15~18개월과 4~6세 사이에 하고, 이후 11~12세에 성인용 DPT를 접종한 다음 10년마다 추가 접종하도록 되어 있다.

(2) 폴리오(소아마비) 백신
① 폴리오(소아마비)는 IPV와 OPV의 두 종류가 있다.
• IPV: 비활성화 폴리오(소아마비) 백신, 다리 또는 팔에 주사
• OPV: 경구용 폴리오(소아마비) 백신, 한 방울씩 입에 투여

유의점

지금까지 소아마비로 부르던 것을 '폴리오'로 부른다. 이는 소아마비가 부정적인 이미지를 주기 때문이다. 따라서 소아마비가 아닌 '폴리오'로 바뀐 것을 알아 둘 필요가 있다.

② 예방 접종은 생후 2, 4, 6개월에 접종하고 4~6세에 추가 접종을 한다.

(3) 폐구균 백신

① 폐구균 예방 접종은 폐구균에 의해 생기는 감염증을 예방하는 것이다.

② 폐구균은 어린 아기들의 감염에 중요한 원인 균이며 패혈증, 폐렴, 뇌수막염, 중이염, 골수염, 부비동염과 같은 질병을 일으킨다.

(4) 히브(Hib) 뇌수막염 백신

① 히브 백신은 뇌수막염 백신이라고 알려져 있다.

② '히브'라는 세균은 5세 이하의 소아, 특히 3개월부터 3세 사이의 소아에서 뇌막염, 중이염, 후두염, 폐렴 등 심한 감염 병을 초래한다.

4) 6~11개월 아기 예방 접종

(1) B형 간염

(2) DPT 백신

1. 수유 후의 트림 자세로 옳지 <u>않은</u> 것은?

　① 아기를 무릎 위에 바로 앉히고, 한 손으로 가슴에 대면서 동시에 다른 쪽 손으로 아기의 등을 가볍게 두드린다.

　② 아기를 수직에 가까운 자세로 안고, 아이의 머리가 엄마의 어깨에 고정되도록 한 다음 아기의 등을 가볍게 두드린다.

　③ 엄마의 무릎에 아기를 엎드린 자세로 올려놓고, 머리가 숙여지지 않도록 약간 높인 상태에서 등을 가볍게 두드린다.

　④ 아기의 등을 엄마의 가슴 쪽으로 하고, 아기가 앞을 보게 한 후 아기의 가슴을 두드린다.

　|정답| ④

　|해설| 아기가 트림을 할 경우 ①, ②, ③의 세 가지 자세를 사용할 수 있는데, 공통적으로 아기를 세운 상태에서 아기의 등을 두드린다. 따라서 아기의 가슴을 두드릴 경우 우유가 역류하거나 아기에게 압박감을 줄 수 있으므로 좋지 않다.

2. 목욕물의 온도를 신체 부위로 측정하려 할 때 적당한 것은?

　① 손바닥을 물에 담가 본다.

　② 손목이나 팔꿈치 안쪽을 물에 담가 본다.

　③ 발목 안쪽을 물에 담가 본다.

　④ 물을 묻혀 얼굴에 대 본다.

　|정답| ②

　|해설| 온도계로 목욕물의 온도를 측정하는 것이 정확하나, 여의치 않을 때는 손목이나 팔꿈치 안쪽을 물에 담가 보아서 너무 차거나 뜨겁지 않은지를 확인한다.

3. 이유식에 소금 간을 하지 않는 이유로 적절한 것은?

　① 아기의 체중이 줄게 된다.

　② 아기가 이유식을 먹지 않으려 한다.

　③ 아기가 점점 자극적인 음식을 찾게 된다.

　④ 부모의 식성을 닮아 간다.

|정답| ③

|해설| 일반적으로 모든 식품에는 아기에게 필요한 만큼의 나트륨 성분이 들어 있는데, 소금이나 조미료
를 습관적으로 넣게 되면 아기는 점점 자극적인 음식을 찾게 되고, 이로 인해 소금 섭취가 늘게 된
다. 뿐만 아니라 섬세한 미각을 갖추지 못하게 되고 이것이 식성으로 굳어질 수 있다.

4 B형 간염 접종에 대한 설명으로 맞지 <u>않는</u> 것은?

① 간염 접종을 한 후 5년마다 추가 접종을 하지 않으면 반드시 재발한다.

② B형 간염 접종은 간염을 예방하는 가장 효과적인 방법이다.

③ 접종은 생후 0개월부터 시작한다.

④ 간염 접종 후 접종 부위가 아프면서 붓거나 딱딱해지기도 하는데 보통 24시간 이내에 사
라진다.

|정답| ①

|해설| B형 간염 접종은 1997년 이전에는 5년마다 추가 접종을 하도록 권장하였으나, 1997년부터는 추
가 접종을 하지 않도록 하고 있다. 일단 항체가 형성되면 10년 이상 효과가 지속되고, 항체가 많
이 떨어진 다음에도 간염 바이러스가 들어오면 다시 항체가 만들어져 병에 걸리지 않기 때문이다.

정리
하기

1 우유 먹이기

1) 모유 수유

모유 수유는 두뇌 발달, 질병 예방, 알레르기 예방, 비만 예방의 장점이 있고, 아기에게 가장 적합한 음식이며, 정서 안정에 도움이 되고 아기 성장에 따라 성분이 변하는 특징이 있다.

■모유를 잘 나오게 하는 방법

가. 빨리 먹이기

나. 편안한 수유 자세

다. 충분히 젖을 먹이고 마사지하기

라. 물과 분유 먹이지 않기

마. 산모가 충분한 영양을 섭취하기

바. 산모가 피해야 할 음식 조심하기

사. 모유 수유에 자신감 가지기

2) 분유 수유

아기에게는 건강한 엄마의 모유가 가장 좋을 수 있다. 그러나 여러 가지 사정으로 모유를 먹일 수 없을 때는 모유 이외의 음식으로 아기를 키우는데, 이를 인공 영양이라 한다.

■분유 수유 자세

① 양육자는 아기를 안고 안락 의자나 벽에 기대어 앉는다.

② 아기를 안은 팔 밑에 베개나 쿠션을 받친다.

③ 분유병을 든 팔은 다른 쪽 의자 팔걸이에 기대고 아기를 비스듬히 안는다.

④ 분유병을 기울여서 분유병 젖꼭지를 아기의 입 속에 충분히 깊게 넣는다. 그래야 아기가 분유를 빨 때 힘들지 않다.

⑤ 분유병을 아기의 입과 직각이 되도록 잡는다. 그래야 아기가 빨 때 공기를 삼키는 것을 막아 줄 수 있다.

⑥ 수유하는 동안 자주 트림을 시킨다.

2 목욕시키기

1) 목욕 전 체크 사항

목욕시키기 전에 목욕 횟수, 목욕 준비물, 목욕물의 온도, 목욕 시간 등을 사전에 체크한다.

2) 목욕시키기

아기를 목욕시키기 위해 다음의 순서를 따른다.

목욕 용품 준비하기-목욕통 물 채우기-아기 옷 벗기고 물속에 넣기-얼굴과 머리 닦기-아기를 목욕통 속에 담그기-몸의 나머지 부분 씻기-깨끗한 물로 헹구기

3　이유식 만들기

이유식은 밥과 반찬을 먹기 전에 먹는 고형식으로, 어른과 같은 식단으로 가기 위한 준비 과정이다. 이유식은 아기의 발달 상황에 맞게 시작하는 것이 좋다. 일반적으로 4~6개월이 지나고 체중이 6~7kg 정도가 되면 이유식을 시작할 수 있지만, 아기의 체질이나 건강 등도 고려해야 한다.

■이유식 먹이는 요령

① 아기를 세운 상태에서 먹이기

② 숟가락 사용하기

③ 억지로 먹이지 않기

④ 조금씩 늘려가기

⑤ 턱받이나 앞치마 준비하기

4　예방 접종하기

질병이나 그 후유증을 예방 접종으로 미연에 방지할 필요가 있다. 이러한 예방 접종은 아기가 태어나자마자 시작된다. 따라서 예방 접종을 제때 하는 것은 아기가 병을 앓지 않고 건강하게 살아가게 하는 데 가장 중요한 일 중 하나이다.

신생아 예방 접종은 B형 간염과 BCG 접종이 있고, 1~6개월 아기 예방 접종으로는 DPT 백신, 폴리오(소아마비) 백신, 폐구균 백신, 히브(Hib) 뇌수막염 백신이 있다. 6~11개월 아기의 예방 접종으로는 B형 간염과 DPT 백신이 있다.

대한소아과개원협의회(2006). 소아과구조대. 21세기북스.

박찬옥 · 한종화 · 이승아 · 김은정 · 김성숙 · 최은주(2000). 영아를 위한 창의적 교육 활동-0~12개월-. 정민사.

안느 바쿠스, 이윤영 옮김(2004). 아기를 생각한다. 들린아침.

정옥분(2006). 아동 발달의 이해. 학지사.

http://www.cdc.go.kr/ 질병관리본부

http://www.lovenkid.com/ 러브 앤 키드　·

http://www.pediatrics.or.kr/ 대한소아과학회

http://www.unicef.or.kr/bfhi/ 엄마 젖 먹이기-유니세프한국위원회

제 **6** 장

신생아 돌보기의 실제 2 : 인지·정서 관리

이 장에서는 신생아와 놀이함으로써 인지·정서적 발달을 도모할 수 있는 양육 실제들을 다루고
자 한다. 이를 아기가 놀이하는 이유와 놀이를 통한 인지·정서적 발달 특징을 이해하고, 아기와
놀이할 수 있는 활동 실제를 음악 들려주기, 그림책 읽어 주기, 손유희, 이야기 나누기의 네 가지
측면에서 살펴보고, 각각의 실제 활동을 제시하고자 한다.

01 신생아가 놀이하는 이유와 놀이의 인지·정서적 발달 특징에 대해 안다.

02 신생아의 인지·정서적 성장을 돕는 놀이 활동의 종류와 제시 방법을 안다.

03 신생아의 인지·정서적 발달을 도모할 수 있는 놀이 활동을 신생아에게 직접 적용함으로써
놀이 활동을 실천한다.

• 대상 영속성 대상 영속성이란 시간과 장소가 바뀌어도 사물이 계속 존재한다는 것을 아는 것
이다. 대상 영속성은 기억력의 발달로 생기며, 아기들은 사람과 사물, 장소, 물건들을 기억할
수 있게 된다.

• 인지 심리학적 용어로서 자극을 받아들이고, 저장하고, 인출하는 일련의 정신 과정이다. 지각,
기억, 상상, 개념, 판단, 추리를 포함하며, 무엇을 안다는 것을 나타내는 포괄적인 용어로 사용
한다.

• 정서 사람의 마음에 일어나는 여러 가지 감정 또는 감정을 불러일으키는 기분이나 분위기를 말
한다. 정서는 비교적 약하고 장시간 계속되는 정취와 구분된다. 정서는 마음이 움직이고 감동
된다는 점에서 정동이라고도 한다. 희로애락·애증·공포·쾌감 등이 정서인데, 의식적으로는
강한 감정이 중심이 되며, 신체적으로는 내장적인 생활 기능의 변화를 수반하는 경우가 많다.

• 자아 사고, 감정, 의지 등 여러 작용의 주관자로서 여러 작용에 수반되고, 또한 이를 통일하는
주체이다.

○, × 퀴즈

진단 문제	○	×
1	놀이는 아기가 에너지가 남을 때 하는 것이다.		v
2	3개월이 지나면 아기는 눈-손-몸의 협응이 잘 이루어진다.	v	
3	아기들은 처음 놀잇감을 가지고 노는 놀이에 흥미를 가진다.		v
4	아기에게 보여 주기 좋은 그림책은 색이 선명하고 형태가 너무 복잡하지 않은 그림책이다.	v	
5	아기와 이야기할 때 양육자가 아기에게 말을 걸어야 하고, 아기는 주로 들어야 한다.		v

해설

01 놀이는 아기에게 근본적인 활동이며, 놀이를 통해 아기는 세상에 대해, 자신에 대해 모든 것을 배운다.

02 생후 3~6개월은 눈-손-몸의 협응이 잘 이루어지는 시기로서, 아기는 주위 환경에 대한 탐색이 왕성해진다.

03 아기들은 처음 자신의 신체를 탐색하는 놀이를 주로 즐기게 된다. 이때 손발을 오랫동안 잡고 있을 수도 있고, 엄마가 손을 쫙 펴면 자기도 손을 펴서 엄마 손에 가져다 대기도 한다.

04 아기에게 읽어 주기 좋은 그림책은 색이 선명하고 형태가 너무 복잡하지 않은 그림책이 좋으며, 그 외에 그림이 큰 그림책, 내용이 반복되는 그림책, 다양한 질감의 책이 적절하다.

05 아기와 이야기 나누는 방법으로 적절한 것은 양육자가 아기에게 이야기하는 것뿐 아니라 아기의 말도 들어 주는 것이다. 양육자는 아이가 옹알이나 무의미한 발성을 내는 아기의 말을 일찍부터 들어 줄 필요가 있으며, 이 시기에 아기가 옹알이나 무의미한 발성을 내는 것은 아기가 말을 배우는 데 매우 중요하다.

1 아기와 놀이하기 : 인지 · 정서 관리

1. 아기가 놀이하는 이유

놀이는 아기에게 근본적인 활동이며, 이를 통해 세상과, 자신에 대해 모든 것을 배운다. 아기는 놀면서 자신의 고유 리듬에 따라서 발전하게 되고, 스스로를 통제하는 법을 배운다. 시간이 지나면서 아기는 놀이를 이용해서 자신을 개발하고 발전시키며 성장한다.

2. 놀이를 통한 인지 · 정서 관리

아기는 놀이를 통해 전반적으로 성장하지만 특별히 인지적으로 정서적으로 많은 성장을 할 수 있다.

1) 놀이를 통한 인지적 성장

놀이를 통해 아기는 인지적으로 성장하는데, 인지적 성장에 따라 아기들이 보여 주는 놀이 특징은 아래와 같다.
■ 아기의 인지적 성장에 따른 놀이 특징
① 눈-손-몸의 협응

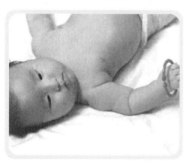

3~6개월경은 눈-손-몸의 협응이 잘 이루어지는 시기로, 주위 환경에 대한 탐색 활동이 왕성해진다.

[놀이]

이 시기 아기들은 한 가지 사물을 오랫동안 가지고 놀 수 있는데, 자신의 행동으로 어떤 반응을 일으켰다면 그 반응을 다시 보거나 듣기 위해 행동을 반복하는 경향이 있다.

② 기억력의 발달

기억력의 발달은 눈에 보이지 않아도 사물이 존재한다는 대상 영속성과 관계 깊다. 따라서 아기들은 사람과 장소 및 물건들을 기억할 수 있게 된다.

[놀이]

· 산책할 때 같은 장소에 여러 번 데리고 가면 흥미를 보이지 않으며, 새로운 장소로 가면 고개를 열심히 돌리면서 탐색하는 모습을 볼 수 있다.
· 숨기기–찾기
· 까꿍 놀이를 통해 기억력 발달

③ 자아상 인식

아기들은 자신의 자아상을 인식하기 시작한다.

[놀이]

거울을 비춰 주면서 몸동작을 할 수 있게 해 주면 매우 좋아한다.

거울 속에서 엄마와 '표정 바꾸기'나 '눈 마주치기'를 하면 싱긋 웃기도 한다.

④ 신체 탐색

아기들은 자신의 신체를 탐색하는 것을 즐긴다.

[놀이]

주로 자신의 신체를 탐색하는 놀이를 즐기게 되는데, 손으로 발을 오랫동안 잡고 있을 수도 있고, 엄마가 손을 쫙 펴면 자기도 손을 펴서 엄마 손에 가져다 대기도 한다.

⑤ 호기심과 탐구심 발달

모든 것을 바닥에 자꾸 집어 던진다. 아기는 높은 의자에 앉아 있고 아기 앞에 많은 장난감이 놓여 있다. 갑자기 아기가 엄마를 부른다. 기린이 떨어져 있다. 엄마는 기린을 주워서 아기에게 주고 나서 자기 할 일을 한다. 다시 아기는 엄마를 부른다. 엄마는 기린을 주워 아기에게 준다. 계속 똑같은 상황이 두 번, 세 번, 열 번 반복되면, 엄마는 아기가 기린을 잡자마자 고의로 바닥에 떨어뜨린다는 것을 알게 된다. 아기가 원하지 않는 줄 알고 기린을 치우면, 아기는 기린을 다시 달라고 운다.

이와 같은 상황은 아기들이 놀이를 하는 것이다. 7~8개월 아기들은 다양하게 시도해 보는 능력을 가지게 된다. 이러한 시도를 통해 아기는 자신이 던질 수 있다는 사실을 알게 되고, 새로운 능력을 연습한다.

[놀이]
· 여러 가지 물건을 쥐고, 흔들고, 던지고, 떨어뜨리는 활동을 할 수 있게 된다.
· 입으로 가져가 오물거려 보기도 한다. 이런 감각적 활동은 아기가 세상을 탐구하는 기본 방식이 된다.

2) 놀이를 통한 정서적 성장

① 놀이를 통해 아기들을 다양한 감정을 배우게 된다.

아기는 자신과 관련된 사람들의 목소리, 얼굴, 머리, 몸, 체취를 통해 세상을 알게 된다. 아기의 감정 표현은 아직 불분명하지만, 사람들과 접촉하는 가운데 계속 발전한다. 그러나 놀이를 하면서 아기는 기쁘고, 즐겁고, 화나고, 섭섭하고, 슬픈 감정 등을 경험하게 된다.

② 놀이를 통해 심리적인 문제를 다룰 수 있다.

즉 아기는 낮에 부딪쳤던 어려움들을 놀이를 통해 재생함으로써 심리적인 문제를 정면으로 다룰 수 있다,

3. 아기와 함께 놀이할 때 주의할 점

1) 아기에게 열중할 시간을 준다.

아기에게 수준과 능력에 맞는 놀이를 다양하게 마련해 주면, 아기는 움직임이 활발해지고 새로운 것을 시도해 보려는 의욕이 생긴다. 이때 주의할 점은 아기에게 한꺼번에 너무 많은 것을 주려 하지 말고 아기가 어떤 물건이나 상황에 오래 열중할 수 있도록 시간을 넉넉히 준다.

2) 아기를 잘 관찰하면, 아기가 원하는 것을 알 수 있다.

어느 아기나 능동적인 태도로 자기 주변에 주의를 기울이면서 관계를 맺으려 한다. 이때 양육자는 아기의 얼굴 표정 혹은 몸짓을 통해 표현하려는 것을 이해할 수 있어야 한다. 아기를 잘 관찰하면 아기가 무엇을 원하는지 알 수 있다.

3) 날마다 시간을 정해서 놀아 준다.

아기와 놀이할 때 중요한 것은 날마다 시간을 내서 놀아 주는 것이다. 이때 다른 일은 생각하지 말고 아기에게 몰두해서 놀아 주는 것이 중요하며, 양육자와 아기 서로가 즐거움을 경험하도록 한다. 특히 매일 같은 시간에 놀이를 하면 아기는 거기에 자신을 맞추어 간다.

4) 놀잇감을 주는 것보다 양육자가 함께 놀아 주는 것이 더 중요하다.

생후 1년 동안 아기는 자신의 몸을 탐색하는 몸 놀이를 많이 한다. 따라서 장난감을 주는 것보다 양육자가 함께 아기와 몸 놀이를 할 때 아기가 더 기뻐하고 활발하게 움직인다.

2 음악 들려주기

아기들의 음악적 경험은 발달에서 매우 중요하다. 즉 음악적 경험은 언어 학습, 운동 능력 발달, 감각의 통합에 중요한 역할을 하며, 아기의 시간-공간 추리 능력을 발달시키고, 복잡한 추리 과제를 해결하는 데 필요한 두뇌의 기능을 향상시킨다.

이러한 음악적 경험은 아기들에게 다양한 음악을 들려주는 것뿐 아니라 다양한 소리를 들려주는 것도 포함한다.

1. 소리의 즐거움

아기는 소리를 좋아한다. 그러나 아기의 귀는 아직 약하기 때문에 크고 난폭하며 공격적인 소리를 들을 때 불쾌한 감정을 가진다. 따라서 아기들은 모든 소리를 좋아하는 것이 아니라, 소리가 부드럽고 재미있으면서 아기를 즐겁게 하는 소리일 때 좋아한다.

●그림 6-1 │ 아기에게 음악 들려주기

1) 아기에게 들려주기에 좋지 않은 소리와 좋은 소리

① 아기에게 들려주기에 좋지 않은 소리

하드록 음악, 고함 소리, 자극적인 전화벨이나 초인종 소리

② 아기에게 들려주기에 좋은 소리

딸랑이, 작은 종소리, 방울 소리, 시계가 똑딱거리는 소리, 귀 근처에서 종이 구기는 소리,
여러 가지 컵에 포크를 부딪쳐서 내는 땡땡거리는 소리, 입과 손가락에서 나오는 소리 등

2) 아기가 좋아하는 소리의 종류

① 목소리

모든 소리 중에서 아기가 가장 좋아하는 것은 사람의 목소리이다. 그러나 사람의 목소
리라 할지라도 난폭한 목소리나 공격적인 목소리를 들으면 아기가 울 수도 있다. 따라서
아기에게 적절한 목소리는 다음과 같다.

② 소리

아기들은 다양한 소리들을 좋아한다.

③ 음악

아기는 감미로운 음악을 좋아한다. 특히 클래식 음악을 좋아한다. 클래식 음악이 아기에게 좋은 영향을 미친다.

2. 음악 들려주기

아기들에게 다양한 음악을 들려주는 것이 중요한데, 이때 음악 들려주기는 노래 불러 주기, 여러 장르의 음악 들려주기를 모두 포함한다.

1) 노래 불러 주기

아기들은 노래 불러 주는 것을 좋아한다. 이때 아기는 노래 그 자체도 좋아하지만, 엄마가 노래를 불러 줄 때 자연스럽게 생겨나는 친밀한 접촉을 좋아한다. 따라서 아기에게 다양한 노래를 직접 불러 주는 것이 좋다.

●그림 6-2 │ 아기에게 노래 불러 주기

2) 음악 들려주기

아기에게 다양한 장르의 음악을 들려줄 수 있는데, 이때 모든 상황에서 음악을 들려줄 수 있으나 아기가 일상 생활에서 자연스럽게 음악을 들을 수 있도록 하는 것이 좋다. 아

• 아침에 일어날 때나 잠잘 때
• 기저귀를 갈아 줄 때나 볼을 비벼 줄 때
• 수유할 때 등

기에게 음악을 들려줄 수 있는 일상 생활 상황은 아래와 같다.

3. 음악 들려주기 실제

활동 ❶ 노래하면서 아기 앞뒤로 흔들기

① 아기를 팔에 꼭 껴안는다.
   자장가를 부르면서 아기를 앞뒤로 흔들어 준다. 그 밖의 다른 조용한 노래를 불러 주면서 흔든다.
   📖 '잘 자라 우리 아가'와 같은 자장가
      '자장자장 우리 아기, 우리 아기 잘도 잔다'와 같은 우리의 전래 자장가
      '쿰바야'나 '복슬 강아지', 권길상의 '자장가', 박태현의 '산바람 강바람' 등
② 이렇게 흔드는 동작은 아기들을 편안하게 해 준다. 그리고 어른과 아기 사이에 신뢰감을 쌓게
   해 준다.
③ 노래를 부를 때에는 마지막 대목에 가서 아기를 가슴 쪽으로 끌어당겨서 꼭 안아 준다.

활동 ❷ 서양 고전 음악 들려주기

① 아기와 함께 고전 음악을 들려준다.
② 아기를 안고 그 음악에 맞추어 춤을 춘다. 또는 아기도 따라서 춤을 추도록 권한다.
③ 부드럽고 잔잔한 고전 음악은 아기가 낮잠을 잘 때 특히 좋다.
④ 고전 음악을 사용할 때 참고할 점

－요한 슈트라우스의 '아름답고 푸른 도나우'는 춤을 추도록 유도하는 마력을 가지고 있다.
　　－카미유 생상스의 '동물의 사육제'는 악기로 동물의 울음소리를 흉내 내기 좋은 음악이다.
　　－클로드 드뷔시의 '월광'은 달밤을 그린 뛰어난 음악이다.
　　－기타 베토벤의 제6번 교향곡은 시골 풍경을 잘 그렸다던지 하는 식으로, 많은 음악에서 각기
　　　개성을 찾을 수 있으므로 그 특징을 잘 활용한다.

③ 그림책 읽어 주기

1. 그림책 읽어 주기의 중요성

① 아기들에게 책을 읽어 주는 것은 아기들의 대뇌 발달을 촉진한다.
② 아기들로 하여금 자기가 가장 좋아하는 것과 책을 연합할 수 있게 해 준다.
③ 일찍부터 책을 접한 아기는 이후에도 독서에 대한 취미를 간직하며, 나이가 더 들어서도 독서를 즐기게 된다.
⑤ 아기들은 다양한 모양이나 색깔, 그림을 좋아한다. 따라서 6개월 정도 된 아기에게 책을 쥐어 주더라도 결코 빠른 것이 아니며, 아기들은 손으로 페이지를 넘기면서 즐거워한다.
⑤ 아기에게 짧은 동화를 읽어 주면, 아기는 자기에게 이야기하는 엄마나 아빠의 목소리를 듣고 좋아한다.

2. 그림책과 친해지는 활동

아기에게 그림책을 읽어 줄 때 책만 읽어 주기보다는 아기가 책과 친해지도록 할 필요가 있다. 이때 다음과 같은 활동을 제공할 수 있다.

1) 아기가 다양한 종이를 가지고 놀이를 할 수 있도록 한다.

아기들은 종이를 가지고 노는 것을 좋아한다. 이 시기 아기들은 종이로 무엇인가 만들거나 할 수 없으므로, 종이를 구기고 펴거나 혹은 두 팔을 이용하여 힘껏 찢어봄으로써 종이의 다양한 특성을 탐색하는 놀이를 제공한다.

2) 종이 속에 들어 있는 그림을 보도록 한다.

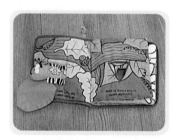

아기들은 색감이 발달한다. 따라서 자신이 선호하는 색이 생기며, 다양한 종이 안에 있는 그림들도 눈여겨볼 수 있게 된다. 따라서 아기와 종이 안에 있는 그림들을 가리키며 이름을 말하거나 이야기를 만들어 보는 활동을 한다.

3) 책 옹알이

6~9개월 정도 된 아기들은 여러 가지 그림 중에 선호하는 그림이 생기며, 책을 읽으면서 중얼거리는 책 옹알이도 시작된다.

4) 아기에게 읽어 주기 좋은 그림책

① 그림이 큰 그림책
② 색이 선명하고 형태가 너무 복잡하지 않은 그림책
③ 내용이 반복되는 그림책
예를 들면 〈이게 뭐야? 코끼리〉, 〈이게 뭐야? 사자〉와 같이 같은 내용이 반복되는 책이

사각사각 소리가 나는 비닐, 큰 신문지, 여러 가지 색깔의 색종이, 간지, 휴지, 잡지 등

좋다.

④ 다양한 질감의 책

엄마가 그림책을 읽어 줄 뿐 아니라 아기가 그림책을 가지고 놀이를 할 수 있도록 다양한 질감의 그림책을 제공한다. 예를 들어 종이 외에 비닐이나 천 등의 다양한 질감으로 된 그림책을 아기에게 준다.

⑤ 직접 만들어 준 책

그림책을 구입해서 읽어 줄 수도 있으나 아기의 흥미를 끌 수 있는 사진이나 그림 등을 스크랩하여 책을 읽어 줄 수도 있다.

5) 아기에게 그림책 읽어 주는 방법

① 아기들로 하여금 책을 가지고 놀도록 격려해 준다.

② 책 속의 그림을 손가락으로 가리키면서 그 대상의 이름을 댄다. 그 이름을 여러 번 되풀이해서 말한다.

③ 책 속에 노랫말이 있으면 그 노래를 불러 준다.

④ 책을 읽어 주면서 엄마의 음성을 여러 가지로 변조한다.

얼굴 표정도 여러 가지로 변화시킨다. 아기로 하여금 책과 이야기에 대해서 흥미를 가지도록 자극하기 위해 책을 읽어 주면서 여러 가지 효과를 구사해 본다.

⑤ 아기에게 책을 읽어 주되, 한 번에 너무 오랜 시간을 읽어 주는 것은 효과가 적다.

6) 그림책 읽어 주기 실제

① 아기들은 동물 울음소리를 흉내 내는 것을 즐거워한다. 따라서 동물 소리를 흉내 내면서 아기에게 책을 읽어 준다.
  - 그림책 속에 있는 동물 그림을 손가락으로 짚는다.
  - 동물 소리를 흉내 낸다.
  - 아기의 손가락으로 그림책 속에 있는 다양한 동물 그림을 짚으면서 다시 한 번 동물 소리들을 흉내 낸다.
  - 아기에게도 동물 소리를 흉내 내 보도록 한다.
② 그림책을 읽으면서 아기의 언어 레퍼토리 속에 새로운 언어를 계속 첨가해 간다. 예를 들어 자동차 소리, 불자동차 소리, 새 소리, 앰뷸런스 소리 등도 흉내 내면서 그림책을 읽어 준다.

4 손유희

1. 손유희의 중요성

6개월이 지나면서 아기의 손 사용은 정교하게 발달하기 시작한다. 즉 아기는 엄지와 검지를 사용하여 물건을 잡을 수 있으며, 자신의 손 크기에 맞는 작은 물건들을 특히 좋아하게 된다. 이러한 아기의 손 사용은 뇌의 발달과 밀접한 관련이 있다. 즉 아기 때부터 손을 많이 움직임으로써 자연스럽게 두뇌 발달이 촉진되고, 눈과 손의 협응 능력이 발달하며, 손목과 팔의 운동 능력도 발달하게 된다.

이때 엄마가 아기와 손놀이를 함으로써 아기의 소근육 발달을 촉진시킬 수 있는데, 그 중 손유희는 아기와 손으로 할 수 있는 놀이 중 하나이다. 또한 아기는 성인의 행동을 모방할 수 있는데, 엄마가 아기에게 손유희를 보여 줄 경우 아기가 엄마의 손유희를 여러 번 봄으로써 따라 할 수 있게 된다.

2. 아기와 할 수 있는 초기 손유희 활동

초기 엄마와 할 수 있는 손유희로는 '짝짜꿍짝짜꿍, 곤지곤지, 잼잼' 등이 있다. 이때 아기는 손유희를 흉내 내기 위해 엄마의 손을 유심히 쳐다보려 하고, 소리 내어 손뼉을 한두 번 정도 칠 수 있게 되며, 이후에는 따라 할 수도 있게 된다.

3. 손유희 실제

이 외에 아기와 할 수 있는 손유희로는 다음과 같은 활동이 있다.

활동 ❶ 박수를 치자

① 다음 가사를 '리 자로 끝나는 말은' 노래의 가락에 맞추어
  천천히 부른다.
  짝, 짝, 짝짝짝 손뼉을 치자(손뼉을 치면서)
  천천히 즐겁게, 천천히 기쁘게
  손뼉을 치자
② 위의 노래를 몇 번 되풀이하면서 노래가 끝나면 일어서서
  만세를 부르고 다시 앉는다.
③ 다음의 동요를 빠른 속도로 부른다.
  짝, 짝, 짝짝짝 손뼉을 치자(손뼉을 치면서)
  천천히 즐겁게, 천천히 기쁘게
  손뼉을 치자
④ 이번에는 다른 동작을 하면서 노래를 한다.

활동 ❷ 상자 속의 광대

① 이 놀이는 소근육 운동 기능을 발달시킨다.

② 다음과 같은 노래를 부르면서 노래 내용에 해당하는 동작을 손유희로 한다.

상자 속의 어릿광대, 상자 속의 어릿광대

(오른 손은 주먹 쥐고, 엄지 손가락은 다른 손가락 사이에 숨긴다.)

일어날 시간이다, 일어날 시간이다

(이때 왼손 집게손가락으로 오른 손 주먹을 가볍게 친다.)

일어나 웃어 봐라

하나, 둘, 셋, 넷(계속 가볍게 친다.)

어릿 광대야 나오너라, 둥근 창으로 나오너라

(그러면서 숨겨 둔 오른 손 엄지 손가락을 살짝 편다.)

③ 이 노랫말을 되풀이하면서 아기가 엄마를 따라 하도록 손유희를 한다.

5 이야기 나누기

1. 이야기 나누기의 중요성

① 아기는 말 이외의 비언어적인 의사 소통을 이해한다.

이야기 나누기는 아기와 엄마가 소통을 하면서 시작된다. 즉 2개월경이 되면 아기가 전보다 잠을 덜 자기 때문에 엄마는 아기와 더 오랫동안 소통할 수 있다. 이때 아기가 말의 의미를 정확히 파악하지 못한다 할지라도 말 이외의 표정, 손짓, 목소리, 억양 등을 세밀하고 종합적으로 해석함으로써 아기는 자신에게 하는 말의 전체적인 내용을 지각한다.

② 이야기 나누기는 아기에게 말을 가르치는 유일한 방법이다.

말하는 능력은 모든 인간이 생득적으로 타고난 것이다. 보통의 아기는 곧 큰 어려움 없이 말할 수 있게 된다. 이처럼 아기가 말을 할 수 있으려면 아기가 이해하지 못하더라도 성인이 아기에게 자주 말을 해 주어야 한다. 따라서 이야기 나누기는 아기가 말을 배울 수 있는 유일한 방법이 된다.

③ 아기에게 이야기한다는 것은 아기를 인격체로서 존중하는 것이다.

아기가 말을 이해하기 때문에 말할 필요가 없다고 생각하는 사람들이 있다. 그러나 아기의 언어 습득은 아기가 들은 말의 양과 질에 따라 결정되며, 이때 아기에게 말한다는 것은 아기를 인격체로 존중한다는 것이다.

● 그림 6-3 | 아기와 이야기 나누기

2. 아기와 이야기 나누는 방법

① 양육자는 아기에게 이야기할 뿐만 아니라 아기의 말도 들어 준다.

양육자는 아이가 옹알이나 무의미한 발성을 내는 아기의 말을 일찍부터 들어 줄 필요가 있으며, 이 시기에 아기가 옹알이나 무의미한 발성을 내는 것은 아기가 말을 배우는 데 매우 중요하다.

② 아기의 옹알이나 무의미한 발성을 듣고 나서, 일반적으로 사용하는 정확한 말과 문장으로 아기에게 다시 말해 준다.

③ 아기와 관련된 말을 한다.

양육자가 아기에게 말할 때 아기와 아무 관련 없는 말을 아기에게 장황하게 늘어놓는 것은 좋지 않다. 즉 말을 가르치기 위해서는 아기 자신과 관련되며, 아기의 생활과 직접 관련된 말을 하는 것이 중요하다.

④ 아기 말에 맞장구를 친다.

양육자는 아기의 옹알이나 말에 응', '응' 하면서 맞장구를 쳐 준다. 그러면 아기도 양육자의 말을 귀 기울여 듣다가 자신도 맞장구를 친다. 이때 양육자는 아기가 내는 소리에 단지 같은 소리로 맞장구를 칠 것이 아니라, 양육자 스스로가 다양하게 대화하듯이 아기에게 맞장구를 치는 것이 좋다. 이때 아기의 눈을 쳐다보면서 하는 것이 좋은데, 양육자가 간단한 문장에 억양을 다양하게 변화시켜 가면서 이야기를 해 주면 아기가 양육자의 입술을 유심히 쳐다보는 것을 느낄 수 있다.

이렇게 부드럽고 반복적인 교류를 통해서 아기는 자기 세계를 알기 시작한다. 또한 양육자와 아기는 이런 과정을 통해 이야기하면서 서로에게 맞춰 조금씩 조율해 나간다.

3. 아기와 말하기 위한 대화 소재

아기와 말을 하기 위해서는 일상 속에 있는 모든 것들이 화제가 될 수 있다.
① 시간에 관한 소재: 지금이 저녁 여덟 시야, 이제 잘 시간이네.
② 상황 설명에 관한 소재: 저녁에 먹을 분유가 준비되어 있구나, 따뜻한 목욕물이 있구나.
③ 아기 신체 기관에 대한 이름 말하기
④ 주위 물건 이름 말하기
⑤ 엄마의 감정 상태나 기분 말하기: 엄마가 피곤하구나, 엄마는 기뻐.
⑥ 아기의 몸 상태: 감기에 걸렸구나 등.
⑦ 아기의 기호: 우리 아기 채소 좋아하지, 어떤 꽃 냄새가 좋으니?
이러한 일상적인 대화를 통해 아기와 엄마는 서로에 대한 신뢰감이 형성된다.

4. 아기에게 말을 가르치는 방법

① 아기에게 유아어를 가르치는 것은 부적절하다.
왜냐하면 때가 되면 정확한 말을 쓰기 위해 유아어를 쓰지 않는 법을 다시 배워야 하기 때문이다.
② 아기에게 바른 말을 가르치는 것이 중요하다.
이때 억지로 꾸민 어휘나 표현을 사용하지 말고 정확한 단어를 사용하는 것이 좋다. 즉 중요한 것은 아기와 이야기할 때 자연스러운 방식, 즉 아기의 반응에 관심을 기울이며 현실에 적합한 방식으로 이야기하는 것이다.

5. 이야기 나누기의 실제

활동 ① 우리 이야기하자

① 이야기 나누기는 아기의 언어 기능을 크게 향상시킨다.

② 아기가 흥미를 가지고 있는 일에 대해 관심을 가지고 살펴서 그런 일이나 대상을 선택한다. 그것은 장난감일 수도 있고, 할아버지나 할머니, 또는 애완동물일 수도 있다.

③ 어떤 특정 대상에 대해서 이야기하려고 할 때에는 자세한 설명을 덧붙이는 것이 필요하다. 예를 들면, "난 말이야, 이 집토끼가 좋단다. 왜냐하면 집토끼는 순하고 말을 잘 듣거든!" 하는 식으로 말해 준다.

④ 이런 이야기를 할 때에는 그 장난감을 꼭 껴안거나 문질러 준다.

⑤ 그 귀여운 집토끼를 아기에게 준다. 아기에게 그 토끼를 꼭 껴안아 주라고 말한다. 그리고 쓰다듬어 주라고 말한다.

⑥ '순하다, 귀엽다.' 라는 말을 다른 대상에게도 써 보라고 일러 준다.

보충 심화 학습 자료

■ 좋은 장난감 고르기

① 좋은 장난감은 사용하는 사람에게 잘 맞는 것이다.

이는 절대적으로 좋은 장난감이란 거의 없다는 말이다. 즉 한 장난감이 어떤 아기의 취향에 맞고 발달 수준에 적당하기 때문에 그 아기에게는 좋은 장난감이지만, 다른 아기에게는 별로 좋지 않을 수 있다. 그러므로 좋은 장난감이란 무엇보다도 사용할 아기에게 맞게 잘 골라 준 장난감을 말한다.

② 좋은 장난감은 잘 연구된 것이다.

전문가들이 아기들을 대상으로 안전 실험을 거친 장난감이 좋은 장난감이다. 이러한 장난감은 튼튼하고 견고할 뿐만 아니라 안전성 측면에서 보았을 때에도 신뢰할 수 있다.

③ 좋은 장난감은 단순한 장난감이다.

장난감이 아기를 대신해서 모든 것을 다 해 주지는 않는다. 따라서 단순한 장난감은 아기에게 행동하고, 고안하며, 상상할 여지를 남겨 주므로 좋은 장난감이다.

④ 좋은 장난감은 다용도로 쓸 수 있는 것이다.

순간적인 아기의 기분에 따라, 아기의 발달 단계에 따라 장난감 역시 변화될 수 있으며, 또 다양한 행동의 여지도 제공할 수 있다.

⑤ 양육자가 아기와 함께 놀아 준 장난감, 양육자의 관심과 사랑이 묻어 있는 장난감이 아기에게 좋은 장난감이다.

1 다음 중 양육자가 아기와 놀이할 때 주의할 점이 <u>아닌</u> 것은?

① 아기에게 열중할 시간을 준다.
② 아기를 잘 관찰해서 아기가 원하는 것을 안다.
③ 양육자보다는 놀잇감이 더 중요함을 잊지 않고 항상 놀잇감을 제공한다.
④ 날마다 시간을 정해서 놀아 준다.

|정답| ③

|해설| 양육자가 아기와 놀이할 때 놀잇감을 주는 것보다 양육자가 함께 놀아 주는 것이 더 중요하다. 생후 1년 동안 아기는 자신의 몸을 탐색하는 몸놀이를 많이 한다. 따라서 장난감을 주는 것보다 양육자가 함께 아기와 몸놀이를 할 때 아기는 더 기뻐하고 활발하게 움직인다.

2 다음 중 아기에게 음악을 들려주기에 적절한 방법은 무엇인가?

① 아기가 좋아하는 동요만을 들려준다.
② 다양한 장르의 음악을 일상 생활에서 들려준다.
③ 잠잘 때 클래식만을 들려준다.
④ 양육자가 좋아하는 음악만을 들려준다.

|정답| ②

|해설| 아기에게 음악을 들려줄 때 아기에게 다양한 장르의 음악을 들려줄 수 있다. 이때 모든 상황에서 음악을 들려줄 수 있으나 아기가 일상 생활에서 자연스럽게 음악을 들을 수 있도록 하는 것이 좋다.

3 아기에게 그림책을 읽어 주는 방법으로 적절하지 <u>않은</u> 것은?

① 아기들로 하여금 책을 가지고 놀도록 격려해 준다.
② 책 속의 그림을 손가락으로 가리키면서 그 대상의 이름을 댄다.
③ 책을 읽어 주면서 양육자의 음성을 항상 일관되게 들려준다.
④ 책 속에 노랫말이 있으면 그 노래를 불러 준다.

|정답| ③

|해설| 아기에게 그림책 읽어 줄 때, 양육자가 항상 일관된 목소리로 들려주는 것보다는 책을 읽어 주면서 양육자의 음성을 여러 가지로 변조한다. 이때 얼굴 표정도 여러 가지로 변화시킨다. 아기로 하여금 책과 이야기에 대해서 흥미를 가지도록 자극하기 위해 책을 읽어 주면서 여러 가지 효과를 구사해 본다.

4 초기에 아기와 할 수 있는 적절한 손유희 활동으로 맞는 것은?

① 깊고도 넓고도   ② 우리 모두 다 같이
③ 학교 종이   ④ 곤지곤지

|정답| ④

|해설| 초기 양육자와 할 수 있는 손유희로는 '짝짜꿍짝짜꿍', '곤지곤지', '잼잼' 등이 있다. 이때 아기는 손유희를 흉내 내기 위해 엄마의 손을 유심히 쳐다보려 하고, 소리 내어 손뼉을 한두 번 정도 칠 수 있게 되며, 이후에는 따라 할 수 있게 된다.

5 아기에게 말을 가르치는 방법으로서 적절하지 않은 것은?

① 아기에게 바른 말을 가르친다.
② 억지로 꾸민 어휘나 표현을 사용하지 않는다.
③ 자연스러운 방식으로 아기의 반응에 관심을 기울인다.
④ 말을 배우기 쉽도록 아기에게 유아어를 가르친다.

|정답| ④

|해설| 아기에게 말을 가르치는 방법으로서 유아어를 가르치는 것은 부적절하다. 왜냐하면 때가 되면 정확한 말을 쓰기 위해 유아어를 쓰지 않는 법을 다시 배워야 하기 때문이다.

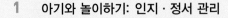

1   아기와 놀이하기: 인지·정서 관리

1) 아기가 놀이하는 이유

놀이는 아기에게 근본적인 활동이며, 이를 통해 세상에 대해, 자신에 대해 모든 것을 배운다. 아기는 놀면서 자신의 고유한 리듬에 따라서 발전하게 되고, 스스로를 통제하는 법을 배운다. 시간이 지나면서 아기는 놀이를 이용해서 자신을 개발하고 발전해 가며 성장한다.

2) 놀이를 통한 인지·정서 관리

아기는 놀이를 통해 인지적으로 성장하는데, 특히 눈-손-몸의 협응이 일어나고, 기억력이 발달하며, 자아상을 인식하고, 신체를 탐색하며, 호기심과 탐구심이 발달한다. 또한 아기는 놀이를 하면서 자신이 의도한 대로 되지 않거나 기쁘고, 즐겁고, 화나고, 섭섭하고, 슬픈 감정 등을 경험하면서 정서적으로도 성장하여, 심리적인 문제를 다룰 수 있게 된다.

3) 아기와 함께 놀이할 때 주의할 점

(1) 아기에게 열중할 시간을 준다.
(2) 아기를 잘 관찰하면, 아기가 원하는 것을 알 수 있다.
(3) 날마다 시간을 정해서 놀아 준다.
(4) 놀잇감을 주는 것보다 양육자가 함께 놀아 주는 것이 더 중요하다.

2   음악 들려주기

아기들의 음악적 경험은 발달에서 매우 중요한 부분을 차지한다. 즉 음악적 경험은 언어 학습, 운동 능력 발달, 감각의 통합에 중요한 역할을 하고, 아기의 시간-공간 추리 능력을 발달시키며, 복잡한 추리 과제를 해결하는 데 필요한 두뇌 기능을 향상시킨다. 따라서 아기에게 다양한 장르의 음악을 들려줄 수 있는데, 이때 모든 상황에서 음악을 들려줄 수 있으나 아기가 일상 생활에서 자연스럽게 음악을 들을 수 있도록 하는 것이 좋다.

3   그림책 읽어 주기

아기들에게 책을 읽어 주는 것은 아기들의 대뇌 발달을 촉진하고, 자기가 가장 좋아하는 것과 책을 연합할 수 있도록 해 주며, 이후 독서에 대한 취미를 간직하게 하여 나이가 더 들어서도 독서를 즐기게 된다.

■그림책과 친해지는 활동
(1) 다양한 종이를 가지고 아기가 놀이를 할 수 있도록 한다.
(2) 종이 속에 들어 있는 그림을 보도록 한다.
(3) 책 옹알이: 6~9개월 정도에 아기들은 여러 가지 그림 중에 선호하는 그림이 생기며 책을 읽으면서 중얼거리는 책 옹알이도 시작된다.

4 손유희

6개월이 지나면서 아기의 손 사용은 정교하게 발달하기 시작한다. 이러한 아기의 손 사용은 뇌의 발달과 밀접한 관련이 있다. 즉 아기 때부터 손을 많이 움직임으로써 자연스럽게 두뇌 발달이 촉진되고, 눈과 손의 협응 능력이 발달하며, 손목과 팔의 운동 능력도 발달하게 된다. 이때 엄마가 아기와 손놀이를 함으로써 아기의 소근육 발달을 촉진시킬 수 있는데, 그 중 손유희는 아기와 손으로 할 수 있는 놀이 중 하나이다. 또한 아기는 성인의 행동을 모방할 수 있는데, 엄마가 아기에게 손유희를 보여 줄 경우 아기가 엄마의 손유희를 여러 번 봄으로써 따라 할 수 있게 된다.

5 이야기 나누기

이야기 나누기는 아기가 엄마와 소통하면서 시작된다. 즉 2개월경이 되면 아기가 전보다 잠을 덜 자기 때문에 엄마는 아기와 더 오랫동안 소통할 수 있다. 이때 아기가 말의 의미를 정확히 파악하지 못한다 해도 말 이외의 표정, 손짓, 목소리, 억양 등을 세밀하고 종합적으로 해석함으로써 아기는 자신에게 하는 말의 전체적인 내용을 지각한다.

■아기와 이야기 나누는 방법

(1) 양육자는 아기에게 이야기를 할 뿐만 아니라 아기의 말도 들어 준다.

(2) 아기의 옹알이나 무의미한 발성을 듣고 나서, 일반적으로 사용하는 정확한 말과 문장으로 아기에게 다시 말해 준다.

(3) 아기와 함께 있는 상황과 관련된 말을 한다.

(4) 아기의 말에 맞장구를 친다.

대한소아과개원협의회(2006). 소아과구조대. 21세기북스.

리젤 폴린스키, 박정미 옮김(2004). 아기 몸놀이 120가지. 이지앤.

박찬옥·한종화·이승아·김은정·김성숙·최은주(2000). 영아를 위한 창의적 교육 활동-0~12개월-. 정민사.

재키 실버그, 김재은 옮김(2004). 125가지 두뇌 발달 놀이. 웅진닷컴.

http://www.cdc.go.kr/ 질병관리본부

http://www.haeorum.com/ 해오름

http://www.lovenkid.com/ 러브 앤 키드

http://www.pediatrics.or.kr/ 대한소아과학회

http://www.unicef.or.kr/bfhi/ 엄마 젖 먹이기-유니세프한국위원회

제 *7* 장

영아 보육의 원리

영아 보육은 영아를 어른과 같은 하나의 인격체로 인정하고 존중하는 데에서부터 출발한다. 즉 영아도 어른과 마찬가지로 소중한 자아가 있으며 이 자아가 어른들과의 상호 작용을 통해 건강하게 성장하도록 돕는 것이 영아 보육의 원리라고 할 수 있다. 이 강의에서는 영아가 한 사람의 인격체로 커 가는 과정과 이를 돕기 위한 영아-교사 상호 작용 및 영아를 위한 보육 환경을 제시하고자 한다.

01 영아 발달에 기초하여 영아를 위한 보육의 의미를 이해한다.

02 영아-교사 상호 작용의 원리를 이해한다.

03 다양한 상황에서 영아-교사 상호 작용 전략을 적용할 수 있다.

04 영아의 발달에 적절한 놀잇감과 시설·설비를 선택할 수 있다.

• 역동적 자아 에너지, 힘, 활동을 내포한 용어로서 활기차게 움직이는 영아의 자아 상태를 가리키는 용어이다.

• 서술적으로 묘사하기 영아의 행동을 그림을 그리듯이 서술적으로 묘사하는 상호 작용 전략이다.

• I-메시지 주기 영아에게 명령을 하거나 위협을 가하지 않으면서 교사의 바람이나 의견을 영아에게 전달하는 상호 작용 전략이다

• 어휘 확장·첨가하기 영아의 어휘력 발달을 지원하기 위해 영아가 말하는 내용을 확장시켜 말하거나 내용을 더 첨가시키는 상호 작용 전략이다.

• 보육 환경의 조건 가정과 같이 편안하고 안전해야 하며, 동시에 교육적인 공간이어야 한다.

○, × 퀴즈

진단 문제	○	×
1 영아는 성인에게 전적으로 의존하는 나약한 존재이다		v
2 영아 보육에서 보호와 교육은 분리될 수 없다.	v	
3 영아-교사 상호 작용의 핵심은 친밀하고 신뢰할 수 있는 관계 형성이다.	v	
4 일상적 양육 시 일 대 일의 주고받는 방식의 상호 작용이 가장 많이 일어난다.	v	
5 영아를 위한 보육 환경을 구성할 때 가정과 같은 편안함, 안전함과 더불어 교육적 요소도 함께 고려해야 한다.	v	

해설

역동적 자아를 가진 영아는 활발하게 움직임으로써 자신의 발달에 능동적으로 참여한다. 이러한 영아의 발달과 성장을 돕기 위해 교사는 일상적 양육을 비롯한 다양한 상황에서 영아-교사 상호 작용 원리를 지키며 영아와 질적인 상호 작용을 해야 한다. 또한 영아 발달을 지원하기 위해서는 영아를 위한 보육 환경 구성 시에도 보호적 요소와 교육적 요소를 모두 고려하여야 한다.

① 영아 보육의 개념

2004년 1월에 개정된 영유아보육법에서는 영아 보육을 '영아를 건강하고 안전하게 보호 · 양육하고, 영아의 발달 특성에 적합한 교육을 제공하는 사회 복지 서비스'라고 정의하였다. 여기서 영아라 함은 출생 후 36개월까지의 어린이를 뜻하는데, 본 단원에서는 0세~12개월까지를 신생아로, 13~36개월의 아기를 영아로 구분하기로 한다.

영아 보육의 주된 관심은 '모든 영아는 좋은 교육과 보호를 받을 권리가 있다.'는 데에 있다. 좋은 교육과 보호를 통해 영아는 긍정적 자아 개념을 가지고 건강하고 행복한 사람으로 커갈 것이다. 그러려면 우선 영아가 어떤 존재인지, 즉 무엇을 좋아하고 무엇을 하고 싶어하는지, 또 무엇을 할 수 있는지 알아야 할 것이고, 그에 기초하여 진정한 의미의 보육이 이루어져야 할 것이다. 이제 구체적으로 영아의 보육에 대하여 알아보기로 한다.

1. 역동적 자아를 가진 영아

영아기는 인생의 과정에서 양적 · 질적으로 가장 변화가 큰 시기로서, Bailey와 Burton (1989)은 영아를 가리켜 '역동적인 영아(dynamic infant)'라고 했다. 역동성은 에너지, 힘, 활동을 내포한 용어로서 외현적인 추진력뿐만 아니라, 어떤 일의 추진을 위한 내면적 원동력을 가리키기도 한다. 실제로 생후 3년 동안 보여 주는 영아의 역동적인 발달 양상은 인류의 성장 과정을 재현한다고도 할 수 있다. 말하자면 본능적으로 자신을 방어하고 놀잇감을 손에 쥐거나 놀잇감을 좇아 기어가는 초기 단계부터, 놀잇감이나 사물을 나름대로의 방식으로 조작하는 중기 단계로, 그러다가 또래가 가지고 노는 놀잇감에 관심을 보이며 서로 마주 보고 웃는 단계에 이르기까지 괄목할 만한 성장을 보인다.

영아의 역동성은 활기찬 움직임(energetic movement)을 통해 나타난다. 그 첫 번째 움직임이 반사 행동(reflex)이라고 할 수 있다. 반사는 학습되지 않은 자동적인 움직임으로서, 이는 조물주가 어린이에게 선물로 준 (생득적인) 생존 방식이라고 할 수 있다. 예를 들어 입에 닿는 것이면 빨고(빨기 반사), 뺨이 닿는 방향으로 고개를 돌리고(루팅 반사), 손바닥을 꼭 누르면 무엇이든 잡으려 하고(잡기 반사), 아기를 안았다가 살짝 내려놓으면 양팔을 위로 쳐든다(모로 반사). 이런 행동들은 일정 기간 나타나다가 영아가 다른 환경 적응 행동을 익히게 되면 하나 둘 자연스럽게 사라진다. 그러나 갑자기 눈앞에 밝은 빛을 비추거나 큰 소리를 내면 눈을 깜박이는 반사는 평생 지속되기도 한다.

영아는 이러한 반사적 움직임을 통하여 주변 환경과 상호 작용하는 경험이 일어나며 점차 자신의 실체(reality)를 구성하게 된다. 영아기의 주변 환경은 직접적으로 영향을 주고받는 가장 가까운 인적·물리적 환경, 즉 부모(특히 엄마 같은 교사) 및 집안 환경·놀잇감(어린이집 환경)이 될 수 있다. 예를 들어, 영아는 누워서 엄마(교사)가 요람으로 걸어오는 모습과 발자국 소리를 들으며, 엄마(교사)가 허리 굽히고 미소 지으며 말하는 것을 보고 듣는다. 영아는 엄마가 하는 시각적·청각적 자극 행동을 느끼며 이 느낌들을 나름대로 해석하여 자신의 인지 구조에 입력한다. 이때 영아는 시각적 자극(엄마(교사)가 걸어오는 모습, 허리 굽히는 모습, 미소 짓는 모습)과 청각적 자극(발자국 소리, 말하는 목소리)을 연합하여 느낀 바를 해석하기를 '엄마(교사)는 나를 사랑해.' 라고 자신의 인지 구조에 입력한다.

엄마(교사)의 이런 행동이 반복되면 영아는 '미소 짓고 상냥한 목소리를 내는 사람은 곧 엄마(교사)' 라는 개념을 형성하게 되고, 엄마(교사)를 볼 적마다 이 개념이 발동하여 엄마(교사)를 반기게 된다. 이로써 애착 관계가 형성되는데, 특정 인물(엄마 또는 교사)의 행동과 기분 좋은 감각적 자극을 관련시켜서 영아는 '엄마(교사)는 편안함을 주고 불편함을 제거시키는 사람' 으로 학습하게 된다. 이것이 성장하는 과정에서 계속될 때, 대인 관계 형성의 기초가 된다.

출생 후 몇 주가 지나면 영아는 '나' 와 '나 아닌 것' 을 구분하게 되고, 이로써 자기 인식(self-awareness)이 시작된다. 영아는 단순히 수동적으로 환경을 지각하는 것이 아니라, 점차 의도적으로 환경을 조작하게 되고 상호 영향을 주고받는 관계임을 보여 준다.

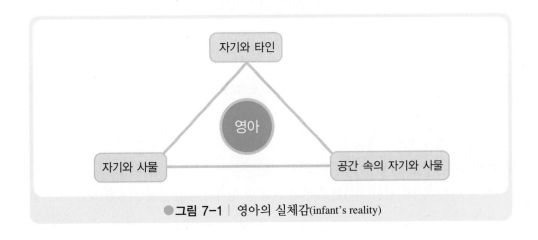

●그림 7-1 │ 영아의 실체감(infant's reality)

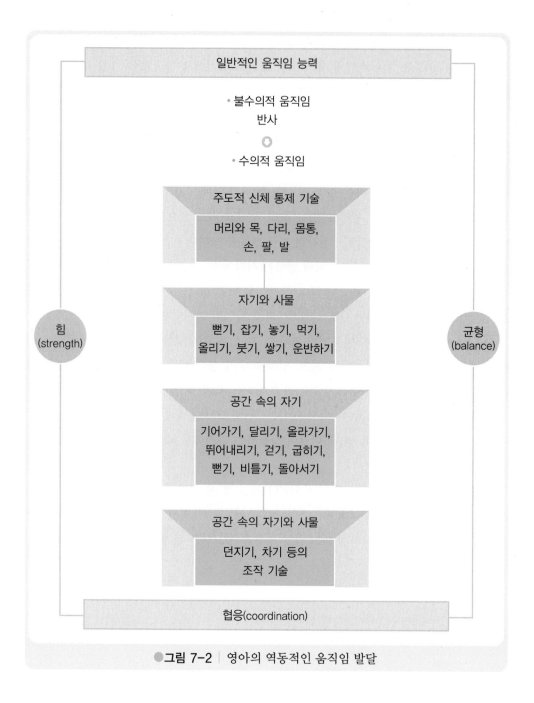

일반적인 움직임 능력

• 불수의적 움직임
반사

• 수의적 움직임

주도적 신체 통제 기술

머리와 목, 다리, 몸통,
손, 팔, 발

자기와 사물

뻗기, 잡기, 놓기, 먹기,
올리기, 붓기, 쌓기, 운반하기

공간 속의 자기

기어가기, 달리기, 올라가기,
뛰어내리기, 걷기, 굽히기,
뻗기, 비틀기, 돌아서기

공간 속의 자기와 사물

던지기, 차기 등의
조작 기술

힘
(strength)

균형
(balance)

협응(coordination)

●그림 7-2 | 영아의 역동적인 움직임 발달

　영아가 환경과 상호 작용하면서 자신의 실체감을 인식해 가는 모형을 살펴보면 〈그림 7-1〉과 같다.

　〈그림 7-1〉에서와 같이 영아는 주변의 환경 중 영아와 직접 상호 작용을 하는 타인 및

사물과의 관계를 통해서, 그리고 일정 공간 속에 있을 때 자기와 사물이 상호 작용하는 관계를 통해서 자신의 실체를 인식하게 된다.

영아의 움직임은 반사 행동에서 시작하나, 점차 자발적으로 움직일 수 있는 능력들이 나타나기 시작하면서 자신의 행동을 통제하는 기술이 생긴다. 〈그림 7-2〉에서와 같이 영아는 신체 부분들을 움직일 수 있는 힘(strength)을 가지고 신체의 부분과 부분을 협응시키며(coordination), 몸의 균형을 잡는(balance) 능력을 통해 역동적 자아를 키워 나간다.

영아의 자아는 신체적 발달 과정에서 표명되지만, 신체적 움직임 이면에는 영아의 사회 · 정서적 측면, 언어적 측면, 인지적 측면이 함께 작용하여 실체를 이룬다고 할 수 있다.

2. 영아를 위한 보육의 의미

영아가 역동적 자아를 가지고 있다는 것은 '개별적 독특성과 가능성'을 가진 존재라는 것을 의미한다. 이 개별적 독특성과 가능성이 계발될 수 있도록 환경을 조성하고 지원하는 노력이 교육과 보호라고 할 수 있다. 어린이집 장면에서 교육과 보호를 엄격히 구분하기는 어렵다. 그러나 굳이 구분한다면 교육은 영아의 발달적 변화를 도모하기 위하여 과학적이고 체계적으로 접근하는 방식이라고 할 수 있다. 예를 들어 영아의 신체 발달, 사회 · 정서 발달, 언어 발달, 인지 발달 등이 적기에 이루어질 수 있도록 교사는 이에 적합한 경험이 될 수 있는 활동 거리들을 구비하여 제공하고, 개별적으로 혹은 집단적으로 영아들이 하는 활동 과정을 관찰 · 파악하여 적절한 상호 작용을 하며, 영아의 발달과 학습을 역동적으로 평가하는 일이다. 이에 비하여 보호는 가정에서 영아를 돌보는 전 과정, 즉 먹고, 자고, 입고, 씻기는 등의 일상적인 과정을 제공하는 것이다. 특히 영아의 신체적 · 지적 · 사회적 · 정서적 요구를 고려한 발달적 보호 또는 질적 보호를 강조한다.

이에 따라 영아 보육은 다음과 같은 사항들을 기본 가정으로 한다.

첫째, 영아 보육에서 가장 좋은 모델은 가정이다. 영아 발달을 위한 최적의 보육 환경은 물리적 · 심리적으로 안정되고 행복한 가정 환경에 가깝다는 것이다. 좋은 가정 환경은 영아가 편안하게 먹고, 자고, 배설할 수 있으며, 안전하고 즐겁게 움직이고 탐색하며, 발견하는 활동의 자유가 있고, 부모를 비롯한 가족들과 따뜻한 사랑과 존중을 나눌 수 있는 정서적 유대가 있다.

하루의 많은 시간을 어린이집에서 생활해야 하는 영아가 건강하고 조화롭게 발달하기 위해서는 우선적으로 어린이집이 가정과 같다는 생각이 들도록 최선의 환경을 마련해야 한다고 할 수 있다. 좋은 가정은 놀랄 만큼 교육적인 곳이며, 영아가 경험하기를 원하는 모든 것을 거의 다 활동할 수 있는 좋은 장소이다.

이에 따라 영아 보육은 가정과 같은 어린이집, 부모와 같은 교사를 모토로 한다.

둘째, 보호와 교육은 분리될 수 없는 것이다. 보호는 일반적으로 쉬거나, 수면을 취하거나, 음악을 듣거나, 바깥 놀이를 하거나, 식사를 하거나, 용변을 보거나, 또래와 노는 등 영아가 편안하고 자유롭게 활동하도록 배려하는 것이다. 이에 비하여 교육은 영아의 발달적 변화에 목표를 두고, 영아가 하는 다양한 활동을 교사가 관찰하여 평가하고 지원해 주는 것이다. 따라서 편의상 하루 일과 중 기저귀 갈기 · 휴식하기 · 수유하기 · 산책하기 등의 활동을 보호 시간으로 간주하고, 자유 선택 활동 · 대 소 집단 활동 등을 교육 시간으로 간주하기도 한다. 그러나 영아 보육에 있어 이러한 구분은 적합하지 않다. 실제로 교사는 영아의 기저귀를 갈거나, 수유하면서 따뜻한 미소와 꼭 껴안아 주는 등 상호 작용을 하면서 어제와 달라진 영아의 행동 특성을 발견하고 적절한 지원을 하는 등의 교육적 역할을 한다.

이에 따라 영아 보육은 영아의 보호와 교육을 통합한 발달적 보육 또는 질적인 보육을 강조한다.

셋째, 3세 미만의 영아는 3~5세의 유아들과 다르다. 3세 미만의 영아들은 대집단 생활에 필요한 능력과 기술이 부족하다. 영아들은 감각 기관과 온몸을 움직여 자신의 신체적 운동 능력을 실험하고 확인해 나가는 감각 운동기에 있다. 따라서 어린이집과 같은 단체 생활, 대집단 생활은 영아에게 적응하기 힘든 경험이라고 할 수 있다. 그러나 현대 사회 구조에서 가정 밖의 어린이집 생활이 요구되고 있으므로, 영아 보육은 가능한 한 개별화된 영아 보육을 강조한다. 각 영아의 기질적인 차이, 에너지 수준, 부모의 선호도 등을 파악하여 같은 활동이라도 영아에 따라 다르게 접근할 수 있는 융통성을 강조한다.

넷째, 영아는 자기만의 교사와 상호 작용 방식을 원한다. 발달적 · 기능적으로 미분화된 상태에 있는 영아에게 주된 상호 작용을 하는 엄마나 교사는 세계 전체를 대표한다고 할 수 있다. 생후 2~3개월이 지나서야 자신과 엄마가 별개의 존재임을 인식하게 되는 영아는, 엄마와의 친밀하고 익숙한 상호 작용을 통하여 정서적 안정감과 세계에 대한 신뢰감을 형성해 나간다. 그러나 아주 어린 시기부터 어린이집 생활을 해야 하는 영아에게는 또 다른 양육자(교사)와 관계를 맺는 일이 낯설고 불안하며 혼돈스러울 수 있다.

이에 따라 영아 보육은 어린이집에서 오랜 시간 생활하는 영아가 한 교사와 지속적으로 상호 작용할 것을 강조한다. 이것은 영아로 하여금 그 교사를 자신에게 국한된, 자신을 가장 잘 수용해 주고 이해해 주는 사람이라는 인식과 신뢰를 가지게 하며, 영아와 교사 간에 서로 통하는 상호 작용 방식을 발달시키게 한다.

② 영아-교사 상호 작용

상호 작용은 사람들 간의 관계뿐 아니라 물리적 환경이나 현상과 사람들 간에 서로 영향을 미치고 관계를 맺는 과정을 의미한다. 어린이집에서 가장 중추적인 상호 작용은 영아와 교사 간의 상호 작용이라고 할 수 있다. 영아와 교사의 상호 작용은 보육의 질에 많은 영향을 미치며, 영아와 효율적으로 상호 작용하는 것은 교사가 갖추어야 할 중요한 자질 중의 하나이다.

영아와 교사의 상호 작용에서 가장 중요한 측면은 영아를 정서적으로 지원하는 것이다. 왜냐하면 영아기는 세상에 대한 기본적인 신뢰감 형성과 양육자와의 애착 형성이 이루어지는 시기이므로, 교사의 계속적인 정서적 지원을 통해 영아의 발달을 적절하게 도울 수 있기 때문이다. 교사가 영아에게 더 따뜻하고, 보다 수용적인 태도를 가지며, 개방적 관계를 맺으면서 민감하게 보다 많은 상호 작용을 할 때 영아는 교사에 대한 기본적인 신뢰감을 가지게 되며, 이러한 신뢰감을 바탕으로 안정된 애착을 발달시킬 수 있다. 신뢰감과 안정된 애착을 형성한 영아들은 또래와 긍정적인 인간 관계를 형성하게 되며 다른 사람들과 대인 관계를 맺는 데 필요한 기술을 습득하게 된다. 또한 교사가 영아의 자기 주도적이며 독립된 행동, 지식, 자기 표현, 사회적 상호 작용을 격려할 경우 영아는 사회적으로 더 유능한 성인으로 성장할 수 있다.

그러나 대부분의 교사들은 상호 작용을 교사가 영아의 요구에 일방적으로 반응하는 관계로 이해하고 있다. 그러나 상호 작용이 말 그대로 상호 관계를 형성하는 것임을 고려할 때, 영아와의 상호 작용을 통해 상호 관계를 형성하는 것은 교사에게도 성숙된 인간으로 성장할 수 있는 중요한 계기가 될 것이다.

이에 따라 영아가 건강하게 성장하도록 돕기 위한 영아-교사 상호 작용은 어떻게 이루어져야 바람직한 것인지를 영아-교사 상호 작용의 원리, 다양한 상황에서의 상호 작용으로 나누어 알아보기로 한다.

1. 영아-교사 상호 작용의 원리

영아와 상호 작용할 때 교사가 지켜야 할 원리를 제시하면 다음과 같다.

첫째, 교사는 영아의 신호에 민감해야 하며 영아의 요구에 민첩하게 반응해야 한다.

울기는 영아의 주된 의사 표현 방법이므로 우는 이유를 잘 파악해서 영아의 요구에 민첩하게 반응해야 한다. 영아는 울음을 통해 자신의 욕구를 다양하게 표현한다. 수유 혹은 기저귀 갈기와 같은 물리적 보살핌이 필요할 때, 정서적 친밀감의 요구와 같은 심리적 보살핌이 필요할 때, 아무 일도 일어나지 않는 데서 오는 좌절감과 새로운 일이 일어나도록 도움을 청하는 것과 같은 인지적 자극을 요구할 때 등, 영아는 다양한 이유와 상황에서 운다. 이때 교사는 먼저, 영아의 요구 신호인 울음에 신속하게 반응하여 요구를 해결해 주어야 한다. 영아들의 요구가 빨리 해결되면 영아들은 그들을 보살핀 어른과 주변 세계를 신뢰하게 된다. 그런 다음 영아를 꼭 껴안아 주고 달래 줌으로써 충분한 정서적 지원을 해 주어야 한다. 이러한 교사의 민감한 반응은 영아가 양육자를 신뢰하고 자기 감정 달래기(self-soothing) 기술을 배울 수 있게 도와준다.

둘째, 교사는 일상적 양육 시 항상 영아와 일 대 일로 얼굴을 마주 보고 상호 작용해야 한다.

●그림 7-3 | 영아-교사 상호 작용

일 대 일의 상호 작용은 자신의 스케줄에 따라 정해진 일과를 진행해야 하는 일상 생활의 양육에서 가장 잘 일어난다. 기저귀를 갈고, 화장실을 가고, 먹는 것을 돕고, 재우는 일상 생활에서의 양육 시 영아와 교사는 서로의 얼굴을 마주 보며 미소와 말을 교환하면서 친밀한 관계를 형성하게 된다. 이러한 일상적 양육의 상호 작용을 통해 영아는 교사에게 신뢰감을 형성하고, 이를 바탕으로 세상에 대한 기본적인 신뢰감을 형성하게 된다. 또한 이렇게 형성된 교사와의 신뢰 관계는 또래와의 관계, 다른 사람들과의 관계로 확장되어 건강한 발달의 토대를 형성할 것이다. 그러므로 교사는 영아와 신뢰할 수 있는 상호 관계를 형성하기 위해 일 대 일 주고받기(ping-ponging) 방식의 상호 작용이 가장 잘 일어나는 일상 생활의 양육 시간을 최대한 활용해야 할 것이다. 다음은 일상적 양육 시 교사가 숙지해야 할 지침이다.

- 영아의 내적 스케줄에 따라 일상적 양육을 제공한다.
- 영아의 요구에 일관되고 신속하고 민감하게 반응한다.
- 일상적 양육 시 영아의 얼굴을 보며 친절하고 따뜻하게 이야기해 준다.

셋째, 교사는 항상 영아의 반응을 기다려 주고, 스스로 성취할 수 있도록 스스로 탐구하고 탐색할 수 있는 기회를 제공해야 한다.

1세를 전후하여 영아들은 강한 호기심을 가지고 세상을 끊임없이 탐구하며 독립적으로 행동하려 한다. 끊임없이 안전벨트를 채우고 풀고, 스위치를 켜고 끄고, 문을 열고 닫고, 무엇이든 뚫어지게 관찰하고, 양말과 신발, 옷을 벗고 입는 데 열심인 영아들을 주변에서 쉽게 볼 수 있다. 영아는 이러한 끊임없는 시도와 탐색 후에 얻는 성공의 기쁨에 관심을 두기 때문에 교사는 영아가 스스로 탐색할 수 있도록 기회를 마련해 주어야 한다.

이때 교사가 마련해 줄 수 있는 기회는 영아가 계속해서 시도해 볼 수 있는 환경과 기회를 제공해 주는 것, 바로 도움을 주기보다는 나름의 전략을 써서 문제를 해결해 볼 수 있도록 기다려 주는 것, 영아 가까이서 도움이 필요할 때 직 · 간접적인 도움과 지지와 격려를 제공해 주는 것을 포함한다.

넷째, 교사는 영아의 놀이에 대해 관심을 보이고 그들의 관심과 욕구를 존중해야 한다.

놀이는 발달의 매개체이며 영아는 놀이를 통해 전인적으로 성장해 나간다. 교사는 영아의 놀이에 관심을 보이며 놀이를 적절하게 지원하고 격려함으로써 영아의 발달을 도울 수 있다.

다섯째, 언어적 자극을 통하여 영아의 행동이나 활동, 새로운 시도의 성취 등에 대해 격려하고 언어적으로 확대시켜 준다.

영아는 주변 환경에 대한 호기심 때문에 교사에게 많은 질문을 한다. 교사는 다음의 지침을 지키면서 영아를 언어적으로 자극하고 언어 발

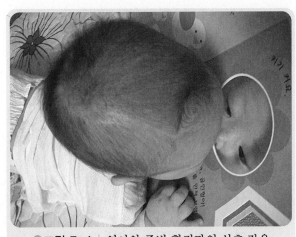

● 그림 7-4 | 영아와 주변 환경과의 상호 작용

달을 촉진시켜 나가야 한다. 그러나 무엇보다 교사에게 필요한 것은 아직 언어 발달이 미숙한 영아가 말하려고 하는 의도를 파악하는 것이다.

- 되도록 일 대 일로 상호 작용하며 한 번에 한 가지 주제에 대해서만 말해야 한다.
- 영아의 발달 수준에 맞는 명확한 단어와 단순하고 명료한 문장을 사용한다.
- 영아의 부정확한 말을 정확한 표현으로 다시 말해 줌으로써 명료화한다.
- 영아의 말을 해석하기 전에 먼저 주변 상황을 관찰한다.
- 비판이나 간섭 등의 부정적인 언어보다는 긍정적인 언어를 사용한다.
- 영아의 눈높이에 맞게 자세를 낮추어 이야기한다

2. 다양한 상황에서의 영아-교사 상호 작용

1) 놀이를 촉진하는 상호 작용

영아가 놀이를 하고 있을 때 영아와 상호 작용하는 몇 가지 방법이 있다.

- 영아들이 성취한 것을 묘사하기-퍼즐을 다 맞추었구나!
- 영아들의 놀잇감에 대해 지적해 주기-영희야, 넌 빨간색 오토바이를 가장 좋아하는구나!
- 영아들이 하고 있는 일에 참여하기를 바란다는 메시지 전달하기-네가 인형 옷을 입히는 동안 내가 인형을 잡고 있을게.
- 놀이를 촉진하기 위한 제안하기-지혜야, 자동차를 미끄럼틀 꼭대기에 한번 놓아 봐. 무슨 일이 일어날지 볼까?
- 영아의 질문이나 반응을 요구하는 행동에 다음과 같은 말로 반응하기-맛있는 모래 케이크네. 그래, 정말 먹음직스럽구나. 고마워.
- 영아가 성취한 것을 묘사해 줌으로써 칭찬하기-너 정말 자전거를 열심히 탔구나! 울퉁불퉁한 길을 지나 올 때 어떤 느낌이었니?

2) 언어 발달을 촉진하는 상호 작용

영아의 언어 발달을 촉진하기 위한 상호 작용은 직접적으로 언어를 가리키는 행동을 지양하고 간접적으로 언어 발달을 촉진하며 계속해서 언어 능력을 확장해 나갈 수 있도록 지원해야 한다. 이러한 방식으로 영아의 언어 발달을 촉진할 수 있는 상호 작용 전략을 소개하면 다음과 같다.

(1) 서술적으로 묘사하기

영아가 하고 있는 행동을 그림을 그리듯이 서술적으로 묘사하는 기술이다. 예를 들면, 만일 한 영아가 동물 인형을 안고 재우고 있다면 다음과 같이 말할 수 있다. "지혜가 지금 토끼 인형을 안아서 재우고 있구나!" 이러한 교사의 상호 작용은 영아가 자신의 행동과 단어를 연결하도록 도우며, 더 나아가 그 단어를 사용하여 자신의 행동을 이야기할 수 있도록 돕는다.

또한 서술적 묘사는 상호간의 존중감을 교환하는 데 유익하다. 예를 들어 교사가 한 영아에게 앞으로 일어날 일을 말해 주고 준비하기를 기다리면서 이렇게 말할 수 있다. "5분 후면 손을 씻고 점심을 먹을 거야." 이러한 말은 영아에게 무슨 일이 일어날지, 그리고 언제 일어날지를 서술해 주는 것이다. 이때 영아를 존중하는 교사는 영아가 하고 있던 일을 마칠 수 있도록 기다려 줄 것이다.

(2) I-메시지 주기

교사의 바람이나 의견을 영아에게 전달하는 데 유용한 상호 작용 전략이다. 보통 '나'로 상호 작용이 시작된다. 예를 들면 교사는 정리 시간에 영아에게 이렇게 말할 수 있다. "네가 이 장난감들을 선반에 올려놓는 걸 도와줄게." 혹은 "모래시계의 모래가 다 내려오면, 나는 매트를 내려 낮잠 시간을 준비할 거야." 혹은 "5분 후면 나는 탈 것들을 안에 들여놓을 거야." 이와 같은 상호 작용 전략을 이용하여 교사는 영아에게 명령을 하거나 위협을 가하지 않으면서도 교사의 바람이나 의견을 전달할 수 있다.

(3) 어휘 확장 · 첨가하기

영아의 어휘력이 성장하기 시작할 때 사용하면 유용한 기술이다. 이 상호 작용 전략은 영아가 말하는 내용을 확장시켜 말하거나 내용을 더 첨가시키는 방법이다. 예를 들면 영아가 '과자'라고 말할 때, 교사는 이렇게 말할 수 있다. "과자가 더 먹고 싶구나." 혹은 "영희는 또 과자가 먹고 싶대요."라고 말함으로써 영아가 말한 내용을 완전한 문장으로 확대한다. 만일 영아가 '밖'이라고 말한다면 교사는 이렇게 말할 수 있다. "밖에 나가고 싶은 거구나." 확장·첨가에서 교사는 영아가 사용하는 문장에 약간의 내용을 더 첨가한다. 영아가 말한 "잘 가, 바이바이."라는 말을 "네 물건을 가지고 갈 시간이야."라고 확장할 수 있다. 확장·첨가하기는 영아가 말한 내용을 완전하고 때로는 확장된 문장 형식으로 다시 말하는 것이다. 교사는 이 전략을 이용하여 영아의 어휘력 발달을 지원할 수 있다. 교사는 이러한 상호 작용 전략을 사용할 때 단어나 문장을 따라 하거나 자세히 대답하도록 요구하지 않아야 한다.

3) 움직임을 촉진하는 상호 작용

영아의 움직임이 활발해질수록 통제 기술, 이동 기술, 비이동 기술, 조작 기술 등의 신체 운동 기술이 발달하고, 발달된 신체 운동 기술을 토대로 자기 자신, 타인, 사물에 대한 인식력이 높아지며, 원인과 결과에 대한 연합 형성 능력이 높아진다. 그러므로 움직임 활동은 영아 보육에서 중요한 위치를 차지한다. 영아의 움직임이나 활동은 다음의 5단계를 활용하여 가르치거나 촉진할 수 있다.

(1) 1단계: 활동 보여 주기
활동을 소개하는 방법으로 교사가 움직임이나 활동을 보여 주는 것이다. 영아가 관심을 보인다면 활동에 참여할 것이고, 그렇지 않다면 활동을 바꾸거나 미루는 것이 좋다.

(2) 2단계: 활동을 언어로 표현하기
교사가 움직이는 것을 영아가 지켜본다면 교사는 하고 있는 일을 말로 이야기한다. "나는 뒤로 걷고 있어요. 자, 내가 갑니다. 나는 한 걸음, 두 걸음 뒤로 가고 있습니다."
이 단계의 목표는 행동과 단어를 연관 짓게 하는 것이다.

(3) 3단계: 영아의 시도를 강화하기
이 단계의 목적은 영아의 움직임이나 활동을 정확히 수행하게 하기 위한 것이 아니라 영아가 계속 시도하게 하는 것이다. "뒤로 걷고 있구나.", "천천히 발을 떼고 있구나!"라고 주의를 기울이며 격려해 주면 영아들은 계속 시도해 보려고 할 것이다. 그러나 "나는 네가 뒤로 가려고 애쓰는 것이 좋아."라는 말은 '네가 하고 있는 일이 나를 즐겁게 해 준다.'라는 메시지를 주는 것이므로 자기 자신을 발견하는 것과는 반대되는 목적을 가질 수 있으므로 피해야 한다.

(4) 4단계: 영아들을 언어적으로 자극하기

영아들이 계속하여 시도하고 있다면, 교사는 참여하는 것을 멈추고 언어적으로만 자극하는 방법을 사용해 본다.

(5) 5단계: 질문하기

영아가 네 번째 단계까지 완수할 수 있다면 질문한다. 질문하기의 목적은 언어적인 인식력을 높이고 정신적 연합을 강화해 주기 위한 것이다. 영아의 발달 수준에 맞게 다음의 질문을 선택한다.

지금 뒤로 가는 중이니? -예 / 아니요

너는 지금 앞으로 가고 있니, 뒤로 가고 있니? -선택적 대답

너 지금 뭐 하고 있는 중이니? -개방적 대답

4) 일상적 일과를 혼자 해 볼 수 있도록 촉진하는 상호 작용

영아가 옷 입기, 밥 먹기, 세수하기 등의 일상적인 일과에 참여하고 있을 때, 교사는 앞서 소개한 움직임을 촉진하는 상호 작용의 5단계를 활용하여 영아의 성장을 도울 수 있다. 다음은 옷 개는 방법의 예이다.

(1) 1단계: 활동 보여 주기

방법을 보여 주며 소개하는 방법으로 교사가 직접 옷 개는 모습을 보여 준다.

(2) 2단계: 활동을 언어로 표현하기

옷을 개면서 하고 있는 일을 말로 이야기한다. "오른쪽 옷자락과 왼쪽 옷자락이 가운데서 만났습니다. 안녕! 사이좋게 지내자. 오른쪽 소매와 왼쪽 소매도 가운데서 만났습니다. 안녕! 사이좋게 지내자. 그리고 옷자락과 소매가 포개져서 서로 만났습니다. 안녕! 우리 사이좋게 지내자."

(3) 3단계: 영아와 함께 활동하며 영아의 행동을 말로 표현해 주기

영아와 함께 옷을 개면서 영아의 행동을 말로 표현해 준다. 이는 정확하게 옷을 개도록 하기 위한 것이 아니라 영아가 계속해서 옷 개기 활동을 시도할 수 있게 하기 위한 것이다.

(4) 4단계: 언어적으로 자극하기

영아가 계속 옷 개는 활동을 하고 있다면 교사는 참여하는 것을 중지하고, 언어적으로만 자극하는 방법을 사용하여 영아 스스로 옷을 개어 볼 수 있도록 한다.

(5) 5단계: 질문하기

영아가 네 번째 단계까지 완수할 수 있다면, 질문을 통해 영아의 옷 개기 활동을 평가한다. 질문하기의 목적은 언어적인 인식력을 높이고 정신적 연합을 강화해 주기 위한 것이다.
1수준: 지금 옷을 개고 있는 중이니? −예 / 아니요
2수준: 옷을 개고 있니, 펴고 있니? −선택적 대답
3수준: 너 지금 뭐 하고 있는 중이니? −개방적 대답

③ 영아를 위한 보육 환경

영아를 위한 환경은 가정과 같이 편안하고 친숙하고 안전하면서도 영아에게 적절한 배움을 줄 수 있는 교육적 공간이어야 한다. 특히 영아의 발달에 적합한 놀잇감이 다양하고 충분히 제공되는 환경에서 놀이를 통한 상호 작용을 통해 성장하고 학습하는 양질의 교육적 환경을 제공하는 것은 매우 중요하다. 이에 본 3장에서는 영아에게 적절한 놀잇감을 살펴보고, 편안하고 안전한 영아용 시설·설비는 어떠해야 하는지 알아보기로 한다.

1. 놀잇감

'어린이는 놀면서 배운다.'는 말이 있듯이 놀이는 영유아의 흥미를 나타내며 유아의 능

력을 신장시키는 학습의 기본 형식이다. 놀이가 영유아의 성장ㆍ발달에 필수적인 요소로서 긍정적으로 작용하기 위해서는 발달에 적합한 놀잇감 선택과 안전의 요소가 반드시 고려되어야 한다. 따라서 각 연령별 발달적 특성과 그 발달적 특성에 따라 주의해야 하는 안전의 요소를 개괄하고 적절한 놀잇감을 예시하고자 한다(Bronson, 1995).

1) 0~1세

이 시기의 영아를 위한 놀잇감은 보고, 듣고, 입으로 빨고, 손으로 쥐고 만질 수 있어야 한다. 또한 영아들은 관심 있는 사물을 보고, 소리 듣는 것을 좋아한다. 그러므로 이 시기에 알맞은 놀잇감은 영아의 다섯 가지 감각을 자극하면서도 입에 넣었을 때 안전한 것, 단순한 디자인의 대비가 많은 것, 크기가 크고 가벼우며, 밝은 색상의 것이어야 한다.

구분	놀잇감
사회적 놀잇감	· 거울: 안전한 영아용 벽거울, 손거울(둥근 모서리, 부서지지 않는 것) · 인형: 부드러운 몸체를 가지거나 천으로 된 인형 · 봉제 놀잇감/동물 놀잇감: 세탁할 수 있는 부드러운 동물 · 손인형: 손으로 조작하는 단순한 손인형(성인이 잡고 조작하는 것) · 교통 놀잇감: 앉거나 움직이는 영아를 위한 탈 것(구르는 바퀴, 가벼우면서 둥근 외양, 밀면 소리가 나는 것)
탐구 능력과 기능 발달을 위한 놀잇감	· 모빌: 걸 수 있는 밝은 색의 모빌 · 손에 쥐는 놀잇감: 딸랑이, 치아 발육기, 천 놀잇감, 꼭지 있는 공, 입으로 빠는 컵 놀잇감, 고리 끼우개, 누르면 소리 나는 놀잇감 · 퍼즐: 쥘 수 있는 놀잇감으로 2~3조각으로 이루어진 간단한 것 · 책: 천, 플라스틱, 작은 종이 판지로 만든 그림책
음악, 미술, 움직임을 위한 놀잇감	· 악기: 손잡이가 있는 종, 손목이나 발목에 차는 방울, 딸랑이 · 시청각 자료: 성인이 조작하는 음악 상자, 규칙적 리듬, 노래, 자장가가 들어 있는 레코드나 테이프, CD
대근육 발달을 위한 놀잇감	· 공: 손으로 잡아서 촉각을 느낄 수 있는 종류 · 영아용 침대와 운동 놀이 기구

2) 1~2세

이 시기의 영아는 일어서서 걸을 수 있으며, 새로운 운동 기능이 다양하게 발달하면서 호기심과 활동력이 왕성하다. 그러므로 이 시기의 영아를 위한 놀잇감은 끌고 다닐 수 있는 놀잇감, 감각을 자극하는 놀잇감, 신기하고 새로운 놀잇감, 그리고 끊임없는 탐색을 견딜 만큼 단단하고 안전한 놀잇감이어야 한다.

구분	놀잇감
사회적 놀잇감	· 거울: 안전한 영아용 벽거울, 손거울(둥근 모서리, 부서지지 않는 것), 스탠드형 전신 거울(가볍고, 단단하고, 부서지지 않으며, 단단히 고정된 것) · 인형: 부드러운 몸체를 가지거나 천으로 된 인형, 머리카락과 몸체가 있는 인형, 삼킬 수 없는 크기의 작은 나무 사람 · 역할 놀잇감: 장난감 전화기, 단순한 소꿉놀이와 직업 놀이 재료, 인형을 위한 침대와 유모차 · 손인형: 손으로 조작하는 단순한 손인형(성인이 잡고 조작하는 것) · 교통 놀잇감: 단순하고 가벼운 탈 것, 단순한 기차, 단순한 연결 시스템이 있는 기차
탐구 능력과 기능 발달을 위한 놀잇감	· 모래 놀이/물놀이 놀잇감: 한 손으로 쉽게 잡을 수 있으며 물에 뜨는 물건, 작은 삽과 양동이, 쏟아 붓기에 편리한 겹겹이 넣을 수 있는 놀잇감, 깔때기, 여과기, 모래 놀이 기구 · 쌓기 놀잇감: 가벼운 블록(부드러운 천이나 고무, 플라스틱으로 만든 정육면체), 유닛 블록 일부, 플라스틱 집짓기 블록 · 퍼즐: 친근한 형태로 된 2~3조각의 퍼즐, 3~5조각의 퍼즐(꼭지가 있으면 사용이 편리함) · 옷 입히기, 끈 꿰기, 줄 놀잇감: 10개 이하의 크고 색이 있는 구슬 · 책: 천, 플라스틱, 작은 종이 판지로 만든 그림책, 성인이 읽어 주는 그림책과 동요책, 촉각용 책
음악, 미술, 움직임을 위한 놀잇감	· 미술과 창작 공예 놀잇감: 크고 독이 없는 크레용, 표면에 붙일 수 있는 큰 종이 · 악기: 흔드는 리듬 악기(종, 딸랑이). 치는 리듬 악기(심벌즈, 드럼) · 시청각 자료: 성인이 조작하는 음악 상자, 규칙적 리듬, 노래, 자장가가 들어 있는 레코드나 테이프, CD, 춤출 수 있는 음악, 손유희 및 노래
대근육 발달을 위한 놀잇감	· 밀고 당기는 놀잇감: 막대기가 있는 미는 놀잇감, 마루 위로 미는 놀잇감, 인형용 2륜차나 4륜차 · 공과 스포츠 도구: 부드럽고 재미있는 소리가 나는 가벼운 공, 커다란 공, 비치볼, 던지기나 차기를 시작하게 돕는 공 · 탈 것: 튀어 오르거나 흔들거리는 탈 것, 발로 밀어서 추진력을 내는 탈 것, 바구니가 달려 있는 탈 것 · 실외 놀이 및 운동 기구: 기어들어가는 터널, 안전벨트가 있고 의자가 곡선으로 된 성인이 밀어 주는 그네, 낮고 부드러운 소재로 덧대어진 계단

3) 2~3세

이 시기는 언어 능력이 발달하며 그리기 활동이 증가하는 시기이다. 또한 대근육 통제기술이 발달하여 두 발을 이용하여 이동할 수 있는 대근육용 놀이 기구를 탈 수 있게 되며, 소근육 통제 기술 또한 발달하여 퍼즐이나 블록 놀이를 활발히 가지고 놀기 시작하는 시기이다. 그러므로 이동 놀잇감과 퍼즐·블록·쌓기 놀이 등의 대소근육용 놀잇감, 그리기 활동에 필요한 놀잇감 등이 알맞다. 여전히 작은 놀잇감이나 모서리가 날카로운 놀잇감 등은 위험하다.

구분	놀잇감
사회적 놀잇감	· 거울: 손거울(둥근 모서리, 부서지지 않는 것), 스탠드형 전신 거울(가볍고, 단단하고, 부서지지 않으며, 단단히 고정된 것) · 인형: 부드러운 천이나 고무, 비닐로 만든 세척할 수 있는 인형, 양육에 필요한 단순한 소품(먹을 것, 기저귀, 재울 것), 벗길 수 있는 인형 옷(찍찍이나 큰 고리, 똑딱 단추 등으로 여밀 수 있는 것), 가상 놀이를 위한 작은 못이나 사람 모형 · 역할 놀잇감: 치장용 놀잇감, 가정 용구(스토브, 냉장고, 청소 도구, 냄비, 전화), 간단한 인형 도구 · 손인형: 유아의 손에 맞는 작은 손인형(유아에게 친근한 사람이나 동물, 다양한 지역 사회 구성원들의 모습) · 봉제 놀잇감/동물 놀잇감: 고무나 비닐로 만든 동물, 어미와 새끼 동물 · 가상 놀이: 작은 사람이나 동물 모형 · 교통 놀잇감: 유닛 블록으로 만든 작은 차나 탈 것, 밀기나 상상 놀이를 위한 탈 것, 탈 수 있는 나무 트럭, 간단하게 움직이는 기차로 철도는 없는 것
탐구 능력과 기능 발달을 위한 놀잇감	· 모래 놀이/물놀이 놀잇감: 작은 삽과 양동이, 쏟아 붓기에 필요한 재료, 깔때기, 여과기, 모래 놀이 기구, 사람이나 동물, 탈 것 모형 · 쌓기 놀잇감: 나무 유닛 블록, 플라스틱 집짓기 블록, 커다란 볼트와 너트 · 퍼즐: 4~5개의 퍼즐, 6~12개의 퍼즐(꼭지가 있으면 사용이 편리함) · 패턴 만들기: 커다란 나무못과 못판, 여러 형태의 자석판, 색이 있는 입방체 · 옷 입히기, 끈 꿰기, 줄 놀잇감: 줄에 꿰는 커다란 구슬, 끈 꿰기용 카드나 나무 신발, 옷 입히기 틀 · 특별한 기술 발달을 돕는 놀잇감: 겹치기나 쌓기를 위한 5~10조각, 나사를 이용한 놀잇감, 간단한 열쇠 상자, 숨바꼭질 상자, 원기둥 블록, 느낌 주머니, 색깔이나 그림 도미노 · 책: 단단한 종이나 종이 판지로 만들어진 책, 촉감을 느낄 수 있는 책, 입체적으로 만들어진 책, 숨은 그림이 있는 책, 옷을 직접 입힐 수 있는 책

음악, 미술, 움직임을 위한 놀잇감	· 미술과 창작 공예 놀잇감: 크고, 독성 없는 크레용이나 그릴 수 있는 도구, 조절할 수 있는 이젤, 크고 뭉툭한 붓, 독 없는 페인트나 손가락 풀, 그림용 물감, 큰 종이, 색종이, 뭉툭한 가위 · 악기: 흔드는 리듬 악기(종, 딸랑이). 치는 리듬 악기(심벌즈, 드럼), 약간 복잡한 악기(탬버린, 샌드 블록, 트라이앵글, 리듬 막대) · 시청각 자료: 성인이 조작하는 음악 상자, 규칙적 리듬 · 노래 · 자장가가 들어 있는 레코드나 테이프, CD, 춤출 수 있는 음악, 손유희 및 노래 · 친근한 사물과 활동이 있는 필름과 비디오
대근육 발달을 위한 놀잇감	· 밀고 당기는 놀잇감: 인형용 2륜차나 4륜차, 미는 놀잇감 · 공과 스포츠 도구: 부드럽고 재미있는 소리가 나는 가벼운 공, 커다란 공, 비치볼, 던지기나 차기를 시작하게 돕는 공 · 탈 것: 튀어 오르거나 흔들거리는 탈 것, 발로 밀어서 추진력을 내는 탈 것, 바구니가 달려 있는 탈 것 · 실외 놀이 및 운동 기구: 기어들어가는 터널, 안전벨트가 있고 의자가 곡선으로 된 성인이 밀어 주는 그네, 낮고 부드러운 소재로 덧대어진 계단

2. 시설 · 설비

영아를 위한 보육 환경에서 놀잇감과 더불어 중요한 것이 발달에 적절하면서도 안전한 시설과 설비이다. 영아의 신체 크기에 적합하지 않거나 위험한 시설과 설비는 영아에게 좌절감을 안겨 주고 치명적인 상해를 입히기도 한다. 그러므로 교사나 부모를 비롯한 성인들은 발달에 적절하면서 안전한 시설 · 설비를 선택하여 구입하고 지속적으로 관리해야 할 책임이 있다. 특히 아기 침대나 보행기 등 영아가 매일 사용하는 용품을 구입할 때는 성인이 직접 보고 세심히 살펴본 후 구입하는 자세가 필요하다. 다음은 부모나 교사가 영아용 시설 · 설비를 선택하고 관리할 때 살펴보아야 할 지침이다.

1) 바닥

- 뒤집기와 팔, 다리의 움직임을 활발하게 해 줄 수 있는 환경이어야 한다.
- 지나치게 푹신한 바닥은 질식할 위험이 있으므로 솜이 너무 많이 들어 있지 않은 이불을 깔아 준다.
- 주로 방 한가운데에 눕힘으로써 가구 모서리에 상처를 입지 않도록 한다.

2) 침구류

- 영아의 경우 무거운 담요나 이불, 베개 등이 얼굴을 덮어 숨쉬기 어렵게 할 수도 있으므로 영아용 침구와 유아용 침구는 반드시 구분하여 사용한다. 가능한 가정에서 보내온 개인 이불을 사용하는 것이 좋다.
- 매트리스가 너무 폭신해도 얼굴이 파묻히게 되므로 약간 딱딱한 매트리스를 사용한다. 매트리스 역시 개별 사용하도록 한다.

3) 아기 침대

- 침대 장식에 머리를 부딪치지 않도록 장식이 없고, 한쪽 난간 높이를 조절할 수 있는 것이 좋다.
- 난간의 높이는 영아 키의 3/4 이상이 되는 것을 선택한다.
- 머리가 틈새에 끼지 않도록 난간 살 간격은 6cm 이하인 것이어야 한다. 침대 안에 커다란 놀잇감을 두면 영아가 이를 딛고 오를 수 있으므로 두지 않는다.
- 침대 안에 커다란 인형 역시 질식의 위험이 있으므로 두지 않는다.

4) 보행기

- 보행기는 바퀴가 크고 바닥 부분이 윗부분보다 넓어 안정성이 있는 것을 사용한다.
- 시트, 프레임, 바퀴 등의 재료가 견고한 것을 사용하며, 스프링 코일이 되어 있는지, ×자형 접힘 부분이 안전한지, 잠금 장치가 되어 있는지, 돌출된 나사나 볼트는 없는지 등을 확인하여 안전하게 사용할 수 있는 것을 준비한다.

5) 유모차

유모차에 태울 때는 아기의 몸이 춥지 않도록 발과 배를 잘 감싸 주도록 하며 아기의 시선이 햇살의 정면을 받지 않도록 주의한다.

6) 기저귀 갈이대

- 표면은 미끄럽지 않고 청소하기 용이한 마감재로 제작되어 있는 것을 선택하여 사용한다.
- 감염 방지를 위해 최소한 바닥보다 높게 한다.
- 기저귀 갈이대의 모든 모서리는 둥글게 처리하여 안전을 고려한다.
- 영아가 떨어지는 것을 방지하기 위해 7.62cm 높이의 테두리(턱)를 설치한다.

7) 세면대

- 세면대는 연령에 따라 높이가 다르며 영아용 세면대의 높이는 30~60cm가 적절하다.
- 성인용 세면대를 사용할 경우 높이 보조 계단을 사용한다.
- 세면대 높이 조절이 불가능할 경우 욕조 난간에 영아용 세면대를 설치해도 좋다.

8) 화장실

- 영아용 변기와 미끄럼 방지 타일을 깔아서 안전을 충분히 고려한다.
- 변기 색은 흰색으로 하여 영유아의 배변 이상을 쉽게 관찰할 수 있도록 한다.
- 성인용 변기를 사용할 경우 6~10cm 높이의 깔판을 깔아 준다.
- 영유아용 변기를 설치할 수 없는 경우, 이동식 영아용 변기를 사용하거나 성인용 변기 위에 영아용 보조 변기를 올려놓고 사용하도록 한다.
- 변기를 영아의 키에 맞추기 위해 밑에 깔판을 깔아 주거나 받침대로 높이를 조절할 수 있도록 설치한다.
- 청소 용품이나 소독제 등은 영아가 접근할 수 없는 장에 두고 장의 문을 잠근다.
- 욕실 벽면에 예쁜 그림 스티커나 위생 관련 그림 자료를 코팅해서 붙여 둠으로써 즐겁게 배변 활동을 할 수 있도록 배려한다.

9) 혼자 있을 수 있는 조용한 영역

- 영아가 혼자 활동하거나 휴식할 공간을 반드시 설치해 준다.

- 베개, 폭신한 의자나 가구, 카펫, 드리우는 천이나 담요, 양탄자, 포근한 봉제 인형 등을 비치해 둔다.
- 가구와 가구 사이에는 50cm 정도 공간이 남는 경우, 가벼운 불투명 커튼을 영아의 키 정도까지만 달아 주어 혼자 쉬거나 숨을 쉴 수 있는 공간으로 활용한다.
- 공간을 따로 구성할 수 없는 경우에는 도서(언어) 영역을 좀 더 아늑하게 꾸며 주어 영아의 휴식 공간으로 활용할 수 있도록 한다.

1 수동적이고 나약한 영아가 아닌 활기차게 움직이면서 자신의 발달에 적극적으로 참여하는 영아의 자아 상태를 표현하기 위해 사용한 용어는 무엇인가?

|정답| 역동적 자아

|해설| 역동적 자아는 활기찬 움직임을 통해 전인적 성장을 이루어 나가는 영아를 표현하기 위해 사용된 용어이다.

2 영아를 위한 보육의 의미에 대한 설명으로 바람직하지 못한 것은 무엇인가?

① 영아의 성장을 지원하기 위해 보호 개념과 교육 개념을 구분하여 보육하는 것이 필요하다.
② 영아 보육에서 가장 좋은 모델은 가정이다.
③ 영아 보육은 가능한 개별화된 영아 보육을 강조한다.
④ 영아 보육은 어린이집에서 오랜 시간 생활하는 영아가 한 교사와 지속적으로 상호 작용할 것을 강조한다.

|정답| ①

|해설| 영아 보육에서 보호와 교육은 분리될 수 없는 것이다. 따라서 영아의 보호와 교육을 통합한 발달적 보육 또는 질적인 교육이 강조된다.

3 영아의 움직임이나 일상적인 활동을 교육할 때 유용하게 사용할 수 있는 5단계 상호 작용 전략은 무엇인가?

|정답| 1단계-활동 보여 주기   2단계-활동을 말로 이야기하며 수행하기
3단계-영아와 함께 행동하며 말로 이야기하기   4단계-영아를 언어적으로만 격려하기
5단계-질문하기

|해설| do-say-ask의 5단계 상호 작용 전략을 이용하여 영아에게 움직임이나 활동을 소개할 수 있다.

4 영아-교사 상호 작용의 원리를 쓰시오.

|정답| 첫째, 교사는 영아의 신호에 민감해야 하며 영아의 요구에 민첩하게 반응해야 한다. 둘째, 교사는 일상적 양육 시 항상 영아와 일 대 일로 얼굴을 마주 보고 상호 작용해야 한다. 셋째, 교사는 항상 영아의 반응을 기다려 주고, 스스로 성취할 수 있도록 스스로 탐구하고 탐색할 수 있는 기회를 제공해야 한다. 넷째, 교사는 영아의 놀이에 대해 관심을 보이고 그들의 관심과 욕구를 존중해야 한

다. 다섯째, 언어적 자극을 통하여 영아의 행동이나 활동, 새로운 시도의 성취 등에 대해 격려하고 언어적으로 확대시켜 준다.

|해설| 교사는 영아의 성장과 발달을 지원하기 위해 영아와의 상호 작용 시 위의 다섯 가지 영아－교사 상호 작용 원리를 지켜야 한다.

5 보육 환경의 조건은 무엇인가?

|정답| 보육 환경은 가정과 같은 편안함과 안전함, 그리고 적절한 자극과 지원이 있는 교육적 공간이어야 한다.

|해설| 보육 환경은 편안하고 안전해야 할 뿐만 아니라 영아의 성장과 발달을 지원하기 위한 풍부하고 다양한 놀잇감과 시설·설비가 충분히 고려되어야 한다.

1 영아 보육의 기본 가정

첫째, 영아 보육에서 가장 좋은 모델은 가정이다.

둘째, 보호와 교육은 분리될 수 없는 것이다.

셋째, 영아 보육은 가능한 개별화된 영아 보육을 강조한다.

넷째, 영아는 자기만의 교사와 상호 작용하는 방식을 원한다.

2 영아-교사 상호 작용의 원리

첫째, 교사는 영아의 신호에 민감해야 하며 영아의 요구에 민첩하게 반응해야 한다.

둘째, 교사는 일상적 양육 시 항상 영아와 일 대 일로 얼굴을 마주 보고 상호 작용해야 한다.

셋째, 교사는 항상 영아의 반응을 기다려 주고, 스스로 성취할 수 있도록 스스로 탐구하고 탐색할 수 있는 기회를 제공해야 한다.

넷째, 교사는 영아의 놀이에 대해 관심을 보이고 그들의 관심과 욕구를 존중해야 한다.

다섯째, 언어적 자극을 통하여 영아의 행동이나 활동, 새로운 시도의 성취 등에 대해 격려하고 언어적으로 확대시켜 준다.

3 영아를 위한 보육 환경의 조건은 가정과 같은 편안함과 안전함, 그리고 교육적 공간이어야 한다.

Albrecht, K., & Miller, L. G.(2001). *Innovation: Infant & toddler development.* MD: Gryphon House, Inc.

Bailey, R. A., & Burton, E. C.(1989). *The dynamic infant.* Minnesota: Redleaf.

Bronson, M. B.(1995). *The right stuff for children birth to 8.* Washington DC: NAEYC.

제 8 장

영아 보육의 실제 1:
건강 관리 및 안전

영아에 대한 건강과 영양, 안전한 보호는 건강한 성장 발달을 위해 반드시 필요한 부분이며 영아가 누려야 할 당연한 기본 권리이다. 이 장에서는 영아에게 건강 및 안전 관리가 필요한 이유를 알아보고, 보육 현장에서 이루어지는 건강 및 안전 관리의 실제를 알아보고자 한다.

01 영아기 발달 특징과 관련된 건강의 개념을 안다.

02 영아를 위한 건강 관리 및 건강 지도 방법을 안다.

03 영아를 위한 안전 관리의 필요성을 이해한다.

04 영아기 안전 사고의 원인과 대처 방법을 알고 실천한다.

05 영아를 위한 안전한 환경을 구성할 수 있다.

• 건강 단지 질병이 없고 허약하지 않을 뿐만 아니라 신체적, 정신적, 사회적으로 완전히 안녕한 상태를 말한다.

• 건강 관리 영아가 건강하게 성장할 수 있도록 질병을 예방하고 충분한 영양을 공급해 주며, 영아 자신과 영아의 주변 생활 환경을 깨끗하고 위생적으로 관리하는 것이다.

• 영양 관리 균형 있는 영양을 충분히 섭취하고 바람직한 식습관을 형성하도록 함으로써 건강을 유지하고 정상적인 성장과 발달을 해 나가도록 하는 것이다.

• 안전 상해 및 사고로부터 영·유아 및 성인을 보호하는 행동 및 기술, 조건 등을 의미한다.

• 안전 교육 위험으로부터 자신을 스스로 보호할 수 있도록 안전 지식과 태도, 기능을 익히게 하여 건강한 생활을 할 수 있도록 도와주는 교육이다.

• 응급 처치 돌발적인 사고나 질병이 발생했을 때 병원에서 전문적인 치료를 받기 전까지 행해지는 즉각적이고 임시적인 처치로서 인명 구조, 고통 경감, 상처나 질병의 악화 방지, 심리적인 안정을 목적으로 한다.

○, × 퀴즈

진단 문제	○	×
1 영아기 건강은 평생 건강의 초석이 된다.	v	
2 영아기의 건강은 신체적인 건강만을 의미한다.		v
3 영아에게 열이 날 경우 일단 해열제를 사용하여 열을 내려야 한다.		v
4 배변 훈련은 개인차가 있으며 억지로 강요하거나 비난해서는 안 된다.	v	
5 영아기는 신체 조절력이 미숙하여 추락이나 충돌 사고가 빈번하게 일어난다.	v	

해설

01 영아를 위한 건강 관리는 신체적인 건강뿐만 아니라 정신적 건강과 성장, 변화, 환경에도 초점을 맞춘 넓은 의미의 건강 관리로 이해해야 한다.

02 영아에게 열이 나는 원인은 매우 다양하므로 우선 의사의 진료를 받아 열의 원인을 파악해야 한다. 만약 해열제를 먼저 사용하여 열을 내리게 되면 그 원인을 파악하기 힘들어진다.

영아 보육의 실제: 건강 관리

1~2세의 영아기는 건강한 유아로 성장해 나가기 위한 준비 단계로서 매우 중요한 의미를 지닌다. 비교적 짧은 시기임에도 불구하고 영아의 생리적 특성과 신체 운동적 특성으로 인해 외부 자극의 영향을 크게 받게 되고, 건강한 삶의 기초가 되는 식습관 및 이와 관련된 기본 생활 습관이 형성되는 시기이다. 또한 영아의 건강하고 행복한 성장을 위해서는 안전한 환경이 반드시 필요하다.

영아기의 건강은 외부로부터의 자극을 최소화하고 건강한 상태를 유지하기 위해 주위 환경을 위생적으로 관리하는 것에 달려 있다. 영아기는 출생 시 엄마로부터 받아서 지니고 있던 면역력이 차츰 떨어지면서, 스스로의 면역력을 키워 나가는 시기이나 아직은 신체적, 정신적으로 미성숙하여 신체를 자유롭게 조절하거나 건강 유지에 필요한 지식과 기술을 활용하는 능력이 부족한 시기이다.

1. 건강의 개념

'건강이란 단지 질병이 없고 허약하지 않을 뿐만 아니라 신체적, 정신적, 사회적으로 완전히 안녕한 상태(WHO, 1948)'를 말한다. 1~2세의 영아기는 성장과 발육이 가장 왕성한 시기이며, 이 시기의 성장과 발달은 일생 동안의 성장과 발달의 기초를 형성하기 때문에 건강을 유지하고 관리하는 일이 특히 중요하다.

2. 건강과 관련된 신체적 특성

건강 영역은 영아의 신체 발달과 밀접한 관련을 지니고 있다. 신체 발달은 성격·정서·인지와 같은 여러 발달 영역의 기초가 되는 것으로 모든 발달의 출발점이라 할 수 있다. 특히 신체 및 운동 능력의 발달은 유아가 사회 생활을 전개하는 데 중요한 기반이 될 뿐 아니라 정신 발달과도 밀접한 관련을 가지고 있다.

영아기는 인간의 성장이 급속도로 이루어지는 시기로 제1차 성장 급등기라 불린다. 출생 후 1년 정도가 지나면 몸무게는 출생 시의 약 3배가 되나 키는 몸무게 증가에 비해 그 속도가 느려서 출생 시의 약 1.5배가 되고, 2년이 되면 성인 신장의 약 1/2로 성장한다(대한소아과학회, 2002). 연령이 높아지면서 뼈의 조직이 연골에서 경골화되면서 18~24개월 사이에는 머리뼈의 천문이 닫힌다. 치아는 15~18개월경에 16개의 유치, 18~30개월이 되면 20개의 유치가 모두 나온다.

영아기는 자신의 신체 여러 부분을 대충 움직일 수 있는 기본적인 토대를 만드는 시기이다. 영아기의 운동 발달은 영아가 자신의 움직임을 자발적으로 통제하는 것에서부터 시작하는데, 보통 머리에서 다리 방향으로 이루어진다. 영아기에는 머리와 몸통의 통제, 양손의 조절 능력, 보행 운동 능력 등 여러 가지 자유롭고 자발적인 운동이 가능해진다.

또한 음식에 대한 선호가 나타나고 18개월경이 되면 혼자 먹으려는 시도를 하며 차츰 도구를 사용해 식사를 하려고 한다. 칫솔을 사용해 양치질을 할 수 있게 되고, 18~24개월경 방광과 항문의 괄약근을 통제할 수 있는 생리적 능력이 생겨난다.

영아기의 신체 발달 특징을 요약하면 다음과 같다.

●표 8-1 | 영아기의 신체 발달 특징

	발달 특징
1세	· 자유롭게 걷는다. · 음식에 대한 선호가 나타난다. · 젖병을 떼고 성인식으로 이행한다(건강이나 정서 상태에 따라 다시 찾기도 함). · 음식을 흘리기는 하지만 혼자 먹으려는 시도를 한다. · 1세 후반부가 되면 방광과 항문의 괄약근을 통제할 수 있게 되면서 대소변 의사를 표현한다. · 배변 훈련에 흥미를 보인다. · 칫솔을 사용해 양치질을 한다. · 기저귀 사용은 끝나지만 배변 훈련 중이다.
2세	· 성장 속도가 약간 느려진다 · 손과 발을 자유롭게 움직일 수 있다 · 도구를 사용하여 혼자 밥을 먹을 수 있다. · 약 30개월 정도가 되면 20개의 유치를 모두 가진다. · 대부분 36개월 정도가 되면 배변 훈련을 마친다. · 양말이나 손쉽게 입을 수 있는 옷을 입을 수 있다.

3. 건강 관리 및 건강 지도

영아를 위한 건강 관리는 신체적인 건강뿐만 아니라 정신적 건강과 성장, 변화, 환경에도 초점을 맞춘 넓은 의미의 건강 관리로 이해해야 한다. 또한 개인 위생이나 기본 생활 습관과 관련된 사항들을 교육해야 한다.

1) 질병 관리

1~2세의 영아는 혼자 걸을 수 있게 되어 활동 범위가 훨씬 넓어지며, 따라서 밖으로 나갈 기회도 많아서 전염성 질환에 걸릴 확률이 높아진다.

(1) 영아기에 흔히 겪는 질병

●표 8-2 | 영아기의 주요 질병

	원인 및 증상	대처방법
감기	· 바이러스에 의한 질환 · 찬바람이나 습한 공기에 노출되었을 때 · 몸의 저항력이 약해지거나 충분한 영양이 공급되지 않았을 때 · 증상: 콧물, 재채기, 두통, 오한 등	· 몸을 따뜻하게 해 주고 휴식을 취하게 하며, 증상에 따른 처치를 받는다. · 적당한 습도를 유지해 주고 충분한 수분을 섭취하도록 한다.
발열	· 감염성 질환, 구토, 설사, 감기 등 열의 원인은 다양하다. · 호흡기 질환의 경우 고열이 많이 난다. · 고열은 보통 39℃ 이상의 체온을 말하며, 편도선염, 기관지염, 폐렴, 홍역, 풍진, 뇌염, 중이염 등에서 나타난다.	· 열이 나면 미리 해열제를 쓰지 않으며, 반드시 의사의 처방을 받아 열의 정확한 원인을 파악한다. · 열이 나면서 기운이 없고 처져 있을 때에는 안정을 취하게 하고, 미지근한 물수건이나 알코올로 몸을 닦아 준다. · 옷을 가볍게 입혀서 체온을 발산시킬 수 있도록 한다. · 충분한 수분을 섭취시킨다.
설사	· 설사의 원인은 대개 위장 계통 질환에 의한 것이며, 내분비계 이상이나 신경성으로 인해 설사나 구토가 발생하기도 한다. · 비위생적인 음식물과 불결한 환경에 의한 식중독이 원인이 되기도 한다.	· 설사 횟수가 많아지면 영아는 피곤해 보이고 창백해진다. · 피부가 짓무르지 않는지 세심하게 살핀다. · 설사 횟수와 변 상태를 기록하여 부모에게 알리고 의사의 처방을 받는다.

		· 장기간의 심한 설사나 구토는 탈수증을 유발하므로 의사의 처방을 받는다. · 설사가 심하면 보리차 같은 액체를 공급하여 탈수를 막는다. · 세균성 이질이나 장염은 전염성이 강하므로 격리 치료를 해야 한다.
복통	· 복통의 원인은 다양한 편인데, 변비나 정신적 긴장, 장내 질환 등이 있다	· 복통이 심할 때는 영아를 조용히 눕히고 자세히 관찰하도록 한다. · 정신적 긴장에 의한 복통의 경우 누워서 안정을 취하고 마음을 편하게 해 주면 사라진다.
구토	· 감기와 식중독, 과식에 의해 유발된다. · 뇌질환, 호흡기 질환, 순환기 질환 등에 의해서도 발생한다.	· 옷을 느슨하게 하여 편안한 자세를 취하게 하며, 등을 문질러 준다. · 누워 있다가 갑자기 토하는 경우 토물이 다시 기도로 들어가 질식할 수 있으므로 머리를 옆으로 돌려 토물을 제거해 주고 기도를 개방해 준다. · 토물의 색, 냄새, 출혈 유무, 점액 함유 유무 등에 대해 기록한다.

(2) 건강 관찰 및 점검

교사는 영아의 건강 상태를 관찰하고 점검하여야 하며, 관찰하고 점검한 결과는 필요할 때 사용할 수 있도록 잘 기록하여 보관해야 한다. 영아의 건강을 관찰하고 점검하기 위해 활용할 수 있는 방법은 다음과 같다.

- 영아의 부모로부터 영아의 건강에 대한 정보를 얻을 수 있다. 출산 또는 양육 시 특이한 사항이나 특이 체질, 알레르기 유무, 예방 접종 유무, 기타 교사가 알아야 할 영아의 질병 정보를 기록하도록 한다.
- 매일 영아의 건강 상태를 확인하여 영아의 건강 정도를 알 수 있다.

〈질병 증상 보고서〉

영아 이름: _____   날짜: _____

1. 증상:

2. 증상의 시작 시간:

3. 증상의 지속 시간:

4. 증상의 정도:

5. 증상의 빈도:

6. 영아의 행동 변화:

7. 체온:

8. 지난 12시간 이내에 먹은 음료의 음식의 종류와 양:

9. 지난 1시간 이내의 소변, 대변, 구토 상황:

10. 관련 증세들
    (콧물, 목아픔, 기침, 구토, 설사, 발진, 못이 뻣뻣함, 배설하기 어려움, 통증, 가려움 등)

11. 새로운 음식물, 벌레, 동물, 약물 등에 대한 노출 여부:

12. 영아가 접촉했던 사람 중 아픈 사람이 있는지 여부와 접촉했던 사람과 그 증상:

13. 복합 질환(천식, 당뇨, 알레르기, 정서적 충격) 여부:

14. 증상 발견 이후의 대처 내용:

기록자: _____

(출처: 박성옥 외, 2006)

〈투약 의뢰서〉

영아 이름: _____

약의 이름: _____

처방된 날짜: _____

마지막 투약 날짜: _____

영아의 증상 및 병명: _____

〈부모용〉

−본인은 귀 기관의 _____ (교사나 기관장)께서 본인의 자녀 _____ 에게

_____ 년 _____ 월 _____ 일 _____ 시에 약을 제공할 것을 부탁합니다.

−약으로 인해 나타날 수 있는 부작용: _____

−약을 처방한 의사와 약사의 성명과 전화번호: _____

부모의 서명 _____ 　　　　　　　날짜 　　　년 　　　월 　　　일

〈교사용〉

아래에 있는 모든 질문에 대한 답이 '예'이면 약물을 주세요.	☐예	☐아니요
1. 위의 위임 항목 중 기재가 누락된 항목은 없다.	☐예	☐아니요
2. 약이 제 용기에 들어 있다.	☐예	☐아니요
3. 약이 담긴 용기에 유아의 이름이 쓰여 있다.	☐예	☐아니요
4. 이 약은 유효 기간 내의 것이다.	☐예	☐아니요

교사의 서명 _____ 　　　　　　　날짜 　　　년 　　　월 　　　일

(출처: 박성옥 외, 2006)

2) 영양 관리

영아기는 활동량이 급증하고 영양 요구량이 많아지므로 영양 섭취의 양과 질이 문제가 되는 시기이다. 뿐만 아니라 식습관이나 식생활에 대한 가치가 형성되는 시기이므로 올바른 식습관 형성을 통해 균형 잡힌 영양을 섭취할 수 있도록 세심한 주의를 기울여야 한다.

특히 이유식을 끝내고 성인식으로 넘어가는 1세 영아기에는 다양한 맛과 질감을 경험하고, 고형식에 적응할 수 있도록 해야 한다. 또한 1세 후반기에 자율성의 발달과 함께 식생활과 관련된 많은 변화가 일어나는데 자신이 먹을 양과 식품을 직접 선택하고 조절하려 하며, 혼자 먹으려는 시도를 하기 때문에 적절한 지도가 요구된다. 이 시기에는 먹는 음식의 양이 줄게 되는데, 이는 급격히 진행되던 성장이 느려지면서 활동에 필요한 열량이 줄어들기 때문이다. 그리고 간식을 즐기며 선호하는 음식이 자주 변한다.

(1) 1~2세 영아를 위한 고려 사항

- 영아가 먹을 양을 결정하도록 한다. 배가 부르다는 것을 표현하는 영아에게 계속 음식을 먹이지 않는다.
- 영아가 음식을 거부하거나, 음식을 토하거나, 화를 내거나, 안절부절못하거나 다른 놀이를 하려고 하는 것은 배가 부르다는 신호이다.
- 손으로 집어서 한 번에 먹을 수 있는 음식(finger food)을 제공한다.
- 숟가락으로 쉽게 뜰 수 있는 음식을 제공함으로써 영아가 숟가락 사용하는 법을 배울 수 있도록 돕는다.
- 즐거운 식사 분위기를 조성함으로써 먹는 것이 즐거운 일임을 느끼도록 한다.
- 소화하기 쉬운 조리 방법을 선택하며, 자극적인 향신료나 조미료의 사용은 삼간다.
- 다양한 식품 배합을 통하여 영양적으로 적합하도록 구성한다.

특히 1세 영아에게 적합한 기준량은 〈표 8-3〉과 같다.

(2) 1~2세 영아를 위한 식생활 제안

- 고형 식품은 영아가 먹기 알맞게 조각을 내어 제공한다.
- 영아와 함께 식사함으로써 좋은 역할 모델을 선보인다.
- 자신의 섭취량을 스스로 조절할 수 있도록 먹을 것을 강요하지 않는다.
- 식사 시간을 조절하고 식사와 간식의 간격을 되도록 규칙적으로 한다. 하루에 3회 식

●**표 8-3** │ 1세 영아에게 적합한 식사 기준량

우유 횟수	식사 횟수	곡류(1회/g)	채소류(1회/g)	난류(개)	생선류(1회/g)
2	3	묽은 밥 120	약간 데친 것 40~50	달걀 1	부순 것 35
고기류(1회/g)		유지류(1일/g)	당질성 열량원, 설탕		과일류(1일/g)
다진 것		35	조리, 조미용으로 약간		과즙, 긁은 것, 그대로 50~100

(출처: 여성가족부, 2007)

사와 2, 3회의 간식이 적당하다.

· 영양가 높은 음식을 제공한다. 지방과 설탕이 많이 든 음식은 피한다.

· 특정 음식을 계속 거부한다면 음식의 색감, 질감, 형태, 맛의 적절한 조화를 도모하고, 영아에게 매력적인 그릇과 도구를 사용해 본다. 또한 요리나 식사 준비 활동에 참여시 킴으로써 영아의 음식에 대한 관심을 증가시킬 수 있다.

· 영아의 섭취량과 기호도 변화에 차분하게 대처한다. 영아의 요구를 적절히 허락한다 면, 배고픔과 신체가 주는 신호에 따라 스스로 조절하는 법을 배우도록 도울 수 있다.

(3) 1~2세 영아의 월령별 식생활 지도

●**표 8-4** │ 영아의 월령별 식생활 지도 내용

연령	지도 내용	지도 방법
15~18개월	빨대로 물 빨아 마시기	· 큰 플라스틱 빨대에 음료를 채워 한쪽 끝을 손가락으로 막고 다른 쪽 끝을 입에 넣어서 빨아 먹게 한다. · 빠는 동안 차츰 빨대를 기울여 준다. · 빨대를 아주 짧게 잘라서 짧은 빨대부터 시작하여 점점 빨대 길이를 늘인다. · 처음에는 튜브 용기에 빨대를 꽂아서 튜브를 눌러 줌으로써 음료가 쉽게 빨대를 따라 올라가도록 해 준다. 영아에게 튜브 용기를 눌러 보게 한다.
	혼자서 컵으로 마시기	· 손잡이가 달린 큰 컵을 사용한다. · 손을 컵에 가져다 대 주고 입으로 가져가게 한다. · 뒤에서 손을 잡고 가르쳐 준다. · 우유나 물, 크림수프 같은 걸쭉한 음식을 조금만 담아 준다. · 점차 잘하게 되면 영아 혼자 잡고 마시도록 두고 칭찬해 준다.

	숟가락으로 음식 떠먹기	· 손잡이가 조금 큰 숟가락을 사용한다. · 뒤에서 영아의 손을 잡고 손을 그릇에서 입으로 가져가도록 해 준다. · 으깬 감자, 푸딩같이 숟가락에 잘 달라붙는 음식을 주어 흘리지 않도록 한다. · 숟가락 사용 경험을 주는 것에 중점을 두고 미숙하더라도 기회를 많이 주도록 한다.
24~30개월	포크 사용하기	· 삶은 고기, 빵, 과일 조각 등 포크로 쉽게 찍어 올릴 수 있고 영아가 좋아하는 음식을 사용한다. · 영아의 손을 잡고 집어 올리는 것을 돕는다. 점차 혼자 힘으로 할 수 있게 되며, 잘하면 칭찬해 준다.
36개월경	컵에 물 따르기	· 컵을 놓고 물을 따를 때 주전자나 용기를 기울이는 방법을 보여 준다. · 작은 주전자에 물을 조금만 채워서 컵에 따르게 한다. · 깨지지 않도록 플라스틱 용기와 컵을 사용한다. · 주전자와 컵을 가지고 물놀이를 많이 하도록 한다.

(출처: 정미라 외, 2007)

3) 수면과 휴식

충분한 수면과 휴식은 영아의 건강을 유지하기 위한 기초 조건이다. 영아들은 피곤하거나 졸리면 놀면서도 짜증을 많이 내고 식욕을 잃게 되므로 적절하게 수면과 휴식을 취할 수 있도록 배려해야 한다.

(1) 수면 시간

적절한 수면 시간의 경우 12개월 전후로는 14~16시간, 24개월 전후로는 12~14시간, 5세경에는 약 12시간 정도이다. 그러나 영아마다 생활 리듬이 다르므로 잠자는 횟수와 시간에는 차이가 많이 난다. 따라서 잠자는 횟수나 시간보다는 한 번을 자더라도 곤히 잘 수 있도록 배려해야 한다.

(2) 수면 환경

숙면을 취할 수 있는 환경은 적당히 어두운 조명과 시끄러운 소리가 들리지 않는 환경이다. 잠을 자다가도 쉽게 깰 수 있는데, 뭔가 만족스럽지 못하거나 날씨와 장소의 변화, 질병 때문일 수 있다. 잠자기 전에 충분히 먹어서 포만감을 느낄 수 있도록 하고 기저귀를 살피며, 잠들기 전 화장실을 다녀올 수 있도록 한다.

영아의 잠자기 전 버릇, 잠들기까지 걸리는 시간, 잠버릇 등의 수면 습관을 미리 염두에 두어 편히 잘 수 있도록 돕는다. 잠투정이 심한 영아는 부드럽게 안아 주고, 침착해지도록 낮은 목소리로 자장가를 불러 주거나 등을 토닥여 준다.

푹신한 이불에 재우거나 엎드려 재우는 것은 질식을 유발할 수 있으므로 가급적 피해야 한다.

(3) 휴식과 낮잠 지도

신체 활동이 활발한 영아들은 쉽게 피로해지므로 하루 일과 중 적절한 휴식과 낮잠이 이루어지도록 계획한다. 낮잠 시간이 되면 영아가 쉽게 잠들 수 있는 환경과 분위기를 제공해야 하며, 영아가 낮잠 중일 때도 교사는 영아를 관찰해야 한다.

(4) 치아 관리

유치가 출현하는 시기는 개인차가 매우 크나 2세 후반부가 되면 대부분 유치 20개가 모두 나온다. 유치는 성장 발육 및 건강과 관련이 있으며 영구치의 기본이 되어 평생의 치아 건강을 좌우하므로 유치에 대한 관리를 철저히 해야 한다.

① 치아 관리의 중요성

치아는 음식물을 소화시키기 위한 첫 단계이다. 치아가 손상되면 씹기 편한 연한 음식만 찾게 되어 편식이 발생할 우려가 있다. 유치가 건강하게 성장해야 건강한 영구치가 나오게 되며 치아의 배열도 고르게 된다. 손상된 치아는 얼굴 모양이나 성격 형성에 중요한 영향을 미칠 수 있다.

② 이 닦기

1세 정도가 되어 양치질에 흥미를 보이면 유아용 칫솔과 개인 컵을 준비한다. 양치질을 혼자 하려고 하지만 아직은 서투르므로 성인이 마무리해 주어야 한다. 성인은 역할 모델이 되어 양치질하는 것을 보여 준다.

4) 청결 관리

면역력이 충분하지 않은 영아는 질병에 감염될 위험이 높으므로 영아의 생활 환경에 대

이는 어떻게 닦아야 하나요?

올바른 방법으로 이를 닦는 것은 이 건강에 꼭 필요한 일입니다.

- **어금니 바깥쪽**
  위에서 아래로 칫솔을 회전시키며 닦는다(잇몸에서 치아 방향).

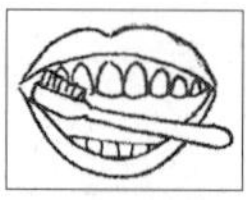

- **어금니 안쪽**
  위에서 아래로 칫솔을 회전시키며 닦는다(잇몸에서 치아 방향).

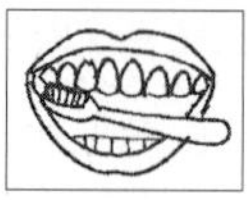

- **앞니 바깥쪽**
  위에서 아래로 칫솔을 회전시키며 닦는다(잇몸에서 치아 방향).

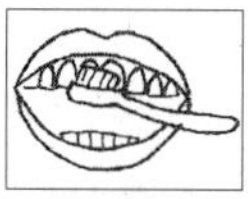

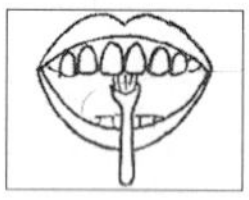

- **앞니 안쪽**
  위에서 아래로 칫솔을 회전시키며 닦는다(잇몸에서 치아 방향).

- **어금니 씹는 면**
  잇면에 직각으로 세워 앞뒤를 닦는다.

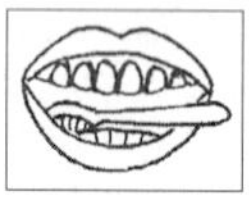

- **혀 닦기**
  뺨쪽과 혀도 닦아 준다.

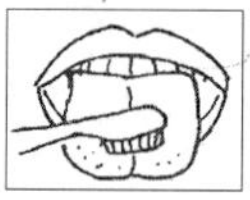

●그림 8-1 │ 올바른 이 닦기 (출처: 박성옥 외, 2006)

한 청결 및 위생 관리가 중요하다. 또한 영아의 개인 위생에도 관심을 기울여야 한다.

(1) 환경 관리
- 실내 공간을 청결히 유지한다. 영아의 생활 공간은 적절한 온도와 습도가 유지되고 환기가 잘 이루어져야 한다. 가습기, 제습기, 에어컨, 화초, 어항 등을 활용하여 적정한 습도를 유지하며, 가습기나 에어컨의 필터는 자주 관리하여 공기가 오염되지 않도록 주의한다.
- 화장실 바닥에는 물기가 없어야 하고 마른 수건과 비누, 휴지가 늘 비치되어 있도록 준비한다.
- 조리 공간을 청결히 하고 조리 도구 및 식기 등을 위생적으로 관리한다.
- 영아가 마실 깨끗한 물을 준비해 주고 개인 컵을 사용하도록 하며, 정수기를 사용할 경

우 정수기를 청결하게 관리한다.

- 영아의 이불과 요, 베개는 땀, 배변, 침 등으로 더러워지므로 정기적으로 청결 관리를 해야 하고 세탁된 침구는 오염되지 않도록 잘 보관하여야 한다.
- 놀잇감은 정기적으로 세척하여 청결히 관리한다.

(2) 손 씻기

손 씻기는 개인 위생의 시작점으로 평생을 가는 기본 생활 습관이다. 1~2세 영아들은 성인의 도움으로 손을 씻지만 2세 후반이 되면 스스로 손을 씻을 수 있다.

- 교사는 손 씻기의 중요성, 올바르게 손 씻는 방법, 손을 씻어야 할 때를 지속적으로 반복 지도한다.
- 교사가 항상 손을 청결히 유지하고 바르게 씻는 방법을 보여 줌으로써 좋은 행동 모델이 되도록 한다.
- 손 씻는 구역에 비누, 수건을 항상 비치하고 청결하게 유지한다,

손은 어떻게 씻어야 할까요?

- 우선 손에 물을 적신다
- 비누를 사용하여 손에 거품을 낸다.
- 손가락 사이, 손톱 주위, 손목까지 충분히 거품을 내어 문지른다.
- 흐르는 물에 10초 이상 헹군다. 헹굴 때에는 손목 부분에서 손가락 쪽으로 물이 흐르도록 손을 대고 비누 거품을 깨끗이 헹군다.
- 수건으로 손을 깨끗이 닦는다.

●그림 8-2 │ 손 씻는 순서 (출처: 박성옥 외, 2006)

●그림 8-3 | 세면대

5) 기저귀 갈기

1세경 영아의 기저귀를 갈아 줄 때는 깨끗하고 위생적인 기저귀 갈이대에서 종이 타월을 깔고 영아를 그 위에 누이는 것이 좋다.

• 기저귀를 갈아 줄 때는 물휴지로 닦아 주어야 하며, 대변은 가급적 물로 닦아 준다.
• 건강 상태가 좋지 않을 때나 평상시에도 기저귀를 간 횟수와 대변 상태 등을 기록하여 부모에게 알려 준다.
• 기저귀를 가는 것이 즐거운 경험이 되도록 영아에게 소리 나는 장난감이나 모빌 등을 활용하고, "선생님이 ○○이 기분 좋게 해 줄게.", "기분이 어떠니?", "상쾌하니?" 등의 말을 주고받는다.
• 기저귀를 버릴 때는 작은 비닐봉지에 싸서 버리고, 휴지통은 영아가 쉽게 열수 없도록 뚜껑이 달린 것이 좋다. 일반적인 휴지통이라면 영아의 손이 닿지 않도록 한다.

6) 배변 지도

영아가 18~24개월이 되어 항문과 방광의 괄약근을 조절할 수 있는 능력이 되면 배변 훈련을 시작할 수 있다. 배변 훈련을 시작하는 시기는 개인차가 크지만 대개 배변 욕구를 표현하고 변기에 관심을 가지며, 소변 간격이 2시간 이상 될 때가 배변 훈련을 위한 적절한 시기이다. 이때 시작한 배변 훈련은 보통 만 3세가 지나야 완료된다. 그러나 배변 훈련을 일찍 시작했다고 해서 빨리 완성되는 것은 아니며, 대소변을 잘 가리던 영아도 신체적·심리적·환경적 요인에 따라서 실수할 수 있음을 인식해야 한다.

(1) 배변 훈련 단계
• 훈련 시기 파악하기: 배변 훈련은 일반적으로 20개월 전후에 시작하나 영아마다 개인

차가 있으므로 관찰에 의해 시기를 파악한다.

- 언어적 표현 알려 주기: 대변과 소변을 칭하는 말을 알려 주어 자신의 배변 욕구를 언어로 표현할 수 있도록 돕는다(쉬, 응가 등).
- 변기와 친해지기: 유아용 변기와 친숙해지도록 한다.
- 모델 제공하기: 인형이나 그림책을 활용한다.
- 시행하기: 영아의 배변 리듬을 파악하여 하루에 3~4회씩 규칙적으로 같은 시간에 변기에 앉아서 배변을 하도록 한다. 성공하면 칭찬하고 실패하더라도 혼을 내거나 강요하지 않는다.

(2) 배변 훈련 시 주의할 사항

- 강요하거나 비난하지 않는다.
- 실수를 줄이기 위하여 입고 벗기 편한 옷을 입히며, 실수했을 경우 괜찮다고 위로해 준다.
- 놀이에 몰입해 있으면 실수할 수도 있으므로 규칙적으로 얼굴 표정을 살펴 배변 욕구를 살핀다.
- 영아 개인의 환경적인 변화에 민감하게 반응한다(동생의 출산, 이사, 가정 문제 등).

② 영아 보육의 실제: 안전 관리

1~2세의 영아들은 '하지 마!', '안돼!'라는 성인의 금지나 제한만으로 자신들의 탐색 욕구와 충동, 이동에 대한 욕구를 잠재울 수 있을 만큼의 자기 통제력을 지니지 못했다.

무조건적인 제한이나 금지는 영아의 발달하려는 욕구와 호기심, 독립심을 억누르게 되고 자칫하면 영아의 건강한 성장에 부정적 영향을 미칠 수 있다. 따라서 교사는 1~2세 영아들이 지닌 발달적 특성을 이해하고, 안전 사고에 노출될 수밖에 없음을 인식해야 한다. 교사는 다양한 예방 수단을 통해 영아가 보다 자유롭게 성장할 수 있는 환경을 마련해 주어야 한다.

1. 안전 관리의 필요성

안전은 상해 및 사고로부터 영유아를 보호하는 행동 및 기술, 조건 등을 의미한다. 안전한 보호는 영아가 가지고 있는 기본적 권리의 하나이며, 건강한 발달을 위한 전제 조건이라 할 수 있다.

영아는 발달하는 과정에 있기 때문에 자신의 신체를 조절하고 균형을 잡는 능력이 부족하여 스스로를 보호하기 어렵다. 또한 호기심에 의한 탐색 욕구와 충동적 성향이 강하며 자신의 행동이나 상황에 대한 판단 능력이 부족하기 때문에 사고에 노출될 위험이 훨씬 크다. 따라서 성인은 사고로부터 영아를 보호하는 것이 일차적 과제라 할 수 있으며, 발달 특성에 따른 사고의 위험성과 유발 요인들을 미리 알아서 적절한 예방과 필요한 조치들을 취해야 한다.

2. 안전과 관련된 신체 운동적 특성

보통 1세경에 걷기 시작하여 주변에 대한 탐색을 시작하면 교사의 특별한 주의가 요구된다.

1~2세의 영아는 운동 능력은 미흡하나 호기심이 왕성하고, 활발한 이동이 이루어진다. 따라서 이 시기 교사의 역할 중 가장 중요한 것은 영아가 항상 교사의 눈에서 벗어나지 않도록 살펴보는 것이다. 영아기에 성인의 부주의는 곧 추락, 질식, 중독, 화상 등의 사고로

●표 8-5 | 안전과 관련된 영아의 신체 운동적 특성

1세	· 혼자 걸을 수 있다 · 물건을 잡기 위해 의자 위로 기어오르려 한다. · 유모차 등을 밀거나 잘 조종할 수 있다. · 모험적인 신체 운동을 즐긴다. · 밖에 나가려 하고 놀이 기구를 타려고 한다. · 1세 후반부가 되면 난간을 잡고 계단을 오르내릴 수 있다.	· 도움을 받아 계단을 오르내린다. · 기어오르는 것을 좋아한다. · 포크나 숟가락을 서툴게 사용한다. · 사물을 잡아당기거나 집기를 좋아한다.
2세	· 손과 발을 자유롭게 움직인다. · 발 바꿔 층계 오르내리기를 한다. · 세발자전거를 탈 수 있으나 방향 조절은 힘들다.	· 뛰는 것을 즐긴다. · 문 손잡이나 핸들을 돌릴 수 있다.

이어질 가능성이 매우 높기 때문에 항상 교사의 감독 하에 있어야 한다.

〈표 8-6〉은 영아의 발달적 특징에 따른 위험 요소와 예방 조치를 나타낸 것이다.

●표 8-6 │ 영아의 발달적 특징에 따른 위험 요소와 예방 조치

1~2세의 발달 특징	사고 유형	위험 요소	대책
· 탐색 욕구 와 호기심 이 강하다 · 손에 뭔가 들고 있는 것을 좋아 한다. · 기어오르 는 것을 좋아한다. · 균형 잡는 능력이 미 숙하다. · 신체 조절 이 능숙하 지 못하다.	삼킴, 질식, 추락, 충돌, 화상, 중독, 끼임	〈놀잇감 및 놀이 시설〉 작은 부품, 유해 성분, 미끄럼틀, 그네	· 표면이 거칠거나 유독성 페인트, 유해 성분이 함 유되어 있는지 확인한다. · 놀잇감의 작은 부속품이나 건전지를 잘 관리한다. · 놀잇감의 수를 영아 수만큼 준비하여 영아들끼 리 충돌이 일어나지 않도록 한다. · 딸랑이나 장신구 등을 영아의 목에 걸어 주지 않 는다.
		〈가정에서의 생활〉 일상 생활 용품, 가구의 모서리, 미끄러운 바닥, 베란다와 창문, 뜨거운 음식, 약, 방문이나 현관, 젤리, 무심코 입에 넣어 준 음식물	· 영아의 움직이고자 하는 욕구를 충족시켜 주기 위한 적절한 공간을 구성한다. · 가구 모서리, 미끄러운 바닥, 녹슨 부분, 튀어나 온 부분, 뾰족한 장난감 등에 주의한다. · 창가에 발판이 될 만한 물건을 놓지 않으며, 아 이를 안고 창 밖을 내다 보거나 아래를 내려다보 지 않는다. · 약품 상자는 영아의 손이 닿지 않는 곳에 보관 하며 유효 기간이 지난 약은 폐기한다. · 음식을 입에 넣은 상태로 웃거나 울거나 달리지 않게 한다. · 스카프나 긴 끈, 비닐봉지, 커튼 등을 가지고 놀 지 않게 한다.

3. 안전 지도

1) 물리적 환경 개선

이 시기는 아직 성인의 보호에 전적으로 의존하는 시기이므로 안전한 환경을 구성하는 것이 가장 중요하다. 영아의 눈높이에서 주변 환경을 바라보고 위험이 될 만한 요소가 무엇이 있는지 깊이 생각해야 한다. 각종 잠금 장치를 활용하여 영아의 손이 닿지 않도록 하

고, 욕실 바닥 등에는 미끄럼 방지 처리를 한다. 또한 가구의 모서리는 둥글게 처리하거나 모서리 덮개를 활용한다. 전기 콘센트에는 안전 덮개를 설치하며 전선이 영아의 발에 걸리지 않도록 한다.

다음은 영아의 안전을 고려하여 각종 안전 장치를 사용한 예이다.

●그림 8-4 │ 각종 안전 장치들

2) 정기적 점검

●**표 8-7** | 안전 점검 체크리스트

부문	점검 항목	점검 결과	조치 사항
실외 환경	· 보육 시설 인근 50m 이내에 유해 시설이 있는가?		
	· 보육 시설 주변에 감전 위험은 없는가?		
	· 위험한 적치물, 축대 붕괴, 맨홀 등에 대한 위험은 없는가?		
보육실 주변	· 1층 보육실에서 옥외로 직접 나가는 출구의 상태는 안전한가?		
	· 모든 보육 용품과 비품이 제자리에 있는가?		
	· 실내 바닥에 발을 다칠 만한 곳은 없는가?		
	· 모든 설비는 움직이거나 떨어지지 않도록 바닥과 벽면에 단단히 고정되어 있는가?		
	· 창문 등으로 추락의 위험은 없는가?		
	· 보육 용품이나 비품 등에 날카로운 모서리 등은 없는가?		
	· 창문, 방충망의 상태는 안전한가?		
	· 보육실 내 비품 및 보육 용품에 풀린 나사나 못은 없는가?		
놀잇감 및 놀이 기구	· 놀잇감의 크기나 놀이 기구의 높이가 영유아에게 적합한가?		
	· 날카로운 모서리는 없는가?		
	· 볼트와 너트 및 부품이 빠진 것은 없는가?		
	· 영유아가 삼킬 만한 작은 놀잇감이 방치되어 있는가?		
	· 움직이는 놀잇감의 바닥에 충격을 흡수할 수 있는 고무판 등을 깔아 두었는가?		
	· 보수가 필요한 놀잇감 및 기구가 방치되어 있는가?		
현관, 통로, 계단, 비상구	· 현관문의 안전 장치는 정상 작동하는가?		
	· 계단, 통로 부분에 미끄럼 방지가 되어 있는가?		
	· 계단의 안전 상태는 어떠한가?		
	· 피난 계단, 미끄럼대 등의 출구가 사용하기에 적합한가?		
화장실, 세면대	· 화장실 바닥의 미끄럼 방지 장치는 안전하게 되어 있는가?		
	· 화장실 내 전기 콘센트 등 전기 용품은 안전한가?		
	· 세면대의 고정 상태는 안전한가?		

조리실 식당	· 환기는 잘되고 있는가?		
	· 대형 냉장고가 있을 경우 냉장고의 잠금 장치는 안전한가?		
	· 영유아의 출입이 잘 통제되고 있는가?		
	· 가스 기구의 안전 장치는 어떠한가?		
실외 놀이 공간	· 실외 놀이 공간의 상태는 양호한가?		
	· 모든 놀이 기구 등이 안전하게 고정되어 있는가?		
	· 그네나 시소 등이 움직이는 범위 등을 고려하여 설치되어 있는가?		
	· 독초, 잡초 등이 방치되어 있는가?		
전기, 화기, 위험물, 차량, 안전 관리	· 전선, 콘센트, 플러그 등이 손상된 부분은 없는가?		
	· 화기에 의한 안전 사고 위험은 없는가?		
	· 위험물에 의한 안전 사고 위험은 없는가?		
	· 대피로, 유도등, 응급 전화 번호 및 비상 연락망 등이 잘 관리되고 있는가?		
	· 소화기의 관리 상태는 적합한가?		
	· 응급 용품들이 잘 비치되어 있는가?		
	· 등·하원 차량 내 소화기 비치 여부 및 비치 상태가 적합한가?		
	· 등·하원 차량의 안전벨트 비치 상태는 양호한가?		
	· 차량의 점검은 기준에 의해 이루어지고 있는가?		

(출처: 여성가족부, 2006)

3) 긴급 사태 대비

• 화재 사고를 대비해 비상구를 확보하고, 소화기, 손전등 등을 비치한다.

●그림 8-5 │ 비상 대피 경로

- 정기적 화재 대피 훈련을 통해 비상시에 대비한다.
- 화재가 발생했을 경우, 처음 5분 이내의 대피가 중요하며 불을 끄려 하지 말고 영아들부터 대피시켜야 한다.

4) 안전 교육

- 영아의 안전한 보호를 위해서는 물리적 환경에 대한 관리뿐만 아니라 지속적, 반복적으로 안전에 대한 교육이 이루어져야 한다. 1~2세경의 영아들에게는 성인의 역할이 훨씬 중요하지만 어느 정도 의사 소통이 가능하기 때문에 안전한 행동을 세분화하여 차근차근 지도해야 한다.
- 놀이 영역이나 놀이 기구 사용에 대한 안전 수칙을 만들어 지키도록 노력한다.

예시 ---- **미끄럼을 안전하게 타요**

· 차례를 기다린다.
· 앞 사람이 올라간 다음 올라간다.
· 올라갈 때 손잡이를 두 손으로 잡는다.
· 활주로를 내려가기 전에 아래에 아무도 없는지 확인한다.
· 먼저 발을 모으고 앉는다.
· 내려올 때 발이 먼저 내려오도록 한다.
· 내려온 다음 뒷사람을 위해 빨리 비켜 준다.

4. 응급 처치

응급 처치란 돌발적인 사고나 질병이 발생되었을 때 병원에서 전문적인 치료를 받기 전까지 행해지는 즉각적이고 임시적인 처치로서 인명 구조, 고통 경감, 상처나 질병의 악화 방지, 심리적인 안정을 목적으로 한다(박성옥 외, 2006). 영아를 보육하는 과정에서 예기치 않은 사고나 긴급 상황이 일어날 가능성이 매우 높으므로 주변의 성인들은 안전한 환경을 마련해 주는 것은 물론, 만약의 경우에 대비할 수 있는 지식을 갖추고 있어야 한다. 응급 처치의 범위는 매우 다양하나 몇 가지만 예를 들어 보기로 한다.

1) 코피

코피가 나면 영아의 머리를 앞으로 숙이게 하여 코피가 목으로 흘러 들어가지 않도록 하며, 두 손가락으로 코 앞쪽을 5~10분간 꽉 잡아 준다. 찬 물수건이나 얼음주머니를 사용하여 콧속의 혈관을 수축하게 하여 코피를 멈추게 한다.

2) 질식

목구멍에 무엇이 걸렸을 때는 먼저 등을 두드려 보고, 하임리히 방법을 실시한다. 즉 영아의 뒤에서 한 주먹을 영아의 복부 가운데 배꼽 윗부분에 가져다 대고 나머지 한 손으로 감싼 다음 5회 정도 빠르게 영아의 복부 안으로 치켜 민다. 만약 유아의 의식이 희미해질 경우에는 구급차를 부르고 기도 개방과 인공 호흡을 실시한다.

3) 화상

화상 부위를 즉시 흐르는 냉수에 최소 15분 이상 담가 식혀 준다. 물집이 생겼으면 자연히 벗겨지게 한다. 아무 약이나 바르지 말고, 병원에 가서 전문가의 치료를 받는다. 겉옷은 벗겨도 되지만 화상 입은 피부와 접촉해 있는 경우는 무리해서 벗기지 않는다.

4) 눈의 손상

눈에 이물질이 들어갔을 경우 가만히 두면 눈물과 함께 씻겨 나가므로 눈을 비비거나 무리하게 제거하지 않는다. 눈에 화학 물질이 들어갔을 경우 눈에 물을 부어 신속하게 씻어 낸 후 병원으로 간다.

5) 귀의 손상

벌레가 들어갔을 경우 방을 어둡게 하고 손전등을 비추어 본다. 무리하게 빼내려 하지 말고 병원으로 간다. 이물질이(콩, 구슬) 들어갔을 경우 집어내려고 하면 오히려 밀려들어 갈 수 있으므로 반대쪽으로 압력을 가하거나 병원으로 간다.

1 영아기에 흔히 겪게 되는 질병에 대한 대처 방법을 설명한 것입니다. 적합하지 <u>않은</u> 문항을 고르십시오.

① 감기에 걸린 유아는 적당한 습도를 유지해 주고 수분을 충분히 섭취하도록 한다.

② 구토하는 유아는 편안한 자세를 취하도록 해 주고 등을 문질러 준다.

③ 설사하는 유아는 보리차를 섭취하도록 해서 탈수를 막는다.

④ 고열이 나면 일단 해열제를 써서 열을 가라앉힌 후 안정을 취하도록 한다.

|정답| ④

|해설| 열이 나는 원인이 무엇인지 알아야 하므로 39℃ 이상의 고열이 나면 의사의 진료를 받아서 정확한 원인을 파악해야 한다.

2 영아기의 식생활 지도와 관련된 설명입니다. 적절하지 <u>않은</u> 문항을 고르십시오.

① 고형 식품은 영아가 먹기 알맞게 조각을 내어 제공한다.

② 특정 음식을 계속 거부한다면 음식의 색감, 질감, 형태를 변화시켜 제공해 본다.

③ 영아가 음식을 거부하거나, 안절부절못하거나, 다른 놀이를 해도 준비한 음식은 반드시 먹이도록 한다.

④ 영아의 섭취량과 기호도 변화에 차분히 대처한다.

|정답| ③

|해설| 영아기는 먹는 것이 즐거운 일임을 느끼도록 배려해야 하며, 영아의 섭취량이나 음식에 대한 선호도가 수시로 변하므로 그 변화에 차분히 대처해야 한다.

3 영아의 배변 훈련 단계와 배변 훈련 시 유의점에 대해 설명하십시오.

|정답| 배변 훈련 단계: 영아의 배변 훈련 시기를 파악한다. 배변과 관련된 언어적 표현을 알려 준다. 유아용 변기에 친해지도록 하고, 동화책이나 인형 등으로 모델을 제공한다. 배변 리듬을 파악하여 규칙적으로 배변하도록 한다.

유의점: 영아가 배변에 성공했다면 칭찬과 격려를 해 주고 실패했더라도 비난하지 않는다. 입고 벗기 편한 옷을 입힌다. 배변 훈련을 강요하지 않는다. 성인은 영아가 배변 훈련을 완료했더라도 가끔 실수를 할 수 있음을 인식해야 한다.

4 영아의 안전하고 건강한 성장과 발달을 위한 교사의 역할에 대한 설명으로 적합하지 <u>않은</u> 문항은 무엇입니까?

① 영아기의 발달 특성상 안전 사고에 노출될 위험이 크다는 것을 인식하고 있어야 한다.
② 영아와 함께 있을 때 화재가 발생하면 일단 불을 꺼야 한다.
③ 영아가 안전하게 탐색하고 충분히 움직일 수 있도록 공간을 구성해야 한다.
④ 약품이나 위험한 물건, 화장품 등은 영아의 손이 닿지 않는 곳에 두거나 잠금 장치를 활용해야 한다.

|정답| ②

|해설| 화재 같은 긴급 사태가 발생하면 처음 5분 이내의 대피가 중요하며, 영아는 스스로 대피할 능력이 없기 때문에 화재를 진압하기보다는 영아의 보호가 우선되어야 한다. 즉 영아를 먼저 안전한 곳으로 대피시켜야 한다.

1 영아기 건강 관리의 필요성

첫째, 영아기의 건강은 외부로부터의 자극을 최소화하고 건강한 상태를 유지하기 위해 주위 환경을 위생적으로 관리하는 것에 달려 있다.

둘째, 영아기는 성장과 발육이 가장 왕성한 시기이며, 이 시기의 성장과 발달은 일생의 성장과 발달의 기초를 형성하기 때문에 건강을 유지하고 관리하는 일이 특히 중요하다.

2 건강과 관련된 신체적 특성

첫째, 영아기에는 머리와 몸통의 통제, 양손의 조절 능력, 보행 운동 능력 등 여러 가지 자유롭고 자발적인 운동이 가능해진다.

둘째, 음식에 대한 선호가 나타난다.

셋째, 18개월경이 되면 혼자 먹으려는 시도를 하며 차츰 도구를 사용해 식사하려고 한다.

넷째, 칫솔을 사용해 양치질할 수는 있지만 서투르다.

다섯째, 18~24개월경 방광과 항문의 괄약근을 통제할 수 있는 생리적 능력이 생겨난다.

3 영아기의 질병 관리

첫째, 영아기는 혼자 걸을 수 있게 되어 활동 범위가 훨씬 넓어지며 밖으로 나갈 기회도 많아서 호흡기 질환, 전염성 질환 등에 걸릴 확률이 높아진다.

둘째, 교사는 영아의 건강 상태를 날마다 사진과 관찰한 내용을 기록해야 한다.

셋째, 아픈 영아에 대해서는 임의로 약을 먹이면 안 되며, 부모의 투약 의뢰서를 바탕으로 투약해야 한다.

4 영아기의 영양 관리

첫째, 영아가 이유기를 성공적으로 마치고 성인식과 고형식에 익숙해지도록 돕는다.

둘째, 도구를 사용하여 올바른 식생활 습관을 기를 수 있도록 돕는다.

셋째, 즐거운 식사 분위기를 조성함으로써 먹는 것이 즐거운 일임을 느끼도록 한다.

넷째, 소화하기 쉬운 조리 방법을 선택하며, 자극성이 강한 향신료나 조미료의 사용은 삼간다.

다섯째, 다양한 식품 배합을 통하여 영양적으로 적합하도록 구성한다.

여섯째, 자율성과 독립심을 보이는 영아는 먹을 양을 스스로 결정하도록 한다.

5 건강과 관련된 기본 생활 습관 지도

첫째, 충분한 수면과 휴식을 취할 수 있도록 배려한다.

둘째, 손 씻는 습관을 기르도록 돕는다.

셋째, 양치질을 할 수 있도록 돕는다.

넷째, 영아가 배변 훈련에 흥미를 보이면 배변 훈련을 시작하되 강요하지 않으며, 실패하더라도 비난하지 않는다.

6 영아기의 안전 관리

첫째, 영아의 신체 조절력은 미숙하나 호기심과 탐색 욕구는 왕성하여 안전 사고가 일어날 확률이 높다.

둘째, 물리적으로 안전한 환경을 구성한다.

셋째, 안전 교육은 지속적, 반복적으로 실시되어야 한다.

넷째, 교사는 긴급 사태에 대비할 수 있어야 하며 어떠한 경우에도 영아를 먼저 보호해야 한다.

박성옥 · 이영환 · 한유미 · 곽혜경 · 양연숙 외(2006). 영유아의 건강과 안전. 창지사.

여성가족부(2007). 보육 프로그램.

이기숙 · 장영희 · 정미라 · 배소연 · 박희숙(2007). 영유아를 위한 안전 교육과 응급 처치. 양서원.

임미혜 · 조숙경 · 지명숙 · 채혜선(2005). 영유아 건강 및 안전 교육. 양서원.

정미라 외(1999). 유아 건강 교육. 양서원.

http://children.seoul.go.kr/ 서울시 보육정보센터

http://www.childsafe.or.kr/ 한국어린이안전재단

http://www.safekids.or.kr/ 세이프키즈코리아

제 **9** 장

영아 보육의 실제 2:
언어·인지 및 사회·정서

학습 개요

영아를 위한 보육 활동에서 그 시작은 영아들을 이해하는 데 있다. 따라서 영아의 인지, 언어, 사회, 정서 발달 영역의 특징을 살펴보고 최적의 발달을 지원하기 위한 교사의 역할에 대해 살펴본다. 또한 실제 활동들을 통해 영아들에게 적합한 상호 작용과 교육 내용을 제시하고자 한다.

학습 목표

01 영아기에 나타나는 인지, 언어, 사회, 정서 영역의 발달 특징을 이해한다.

02 영아에게 적합한 발달 영역별 교육 내용을 안다.

03 영아를 위한 활동을 구성하고 적용할 수 있다

주요 용어

• 인지 인간의 정신적 사고 과정과 그 산물, 즉 기억, 상징화, 범주화, 문제 해결, 창의성, 환상 등의 모든 정신 활동을 의미하는 광범위한 개념을 말한다.

• 지연 모방 과거에 경험했던 일을 회상하여 현재 그 경험을 재현하는 능력이다.

• 표상적 사고 직접 해 보지 않고도 정신적으로 추론할 수 있는 능력이다.

• 표현 언어 영아가 할 수 있는 말을 뜻한다.

• 수용 언어 영아가 알아듣는 말을 뜻한다.

• 혼잣말 영아가 놀이를 하면서 혼자서 하는 말이다.

• 자아 개념 개인이 가지고 있는 자신에 대한 견해를 말한다.

• 사회적 기술 다른 사람과 더불어 사는 생활을 원활하게 할 수 있는 다양한 의사 소통 기술을 말한다.

○, × 퀴즈

진단 문제	○	×
1	영아의 각 발달 영역은 통합적으로 서로 관련을 맺으며 발달한다.	∨	
2	영아의 '왜?'라는 질문은 영아 수준에 맞게 대답해 준다.	∨	
3	사물에 대한 적극적인 탐색과 조작을 통해 인지 발달이 이루어진다.	∨	
4	영아기는 놀잇감이나 사물을 공유하는 것이 어렵다.	∨	
5	영아가 부정적인 정서를 표현하면 야단을 쳐야 한다.		∨

해설

영아기 정서 발달 영역의 특징은 감정 기복이 심하고, 자신의 정서를 표현하는 강도가 매우 세다는 점이다. 부정적인 정서를 표현할 경우 "화가 났구나, 왜 화가 났니?"라고 하면서 영아의 정서를 수용해 주고, 감정을 언어로 표현할 수 있도록 도와야 한다.

① 영아 보육의 실제 1: 인지 · 언어

1. 영아의 인지 발달

인지란 앎에 이르는 인간의 정신적 사고 과정과 그 산물, 즉 기억, 상징화, 범주화, 문제해결, 창의성, 환상 등의 모든 정신 활동을 의미하는 광범위한 개념이다(정정옥 · 이경희 · 임은숙, 2003). 자신의 의지대로 이동할 수 있는 능력을 가지게 된 영아들은 이전의 세계와는 또 다른 세계를 경험하게 된다. 즉 호기심으로 가득 찬 영아들은 사물을 직접 만져 보고 여러 사람과 접촉하면서 자신을 둘러싼 환경을 탐색해 나간다. 이러한 과정을 통해 영아들은 자신과 세상에 대해 알게 되고, 건강하고 유능한 유아로 발달할 수 있다.

1) 인지 발달 특징

●그림 9-1 | 영아의 사물에 대한 호기심

(1) 1세 영아
가고 싶은 곳으로 갈 수 있는 신체적 자율성을 바탕으로, 구석구석 다양한 것들을 찾아 조작해 보고 적극적으로 탐색하며 엄마 외에 다른 사람, 특히 또래에게 관심을 보이게 된다. 이 시기 인지 발달 특징은 다음과 같다.

① 적극적으로 사물을 탐색하고 조작한다.

1세 영아는 혼자 앉아서 물건 하나를 가지고 이리도 굴려 보고, 저리도 굴려 보고, 뚜껑도 열어 보고 하는 등 혼자서도 잘 논다. 호기심이 많아서 관심이 가는 물건은 반드시 다가가서 만져 보기 원한다. 의도적으로 사물을 다루어 보면서 여러 번의 시행착오를 통해 주어진 상황을 스스로 해결해 나간다.

② 행동의 원인과 결과를 추론할 수 있다.

차츰 사물을 탐색하는 과정에서 어떠한 일이 일어나는 원인을 알아내게 되고, 18개월경의 영아들은 행동하기 전에 원인과 결과를 고려하여 어떤 방법이 좋을지에 관해 생각해 볼 수 있다. 이처럼 직접 해 보지 않고도 정신적으로 추론할 수 있는 능력을 '표상적 사고'라고 한다. 즉 외부 세계를 탐색하기 위해 무턱대고 여러 번 시도하는 것이 아니라 머릿속으로 어떻게 하면 좋을지 생각한 후에 행동할 수 있다.

> **예시**
>
> 병 뚜껑을 열기 위해 무조건 이리저리 당기면서 무작정 덤볐던 영아가 '어떻게 해야 뚜껑을 열 수 있지?' 하고 잠깐이라도 생각한 다음 행동하는 것.

③ 지연 모방을 한다.

기억 능력이 발달한 영아는 조금 지난 일을 기억하여 놀이에서 재현하는 것을 볼 수 있는데, 이처럼 과거에 경험했던 일을 회상하여 현재 그 경험을 재현하는 능력을 지연 모방이라고 한다. 또한 지연 모방 능력과 표상적 사고 능력은 인지적 측면에서 매우 중요한 능력이 된다.

> **예시**
>
> ❶ 엄마가 영아에게 밥을 먹여 주면 후에 영아는 엄마가 자신에게 밥을 먹여 준 대로 인형에게 밥을 먹여 주는 놀이를 하는 것.
> ❷ 엄마가 아침에 화장하는 모습을 기억했다가 거울 앞에서 엄마처럼 화장하는 행동을 하는 것.

(2) 2세 영아

2세 영아는 걷기, 뛰기 같은 대근육 운동 능력 외에도 손을 사용하는 소근육 운동 능력이 이전 단계보다 발달한다. 손가락을 이용하여 물건을 쥘 수도 있고 숟가락이나 포크 같은 도구를 사용할 수도 있다. 주변 사람들을 모방하는 상상 놀이가 시작되고 자기 주장이 매우 강해진다. 이 시기 인지 발달의 특징은 다음과 같다.

① 상상 놀이를 하고 상징을 사용한다.

호기심이 많아진 영아는 주변에서 일어나는 일들을 유심히 지켜보고 그 일을 기억해 두었다가 나중에 실제 생활에서 본 것을 흉내 낼 수 있다. 또한 24개월경의 영아는 실제 사물이 없어도 상상하는 것이 가능하다.

● 그림 9-2 | 영아의 자동차 운전 상상 놀이

❶ 아빠가 망치를 들고 의자 고치는 것을 보고 기억해
　 두었다가, 어느 날 마치 아빠처럼 의자를 눕혀 놓고
　 블록으로 탁탁 소리를 내며 고치는 흉내를 내는 것.
❷ 컵과 비슷한 물건을 들어 올리며 물 먹는 흉내를 내
　 는 것.
❸ 기다란 블록을 쥐고 "여보세요~."라고 하면서 전화
　 하는 모습을 흉내 내는 것.

② '왜?' 라는 질문을 사용한다.

'Why age' 라는 말이 있을 정도로 호기심이 많은 영아는 매순간 "왜?", "그런데 왜?"라는 질문을 끊임없이 던진다. 궁금해서 그런 것이기도 하고 관심을 끌기 위해 질문을 하기도 한다. 자신의 질문에 답을 해 줘도 "그런데 왜?"라고 다시 물으며 막상 답에는 관심을 표하지 않는 경우도 있다.

예시

"왜 깜깜해?", "왜 비가 와?", "왜 밥 먹어?"

③ 자기 중심적 논리를 주장하기 시작한다.

영아가 30개월 정도 되면 이전 단계에 비해 모든 행동에서 안정감이 생기고 제법 의젓한 모습을 보인다. 신체 움직임이 자유로워지면서 혼자서 할 수 있는 것들이 많아진다. 그러나 자신이 경험했던 것을 바탕으로, 누구나 이해하는 보편적인 논리가 아닌 자기 중심적인 논리를 펴기 시작한다. 또한 자신의 경험을 바탕으로 나름대로의 원인과 결과를 생각해 낼 수 있는 능력이 생겨난다.

> **예시**
>
> ❶ 아빠가 매일 출근하면서 자신에게 뽀뽀해 주다가 어느 날 굳은 표정으로 해 주지 않고 나간
>   경우, 아빠가 자신을 미워한다고 생각하는 것.
> ❷ 할머니가 예쁘다고 엉덩이를 토닥거린 것을 할머니가 자기를 때렸다고 엄마에게 말하는 것.

④ 수에 대해 관심을 보인다.

이 시기 영아들은 수에 관심이 많고 수 세기를 즐긴다. 정확한 수의 의미를 알기 위해서라기보다 발음하고 말하기가 재미있어서 수 세기를 즐기는 경우도 있다.

> **예시**
>
> ❶ "아빠 몇 시에 와?", "엄마는 몇 살이야?"
> ❷ "(계단을 오르며) 하나, 둘, 셋……."

⑤ 집중 시간이 증가한다.

자신이 흥미를 느끼고 만족감을 느끼는 활동의 경우 집중을 하게 되고, 작업이나 활동을 완성하려는 지속성을 보여 준다. 그러나 지루하거나, 활동 수가 많거나, 다양한 놀잇감이 주변에 많으면 집중 시간은 짧아진다.

2) 인지 발달에 적합한 보육 내용

1, 2세 영아의 인지 발달에 적합한 보육 내용을, 표준 보육 과정 자연 탐구 영역에서는 〈표 9-1〉과 같이 제시하고 있다.

3) 교사의 역할

- 끊임없이 탐색 행동을 하는 영아를 위해 여러 종류의 느낌, 소리, 색깔을 가진 물건들을 구성해 주고 직접 다루어 보도록 한다.
- 영아에게 다양한 방법으로 활용될 수 있는 자료(예 물·모래 놀이, 점토, 블록)를 제공하여 충분히 탐색해 보고 여러 방법으로 놀이를 할 수 있도록 격려한다.

●표 9-1 | 표준 보육 과정의 자연 탐구 영역

내용 범주	2세 미만	2세
탐구적 태도	· 주변의 사물과 환경에 관심 가지기 · 탐색 반복하기	· 주변의 사물과 환경에 호기심 가지기 · 반복적인 탐색 즐기기 · 문제 해결에 관심 가지기
수학적 탐구	· 수량 지각하기 · 주변 공간 탐색하기 · 비교하기 · 간단한 규칙성 지각하기	· 수량 인식하기 · 공간과 도형 인식하기 · 비교하기 및 순서 인식하기 · 간단한 규칙성 인식하기 · 구분하기
과학적 탐구	· 주변의 사물 지각하기 · 주변 생명체에 관심 가지기 · 자연 현상 지각하기	· 물체와 물질의 특성 탐색하기 · 주변 생명체의 외적 특성 알기 · 자연 현상 인식하기 · 생활 속의 도구에 관심 가지기

(출처: 여성가족부, 2005)

• 영아가 자기 행동의 원인과 결과를 이해할 수 있도록 언어화해 준다. 즉 공놀이를 할 때 "○○가 공을 밀었더니 공이 데굴데굴 굴러가는구나."라고 말해 준다.
• 영아가 직접 참여하여 경험하고 선택할 기회를 제공하며 스스로 해 볼 수 있게 한다.
• 다양한 상상 놀이를 할 수 있는 기회와 상상 놀이의 내용과 관련된 소품을 제공한다.
• 일상 생활에서 수 개념, 시간, 공간 관련 표현 등을 사용하여 영아의 행동을 언어화해 주고, 즐겁게 상호 작용한다(예 ○○가 책상 밑으로 들어갔구나. / 이제 낮잠 잘 시간이네.)

4) 활동의 예

활동 ❶ 까꿍 놀이 해 보기

활동 목표　　있다가 없어지는 상황에 관심을 가지고 탐색한다.
　　　　　　　즐겁게 놀이를 해 본다.
활동 연령　　1세
활동 자료　　매트, 이불
활동 방법　　① 이불이나 매트 위에 누워 있는 영아와 눈을 마주치며 바라본다.

○○야, 선생님 얼굴 어디 있나?

그래, 선생님 얼굴 여기 있지.

② 두 손으로 얼굴을 가렸다 보여 주며 까꿍 놀이를 한다.

어! 선생님 없다.

까꿍! 여기 있지.

③ 영아가 놀이에 흥미를 보이면 영아의 눈을 조금씩 가렸다 보여 주며 까꿍 놀이를 한다.

(영아의 눈을 가리며) ○○도 없어졌네? 어디로 갔을까?

까꿍 여기 있네.

(출처: 여성가족부, 2007)

활동 ❷ 새콤달콤 맛있는 과일

활동 목표	과일을 잘라 모양을 탐색하고 맛있게 먹어 본다. 내가 좋아하는 과일의 이름을 알고 말해 본다.
활동 자료	바나나, 키위, 파인애플(통조림), 작은 플라스틱, 칼, 접시, 포크
활동 연령	2세
활동 방법	① 영아가 좋아하는 과일을 말해 보도록 한다. ○○는 무슨 과일을 좋아하니? ② 영아가 좋아하는 과일을 충분히 탐색할 수 있도록 한 후, 교사가 플라스틱 칼과 접시를 준다. ③ 교사가 과일과 칼을 제시한다. 이때 놀이 시 안전하고 재미있게 활동할 수 있도록 반드시 놀이 약속을 진행한다. 과일을 맛있게 먹으려면 입에 쏘옥 들어갈 수 있도록 잘라야 하는데, 과일을 자르려면 무엇이 필요할까? 칼은 음식을 알맞게 잘라 주지만, 잘못 사용하면 손을 다칠 수도 있으니까 조심조심 사용해야 한단다. ④ 과일을 잘라 접시에 담아 보고, 맛있게 먹어 보게 한다. ○○가 자른 과일은 무엇이니? 어떤 맛이니?

(출처: 여성가족부, 2007)

2. 영아의 언어 발달

12개월을 전후로 영아들은 한 단어로 자신의 의사를 표현할 수 있는데, 차츰 사용하는 어휘가 늘고 다른 사람의 말을 알아듣고 이해하는 능력이 발달하게 된다. 또한 자신의 주장을 말로 표현할 수 있게 되면서 무엇이든 스스로 해 보려는 자율성을 나타내게 된다.

1) 언어 발달 특징

(1) 1세 영아

1세경의 영아들의 가장 큰 변화는 주 양육자와 이야기가 통한다는 것이다. 즉 '엄마' 라는 말을 시작으로 사용하는 어휘가 크게 늘어난다.

① 간단한 말을 알아듣고 행동한다.

1세 영아들은 주 양육자의 간단한 말을 이해할 수 있는데, '이리 와.', '나가자, 신발 신자.' 등을 알아듣고 행동한다.

② 사용할 수 있는 단어가 점차 증가한다.

12개월경의 영아들은 한 단어로 자신의 생각을 표현하는 경우가 많다. 즉 '엄마' 라는 말은 엄마가 보고 싶다는 뜻이기도 하고, 기저귀가 젖었다거나 안아 달라는 뜻을 나타내기도 한다. 18개월경이 되면 조사나 접미어를 생략하고 필요한 단어만 두세 개를 연결하여 사용하는 전보식 언어를 사용한다. 즉 '엄마, 물' 이라는 말은 엄마에게 물을 달라는 표현이고, '엄마 빵빵' 이라는 말은 '차 타러 가자.' 내지는 '엄마가 차를 타고 나갔다.' 라는 뜻일 수도 있다.

③ 표현 언어보다는 수용 언어가 많다.

이 시기 영아들은 분명하게 말할 수 있는 몇 가지 단어에 잘 알아듣기 어려운 말을 덧붙여 말하게 된다. 또한 할 수 있는 말(표현 언어)보다는 알아듣는 말(수용 언어)이 더 많다.

④ 사물의 이름에 관심이 많으며 말하기를 즐긴다.

다른 사람의 말을 듣고 그림이나 사물을 가리킬 수 있다. 즉 "이건 뭐지?"라고 물으면 "눈", "코끼리" 등의 답을 한다. 그러나 발음이 정확하지 않으므로 영아가 말뜻을 정확히 파악하기 위해서는 영아와 오랜 시간의 의사 소통이 필요하다.

또한 적극적으로 사물의 이름을 알아보려는 특성이 있어서 "이건 뭐야?", "저건 뭐야?" 라고 끊임없이 질문을 한다. 어떤 영아들은 대답에는 상관없이 "뭐야?"만 실컷 묻기도 하는데, 이런 경우는 상대방과 말하는 것 자체를 즐기는 것이다. 또 대답해 주는 사물의 이름을 따라 하는 영아는 사물의 이름을 진정으로 알기 원하는 것이다.

⑤ 운율이 있는 동요나 동시를 즐긴다.

운율이 있는 동요나 동시 듣기를 즐기고 동요를 들으면 몸으로 표현하거나 따라 하려고 한다. 반복이 있는 동시나 짧은 문장으로 된 그림책을 좋아해서 옆에 끼고 다니거나 책을 들고 와서 읽어 달라고 요구한다. 주의집중력이 짧으므로 긴 그림책은 금방 싫증을 느끼기도 하고 한 가지 책만 계속 읽어 달라고 조르기도 한다.

(2) 2세 영아

2세 영아들은 더 이상 '온순하고 착한' 아이가 아닐 수 있다. 즉 자신의 생각을 언어로 표현하는 능력이 증가하면서 '내 거야.', '싫어.', '안 해.' 등의 말을 자주 하게 되고 고집을 부리기도 한다. 또한 자신의 경험과 풍부해진 어휘력을 바탕으로 상황에 맞는 말을 하기 시작한다.

① 많은 말을 하지만 발음이 불분명하다.

어휘력이 급격히 증가하는데, 발음이 명확하지 못한 경우가 많다. 그래서 영아가 표현하는 말을 정확히 이해하기 위해서는 평소에 영아의 행동이나 사소한 표현들을 잘 기억하고 있어야 한다. 또 자신의 생각을 나타내거나 전달하기 위해 언어를 사용해야 함을 알고 있지만, 적절한 표현이 떠오르지 않아 머뭇거릴 때가 많다. 즉 말을 할 때 "어~, 내가~ 있잖아~ 응~."이라고 더듬거리면서 말하는 것을 힘들어한다. 이럴 때는 차분히 기다려 주면서 '내가 너의 말을 듣고 있다.'라는 메시지를 전달해야 한다. 또한 발음이 분명치 않더라도 그 즉시 수정해 주기보다는 자연스럽게 교사가 올바른 발음을 들려주는 것이 좋다. 예를 들어 "엄마~ 무이~."라고 했다면 "그래, ○○가 물이 먹고 싶구나."라고 해 주는 것이다.

② 힘을 조절해서 긁적거리기를 할 수 있다.

손과 손목의 유연성이 증가하면서 어른들처럼 필기 도구를 가지고 힘을 주어 긁적거리기를 할 수 있다. 긁적거리기는 초보적 쓰기 경험이 된다.

③ 다른 사람과 이야기하는 것을 좋아하며 상황에 맞는 말을 할 수 있다.

어휘력과 의사 소통 능력이 증가하면서 다른 사람과 이야기하는 것을 즐긴다. 상황을 인식하는 능력과 자신의 감정을 인식하고 조절하는 힘이 커지면서 사회적 맥락에 적절한 말을 할 수 있다. 즉 처음 보는 사람에게 인사하거나, 사람들이 많은 곳에서는 작은 소리로 말

●그림 9-3 │ 영아의 긁적거리기

해야 한다는 것을 알게 된다.

④ 혼잣말을 한다.

놀이를 하면서 혼잣말을 많이 하는데, 주변에 일어났던 내용을 반복하는 경우도 있고, 평소에 심리적으로 힘들었던 부분을 말로 표현하는 경우도 있다. 또 주변에서 들었던 말을 혼자 놀이하면서 사용하기도 한다. 혼잣말은 평소에 영아가 하고 싶었던 어떤 행동이나 인물의 모습을 상상하며 하게 되는 경우가 많다. 영아가 역할 놀이를 할 때 엄마나 아빠의 행동이나 말을 혼잣말로 재현하기도 한다.

2) 언어 발달에 적합한 보육 내용

1, 2세 영아의 언어 발달에 적합한 보육 내용을, 표준 보육 과정 의사 소통 영역에서는 〈표 9-2〉와 같이 제시하고 있다.

●표 9-2 │ 표준 교육 과정의 의사 소통 영역

내용 범주	2세 미만	2세
듣기	· 소리 구분하여 듣기 · 경험과 관련된 말의 의미 알기 · 운율이 있는 말 듣기	· 말소리 구분하여 듣기 · 말소리 듣고 의미 알기 · 운율이 있는 말 듣고 즐기기
말하기	· 발성과 발음으로 소리내기 · 친숙한 사물의 이름 말하기 · 말소리와 몸짓으로 의사 표시하기 · 간단한 규칙성 지각하기	· 바른 발음 시도하기 · 사물의 이름 말하기 · 자신의 느낌과 생각 말하기 · 행동에 맞는 말하기
읽기	· 읽어 주는 짧은 글에 흥미 가지기 · 그림책에 흥미 가지기 · 자연 현상 지각하기	· 글자 모양에 흥미 가지기 · 읽어 주는 글 즐기기 · 그림책에 흥미 가지기
쓰기	· 긁적거리기를 시도하기 · 쓰기 도구에 흥미 가지기	· 긁적거리기 · 쓰기 도구에 흥미 가지기

(출처: 여성가족부, 2005)

3) 교사의 역할

● 그림 9-4 │ 끄적거리기를 할 수 있는 공간

- 영아의 행동을 단어나 문장으로 표현해 주고 영아가 사용한 말을 올바른 단어와 문법을 사용하여 영아 수준에 맞게 확장시켜 준다.
- 다양한 어휘를 사용하고, 단어를 말하면서 구체적 사물과 연결시켜 준다(예 공을 잡으며) 여기 공이 있구나, 말랑말랑한 공이네.).
- 영아의 요구를 미리 파악하여 무조건 해결해 주기보다는 영아가 자신의 욕구를 언어화시켜 볼 기회를 제공한다.
- 영아가 이해할 수 있는 수준의 운율이 있는 동화와 동시, 노래를 들려주고 그 내용에 대해 이야기를 나눈다.
- 영아에게 간단한 지시를 하고 지시에 따랐을 때 칭찬해 준다(예 저기 있는 곰인형을 선생님에게 가져다줄래?).
- 끄적거리기를 할 수 있는 공간과 기회를 제공한다.

4) 활동의 예

활동 ❶ 따르릉 발 전화기

활동 목표	일상적 경험을 모방하여 표현해 본다.
	대근육의 협응을 연습해 본다.
활동 자료	없음
활동 연령	1세
활동 방법	① 전화기 신호음 소리를 내며 영아와 상호 작용한다.

　　　　따르릉~ 따르릉~

　　　　으응, 전화가 왔네,

　　　　따르릉~ 따르릉~ 그런데 전화기가 어디 있지?

② 발 전화기를 받는 모습을 보여 주며 영아가 흉내 내도록 한다.

　　아하, 여기 있었구나.

　　(발을 이용하여 전화 받는 흉내를 내며) 여보세요!

　　거기 ○○네 집이지요? ○○ 있어요?

　　이번에는 ○○이 전화기에서 전화가 왔네. ○○이가 받아 볼까?

③ 발 전화기를 이용해서 상황에 맞는 여러 가지 이야기를 나누어 본다.

(출처: 영아 보육 프로그램, 서울특별시, 2005)

활동 ❷ 꼬마야 꼬마야

활동 목표　전래 동요를 들으며, 전통 음률을 느낀다.

　　　　　　지시어에 따라 몸을 움직이며 표현한다.

대상 연령　2세

활동 자료　〈꼬마야 꼬마야〉 그림책과 전래 동요 테이프

활동 방법　① 테이프를 이용해 영아에게 전래 동요를 들려주고, 〈꼬마야 꼬마야〉 전래 동요 그림책을 보여 주며 노랫말에 익숙해질 수 있도록 한다.

② '꼬마야 꼬마야' 전래 동요 테이프를 틀어 놓고 노랫말에 따라 움직여 본다.

　　꼬마야, 꼬마야 땅을 짚어라, 우리도 땅을 짚어 보자.

　　꼬마야, 꼬마야 뒤를 돌아라, 우리도 뒤로 돌아 보자.

③ '꼬마야' 부분의 노랫말에 영아의 이름을 대신 넣고 동작의 노랫말을 바꾸어 영아가 몸을 움직이면서 즐겁게 표현할 수 있도록 한다.

　　○○야, 손을 올려라

　　○○야, 손을 내려라

　　○○야, 코를 잡아라

　　○○야, 빙글빙글 돌아라

(출처: 서울특별시, 2005)

2 영아 보육의 실제 2: 사회 · 정서

1. 영아의 사회성 발달

주 양육자와 성공적인 애착 관계를 형성한 영아들은 주 양육자를 안전 기지로 삼아 더 큰 세상을 향한 탐색을 시작한다. 주 양육자와의 '분리'가 시작되는데, 신체적 분리와 더불어 차츰 심리적인 분리가 진행된다. 이 시기의 가장 중요한 과제는 주 양육자와의 안정된 분리를 거쳐 교사, 또래와 신뢰 관계를 쌓아 나가는 것과 긍정적인 자아 개념을 형성하는 것이다.

1) 사회성 발달 특징

(1) 1세 영아

성공적인 애착을 형성한 1세 영아들은 주 양육자가 자신과 같은 공간에 있기만 하면 독립적으로 혼자 놀이를 할 수 있다. 이전 단계보다 능숙해진 신체 능력과 독립심을 바탕으로 이것저것 탐색하고 조작해 보면서 자신의 능력을 시험해 나간다. 이 과정에서 작은 성공을 많이 경험할수록 긍정적인 자아 개념을 형성한다. 이 시기 주요 발달 특징은 다음과 같다.

① 또래에 대해 관심이 생긴다.

이동이 자유로워진 영아들은 활동 범위가 넓어지면서 집밖으로 나갈 기회가 많아진다. 또래의 친구들을 만나게 되면 서로를 쳐다보며 관심을 표현한다. 그러나 자기 방식대로 의사 소통하고 관심을 표시하기 때문에 상호 작용이 활발하게 이루어지지 않을 때도 있고, 밀거나 화를 내기도 하며, 놀잇감 분쟁이 발생하기도 한다.

② 자신의 존재를 인식한다.

1세 영아는 차츰 자신과 타인을 구분할 수 있게 되는데, 자아 개념이 발달하면서 다른 사람과 상호 작용할 수 있는 기초를 형성해 나간다. 자율성의 증가와 함께 '나', '내 거야.' 같은 용어를 사용하며 소유를 통해 자신의 존재를 확인하려 한다.

긍정적인 자아 개념을 발달시키기 위해서는 영아가 스스로 탐색하고 조작해 보는 기회

를 많이 제공하며, 스스로 무엇인가를 해냈을 때 칭찬과 격려를 해 주어야 한다.

③ '공유' 하는 것이 쉽지 않다.

친구를 좋아하고 관심을 나타내면서 그 옆에서 놀이를 하지만 같이 놀지는 않는다. 즉 자신의 놀잇감을 가지고 서로의 놀이에 몰두하는 병행 놀이가 주로 일어난다. 여전히 자기 중심적 사고를 하고 자신의 물건에 대한 소유욕이 강하기 때문에 놀잇감을 나누어 쓴다거나 차례를 지키며 순서 기다리는 것을 힘들어한다. 따라서 동일한 놀잇감을 영아 수만큼 준비해서 놀잇감과 관련된 분쟁이 일어나지 않도록 해야 한다.

(2) 2세 영아

2세 영아는 자신이 독립적이고 의지가 있는 존재임을 증명하기 위해 노력한다. 좋아하는 것과 싫어하는 것이 분명해지고, 자신이 하고 싶은 것만 하려고 애를 쓴다. 그러면서도 다른 사람으로부터 관심을 받기 원하고, 칭찬을 받으려 노력한다. 독립적으로 스스로 무엇인가를 하기 원하면서도 여전히 성인의 도움을 받을 수밖에 없기 때문에 자율성과 의존성을 동시에 나타낸다.

① 자기 주장이 강해진다.

자신의 생각을 표현할 수 있게 되면서 말이나 몸짓으로 자신의 의사를 분명하게 표현한다. 특히 옷을 입을 때, 신발을 신을 때 자신이 원하는 대로 하겠다고 고집을 부리기도 한다. 이때 영아의 고집이나 떼를 받아 주는 방법이 중요하다. 무조건 받아 주거나 거절하기보다는 영아의 의견을 들어 보고 상황에 맞게 판단하며, 만약 영아의 뜻대로 할 수 없는 상황이라면 그 상황에 대한 충분한 설명이 따라야 할 것이다.

② 관심의 대상이 되기를 원한다.

2세 영아는 주변의 모든 사람들이 자신처럼 생각하고 이해할 것이라고 믿는 자기 중심적 사고를 한다. 또한 다른 사람과 만나는 것을 좋아하며 잘 보이고 칭찬받는 것에 상당히 민감하다. 칭찬받은 행동을 더 열심히 하려는 경향도 있다.

또 적극적으로 다른 사람의 관심을 끌기 위해 새로운 것을 시도하고, 자신이 성취한 것을 봐 주기를 원하며 인정받고자 한다. 관심의 대상이 되기 위해 먼저 인사를 하거나, 자신이 좋아하는 것을 소개해 주거나, 무엇을 해 달라고 적극적으로 요구하기도 한다. 또한 쳐다보기, 잡아당기기, 만지기, 안기기, 뽀뽀하기 같은 비언어적 형태로 관심을 끌려고 시도한다.

③ 사회적 기술과 관련된 기본 생활 습관을 익히기 시작한다.

다른 사람을 만날 기회가 많아진 영아들은 일상에 필요한 기본 생활 습관을 익히기 시작한다. 즉 인사하기, 나누기, 차례 지키기, 알맞은 목소리로 말하기, 기다리기처럼 더불어 살아가는 데 필요한 습관을 점차 형성해 나간다. 이러한 기본 생활 습관은 또래나 다른 사람과 관계를 맺는 데 필수적인 사회적 기술들이다. 그러나 여전히 자기 중심적 사고를 하기 때문에 성인의 지속적이고 반복적인 지도와 안내, 그리고 인내가 요구된다.

④ 참을성이 생긴다.

자신의 행동이 수용되지 않을 때, 영아들은 자신의 행동 방식을 조금씩 바꾸어 보려는 시도를 한다. 즉 먹고 싶은 것, 하고 싶은 것이 있어도 조금은 참을 수 있게 되는 것이다. 이것은 자신의 욕구를 조절하는 능력이 생겨서라기보다는 다른 사람의 반응을 의식하고 나름대로 상황에 대한 대응 방식을 변화시킨 것이다. 예를 들어 음식점에서 뛰어다니는 행동을 할 경우, 너의 행동으로 인해 다른 사람이 불편해할 수 있고 음식점에서는 앉아서 밥을 먹는 것이 약속이라는 것을 알려 주면, 영아들은 잠시나마 자리에 앉아 있게 된다. 대신 아이가 앉아 있는 동안 할 수 있는 간단한 놀이(색종이, 점토, 블록은 4~5개 정도)를 제공해 주는 것이 좋다. 또한 아이가 긍정적인 모습을 보일 때 적극적으로 칭찬과 격려를 아끼지 않는다.

2) 사회성 발달에 적합한 보육 내용

1, 2세 영아의 사회성 발달에 적합한 보육 내용을, 표준 보육 과정의 사회 관계 영역에서

●표 9-3 │ 표준 교육 과정의 사회 관계 영역

내용 범주	2세 미만	2세
자기 존중	· 자신을 분리된 존재로서 인식하기	· 자신을 다른 사람과 구별하기 · 자신에 대해 긍정적으로 생각하기 · 독립적으로 행동하기
정서 인식과 조절	· 자신의 정서를 느끼고 표현하기	· 자신의 정서를 적절하게 표현하기 · 다른 사람의 정서에 관심 가지기
사회적 관계	· 다른 사람에게 관심 가지기 · 양육자와 애착 형성하기 · 자연 현상 지각하기	· 가족 관계 이해하기 · 또래에게 관심 가지기 · 자신이 속한 집단 알기

(출처: 여성가족부, 2005)

는 〈표 9-3〉과 같이 제시하고 있다.

3) 교사의 역할

• 따뜻하고 민감하게 반응한다. 이름을 불러 주고 긍정적으로 상호 작용함으로써 존중 감을 표현해 준다. 즉 관심을 가져 주고, 인정해 주어 사랑을 느끼도록 해 준다.

• 성공을 통해 성취감을 느낄 수 있는 활동을 제공한다. 즉 영아가 자신의 발달 수준에 맞고 흥미 있는 활동을 성공적으로 수행하면 자신이 유능한 존재임을 깨닫게 되면서 긍정적 자아 개념을 형성할 수 있다.

• 영아가 새로운 또래를 만날 때 옆에 있어 주고 지원해 줌으로써 사회적 관계를 확장시 켜 준다.

• 영아가 스스로 자신을 통제했을 때 언어와 행동으로 격려해 준다(예 그래, 잘 기다려 주 었구나. 참 멋지구나, 친구에게 자동차를 먼저 가지고 놀라고 줬네.).

• 과도한 규칙을 설정함으로써 영아가 좌절감을 겪지 않도록 한다. 허용 가능한 영아의 행동 범주를 정하되 가능한 크게 정해서 커다란 울타리 안에서 영아가 자유를 누리도 록 한다.

• 사회적 상호 작용에 필요한 다양한 기술을 일상 생활과 놀이를 통해 익히고 연습하도 록 계획한다.

• 놀잇감이나 자료를 나누어 쓸 기회를 제공한다.

- 교사가 가끔 영아에게 도움을 요청하여 타인을 도울 수 있는 기회를 제공한다.
- 충분한 양의 자료를 제공하고 놀잇감이나 자료로 인한 분쟁이 일어날 수 있음을 인식하고 그에 대비할 수 있어야 한다.

4) 활동의 예

활동 ❶ 아이 간지러워

활동 목표	신체 접촉을 통하여 친밀감을 향상시킨다.
활동 연령	1세
활동 자료	깃털, 옷감, 봉제 동물 인형
활동 방법	① 영아에게 다가가 배를 만지며 살살 간지럼을 태운다. 　어디 ○○의 배가 어디 있나 보자. 　야! 여기 있구나. 선생님이 만져 봐야지. 　겨드랑이도 간질간질, 발바닥도 간질간질. ② 영아의 반응을 보며 여러 부분을 간질인다. 　(영아들은 조금만 만져도 간지럼을 타므로 심하게 하지 않는다) 　어? ○○의 배를 간질이니까 ○○가 크게 웃네! 　이번에는 OO의 발바닥으로 다가가서 간질간질. 　선생님은 살살 간질이는데 왜 자꾸 웃는 거야, 그만 웃어. 　아이! 자꾸 웃으니까 선생님이 ○○을 번쩍 안아서 웃음나라로 데려가 　야 겠다(안아서 비행기를 태워 준다.)! ③ 여러 가지 촉감의 물건들로 영아를 간질인다. 　깃털로 간질여야지. 손바닥을 보여 주세요. 살금살금. 　곰돌이로 간질여야지. 　선생님 머리카락으로 간질여야지. ④ 이번에는 영아가 교사를 간지럼 태우게 해 본다. 　(영아가 교사의 몸에 손을 조금만 대어도 움츠리며) 아이, 간지러워.

(출처: 이원영 · 이영자 · 박찬옥 · 조형숙, 2001)

활동 ② 로션 발라 주기

활동 목표	로션의 냄새와 촉감을 느껴본다.
	로션을 발라 주고 상대방의 얼굴을 쓰다듬으며 애정을 표현한다.
활동 자료	로션, 안전 거울
활동 연령	1세
활동 방법	① 세수를 하고 난 뒤 영아의 손 위에 로션을 조금 떨어뜨린다.

세수를 하고 나니까 ○○가 얼굴이 깨끗해졌구나.

로션을 발라 볼까?

② 손으로 로션을 만져 보고 발라 보게 한다.

손가락으로 한번 만져 보렴. 느낌이 미끈미끈하지?

이렇게 손을 비벼서 예쁜 ○○이 얼굴에 발라 보자.

③ 선생님의 볼에 로션을 발라 보게 한다.

○○야, 선생님 얼굴에도 로션 발라 줄래?

○○가 로션을 발라 주니 얼굴이 보들보들해졌네.

④ 거울을 보여 주며 사랑을 느끼도록 말한다.

○○야, 참 예쁘구나.

얼굴이 부드러워졌네.

(출처: 여성가족부, 2007)

활동 ③ 장난감 나누어 쓰기

활동 목표	또래와 긍정적인 상호 작용을 해 본다.
	놀이 시간에 순서가 있고 장난감을 함께 나누어야 함을 안다.
활동 자료	없음
활동 연령	2세
활동 방법	① 하루 일과 중 친구와 장난감으로 갈등 상황이 일어날 때 교사가 적절하게 개입한다.

○○야, 기차 가지고 재미있게 놀고 있는데 △△가 가져 가서 속상했구나.

친구의 장난감을 가지고 놀고 싶을 때에는 어떻게 하지?

② 영아가 자신의 입장과 느낌을 표현할 수 있도록 한다.

△△야, 친구도 퍼즐을 가지고 놀고 싶은가 봐.

이럴 땐 어떻게 해야 할까?

○○에게 같이 놀이하자고 이야기해 볼까?

③ 친구와 장난감을 나누어 쓰는 긍정적인 경험을 할 수 있도록 갈등 상황 때마다 지속적으로 적절한 상호 작용을 해 준다.

○○가 △△에게 기차를 양보했구나.

○○야, 싸우지 않고 △△에게 기차를 양보했더니 기분이 어떠니?

다른 장난감은 또 무엇이 있는지 한번 살펴볼까?

(출처: 여성가족부, 2007)

2. 영아의 정서 발달

여러 가지 감정을 표현하게 된 영아는 점차 자신의 내면에서 발생하는 정서를 인식하게 된다. 그러나 아직 자신의 정서를 조절하고 다른 사람의 감정을 읽어 내는 능력은 부족하다. 이 시기 정서 발달 측면에서의 주요 과제는 자기 정서 인식하기, 타인의 정서 이해하고 반응하기, 자신의 정서를 상황에 맞게 표현하기 등이다.

1) 정서 발달 특징

(1) 1세 영아

12개월이 지나면 영아들은 여러 가지 감정을 표현할 수 있게 된다. 무서운 것도 알고 자신의 욕구가 저지되면 화를 내기도 한다. 이 시기는 감정 기복이 심하고 자아 개념이 형성되는 시기이다.

① 감정 기복이 심하고 극단적인 정서를 반복적으로 표출한다.

자신의 의지대로 움직이고 이동이 자유로운 영아는 기쁨을 가장 많이 느끼지만 잘 토라지기도 하고 잘 울기도 한다. 좋고 싫음을 분명하게 표현할 수 있는 1세 영아는 강한 행동으로 자신의 정서를 표현한다. 기분이 좋으면 크게 웃고, 좌절감을 느끼면 소리를 지르거나 울다가 다시 크게 웃는 극단적인 정서를 반복하여 나타낸다. 영아가 나타내는 부정적인 정서는 야단치거나 억누르지 말고 있는 그대로 인정해 주어야 한다. 즉 "ㅇㅇ가 화가 났구나, 슬프구나, 왜 그럴까?"라고 받아 주고 영아의 감정을 말로 표현해 주면서 자신의 감정을 인식할 수 있도록 도와야 한다.

② 자아 개념이 생긴다.

거울에 비친 자기 모습을 알아볼 수 있고 사진 속에 있는 자신의 모습을 다른 사람과 구별해 낼 수 있다. 자신의 의지대로 움직이고 원하는 것을 이루면 자신이 유능한 존재라고 여기게 되면서 긍정적 자아 개념을 형성한다. 반면 원하는 것이 제대로 성취되지 않고, 자신의 욕구가 좌절되는 것을 경험하면 분노를 느끼게 된다. 따라서 영아 스스로 할 수 있는 일은 시간이 걸리더라도 혼자 해 볼 수 있는 기회를 제공해서 선택하고 성취하는 기쁨을 맛보게 해야 한다.

(2) 2세 영아

자율성과 의존성을 동시에 보이는 2세 영아들은 자신이 원하는 것을 항상 이룰 수 없음으로 인해 좌절이나 분노를 경험하게 되고, 양육자가 자신이 원하는 대로만 해 주지 않는 분리된 사람이라는 것을 깨닫게 되면서, 의존과 독립의 욕구 사이에서 갈등을 겪기도 한다.

기분이 좋아서 깔깔거리며 웃다가도 갑자기 화를 내거나 크게 울기도 하고, 양육자와 떨어지지 않으려고 하는 등 다루기 힘든 '미운 두 살'의 시기이다.

① 자신의 감정을 강하게 표현한다.

자신의 감정을 다른 사람이 알아주기를 원하며 감정의 기복이 심해서 금방 울다가 웃기도 한다. 다른 사람을 기쁘게 하려고 친밀함을 표시하기도 하고 질투심도 보인다.

② 부정적 표현이 많다.

2세 영아들은 '아니야.' '싫어.' '안 해.' 등의 부정적 표현을 많이 사용한다. 이것은 독립심이 점차 증가하고 있음을 보여 주는 것으로, 자신이 주변 세계를 통제하려는 욕구를 드러내기도 한다. 자신의 힘을 과시하기 위하여 일부러 거절하거나 고집을 부리기도 하며 공격적 행동을 하기도 한다.

③ 떼를 쓰거나 고집을 부린다.

고집과 자기 주장이 생긴 2세 영아들은 원하는 것은 무엇이든 이루고자 한다. 만약 자신의 의사를 제대로 표현할 수 없거나, 제대로 수용되지 않았다고 판단되면 떼를 쓴다. 특히 '소유'와 관련된 것들이 많고, 자조 기술(옷 입기, 신발 신기, 세수하기, 밥 먹기 등)에서 "나 혼자, 내가!"라고 하면서 고집을 부린다. 교사는 떼를 쓰거나 고집을 부리는 아이에게 "울지 말고 말로 해 보자.", "네가 울면서 말하면 선생님은 무슨 뜻인지 잘 몰라.", "자동차를 가지고 싶은 거니?", "그럼, 자동차 주세요, 해 봐.", "그래, 말로 잘 하는구나."라고 하면서 자신의 감정을 말로 표현하도록 도와야 한다.

④ 상황에 맞는 감정을 나타내기 시작한다.

주변 상황을 인식하는 능력과 다른 사람에게 잘 보이려는 욕구가 결합되어 좋은 행동으로 표현되기도 한다. 이러한 격려와 인정은 더 좋은 행동을 이끌어 내는 원동력이 되기도 하고, 성공적 관계 맺기는 곧 다른 사람에 대한 신뢰감으로 연결된다.

2) 정서 발달에 적합한 보육 내용

1, 2세 영아의 정서 발달에 적합한 보육 내용을 표준 보육 과정의 예술 경험 영역에서는 〈표 9-4〉와 같이 제시하고 있다.

●표 9-4 │ 표준 보육 과정의 예술 경험 영역

내용 범주	2세 미만	2세
심미적 경험	· 소리, 움직임, 시각적 자료에 호기심 가지기	· 주변 환경의 예술적 요소 탐색하기
예술적 표현	· 리듬 있는 소리로 반응하기 · 몸 동작으로 반응하기 · 모방 행동 즐기기 · 단순한 미술 경험 시도하기	· 리듬 있는 소리, 노래, 춤으로 표현하기 · 모방과 단순한 가작 놀이하기 · 단순한 미술 활동 즐기기
예술 감상	· 소리나 노래 즐겨 듣기 · 주변의 아름다움 경험하기	· 주변 환경 속의 예술적 요소에 관심 가지고 즐기기

(출처: 여성가족부, 2005)

3) 교사의 역할

- 영아가 다양한 정서를 표현할 수 있는 여러 가지 흥미 있는 자료를 제공한다(인형, 역할 놀이, 블록, 점토, 신체 놀이 등).
- 영아와의 따뜻하고 긍정적인 상호 작용을 통해 긍정적인 정서를 경험하게 한다.
- 영아가 집중하거나 즐겁게 하고 있는 활동을 중단해야 할 때는 미리 말해 줌으로써 마음의 준비를 하도록 한다.
- 영아가 경험하는 다양한 정서의 원인을 파악하고 적절한 반응을 해 준다.
- 영아가 자신의 정서를 강하게 표출하면, 일단 영아의 감정을 수용해 준다.
- 정적인 놀이와 동적인 놀이의 균형을 맞추어 주고, 동적인 활동을 통해 정서를 표현할 수 있도록 돕는다(예 신체 놀이하기, 바깥 놀이하기).
- 영아의 상상 이야기를 들어 주고, 영아가 두려움을 느끼는 경우 교사가 영아를 안심시켜 준다(예 그래, 정말 무섭겠구나, 선생님이 네 옆에 있어 줄게.).
- 영아가 하루 일과에 잘 적응하고 다음 상황을 예측할 수 있도록 규칙적이고 일관성 있는 일과를 제공한다.
- 영아의 행동에 대한 인정 여부를 표현하기 위해 교사는 얼굴 표정이나 몸짓, 말 등을 이용한다. 영아들은 교사의 반응을 토대로 자신의 정서를 조절하기도 한다.
- 영아기에는 극단적인 감정이 표출되고, 감정 기복이 심하며 부정적 표현이 많다는 것을 이해하고 있어야 한다.

4) 활동의 예

활동 ❶ 얼굴 표정 만들기

활동 목표	다양한 표정을 교사와 주고받으며 서로의 감정을 이해한다.
	표정을 보고 기분을 알 수 있다.
활동 자료	영아의 얼굴을 전체적으로 볼 수 있는 손거울
활동 연령	1세
활동 방법	① 단어나 말의 종류와 빈도가 급격히 증가하는 이 시기 영아들은 혼잣말을 많이 하고 논다. 영아들의 '혼잣말'을 가만히 듣고 있다가 그대로 따라 한다.

(교사의 소리를 듣고 영아가 놀란 눈을 하면) 재미있는 소리구나!

다른 소리를 내 볼래?

이번엔 선생님 따라해 봐.

② 얼굴 모양을 다양하게 만들어 보이면서 따라해 보게 한다.

선생님이 내는 소리를 잘 따라하는구나,

그럼 이번엔 얼굴 모양을 만들어 보자.

눈을 크게 떠 보자. 선생님처럼.

볼에 바람을 잔뜩 넣어 볼게.

선생님은 화났다(무서운 표정을 지으며). ○○도 화났네!

(환한 표정을 지으며) 선생님은 즐겁고 기쁘다.

③ 영아들이 모방하기 쉽도록 말과 표정을 함께 보여 주면서 따라해 보도록 한다.

④ 영아들이 활짝 웃을 때는 웃는 표정을 칭찬해 주어 자주 웃게 한다.

(영아 얼굴을 두 손으로 만지며) ○○가 웃으면 선생님 마음이 아주 환해

지는 것 같아.

(몸을 꼭 껴안아 주면서) 웃는 표정이 정말 예뻐.

(출처: 이원영 · 이영자 · 박찬옥 · 조형숙, 2001)

활동 ❷ 내 거야!

활동 목표	인형극 상황을 통해 상황을 인식하고 문제 해결 방법에 대해 생각해 본다. 놀잇감 사용하는 순서를 기다려 놀이한다.
활동 연령	2세
활동 자료	손인형 2개
활동 방법	① 교사는 두 개의 인형으로 놀잇감을 빼앗고 싸우는 인형극을 보여 준 후 문제 가 무엇인지 영아에게 질문한다.

　　　○○ 친구는 왜 소리 지르며 울고 있을까?

　　　두 친구가 서로 인형을 가지겠다고 하는데 어떻게 하면 좋을까?

② 영아가 말한 해결 방안대로 인형극을 통해 상황을 보여 준다.

　　　"△△는 놀이가 끝날 때까지 □□가 기다리고 양보하면 함께 놀이

　　　할 수 있다고 그러는구나.

　　　○○야, 먼저 놀아. 난 좀 기다릴게.(상황극)

응, □□야, 고마워 조금만 놀고 줄게.(상황극)

두 친구가 빨간 자동차를 가지고 함께 놀이하는 모습을 보니 어떠니?

③ 적절한 해결안이 제시된 후 영아에게 인형의 집에 초대하여 마무리한다.

△△이가 도와줘서 우리 둘 다 빨간 자동차를 가지고 놀 수 있게 되었어. 고마워~.(상황극)

△△이도 빨간 자동차를 가지고 함께 놀이해 볼까?(상황극)

[유의 사항]
- 영아들끼리 인형 놀이를 할 수 있도록 상황 인형을 언어 영역에 제시한다.
- 또 다른 상황을 제시하여 영아들이 반응할 수 있도록 한다.
- 영아와 상호 작용을 할 때 긍정적인 해결 전략을 사용해야 한다.
- 자신의 주장도 할 수 있게 도와주는 것뿐만 아니라 비폭력적으로 자신의 생각을 말하는 방법을 배우게 하는 것이 중요하다.

(출처: 여성가족부, 2007)

1 영아기 인지 발달의 특징을 나타낸 것은?

① 지연 모방   ② 내러티브
③ 형식적 사고   ④ 타인 중심적 논리

|정답| ①

|해설| 기억력이 발달한 영아는 조금 지난 일을 기억하여 놀이에서 재현하는 지연 모방 능력을 보여 준다.

2 영아들끼리의 놀잇감 소유와 관련된 분쟁을 예방할 수 있는 방법은 무엇입니까?

|정답| 영아들은 자기 물건에 대한 소유욕이 강하므로 놀잇감 공유가 어렵다. 그러므로 영아들이 흥미를 느끼는 놀잇감은 영아 수만큼 준비해 주는 것이 좋다.

3 영아와의 상호 작용을 설명한 것입니다. 적절하지 <u>못한</u> 문항을 고르십시오.

① 무작정 떼를 쓰는 영아에게는 말로 표현할 것을 요구하며 차분히 대처한다.
② 영아의 질문에는 성의껏 영아 수준에 맞게 대답해 준다.
③ 영아가 발음이나 문장을 불완전하게 사용하면 그 자리에서 즉시 수정해 주어야 한다.
④ 영아가 부정적 정서를 나타내더라도 수용해 주어야 한다.

|정답| ③

|해설| 영아가 사용한 즉시 발음이나 문장을 수정해 주게 되면 영아는 수치심을 느껴 말하는 것을 기피할 수도 있다. 오히려 일상 생활이나 놀이에서 자연스럽게 완전한 발음과 문장을 반복적으로 들려주 어야 한다.

4 영아기 사회성 발달의 특징을 나타낸 것은?

① 또래에 관심이 많아서 금방 어울려 사이좋게 놀이할 수 있다
② 자아 개념이 발달하면서 자기 주장이 강하다.
③ 다른 사람의 관심의 대상이 되려는 마음이 아직 없다.
④ 자신의 생각을 언어화시키며 순서를 잘 기다린다.

|정답| ②

|해설| 영아는 자신이 독립적이고 의지가 있는 존재임을 증명하고자 노력하며, 그 과정에서 자기 주장과 고집이 강해진다.

1 영아기 인지 발달의 특징

첫째, 적극적인 탐색과 조작, 시행착오 행동을 통해 원인과 결과를 추론하는 표상적 사고 능력이 발달한다.

둘째, 지연 모방을 하고 상징을 사용하며 상상 놀이가 시작된다.

셋째, '왜'라는 질문이 많아진다.

2 영아기 언어 발달의 특징

첫째, 한 단어 시기에서 전보식 언어를 사용하는 시기로 변화해 간다.

둘째, 표현 언어보다 수용 언어가 많고 간단한 지시 사항을 수행할 수 있다.

셋째, 자신의 생각을 언어화시키는 데 시간이 걸린다.

넷째, 운율이 있는 동요나 동시, 동화를 즐긴다.

다섯째, 초보적 긁적거리기가 시작된다.

여섯째, 놀이 중에 혼잣말을 한다.

3 영아기 사회성 발달의 특징

첫째, 또래에 대한 관심이 많지만 사회적 기술이 미숙하여 상호 작용이나 놀이가 활발하게 이루어지지 않는다.

둘째, 자아 개념이 발달하면서 자기 주장과 고집이 세어진다.

셋째, 다른 사람의 관심의 대상이 되기를 원하고 칭찬받으려고 노력한다.

넷째, 사물이나 놀잇감의 공유가 어렵고 순서 기다리는 것을 힘들어한다.

4 영아기 정서 발달의 특징

첫째, 감정 기복이 심하고 자신의 정서를 극단적으로 표현한다.

둘째, 떼를 쓰거나 고집을 부린다.

셋째, 부정적인 표현이 많다.

넷째, 다른 사람의 정서를 인식하게 되면서 차츰 상황에 맞는 정서를 표현한다.

5 교사의 역할

첫째, 교사는 각 발달 영역에서 영아가 나타내는 발달 특징을 이해해야 한다.

둘째, 교사는 최적의 발달을 지지해 주기 위해 여러 가지 흥미 있는 자료와 환경을 구비해 주어야 한다.

넷째, 영아와의 따뜻하고 민감한 상호 작용을 통해 영아가 존중받고 있다고 느끼도록 해야 한다.

다섯째, 교사와의 긍정적인 상호 작용은 영아가 긍정적 자아 개념을 형성하도록 도우며, 다른 사람과의 관계에서 발생하는 다양한 정서를 다루는 모델이 된다.

서울특별시(2005). 영아 보육 프로그램.

여성가족부(2005). 표준 보육 과정 연구.

여성가족부(2007). 1세 보육 프로그램.

여성가족부(2007). 2세 보육 프로그램.

이원영 · 이영자 · 박찬옥 · 조형숙(2001). 영아의 애착 형성을 도와주세요. 다음세대.

http://children.seoul.go.kr/ 서울시 보육정보센터

제 *10* 장

발달에 적합한
유아 보육의 이해

이 장에서는 발달에 적합한 유아 보육의 개념을 이해하고, 만 3~5세 유아들에게 적합한 보육을 실천할 수 있는 기틀을 마련한다.

01 발달에 적합한 실제의 기본 신념과 이를 구성하는 데 필요한 기초 지식을 이해한다.

02 발달에 적합한 실제에서 유아의 발달과 학습의 원리를 안다.

03 3~5세 유아들에게 적합한 유아 보육의 실제를 안다.

• 발달에 적합한 실제 아동 발달 지식에 기초하여 유아 보육·교육 프로그램과 관련된 의사 결정을 이루는 하나의 철학으로, 유아 보육·교육 실제에 관한 적절하고 사려 깊은 의사 결정을 하기 위해 유아에 대해 알고 있는 것을 적용하는 것이다.

• 아동 발달 지식 유아 발달과 학습에 대한 일반적 지식, 각 유아의 독특한 욕구(needs), 흥미(interests), 강점(strengths)에 대한 지식, 유아가 속한 사회 문화적 맥락에 대한 지식을 말한다.

• 연령의 적합성 유아가 속한 연령 집단의 발달 수준과 특성에 맞게 보육 과정을 운영하는 것을 말한다.

• 개인적 적합성 보육 과정 운영 시 영유아의 개인차, 다양성을 수용하고 민감하게 반응해 주는 것이다.

• 사회·문화적 적합성 개별 유아 및 그 가족이 지닌 가치, 신념, 전통, 문화 등에 적합해야 하며, 그들에게 의미 있고, 관련 있고, 존중될 수 있는 학습 경험을 제공해 주는 것이다.

• 근접 발달 영역(ZPD) 유아가 혼자 과제를 수행할 수 있는 실제적 발달 수준과 보다 능력이 있는 또래나 성인의 도움으로 해낼 수 있는 잠재적 발달 수준 간의 간격을 말한다.

진단 문제	○	×
1 발달적 적합성(Developmental Appropriateness)의 개념은 연령과 개인차에 대한 적합성은 포함하지만 사회 문화적 적합성은 포함하지 않는다.		V
2 유아는 신체적 욕구가 충족되고 안전하며, 가치있는 존재로 여겨지고 심리적으로 안정감을 느낄 때, 최적의 발달이 이루어지며 가장 잘 학습할 수 있다.	V	
3 발달 적합성을 고려하는 보육자는 어떤 문제나 갈등이 일어났을 때에만 부모와 의사 소통한다.		V

해설

01 발달적 적합성(Developmental Appropriateness)의 개념은 연령에 대한 적합성과 개별·문화 적합성을 포함한다.

02 유아는 신체적 욕구가 충족되고 안전하며, 가치있는 존재로 여겨지고 심리적으로 안정감을 느낄 때, 최적의 발달이 이루어지며 가장 잘 학습할 수 있다.

03 발달 적합성을 고려하는 보육자는 어떤 문제나 갈등이 일어났을 때에만 부모와 의사 소통하는 것이 아니라 부모들과 공동의 책임자로서 함께 일하며 가정과 보육 기관 간의 일관성 있는 지도와 이해를 위해 정기적으로 모임을 가지고 서로 대화와 정보를 나눈다.

1 발달에 적합한 실제

1. 발달에 적합한 실제의 개념

1) 발달에 적합한 실제의 정의

발달에 적합한 실제(DAP: Developmentally Appropriate Practice)란 유아에 대해 알고 있는 것에 기초하여 유아를 위한 프로그램을 고안하는 것, 유아의 발달과 학습에 대한 지식을 어떻게 실제에 적용하는지에 대한 내용이다(Bredekamp & Copple, 1997). DAP란 교육 실제를 기술하는 엄격한 일련의 기준이나 교육 과정이 아니라 하나의 유아 교육 접근, 개념적 준거, 철학이다(Bredekamp & Rosegrant, 1997). 즉 발달에 적합한 실제란 아동 발달 지식에 기초하여 유아 교육 프로그램과 관련된 의사 결정을 이루는 하나의 철학으로, 유아 교육 실제에 관한 적절하고 사려 깊은 의사 결정을 하기 위해 유아에 대해 알고 있는 것을 적용하는 것이다.

발달에 적합한 실제는 아동 발달과 학습에 대한 지식, 집단 내의 유아 개개인에 대한 지식, 아동의 사회적, 문화적 맥락에 대한 지식 등을 포함한다.

첫째, 아동 발달과 학습에 대한 지식: 특정 연령 내에서 어떤 활동, 재료, 상호 작용, 경험이 안전하고, 건강하고, 흥미 있고, 성취할 수 있고, 도전적인가에 대해 일반적인 예측을 가능하게 하는 아동의 연령별 특성에 대한 지식을 알아야 한다.

둘째, 집단 내 유아 개개인의 강점, 흥미, 요구에 대한 지식: 아동 개인마다 차이가 있다는 것을 알고 이러한 개인차에 대해 적절하게 반응하고 적응할 수 있어야 한다.

셋째, 아동이 살고 있는 사회적, 문화적 맥락에 대한 지식: 학습 경험이 의미 있고, 관련 있고, 함께하는 아동과 가족들에 대해 존중할 수 있어야 한다.

2) 발달적 적합성의 의미

발달적 적합성(Developmental Appropriateness)이란 연령의 적합성과 개인적 적합성, 사회 문화적 적합성의 세 가지를 포함한다.

첫째, 발달에 적합한 실제는 연령에 적합해야 한다. 출생부터 8세까지 유아기에 이루어지는 성장과 변화에는 보편적이고 예측 가능한 단계가 있으며, 이러한 예측 가능한 변화는 그 시기의 유아에게 안전하고 흥미로우며 도전적인 활동, 놀잇감, 경험이 무엇인지 예상할 수 있도록 도와준다. 연령의 적합성이란 유아가 속한 연령 집단의 발달 수준과 특성에 맞게 보육 과정을 운영하는 것을 의미한다.

둘째, 발달에 적합한 실제는 개인에게 적합해야 한다. 집단 속에 있는 개별 유아는 모두 각기 다른 발달 능력과 흥미, 요구, 기질을 가지고 있다. 개인적 적합성은 교육 과정 운영 시 이러한 영유아의 개인차, 다양성을 수용하고 민감하게 반응해 주는 것을 의미한다.

셋째, 발달에 적합한 실제는 사회 문화적으로 적합해야 한다. 유아의 발달과 학습은 그들이 속한 다양한 사회 문화적 맥락에 의해 영향을 받는다. 사회 문화적 적합성이란 개별 유아 및 그 가족이 지닌 가치, 신념, 전통, 문화 등에 적합해야 한다는 것을 의미하며, 그들에게 의미 있고, 관련 있고, 존중될 수 있는 학습 경험을 제공해 주는 것을 의미한다.

2. 발달과 학습의 원리

유아의 발달과 학습은 다음에 제시한 몇 가지 원리에 따라 이루어진다. 이 원리들은 미국유아교육협회(NAEYC)에서 발달에 적합한 실제를 구성할 때 적용된 것이다.

① 아동의 신체적, 사회적, 정서적, 인지적 발달 영역은 긴밀하게 관련되어 있으므로 발달 영역들 간에는 상호 영향을 준다.

한 영역에서의 발달은 다른 영역의 발달을 촉진하거나 제한한다. 예를 들면, 아기가 기거나 걸을 때 세상을 탐색하는 능력이 확장되고 이러한 운동성은 인지 발달에 영향을 미친다. 이와 같이 아동의 언어 기능은 성인의 사회적 상호 작용 능력에 영향을 미치고, 이러한 사회적 상호 작용 기술이 아동의 언어 발달을 지원할 수도, 저해할 수도 있다. 발달적 영역이 서로 긴밀한 관계를 맺고 있기 때문에 교육자들은 아동이 모든 영역에서 최적의 발달이 일어날 수 있도록 돕고, 영역들 간에 의미 있게 연결될 수 있도록 학습 경험을 조직해야 한다.

② 발달은 비교적 규칙적인 순서대로 일어난다. 새롭게 발달되는 능력이나 기능, 지식은 이미 발달된 것에 기초하여 일어난다.

예측할 수 있는 변화가 발달의 모든 영역에서 일어난다. 특정 연령대에서의 전형적인 발달에 대한 지식은 보육자가 학습 환경을 준비하고, 실제 교육 과정, 목적, 목표, 적합한 경험의 계획을 안내하는 일반적인 틀을 제공한다.

③ 발달은 아동들마다 다른 속도로 진행되고, 아동마다 다른 영역 내에서는 고르지 않게 진행된다.

아동 개개인은 개인적인 패턴, 성장 시간, 성격, 기질, 학습 유형, 경험적 배경, 가정 배경 등을 가진 독특한 개성을 지닌 존재이다. 모든 아동들은 그들 자신의 강점, 요구, 흥미를 가진다. 어떤 어린이들은 특수 학습과 발달적 요구, 능력을 가진다.

같은 연령에서도 많은 차이가 있는 것을 볼 때 유아의 연령은 단지 발달적 성숙에 대한 기초적인 지표로만 인식되어야 한다. 개인적 다양성은 교육 과정과 성인과의 상호 작용에 있어서도 개별화될 것을 요구한다. 개인적 적합성에 대한 강조는 '개인주의'와 같은 것이 아니라 개개인의 차이를 인정하고 모든 아동이 미리 설정된 기준에 맞게 수행하도록 기대하지 않아야 한다.

④ 유아기의 경험은 개개인의 아동 발달에 누적적이고 지연되는 효과를 가진다. 즉 발달과 학습의 특정한 유형에는 최적기가 있다.

긍정적이거나 부정적인 경험이 자주 일어난다면 그것은 강력하고 오래 지속되고, '눈덩이'처럼 누적적인 효과를 가지게 될 수 있다. 예를 들면, 유아 교육 기관에서 다른 아이들과의 사회적 경험은 초등학교에서 친구를 만드는 사회적 기술과 자신감을 발달시키는 데 도움이 되고 나아가서는 이러한 경험들이 아동의 사회적 능력을 향상시킨다. 반대로, 최소한의 사회적 능력조차 발달시키지 못하거나 또래들에 의해 무시, 거부당한 유아들은 퇴학, 비행, 성인기에 정신 건강상 문제를 경험하게 될 위험에 빠지게 된다.

⑤ 발달은 예측할 수 있는 방향으로 더욱 복잡화, 조직화, 내면화되는 과정을 거친다.

영유아기 동안의 학습은 행동적 지식에서 상징적 또는 표상적 지식으로 진전된다. 예를 들면, 아동은 집이나 다른 익숙한 장소를 걸어 다니며 탐색함으로써 '왼쪽', '오른쪽'과 같은 단어나 지도 읽는 법을 배우게 된다. 발달에 적합한 프로그램은 유아들에게 다양한 직접 경험을 제공하고 유아들을 도와줌으로써 행동적 지식을 확장시키고 깊이 있게 한다. 그렇게 함으로써 다양한 매체를 통해 그들의 경험을 표상(그리고, 칠하고, 구성하고, 극화 활동을 하고, 말이나 글로 기술)함으로써 상징적 지식을 습득하도록 한다. 2세까지 유아들은 놀이를 하는 동안 한 물체가 다른 것으로 표상되도록 사용한다. 예를 들면 블록을 전화로, 숟가락을 기타로 사용하는 것이다.

⑥ 발달과 학습은 복합적인 사회적, 문화적 맥락에서 일어나고, 이들에 의해 영향을 받는다.

브론펜브렌너(Bronfenbrenner)는 인간의 발달을 이해하는 데 생태학적 모델을 제시하였다. 즉 아동 발달은 가정, 교육적 환경, 지역 사회, 더 큰 사회의 사회 문화적 맥락에서 가장 잘 이해된다는 것이다. 예를 들면, 건강한 지역 사회 내에서 사랑받고 지원적인 가정에서 자라는 아동조차도 인종 차별, 성 차별과 같은 사회의 편견에 의해 악영향을 받게 되고, 부정적인 고정 관념이나 차별 의식이 형성될 수 있다.

⑦ 아동은 능동적인 학습자이다. 즉 직접적인 물리적, 사회적 경험, 문화적으로 전해져 내려온 지식을 끌어내어 그들의 주변 세계에 대한 이해를 구성한다.

물리적 경험이란 구체물을 사용하는 직접 경험을 통해 학습되는 것으로서 유아들을 물리적 지식에 노출시키는 것을 포함한다. 즉 공기 중으로 던진 공이 아래로 떨어지는 것을 관찰하는 것과 같은 것이다. 사회적 경험이란 문화적으로 습득되고 전해져 온 지식을 포함하는 것으로서 세상에서 생활하면서 유아들에게 필요한 사회적 지식에 노출시키는 것을 포함한다. 예를 들면, 아동은 그들의 이해를 다양한 기호를 통해 점차적으로 구성해 간다. 탄생에서부터 아동은 그들의 경험으로부터 지식을 이해하게 되고 이러한 이해는 사회 문화적 맥락에 의해 중재되고 연결된다. 유아들은 다른 유아들이나 성인들을 관찰하고 활동에 참여함으로써 학습하게 된다. 아동들은 그들 자신의 가설을 만들고, 그 가설을 사회적 상호 작용, 신체적 조작, 관찰하고, 회상하고, 질문하고, 답을 구성하는 사고 과정을 통해 실험해 본다. 아동은 사물, 사건, 다른 사람들과의 상호 작용을 통해 그들의 경험으로부터 얻은 지식을 더욱 깊이 있게 이해할 수 있도록 돕는다.

⑧ 발달과 학습은 생물학적 성장과 아동이 살고 있는 물리적, 사회적 세계를 포함하는 환경의 상호 작용에 의해 일어난다.

인간은 유전과 환경의 산물이고 이들은 상호 관련되어 있다. 예를 들면, 어린이의 유전적 체질로 봐서는 건강한 성장을 예측할 수 있지만 어린 시절의 부적합한 영양이 그러한 잠재력을 실현시키지 못할 수 있다. 반면 유전적이든 환경에 의해서든 아주 심각한 장애가 체계적이고 적합한 개입에 의해 개선될 수도 있는 것이다.

⑨ 놀이가 아동의 사회적, 정서적, 인지적 발달, 발달의 반성에 중요한 매개가 된다.

놀이는 유아들이 세계를 이해하고, 사회적인 방법으로 타인과 상호 작용하고, 감정을 조절하고, 상징적 능력을 발달시킬 기회를 제공한다.

3~6세 유아들에게는 사회 극화 놀이가 매우 중요하다. 보육자가 놀이를 위해 주제의 조직을 제공하고, 적합한 도구, 공간, 시간을 제공하며, 유아의 아이디어를 확장하고 정교하게 함으로써 놀이에 참여할 때 아동의 언어와 문해 능력이 향상된다. 유아들은 상징 놀이

를 할 때 그들의 아이디어, 생각, 느낌을 표현하고 표상한다. 놀이를 하는 동안 감정에 대처하는 것을 배우고 다른 사람과 상호 작용하며, 갈등을 해결하고 자신감을 얻으며, 상상력과 창의성이 발달된다. 그러므로 아동이 중심이 되고 보육자가 지원하는 놀이는 발달에 적합한 실제의 중요한 요소가 된다.

⑩ 발달은 아동이 현재의 숙달 수준을 넘어서 도전하는 경험을 할 때뿐만 아니라 새롭게 습득된 기술을 연습할 기회를 가질 때 향상된다.

발달과 학습은 성인이 발달의 연속을 이해하고 유아는 그들의 능력, 요구, 흥미에 교육 내용과 교육 방법이 적합한가를 잘 관찰하고, 유아들 개개인의 근접 발달 영역(ZPD) 내에서 좌절하지 않고 도전할 수 있는 교육 경험을 가질 수 있도록 도와야 한다.

⑪ 아동들은 다양한 양식으로 학습할 뿐만 아니라 다양한 방법으로 그들이 아는 것을 표상한다.

인간은 세상을 다양한 방법으로 이해하며, 학습에 있어서도 개개인이 선호하고 본인에게 강한 양식이 있다. 가드너(Gardner, 1983)는 이러한 개념을 인간의 7가지 마음의 틀(seven frames of mind)로 정리하고, 이에 따른 7가지 지능을 설명하고 있다. 언어적 지능, 음악적 지능, 논리-수학적 지능, 공간적 지능, 신체-운동적 지능, 개인적 지능, 개인 간 지능이 있고 개인에 따라 어떤 분야에서 우세나 열세를 보인다는 것이다.

말라구치(Malaguzzi, 1993)는 아동의 이러한 다양성을 '100가지 언어'로 표현하고 있다. 어린이들이 이해하는 것을 표상하는 과정은 보육자의 도움으로 그들이 이해하는 것을 더욱 깊이, 더욱 넓게 확장시킬 수 있다. 따라서 보육자는 아동이 그들 자신이 선호하는 양식으로 그들의 강점을 잘 활용하여 학습할 수 있도록 많은 기회를 제공할 뿐만 아니라, 개개인의 약한 지능 영역이나 양식에서도 발달이 일어나도록 돕는 기회를 제공해야 한다.

⑫ 아동은 안전하고 존중되며, 신체적 요구가 충족되고 심리적 안정을 느낄 수 있는 지역 사회의 맥락에서 가장 잘 발달하고 학습할 수 있다.

현대 사회에서는 아동의 신체적 건강과 안전이 위협받는 경우가 많다. 유아 교육 프로그램은 적합한 건강, 안전, 영양을 제공해야 할 뿐만 아니라 신체적, 정신적 건강과 사회 서비스와 같은 포괄적인 서비스를 보장할 수 있어야 한다.

2 3~5세 유아를 위한 유아 보육의 실제

1. 최상의 유아 보육 실제
(*DAP: Guidelines for the Best Practices, Krogh(1997) 참조)

1) 보육 과정

발달적으로 적합한 유아 보육 과정은 집단을 구성하고 있는 유아들의 연령 범위에 적합하도록 고안되어야 하고, 대상 유아들의 다양한 발달 수준과 흥미 정도, 욕구 등을 고려하여 실행하여야 한다.

① 유아기 학습은 분리된 교과목으로 협소하게 정의될 수 없다. 유아의 발달과 학습은 통합되어 이루어지므로 유아의 자연스러운 발달과 흥미 수준, 욕구, 학습 과정을 반영한다. 신체·사회성·언어·인지 등 유아의 모든 발달 영역에 걸쳐 통합되어 구성된다.

② 적절한 보육 과정 계획은 각 유아의 연령별 발달 특성에 관한 보육자의 지식과 유아의 개별적 특성에 대한 관점에 기초한다. 유아의 특별한 흥미와 발달 진보에 대한 관찰 자료와 기록을 참고한다.

③ 유아를 위한 학습과 보육 과정은 상호 작용적 과정으로서 강조되고 계획된다. 따라서 보육자는 주어진 과제의 완성이나 성공보다는 유아가 또래나 성인, 교재·교구들과 적극적으로 상호 작용할 수 있는 풍부한 환경을 준비한다.

④ 구체적이고 실제적이며 유아의 생활과 밀접한 연관성을 가지는 학습 활동 내용과 교재·교구들을 제공해 준다.

⑤ 유아의 능력과 흥미 수준이 다양하므로 개별 유아의 발달 단계와 흥미에 맞는 다양하고 포괄적인 집단 구성이 요구된다. 보육자가 예기치 못한 유아의 요구를 충족시켜 줄 준비가 되어 있다.

⑥ 보육자는 유아의 발달 과정을 관찰함으로써 활동을 제공할 때 도전성, 복잡성, 난이도 등을 적절하게 조절해 준다.

예를 들어 3세 유아를 위한 보육 과정은 언어 활동과 움직임을 강조하고, 특히 대근육 활동에 중점을 둔다. 극화 놀이, 바퀴 달린 놀잇감과 기어오르기, 퍼즐과 책들, 그리고 간단한 이야기를 말하고 듣기와 같은 경험을 주는 활동들이 이 시기에 적합한 활동이다.

4세 유아는 다양한 경험을 즐기며 가위질하기, 작업·조작하기, 요리하기와 같은 소근육 활동을 즐긴다. 그들은 형태, 색, 크기 등에 의해 물체를 인식할 뿐만 아니라 기억력도 증대된다. 4세아는 기본적인 수개념과 문제 해결 기술 등도 발달된다.

4세 후반에서 5세경의 유아는 1:1 대응과 같은 수개념에서 좀 더 복잡한 관계의 개념을 조합하며, 기억 능력이 성장하고 소근육을 활용하는 신체 기술이 증진된다. 또한 의미 있는 단어의 인식과 자기 이름을 쓰려는 시도들은 문자 언어(쓰기)의 기능적인 측면에 관심이 증대됨을 보여 주는 것이다. 단지 알파벳이나 음성학, 서법만을 가르치려는 활동 계획은 바람직하지 못하다.

⑦ 보육자는 유아가 능동적으로 주변을 탐색하고 활동을 선택하도록 다양한 교재·교구와 활동을 마련하고 시설·설비의 적절한 배치를 통해 학습 경험을 얻도록 도와주어야 한다. 그리고 학습 경험을 확장시키기 위해 사고를 자극하는 질문하기, 다른 의견 제시하기 등의 개입을 통해 유아와 교재·교구 간의 상호 작용과 활동으로의 참여를 증진시킨다.

⑧ 성·인종·언어·종교 등에 대한 편견이 없는 다양한 사회 문화적 배경을 참조한 활동과 교재·교구를 제공한다.

⑨ 활동 간의 균형을 고려하여 하루 일과를 계획한다.

2) 보육자-유아 간의 상호 작용

유아 보육 프로그램 요소 중 보육자와 유아 간의 상호 작용은 발달 적합성이 가장 두드러지게 요구된다. 발달에 적합한 상호 작용은 각 유아의 개인차에 대한 보육자의 인식과 연령에 적합한 행동에 대한 기대와 지식에 기초한다.

첫째, 보육자는 유아의 요구·기대·의견들에 대해 즉각적, 직접적으로 반응하며 개별 유아의 독특한 반응 유형과 정도에 따라 수용하고 이해한다.

둘째, 유아와 의사 소통하는 기회를 자주 가진다.

셋째, 보육자는 유아가 필요로 할 때 도움을 주며 주의 기울이기, 신체적인 친밀감 형성, 언어적 격려 등의 방법을 활용하여 유아로 하여금 과제를 성공적으로 수행하도록 도움을 준다. 유아의 학습은 시행착오 과정을 통해 이루어지며 잘못된 개념은 사고의 발달 정도를 보여 준다는 것을 인식한다.

넷째, 보육자는 유아의 행동 뒤에 가려진 스트레스의 징후를 알아차리며 적절한 해소 방법을 안다.

다섯째, 보육자는 유아에게 편안함을 제공해 주고 유아를 존중하며, 수용하는 태도로 대함으로써 유아의 자기 존중감을 발달시켜 준다.

여섯째, 유아의 자기 조절 능력을 촉진시켜 준다.

일곱째, 보육자는 유아의 보호와 교육에 대한 일차적인 책임을 가진다. 계획된 학습 경험에서 뿐만 아니라 일상적인 생활 경험 속에서도 유아의 기본 생활 습관과 독립적인 행동 기술의 발달을 강조한다.

3) 가정과 보육자의 관계

발달에 적합한 유아 보육 프로그램의 실현을 위해서 보육자는 부모들과의 정기적인 의사 소통 기회를 가지며, 가족과 함께 동반자적 자세로 공동의 노력을 기울여야 한다.

① 유아의 보호와 교육에 대한 의사 결정 과정에서 일차적인 권리와 책임을 가지는 사람은 부모이다. 따라서 부모가 보육 상황을 관찰하거나 실제 참여해 볼 수 있는 기회가 보장되어야 하고 보육자는 부모의 참여와 관찰을 위한 학습 활동을 계획하고 실행한다.

② 보육자는 부모 및 가족들과의 정기적이고 다양한 형태의 모임을 통해 유아 발달에 대한 지식이나 이해를 함께 나누고 개별 유아의 자료를 모으는 기회로 활용한다.

③ 부모와 보육자가 일관된 방식으로 양육하는 것은 유아의 발달을 지원하는 데 결정적이다. 보육자와 부모는 의견 교환을 위해 긴밀한 관계를 형성한다.

4) 발달적 평가

보육자는 관찰을 통해 얻은 자료에 기초하여 부모와 함께 유아의 발달적 평가를 수행한다. 유아 평가는 유아의 발달적 요구에 부합하기 위해, 유아의 진보 정도나 성취를 측정하기 위해, 유아의 부모 및 가족들과 협의를 위한 자료로 활용하기 위해, 보육 내용의 효과성을 평가하기 위한 목적 등으로 사용된다. 관찰과 평가는 유아가 가지고 있는 특별한 요구나 위험 요소를 명료화하고 적합한 보육 과정을 계획하는 데 활용한다.

2. 발달적으로 적합한 운영의 요소

발달적으로 적합한 실제와 부적합한 실제를 각 요소별로 제시하여 구체적인 내용을 이해하는 것이 필요하다.

1) 보육 과정의 목적

적합한 실제	부적합한 실제
학습 경험은 신체적, 사회·정서적, 언어적, 인지적 발달 영역에 걸쳐 유아의 요구에 부합하며 그들의 학습을 촉진시켜 준다.	인간 발달의 모든 영역이 서로 연관되어 있음을 무시한 채 학습 경험을 유아의 지적인 측면의 발달에만 국한시킨다.
유아는 각기 다른 성장 발달의 속도와 유형을 가진 독특한 존재로 간주된다. 보육 과정의 상호 작용은 유아 개개인의 능력과 흥미 정도에 매우 반응적이다. 유아의 능력 수준 발달과 학습 양식의 차이 등을 학습 활동 계획 시 고려한다.	표준적 기준으로 성인의 기대 수준에 기초하여 유아들을 평가한다. 모든 유아들에게 동일한 과업의 수행과 쉽게 측정 가능한 기술들을 습득하게 한다.
유아의 자기 존중감과 학습에 대한 긍정적인 태도를 발달시키기 위해 사회적 상호 작용과 자발적 활동을 계획한다.	표준화된 측정 검사를 실시하고 성인의 기대 수준에 얼마만큼 부합하는가에 따라 유아들의 가치를 설정한다.

2) 보육 전략

적합한 실제	부적합한 실제
보육자는 유아가 보육자, 또래 및 교구·교재들과 활발히 상호 작용하고 주위 환경을 능동적으로 탐색함으로써 다양한 학습 경험을 가질 수 있도록 충분한 실내·외 환경을 구성한다.	보육자는 고도로 구조화된 수업을 실시하며 보육자 중심의 학습 경험을 제공한다.
보육자는 역할, 블록, 수·과학, 조작, 도서, 음률 및 조형 등 다양한 흥미 영역을 마련하고 실제 학습 활동은 유아의 자발적인 선택과 참여로 이루어진다.	보육자가 모든 활동을 주도하며 유아들이 해야 할 일을 대신해 준다.

적합한 실제	부적합한 실제
유아는 신체적, 정신적으로 능동적인 존재로 기대된다. 유아는 보육자가 준비해 놓은 활동 또는 스스로의 주도적 활동들 간에 선택을 한다. 유아 주도의 선택 활동이 프로그램 운영의 주가 된다.	유아들은 오랜 시간 동안 조용히 앉아서 그저 보육자의 말을 듣고 지시대로 수행하도록 기대된다. 하루 일과 대부분의 시간을 수동적으로 앉아서 보육자의 말을 듣고 기다리는 데 소용한다.
유아는 대부분의 시간을 개별적 또는 소집단으로 비형식적인 집단 형태로 작업에 참여한다. 프로그램의 하루 일과 중 대부분의 시간은 비형식적 집단 형태로 진행된다.	거의 매 활동마다 대집단의 형태로 학습이 이루어진다.
유아에게는 그들의 삶의 경험에 관련된 자료와 사람들을 대하면서 구체적인 학습 활동이 제공된다. 하루 일과는 유아의 일상 생활 경험과 관련된 실제적인 자료들과, 주변 사람들을 비롯하여 구체적인 학습 활동을 중심으로 진행된다.	연습장, 일일 공부, 연습지 등 고도의 추상적 자료를 이용한 활동들이 제공된다.
보육자는 협력자, 안내자로서 유아들과 함께 직접 활동에 참여하여 질문하기, 제안하기, 상황에 대한 새로운 아이디어 제공하기 등 유아의 학습 경험을 확장시켜 주는 촉매자 역할을 수행한다.	보육자가 유아에게 해야 할 일을 지시하고 대부분의 시간을 대집단으로 상호 작용하는 등, 보육자가 전체적인 분위기를 이끌어 간다.
보육자는 질문에 대한 정·오답만을 강조하기보다는 시행착오를 겪는 문제 해결 과정을 수용한다. 이때 유아는 주도적으로 문제를 정하고 해결을 모색하기 위하여 탐색과 실험을 거듭하면서 학습의 과정을 인식하게 된다.	유아는 반드시 옳은 대답만을 하도록 기대된다. 따라서 반복적인 주입식 훈련이 강조된다.

3) 사회 · 정서 발달 지도

적합한 실제	부적합한 실제
보육자는 역할 모델링, 바람직한 행동의 격려, 좀 더 바람직한 행동으로의 교정, 명백한 제한의 설정 등과 같은 긍정적인 지도 방법을 사용하여 아동의 자기-통제력의 발달을 촉진시킨다.	보육자는 대부분의 시간을 규칙을 강조하고 유아의 부적절한 행동에 벌을 주거나 말없이 조용히 앉아 있도록 하는 데 낭비한다.
보육자는 나누기, 협동하기, 도와주기, 양보하기, 말로써 문제 해결하기 등과 같은 친사회적 기술을 촉진시켜 준다.	유아는 책상에 앉아 보육자의 지시를 듣고 그대로 따라서 작업을 한다. 보육자는 하루 일과만을 강조한다.

4) 언어 발달

적합한 실제	부적합한 실제
유아에게 편지에 이름 쓰기나 소리 듣기, 단어 구별하기를 도입하기 이전에 어떻게 읽고 쓰는가에 대해 많이 볼 수 있는 기회를 제공한다. 기본적인 능력의 발달은 아동에게 의미 있는 경험을 통해서(즉 형식적인 읽기, 쓰기를 학습하기 전에 시와 이야기를 듣고 읽기, 견학, 이야기하기, 교실에 있는 게시판 보기, 극화 놀이에 참여하기, 의사 소통하기, 또래나 보육자와 비형식적인 이야기 나누기, 그림 그리고 글씨 쓰는 연습, 모방하기, 자기 이름을 구성하는 글자 찾아 내기 등과 같이 유아에게 의미 있는 경험을 통해) 언어 발달을 촉진시킬 수 있는 다양한 유형의 활동을 한다.	읽기, 쓰기 학습에서 자·모음쓰기, 글자 노래 부르기, 그려진 선 따라 색칠하기, 글자가 쓰인 줄 공책 사용 등 분절된 기술 발달만을 강조한다.

5) 인지 발달

적합한 실제	부적합한 실제
유아들은 탐색, 실험, 관찰, 그리고 물체 또는 다른 사람과의 상호 작용을 통해 개념 이해의 폭을 넓혀 나가고 모든 영역의 발달을 통합적으로 이루어 나간다. 따라서 유아기에 제공되는 교육적 경험이 통합되어 이루어질 때 유아기 학습을 촉진시킬 수 있다. 예를 들면 수학·과학·사회 과학·건강 및 그 밖의 다른 영역에 대한 학습은 목적을 가지고 구성 놀이를 함으로써, 또는 물이나 모래·요리할 재료를 측정함으로써, 나무나 도구를 가지고 작업하면서, 물체를 분류해 보는 의미 있는 활동 속에서 통합되어 이루어진다(동식물이 성장하는 과정을 지켜보면서, 바퀴나 기어 장치의 움직임을 보면서, 다양한 문화적 특성을 나타내는 음악을 듣고 노래를 부르면서, 진흙으로 무엇을 만들고 그림 그리는 과정을 통해서 학습이 일어남).	셈하기, 연습장, 암기하기, 집중 훈련, 지도 보기 등과 같은 기억과 단순한 반복 활동을 통해 분리된 기능 발달만을 강조하는 교수법을 활용한다. 아동의 인지 발달이 수·과학·사회 과학 등의 영역을 통해 단편적으로 이루어진다고 보며, 시간 구성도 각 영역별로 집중적인 활동 시간으로 구성되어 있다.

6) 신체 발달

적합한 실제	부적합한 실제
신체 기술 발달과 자기 표현력 증진을 위해서 달리기, 뛰어 오르기, 균형잡기 등 대근육 활동 기회가 매일 제공된다. 실내에서 행해지는 대근육 활동뿐만 아니라 실외에서의 대근육 활동이 강조된다. 또한 그림 그리기, 가위로 오리기, 퍼즐 등 소근육 발달을 위한 활동도 매일의 일과 계획 속에 포함된다.	대근육 활동의 기회가 제한되고, 또한 보육자 주도적 학습이 방해된다 하여 실외 활동 시간도 제한된다. 실외 활동은 유아가 주변 환경을 탐색하고 학습할 수 있는 학습 환경의 일부로 보기보다는 과잉 에너지를 발산시키는 수단으로 본다. 소근육 활동은 연필 쥐고 쓰기나, 표본 위에 색칠하기 등과 같은 구조화된 학습 시에만 이루어진다.

7) 예술적 기술 발달

적합한 실제	부적합한 실제
미술이나 음악 활동 속에서 유아들의 미적인 표현이나 예술적인 응용력을 발휘할 수 있도록 미술 작업이나 음률 활동이 계획·실행된다. 이때 보육자는 창의적인 표현을 강조하고 다양하고 충분한 자료를 제공한다. 유아는 다양한 형태의 음악에 대해 호기심을 느끼며 즐거워한다. 다양한 표현을 할 수 있는 매체(이젤, 핑거 페인팅, 진흙 등)는 창의적인 표현을 가능하게 해 준다.	미술 작업과 음악적 경험은 제한된 일정 시간에만 제공된다. 미술 작업은 표본 위에 색칠하거나 보육자가 만들어 놓은 것을 그대로 따라 만들게 하는 것이고, 신체 움직임도 보육자가 하는 동작을 지시대로 따라 한다.

8) 동기화

적합한 실제	부적합한 실제
유아를 학습 활동으로 이끌기 위하여 그들의 호기심과 흥미를 자극한다.	유아가 활동에 참여하려면 보육자의 허락을 받아야 하고, 보육자는 아동에게 스티커나 어떤 특권을 주는 등의 외형적인 보상과 처벌을 사용한다.

9) 부모 – 보육자와의 관계

적합한 실제	부적합한 실제
보육자는 부모들과 공동의 책임자로서 함께 일하며 일관성 있는 지도와 이해를 위해 정기적으로 모임을 가지고 서로 대화와 정보를 나눈다.	보육자는 어떤 문제나 갈등이 일어났을 때에만 부모와 의사 소통한다. 부모는 보육자를 단지 전문가로서 보며 자녀의 경험과 별개의 것으로 느낀다.

10) 유아에 대한 평가

적합한 실제	부적합한 실제
유아에 대한 평가는 단순한 심리 측정 점수에 의해 이루어지기보다는 보육자와 부모의 관찰을 통해 얻어진 자료에 기초해야 한다. 유아의 진보나 성취 수준에 대한 발달적 평가는 보육 과정을 계획할 때, 아동의 특별한 요구에 대해 명확하게 하고자 할 때, 그리고 보육 내용의 효과성을 평가할 때 사용한다.	분리된 어떤 과제의 결과에 의해 유아의 능력을 판단한다.

3. 의사 결정자로서 보육자의 역할

1) 변화에 대한 노력

발달에 적합한 유아 보육을 실행하는 데 보육자는 핵심적인 역할을 수행하여야 한다. 따라서 보육자에게도 변화를 향한 노력이 선행되어야 한다. 거기에는 신념과 가치의 확립, 새로운 교수 전략 습득, 새로운 학습 자료의 활용 방법 습득 등 세 차원에서의 변화가 필수적이라고 본다. 그리고 발달에 적합한 보육의 실행에 대한 확신을 가지기 위해서는 그것의 철학적, 이론적 가정들을 이해해야 한다. 보육자가 유아 발달과 학습 지원, 보호적인 공동체 형성, 적절한 보육 과정 구성과 평가, 상호 호혜적인 관계 형성 등의 역할을 효과적으로 수행하기 위해서는 이론적 지식과 기술적 지식 모두가 필요하다.

2) 의사 결정을 위한 지침의 이해 및 적용

보육자는 의사 결정을 위해 유아 보육 실제와 관련된 5가지 차원에서 발달 적합성의 개념을 적용할 수 있어야 한다.

첫째, 각 연령마다 유아를 보호하는 공동체로서 보육 환경을 창조한다.

둘째, 유아의 학습과 발달을 촉진하는 보육자의 역할과 전략을 고려한다.

셋째, 보육 내용과 전략이 모두 고려된 적절한 보육 과정을 구성한다.

넷째, 유아 발달과 학습 과정에 대해 평가할 수 있다.

다섯째, 가족과의 상호 호혜적인 관계를 확립한다.

3) 유아 보육 원리의 인식

유아를 보육할 때 유의할 원리의 속성은 다음과 같다.

· 통합성
· 상호작용성
· 구체성
· 활동의 계열성
· 능동적 선택 경험
· 일과의 균형
· 다양한 집단 구성
· 실외 활동의 중요성
· 다양한 성 역할
· 과학적 근거 제시

1 다음 중 발달적 적합성(Developmental Appropriateness)에 대한 설명으로 타당하지 <u>않은</u> 것은?

① 발달적 적합성의 개념은 연령의 적합성과 개인적 적합성, 사회 문화적 적합성을 포함한다.
② 연령의 적합성이란 유아가 속한 연령 집단의 발달 수준과 특성에 맞게 보육 과정을 운영하는 것을 의미한다.
③ 사회 문화적 적합성이란 개별 유아 및 그 가족이 지닌 가치, 신념, 전통, 문화 등에 적합해야 한다는 것을 의미한다.
④ 개인적 적합성은 영유아의 개인차, 다양성을 인정하기보다는 보편적인 특성을 수용하고 민감하게 반응해 주는 것을 의미한다.

|정답| ④

|해설| 발달적 적합성의 개념은 연령의 적합성과 개인적 적합성, 사회 문화적 적합성을 포함하는데, 개인적 적합성은 보육 과정 운영 시 영유아의 개인차, 다양성을 인정하고 수용하여 민감하게 반응해 주는 것을 의미한다.

2 유아의 발달과 학습 원리에 대한 내용으로 적합한 것은?

① 신체적, 사회적, 정서적, 인지적 발달 영역은 각각 독립적으로 발달한다.
② 유아는 자극받고 긴장감 있는 지역 사회의 맥락에서 가장 잘 발달하고 학습할 수 있다.
③ 유아들은 다양한 양식으로 학습하지만 그들이 아는 것을 단순한 방법으로 구체적으로 표상한다.
④ 유아기의 경험은 개개인의 유아 발달에 누적적인 효과를 가진다. 즉 발달과 학습의 특정한 유형에는 최적기가 있다.

|정답| ④

|해설| 아동의 신체적, 사회적, 정서적, 인지적 발달 영역은 긴밀하게 관련되어 있으므로 발달 영역들 간에는 상호 영향을 주고, 아동들은 다양한 양식으로 학습할 뿐만 아니라 다양한 방법으로 그들이 아는 것을 표상한다. 유아기의 경험은 개개인의 아동 발달에 누적적이고 지연되는 효과를 가진다. 아동은 안전하고 존중되며, 신체적 요구가 충족되고 심리적 안정을 느낄 수 있는 지역 사회의 맥락에서 가장 잘 발달하고 학습할 수 있다.

3 보육자와 유아의 상호 작용에서 보육자의 역할에 해당되지 <u>않는</u> 것은?

① 보육자는 유아와 의사 소통하는 기회를 자주 가진다.

② 보육자가 유아를 존중하고 수용하는 태도로 대한다면 유아의 자기 존중감 발달에 도움이 된다.

③ 보육자가 유아의 행동 뒤에 가려진 스트레스 징후를 알아차리는 것은 어려우므로 가정에서 적절한 해소 방법을 찾는다.

④ 보육자는 유아의 요구·기대·의견들에 대해 즉각적, 직접적으로 반응하며 개별 유아의 독특한 반응 유형에 따라 수용하고 이해한다.

|정답| ③

|해설| 보육자는 유아와 원활한 상호 작용을 위해 유아의 행동 뒤에 가려진 스트레스의 징후를 알아차려 적절한 해소 방법을 찾아야 한다. 보육자가 유아에게 편안함을 제공하고 유아를 존중하며 수용하는 태도로 대한다면 유아의 자기 존중감 발달에 도움이 된다.

4 보육 전략에서 유아의 발달에 적합한 실제에 대한 설명으로 옳은 것은?

① 보육자는 고도로 구조화된 수업을 실시하며 보육자 중심의 학습 경험을 제공한다.

② 삶의 경험과 관련된 자료와 함께 사람들을 대하면서 이루어지는 구체적인 학습 활동을 제공한다.

③ 보육자가 준비해 놓은 활동을 유아가 선택하여 학습하게 하는 것이 보육 내용 운영의 주가 되게 한다.

④ 보육자는 적합한 태도, 행동의 직접적 지시를 통해 유아의 학습 경험을 확장시켜 주는 촉매자 역할을 수행한다.

|정답| ②

|해설| 보육자는 유아가 보육자, 또래 및 교구·교재들과 활발히 상호 작용하고 주위 환경을 능동적으로 탐색함으로써 다양한 학습 경험을 가질 수 있도록 충분한 실내외 환경을 구성해야 한다. 유아에게는 보육자가 준비해 놓은 활동 또는 스스로의 주도적 활동들 간에 선택을 하게 되는데 유아 주도의 선택 활동이 프로그램 운영의 주가 되어야 한다. 보육자는 협력자, 안내자로서 유아들과 함께 직접 활동에 참여하여 질문하기, 제안하기, 상황에 대한 새로운 아이디어 제공하기 등 유아의 학습 경험을 확장시켜 주는 촉매자 역할을 수행해야 한다.

1 발달에 적합한 실제(DAP: Developmentally Appropriate Practice)란 아동 발달 지식에 기초하여 유아 보육·교육 프로그램과 관련된 의사 결정을 이루는 하나의 철학으로, 유아 보육·교육 실제에 관한 적절하고 사려 깊은 의사 결정을 하기 위해 유아에 대해 알고 있는 것을 적용하는 것을 의미한다. 발달적 적합성의 개념은 연령의 적합성, 개인적 적합성, 사회 문화적 적합성을 포함한다.

2 발달과 학습에 대한 원리는 다음과 같다.

① 아동의 신체적, 사회적, 정서적, 인지적 발달 영역은 긴밀하게 관련되어 있으므로 발달 영역들 간에는 상호 영향을 준다.

② 발달은 비교적 규칙적인 순서대로 일어난다.

③ 발달은 아동들마다 다른 속도로 진행되고, 아동마다 다른 영역 내에서는 고르지 않게 진행된다.

④ 유아기의 경험은 개개인의 아동 발달에 누적적이고 지연되는 효과를 가진다.

⑤ 발달은 예측할 수 있는 방향으로 더욱 복잡화, 조직화, 내면화되는 과정을 거친다.

⑥ 발달과 학습은 복합적인 사회 문화적 맥락에서 일어나고, 영향을 받는다.

⑦ 아동은 능동적인 학습자이다.

⑧ 발달과 학습은 생물학적 성장과 환경의 상호 작용에 의해 일어난다.

⑨ 놀이가 아동의 사회적, 정서적, 인지적 발달, 발달의 반성에 중요한 매개가 된다.

⑩ 발달은 아동이 현재의 숙달 수준을 넘어서 도전하는 경험을 할 때뿐만 아니라 새롭게 습득된 기술을 연습할 기회를 가질 때 향상된다.

⑪ 아동들은 다양한 양식으로 학습하고, 다양한 방법으로 그들이 아는 것을 표상한다.

⑫ 아동은 안전하고 존중되며, 신체적 요구가 충족되고 심리적 안정을 느낄 수 있는 지역 사회의 맥락에서 가장 잘 발달하고 학습할 수 있다.

Bredekamp, S.(1987). *Developmentally appropreate practice in early childhood pro-grams serving children from birth through age 8*. Washington, DC: NAEYC.

Bredekamp, S., & Copple, C.(1997). *Developmentally appropreate practice in early childhood programs(Rev. Ed.)*. Washington, DC: NAEYC.

Bredekamp, S., & Rosegrant, T.(1997). *Reaching potentials: Appropriate curriculum and assessment for young children(Vol. 2)*. Washington, DC: NAEYC.

Gestwicki, C.(1999). *Developmentally appropreate practice curriculum and develop-ment in early childhood education*. New York: Delmar Publishers.

Krogh, S. L.(1997). How children develop and why it matters: The foundation for the developmentally appropreate integrated early childhood curriculum. In C. H. Hart, D. C. Burts, & R. Charlesworth(Eds.), *Integrated curriculum and developmentally appropreate practice*: Birth to age eight(29-48). Albany: SUNY.

제 *11* 장

놀이에 기초한 보육의 실제

이 장에서는 유아들의 놀이 특성을 이해하고, 유아들의 발달적 특성이 유아의 놀이에 어떠한 영향을 미치며, 유아들의 놀이를 지원하고 운영하기 위한 성인의 역할을 알아보고자 한다. 또한 유아들의 놀이를 지원해 주기 위해 실내외 놀이와 놀이 환경, 그리고 놀잇감에 대하여 알아보고자 한다.

01 유아 놀이의 개념과 특성을 설명할 수 있다.

02 유아의 발달적 특성과 놀이의 종류를 설명할 수 있다.

03 유아의 놀이를 지원하기 위한 성인의 역할을 설명할 수 있다.

04 유아를 위한 실내외 놀이 환경과 발달적으로 적합한 놀잇감을 설명할 수 있다.

• 놀이 유아기 교육의 조화로운 발달, 종합적인 학습을 성취시키는 최상의 방법이다. 유아 교육은 놀이를 왕성하게 유도함으로써 종합적이고 유연한 지도가 가능하고, 인간 교육의 목표도 달성할 수 있다.

• 자유 놀이 시간 유아 교육 기관에서 놀이가 이루어지는 시간은 실내, 실외 자유 놀이 시간이다. 자유 놀이 시간이라는 용어는 교육 기관에 따라 자유 선택 활동 시간, 자유 활동 시간, 작업 활동 시간, 또는 코너 학습 시간 등으로 다양하게 불리기도 하지만, 일반적으로 유아가 개별적인 흥미, 욕구 및 발달 수준에 따라 스스로 선택한 놀이 활동에 자유롭게 참여하는 시간을 의미한다.

• 놀잇감 놀이에 대한 흥미를 유발시키고 놀이를 효율적으로 진행시키는 매체 역할을 하는 모든 물건들을 말하며, 자연물이나 일상 생활 용품, 제작된 장난감 등이 포함된다.

○, × 퀴즈

진단 문제	○	×
1 놀이에는 반드시 목표가 있어야 한다.		v
2 Piaget의 전조작기 단계의 유아(2~7세)는 자기 중심화의 인지적 한계가 있다.	v	
3 사물(예 블록) 또는 여러 가지 놀이 재료(예 모래, 점토, 물감)를 가지고 무엇을 만드는 놀이는 구성 놀이이다.	v	
4 실내 놀이 공간은 놀이의 특성에 따라 영역별로 구성하는 것이 바람직하다.	v	
5 유아의 놀잇감은 상품화된 장난감을 뜻하며, 형태가 일정치 않은 것은 유아의 놀잇감이 될 수 없다.		v

해설

01 Frost와 Klein은 놀이는 능동적, 자발적이며 재미있고 과정 중심적인 특성이 강한 활동으로, 항상 목표가 있는 것은 아니며, 그에 반해 일은 수동적, 강요적이며 단조롭고 외부로부터 부과된 규칙의 구속을 받는 특성이 있다고 보았다.

02 자기중심주의(egocentrism): 전조작기 유아의 생각은 자기 중심적이기 때문에 우주의 모든 현상을 자기를 중심으로 생각한다. 그래서 자기가 눈을 감아 버리면 상대방을 볼 수 없기 때문에 상대방도 자기를 볼 수 없을 것이라고 생각한다. 유아에게 주어지는 과제의 본질은 유아가 자기 중심적 경향을 극복하는 데에 영향을 주는 것이어야 한다.

03 Piaget/Parten의 놀이 분류 척도에 의한 것으로, 사물 또는 여러 가지 놀이 재료를 가지고 무엇을 만드는 놀이는 구성 놀이의 예이다.

04 이는 활동의 성격이 비슷한 교구와 자료를 한 곳에 모아 놓고, 교구장이나 칸막이 등으로 경계를 암시하도록 설비한 것으로 놀이 영역, 활동 영역, 흥미 영역 또는 학습 영역이라고도 한다.

05 유아들에게 놀잇감은 놀이에 대한 흥미를 유발시키고 놀이를 효율적으로 진행시키는 매체 역할을 하는 모든 물건들을 말하며, 자연물이나 일상 생활 용품, 제작된 장난감 등이 모두 포함된다.

놀이의 개념과 특성

1. 놀이의 개념

① 놀이의 중요성은 1800년대부터 강조되기 시작하였으며, 많은 심리 학자, 철학자, 교육 학자들이 놀이란 무엇인지에 대해 정의하였다.

② Schiller는 놀이를 잉여 에너지의 발산으로 보았고, Froebel은 인간의 가장 순수한 정신적 활동으로 보았으며, Dewey는 유아의 신체, 정서, 인지, 사회 발달을 도모하는 수단으로 보았다.

③ 많은 학자들이 놀이를 규명하고자 노력하였으나, 아직도 놀이의 본질을 규명하지는 못하였다. 현대적 놀이 이론에는 정신분석, 인지발달, 행동주의 입장에서의 이론을 들 수 있다.

④ 놀이 행동 이해에서 정신분석이론은 인간의 감정과 태도 발달에 관심을 집중시키며 놀이도 정의적 행동으로 간주한다. 대표적인 학자는 프로이드(S. Freud)와 에릭슨(E. Erikson)이다(표 11-1).

⑤ 인지발달이론 입장에서는 유아의 인지 발달 단계에 따라 놀이의 형태가 달라지며, 이에 따라 교육적 접근 또한 유아기에 다양해짐을 알 수 있다. 이 이론에 근거하여 놀이 이론을 전개시킨 학자는 피아제(J. Piaget)와 스밀란스키(S. Smilansky)를 들 수 있다(표 11-2).

●표 11-1 │ 정신분석이론과 유아의 놀이

- 정신분석이론에서 유아의 놀이 활동은 우연히 일어나는 것이 아니라 자신의 지각 여부와는 상관없이 개인의 감정과 정서에 의해서 결정되는데, 유아의 실제 생활에서 인상 깊었던 것, 기분이 좋고 나빴던 것, 소망 등에 의해 반복적으로 일어나는 행동으로 보았다.

- 유아는 놀이를 하면서 자신의 감정을 자연스럽게 노출할 수 있을 뿐만 아니라 현실에 적응하기 위하여 타협하는 방법도 배우며, 현실적으로 이루기 힘든 일을 놀이 활동 속에서 실현해 냄으로써 욕구를 충족시켜 나간다.

- 정신분석이론에 따르면, 유아의 인간 관계를 소중히 하면서 유아가 일으키고 있는 정서적 긴장을 놀이를 통해 해소시키는 놀이 치료(play therapy)가 유아기의 정신 치료에 적절한 방법이라 할 수 있다.

피아제의 인지 발달 단계	피아제의 놀이 유형	스밀란스키 놀이 유형
감각운동기(0~2세)	연습 놀이	기능 놀이
전조작기(2~6세)	상징 놀이	구성 놀이, 극적 놀이
구체적 조작기(6~12세)	규칙 있는 게임	규칙 있는 게임
형식적 조작기(12세 이후)		

⑥ 행동주의이론에서는 인간의 외형적 행동이 어떤 원리에 의해서 학습되는가에 초점을 두어 자극에 대한 반응으로 나타나는 일반 행동과 놀이를 동일하게 취급하여 설명하고 있다.

2. 놀이의 특성과 의의

1) 놀이의 특성

① Levy는 놀이 행동을 개성의 창의적이고 심오한 특성을 계발시켜 주는 역동적 과정으로 정의하였다.

② 이는 놀이와 놀이가 아닌 행동을 서로 대비시켜, 놀이 특성을 명확하게 하고자 하는 시도로 이루어진 것이다.

③ Levy는 놀이 행동을 개성의 계발 과정(그림 11-1)으로 보았는데, 놀이는 내적 동기와

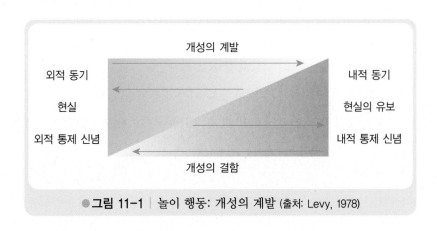

●그림 11-1 │ 놀이 행동: 개성의 계발 (출처: Levy, 1978)

●표 11-3 │ 놀이-일 연속체

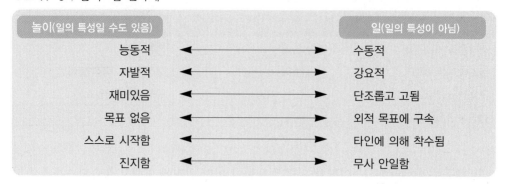

놀이(일의 특성일 수도 있음)		일(일의 특성이 아님)
능동적	←―――――――→	수동적
자발적	←―――――――→	강요적
재미있음	←―――――――→	단조롭고 고됨
목표 없음	←―――――――→	외적 목표에 구속
스스로 시작함	←―――――――→	타인에 의해 착수됨
진지함	←―――――――→	무사 안일함

(출처: Frost & Klein, 1979)

현실의 유보, 내적 통제 신념의 세 가지 특성을 가지고 있으며, 놀이가 아닌 행동은 외적 동기, 현실, 외적 통제 신념과 같은 세 가지 특성을 가지고 있다고 분석하였다.

④ Frost와 Klein은 놀이-일 연속체(표 11-3)를 제시하고, 놀이는 능동적, 자발적이며 재미있고 과정 중심적인 특성이 강한 활동인 반면, 일은 수동적, 강요적이며 단조롭고 외부로부터 부과된 규칙의 구속을 받는 특성이 있다고 보았다.

2) 놀이의 의의

놀이는 유아기 교육의 조화로운 발달, 종합적인 학습을 성취시키는 최상의 방법이다. 유아를 대상으로 하는 교육에서는 놀이를 왕성하게 유도함으로써 종합적이고 유연한 지도는 물론, 인간 교육의 궁극적인 목표도 달성할 수 있다. 놀이와 유아 발달의 관계는 매우 밀접하며, 구체적으로 유아 놀이는 다음과 같은 의의를 가진다.

① 유아의 건강한 신체 발달과 기본 운동 능력을 증진시킨다.

② 타인과의 상호 작용을 통해 사회적 학습 기회를 제공한다.

③ 놀이를 통하여 창의적 표현이 가능하며 갈등 상황에서의 문제 해결력이 길러진다.

④ 놀이를 통하여 유아의 어휘 수와 의사 소통 기술이 증진된다.

⑤ 사회적으로 인정할 수 있는 방법으로 정서적 긴장을 해소하여 건전한 정서 생활을 유지할 수 있다.

3) 유아의 발달적 특성과 놀이 특성

(1) 유아의 발달 특성
① 신체 및 운동 발달

유아의 체격은 여전히 배불뚝이 같지만 2년 후에는 팔과 다리에 비례해서 몸통이 길어질 것이다. 아직까지는 머리가 상대적으로 크지만 좀 더 성장하게 되면, 나머지 부분들이 머리와 균형을 이루어 어른의 체형과 유사해진다. 골격이 성장함에 따라 연골이 빠른 속도로 뼈로 변하며, 유치도 모두 생겨나서 먹고 싶은 것을 마음대로 씹을 수 있게 된다. 이 시기의 영양은 신체의 골격 형성과 몸무게, 키의 성장에 중요한 영향을 미친다.

가. 대근육 운동 발달

- 유아는 3세경이 되면 급속한 신체 발달이 이루어지고 활동 범위도 매우 넓어진다.
- 4세가 되어서는 한쪽 발을 들고 깡충깡충 뛰어다니며, 상대가 던지는 공을 받는다.
- 5세가 되면 발을 번갈아 들어 가며 깡충깡충 뛰고, 스케이트와 수영을 하기 시작한다. 5세경의 여아는 남아보다 리듬에 발 맞추기를 잘 할 수 있으며, 한 발을 들고 균형을 잡거나 껑충 뛰기, 능숙하게 공 받기 등을 잘 할 수 있다.

나. 소근육 운동 발달

- 3세경의 유아는 눈과 손의 협응, 그리고 소근육 운동이 발달한다. 예를 들면 앉아서 크레용으로 신문지 위에 원을 그릴 수도 있고, 간혹 흘리기는 하지만 식사를 스스로 할 수도 있다. 스스로 단추를 빼고 채울 수 있어서 혼자 옷을 입고 벗을 수 있으며, 화장실에도 혼자 가려고 한다.
- 4세경의 유아는 가위로 표시된 선을 따라 자를 수 있고, 사람도 그리며, 여러 가지 모양을 만들 수 있다. 또 구슬을 실에 꿰고, 연필 혹은 크레용을 자유롭게 사용하며, 세모와 네모 등의 여러 가지 다른 모양, 그리고 글자와 숫자를 보고 베낄 수 있다.
- 5세가 되면 유아는 양손 중 한쪽 손을 선호하게 되는데, 이때 열 명 중 한 명은 왼손잡이가 되며 남아의 경우, 여아보다 왼손잡이가 될 가능성이 더 많다.

② 지적 발달

3세부터 6세 사이의 유아는 사고와 행동에서 상징을 사용할 수 있으며 나이, 시간, 공간, 도덕적 개념들을 더 효과적으로 다룰 수 있게 된다. 그러나 아직 실제가 아닌 것에서 실제인 것을 완전히 분리할 수는 없으며 자기 중심적이다. 이 시기는 Piaget의 인지 발달 단계에서 두 번째 단계인 '전조작기(preoperational stage, 2~7세)'로 '상징적 기능(symbolic function)'을 나타내기 때문에 전 단계와는 큰 차이를 보인다.

가. 전조작적 사고의 특징

- 동일성의 이해(understanding of identities): 유아는 어떤 사물들이 모양이나 형태, 크기가 변해도 역시 같은 사물이라는 사실을 이해하게 된다. 자기의 모습이 아기였을 때나 나이가 들어 달라졌더라도 여전히 자기라는 것을 안다. 그러나 간혹 여자(남자) 옷을 입거나 여자(남자)가 되기를 원하면 그렇게 될 수도 있다고 생각한다. 즉, 외형의 변화에 의해 혼돈되기도 하는 것이다. 그러나 점차 어떤 사물의 외양이 변하더라도 같은 사물이라는 사실을 이해한다.

- 기능의 이해(understanding of functions): 전조작기의 유아는 이제 두 가지 사건 사이의 기본적인 관계를 이해할 수 있다. 예를 들면, 전기 스위치를 올리면 전깃불이 들어온다는 것을 안다.

- 범주화의 개념(concept of categorization)의 이해: 유아는 물체들의 특징(색깔, 모양, 크기 등)을 감지하고 구분할 수 있는 능력이 생긴다. 그리고 다양한 기준에 따라 물체들을 분류하고, 도덕적 판단을 하기 시작하는 능력에서 큰 진전을 보인다.

나. 전조작적 사고의 한계

- 중심화(centration): 전조작기의 유아는 '중심화(centration)' 경향이 있다. 즉 어떤 상황의 한 면에 초점을 맞추면 다른 면들을 무시해 버림으로써 비논리적인 추리를 하게 된다.

- 비가역성(irreversibility): 유아의 사고는 비가역적 특성에 의하여 제한을 받는다. 물을 다시 반대의 방법으로 부을 수 있다는 사실을 알지 못하는 것을 예로 들 수 있다.

- 상태에의 집중(focus on states): 전조작기의 유아는 연속적인 하나 하나의 장면에 집중함으로써, 한 장면에서 다른 장면으로의 전환의 의미는 이해하지 못한다.

- 추상보다는 행위(action rather than abstraction): 전조작기의 유아는 '실제 행동으로 하는 것처럼 머릿속에서 순서대로 실행해 봄으로써' 생각하고 배운다. 그 결과 실제에 지나치게 치중하게 된다. 즉 유아는 꿈이나 생각, 도덕적인 의무 같은 것도 '형태가 있는 준사실적 실체'로 생각한다. 이것은 유아가 아직 상상과 현실을 완전히 구분하지 못한다는 사실을 나타내는 것이다.

- 변환적 추론(transductive reasoning): 논리적인 추론에는 두 가지 기본적인 유형, 즉 '연역법(deduction)'과 '귀납법(induction)'이 있다. 전조작기에는 구체적인 것에서 구체적인 것으로 간다. 즉 변환적인 사고 과정은 서로 관련이 없는 두 개의 사건을 원인과 결

과의 관계로 연결시키는 것이다.

- 자기중심주의(egocentrism): 전조작기 유아의 생각은 자기 중심적이기 때문에 우주의 모든 현상을 자기를 중심으로 생각한다. 그래서 자기가 눈을 감으면 상대방을 볼 수 없기 때문에 상대방도 자기를 볼 수 없을 것이라고 생각한다. 유아에게 주어지는 과제의 본질은 유아가 자기 중심적 경향을 극복하는 데에 영향을 주는 것이어야 한다.

③ 언어 발달

가. 3~4세

이 시기의 유아는 3~4단어로 된 문장, 즉 가장 기본적인 단어들만 포함된 전보식 문장(telegraphic sentences)을 사용한다. 유아는 질문을 많이 하고 간단한 명령을 내리기도 하며, 때로는 그 명령에 따르기도 한다. 또한 동물이나 신체 부위, 자기에게 중요한 사람 등과 같이 친숙한 것에 대해서는 이름을 부르기도 하고, 과거 시제를 사용할 줄도 알며, '나, 너, 나를' 과 같은 표현을 정확히 구사한다. 이 시기 유아의 어휘량은 약 900~1,200단어 정도에 이른다.

나. 4~5세

유아는 평균 4~5단어로 구성된 문장을 구사할 줄 안다. 또 '위, 아래, 안, 앞, 뒤' 와 같은 위치에 관한 전치사들도 사용할 줄 알고, 명사보다는 동사를 많이 사용하며, 약 1,500~2,000단어 정도의 어휘를 이해하고 구사할 수 있다.

다. 5~6세

유아는 6~8단어로 된 문장을 사용하기 시작하고 간단한 단어의 의미를 정의할 수도 있으며, 반대말도 조금씩 알기 시작한다. 일상 언어 생활에서도 접속사, 전치사, 관사를 사용할 줄 알며, 비록 불규칙적인 문법들은 잘 모르지만 비교적 문법에 맞게 정확히 구사할 줄도 안다. 언어가 점점 덜 자기 중심적이면서 좀 더 사회화되며, 어휘 구사 범위도 2,000~2,500단어에 이르게 된다.

라. 6~7세

유아의 언어는 꽤 유창해진다. 이제 복합어·합성어도 사용하고 문법적으로도 정확한 문장을 구사하며, 사용 어휘 수도 3,000~4,000단어에 이르게 된다. 그리고 유아들은 사회화된 언어(socialized speech)를 의사 소통에 사용한다. 사회화된 언어란 정보의 교환, 질문과 대답, 비판 혹은 명령, 요구, 위협 등을 포함한다.

④ 정서 발달

- 2~6세에는 새로운 공포들이 많이 생기기 시작한다. 유아들은 길을 잃거나, 매를 맞

거나, 혹은 다치기도 하는 등의 두려운 경험들을 조금씩은 가지게 될 것이다. 또한 실생활이나 이야기, 혹은 텔레비전에서 다른 사람에게 일어났던 무서운 일들을 보거나 듣게 된다.

- 이 시기 공포심의 원인은 실제 사건과 관련이 있다. 유아들은 성장함에 따라 무서워하는 것은 줄어들며, 공포의 종류도 달라진다. 여아는 남아들보다 공포심을 더 많이 표현하는데 이는 부모들이 여아의 공포심은 받아 주는 데 비하여, 남아에게는 공포심을 허용하지 않기 때문으로 볼 수 있다.

- 공포심을 극복할 수 있도록 돕는 방법은 유아 스스로 공포심을 불러일으키는 것과 관련된 활동에 직접 참여하여 두려워하는 상황을 점차적으로 경험하도록 하는 것, 즉 '능동적인 조건화(active conditioning)'와 다른 사람들이 무서워하지 않는 상황을 보여 주는 것, 즉 '모델링(modeling)'이 있다.

- 공포심에 대한 부모들의 조롱(애기냐? 그렇게 무서워하게.), 강압(강아지가 왜 물어? 만져 봐!), 논리적인 설득(호랑이는 동물원 철창 안에 갇혀 있기 때문에 나오지 못해.), 무시하기 등은 전혀 효과가 없을 뿐만 아니라 공포심을 더 악화시킬 수도 있다.

- 유아들의 정서적 환경에서 가장 중요한 요소는 부모의 양육 방식이다. 부모들이 원하는 것을 설명해 주거나 인정해 주는 방법으로 훈육된 자녀들은 때리거나 위협, 혹은 특권을 박탈하는 방식으로 훈련받은 자녀들보다 도덕 관념이 더 강하게 발달되며 덜 공격적인 경향을 나타낸다.

⑤ 사회성과 성격 발달

어린이는 영아기 때에도 자신의 독특한 기질을 나타내지만 한 개인으로서 좀 더 충분한 기질이 나타나는 것은 유아기 동안이다. 사람과 관계를 맺는 독특한 방식은 더욱 뚜렷하게 나타나며, 일생 동안 지속될 성격의 많은 면들이 유아기에 발달한다.

가. Freud: 남근기

- Freud에 의하면 심리성적으로 쾌감을 느끼는 신체적 부위가 3, 4세쯤에 바뀌게 되어 성적 관심이 성기 부분에 집중된다고 했다. 이때 유아는 남아와 여아, 성인과 아동 간의 신체적인 차이에 관심을 두게 된다.

- 이 시기의 유아는 자기와 같은 성을 가진 부모를 동일시함으로써 부모의 성격을 자기의 것으로 받아들이는데, 이를 오이디푸스 · 엘렉트라 콤플렉스(Oedipus and Electra complexes)라 부른다.

나. Erickson: 주도성 대 죄책감

- Erickson은 심리사회적(psychosocial) 과정에서 이 시기를 주도성 대 죄책감(initiative vs. guilt)으로 설명하였다.
- 이 시기에 유아들은 자율감(sense of autonomy)을 얻고, 자율감을 계속 유지하고자 한다. 유아는 왕성한 에너지를 가지고 있으며, 새로운 것을 시도해 보고자 애쓰고 협동적으로 일한다.
- 이 시기 유아의 근본적인 갈등은 계획을 세우고 실행에 옮길 수 있도록 하는 주도성(initiative)과 그들이 하고자 원하는 것 이면에 있는 죄책감(guilt) 사이에 놓여 있는 것이다.
- 이 갈등은 호기심으로 가득 차 있고 새로운 것을 시도하며, 새로운 힘을 시험해 보고 싶은 '아동'으로서의 성격 일부와, 그러한 동기와 행동이 적당한지 검토해 보아야 하는 '성인' 부분 사이의 갈등이다.
- 유아들은 책임감을 발달시키면서도 생을 즐길 수 있도록 하기 위하여 이러한 갈등을 어떻게 조절해야 하는지 배워야만 한다.

다. 동일시
- 유아기에는 그들이 양육되어 온 문화의 가치, 태도, 특성을 흡수하여 비슷한 환경의 다른 사람과 같다고 믿게 되는 동일시(identification)를 한다.
- 또한 그들 문화권 안에서 여성적, 남성적인 특징으로 간주되는 행동과 태도를 습득하게 되는 성유형화(sex typing) 과정을 겪는다.
- 성유형화는 요람에서 무덤에까지 이르는 삶의 방향을 설정하게 하는 동기, 정서, 가치들을 포함한다. 지구상에 있는 다른 사회와 마찬가지로, 우리가 속해 있는 이 사회는 각각 남성과 여성에게 적합하다고 생각되는 특성들을 규정하고 있다.
- 우리 대부분은 이처럼 자기 성에 적합하다고 규정된 행동, 의견, 감정 속에서 성장해 왔으며, 성유형화 과정을 통해 적절한 성 역할을 습득하게 된다. 유아들은 이런 관념을 매우 일찍 발달시키며, 이렇게 획득한 성 역할 형태는 일생 동안 지속된다.
- 성유형화에는 부모, 학교, 이웃, 텔레비전, 친구들의 가정, 그리고 형제들 요인이 영향을 미친다.

(2) 유아의 놀이 특성과 사회적 놀이의 발달
① 유아의 놀이 특성
- 취학 전 유아의 사물 놀이는 단순한 사물 놀이에서 복잡한 사물 놀이로 변화한다.

- 스밀란스키(Smilansky)는 놀이를 기능 놀이와 구성 놀이로 나누고 있는데, 기능 놀이는 사물을 가지고 전형적인 방식으로 사용하는 것이다. 이와 같은 놀이는 단순 놀이로 연령의 증가와 더불어 점점 줄어든다.
- 구성 놀이는 약 4세경의 유아에게서 볼 수 있는 놀이 형태로, 취학 전 유아가 자유 놀이 시간에 하는 놀이의 50% 이상이 구성 놀이이다.

② 유아의 사회적 놀이의 발달
- 유아는 초기에 주 양육자인 어머니와의 상호 작용을 통해 사회적 놀이를 시작하게 된다. 어린이는 양육 과정 중에 어머니와 신체적, 언어적으로 긴밀한 접촉을 하면서 사회적 놀이를 할 수 있는 기본 능력이 발달된다.
- 사회적 능력은 유아기 동안 점차 발달되어 어린이가 유치원에 들어갈 연령이 되면 친구들과 어울려 노는 사회적 놀이를 할 수 있을 정도로 향상된다.
- 어린이의 사회적 놀이 발달 과정을 분석한 대표적인 학자는 파튼(Parten, 1932)이다. 파튼은 자유 놀이 시간 동안 유아의 놀이를 관찰하여 어린이의 사회적 참여도에 따라 놀이를 다음의 〈표 11-4〉와 같이 여섯 가지 형태로 분류하였다. Parten의 연구 결과에 따르면 2~2.5세 어린이는 단독 놀이, 2.5~3.5세 어린이는 병행 놀이, 3.5~4.5세 어린이는 연합 놀이, 4.5세 이후 어린이는 협동 놀이를 주로 한다.

③ 놀이 관찰

유아의 놀이 행동을 이해할 수 있는 통찰력과 효과적인 놀이 지도는 조직적이고 체계적인 관찰을 기초로 시작된다. 유아 놀이 행동을 관찰함으로써 유아가 선호하는 놀이 자료, 장난감, 그리고 놀이 도구에 관한 정보를 얻을 수 있다. 유아의 놀이를 관찰하기 위한 도구들은 여러 가지가 있으나, 여기에서는 루빈(Rubin, 1976)의 피아제/파튼(Piaget/Parten) 척도를 중심으로 소개하기로 한다.

가. 피아제/파튼(Piaget/Parten) 척도의 놀이 행동 관찰 목록들의 정의
- 인지 단계
  - 기능 놀이: 사물을 가지고, 혹은 사물 없이 운동의 움직임을 계속 반복하는 놀(예 뛰기, 모으고 부수기, 사물 또는 자료들을 조작하기)
  - 구성 놀이: 사물(예 블록) 또는 여러 가지 놀이 재료(예 모래, 점토, 물감)를 가지고 무엇을 만드는 놀이
  - 역할 놀이: 역할 이행(예 부모, 아기, 영웅, 의사, 토끼 등의 역할) 또는 가상 전환을 하는 놀이(예 자동차 운전하는 척하기(팔 동작 움직임 수반됨), 연필로 주사 놓는 척하기)

비참여 행동	엄밀한 의미에서 놀이로 볼 수 없는 행동이다. 다만 순간적인 흥미에 따라 어떤 것을 몰두해서 바라볼 뿐이다. 흥미 있는 것이 없을 때에는 자신의 몸을 만지작거리거나 의자에 앉았다 일어서는 행동을 반복하기도 하며, 또 여기저기에 서 있거나 선생님을 따라 다닌다.
방관자적 행동	유아는 대부분의 시간을 다른 친구의 놀이를 지켜보며 보낸다. 가끔씩 자신이 구경하고 있는 친구에게 말을 걸거나 질문을 하기도 하며, 제안을 하기도 한다. 그러나 놀이에 직접 참여하지는 않는다. 이 행동이 비참여 행동과 다른 점은 특정 어린이 집단을 바라본다는 점과 가까운 거리에서 지켜봄으로써 필요한 경우에는 말을 걸 수도 있다는 점이다.
단독 놀이	주변에 있는 유아와 이야기를 나눌 수 있는 위치에서 친구가 사용하는 놀잇감과는 다른 놀잇감을 가지고 혼자서 독자적으로 놀이하는 형태이다. 곁에 있는 친구와 가까워지려는 시도를 전혀 하지 않는다.
병행 놀이	유아는 주변의 다른 친구들과 동일한 놀이를 하지만 서로 접촉하거나 간섭하지 않고 혼자서 놀이하는 형태이다. 다른 유아와 함께 논다기보다 다른 유아 곁에서 논다고 할 수 있다.
연합 놀이	다른 유아와 함께 노는 집단 놀이의 일종으로 놀이 내용에 대해 이야기를 주고 받거나 놀잇감을 빌려 주기도 하지만 역할을 분담하거나 놀이 내용이 조직적으로 전개되지는 못한다.
협동 놀이	한두 명의 유아가 지휘권을 가지고 서로 역할을 분담하여 공동의 목표를 달성하기 위하여 진행하는 조직적인 놀이이다.

-규칙이 있는 게임: 미리 정해진 규칙을 확인하고 그것을 인식하고 수용하면서 진행하는 놀이 활동(예 카드 놀이, 빙고 게임, 과녁 맞히기)

• 사회 단계

-혼자 놀이: 서로 이야기할 수 있는 거리에서 떨어져 나와 사물과 함께 혹은 사물 없이 혼자 하는 놀이로, 다른 유아들과의 사회적 접촉 혹은 어떤 대화도 이루어지지 않는다.

-평행 놀이: 다른 유아들과 아주 근접한 거리에서 놀이 자료를 가지고 놀이 활동을 하거나 비슷한 놀이 활동에 참여하는 놀이로, 상대를 인식하고 있으나 놀이를 같이 하고자 시도하지는 않는다.

-집단 놀이: 다른 유아들과 함께 사회적 상호 작용을 이행하면서 참여하는 놀이로, 각자 역할이 할당되기도 한다.

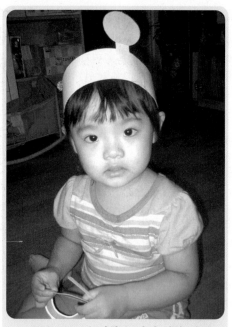
●그림 12-2 │ 역할 놀이의 역할 이행

• 비놀이 활동
  –몰입하지 않는 행동/쳐다보는 행동/전환:
   몰입하지 않는 행동, 쳐다보는 행동, 한 활
   동에서 다른 활동으로 전환하는 행동이 포
   함된다.
  –활동: 학술적 활동과 교사가 분담해 준 과업
   등이 비놀이 활동에 포함된다. 책 읽기, 금
   붕어 먹이 주기, 색칠하기, 컴퓨터하기 등
나. 피아제/파튼(Piaget/Parten) 척도의 관찰 기록
   실례
관찰 과정은 다음과 같다.
• 관찰지에 관찰하고자 하는 유아들의 이름과
  날짜를 기입하는데, 관찰하고자 하는 유아들
  의 순서를 미리 정하기보다는 무선으로 맨 처
  음 관찰지에 기입된 이름의 유아부터 관찰을
  시작한다.
• 15초 동안 첫 번째 유아를 관찰한다. 피아제/파튼(Piaget/Parten) 척도의 놀이 행동 목록
  중 해당되는 항목에 관찰된 행동을 평가하여 기록한다. 예를 들어 유아가 블록으로
  또래들과 함께 탑 쌓는 놀이 활동을 한다면, 유아의 놀이 행동은 집단-구성 놀이 활동
  으로 평가되므로 이를 집단-구성 놀이 목록에 기록한다.
• 첫 번째 유아의 놀이 행동을 판단하여 기록한 다음 두 번째 유아를 15초 동안 관찰한
  다. 관찰하고자 하는 유아를 각각 15초 동안 관찰·기록하여 모든 유아들을 한 번씩
  관찰한다. 그런 다음 다시 첫 번째 유아를 관찰함으로써 두 번째 관찰 사례를 시작한
  다. 대략 1분 동안 3명의 유아들을 관찰할 수 있다(5초는 관찰을 기록하는 데 소요됨).
• 유아 개인당 20~30회 정도 관찰을 하게 되면 놀이 행동의 유형과 특성이 드러나기
  시작한다..

[놀이 행동의 기록 예와 피아제/파튼(Piaget/Parten) 척도의 관찰 기록지에 기록한 사례(표 11-5)]

- 다른 유아들이 역할 놀이 영역에서 놀이 활동하는 것을 쳐다보고 있다(쳐다보는 행동).
- 3명의 유아들이 의사, 아기, 간호사의 역할을 분담하여 역할 놀이 활동을 하고 있다(집단-역할 놀이).
- 유아들이 독서 영역에서 책을 보고 있다(비놀이 활동).
- 한 유아가 장난감 전화기로 혼자서 전화하는 가상 놀이를 한다(혼자-역할 놀이).
- 많은 유아들이 함께 블록 영역에서 협동하여 고속 도로를 건설하고 있다(집단-구성 놀이).

●표 11-5 | 놀이 행동 기록지

		인지 놀이 단계			
		사회	기능	구성	역할	규칙이 있는 게임
사 회 놀 이 단 계	혼자				전화하기	
	평행					
	집단			고속도로 건설	의사 놀이	
	비놀이 활동	몰입하지 않는 행동/쳐다보는 행동/전환			활동	
		역할 놀이 쳐다보기		책 읽기		

2 놀이 지도

1. 성인의 역할

① 놀이의 주인은 유아이다. 언제(놀이 시간), 어디서(놀이 장소), 누구와(놀이 친구), 무엇을 가지고(놀잇감이나 시설), 어떻게(놀이 방법) 놀 것인지를 결정하는 장본인은 유아이기 때문이다.

② 놀이자의 모든 선택이나 행위는 주변의 시간적, 공간적, 인적, 물적 조건에 따라 많은 영향을 받게 되므로 놀이에 대한 유아의 관심을 불러일으키고, 놀이를 교육적인 방향으로 유도하기 위하여 교사에게 부과된 임무는 간과할 수 없다.

③ 놀이를 지도하는 교사는 관찰자의 역할, 계획 조직하는 역할, 유아와 상호 작용하는

●그림 11-3 │ 신체활동실에서 유아 혼자 커다란 공을 튜브 안으로 넣는 모습

역할, 감독자의 역할, 평가자의 역할을 동시에 수행해야 한다.

④ 특히 유아와 상호 작용하는 역할에서 교사는 유아들의 활동에 어느 정도나 개입, 중재하느냐에 따라 여덟 가지 정도의 중재 형태로 분류할 수 있다.

⑤ 중재 정도에 따라 지시적 형태에서 비지시적 형태까지의 성격을 가지게 되는데, 지시적인 교수 방법이 나쁘다고도, 비지시적인 교수 방법이 좋다고도 말할 수 없다. 즉 교사의 교수법은 학급의 여러 상황에 따라 달라질 수 있으므로 여러 유형 중에 어떤 한 가지 방법이 가장 이상적이라고 보기는 어렵다.

⑥ 어느 한 유형에만 의존하는 전략은 비효과적이며, 적절한 지시적 및 비지시적 교수 방법을 적용하는 능력을 발휘해야 한다. 따라서 유아의 놀이 활동을 지원해 주고 교육적 효과를 얻고자 하는 성인은 다음과 같은 전략을 사용할 수 있음을 인식하고 생활 현장에서도 실천할 수 있어야 할 것이다.

• 인정하기

어떤 활동에서 유아의 참여가 지속되도록 주의를 기울이거나 긍정적 격려를 하는 것이다. 유아를 인정한다는 것은 유아로 하여금 활동에 즐겁게 참여하도록 격려해 주거나 유아의 활동을 존중해 주고 칭찬하는 것이다. 그러나 칭찬이 지나치면 활동 과제에 대한 동기를 약화시킬 수도 있으므로 적절한 수준의 인정이 중요하다. 예를 들면

●그림 11-4 │ 유아의 생각을 인정해 주는 활동: 라면 봉지를 붙여 주
고, 라면 끓이는 방법을 적어 보는 활동

"두 팔을 쫙 펴고 크게 흔드는 모습이 아주 커다란 나비 모습 같더라.", "노란색으로 칠한 해님이 정말 멋져 보인다.", "정말 좋은 생각이구나!"와 같이 활동 상황에 근거해 긍정적으로 격려해 주는 것이 좋다. 〈그림 11-4〉처럼 라면 봉지를 붙여 주고 유아가 라면 끓이는 방법을 적도록 하여 유아의 생각을 인정해 주도록 한다.

- 모범 보이기

  모범 보이기는 암시적인 측면과 명시적인 측면으로 나누어 볼 수 있다. 암시적인 모범 보이기는 지시적 성격을 띠지 않는 데 비해, 명시적인 모범 보이기는 다소 지시적일 수 있다. 엄마는 텔레비전의 연속극을 보면서 유아에게는 책을 읽으라고 하는 것이라던가, 건널목을 건널 때 전후좌우를 살피는 모습을 은연중에 보여 주는 모습과 같은 예를 들 수 있다. 이러한 성인의 모델 보이기는 잠재적 교육 효과를 가져 온다.

- 촉진하기

  유아가 다음 수준의 기능이나 과제를 수행할 수 있도록 일시적으로 성인이 개입하여 도와주는 것이다. 이 전략은 유아의 활동을 격려하여 유아가 스스로 문제를 해결할 수 있도록 다리를 놓아 주는 역할을 한다. 예를 들어 유아가 평균대 걷기를 할 때 균형 감각을 가지도록 하기 위하여 잠깐 손을 잡아 주는 것과 같은 도움을 말한다.

- 지원하기

  촉진하기와 유사하나 성인의 참여 정도가 조금 더 높다. 촉진하기는 유아가 주도하여

●그림 11-5 │ 공 낚아 올리기 활동을 위해 긴 자석 막대를 제공했다.

도움을 받는 형태이며 지원하기는 성인이 보다 능동적으로 관여하여 피드백을 제공하는 방법이다. 예를 들어, 평균대 걷기의 경우 유아가 익숙해질 때까지 평균대의 높이나 넓이(초기에는 낮으면서 넓은 평균대를 제공했다가 익숙해지면 다소 높으면서 좁은 평균대를 제공해 주는 것과 같이)를 조절해 주거나, 〈그림 11-5〉처럼 공 낚아 올리기 활동을 위해 긴 막대에 자석을 붙여 제공해 줌으로써 유아가 더 이상 도움이 필요하지 않다고 할 때까지 지원해 주는 행동을 말한다.

• 지지하기

성인이 능동적으로 활동을 준비하여 유아가 현재의 능력에 따라 활동할 수 있도록 도움을 주는 교수 형태이다. 유아가 기대되는 능력에 도달하도록 적합한 학습 방법을 사용하여 도움을 주거나, 도전의 기회를 마련해 주는 행동을 말한다. 성인은 각 유아가 스스로 하고 싶어하지만 도움이 없으면 하기 어려운 활동 과제를 알아내어 이를 이해하도록 도움을 준다. 중요한 것은 성인이 유아의 주인 의식이나 동기를 약화시키는 일 없이 유아가 새로운 수준의 능력이나 이해로 나아갈 수 있도록 상호 작용을 하여야 한다는 점이다. '거북이' 관찰 후 점토로 거북이를 만들고자 할 경우, 거북이의 다리는 어떻게 생겼는지, 머리를 쏙 집어넣을 때의 모습은 어떤지, 잠잘 때는 어떤 모습이며, 헤엄칠 때는 어떤 모습일지를 질문함으로써, 거북이의 모습을 좀 더 구체적으로 발견해 내도록 도와주어 좀 더 창의적인 작품을 만들도록 할 수 있다(그림 11-6).

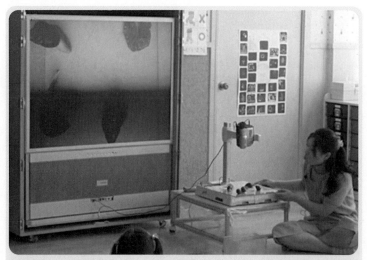

●그림 11-6 │ 실물 화상기를 이용하여 달팽이의 모습을 구체적으로 관찰하고 있다.

- 함께 구성하기

  성인과 유아가 함께 활동하는 형태이다. 비계 설정하기보다 좀 더 지시적인 교수 유형으로 프로젝트 활동의 예를 들 수 있다. 동화 〈배고픈 애벌레〉를 들려 준 후 동작 활동을 하기 위하여 배고픈 애벌레와 애벌레가 먹은 음식을 나누어 표현해 보거나, 〈사자왕의 행진〉을 위하여 교사가 사자가 되어 활동의 일원으로 참가함으로써 함께 놀이를 하는 것과 같은 예를 들 수 있다(그림 11-7).

- 시범 보이기

  성인이 유아에게 시범을 보이고 유아는 그 결과를 관찰하는 학습 방법이다. 이러한 방법은 유아가 빠르고 쉽게 학습할 수 있도록 해 준다. 성인의 시범은 유아가 수행한 활동이 분명히 잘못된 방법으로 이루어졌을 때 이를 고쳐 주기 위한 한 방안이 될 수 있다. 스킵과 같은 동작을 할 때 성인이 시범을 보임으로써 유아들이 빠르고 쉽게 학습할 수 있도록 도와줄 수 있다(그림 11-8).

- 지도하기

  성인이 어떤 활동을 일정한 방법으로 하도록 전달하는 형태이다. 가능한 한 시행착오가 없는 학습이 이루어지도록 지시하므로, 활동 순서나 활동 방법의 획일성을 강요하는 형태이다. 양치질하는 것을 알려 주기 위하여 칫솔을 위아래로 움직여 사용하는 모습을 보여 주며, 그대로 따라 해 보도록 하는 것을 예로 들 수 있다.

● 그림 11-7 │ 교사가 〈사자왕의 행진〉 활동의 일원으로 참가하고 있다.

● 그림 11-8 │ 사랑하는 마음을 어떻게 표현할까 의논하다 교사가 시범을 보이고 있다.

2. 볼프강, 맥켄더와 볼프강의 교사 지도 연속 모형

① 교사 지도 연속 모형(TBC: Teacher Behavior Continuum, 그림 11-9)은 교사가 유아 중심의 개방적인 놀이 지도에서 교사 중심의 구조화된 지도로 일련의 연속적인 조처를 취할 수 있음을 알려 주는 좋은 모형이다.

② TBC는 교사의 놀이 지도를 어느 시기에 이행해야 할지를 명백히 지시하는 지침이 될 수 있으며, 교사는 관찰을 통해 지도의 필요성을 느끼게 되면 유아의 놀이 활동을 지도 및 중재하기 시작한다.

③ 교사 지도 연속 모형에 따르면 유아가 순조롭게 놀이를 하고 있는 상황에서 교사는 개방적인 방법으로 개입을 시작하지만, 놀이에 문제가 발생하는 경우에는 구조화된 개입 방법인 물리적 개입과 모델링으로 시작해서 점차 개방적인 개입 방법으로 전환해야 한다.

④ 중재 진행 과정의 기본 법칙은 유아들의 놀이 활동을 촉진시키기 위해 각 단계마다 진행하는 교사의 지도 양은 최소화하고 가능한 한 유아 중심으로 유도하는 것이다.

역할 놀이 상황에서 TBC 적용 예시는 다음 〈표 11-16〉과 같다.

3. 자유 놀이 시간의 운영

유아 교육 기관에서 놀이가 이루어지는 시간은 실내외 자유 놀이 시간이다. 자유 놀이 시간이라는 용어는 교육 기관에 따라 자유 선택 활동 시간, 자유 활동 시간, 작업 활동 시간, 코너 학습 시간 등으로 다양하게 불리기도 하지만, 일반적으로 유아가 개별적인 흥미,

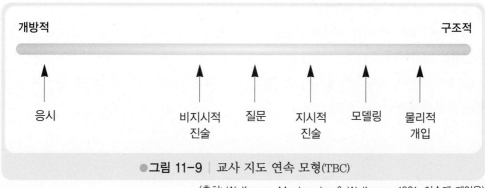

●그림 11-9 │ 교사 지도 연속 모형(TBC)

(출처: Wolfgang, Mackender & Wolfgang, 1981, 이숙재 재인용)

●표 11-6 | 역할 놀이에서 교사 지도 연속 모형(TBC) 적용의 예

응시	교사는 유아가 다양한 상상을 하며 너무 흥분하지 않도록 가까이에서 지켜본다.
비지시적 진술	교사는 유아의 놀이 행동을 구두로 설명한다(예 선생님이 보니까 선화는 아기 인형에게 우유를 주고 있구나.).
질문	교사는 유아의 역할 놀이가 확장될 수 있도록 적절한 질문을 한다(예 이제 아기에게 우유를 먹였으니 다음에는 어떻게 할까?).
지시적 진술	교사는 역할을 배정해 주거나(예 너는 아빠고, 아기는 주연이가 하렴.) 놀이 내용의 전개를 지시한다(예 아기가 우유를 먹어서 배가 부르니까 유모차에 태우고 밖으로 나가자.).
모델링	교사가 적절한 행동의 시범을 직접 보여 준다(예: 아기에게 우유를 먹이려면 이렇게 안고 먹여야지. 선생님이 해 볼게.).
물리적 개입	교사가 역할 놀이에 적합한 소품을 제시하며 신체적으로 유아의 행동을 교정해 준다(예 전화기를 어린이의 귀에 대 주면서 아기가 아프다고 병원에 전화하라고 말함).

(출처: 이숙재, 2001)

욕구 및 발달 수준에 따라 스스로 선택한 놀이 활동에 자유롭게 참여하는 시간을 의미한다.

1) 자유 놀이 시간의 교육적 의의

① 유아의 개별적인 흥미와 요구에 따라 자발적으로 놀이에 참여함으로써 능동적 학습이 이루어지는 시간이다.

② 다양한 놀이 활동이 놀이 영역별로 구성되어 있는 환경을 통해 유아가 개별적으로 놀이에 참여함으로써 개별 학습이 이루어지는 시간이다.

③ 하나의 개념을 각 영역에서 다양한 놀이 경험을 통해 반복, 통합하여 습득함으로써 통합 교육이 이루어지는 시간이다.

④ 유아와 유아, 유아와 교사의 긴밀한 상호 작용을 경험함으로써 바람직한 인간관 계를 학습하는 시간이다.

⑤ 유아 개개인의 자유와 흥미가 존중되는 가운데 풍부하고 다양한 놀이를 함으로써 기쁨을 경험하게 되는 시간이다.

2) 자유 놀이 지도

(1) 놀이 계획

① 놀이 계획이란 유아가 자유 놀이 시간을 어떻게 보낼 것인가를 스스로 결정하는 것을 뜻한다.

② 놀이 시간의 활용을 사전에 계획함으로써 종합적인 놀이 경험을 하게 될 뿐 아니라 유아의 의사 결정 능력, 독립심, 책임감 및 표현력 등이 증진된다.

③ 놀이 계획은 자유 놀이가 시작되기 전에 전체 집단이나 소집단별로 진행할 수 있다.

④ 유아들이 놀이 계획을 세우는 것은 쉬운 일이 아니므로 교사는 사전에 놀이 계획 방법을 지도하는 것이 좋다.

⑤ 놀이 계획은 다양한 방법으로 지도할 수 있는데, 계획한 내용을 유아가 말로 표현하게 지도할 수도 있고(예 나는 오늘 역할 놀이 영역에서 미장원 놀이를 할 거예요. 그리고 음악 영역에 가서 마라카스 흔들기를 하고 싶어요.), 놀이 계획 평가표를 사용하여 계획할 수도 있다. 또 각 놀이 영역에 작은 메모판을 준비하여 놀이에 참여하는 유아의 이름 카드를 붙이게 할 수도 있다.

(2) 놀이 과정

놀이 계획이 끝나면 유아는 각자 계획한 내용에 따라 놀이를 한다. 유아가 놀이를 하는 동안 교사는 다음 사항에 유의하며 지도해야 한다.

① 놀이가 시작되면 교사는 놀이실을 돌아다니면서 어린이가 계획한 대로 놀이에 참여하고 있는지 살펴보면서, 적절한 지도를 하여야 한다.

② 교사는 유아가 놀이하는 것을 관찰하면서 미소를 짓고 고개를 끄덕이는 등 우호적인 반응을 보이거나 언어화(예 마라카스를 위아래로 흔들면서 노래를 부르고 있구나.)를 통해 격려해 주어야 한다.

③ 유아가 계획한 놀이 내용이나 아이디어를 확장시켜 보다 발전된 놀이를 할 수 있도록 적절한 시기에 적절한 방법으로 개입한다.

④ 유아는 놀이를 하면서 친구에게 놀잇감을 빼앗기거나 놀이가 원하는 대로 진행되지 않는 등 다양한 좌절을 경험하게 되므로, 이러한 갈등이 원만히 해결될 수 있도록 도와준다.

⑤ 놀이 시간이 끝난 후 정리 정돈을 하도록 지도한다.

(3) 놀이 평가

① 자유 놀이 시간이 끝난 후 교사와 유아는 그 날의 자유 놀이에 대하여 함께 평가하는 시간을 가진다.

② 평가에는 '놀이가 계획대로 잘 진행되었는가, 만일 계획대로 되지 않았다면 그 이유는 무엇인가, 놀이를 할 때 친구들과는 어떻게 지냈는가, 놀이를 하면서 기분 좋았던 일과 기분 나빴던 일은 무엇인가.' 등을 포함시킨다.

③ 평가를 하면서 교사는 유아가 자신의 놀이 경험을 계획된 내용과 연관 지어 평가할 수 있도록 적절한 질문이나 대화를 통하여 도와준다.

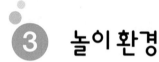

3 놀이환경

본 강의에서 지칭하는 놀이 환경은 유아가 놀이를 하는 실내외 공간과 그곳에 비치된 놀이 시설물 및 놀잇감을 포함하는 물리적 환경을 의미한다.

1. 유아 교육 기관의 실내 놀이 환경

① 실내 놀이 공간은 놀이의 특성에 따라 영역별로 구성하는 것이 바람직하다. 이는 활동의 성격이 비슷한 교구와 자료를 한 곳에 모아 놓고, 교구장이나 칸막이 등으로 경계를 암시하도록 설비한 것으로 놀이 영역, 활동 영역, 흥미 영역 또는 학습 영역이라고도 한다.

② 영역별 놀이 구성의 교육적 효과는 다음과 같다.

• 놀이 영역을 선택, 참여하는 과정을 통해 유아들은 의사 결정 능력과 판단력, 자율성을 키울 수 있으며, 자신의 속도에 따라 활동을 진행할 수 있다.

• 다양한 장난감을 갖추고 놀이 활동 영역을 구획, 경계 지은 공간 상황에서는 놀이 활동이 활발히 이루어지고, 놀이 지속 시간이 길어지며, 다른 유아와 함께 노는 행동과 장난감을 정리하는 행동이 나타난다.

• 각 영역별로 놀이를 하는 데 필요한 장난감과 공간이 제공됨으로써 유아가 좀 더 발전

된 형태의 놀이를 할 수 있다.

③ 놀이 영역 배치 시 유의할 점은 다음과 같다.

그림 11-10 | 독일 열린 유치원의 실내 영역 구성

- 공간과 교재의 논리적 배치

    첫째, 놀이의 활동성과 소음에 따라 정적 놀이 영역과 동적 놀이 영역으로 구분하여 배치한다.

    둘째, 서로 연관되는 놀이 영역은 인접하게 배치하여 놀이 효과를 높이고, 한 영역에서 다른 영역으로의 이동이 용이하도록 통로를 만든다.

- 수정 가능한 개방 계획 설계

    첫째, 각 놀이 영역을 구분 짓기 위하여 책꽂이, 교구장 및 칸막이를 L, U, ㄷ, ㄹ자 형으로 설치한다. 칸막이는 유아의 키 높이보다 낮아야 하며 놀이 종류에 따라 요구되는 공간의 크기나 통로 등을 고려하여 설치한다.

    둘째, 놀이 영역의 명칭을 글씨나 그림으로 표시하여 붙이도록 한다.

    셋째, 놀이 영역의 배치는 필요에 따라 변경할 수 있도록 교구장 등은 이동 가능한 것으로 하여 유아의 요구 및 참여 인원, 생활 주제에 따라 놀이 영역을 확대 또는 축소시킬 수 있게 한다.

- 자극 피난 장소

    첫째, 소외된 유아나 활동적인 교실 생활로부터 잠시 휴식하는 즐거움을 가지기 위한 공간을 뜻한다.

    둘째, 베개 인형, 퍼펫 등이 갖추어진 다락방 같은 것을 예로 들 수 있다.

④ 실내 놀이 영역의 종류는 언어 및 도서, 수학, 조작, 역할(소꿉놀이, 극놀이), 쌓기, 미술, 음률, 신체 놀이(대근육, 운동 놀이), 물놀이, 모래 놀이, 목공 놀이, 요리, 바느질, 컴퓨터 영역 등 10~16종 내외이다. 이러한 영역은 동시에 모두 마련해 주는 것이 아니라 활동실 공간, 계절, 유아의 발달 단계나 흥미, 교육 내용, 활용도 및 주제 전개 상황에 따라 융통성 있게 첨가, 확대, 제외, 통합하면서 변화를 주어야 한다.

2. 유아 교육 기관의 실외 놀이 환경

① 실외 놀이 공간을 구성할 때에는 정적 활동과 동적 활동 공간의 균형, 그늘진 공간과 양지 바른 공간의 균형, 단단한 지면과 부드러운 지면의 균형, 높은 곳과 낮은 곳의 균형을 고려해야 한다.

② 실외 놀이 공간 사이에는 이동이 원활하도록 통로를 만들어 두어야 하며, 아무 것도 제공하지 않아 유아들이 마음대로 활용할 수 있는 빈 공간(공터)을 마련해 주도록 한다.

③ 실외 놀이 공간의 지면은 단일 지면으로 구성하기보다 공간의 용도에 따라 잔디, 흙, 고운 모래, 시멘트나 보도 블록, 타르 등을 깔아 다양하게 구성하는 것이 좋다. 그리고 외부 시설이나 차량으로부터 유아의 안전을 지키기 위하여 울타리를 설치해야 하며 실외 놀이 기구를 보관하고 정리할 수 있는 창고를 마련하는 것이 필요하다.

④ 실외 놀이 공간은 다음 여섯 가지로 구분할 수 있다.

- 자연 영역(nature space)으로 자연 속에서 동식물을 관찰하고, 놀이할 수 있도록 하는 영역이다.
- 개방 영역(open space)으로 비교적 커다란 공간이 필요하며, 달리기나 공놀이와 같은 활동적인 놀이가 이루어지는 공간이다.
- 길 영역(street space)으로 개방 영역과 비슷하나 술래잡기 같은 놀이가 이루어진다.
- 모험 영역(anarchy space)으로 탐험 놀이나 모험 놀이가 이루어질 수 있는 공간으로 어린이들의 상상력을 자극할 수 있다.
- 비밀 영역(hideout space)으로 어린이들이 숨거나 조용한 놀이를 할 수 있는 곳이다.
- 놀이 기구 영역(structure space)으로 어린이들을 위한 놀이 도구가 설치되어 있는 공간을 뜻한다.

⑤ 실외 놀이 활동 영역의 종류나 구성의 원칙은 실내 놀이와 거의 같지만 계절적 특성에 따라 확장 또는 축소될 수 있다.

⑥ 실외 놀이 공간에는 고정 실외 놀이 시설뿐 아니라 동물 사육, 식물 재배, 모래 놀이, 물놀이, 목공 놀이, 신체 놀이 영역 및 연못, 벤치, 움막과 같은 정적 활동 영역 등이 설치될 수 있다.

3. 놀잇감

1) 놀잇감의 개념과 종류

① 놀잇감이란 놀이에 대한 흥미를 유발시키고 놀이를 효율적으로 진행시키는 매체 역할을 하는 모든 물건들을 말한다.

② 놀잇감에는 자연물, 일상 생활 용품, 그리고 제작된 장난감 등이 모두 포함된다.

• 자연물: 돌멩이나 나뭇잎, 조개 껍데기, 흙, 나무 막대 등
• 일상 생활 용품: 유아가 놀잇감으로 인식하고 접근할 수 있는 생활 주변의 물건, 즉 부엌 용품, 목욕 용품 등
• 제작된 장난감: 유아나 어른 모두 놀잇감으로 인식하고 있는 전형적인 놀잇감, 즉 장난감과 놀이 기구, 놀이 시설 등

2) 놀잇감의 선택

지성애(1995)는 놀잇감을 선택할 때 다음과 같은 점을 고려해야 한다고 강조한다.

(1) 유아의 발달과 흥미를 고려해야 한다.

유아들이 처음에는 놀잇감의 색깔, 형태, 크기, 독특성 등과 같은 놀잇감의 매력적인 특성에 흥미를 가지게 된다. 그러나 흥미를 계속 유지하게 되는 요인은 놀잇감을 사용할 수 있는 다양한 방법과 유아의 발달 정도, 능력, 그리고 사전 경험과 적절하게 어울리는가와 관련 있다. 특히 유아들이 가장 흥미를 느끼는 놀잇감은 유아들의 능력에 따라 다양한 방법으로 사용할 수 있는 것들이다.

(2) 놀잇감의 융통성을 고려한다.

놀잇감의 융통성이란 놀잇감을 한 가지 용도 이상의 여러 가지 목적으로 사용할 수 있는 것과, 유아의 연령에 구애받지 않고 모든 연령대의 유아들이 사용할 수 있는 것과 관련 있다. 예를 들어 블록이나 물감 같은 놀잇감은 융통성이 매우 높다고 할 수 있다.

●표 11-7 | 연령별 특징과 놀잇감

연령	일반적 특징	적절한 놀이 자료
1세	· 감각 운동 놀이를 많이 함 · 사물을 조작할 수는 있지만 손에 직접 쥐어져 있을 때에만 가능 · 지적인 인식과 사물을 이용한 놀이에 고유한 특성인 의도적인 요소 부족	· 감각적 놀이 자료: 딸랑이, 종, 그림책, 모빌, 음악 상자, 음악 기구
2세	· 언어를 효과적으로 사용 · 대근육 기술이 발달하지만 소근육 기술은 제한되어 있음 · 독립심과 자아 통제 요구됨 · 활동적, 적극적, 열정적	· 대근육 놀이 자료: 흔들거리는 놀이 자료, 실외 블록, 탈 것, 당기고 미는 놀이 자료 · 감각 놀이 자료: 진흙, 핑거 페인트, 물놀이, 쌓기 놀이, 책, 인형, 헝겊 인형
3세	· 비현실적인 두려움을 수반한 환상적인 생활 확장 · 성인 역할에 매력을 느낌 · 고집이 세고 반항적이지만 2세보다 또래에 잘 적응함 · 놀이에서 결과 중심의 징후가 나타남	· 상상 놀이를 위한 소품, 소형 장난감, 퍼즐, 간단한 판 게임, 성취감을 느낄 수 있는 미술 재료(붓, 이젤, 마카펜, 크레용 등)
4세	· 확실하고 자신이 있음 · 성인의 주의력과 승인을 받고 싶은 욕구 – 과시하거나 성인을 웃기려고 허풍을 떨며 모험심을 나타냄 · 3세보다 더 결과 중심적이지만 우연한 결과임 · 복잡한 소근육 통제가 가능함 · 자르고, 풀칠하고, 바느질하고, 작은 블록으로 상상적인 구성 놀이를 함	· 탈 것(자전거, 커다란 바퀴 등), 색칠하고 바느질하는 활동, 구슬 꿰는 활동, 유아의 실제 세계를 넘어선 확장된 주제에 관한 책
5세	· 논리적 사고의 징조가 나타남 · 예측 가능하며 4세보다 자기 중심적 특징이 덜함 · 관대하고 친절하며 또래와 협동하려고 함 · 현실적이고 실제적이고 책임감 있음	· 가위로 자르고 풀칠하는 미술 활동, 간단한 카드 게임(도둑 잡기), 테이블 게임(빙고), 판 게임(로토), 약간의 규칙이 있고, 전략보다는 운에 더 기초한 결과물, 극놀이를 위한 정교한 소품 등

(3) 놀잇감의 안전성을 고려한다.

놀잇감을 제시하기 전에 성인은 항상 놀이 자료가 쉽게 망가지지 않는가, 페인트에 독성은 없는가, 놀잇감의 모서리 혹은 인형, 로봇 등의 코와 귀 등이 너무 뾰족하지는 않은가, 놀잇감을 쉽게 청소할 수 있는가, 손가락이나 발가락, 그리고 머리카락 등이 낄 위험은 없는가 등과 같은 놀잇감의 안전성과 연관된 질문을 고려해야 한다.

● 표 11-8 │ 놀이 유형별 놀잇감

놀이의 유형	놀잇감의 종류
신체 놀이	· 오르기 위한 구조물로 로프, 타이어 그물, 사다리, 계단, 횡목, 수평인인 타이어 그네 · 균형을 위한 영역으로 바닥에 설치된 평균대, 짧은 기둥, 자동차 타이어 · 쥐기와 움켜잡기를 위한 그넷줄, 난간대, 사다리 고리, 모래에서 놀이할 수 있는 도구 · 기기 위한 영역으로 터널이나 미끄럼틀 터널 · 밀고 끄는 장난감, 그네, 자전거, 기차, 끌차, 대형 트럭, 바퀴 달린 모래 장난감, 땅 파는 영역, 모래 놀이 · 모래 주변에 있는 평균대, 아래에 있는 흡수성 있는 재료가 깔린 낮은 플랫폼, 계단 뛰어오르는 시설
사회적 놀이	· 두 명 혹은 더 많은 어린이들의 참여를 요구하고 격려하는 시설, 세발자전거, 끌차, 공, 줄넘기, 큰 나무로 만든 상자, 모래 놀이대, 회전 그네, 전통적인 그네 · 넓은 공간의 데크와 한적한 영역, 어린이들이 이야기를 나눌 수 있는 장소
구성 놀이	· 모래 놀이대와 모래 도구, 삽과 갈퀴 · 목공 놀이대, 도구, 나뭇조각, 못, 볼트, 나사 조이는 기구 · 비고정적 장난감, 타이어, 전화선 감기대, 나무나 플라스틱으로 만든 상자, 대형 나무나 플라스틱 길이가 다른 나무판, 블록 · 미술 활동, 그리기, 점토 공예, 큰 색분필 · 정원, 정원용 도구, 씨앗
극화 놀이	· 일반적인 형태의 건물과 집, 요새, 배, 비행기, 학교, 의사 진료실로 사용할 수 있는 장소 · 극화 놀이 소품들, 교실에서 가져와 사용할 수 있는 도구, 실외용 자료
규칙 있는 게임	· 공, 줄넘기, 다른 게임 도구 · 게임할 수 있는 딱딱한 바닥 · 경계선과 형태를 그릴 수 있는 분필

●표 11-9 │ 놀잇감 관련 사고를 감소시키기 위한 고려 사항

- 유아의 능력에 맞고 흥미를 끌 수 있는 놀잇감을 선택하기
- 놀잇감의 설명서를 명확히 읽고 그 정보를 유아에게 설명하기
- 위험을 유발할 수 있는 놀잇감의 플라스틱 포장지는 가능한 빨리 버리기
- 긴 줄이나 끈이 있는 놀잇감 혹은 삼킬 수 있는 작은 크기의 놀잇감 제시하지 않기
- 정기적으로 놀잇감의 상태를 점검하기-수리할 수 없는 놀잇감 버리기
- 놀잇감이 적절하게 사용되고 있는지 감독하기
- 나이가 많은 유아의 놀잇감은 보관장 혹은 높은 선반에 보관하여 어린 유아의 접근을 예방하기
- 어린 유아에게는 전기 사용 놀잇감 제공하지 않기
- 독성이 없는 페인트와 방화용 자료로 만들어진 놀잇감을 선택하기

(4) 놀잇감의 견고성을 고려한다.

놀잇감 구입 시 약하거나 손상되기 쉬운 부분을 신중히 검토하고, 쉽게 소모되는 건전지가 포함된 놀잇감은 피한다. 끌거나 탈 수 있는 놀잇감의 경우 유아의 몸무게를 지탱하지 못하는 경우도 있음을 고려한다. 실외 놀이에서 사용할 수 있는 놀잇감의 경우 기후에 잘 견딜 수 있는가를 고려한다.

(5) 대소근육을 발달시킬 수 있는 놀잇감을 선택한다.

오르고, 뛰고, 당기고, 밀고, 신체 균형을 맞추는 등의 대근육 활동을 고무시키는 놀잇감이나 구슬, 퍼즐, 레고 블록 등의 구성 놀이 자료, 크레용, 분필 등의 쓰기 자료 등을 골고루 제시한다.

(6) 또래와의 사회적 상호 관계를 강화시킬 수 있는 놀잇감을 선택한다.

블록, 소꿉놀이 자료, 정글짐, 성인용 의상 등을 제공하여 또래와 함께 놀이 활동을 할 수 있도록 한다.

(7) 주위 세계를 인식하고 인지 능력을 강화시킬 수 있는 놀잇감을 선택한다.

다양한 종류의 그림책, 돋보기, 자석, 여러 가지 동식물 등의 과학 활동 관련 자료, 저울, 수놀이 활동 자료, 글자틀, 단어 카드, 언어 게임판 등의 언어 활동 자료를 골고루 제공한다.

(8) 상상력과 창의적 사고를 증진시킬 수 있는 놀잇감을 선택한다.

유아의 감정과 상상의 세계를 표현할 수 있는 물감, 핑거 페인트, 점토, 모래, 물 등의 자료를 충분히 제공하고, 유아 스스로 활동할 수 있도록 격려해 준다.

1 유아들은 자기 의사를 표현하는 것에 서투르기 때문에 성인이 유아의 놀이를 지도하여야 한다.
(O, ×)

|정답| ×

|해설| 놀이의 주인은 유아이다. 언제(놀이 시간), 어디서(놀이 장소), 누구와(놀이 친구) 무엇을 가지고(놀잇
감이나 시설), 어떻게(놀이방법) 놀 것인지를 결정하는 장본인은 유아이기 때문이다.

2 놀이의 (   )과 (   )에 따라 정적 놀이 영역과 동적 놀이 영역으로 구분해 배치한다.

|정답| 활동성, 소음

|해설| 자유 선택 영역은 놀이의 활동성과 소음에 따라 정적 놀이 영역과 동적 놀이 영역을 구분하여 배
치하여야 한다.

3 다음은 놀이 지도 중 성인 역할의 일부분이다. 어떠한 역할의 설명인가?

> 비계 설정하기보다 좀 더 지시적 교수 유형으로 프로젝트 활동의 예를 들 수 있다. 동작 활동
> '배고픈 애벌레'를 할 경우, 유아와 교사가 배고픈 애벌레와 애벌레가 먹은 음식을 나누어 표
> 현해 보는 것과 같은 예를 들 수 있다.

|정답| 함께 구성하기

|해설| 유아와 성인이 함께 활동하는 것으로, 비계 설정보다 좀 더 지시적인 교수 유형이다.

4 실외 놀이 공간의 설명으로 틀린 것은?

① 실외 놀이 공간을 구성할 때에는 정적 활동과 동적 활동 공간의 균형을 이루도록 한다.

② 실외 놀이 공간 사이에는 이동이 원활하도록 통로를 만들어 두어야 하며, 아무 것도 제공
하지 않아 어린이들이 마음대로 활용할 수 있는 빈 공간(공터)을 마련해 주도록 한다.

③ 실외 놀이 공간의 지면은 단일 지면으로 구성하여, 유아들의 안전을 고려해야 한다.

④ 실외 놀이 활동 영역의 종류나 구성의 원칙은 실내 놀이와 거의 같지만 계절적 특성에 따
라 확장 또는 축소될 수 있다.

⑤ 실외 놀이 영역에는 고정된 실외 놀이 시설뿐 아니라 동물 사육, 식물 재배, 모래 놀이, 물
놀이, 목공 놀이, 신체 놀이 영역 및 연못, 벤치, 움막과 같은 정적 활동 영역 등이 설치될 수
있다.

|정답| ④

|해설| 실외 놀이 공간의 지면은 단일 지면으로 구성하기보다 공간의 용도에 따라 잔디, 흙, 고운 모래, 시멘트나 보도 블록, 타르 등을 깔아 다양하게 구성하는 것이 좋다. 그리고 외부 시설이나 차량으로부터 어린이의 안전을 지키기 위해 울타리를 설치해야 하며, 실외 놀이 기구를 보관하고 정리할 수 있는 창고를 마련할 필요가 있다.

1 자유 놀이 시간의 교육적 의의

① 어린이의 개별적인 흥미와 요구에 따라 자발적으로 놀이에 참여함으로써 능동적 학습이 이루어지는 시간이다.

② 다양한 놀이 활동이 놀이영역별로 구성되어 있는 환경을 통해 어린이가 개별적으로 놀이에 참여함으로써 개별학습이 이루어지는 시간이다.

③ 하나의 개념을 각 영역에서 다양한 놀이경험을 통해 반복, 통합하여 습득함으로써 통합교육이 이루어지는 시간이다.

④ 어린이와 어린이, 어린이와 교사와의 긴밀한 상호작용을 경험함으로써 바람직한 인간관계를 학습하는 시간이다.

⑤ 어린이 개개인의 자유와 흥미가 존중되는 가운데 풍부하고 다양한 놀이를 함으로써 기쁨을 경험하게 되는 시간이다.

2 유아의 놀이 특성

① 취학 전 유아의 사물놀이는 단순한 사물놀이에서 복잡한 사물놀이로 변화한다.

② Smilansky는 놀이를 기능놀이와 구성놀이로 나누고 있는데 기능놀이는 사물을 가지고 전형적인 방식으로 사용하는 것이다. 이와 같은 놀이는 단순놀이로 연령의 증가와 더불어 점점 줄어든다.

③ 구성놀이는 약 4세경의 유아에게서 볼 수 있는 놀이 형태로 취학 전 유아가 자유놀이 시간에 하는 놀이의 50% 이상이 구성놀이이다.

3 놀이 계획

놀이계획이란 어린이가 자유놀이 시간을 어떻게 보낼 것인가를 스스로 결정하는 것을 뜻하며, 놀이 시간의 활용을 사전에 계획함으로써 종합적인 놀이경험을 하게 될 뿐 아니라 어린이의 의사 결정 능력, 독립심, 책임감 및 표현력 등이 증진된다. 놀이 계획은 다양한 방법으로 지도할 수 있는데, 계획한 내용을 어린이가 말로 표현하게 지도할 수도 있고, 놀이계획평가표를 사용하여 계획할 수도 있다.

4 영역별 놀이 공간 구성의 교육적 효과

첫째, 놀이영역을 선택, 참여하는 과정을 통해 어린이들은 의사결정 능력과 판단력, 자율성을 키울 수 있으며, 자신의 속도에 따라 활동을 진행할 수 있다.

둘째, 다양한 장난감을 갖추고 놀이 활동 영역을 구획, 경계 지은 공간 상황에서는 놀이 활동이 활발히 이루어지고 놀이 지속 시간이 길어지며, 다른 어린이와 함께 노는 행동, 장난감을 정리하는 행동이 나타난다.

셋째, 각 영역별로 놀이를 하는데 필요한 장난감과 공간이 제공됨으로써 어린이가 좀 더 발전된 형태의 놀이를 할 수 있다.

5 놀이감 선택시 고려사항

① 어린이에게 안전한가?
② 어린이의 발달에 적합한가?
③ 어린이의 사회정서적 발달을 촉진시키는가?
④ 어린이의 인지발달을 촉진시키는가?
⑤ 어린이의 대소근육발달을 촉진시키는가?
⑥ 장난감의 구조가 어린이에게 적합한가?

이숙재(2001). 유아를 위한 놀이의 이론과 실제. 창지사

지성애(1995). 유아 놀이 지도. 정민사.

Frost, J. L., & Klein, B. L.(1979). *Children's play and Playgrounds.* Boston: Allyn & Bacon.

Levy, J.(1978). *Play behavior.* New York: Wiley.

Parten, M. B.(1932). Social participation among preschool children. *Journal of Abnormal and Social Psychology, 27,* 243-269.

Rubin, K. H., Maioni, T., & Hornurg, M.(1976). Free play behaviors in minddle -and lower-class preschoolers: Parten and Piager revisited. *Child Development, 47,* 414-419.

Wolfgang, C. H., Mackender, B., & Wolfgang, M. E.(1981). *Growing & Learning Through Play.* NY: McGraw-Hill.

제 *12* 장

언어·문학을 통한
보육의 실제

이 장에서는 유아에게 적합한 보육의 실제를 실천할 수 있도록 언어 발달 이론에 기초한 유아 언어 활동의 원리와 실제 적용 방법을 제시하고, 유아에게 적합한 그림책을 소개하여, 유아 문학 활동의 원리와 실제 적용 방법을 제시한다.

01 유아기 언어 발달을 이해한다.

02 유아에게 적합한 언어 활동의 원리를 알고 실제로 적용할 수 있다.

03 유아에게 좋은 그림책을 선정할 수 있다.

04 유아에게 적합한 문학 활동의 원리를 알고 실제로 적용할 수 있다.

• 언어 획득 장치(Language Acquisition Device: LAD) 언어 학자 촘스키(Chomsky)가 명명한 것으로서, 인간이 생득적으로 가지고 태어난 언어 생성 기제를 의미한다.

• 상호교류이론 언어 발달 이론에서 상호교류이론은 인간의 언어 습득이 기본적인 사회적, 정서적 동기로 인해 일어난다고 본다. 즉 유아는 주변의 다른 사람들과 상호 교류하면서 다른 사람들로부터 사회적, 심리적 지원을 받음으로써 더욱 효과적인 의사 소통자가 되어 간다.

• 내적 언어(inner speech) 유아는 의미 있는 사회적 교류를 함으로써 비교적 독립적인 정신 기능인 '사고'와 '언어'를 '언어적 사고(verbal thought)'로 바꾸어 나간다. 이것이 곧 '내적 언어'이며, 이는 유아의 음성 언어를 촉진시키고 문자 언어 사용의 기초가 된다.

• 총체적 언어 교육 유아에게 의미 있는 학습 활동이 되게 함으로써 언어 활동이 의미 이해의 과정이 되도록 하여 유아의 사고력을 신장시키는 언어 교육의 한 방법이다.

• 그림책 글과 그림이 결합하여 이야기를 엮어 내는 책으로, 글자 없는 그림책과 그림 이야기책이 있다.

• 반응중심유아문학교육 유아로 하여금 문학에 대해 더욱 깊이 이해하고 작품으로부터 얻은 감정을 자유롭게 표현함으로써 문학에 대한 감상과 이해, 표현 능력을 더 높일 수 있다고 보고, 문학에 대한 반응을 격려하는 유아 문학 교육 방법이다.

• 정보 추출적 독서 독서할 때 신문이나 약 처방전, 과학적 논문을 읽을 때처럼 독자가 일차적으로 본문에 있는 아이디어나 정보에 관심의 초점을 두고 분리된 세목에 따라 본문을 분석하는 방식을 의미한다. 그리고 이때 독자가 텍스트로부터 정보를 얻을 때 일어나는 반응이 바로 정보 추출식 반응이다.

• 심미적 독서 독서하는 동안 시나 소설 등과 같은 문학적 본문을 읽을 때와 같이 본문에 대한 자신의 반응을 관찰하면서 교류함으로써 경험에 관심의 초점을 두는 것을 의미한다. 이때 독자가 이야기를 감정적으로나 지적으로 깊이 맛봄으로써 텍스트를 체험할 때 일어나는 반응이 바로 심미적 반응이다.

○, × 퀴즈

진단 문제	○	×
1 유아의 언어 능력과 지적 능력은 각각 독립적으로 발달해 나간다.		V
2 총체적 언어 교육은 언어 교육에 필요한 주요 활동들의 목록을 의미한다.		V
3 글 없는 그림책은 유아에게 교육적이지 못하다.		V
4 반응중심유아문학 교육의 특징은 작품 감상이 곧 문학과 유아의 만남이라는 것이다.	V	

해설

01 유아들의 언어 능력과 지적 능력은 처음에는 각각 독립적으로 발달하지만, 점차 서로 상보적인 역할을 하면서 발달해 나간다.

02 총체적 언어 교육은 언어 교육에 필요한 주요 활동들의 목록이 아니라 교수와 학습의 본질에 대한 신념으로서, 언어 활동이 의미 이해의 과정이 되도록 하여 아동의 사고력을 신장시키는 언어 교육의 한 방법이다.

03 그림책은 글과 그림이 결합하여 이야기를 엮어 내는 책으로, 이야기 줄거리는 있으나 글이 전혀 없이 그림만 있는 그림책도 유아에게 적극적으로 권장할 만하다. 글 없는 그림책을 봄으로써 유아는 이야기를 상상하여 만들어 갈 수 있는데, 이것은 창의력과 상상력을 매우 고무시키고 격려한다.

04 반응중심유아문학 교육에서, 문학 작품을 감상하는 것은 곧 문학과 유아가 만나는 과정이다. 즉 유아는 자신의 배경 경험이나 지식을 바탕으로 작품과의 끊임없는 상호 작용을 통해 하나의 작품을 감상해 나간다.

① 언어를 통한 보육의 실제

1. 언어 발달 이론

언어 발달은 유아의 전반적인 발달 중 중요한 부분으로, 언어 발달에 관한 연구는 언어와 사고의 관계에 대한 많은 것들을 설명해 준다. 인간의 언어나 의사 소통 행위는 매우 복잡한 기능들이 서로 복합적으로 작용한 결과이기 때문에, 유아가 어떻게 언어를 배워 나가느냐에 대한 어느 한 이론이 절대적으로 옳거나 유아들의 언어 발달 현상을 가장 잘 설명해 준다고 할 수는 없다.

1) 행동주의이론

스키너(Skinner)는 언어 발달도 결국 다른 학습 원리와 마찬가지로 자극, 모방, 강화가 중요한 요소로 작용한다고 했다. 이 이론은 유아의 주변 사람들이 보이는 반응이 유아의 언어 발달에 결정적 영향을 미친다는 사실을 가정한다.

1950년대 후반부터 1960년대에 걸쳐 읽기 준비도를 성숙의 결과가 아니라 경험의 결과로 보는 변화가 일어남으로써 읽기 지도는 발달적인 요인보다 환경적인 요인을 보다 강조하는 쪽으로 기울어지게 되었다. 행동주의적 관점에서의 읽기·쓰기 지도는 내용의 난이도를 고려하여 일련의 기능들을 낮은 순서에서 높은 순서로 하나씩 가르치는 체계적인 지도를 강조한다.

2) 성숙주의이론

게젤(Gesell)과 그의 동료들은 인간의 발달은 유전적 요인이 가장 결정적 요인이라고 주장했는데, 인간 발달은 특정 단계에서 그 다음 단계로 진행될 때 예정된 순서로 이행된다는 것이다. 다음 단계의 발달을 보일 때는 반드시 다음 단계로의 이행에 필요한 학습이 실제적으로 일어날 수 있다는 전조가 보이는데, 이것을 준비도라고 하였다. 따라서 유아가 다음 단계로 발달해 나갈 수 있도록 적절한 준비도 활동을 제공해야 한다고 주장하였다.

3) 생득주의이론

촘스키(Chomsky)는 인간의 언어 습득은 생득적으로 타고난 능력의 발현이라고 주장하며, 모든 인간은 노출된 언어권의 언어를 습득할 수 있는 정신적 능력을 아주 어려서부터 가지고 있다고 믿는다. 그는 모든 개인은 언어 획득 장치(Language Acquisition Device, LAD)를 가지고 있으며, 이 장치는 모든 언어에 공통적으로 있는 언어 규칙의 체계를 다룬다는 것을 이론화했다.

4) 구성주의이론

피아제(Piaget)는 인지 발달이 언어 발달에 선행한다고 보고, 유아의 언어 발달은 그들의 인지적 구조에 의해서 결정되므로 이들의 인지 구조에 적합한 물리적 환경을 풍부하게 구성하여 제공하는 일이라고 하였다. 그는 유아가 놀이할 때 자기 중심적 언어(egocentric speech)를 많이 사용하며, 만 5세가 되어서야 상호 작용적 상황 속에서 볼 수 있는 정보를 제공하고 질문을 하는 등 진정한 대화라고 할 수 있는 사회적 언어(socialized speech)를 사용한다는 사실을 관찰했다.

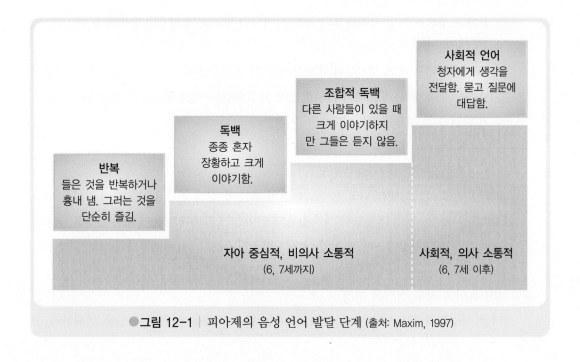

●그림 12-1 | 피아제의 음성 언어 발달 단계 (출처: Maxim, 1997)

5) 상호교류이론

언어 습득은 인간의 기본적인 사회적, 정서적 동기로 인해 일어난다고 믿는다. 유아는 주변의 다른 사람들과 상호 교류하면서 다른 사람들로부터 사회적, 심리적 지원을 받음으로써 더욱 효과적인 의사 소통자가 되어 간다.

비고츠키(Vygotsky, 1986)는 〈사고와 언어(Thought and Language)〉에서 유아가 의미 있는 사회적 교류를 함으로써 비교적 독립적인 정신 기능인 '사고'와 '언어'를 '언어적 사고(verbal thought)'로 바꾸어 나간다고 주장한다. 이것이 곧 '내적 언어(inner speech)'이며, 이 내적 언어는 유아의 음성 언어를 촉진시키고 문자 언어 사용의 기초가 된다는 것이다.

유아는 독립적, 실제적인 언어 수준과 다른 사람의 도움을 필요로 하는 잠재적 언어 수준 사이인 근접 발달 영역에서 다른 사람의 교수를 필요로 한다. 이 이론은 비교적 다양한 연구에 기초한 체계적이고 일관성 있는 이론으로서, 타 이론에 비해 더욱 많은 지지를 받고 있다.

[유아의 언어 발달에 영향을 미치는 요인]

(1) 부모, 형제 등 주변인들의 언어
• 유아는 주변의 어떤 소리들보다 특히 어머니의 말소리에 민감하게 반응을 하는데, 이것이 언어 발달의 시초이다.
• 유아들이 매우 어린 시기부터 부모는 일상적으로 생활에서 읽고, 쓰는 활동을 시범해 보이는 것이 좋다. 부모와의 끊임없는 언어 교환을 통해 어휘력을 향상시키는 것도 언어 발달에 꼭 필요한 요인이다.

(2) 인간의 감각 운동 기능
인간은 듣고, 보고, 냄새 맡고, 맛 보고, 만져 보는 등 감각 기관을 사용하여 정보를 받아들이고 이해한다. 즉 인간은 감각 기관을 통해 받아들인 사람과 사물에 대한 인상을 두뇌에 보내어 기록하고 저장하는데, 이것이 이후의 말하기 · 듣기 · 읽기 · 쓰기의 기초가 된다.

(3) 유아의 사회 정서적 환경
다른 사람들과 접촉하고 교류하면서 유아는 많은 것들을 배우고, 타인을 이해하게 된다. 이것은 의사 소통의 가장 원시적인 형태로 어머니에게서 아주 부드러운 감정을 느끼기 위해 취하는 행동이다.

(4) 유아의 지적 능력

비고츠키(Vygotsky)에 의하면, 언어 능력과 지적 능력이 처음에는 각각 독립적으로 발달한다. 이 두 능력은 때로 발달 속도가 서로 다르기도 하지만, 서로 상보적인 역할을 하면서 발달해 간다.

(5) 사회 문화적 요인

의미를 나타내는 몸짓은 문화에 따라 다를 수 있다. 또 어떤 문화는 의미를 나타낼 수 있는 어휘가 충분하지 않고 매우 제한적인 경우도 있다. 다양한 문화적 가치가 언어 발달에 중요한 영향을 미친다.

2. 유아 언어 활동의 원리와 실제

1) 유아 언어 활동의 기본 원리

(1) 유아에게 끊임없는 관심을 가지고 개인차를 중시한다.

- 유아 개인마다 언어 학습 능력에 차이가 있으므로 때로는 지시적인 지도 방법을 비지시적인 방법과 병행하고, 때로는 읽기의 기초 기능이나 의미의 이해, 구성 능력들을 개별 유아들의 필요에 따라 적절하고도 균형 있게 지도해야 한다.
- 성인은 유아의 관심사와 행동에 주의를 기울이면서 함께 토론하고, 경험에 대해 이야기를 나누는 것이 좋다. '양치질해라.', '손 씻어라.', '옷 갈아입어라.', '조용히 해라.', '책 봐라.' 등의 지시나 명령이 아니라 유아의 생활 내용이나 감정에 대해 진지한 대화를 나누는 일이 중요하다.

(2) 유아에게 말하고 들을 수 있는 기회를 많이 허락하는 것이 좋다.

말하기와 듣기에서 튼튼한 기초를 쌓은 유아는 글도 잘 읽고 잘 쓴다는 것을 입증하는 연구들이 많이 있다. 읽기와 쓰기는 음성 언어적 기능에 바탕을 두고 있기 때문이다.

(3) 유아들에게 좋은 그림책을 많이 보여 주고 또한 그림책에 관심을 가지도록 유도하는 것이 좋다.

그림은 실제 사물이 아닌 사물의 표상으로서 이름을 포함하고 있다. 따라서 '그림책 보기'는 사물을 영상적 표상으로 대체하고, 그 영상적 표상을 다시 언어적 상징으로 대체하는 정신 작용을 하는 것이다.

(4) 이야기책을 많이 읽어 주는 것이 좋다.

이야기책 속의 글은 비록 성인은 읽고 유아는 듣기만 하지만 나중에 유아가 읽게 될 글이다. 유아의 읽기 기능은 글과 접촉하는 기회가 많으면 많을수록 더욱 잘 길러진다. 그러므로 자음과 모음을 조합하여 말소리를 만드는 무의미한 활동보다는 생활 속에서 이야기책을 읽어 주는 것이 훨씬 더 효과적이다.

(5) 언어의 구조나 형태의 이해와 함께 글의 의미 이해 능력들을 동시에 지도한다.

유아는 글을 읽고, 쓰고, 읽어 주는 글들을 날마다 듣는 경험을 하는 것이 좋다. 이때 유아가 접하는 글들은 가능하면 글의 의미를 쉽게 예측할 수 있고, 이해할 수 있는 글들이어야 하고 동시에 해독 가능한 규칙적 유형의 글들을 먼저 접하는 것이 좋다.

(6) 질문을 많이 하여 유아의 사고를 자극함으로써 확산적 사고를 촉진시킨다.

질문은 학교에서는 물론, 유치원이나 가정 등 어디에서도 사용할 수 있는 가장 보편적이고 효과적인 지도 방법이다. 질문은 대화, 이야기 들려주기, 책 읽어 주기 등 어떤 상황에서도 두루 사용할 수 있다.

(7) 스스로 질문을 만들게 하는 것이 좋다.

부모나 교사가 질문하고 유아가 이에 답하게 하는 것도 중요하지만, 이보다 더 중요한 것은 유아 스스로 질문을 만들어 보게 하는 것이다. 질문을 만들게 하는 것은 사고의 내용과 방향을 스스로 정하게 하는 것이기 때문에 능동적인 사고라고 할 수 있다.

(8) 쓰기 활동을 많이 경험하게 하는 것이 좋다.

사람들은 흔히 쓰기는 읽기를 다 배운 후에 배워야 한다고 생각한다. 그러나 쓰기를 생각의 표현(문자 언어가 아닌 다른 방법에 의한 표현까지도 포함됨)으로 본다면, 쓰기는 읽기보다 먼저 나타난다고 볼 수 있다.

(9) 유아들에게 다양한 언어 경험을 제공한다.

다양한 경험에는 음성 언어를 더욱 확장시킬 수 있는 활동, 음성 언어와 문자 언어의 관계성을 파악할 수 있는 활동들이 포함된다. 유아들은 매우 구조적이고 계획된 활동을 통하여 명시적인 방법으로, 때로는 암시적인 방법으로 해독과 철자법에 대한 지도를 받으며, 음운 인식, 자 · 모 결합의 원리, 자소 · 음소의 대응 관계에 대한 지도도 받는다. 뿐만 아니라 글의 의미를 이해하기 위해 그림이나 문맥을 어떻게 이용할 것인지, 사전 지식을 어떻게 활용할 것인지도 배우게 된다. 또한 이미 알고 있는 개념이나 어휘들을 중심으로 모르는 글의 의미를 어떻게 이해할 수 있을 것인지 등 여러 가지 전략들도 동시에 배우게 된다.

(10) 다양한 평가 방법을 사용하여 다면적인 평가를 한다.

유아 개인의 특성을 인식하고 이에 따라 지도 방법을 융통성 있게 적용하여야 한다. 유아들이 소리 내어 읽는 것, 쓰다 버린 낙서, 글 쓰기에 나타나는 철자법 등에 대해 관찰과 기록, 표준화 검사 등 여러 가지 평가 방법들을 사용할 수 있다. 다만 이러한 평가 결과는 고정적이 아니라 그 다음의 교육 방법이나 질적 수준에 따라 변할 수 있다는 것에 유의한다.

2) 듣기 활동의 원리와 실제

(1) 학습의 결과보다는 과정이 강조되어야 한다.

듣기는 의미를 구성해 가는 일련의 과정이다. 따라서 교사는 유아들의 듣기 과정에 역동적으로 개입하여 각 과정에서 유아가 필요로 하는 방법을 구체적으로 가르쳐 줄 수 있는 기회를 좀 더 많이 가져야 한다. 즉 의미 있는 상황에서 실제 수행이 강조되어야 한다.

(2) 청각적 지각 훈련이 필요하다.

청각적 지각 훈련은 음악, 말소리의 변별, 짧은 용어와 긴 용어들을 기억하기, 시간적 서열, 배경 소리 알아맞히기, 소리의 종합, 분석, 억양 유형, 주어와 동사의 일치, 수동태와 능동태, 구문에 대한 과제들과 관련하여 가르쳐야 한다. 예를 들어, 준비된 테이프를 듣고 어떤 소리인지 추측해 보고, 다양한 소리를 듣고 나서 느낌이 어떤지 이야기해 본다.

(3) 어휘력의 신장이 중요하다.

유아가 모르는 단어를 접하게 될 경우, 그 단어의 의미를 어떻게 아는지 보육자가 평소 시범을 보이는 것이 좋다. 그리고 새로운 단어 및 일상에서 필수적인 단어가 나오면 그 단어의 정확한 의미를 알도록 요구하고 단어의 의미를 전후 맥락을 이용하여 생각해 볼 수 있는 습관을 가지게 한다. 또한 베이비시터는 유아에게 구어적 지시를 할 때 의미 없는 말을 남발하기보다는 꼭 필요한 말을 간결하게 하는 습관을 가지는 것이 중요하다.

(4) 좋은 듣기 습관을 지니도록 한다.

듣기의 좋은 습관은 주변의 정서적, 사회적 분위기와도 관련 있다. 보육자는 개인의 문제에 관심을 가져야 하고 허용적인 분위기가 될 수 있도록 해야 한다. 가령 한 사람씩 말하게 하는 것, 말을 듣는 사람은 말하는 사람을 쳐다보게 하는 것, 가능하면 듣기에 불필요한 잡음들이 많이 들리지 않도록 해 주는 것 등이다.

(5) 다양하고 적절한 수준의 듣기 자료 선정과 개발에 신경 써야 한다.

유아를 위한 듣기 자료는 의미 있고, 이론적·발달적·경험적인 근거가 있으며, 유아를 위한 정보의 적절성, 사용 후 효과 검증 방안, 자료 사용의 융통성과 실용성, 좋은 내용, 청각적 기준, 경제성 등의 조건을 충족시킬 수 있는 것이어야 한다. 특히 그림 이야기책은 가장 훌륭한 자료들 중 하나가 될 수 있다. 그림 이야기책을 읽어 주면, 유아들은 책을 즐기는 기본적인 목적을 벗어나지 않으면서도 위에서 언급한 여러 가지 듣기 기술들을 향상시킬 수 있다. 자동적으로 소리를 변별하기도 하고, 듣기 이해력을 향상시키기도 한다. 또한 추리와 결과에 대한 가설을 설정하게 할 수도 있다.

(6) 다양한 종류의 의미 있는 듣기 기회를 가능한 많이 제공해야 한다.

감상적 듣기는 음악이나 이야기(동화, 동요, 동시 등) 내용의 일부 또는 전체에 대한 분위기를 이해하는 것이다. 감상적 듣기 지도는 이야기, 동시나 음악을 들려준 후 어떤 느낌인지 유아들과 함께 이야기를 나눔으로써, 감상적 듣기 기술을 향상시킬 수 있다.

듣기 활동의 실제

활동명	동시를 들으며 그림을 그려요
활동 목표	소리의 심상화
활동 자료	종이, 크레파스
활동 방법	① 동시를 감상한다.

- 선생님이 들려주는 동시를 귀 기울여 잘 들어 보자.

"어항 속의 금붕어 헤엄을 치네.

뺑 돌고 위로, 뺑 돌고 아래로

다시 돌고 위로, 다시 돌고 아래로

어항 속의 금붕어 헤엄을 치네."

- 이 동시는 어떤 느낌이니?
- 한 번 더 들려 줄 테니 이번에는 내 머릿속 도화지에 그림을 그려 보자.
  어떤 그림이 그려질까?

② 동시를 들은 후 그림으로 표현해 본다.

- 동시의 내용을 잘 기억해 보고 이것을 그림으로 그려 보자.
- 가장 재미있었던 부분은 어디일까?
- 어떤 부분을 강조해서 그리고 싶니?

③ 그림을 보며 동시를 듣고 따라 말해 본다.

- 네가 그린 그림을 잘 보면서 동시를 말해 보자.
- 선생님이 먼저 한 행씩 읽을 테니 잘 듣고 너희들도 말해 보렴.

3) 말하기 활동의 원리와 실제

(1) 아이디어와 생각을 나타내기 위한 언어 구사

의미 있는 말을 여러 가지 상황 속에서, 여러 유형의 사람들에게 말해 보는 기회를 가져야 가능하다. 즉 말을 할 때는 반드시 자신의 말을 들어 줄 수 있는 대상이 있어야 하고, 적절한 상황이 있어야 하며, 또 자신의 말에 대해 적절한 반응을 얻을 수 있어야 한다. 또한 보육자는 모든 언어적 활동에 유아들이 적극적으로 참여할 수 있는 허용적인 분위기를 만들어 주어야 할 것이다. 예를 들면 가능한 유아들에게 정기적으로 무엇인가에 대해 발표할 수 있는 기회를 제공하고, 특별한 경험(영화나 연극 팸플릿)이나 사건에 관해 기꺼이 이야기할 수 있도록 격려한다.

(2) 능동적인 의미 구성의 과정

언어 교육은 다른 지식 교육과는 달리 언어 사용 기술을 익히게 해야 한다. 언어 사용 기술은 자신의 경험들을 논리적으로 연결하여 설명할 수 있어야 하고, 이야기를 창의적으로 만들어 낼 수 있어야 하며, 자신의 말을 다른 사람들이 이해하고 반응할 수 있도록 의미를 메시지로 구성하고 바꿀 줄 알아야 한다.

[지도 방법] (조정숙 외, 2006)

① 유아들이 이해할 수 있고 관련지을 수 있는 말하기 상황을 만들어 준다.

예시

어떤 일이 일어날까요?

② 유아에게 자신의 경험과 언어로 반응할 수 있는 자유를 준다.
③ 교실에서 유아가 자기 생각을 표현하는 것을 격려한다.
④ 창의적 반응이나 상상을 사용한 표현을 격려한다.

예시

만약 ~이라면(비둘기가 킹콩만큼 크다면, 뱀이 지렁이만큼 작다면)

⑤ 유아가 생각할 수 있고, 상상할 수 있는 시간과 공간을 제공한다.
⑥ 과거 사건에 대해 기술할 수 있도록 한다.

나 어렸을 때: 작년이나 재작년의 유치원 행사 사진이나 활동 사진을 보며 그 내용을 이야기해 본다. 이때 과거를 나타내는 어휘를 사용할 수 있도록 돕는다.

⑦ 이야기를 만들어 본다.

서로 다른 종류의 물건을 3개 정도 붙이고, 그 물건을 등장시켜 이야기를 지어 본 작품

나뭇잎, 우산, 과자: 비가 오는 날 우산을 쓰고 과자를 먹으면서 가는데 바람이 불어 그만 나뭇잎이 과자 봉지로 들어갔어요. 그것도 모르고 나뭇잎이 과자인 줄 알고 먹을 뻔했어요.

⑧ 유아가 적절하게 말을 할 때 적절한 반응을 보여 주는 것이 필요하다.

⑨ 의사 소통을 효과적으로 하기 위해 비언어적 장치(내용과 상황에 어울리는 표정, 시선, 자세, 억양, 몸짓, 어조, 말의 속도 등)를 사용한다.

동화 속 인물이 되어 보기: 동화 속의 몇몇 대사를 표정과 동작, 억양, 어조를 살려 실감나게 말해 본다.

『곰 사냥을 떠나자』 책을 보며, "곰 잡으러 간단다. 큰 곰 잡으러 간단다. 오늘 날씨도 좋구나, 우린 하나도 안 무서워!"

4) 읽기 활동의 원리와 실제

(1) 초기 읽기 지도는 매우 균형적이고 종합적이어야 한다.

모든 읽기 기술과 지식들이 동시에 발달되어 나가도록 지도해야 한다. 또한 사고, 학습, 의사 소통을 위한 모든 형태의 읽기 도구들을 사용하여 궁극적으로 읽기를 통하여 내용을

이해하고, 감상하고, 분석하고, 수행하고, 즐길 수 있는 방향으로 변해 가야 한다. 따라서 유아들은 자·모 체계의 이해나 해독에 필요한 기초 기능들의 학습뿐 아니라, 책이나 실제적인 읽기 자료들을 다룰 수 있는 경험도 반드시 가져야 한다.

(2) 유아기 읽기 지도는 개별적 지도를 강조한다.

모든 유아가 똑같은 속도로 읽기 기술을 학습하는 것은 아니다. 따라서 초기 읽기 지도는 각 유아들의 읽기 기술의 학습과 발달 정도를 평가하고, 평가 결과에 따라 개별적으로 지도할 것을 강조한다.

① 음성 언어를 기초로 이루어져야 한다.

유아들이 읽기를 통하여 여러 가지 제시된 정보들을 이해하려면 그들이 일상에서 사용하고 있는 음성 언어로 된 문장 구조나 형태를 이용함으로써 이해가 가능하다. 따라서 말하기, 듣기 활동은 읽기 지도에서 선행되어야 할 가장 중요한 활동이다.

② 책 읽어 주기 활동은 가장 먼저 일어나야 하고, 반드시 필요한 것이다.

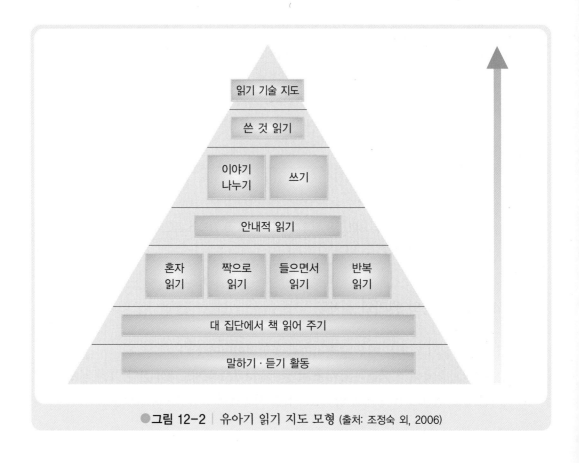

●그림 12-2 │ 유아기 읽기 지도 모형 (출처: 조정숙 외, 2006)

이 활동은 읽기에 대한 태도와 습관을 형성하고, 글과 글자의 개념이나 기능 및 규약 등을 이해시키며, 유아의 동기나 흥미를 지속시키는 것이다. 교사가 다양한 장르의 책들을 선정하여 장르에 따라 읽기 전략을 달리 하는 것을 보여 주면, 유아들은 책의 장르에 따른 여러 가지 읽기 전략들을 배울 수 있다.

③ 혼자 읽기, 짝으로 읽기, 들으면서 읽기, 반복해서 읽기 활동을 한다.

혼자 읽기는 관심 있는 책을 선택하여 유아의 수준에 맞게 읽는 것으로 읽기 동기나 흥미 지속에 필수적이다. 짝으로 읽기는 가정에서 부모와 함께 읽기, 교사와 유아가 짝이 되어 책을 읽는 것으로 읽기 발달에 매우 중요한 변인이다. 들으면서 읽기는 책 내용을 담은 테이프를 들으면서 읽는 것이다. 반복 읽기는 같은 책을 반복하여 읽기이고 단어 재인, 해독 기술의 습득에 매우 효과적이다.

④ 소집단으로 안내적 읽기 활동을 한다.

읽고, 생각하며, 읽은 것에 대해 서로 의견을 나누면서 읽기 전략을 가르칠 수 있는 활동이다. 유아들은 읽은 것에 대해 서로 의견을 나누면서 보육자나 다른 유아들이 어떻게 읽는지 또 읽으면서 어떤 전략들을 사용하는지 보고, 듣고, 배우게 된다. 보육자는 유아들의 생각, 읽기 전략 사용, 읽기의 수준, 특별히 강한 측면과 약한 측면 등을 평가할 수 있고 이러한 평가를 통하여 수업을 적절하게 재설계할 수 있다.

⑤ 언어 경험적 접근 활동을 한다.

언어 경험적 접근 활동은 개별 혹은 소집단으로, 그리고 가능하다면 매일 일어나는 것이 좋다. 유아들은 자기가 경험한 것들을 말해 보고, 그것들을 쓰고, 읽기 자료를 만들고, 이 자료들을 친구들과 함께 읽어 보고, 그것들에 관하여 의견을 교환하는 것은 읽기 학습에 대한 동기와 흥미를 지속시킬 뿐 아니라 읽기의 기초 기능을 향상시키는 데 필수적이다. 예를 들면 생활 전단지, 신문, 잡지, 명함 등 생활 속에서 쉽게 볼 수 있는 자료들을 보고 무엇을 읽었는지 써 보고, 쓴 글을 읽는다.

⑥ 읽기의 기초 기능들을 직접적이고 명시적인 방법으로 지도한다.

이는 매우 논쟁적 이슈이지만, 최근의 연구 결과들은 읽기의 기초 기능들(음운 인식, 낱자 지식, 자소·음소 대응 관계 이해, 자·모 체계 이해, 단어 재인 기술 등)은 능숙한 독자로 변해 가는 데 반드시 필요한 기능이라고 하였다. 단 이것은 최소의 활동 시간을 가지고 다른 활동들과 연결되어 일어나야 한다. 만약 이 활동만 따로 분리하여 지도하게 되면 유아들이 동기와 흥미를 잃게 될 가능성이 있고, 좌절감을 느끼게 될 수 있기 때문이다. 읽기의 기초 기능들은 유아들이 능숙한 독자로 자라나게 하는 힘의 원천이다.

5) 쓰기 활동의 원리와 실제

(1) 무엇이든지 마음껏 써 볼 수 있는 자유를 주는 일이 가장 중요하다.

즉 시간의 자유, 두려움으로부터 자유, 쓰기의 내용을 마음대로 선택할 수 있는 자유를 준다. 쓰기 활동을 위해 시간을 허용하는 것이 좋은 쓰기의 필수적 요소이다. 유아들이 쓰기에 대한 실패의 두려움을 가지게 되면, 그들은 이미 익히 알고 있고 잘 쓸 수 있는 단어들만 골라서 쓰게 되며, 틀에 박힌 문장만 사용하게 되므로 좋은 쓰기를 할 수 없다. 그리고 예쁜 글씨, 맞춤법에만 주의를 집중하게 되므로 쓰기의 내용 구성에는 신경을 쓸 수 없게 된다. 또한 쓰기의 내용을 마음대로 선택할 수 있는 자유를 주는 것이 중요한데 유아들은 관심 있고 흥미 있는 내용을 쓸 때 쓰기에 빠져 들게 되고 비판적인 사고를 하면서 자기만의 독특하고 개성적인 글 쓰기를 하게 된다.

(2) 개별화된 쓰기 지도를 해야 한다.

유아들이 각자의 관심과 흥미, 능력에 따라 여러 가지 다양한 방법으로 언어적 경험을 하게 하는 것은 결과적으로 쓰기 지도의 좋은 밑거름이 된다. 사물과 현상을 바라보는 자기만의 독특한 안목으로 개성적인 문장 구성이나 문체를 통해 창의적인 표현이 가능하도록 도와준다.

(3) 협동적 쓰기 지도를 해야 한다.

유아들은 그림이나 글자로 무엇인가를 표현하고 싶어하지만 정작 자신이 표현하고 싶은 내용이 무엇인지 제대로 포착하지 못할 때가 많다. 이럴 때 보육자가 유아의 내용 포착을 도울 수 있다. 이러한 도움은 유아의 쓰기 발달에 매우 큰 도움이 된다. 협동적 쓰기 과정을 통해 유아들은 혼자서도 쓰기를 훌륭하게 해낼 수 있을 정도로 성장하게 된다.

(4) 비지시적 쓰기 지도를 해야 한다.

직접적인 가르침이나 지시 없이 유아가 환경 속에서 스스로 쓰기 활동을 전개해 나가면서 쓰기에 필요한 여러 가지 정신적 기술들을 익히고 배워 마침내 능숙한 필자로 변해 갈 수 있도록 사회적 매개 역할을 하는 것을 말한다. 비지시적 쓰기 지도를 하기 위해서는 생활 환경 속에서 쓰기가 가능한 자연스럽게 많이 일어날 수 있도록 풍부한 문식적 환경을 제공하는 일이 중요하다.

(5) 총체적 쓰기 지도를 해야 한다.

쓰기는 과정적 활동이면서도 쓰기의 하위 기능들이 하나하나 따로 작용하는 것이 아니라 한꺼번에 작용하는 하나의 총체적 과정이다. 그러므로 쓰기 지도는 하위 기능들을 따로따로 분리하여 가르칠 것이 아니라 총체적인 쓰기를 통하여 가르쳐야 한다.

(6) 통합적인 쓰기 지도를 해야 한다.

'통합'이란 둘 이상을 하나로 합치는 것을 말한다. 여기서 통합이란 여러 가지 측면에서의 통합을 말한다. 첫째, 모든 언어 영역들, 즉 말하기, 듣기, 읽기, 쓰기들을 통합하는 것, 둘째, 유치원이나 어린이집에서 배우는 모든 교과들, 즉 과학, 예술, 수, 사회, 요리, 건강, 운동들을 통합하는 것, 교실 내의 생활과 교실 밖의 생활을 통합하는 것 등 여러 가지 측면이 통합되어야 한다. 유아들을 위한 쓰기 지도는 유아들의 생활에 필요한 그 무엇에 관해서든지 말하고, 듣고, 읽고, 쓸 수 있는 실제적이고 의미 있는 활동으로 경험시킬 때 가장 효과적이 될 수 있다.

(7) 기능적(functional)인 쓰기 지도를 해야 한다.

기능적 쓰기란 의사 소통과 의미의 표현이라는 쓰기의 목적을 달성하기 위한 쓰기라는 뜻이다. 가령 이야기를 들려 주고 그 반응을 짧게 쓰고 친구들의 반응과 비교해 보기, 질문을 쓰고 해답을 연구하고 찾아서 쓰기, 이웃 유치원 아이들과 펜팔하기, 초청·감사 카드 보내기, 유치원이나 교사가 부모님에게 전달하고 싶은 사항을 유아들이 그림이나 글로 메모하여 부모님께 전달하기 등이다. 기능적인 쓰기는 글을 써야 할 분명한 대상과 이유와 상황이 있어야 하며, 크게는 문화에 대한 이해까지도 있어야 한다.

(8) 사고력을 강조하는 쓰기 지도를 해야 한다.

언어 기능과 사고 기능은 양분시킬 필요가 없고 또 세분화시킬 필요도 없다. 쓰기 지도는 사고가 유발될 수 있도록 방향을 잡아 주어야 한다. 쓰기는 단순히 표기하는 활동이 아니라 사고(의미)를 표현하는 활동이기 때문이다.

결론적으로 좋은 쓰기 지도는 유아들의 자연스러운 언어 활동을 통해서 이루어져야 한다. 모든 유아들이 나란히 줄 맞추어 앉아 다 함께 선생님이 써 놓은 것을 보면서 따라서 쓰고, 반복해서 쓰는 것은 결코 좋은 쓰기 지도가 아니다. 유아들을 위한 좋은 쓰기 지도는 그들의 기초 언어 습득(음성언어) 경험과 관련하여 이루어져야 하며, 다른 학습을 위한 좋은

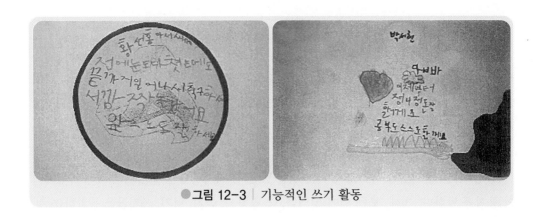

●그림 12-3 │ 기능적인 쓰기 활동

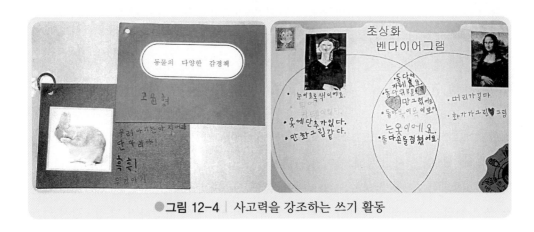

●그림 12-4 │ 사고력을 강조하는 쓰기 활동

수단으로서의 언어 활동으로 경험되어야 한다. 그렇지 않으면, 유아들은 쓰기의 여러 가지 요소들을 배울 수 있을지 몰라도 결코 기능적인 쓰기는 배울 수 없을 것이다.

쓰기 활동의 실제

주제	나 (활동명: 내 명함이에요.)
활동 목표	총체적 활동으로 쓰기 경험하기
활동 자료	사인펜, 색연필, 명함, 돋보기, 명함 ,10cm×10cm 종이
활동 방법	① 사람들이 처음 만나는 상황을 간단한 역할극으로 해 본다.

    • 처음 만나는 친구라면 어떻게 할 수 있을까?

    • 무엇을 이야기하면 좋니?

    예 이름, 나이, 취미, 좋아하는 것, 주소, 생일 등.

    • 처음 만났다고 생각하고 앞에서 이야기했던 것을 잘 생각해서 역할극으로 해 보자!

② 어른들은 처음 보는 사람들 앞에서 어떻게 자신을 소개할까?

    • 말로 소개하는 것도 좋지만 오랫동안 자신을 기억하게 하려면 어떤 방법이 있을까?

    • 좀 더 재미있는 방법은 없을까?

③ 명함에 대해 알아본다.

    • 명함에는 어떤 것들이 적혀있는지 알아보자.

    • 이것은 무엇을 알려 주는 걸까?

    • 왼쪽 위에는 무엇이라고 써 있니? 그건 뭘까?

    • 너라면 여기에다 무엇이라고 써 볼래?

④ 커서 어떤 사람이 되어 있을지 상상해 보고 그것을 명함으로 꾸며 본다.

    • 지금과 똑같은 명함이 아니어도 좋아. 너희들이 표현하고 싶은 것을 마음껏 표현해 보렴.

    • 더 쓰고 싶은 게 무엇이니?

    • 만약 네모의 명함 모양을 조금 달리할 수 있다면 어떤 모양이 좋겠니? 그 이유는 뭘까?

⑤ 어른이 되어 반갑게 만난 친구들에게 각자 만든 명함을 주면서 할 수 있는 말을 생각한 다음, 건네주면서 직접 말해 본다.

6) 총체적 언어 교육 접근법

총체적 언어 교육은 유아에게 의미 있는 학습 활동이 되게 함으로써 언어 활동이 의미 이해의 과정이 되도록 하여 유아의 사고력을 신장시키는 언어 교육의 한 방법이다.

■총체적 언어 교육의 원리

총체적 언어 교육은 언어 교육에 필요한 주요 활동들의 목록이 아니라, 교수와 학습의 본질에 대한 신념이다. 교실에서 유아에게 실제적이고 의미 있는 언어 교육을 시도하고 있는 교사들은 끊임없이 이러한 신념들에 관하여 말하고 있다. 이러한 신념을 총체적 언어 교육의 원리라고 말할 수 있을 것이다.

① 언어 교육은 교사가 외부에서 개입하는 것보다 유아가 자신의 경험과 배경 지식에 따라 스스로 선택할 때 의미 있고 효과적이다. 따라서 언어 교육은 내부에서 외부로 향하는 접근법(inside-out approach)을 사용해야 한다.

② 언어 학습은 교사에게 책임이 있는 것이 아니라 유아 자신에게 있다. 언어 학습의 주도권은 교사가 아닌 유아에게 있기 때문에, 교사는 읽어야 할 책과 써야 할 주제를 선정할 필요가 없으며 유아의 말이나 글의 오류를 반드시 고쳐 줄 필요가 없다.

③ 배우는 아동의 말과 글은 결코 완벽할 수 없다는 것을 인정하고, 문법적으로 오류 없는 언어를 사용하도록 강요하지 말아야 한다. 보육자가 유아의 말과 글의 표준적인 사용에 너무 얽매이게 되면, 유아는 언어 사용에 대한 도전보다는 익숙하고 자신 있는 말과 글만을 사용하게 될 것이며 창의적이고 도전적인 언어 사용을 피하게 된다.

④ 말하고 들으며 글을 읽고 쓰는 행위는 의미 구성의 과정이며, 의미 구성은 사고의 행위이다. 따라서 언어를 말하기, 듣기, 읽기, 쓰기의 영역으로 구태여 구분하고, 또 각 영역을 하위 기능에서부터 상위 기능으로 인위적으로 세분하여 낱낱의 기능들을 쪼개어 가르쳐서는 안 된다. 언어 학습은 반드시 의미를 전달하고 파악하는 실제적이고 자연스러운 언어 활동을 통해서 일어나야 한다.

⑤ 언어 교육은 교실 내에서의 모든 생활뿐 아니라 교실 밖의 생활과 통합되어 가르쳐져야 한다. 유아는 실생활에서 말하기, 듣기, 읽기, 쓰기를 경험하면서 그것의 표준적 사용을 자연스럽게 배운다.

⑥ 언어 교육은 유치원에서 또는 학교에서 배우는 모든 교과와 통합하여 가르쳐야 한다. 유아는 유치원 생활에 필요한 그 무엇에 관해서든지 말하고, 듣고, 읽고, 쓸 수 있다.

예시

총체적 언어 교육 활동

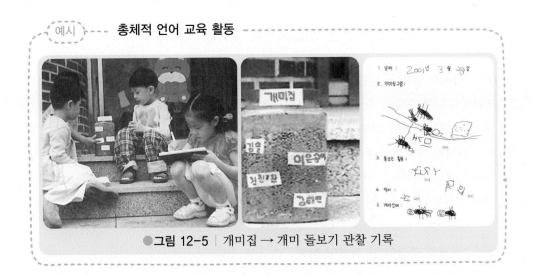

●**그림 12-5** │ 개미집 → 개미 돌보기 관찰 기록

이것이야말로 실제적이고 의미 있는 학습 활동이다.

⑦ 총체적 언어 교육을 하는 교사는 평가의 목적이 학습자에게 그 자신에 관한 정보를 주기 위한 것임을 확신해야 한다. 평가는 학습자의 능력을 규정짓기 위한 것이 아니라 학습자가 보다 나은 학습을 할 수 있도록 도와주기 위한 것이다.

2 문학을 통한 보육의 실제

1. 유아에게 적합한 그림책

용어

그림책은 글과 그림이 결합하여 이야기를 엮어 내는 책으로, 글 없는 그림책과 글 있는 그림책이 있다.

1) 그림책 선정을 위한 기본 지침(박선희·김경중, 1999)

(1) 그림책의 글과 그림은 조화를 이루면서 이야기를 전개해 나가야 한다.

그림책의 글과 그림은 주종 관계가 아니라 서로 조화를 이루며 상호 보완적 관계를 형성할 때 독자적인 형태의 예술이 성립된다. 그림책의 글은 그림을 설명하는 것이 아니라 작가의 독자적인 세계에서 주제를 충분히 전달하고, 사물의 본질을 성공적으로 조형화하면서 글에 알맞은 개성을 지닌 그림과 조화를 이룰 때 좋은 그림책이 된다. 특히 단순하면서도 유아가 공감하고 이해할 수 있는 주제를 다룬 그림책이 유아에게 적합하다.

(2) 그림책의 구성이 잘 짜여야 한다.

그림책이 유아에게 흥미를 주기 위해서는 이야기를 생동감 있게 전개해 나가야 한다. 유아 대상의 그림책은 단순하지만 명확한 시작, 절정, 결말이 있고, 전개 과정에서 해결해야 할 갈등 상황이 있는데, 이것을 적절한 긴장감을 주면서 흥미롭게 잘 처리해 나갈 때 좋은 책이 된다.

(3) 명확하고 감정을 환기시키는 언어를 사용해야 한다.

●그림 12-6 │『검피 아저씨의 드라이브』
존 버닝햄(John Burningham) 그림·글, 시공사.

그림책에서 언어는 유아가 이해하기 쉽고 아름다우며 리듬감이 있어야 한다. 문해력이 발달하기 전의 유아들은 성인이 읽어 주는 것을 들으며 문학적 경험을 하게 되는데, 언어가 이야기의 이해와 흥미를 높여 줄 수 있도록 선택될 때 유아들은 읽은 책을 또 읽고 싶어하게 된다. 잘 다듬어진 문학적인 언어의 사용은 유아로 하여금 언어에 대한 이해를 향상시키고 풍부한 언어 사용을 경험하게 한다.

존 버닝햄의 『검피 아저씨의 드라이브』에서는 차를 태워 달라는 토끼, 고양이, 개, 돼지, 양, 닭, 송아지, 염소를 태우고 가다가 비가 내렸고 바퀴가 헛돌기 시작해 차를 밀어 달라고 하자 염소는, "난 안 돼요, 난 너무 늙었잖아요." 하고,

고양이는 "난 안 돼요, 털이 더러워지면 어떡해요."와 같이 차에 탄 모든 동물들이 같은 형식으로 대답하는 것이 반복된다. 차가 진흙탕 속으로 빠지자 "모두들 밀고, 당기고, 끌고, 끙끙거리고, 할딱거리고, 미끄러지고, 찰박거리고, 질퍽거렸지." 등으로 표현된 구절은 유아에게 기쁨과 즐거움을 준다.

(4) 등장인물이 잘 묘사되고 신뢰성 있게 전개되어야 한다.

등장인물은 믿을 만해야 하며 그들의 나이, 성, 배경, 종족, 교육에 따라 일관성 있게 전개되어야 한다. 유아들은 전형적인 모범형의 등장인물보다는 유아의 생활과 정서에 공감할 수 있고 살아있는 것 같은 생동감 있는 인물을 더욱 잘 기억한다. 『피터의 의자』의 피터는 그 상황에서 그 나이의 유아가 경험할 수 있는 감정을 잘 나타냈고, 『지각대장 존』 역시 기억할 만한 인물이다.

●그림 12-7 | 『지각대장 존』
존 버닝햄(John Burningham) 그림 · 글, 비룡소.

(5) 일러스트레이션의 양식과 매체는 글에 적합해야 한다.

그림책 일러스트레이션은 내용이나 전달 목적에 따라 구성과 표현 방법이 달라지고 작가의 개인적인 스타일에 의해 작품으로 전개된다. 유아를 대상으로 한 그림책에서는 고전적 양식, 표현적 양식, 사실적 양식, 동적이고 사건 위주로 표현하는 만화, 특유한 문화에 속하는 디자인과 형상에 기초하여 전래된 이야기를 표현하는 민속 그림 등의 양식이 있다. 이러한 양식은 페인팅, 동판화, 목판, 콜라주, 사진 등의 여러 기법을 통해 표현된다. 일러스트레이션의 양식과 매체가 글과 조화를 이루고 유아의 감각에 맞으며, 이해될 수 있고 유아를 즐겁게 하며 예술성이 돋보일 때 좋은 책이 된다.

(6) 글과 일러스트레이션은 고정 관념을 탈피하여 묘사되어야 한다.

그림책의 일러스트레이션은 곱고 화려한 색으로 칠해져야 어린이들이 좋아한다고 생각

●그림 12-8 ┃ 『나무 숲 속』
매리 홀 엣츠(Marie Hall Etz) 그림·글, 한림.

●그림 12-9 ┃ 『말괄량이 기관차 치치』
버지니아 리 버튼(Virginia Lee Burton) 그림·글, 시공사.

●그림 12-10 ┃ 『곰 사냥을 떠나자』
헬린 옥슨버리(Helen Oxenbury) 그림, 마이클 로젠(Michael Rosen) 글,
시공사.

하는 고정 관념에서 탈피하여 이야기 내용과 조화를 이루는 독창적인 표현이 있을 때 좋은
책이 된다. 『나무 숲 속』, 『아낌없이 주는 나무』, 『말괄량이 기관차 치치』 등은 흑백으로
이야기의 분위기를 더욱 잘 나타내어 오랜 생명력을 가지고 유아들의 사랑을 받아 오고 있
다. 또한 『곰 사냥을 떠나자』는 흑백 그림과 컬러 그림이 교대로 배열되어 있어 동작이 있
는 부분과 휴지가 있는 부분이 쉽게 구별되어 있다. 활자의 시각적 표현도 독특하게 되어
있어서 흥미를 더해 주는 독창성을 지니고 있다.

(7) 특정한 배경은 글과 그림에서 정확하게 표현되어야 한다.
배경은 이야기가 전개되는 시대와 장소를 의미하는데 배경 묘사는 문학의 장르에 따라
다르지만 일반적으로 유아를 대상으로 한 그림책의 배경은 구체적으로 묘사되지 않는다.
그러나 특정한 배경일 경우에는 정확히 묘사되어야 한다. 가령 봄에 일어나는 이야기를 다
룬 이야기의 그림에서 그 계절에 볼 수 없는 곤충이나 꽃을 배경으로 그린다면 그 책에 대
한 신뢰가 떨어질 것이다.

(8) 책의 품위를 낮추어서는 안된다.

유아를 대상으로 하는 책이라고 해서 글이나 일러스트레이션에 소홀하다거나 품격을 낮추어서는 안 된다. 유리 슐레비츠(Uri Shulevitz)는 '어린이에게 최고의 예술품을 보여 주자.'라는 신념을 가지고 작품을 만든다. 유아를 어른과 다름없는 인격체로서 존중하고 어려서부터 좋은 예술품을 감상하는 것은 유아의 심미적 발달에 도움이 된다.

(9) 책의 크기, 형태, 커버, 표지 디자인, 글과 일러스트레이션의 여백이 책의 내용에 적합해야 한다.

책의 크기나 형태에 따라 책에 대해 느끼는 감정이 다를 수 있다. 『피터 토끼 이야기』는 책의 크기가 유아가 쉽게 들고 다닐 수 있을 만큼 작은 책으로 만들어져 많은 사랑을 받았다. 글이 너무 많거나 일러스트레이션이 너무 복잡한 경우에는 읽고 싶은 마음이 들지 않을 수 있기 때문에 글과 일러스트레이션이 매력을 끌 수 있도록 여백 처리를 잘 해야 한다.

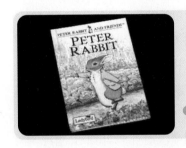

●그림 12-11 │ 『피터 토끼 이야기』
비트릭스 포터(Beatrix Potter) 그림 · 글, Ladybird Books Ltd.

(10) 종이와 제본이 내구력 있고 질이 좋아야 한다.

유아들은 같은 책을 반복해서 읽는 경우가 많고, 책을 다루는 능력이 미숙하기 때문에 책의 수명을 오래 유지하기 위해서는 질 좋은 종이를 쓰고 제본을 견고하게 해야 한다.

2) 장르별 그림책 선정

유아 문학의 종류는 크게 산문 문학과 운문 문학으로 나누고, 작가의 유무에 따라 전래동화와 창작 동화로 구분된다(〈표 12-1〉 참조).

●표 12-1 | 유아 문학의 종류

구분	산문(prose)	운문(verse)
전래 동화	민담 신화 및 전설 우화	전래 동요
창작 동화	환상 동화 사실 동화 정보 그림책	동요 동시

(1) 전래 동화

전래 동화는 민담, 우화, 신화, 전설과 같은 설화의 한 형태 속에서 그 상징적, 심리적 의미를 포착하여 동심의 수준에 맞게 개작 · 재화한 유아 문학 작품이다.

전래 동화의 특징을 살펴보면 다음과 같다(박선희 · 김현희, 2006).

첫째, 주제는 일반적으로 권선징악의 도덕률과 인과응보의 인과율에 강하게 지배된다.

둘째, 플롯은 발단 · 전개 · 절정 · 결말의 과정을 거쳐서 이야기가 만들어진다. 발단에서 주인공과 시대적, 공간적 배경을 간단히 보여 주면서 이야기가 전개되고, 거의 끝 부분의 갈등을 해결하는 절정에 이르면 급히, 그러나 만족스러운 결론을 내리는 특징이 있다. 반복의 형식을 사용하여 흥미를 더해 가는 이야기로 『혹부리 영감』, 『해님 달님』, 『쌀 한 톨로 장가 든 총각』 등이 있다.

셋째, 등장 인물의 성격은 전형적인 양극성을 띤다. 대립에는 선과 악의 대립, 힘과 꾀의 대립, 그리고 미(美)와 추(醜)의 대립이 있다. 예를 들면 선과 악의 대립으로 선한 사람이 처음에 궁지에 몰리고 곤경에 처하지만 마침내 승리를 거두며, 여기에서 선은 평민으로 악은 양반으로 나타나기도 하고(우렁이 처녀), 착한 사람과 욕심쟁이(흥부와 놀부, 혹부리 영감 등)로 대립되는 경우도 매우 많다. 미와 추의 대립은 『콩쥐 팥쥐』, 힘과 꾀의 대립은 강한 자가 힘으로 누르려고 할 때 약한 자는 꾀로 대적하여 승리를 거두는 것으로 『호랑이와 토끼』가 좋은 예이다.

넷째, 배경은 현실 속에서 이룰 수 없는 사실들을 상상의 세계에서 펼쳐 주는 초시간적, 초공간적 환상성을 가진다.

어린이들은 전래 동화를 듣고 보면서 자연스럽게 선과 악, 미와 추를 알게 되고, 내면 세계의 갈등과 고통을 해소함으로써 심리적 변화 과정을 거쳐 개인적 성장을 하게 된다.

『개구리 왕자』는 이야기를 통해 한 소녀가 어떻게 해서 한 여자로 변화하여 결혼까지 하

●그림 12-12 | 『개구리 왕자』
비네트 슈뢰더(Binette Schroeder, 그림) 그림 형제(Brother Grimm, 글)
김경미(옮김), 시공사.

●그림 12-13 | 『백두산 이야기』
류재수 그림·글, 통나무.

게 되는지 그 내적 세계의 발전을 훌륭하게 묘사하고 있는 전래 동화이다. 이 작품은 그림 형제의 글을 독일에서 잘 알려진 일러스트레이터 가운데 한 사람인 비네트 슈뢰더가 옛 이야기가 가지는 환상적인 분위기를 극대화하여 묘사하였다.

『백두산 이야기』는 한국 문화를 전달하는 데 선구적 역할을 한 그림책으로 손꼽힌다. 거대한 흑룡 거인을 물리치고 깊은 잠에 빠진 백두 거인, 세월이 흘러 백두 거인은 거대한 산이 되고 사람들은 이 산을 백두산이라고 불렀다는 이 이야기는 웅장하면서도 신비한 느낌을 준다. 또한 어린이들에게 우리 땅에 대한 애정을 느끼게 하고, 어린이들 마음속에 신화 하나를 심어 줄 수 있는 그림책이라고 본다.

(2) 환상 동화

환상 동화(Fantasy)는 실제로 현실 세계에서 일어날 수 없는 일이나 사건, 존재하지 않는 사람이나 초자연적인 소재나 대상에 관한 일로 꾸며진 이야기이다. 환상 동화는 자연 세계에서 발견되지 않는 요소들을 담고 있으며, 그러한 요소는 마술, 말하는 동물이나 무생물, 공간이나 시간의 제약으로부터의 자유로움 등을 들 수 있다. 이러한 환상 동화는 환상이라는 기법을 통해 유아가 자연스럽게 인간의 동경, 꿈 등을 접할 수 있게 하며, 환상 세계 속에 있는 기쁨, 희망, 용기, 두려움 등을 간접적으로 경험하게 하는 문학이다.

환상 동화의 특징은 다음과 같다.

① 다양한 주제

환상 동화는 사실 문학과 정반대의 내용을 다루리라 생각하지만 그것은 표현 양식의 차이일 뿐, 사실 문학에 나타나는 대부분의 주제를 다룬다. 즉 유머, 가벼운 선과 악의 대결, 삶과 죽음의 의미, 주체의 탐구 같은 것을 다룬다.

- 『샬롯의 거미줄』(화이트): 샬롯과 윌버의 우정뿐 아니라 죽음까지도 주제로 포함된다.
- 『새앙쥐와 태엽쥐』(레오 리오니): 자아 개념의 형성이 주제이다. 태엽쥐는 장난감이 의인화되었는데, 장난감이 생물이 되고 싶어하는 욕구를 표현하는 이야기로서 생물이 되는 것이 무생물보다 낫다는 점을 보여 준다.

●그림 12-14 │ 『새앙쥐와 태엽쥐』
레오 리오니(Leo Lionni) 그림 · 글, 마루벌.

- 『잠잠이』: 예술가의 책임과 역할에 관해 정체성 문제를 놓고 탐구하는 주제이다.

② 구체적이고 개성이 뚜렷한 등장인물의 성격

- 『으뜸 헤엄이』(레오 리오니): 작고 평범한 검은 물고기이지만 지혜로 커다란 다랑어를 물리친다.

●그림 12-15 │ 『으뜸 헤엄이』
레오 리오니(Leo Lionni) 그림 · 글, 마루벌.

- 『샬롯의 거미줄』: 샬롯은 거미줄에 윌버에 대한 글을 남김으로써 윌버의 생명을 구한다.

괴물들은 맥스를 괴물 나라 왕으로 삼았어.　　　　　　　　　맥스는 큰 소리로 외쳤어. "이제 괴물 소동을 벌이자!"

●**그림 12-16** │ 『괴물들이 사는 나라』 모리스 센닥(Maurice Sendak) 그림·글, 시공사.

③ 다양한 공간적 배경과 융통성 있는 시간적 배경

④ 섬세한 사건의 전개와 배경 묘사

• 초자연적 사건, 마법의 사용, 초자연적 문제 해결 등 초자연적인 것을 사용한다.

• 초자연적인 것의 사용은 단순히 가능성을 넘어 추진력을 지니며, 플롯뿐 아니라 인물 의 발전과 형성에 중요한 역할을 한다.

• 플롯에서 일련의 사건들은 개연성을 가지며 줄거리를 믿을 만하게 보여 준다. 즉 각 이야기의 골격 안에는 논리와 일관성이 있고 질서가 유지된다.

⑤ 독특하고 다양한 표현 방식

⑥ 논리와 일관성이 있고 질서가 유지되는 이야기의 골격

⑦ 다양한 결말

모리스 센닥은 1970년에 국제 한스 크리스천 안데르센상을 수상했고, 『괴물들이 사는 나라』로 1964년에 Caldecott Medal을 수상했다.

맥스의 장난이 너무 심하자 엄마는 저녁밥도 주지 않고 잠자리로 보냈다. 벌을 받은 심 리적 좌절감으로 환상 세계로 갔는데 그 환상 속에서 그들의 왕이 된다. 그러나 괴물들과의 장난에 싫증을 느끼고 다시 현실로 돌아온 맥스는 자기를 위해 따뜻한 저녁밥을 준비해 놓 은 엄마의 사랑을 느끼게 되는 이야기에서, 어린이들은 환상의 세계를 함께 즐기고, 위안을 얻을 수 있다.

독특한 펜화 스타일의 환상적인 그림과 만족스러운 결말로 이어지는 이야기 구성으로

유아의 내면적 표출에 초점을 둔 환상 동화이다.

(3) 사실 동화

사실 동화는 유아들의 일상 생활에서 발생할 수 있는 사건, 상황을 동물 등의 주인공을 통해 묘사하고 있으며, 사건이 발생하거나 발생할 수 있다는 가능성의 범위 안에서 유아들의 경험 세계를 다룬 동화이다. 사실 동화는 현실에서 일어날 수 있는 것을 다룬다고 하여 현실 동화, 생활 동화라고도 한다.

사실 동화의 특징은 다음과 같다.

① 유아의 일상 생활에서 경험할 수 있는 다양한 내용의 주제와 소재

② 사회의 변화 요인을 소재와 주제에 가장 다양하고 민감하게 반영

③ 매우 섬세하고 자세하게 묘사되는 등장인물의 성격과 행동

④ 현실 속에서 발생되는 사건, 문제, 갈등 상황

사실 동화의 종류는 내용에 따라 다음과 같이 분류된다(박선희 · 김현희, 2006).

① 신변 처리에 관한 내용: 성폭력, 유괴 등의 문제 상황 관련

유아의 신변에 관해 일상 생활에서 일어날 수 있는 문제적 상황을 제시하여 해결해 나가는 것을 동화로 엮어 낸 작품이다.

• 각각 문제 상황에서의 대처 방법에 관한 내용: 『따라 가면 안 돼요: 데려 가지 마세요』, 『도와주세요: 엘리베이터에 갇혔어요』, 『어떻게 할까요: 만지지 마세요』

●그림 12-17 │ 『어떻게 할까요: 만지지 마세요』
한국어린이육영회

• 낯선 사람을 만날 때의 대처 방법에 관한 내용: 『레나, 낯선 사람을 조심해!』

• 성폭력에 대해서 다룬 내용: 『슬픈 란돌린』

② 일상 생활 훈련 내용

유아가 좋은 생활 습관을 형성할 수 있도록 모범적인 생활 습관을 이야기를 통해 자연스럽게 제시한 동화이다.

●그림 12-18 │ 『목욕은 즐거워』
하야시 아키코 그림, 교코 마스오카 글, 한림.

- 『똥이 풍덩』(알로나 프랑켈 그림·글), 『목욕은 즐거워』(하야시 아키코 그림, 교코 마스오카 글), 『이슬이의 첫 심부름』(하야시 아키코 그림, 쓰쓰이 요리코 글)

③ 친구와 가족과의 사회적 관계 내용

친구와의 우정 또는 관계 속에서 겪는 갈등, 협동심, 가족 구성원들의 갈등과 사랑 등을 다룬 동화이다.

- 『이사 가는 날』: 이사 가는 과정을 통해 이웃과 친구를 생각하게 하는 작품이다.
- 『병원에 입원한 내 동생』: 동생이 입원한 동안 동생을 생각하며 선물을 만들고 아끼는 인형을 주는 언니의 마음을 잘 표현하였다.
- 『피터의 의자』: 동생에게 부모의 사랑과 자신이 쓰던 물건마저 다 양보해야 하는 상황에서 밉기만 하던 동생을 인정하고 받아들이기까지 형의 심리적 변화를 잘 묘사하였다.

●그림 12-19 │ 『피터의 의자』
에즈라 잭 키츠(Ezra Jack keats) 그림·글, 시공사.

④ 자연과 사회 현실에 대한 관찰과 탐색의 내용

자연, 계절, 환경 오염, 환경 보전에 관한 내용을 동화 형식으로 엮은 작품이다.

- 『코를 킁킁』: 겨울잠을 자는 동물들을 눈을 배경으로 흥미롭게 보여 준다.

•『새벽』: 밤에서 아침으로 밝아 오는 새벽의 모습을 아름답게 그리고 있다.

●그림 12-13 │『새벽』
유리 슐레비츠 그림·글, 시공사.

⑤ 다양한 삶에 대한 가치와 태도를 다룬 내용

이민·입양·전쟁·장애·사고·죽음·성역할·출생·이혼·재혼 등에 관련된 사회 문제를 다룬 작품이다.

⑥ 부모의 갈등과 이혼을 다룬 작품

•『따로따로 행복하게』(배뱃 콜 그림·글, 보림): 부모가 서로 미워하고 대립하는 상황을 괴로움과 슬픔으로만 풀이하지 않고 서로 다른 성격으로 인한 결과라는 객관적인 시각을 제시해 주고 있다.

•『특별한 손님』(앤서니 브라운 그림, 아나레나 맥아피 글, 베틀북): 부모의 이혼으로 아빠와 단 둘이 살고 있는 케이티가 아빠의 재혼을 바라보는 시각을 다루고 있다. 아빠가 새 엄마와 그의 아들을 집에 데려오면서 케이티가 생활에서나 정서적으로 혼란을 느끼는 모습을 담았다.

⑦ 장애인을 비롯하여 다양한 삶의 가치와 태도를 다룬 작품

•『내게는 소리를 듣지 못하는 여동생이 있습니다』(D.K. 래이 그림, J.W. 피터슨 글, 중앙): 소리를 듣지 못하고 말도 못하는 여동생을 보면서 언니가 쓴 이야기이다.

•『우리도 똑같아요』(윤구병 기획, 박경진 그림, 보리): 하반신이 없는 아이가 신체적으로 장애가 있는 자신의 친구들을 소개하면서 친구들의 좋은 점을 말해 준다.

●그림 12-21 │『우리도 똑같아요』
윤구병 기획, 박경진 그림, 보리.

(4) 전래 동요

전래 동요는 일정한 작자 없이 만들어져 오랜 세월 동안 구전되어 온 노래로서 어린이의 감정과 심리를 문학적이며 음악적으로 표현한 아동 가요를 줄여 쓴 말이다.

전래 동요의 예를 들면 다음과 같다.

여우야, 여우야, 뭐하니?

여우야, 여우야, 뭐하니?
여우야, 여우야, 뭐하니?
잠잔다.
잠꾸러기.

여우야, 여우야, 뭐하니?   여우야, 여우야, 뭐하니?
세수한다.   밥 먹는다.
멋쟁이.   무슨 반찬?
여우야, 여우야, 뭐하니?   개구리 반찬.
옷 입는다.   죽었니? 살았니?
예쁜이.   살았다!

◗ 술래잡기 놀이할 때 부르는 노래로서 술래 1명(여우) 대 여러 친구들이 반대편이 되어 놀이를 하면서 부르는 노래이다. 한 행에서 어린이들이 한 목소리로 술래(여우)에게 물어 보면 다음 행에서 술래가 대답하도록 되어 있다.

꼬부랑 할머니

꼬부랑 할머니가 꼬부랑 지팡이를 짚고
꼬부랑 고갯길을 꼬부랑 넘는데
꼬부랑 강아지가 꼬부랑 똥을 누니
꼬부랑 할머니가 꼬부랑 지팡이로
꼬부랑 강아지를 꼬부랑 때리니
꼬부랑 강아지가 꼬부랑 깽 꼬부랑 깽
꼬부랑 깽깽 꼬부랑 깽깽

『자장 자장 엄마 품에』는 우리나라에서 불리어 오던 29편의 자장가를 그림과 함께 제시하였다. 부록에서는 자장가의 교육적 효과와 내용 해설을 수록하였다. 이 책에 수록된 자장가들은 우리 고유의 의성어 · 의태어가 풍부하고, 4 · 4조의 리듬으로 우리 언어의 감각을 잘 표현하고 있다. 유아들과 함께 자장가를 감상하고 지어 볼 수도 있다.

●그림 12-22 │『자장자장 엄마 품에』
류재수 그림, 임동권 글 · 감수, 한림출판사.

(5) 동시

동시는 성인이 어린이들의 마음과 정서를 생각하면서 그들의 수준에서 이해하고 받아들일 수 있는 상상력과 언어로 표현한 문학의 한 장르이다.

다람쥐

박 목 월

다람 다람 다람쥐   알밤 줍는 다람쥐
보름 보름 달밤에   알밤 줍는 다람쥐
알밤인가 하고   솔방울도 줍고
알밤인가 하고   조약돌도 줍고

메투리와 나막신

윤 석 중

마나님이 신발 장사   동네 사는 영감님이
아들 형젤 뒀는데,   하도 딱해 하는 말이,
비가 오면 큰 아들   "비가 오면 작은 아들
메투리가 안 팔리고,   나막신이 잘 팔리고,
날이 개면 작은 아들   날이 개면 큰 아들
나막신이 안 팔리고,   메투리가 잘 팔리지."
마나님은 혼자 앉아   그제서야 마나님이
자나 깨나 걱정이지.   무릎 치며 하는 말이

"당신 말이 옳습니다. 괜한 걱정 했습니다."

(6) 정보 그림책(박선희 · 김현희, 2006)

정보 그림책은 저자가 특정 분야의 지식을 독자에게 정확히 전달하기 위해 기술한 책이다. 그런데 유아를 위한 정보 그림책은 지식과 정보를 유아들 수준에 적합하게 전달하기 위해 그림과 사진을 첨가하고, 환상적인 요소가 가미된 예술 작품이 되어야 한다. 이것이 바로 정보 그림책을 유아 문학의 장르에 포함시키는 이유이기도 하다.

① 수

『열까지 셀 줄 아는 염소』는 아기 염소가 지나가는 동물들을 하나, 둘 하고 세자 동물들은 자신을 놀리는 줄 알고 아기 염소를 혼내 주려 한다는 내용이다. 그러나 숫자가 꼭 필요한 일이 생겨 동물들은 아기 염소의 숫자 세기 덕분에 위험에서 벗어난다. 글의 뛰어난 구성과 생동감 넘치는 그림이 돋보이는 작품이다.

●그림 12-23 │ 『열까지 셀 줄 아는 염소』
하야시 아키코 그림, 알프 프로이센 글, 한림출판사.

『함께 세어 보아요』는 0부터 12까지 숨은 그림 찾기를 하듯 숫자를 찾아 세어 보며 숫자를 익힐 수 있다. 각 장마다 숫자를 의미하는 그림들이 있고, 왼쪽에 제시된 막대 그래프에 숫자를 표상하는 상자가 그려져 있다.

●그림 12-24 │ 『함께 세어 보아요』
미쓰마사 안노 그림 · 글, 마루벌.

② 글자

『준영 ㄱㄴㄷ』은 글자를 무조건 외우는 것이 아니라, 우리 주변에서 생활하며 보고 배우는 여러 가지 사물을 통해 자음을 익히고, 자음으로 시작하는 물건을 통해 글자를 배우게 한다. 주인공이 하는 여러 가지 놀이를 보면서 글자와 사물을 연결시킬 수 있다.

●그림 12-25 『준영 ㄱㄴㄷ』
박은영 그림·글, 비룡소.

③ 색

　『쪽빛을 찾아서』는 한 농부가 사라져 가는 쪽빛 염료를 찾는 과정과, 전통 염료를 이용
해 옷감에 물들이는 모든 과정을 아름다운 색깔과 고운 그림으로 보여 주고 있다.

물쟁이는 길고 깊은 바다로 나갔어요.
두 손 모아 진진한 푸른 바닷물을 떠 보았어요.
'저 바닷빛과 같은 물감을 어떻게 만들까…'
물쟁이는 하늘빛과 바닷빛을 내는 푸른 물감을 만들고 싶었어요.

●그림 12-26 │『쪽빛을 찾아서』 유애로 그림·글, 보림.

　『제각기 자기 색깔』은 앵무새는 초록, 금붕어는 빨강, 코끼리는 잿빛, 동물마다 제각기
자기 색깔이 있는데, 자기 색깔이 없는 카멜레온이 주인공이다. 카멜레온은 가는 곳마다

●그림 12-27 │『제각기 자기 색깔』
레오 리오니 그림·글, 분도출판사.

색이 변하는 자신의 모습을 보고 자신의 색깔을 찾고 싶어한다.

④ 모양

『세모·네모·동그라미』는 공룡이 주인공으로 등장하여 쉽고 친숙한 것에서부터 덜 친숙한 장난감을 가지고 놀면서 모양의 개념을 소개한다.

●그림 12-28 │ 『세모·네모·동그라미』
A. J. 우드 그림·글, 프뢰벨.

⑤ 교통 기관

『트럭』은 트럭이 세발자전거를 싣고 교통 신호와 표지를 따라 터널, 오르막길, 내리막길을 지나 시골길에서 도시로 들어가는 모습을 그린 글 없는 그림책이다.

●그림 12-29 │ 『트럭』
도널드 크루즈 그림·글, 시공사.

『기차』에서는 기차 여행을 하며 화물 열차, 증기 기관차, 전차 등 여러 가지 기차를 보고 배울 수 있다. 잠시 역에 멈출 때는 기차역 풍경도 구경하고, 기차를 타고 내리는 법도 익히며, 승무원과 역무원이 하는 일도 본다. 그 외에도 건널목에 서는 자동차, 밤에도 운전하는 기관사, 철길을 고치는 사람, 화물 열차 맨 끝에 타는 승무원 등 기차와 관련된 다양한 풍경도 볼 수 있다.

●그림 12-30 │ 『기차』
바이런 바튼 그림 · 글, 비룡소.

⑥ 우리의 몸

『내 동생이 태어났어』에서 주인공은 동생이 태어나자 자신의 출생 과정에 의문을 품게되는데, 이 책은 아기의 출생 과정을 보여 주는 성교육 그림책이다.

●그림 12-31 │ 『내 동생이 태어났어』
정혜영 그림, 정지영 글, 비룡소.

⑦ 동 · 식물

『사과와 나비』는 어린이들에게 자연스럽게 자연의 원리를 가르쳐 주고 있다. 사과나무에 생긴 애벌레의 일생을 통해 나비가 되기까지의 과정과 그 나비로 인해 다시 사과나무에 사과가 열리는, 신비로운 자연의 순환 과정을 담고 있는 글 없는 그림책이다.

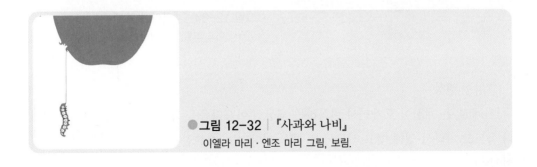

●그림 12-32 │ 『사과와 나비』
이엘라 마리 · 엔조 마리 그림, 보림.

『매우 배고픈 애벌레』는 작고 배고픈 애벌레가 나비가 되는 과정을 일요일부터 토요일까지 요일별로 아이들이 좋아하는 음식의 수도 증가시켜 나가면서 나비의 성장 과정과 요일, 숫자에 대한 개념을 자연스럽게 경험하게 한다.

●그림 12-33 『매우 배고픈 애벌레』
에릭 칼 그림·글, Puffin.

『선인장 호텔』은 사구아로 선인장의 성장 과정에 관한 이야기이다. 사구아로 선인장 열매로부터 나온 조그만 씨앗 하나가 성장하여 25년이 지나면 다섯 살 어린이 키만 하고, 50년이 지나면 어른 키 두 배만큼 자라 꼭대기에 꽃을 피우며, 그곳에서 나오는 꿀은 새, 벌, 박쥐들의 좋은 먹을거리가 된다. 150년간 크면 어른 키의 10배만큼 되는데 이렇게 큰 선인장 나무에는 많은 동물이 잠자리를 마련하여 살고 있으며, 이 동물들은 선인장에게 해로운 벌레를 잡아서 나무를 보호해 준다. 이렇게 하여 200년간 살다가 죽는 사구아로 선인장에 의해 사막의 생태계가 유지된다는 내용이다.

●그림 12-34 『선인장 호텔』
미간 로이드 그림, 브렌다 기버슨 글, 마루벌.

⑧ 자연 현상

『사계절』은 계절이 오가면서 변화하는 세상의 아름다움을 그림으로 느끼게 한다. 깨어나 움트고 자라서 열매 맺고 시들어 또 때를 기다리는, 오묘한 자연의 섭리가 느껴지는 이야기이다.

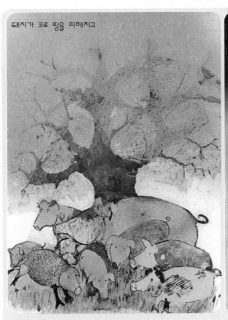

●그림 12-35 『사계절』
존 버닝햄 그림·글, 시공주니어.

●그림 12-36 『바람이 불 때에』
레이먼드 브릭스 그림·글, 시공주니어.

⑨ 환경

『바람이 불 때에』는 퇴직하고 시골에 사는 노부부가 핵폭탄이 터진 후 방사능에 오염되어 기력을 잃어 가지만, 삶을 포기하지 않는 모습을 통해 핵폭탄의 위험성을 고발하는 내용으로, 만화 기법을 도입한 그림책이다.

⑩ 우리나라

『떡잔치』는 우리나라의 전통 음식인 떡의 종류, 재료, 만드는 방법, 먹는 시기 등을 소개하고 있다.

●그림 12-37 『떡잔치』
정대영 그림, 강인희 글, 보림.

『사물놀이』는 책을 열면 먼저 큰 그림으로 꽹과리·징·장구·북의 네 가지 악기를 먼저 소개한다. 그리고 네 악기가 내는 소리의 색깔을 구별하여 그림과 글로 보여 주며, 네 악기가 내는 소리를 귀담아 들을 수 있게 한 후 네 악기가 한자리에서 호흡을 맞추는 내용을 담고 있다.

●그림 12-38 │ 『사물놀이』
조혜란 그림, 김동원 구음·감수, 길벗어린이.

『한지돌이』는 한지에 대한 지식을 전달하는 책으로, 한지가 무엇인지, 왜 필요하게 되었는지 등에 대한 도입에 이어 제작 과정·쓰임새·특징에 관해서 일상 생활이나 경험과 관련하여 전달하고 있다.

●그림 12-39 │ 『한지돌이』
이춘길 그림, 이종철 글, 보림.

⑪ 다른 나라
『세계의 어린이』는 우리나라뿐만 아니라 세계 여러 나라의 어린이들이 살아 가는 모습, 생활 풍습에 대해 소개하고 있다.

●그림 12-40 『세계의 어린이』
유네스코 아시아문화센터 기획, 한림출판사.

2. 유아 문학 활동의 원리와 실제

1) 통합적 유아 문학 활동의 원리와 실제

① 통합적 유아 문학 교육은 문학 그 자체를 포함하여 작품에 나타난 개념들을 문학을 통해 교육하는 방법으로서, 주제를 중심으로 여러 학문 간, 발달 영역 간, 여러 활동들을 통합하여 교육적 경험을 가지게 하는 것이다.

② 통합적 접근은 유아에게 흥미 있는 것을 주제로 하여 가르쳐야 한다는 듀이(Dewey)의 교육 철학에서부터 시작한다.

③ 통합적 접근의 장점
  • 유아로 하여금 모든 교육 과정 영역에서 경험을 증가시킬 수 있다.
  • 유아들이 분리된 개념을 학습하는 것보다 생활과 관련하여 총체적으로 경험할 때 개념에 대한 학습이 잘 이루어진다는 유아의 발달적 특성도 반영하고 있다.

2) 반응중심유아문학 활동의 원리와 실제

(1) 반응중심유아문학 활동의 원리

① 반응 중심 유아 문학 활동은 한 작품을 감상한 후 실행할 수 있는 반응 활동을 구성하여 수행하는 것이다. 문학을 감상한 후 반응 활동을 하는 것은 책을 깊이 이해하여 궁극적으로 독서의 즐거움을 느끼게 한다.

② 유아들에 의한 반응의 다양성을 인식하고 격려하며 유아로 하여금 반응이 즐거운 것

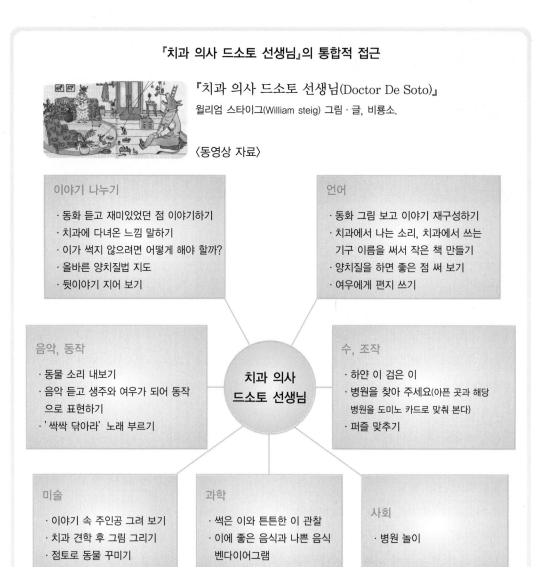

『치과 의사 드소토 선생님』의 통합적 접근

『치과 의사 드소토 선생님(Doctor De Soto)』
윌리엄 스타이그(William steig) 그림·글, 비룡소.

〈동영상 자료〉

이야기 나누기
· 동화 듣고 재미있었던 점 이야기하기
· 치과에 다녀온 느낌 말하기
· 이가 썩지 않으려면 어떻게 해야 할까?
· 올바른 양치질법 지도
· 뒷이야기 지어 보기

언어
· 동화 그림 보고 이야기 재구성하기
· 치과에서 나는 소리, 치과에서 쓰는 기구 이름을 써서 작은 책 만들기
· 양치질을 하면 좋은 점 써 보기
· 여우에게 편지 쓰기

음악, 동작
· 동물 소리 내보기
· 음악 듣고 생주와 여우가 되어 동작으로 표현하기
· '싹싹 닦아라' 노래 부르기

수, 조작
· 하얀 이 검은 이
· 병원을 찾아 주세요(아픈 곳과 해당 병원을 도미노 카드로 맞춰 본다)
· 퍼즐 맞추기

치과 의사 드소토 선생님

미술
· 이야기 속 주인공 그려 보기
· 치과 견학 후 그림 그리기
· 점토로 동물 꾸미기

과학
· 썩은 이와 튼튼한 이 관찰
· 이에 좋은 음식과 나쁜 음식 벤다이어그램

사회
· 병원 놀이

●**그림 12-41** │ 그림책에 대한 통합적 교육 과정 구성망

이라는 것을 인식하게 한다. 이를 위해 교사는 유아들에게 다양한 책을 제공하여 읽고 탐색할 시간, 듣거나 읽은 책에 대해 이야기하고, 쓰고, 그리고, 극화할 시간을 제공해야 한다.

③ 문학에 대한 반응은 1938년에 로젠블렛(L. Rosenblatt)에 의해 '독자반응이론(reader-response theory)'이 처음으로 구체화되었다.

④ 독자반응이론의 관점은 독자와 이야기의 텍스트 간 교류를 포함하는데 독자는 텍스

트가 제공하는 '청사진'에 개인적 경험을 불러내 문학적 의미를 구성한다고 본다.

⑤ 문학에 대한 반응은 독자가 글을 재창조하고, 작품 속의 의미를 추출해 내는 내적 활동으로서 옳고 그름이 없고 개인적이며 광범위하다.

(2) 반응중심유아문학 교육의 실제

반응중심유아문학 교육을 위한 실제 방법으로서는 유아에게 소리 내어 읽어 주기, 구연하기, 책과 관련짓기 등을 통해 그림책의 내용을 제시하고 그림책에 대한 반응 활동을 실행한다.

① 그림책의 내용 제시

• 경험적 접근법

동화를 읽어 준 후 동화에 대한 느낌과 생각을 이야기하고 등장인물과의 동일시를 통하여 유아로 하여금 동화 속의 일을 경험하는 등의 심미적인 감상에 의한 문학적 체험을 할 수 있게 하는 방법이다. 가령 이야기를 들려 준 후에 "이 이야기 속의 등장인물은 어떻게 느꼈을까?", "ㅇㅇ에게 일어난 일이 너희들에게 일어났다면 어떻게 했겠니?" 등이다.

• 분석적 접근법

동화를 듣고 동화에 대한 이야기를 나누는 과정에서 동화의 내용, 배경, 등장인물, 주제, 줄거리, 결말 등에 대한 분석을 통해서 동화의 구성 요소를 분석하고 평가함으로써 이야기 속에 담긴 정보를 얻는 데 초점을 맞추는 방법이다. 가령 "이 이야기 속에 누가 나왔니?", "이 이야기는 언제 일어난 일이니?" 등이다.

② 그림책에 대한 반응 활동을 실행

• 거미줄 모형으로 반응 활동 계획하기: 반응 활동을 하기 위해서는 먼저 책을 감상한 후 반응 활동을 지원하는 활동을 구성한다.

• 언어 반응 활동: 이야기 나누기, 쓰기, 토론하기

• 극화 활동

• 미술 활동

• 음악 · 동작 활동

유아들은 문학에 대해 다양하게 반응한다. 때로는 아무런 행동도 보이지 않을 때가 있는데 이것도 반응의 한 종류로 존중되어야 한다. 유아가 어떤 활동에 참여함으로써 이전에 보이지 않던 창의적이고 다양한 반응을 보일 때도 있는데, 교사가 유아의 반응 욕구를 잘 파악하여 적합한 활동을 제시한다면 유아의 문학적 체험은 더욱 풍부해지고 전 교육 과정에 걸쳐 다양한 경험을 하게 된다.

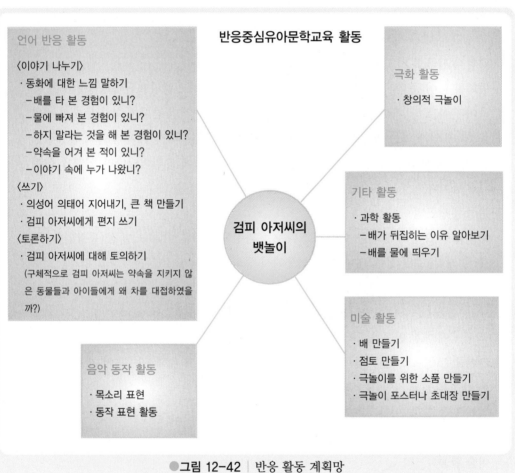

반응중심유아문학교육 활동

언어 반응 활동

〈이야기 나누기〉
· 동화에 대한 느낌 말하기
　–배를 타 본 경험이 있니?
　–물에 빠져 본 경험이 있니?
　–하지 말라는 것을 해 본 경험이 있니?
　–약속을 어겨 본 적이 있니?
　–이야기 속에 누가 나왔니?
〈쓰기〉
· 의성어 의태어 지어내기, 큰 책 만들기
· 검피 아저씨에게 편지 쓰기
〈토론하기〉
· 검피 아저씨에 대해 토의하기
　(구체적으로 검피 아저씨는 약속을 지키지 않은 동물들과 아이들에게 왜 차를 대접하였을까?)

검피 아저씨의 뱃놀이

극화 활동
· 창의적 극놀이

기타 활동
· 과학 활동
　–배가 뒤집히는 이유 알아보기
　–배를 물에 띄우기

미술 활동
· 배 만들기
· 점토 만들기
· 극놀이를 위한 소품 만들기
· 극놀이 포스터나 초대장 만들기

음악 동작 활동
· 목소리 표현
· 동작 표현 활동

●그림 12-42 | 반응 활동 계획망

1 언어 발달 이론들의 각 관점에 대한 설명으로 적합한 것은?

① 구성주의이론–유아의 언어는 자기 중심적 특징을 가진다.
② 생득주의이론–언어 발달에서 자극, 모방, 강화가 중요한 요소이다.
③ 상호교류이론–인간의 언어 습득은 생득적인 것으로 타고난 능력의 발현이다.
④ 행동주의이론–언어 습득은 인간의 기본적인 사회적, 정서적 동기로 인해 일어난다.

|정답| ①

|해설| 언어 발달 이론 중 행동주의이론은 언어 발달에서 자극, 모방, 강화를 중요한 요소로 보았고, 생득주의이론은 인간의 언어 습득은 생득적으로 타고난 능력의 발현으로 보았으며, 상호교류이론에서 언어 습득은 인간의 기본적인 사회적, 정서적 동기로 인해 일어난다고 본다.

2 총체적 언어 교육의 원리에 대한 설명으로 적합한 것은?

① 언어 학습의 책임은 유아가 아닌 교사 자신에게 있다.
② 평가의 목적은 유아가 보다 나은 학습을 하도록 돕기 위함이다.
③ 언어 교육은 외부에서 내부로 향하는 접근법을 사용해야 한다.
④ 유아가 문법적으로 오류 없는 언어를 사용하도록 가르친다.

|정답| ②

|해설| 총체적 언어 교육 접근법은 아동에게 의미 있는 학습 활동이 되게 함으로써 언어 활동이 의미 이해의 과정이 되도록 하여 아동의 사고력을 신장시키는 언어 교육의 한 방법으로서 평가의 목적은 유아가 더 나은 학습을 하도록 돕는 것이다.

3 환상 동화의 특징에 대한 설명이 바르게 기술된 것은?

① 환상 동화는 반드시 해피엔딩으로 끝난다.
② 환상 동화는 등장인물의 특성이 매우 추상적이다.
③ 환상 동화는 시간과 공간적 배경이 한정되어 있다.
④ 환상 동화의 이야기 골격에는 논리와 일관성이 있다.

|정답| ④

|해설| 환상 동화의 특징은 구체적이고 개성이 뚜렷한 등장인물의 성격, 다양한 공간적 배경과 융통성
있는 시간적 배경, 섬세한 사건의 전개와 배경 묘사, 다양한 소재와 제재, 독특하고 다양한 표현
방식, 논리와 일관성이 있고 질서가 유지되는 이야기의 골격, 다양한 결말 등이다.

4 반응중심문 교육의 특징으로 볼 수 <u>없는</u> 것은?

① 해석 공동체의 역할을 강조한다.
② 유아 각자의 반응을 최대한 존중한다.
③ 유아가 의미를 나름대로 재구성해 나가는 것을 중시한다.
④ 텍스트를 철저히 분석함으로써 작품 감상이 이루어진다고 본다.

|정답| ④

|해설| 반응중심문학교육에서의 유아의 문학에 대한 반응은 텍스트에만 의존하는 것이 아니라 본질적으
로 텍스트와 유아 개인의 상호 교류를 통해 일어나는 복합적인 과정으로 본다.

1 언어 발달 이론에서 행동주의이론은 언어 발달도 결국 다른 학습 원리와 마찬가지로 자극, 모방, 강화가 중요한 요소로 작용한다고 하였다. 생득주의이론에서는 개인은 언어 획득 장치(LAD)를 가지고 있으며, 이 장치는 모든 언어에 공통적으로 있는 언어 규칙(보편 문법)의 체계를 이룬다는 것을 이론화했다. 구성주의이론은 인지 발달이 언어 발달에 선행한다고 보았고, 유아의 언어는 자기 중심적 특징을 지니며, 만 5세가 되어서야 사회적 언어를 사용한다고 하였다. 상호교류이론에서 언어 습득은 인간의 기본적인 사회적, 정서적 동기로 인해 일어난다고 믿는다. 비고츠키는 유아가 의미 있는 사회적 교류를 하므로 언어적 사고, 곧 '내적 언어(inner speech)'를 하게 되며, 이러한 내적 언어가 유아의 음성 언어를 촉진시키고 문자 언어 사용의 기초가 된다고 하였다.

2 유아 언어 활동의 기본 원리

① 유아에게 끊임없는 관심을 가지고 개인차를 중시한다.

② 유아에게 말하고 들을 수 있는 기회를 많이 허락하는 것이 좋다.

③ 유아들에게 좋은 그림책을 많이 보여 주고 또한 그림책에 관심을 가지도록 유도하는 것이 좋다.

④ 이야기책을 많이 읽어 주는 것이 좋다.

⑤ 언어의 구조나 형태의 이해와 함께 글의 의미 이해 능력들을 동시에 지도한다.

⑥ 질문을 많이 하여 유아의 사고를 자극함으로써 확산적 사고를 촉진시키는 것이 좋다.

⑦ 스스로 질문을 만들게 하는 것이 좋다.

⑧ 쓰기 활동을 많이 경험하게 하는 것이 좋다.

⑨ 유아들에게 다양한 언어 경험을 제공한다.

⑩ 다양한 평가 방법을 사용하여 다면적인 평가를 한다.

3 유아에게 좋은 그림책 선정 기준

① 그림책의 글과 그림은 조화를 이루면서 이야기를 전개해 나가야 한다.

② 그림책의 구성이 잘 짜여야 한다.

③ 명확하고 감정을 환기시키는 언어를 사용해야 한다.

④ 등장인물이 잘 묘사되고 신뢰성 있게 전개되어야 한다.

⑤ 일러스트레이션의 양식과 매체는 글에 적합해야 한다.

⑥ 글과 일러스트레이션은 고정 관념을 탈피하여 묘사되어야 한다.

⑦ 특정한 배경은 글과 그림에서 정확히 표현되어야 한다.

⑧ 책의 품위를 낮추어서는 안 된다.

⑨ 책의 크기, 형태, 커버, 표지 디자인, 글과 일러스트레이션의 여백이 책의 내용에 적합해야 한다.

⑩ 종이와 제본은 내구력이 있고 질이 좋아야 한다.

4 유아 문학 교육을 위해 통합적 유아 문학 활동과 반응중심유아문학 활동 등의 적합한 활용을 통해 유아가 책 읽는 것을 즐겁게 여김으로써 문학성을 기를 수 있다.

박선희 · 김경중(1999). 유아 문학. 한국방송통신대학교 출판부.

박선희 · 김현희(2006). 유아 문학. 한국방송통신대학교 출판부

이경우(1996, 2003). 총체적 언어: 문학적 접근을 중심으로. 창지사.

조정숙 · 이차숙 · 노명완(2006). 유아 언어 교육. 한국방송통신대학교 출판부.

Maxim, G.(1997). *The very young: Guiding children from infancy through the early years*. NJ: Prentice-Hall, Inc.

http://www.ala.org/alsc/caldecott.html/ 칼데콧상(The Caldecott Medal)

http://www.ala.org/alsc/newbery.html/ 뉴베리상(The Newbery Medal)

http://www.ibby.org/Seiten/04_andersen.html/한스 크리스천 안데르센상(Hans Christian Andersen Awards)

제 13 장

미술, 음악, 동작을 통한
보육의 실제

유아들도 성인과 마찬가지로 미술, 음악, 동작과 같은 다양한 예술적 표현 활동을 통해 자신의 생각과 느낌을 표현함으로써 의사 소통을 할 수 있다. 특히 언어적 표현 능력이 부족한 유아들은 예술적 표현 활동을 통해 자신이 경험하고 느낀 바를 보다 자유롭게 표현함으로써 창의적 표현 능력과 심미감을 기르고 성취감과 정서적 안정감을 가질 수 있다. 이 장에서는 유아들의 예술적 표현 활동을 돕기 위해 사물을 직접 만져 보고, 느껴 보며, 몸을 움직여 보는 능동적인 학습 활동을 통해 미술, 음악, 동작 활동이 이루어지도록 도와줄 수 있는 방법을 살펴보기로 한다. 이를 위해 미술, 음악, 동작 활동 각각에 대한 교육적 의의, 활동 내용, 활동 방법에 대해 살펴본다.

01 미술, 음악, 동작 활동의 개념과 교육적 의의를 이해한다.

02 미술, 음악, 동작 활동의 내용을 알아본다.

03 미술, 음악, 동작 활동의 교수 – 학습 방법에 대해 알아본다.

• 탐색 활동 자연과 주변 사물들이 지니고 있는 예술적 요소에 대한 유아들의 인식과 지각력을 높여 줄 뿐만 아니라, 보다 창의적인 표현 능력과 감상 능력을 발달시키도록 도와주고 촉진시켜 주기 위한 활동을 일컫는다.

• 표현 활동 유아들로 하여금 다양한 예술 활동을 통해 생각과 느낌을 표현하게 함으로써 창의적 표현 능력을 기르고 정서적 안정감을 가지도록 하는 활동을 일컫는다.

• 감상 활동 유아들이 미술, 음악, 동작 활동이나 작품을 보고, 듣고, 즐기는 활동과 함께 다양한 예술 활동이나 작품에 대한 생각과 느낌을 서로 나누게 하는 활동을 일컫는다.

• 미술 활동 유아들이 주변 환경의 사물, 작품 등을 탐색하고 표현하며, 감상하는 일련의 활동을 일컫는다.

• 음악 활동 유아 주변의 다양한 소리를 듣고, 자신의 음색으로 표현하며, 다양한 악기를 이용한 연주와 감상 모두를 포함한다.

• 동작 활동 유아들은 다른 사물과 생물의 움직임을 따라 할 수 있으며, 자신의 생각과 느낌을 신체적 표현을 통해 나타낼 수 있다. 이러한 모든 움직임을 포함하는 활동을 일컫는다.

○, × 퀴즈

진단 문제	○	×
1 미술 감상 활동은 토의법, 견학법뿐만 아니라 게임을 통해서도 이루어질 수 있다.	v	
2 동작 활동은 도입, 전개, 평가의 방법으로 이루어지며, 평가가 활동 중일 때 실시되면 교사가 유아들의 표현에 집중할 수 없으므로 활동이 끝난 후에 실시하는 것이 좋다.		v
3 유아들은 2차원적 미술 표현 활동뿐 아니라, 다양한 3차원적 미술 표현 활동을 즐긴다.	v	
4 악기 연주하기를 지도할 때, 상업화된 악기, 재활용품으로 만든 악기뿐 아니라 신체를 이용하여 악기 연주를 해 볼 수 있다.	v	
5 동작 활동은 다른 활동과 연결하거나 전이 활동 시에도 이루어질 수 있다.	v	

해설

01 미술 감상 활동은 게임을 통해서 간접 감상으로 이루어질 수 있다. 특히 게임 방법은 유아들의 흥미와 관심을 끌 수 있는 장점이 있고, 자연스럽게 그림에 대한 인상이나 요소, 원리 등을 이야기할 수 있으며, 유아가 좋아하는 그림을 선택할 기회를 가질 수 있다.

02 동작 탐색과 발견이 일어나도록 하기 위하여 교사는 동작이 진행되는 동안 유아가 표현한 동작의 특성을 찾아보며 유사한 점과 달랐던 점들을 비교하거나 칭찬과 격려를 주는 평가의 기회를 가지기도 한다.

03 유아들은 그리기, 판화, 콜라주 등의 2차원적 미술 표현 활동뿐 아니라, 조소와 만들기, 꾸미기 등의 3차원적 미술 표현 활동을 즐기며, 이 두 가지를 함께 이용하여 표현하기도 한다.

04 악기 연주를 지도할 때, 기존의 악기를 지도할 수도 있으나 신체를 이용하여 소리를 냄으로써 악기 연주를 지도할 수 있다.

05 동작 활동은 요리 활동, 이야기 나누기 활동 중에도 이루어질 수 있으며, 다른 활동으로 전이할 때, 다른 영역으로 이동할 때에도 이루어질 수 있다.

1 미술을 통한 보육의 실제

1. 미술 활동의 교육적 의의

1) 신체적 발달

미술 활동에 동원되는 재료와 도구를 효과적으로 다룸으로써 눈과 손의 협응력과 같은 정밀한 운동 근육 발달에 도움을 줄 수 있다.

2) 사회적 발달

미술 활동을 통해서 개인적인 상태를 표시함으로써 각 개인의 독특한 특성을 나타낼 기회를 가진다. 도구를 사용한 뒤 깨끗이 정리하고, 함께 사용하며, 참을성 있게 기다리는 것을 서서히 학습하게 된다. 즉 미술 활동을 통해 다른 사람의 권리, 의견, 감정 등을 존중하는 것을 배우게 된다.

3) 정서적 발달

작품을 만들거나 감상하면서 유아는 미적인 것에 대한 관심, 미술 작품을 만들고 평가할 수 있는 능력, 미술의 다양한 형식 및 양식에 대한 개방성, 여러 가지 미술 활동에 적극적으로 참여하는 태도를 기를 수 있다. 뿐만 아니라 유아들은 미술 활동을 통해 감정, 환상, 두려움, 좌절과 같은 부정적인 감정과 자극을 긍정적이고 적합한 방법으로 해결하는 능력을 기를 수 있다.

4) 인지적 발달

유아들은 미술 활동을 하면서 자신들이 표현할 일련의 사물들에 대한 이미지를 재구성한다. 자신의 경험을 재구성하는 기회를 통해 유아들은 생활에 대한 지식, 미적 구성에 대한 지식, 표현 과정에 대한 지식, 미술 문화에 대한 지식, 미술품 및 미술의 본연에 대한 미학적 지식 등을 쌓게 된다.

5) 창의성 발달

유아는 미술 활동을 통하여 창의적이고 조직적으로 생각하며 계획하는 태도를 형성한다. 미술 활동은 유아들에게 발견, 탐색, 실험 등의 경험을 통해 다양하게 생각할 수 있는 기회를 제공하게 되며, 이러한 기회는 유아들의 내면에 존재하는 다양한 생각과 느낌을 자연스럽게 밖으로 표출하도록 도와줌으로써 창의성 발달을 촉진하게 된다.

2. 미술 활동의 내용

1) 2차원적 표상 활동

(1) 그림 그리기
① 유아의 그리기 작업은 선묘화(drawing)와 채색화(painting)의 과정을 거치게 된다.
② 선묘화는 크레용이나 크레파스, 매직, 분필이나 목탄, 연필, 파스텔, 그 밖의 용구를 이용하여 그리는 것이며, 채색화는 물감이나 크레파스로 색칠하거나 핑거 페인팅 활동을 들 수 있다.

●그림 13-1 │ 선묘화와 채색화 활동

(2) 판화

① 물감을 물체에 발라 종이에 찍어 내는 과정으로 유아가 예상하지 못했던 놀라운 요소를 발견하는 기회가 된다.

② 재미있는 질감이나 형태를 가진 물건에 물감을 찍어 종이 위에 눌러 주는 방법, 스펀지, 나무 판자의 나뭇결이 있는 끝 부분, 당근이나 토마토 같은 채소 등을 판화에 활용할 수 있다.

③ 무늬 찍기는 생활 주변의 여러 가지 사물, 나뭇조각, 나뭇잎, 채소, 과일, 손 등을 찍어 봄으로써 사물에 대한 친근감을 느끼고, 찍은 사물과 찍힌 모양의 변화를 발견할 수 있으며, 소재에 대한 조형적인 관찰력과 감각을 키울 수 있다.

(3) 콜라주

① 콜라주는 프랑스 어로 붙인다는 뜻을 가지며, 대조적인 질감의 자료를 선택 배열하여 평면적인 표면에 붙이는 것을 의미한다.

② 콜라주 자료는 대지용 자료와 붙일 자료로 나누어지며, 대지용 자료는 미술 공작용 색판지, 백판지, 마분지, 모조지, 롤지 등을 사용할 수 있다. 붙일 자료는 종잇조각, 천 조각, 잡지 그림, 털실, 노끈, 레이스, 나뭇잎, 나무 껍질, 모래, 조약돌 등 다양한 인공물과 자연물을 사용할 수 있다.

●그림 13-2 │ 콜라주를 활용한 그림책과 유아들의 콜라주 활동

2) 3차원적 표상 활동

(1) 조소 활동

① 유아들의 3차원 표상 활동의 중심은 점토이며, 점토를 사용하여 형상화하는 작업을 조소라고 한다.

② 진흙, 밀가루 반죽, 고무 점토 등을 이용하여 유아들은 탕탕 치고, 자르고, 늘여 보고 비틀어 보고, 작은 조각으로 떼어 보는 등 여러 가지 활동을 전개하는데, 이런 활동을 통해 자신의 세계를 나타내고, 자신의 상상력을 마음껏 표현하며, 대근육이나 소근육, 눈과 손의 협응력 발달을 크게 돕는다.

(2) 꾸미기와 만들기

① 다양한 재료와 소재를 중심으로 한 구성하기, 인형과 가면 만들기, 염색하기 등과 같이 입체적인 구성을 할 수 있는 모든 작업을 말한다.

② 꾸미기와 만들기 재료는 종이, 책 표지, 헝겊, 나무토막, 병, 빈 상자, 수수깡, 찰흙, 자연물 등으로 생활 주변에서 쉽게 구할 수 있는 것들이다.

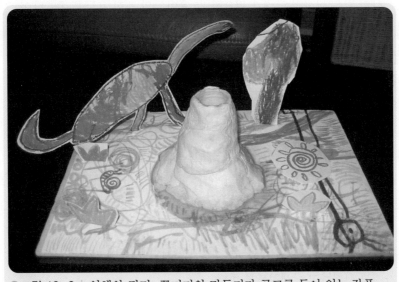

●그림 13-3 │ 입체와 평면. 꾸미기와 만들기가 골고루 들어 있는 작품

3. 미술 활동의 교수-학습 방법

1) 미술 활동 지도의 원칙

유아를 위한 미술 활동의 교수법은 교사의 철학에 따라 양극화되는 경향이 있다. 유아들은 조형 활동을 통해 사물을 표현할 능력이 없으므로 교사가 작품의 소재와 방법 등을 구체적으로 가르쳐 주어야 한다는 교수법과, 유아들에게 100%의 자유를 부여하는 방법인 '자유 표현'을 주장하는 교수법이 그것이다. 전자는 교사 중심적 교수법인 반면 후자는 유아 중심적 교수법으로 칭할 수 있다. 교사 중심의 교수법에 의해 조형 활동을 경험한 어린이들은 교사의 기호에 맞추어 그리려는 성향을 보인다. 따라서 자신의 느낌이나 경험을 표현하기보다는 교사의 기대에 맞는 그림을 그리게 된다.

그러나 사물을 그리기 시작하는 5세 이후에도 무조건 "무엇이든지 네 마음대로 그려 보아라."라며 적절한 개입 또는 중재를 하지 않는다면 그것은 교사가 자신의 책임을 회피하는 것이다(이원영, 1994). 물론 4세 전후의 시기에는 자유를 많이 주어야 하므로 '자유 표현' 교수법이 적합하나(Kellog, 1970; Brownlee, 1980), 5세 이후의 유아들까지도 교사의 안내 없이 자유만을 주어서는 안 된다. 유아들은 사물을 제대로 표현해 보고 싶은 욕구가 있으므로 사려 깊은 교사의 안내가 필요하다. 유아들의 표현 욕구를 존중하여 그들이 자유롭게 표현할 수 있도록 기회를 주어야 하겠지만 다양한 경험을 하게 하고, 사물을 보다 잘 관찰할 수 있도록 질문을 통해 안내해야 할 것이다. 창의적인 잠재력이 곧 창의적인 활동이 되는 것은 아니다.

창의적으로 미술 활동을 지도하기 위하여 유의해야 할 점은 다음과 같다.

(1) 확산적 사고가 일어날 수 있도록 한다.

이를 위해 작업을 구상하는 단계에서 유아가 미리 알고 있는 방법을 한데 모아 보도록 하고, 이를 바탕으로 새로운 방법을 찾아보도록 할 수 있다. 실수를 허용해 주고, 실수를 통해 유아들이 자신이 가지고 있던 지식이나 이해, 기술 등을 작업으로 전환할 수 있도록 도와준다. 또한 한 가지의 특정한 답이 있는 문제보다는 여러 가지 다양한 해석이 가능한 문제를 가지고 실험하고 탐색하도록 한다.

(2) 다양한 미술 재료와 다양한 기법을 경험할 수 있도록 한다.

판화 잉크, 다양한 질감이나 크기의 종이, 파스텔, 물감, 여러 가지 그리기 용구 등 다양한 미술 재료를 사용하여 여러 가지 형태의 그리기, 골 찍기, 뿌리기, 염색, 스펀지 등의 새로운 기술과 기법을 경험할 수 있도록 하고 이를 통해 새롭고 독특한 결과가 나오도록 이끌어 준다. 또 작업 과정이나 작업 결과에 대한 토론을 통해 관련 정보를 더 많이 알 수 있도록 하며, 작업 과정에서 선, 표현 방식, 질감, 색, 형태 등의 미술적 요소들을 발견하는 경험을 할 수 있도록 한다.

(3) 활동 과정에서 교사와 유아의 주도가 균형을 이루도록 한다.

활동에 참여하고 싶다는 동기 유발부터 조형 활동을 하는 과정, 완성한 뒤의 성취감을 통해 얻어지는 다양한 경험의 주체는 분명 유아가 되어야 함은 재론의 여지가 없다. 그러나 유아가 스스로 생각해 보고 지각한 내용의 틀을 넓힐 수 있도록 교사가 도와주지 않는다면 질적인 성장은 이룰 수 없다.

(4) 유아의 다양한 아이디어를 그대로 받아들인다.

유아 스스로 생각해 내도록 도와주어야 한다. 이를 위해 교사와 유아, 유아와 유아 사이에 친밀한 관계가 이루어지도록 한다. 작업의 결과보다는 과정이 더 중요하다는 것을 인식시킴으로써 유아들은 자신이 생각해 낸 아이디어를 실험하고 탐색하며, 타인과 공유할 수 있게 된다.

2) 미술 감상 지도 방법

(1) 토의법

유아들이 미술 작품을 감상하면서 자신의 의견을 적절하게 표현하기 위해서는 형식적인 틀이 필요하다. Feldman(1970)은 미술 작품 감상을 통해 학생들의 지각력을 개발시킬 수 있으며, 대다수의 학생들은 그들이 알지 못하는 것에 대하여 모험심과 호기심을 가지고 의견 제시하는 것을 즐긴다고 언급하면서 미술 감상 활동의 방법을 〈표 13-1〉과 같이 4단계 과정(서술-형식 분석-해석-평가)으로 제시하였다(정미경, 1999). 또한 Broudy(1972)는 감각적 속성, 형식적 속성, 기술적 속성의 3단계로, Clark(1983)은 최초의 충격-화면의 검토-새로운 시점으로 미술 작품 감상을 위한 순서화된 범주를 제시하였다(정미경, 1999, 재인용).

●표 13-1 │ Feldman의 미술 감상 4단계 모델

단계	내용	질문의 예
서술 과정	· 유아들에게 미술 작품을 자세히 살펴보게 한 후, 유아가 작품 속에서 본 것들을 보이는 그대로 모두 나열하게 하는 과정. 이 과정을 통해 작품의 주제가 무엇인지 정해 보도록 할 수 있다.	· 그림 속에서 본 것을 모두 이야기해 보자. · 그림을 1분 동안 자세히 보자. 이제는 모두 눈을 감고 무엇을 보았는지 이야기해 보자.
형식 분석 과정	· 작품의 구성 요소를 살펴보게 함으로써, 미술 작품에 나타난 특질들 사이의 관계를 생각해 보도록 하는 과정으로 선, 색, 형태, 모양, 질감, 공간에 집중하여 어떻게 이들 특성이 조직되었는지 이야기해 보게 하는 것이다.	· 눈으로 이 선을 따라가 보자. · 빨간색 모양을 볼 때마다 손뼉을 쳐 보자. · 저 산들은 어떤 색이니? · 굵은 선은 어떤 붓으로 그렸을까? · 무엇으로 그렸을까?
해석 과정	· 작가의 의도 및 작품에 대한 느낌에 대해 이야기해 보는 과정으로, 미적 대상의 특징과 의미를 전체적으로 관련지어 봄으로써 작품의 의미를 발견하고 그것을 이해하도록 하는 가치 전환적인 과정이라고 할 수 있다.	· (풍경화를 보면서) 네가 이곳에 있다면 어떤 냄새를 맡을 수 있을 것 같니? · 이 그림의 바로 전에는 무슨 일이 일어났을까?
평가 과정	· 유아들이 작품에 대한 개인적인 판단을 발견하도록 돕고, 자신의 세계와 미술을 관련시키도록 하며, 이를 통해 미술을 더 잘 이해할 수 있도록 도와준다.	· 네가 가장 재미있게 보았던 것은 무엇이니? · 싫어서 바꾸고 싶은 것은 어떤 것이니? · 이 그림을 우리 교실에 붙여 놓는다면 어디에 붙여 놓으면 좋을까?

이들 중 Feldman이 제안한 4단계 형식은 유아기 아이들에게도 미술 작품에 대하여 비평하고 판단하게 할 수 있는 방법이다.

(2) 견학법

미술관이나 박물관, 전시회를 다녀올 수 있다. 미술관에서는 작품 전시뿐 아니라 어린이를 위한 프로그램, 비디오 상영, 작품 설명회 등의 활동이 이루어지고 있어서 전문가의 조언을 받으며 보다 바람직한 작품 감상의 기회를 가질 수도 있다. 또는 유치원에서 전시회를 개최하거나 슬라이드 등 작품을 모아 놓은 자료를 볼 수도 있다. 작품을 위, 아래, 멀리, 아주 가까이에서 볼 수도 있고 작품에 새로운 이름을 지어 붙일 수도 있다. 10초 동안

이 작품의 제목은 보물섬입니다. 이 그림은 여러분이 평소에 생각하던 보물섬과 일치하나요? 그렇지 않다고 생각한다면 왜 마그리트 아저씨는 이 작품에 보물섬이라는 제목을 붙였을까요? 여러분이 마그리트 아저씨 같은 화가라면 이 작품에 어떤 제목을 붙일 수 있을까요? 보물섬보다 더 멋진 제목을 만들어서 그림 옆에 붙여 주세요.

작품을 감상시키고 기억하고 묘사할 수도 있다. 때로는 작품을 변형하고 첨가하는 활동도 가능하다(김정규 등, 1988). 미술 작품을 구하기 어려운 경우에는 미술적 요소가 잘 제시된 그림책을 선정하여 유아들과 함께 감상할 수도 있다.

혹은 주변의 미술과 관련된 일에 종사하는 분(예 화방이나 화랑을 경영하는 사람, 큐레이터, 화가, 미술 선생님 등)을 직접 초빙하여 이야기를 듣거나 함께 작업해 볼 수도 있으며, 작업하는 모습을 관찰할 수도 있다.

미술관이나 박물관, 전시회를 직접 방문하여 작품을 감상하는 방법이다. 미술관에서는 작품 전시뿐 아니라 어린이를 위한 프로그램, 비디오 상영, 작품 설명회 등의 활동이 이루어지고 있어서 전문가의 조언을 받으며 보다 깊이 있는 작품 감상의 기회를 가질 수도 있다. 예를 들어 과천 현대미술관에서 실시했던 '르네 마그리트와 함께하는 그림 여행' 이라는 활동은 미술관에 전시되어 있는 르네 마그리트의 대표적인 작품을 중심으로 이야기를 꾸며 보게 하거나 혹은 다른 제목 붙이기 같은 활동을 함으로써 멀게만 느껴졌던 미술 작품을 흥미롭게 진행할 수 있도록 하였다(표 13-2).

(3) 게임법

게임은 유아들에게 미술의 요소와 원리를 포함한 시각적 · 언어적 지식을 얻게 하고 창

●그림 13-4 | 명화를 이용한 미술 게임과 도형 조각을 이용한 형태 만들기 활동

작적 표현 활동에 친근감을 가지게 하며, 지각적 성장을 돕는다. 유명한 미술 작품의 복사품, 형태·색·질감을 보여 주는 사진, 자연물을 확대시킨 사진 등을 달력, 신문, 잡지, 카탈로그 등에서 다양하게 수집하여 게임 자료로 활용하는 '조각 그림 맞추기'(그림 13-4) 활동은 예술 작품에 대한 관심과 흥미를 자극하여 예비 지식을 가지고 실제 작품을 감상하도록 유도하는 데 효과적인 간접 감상 방법이다. 유아는 게임을 하면서 자연스럽게 그림에 대한 인상, 요소, 원리를 이야기하며 자기가 좋아하는 그림을 선택할 수 있는 기회를 가지는 최대한의 효과를 얻을 수 있다. 게임법에서는 앞에서 이야기한 토의법이 덧붙여지기도 한다.

 음악을 통한 보육의 실제

1. 음악 활동의 교육적 의의와 목적

유아기 음악 교육의 목적은 기능의 연습이라기보다는 유아가 음악과 친숙해지고 좋은 음악적 표현이나 감상에 적극적인 태도를 가질 수 있도록 생활 속에서 음악을 자연스럽게 받아들이는 습관을 기르는 것으로, 연구자들(Greenberg & Nye, 1979; 김혜경, 1996)은 음악 교육의 목적을 창의성의 신장, 지적 성장, 언어 발달, 신체 발달, 자아 개념의 형성, 정서적 감수성의 신장 및 심미적인 발달 등의 일곱 가지로 제시하고 있다(고문숙 외, 2009, 재인용).

① 유아에게 탐색, 실험 및 새로운 아이디어를 표현할 수 있는 경험을 제공함으로써 창의력을 증진시킨다.

② 유아의 감정을 표현하게 하고, 다른 사람의 감정을 예민하게 의식하게 함으로써 정서적 반응을 증진시킨다. 특히 음악을 들음으로써 안정감을 느끼고, 긴장을 해소할 수 있으므로 유아는 음악을 통하여 자신의 느낌, 호기심, 불안감 등 자기 감정을 건설적으로 표현하는 방법도 배우게 된다.

③ 유아로 하여금 스스로 생각하여 문제를 해결할 수 있도록 자극하고 소리를 이해, 비교, 지각함으로써 지적인 성장을 돕는다.

④ 유아는 자신의 경험을 묘사하는 활동이나 노래 속의 노랫말 등을 통하여 언어 발달이 촉진된다. 노랫말에 다양한 어휘들이 포함된 노래를 부르거나 음악 감상, 혹은 노래 게임 등을 통하여 언어를 발달시킬 수 있다.

⑤ 음악 활동을 통해 리듬에 맞추어 동작하거나 악기를 다루면서 자신의 대·소 근육을 조절하게 되고 자기 몸을 탐색·실험해 볼 수 있으므로 신체 발달을 도모할 수 있다.

⑥ 유아는 음악을 자유롭게 탐색하고 표현해 봄으로써 스스로를 하나의 인격체로 존중하여 자신감을 가지게 하며, 자신의 문화적 정체성(cultural identity)과 자기 문화에 대한 자긍심을 느낌으로써 건전한 자아 개념을 돕는다.

⑦ 음악적 경험을 통하여 심미적 성장을 도모할 수 있다. 즉 음악을 들으면서 아름다움을 감지하고 음미하며 이해하고 즐길 수 있게 된다.

2. 음악 활동의 내용

1) 듣기 놀이와 음악 감상

(1) 듣기 놀이
① 일반적 듣기 놀이
일상 생활에서 흔히 들려오는 모든 소리를 소재로 하여 듣기 놀이에 흥미를 부여하고 청각각의 발달을 도와주는 방법으로, 유아 주변의 모든 소리를 귀 기울여 듣는 주변 소리 듣기 놀이 활동, 소리의 음질과 음색을 감각적으로 구분하는 음감 놀이가 있다. 일반적 듣기 놀이의 다음 단계는 리듬 악기로 소리를 내면서 리듬 악기 이름을 말하는 것이다.

② 현상적 듣기 놀이

자연 또는 생활 속에서 들려오는 여러 가지 소리들을 섬세하고 정확히 듣고, 이를 가장 적절하다고 생각되는 악기로 표현해 보는 것이다. 현상적 듣기 놀이를 통하여 유아는 여러 가지 동물 소리와 악기 소리, 여러 사람의 목소리를 구분할 뿐만 아니라 감각적으로도 발달시킬 수 있다.

③ 상징적 듣기 놀이

생활 속의 소리를 활용하는 것이 아니라 동화나 음악을 활용하는 방법으로, 동화에 나오는 목소리를 구분하여 상대의 생각이나 심리 상태를 느껴 보는 활동이다. 악기 소리와 사물이나 상황을 연결시켜 상징적 듣기 놀이를 할 수 있는데, 예를 들면 칭칭이와 나비, 우드블록과 토끼, 탬버린과 개구리, 큰북과 거북이, 작은북과 말, 심벌즈와 도깨비 그림을 연결해 볼 수 있다.

(2) 음악 감상

① 음악 감상의 개념

음악 감상은 음악을 주의 깊게 듣고 자신의 상상력을 동원하여 음악을 느끼는 것이 다. 즉 단순히 멜로디만 듣는 것이 아니라 작품을 구성하는 모든 음에 귀를 기울여야 하는 것이다. 다양한 음악 감상의 기회를 제공하여 타고난 잠재력이 발달할 수 있는 기회를 주어야 할 것이다.

② 음악 감상 활동의 방법

음악 감상은 직접 감상과 간접 감상으로 나뉘는데 직접 감상은 음악 감상 위주로 구성된 수업 행위를 말하며, 간접 감상이란 놀이, 작업, 휴식, 간식 시간 등에 들려주는 배경 음악이나 환경 음악 등의 감상 행위를 말한다.

③ 음악 감상 활동 지도 시 유의할 점

- 감상할 악곡을 여러 번 반복하여 들으며, 다양한 방법으로 표현해 볼 수 있도록 한다.
- 악곡의 성격을 파악한 다음 먼저 중요한 측면(특징적 측면)에 주의를 집중하여 듣고, 점차 범위를 넓혀 듣도록 계획한다.
- 음악의 요소 및 원리를 체험해 볼 수 있게 한다. 음악의 박자에 맞추어 지휘를 해 보거나 빠르기, 셈여림, 음높이, 음색 등에 따라 신체 표현이나 게임 등을 해 봄으로써 음

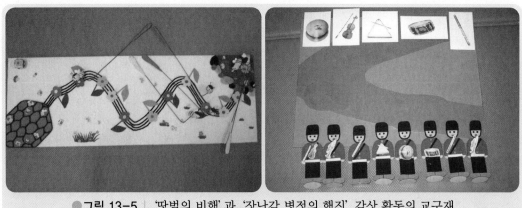

●그림 13-5 | '땅벌의 비행'과 '장난감 병정의 행진' 감상 활동의 교구재

악 감각의 바탕을 신장시킬 수 있다.

• 유아의 흥미와 발달 단계, 그리고 내적 욕구에 맞는 곡을 선정해야 한다. 유아기의 감
상은 유아들이 음악 듣기 그 자체에 흥미를 느끼게 하는 것부터 시작해야 한다.
• 음악의 다양한 연주 형태와 감상 매체를 활용해야 한다.

2) 노래 부르기

[노래 부르기의 지도 방법]

① 노래 지도 방법은 노래를 한 소절씩 떼어서 가르치는 방법과 전체 노래를 처음부터 끝
까지 반복해서 들려줌으로써 자연스럽게 그 노래에 익숙해지도록 하는 방법이 있다. 후자
의 방법을 전체법(the whole method)이라고 한다.

② 노래를 한 소절마다 떼어 반복해서 가르치면 노래의 전체적인 분위기를 느끼지 못하
므로 새 노래 배우기에 싫증을 내기 쉽다. 그러나 가사의 발음이나 내용을 분명히 할 필요
가 있을 때에는 따로 불러 줄 수도 있다.

③ 노래 지도 시에 교사는 노랫말을 기호, 그림 자료, 상징 등으로 바꾸어서 유아들이 자
연스럽게 노랫말을 익히도록 도와줄 수 있다. 그림 악보는 색깔과 그림이 보여 주는 다양한
소재가 유아의 상상력을 풍부하게 하며, 그림을 볼 때마다 가사를 연상하게 함으로써 흥미
유발에 좋은 동기가 된다(그림 13-6).

④ 전체 노래에 익숙해져서 중심 리듬 패턴을 인식하게 되면 천천히, 그리고 분명한 손짓
으로 음의 높이를 표시해 가면서 불러 주는 것이 효과적이다.

⑤ 노래 지도 시에 교사는 가사 전달에 치중하기보다는 리듬과 멜로디 지도를 병행하여야 한다.

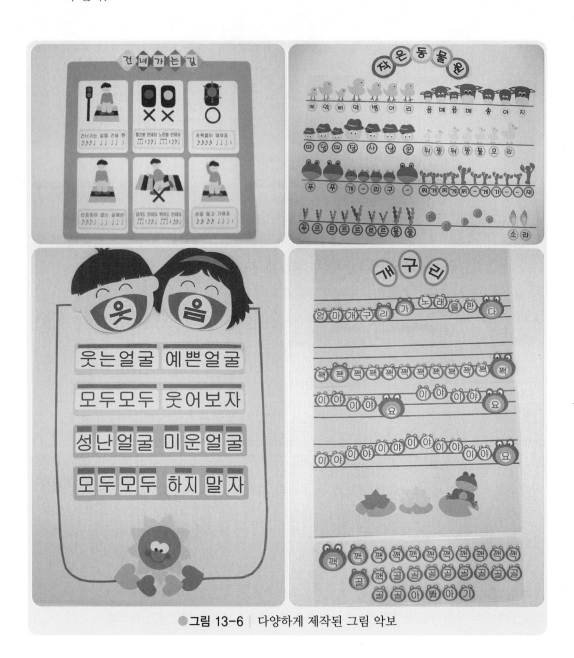

●그림 13-6 │ 다양하게 제작된 그림 악보

3) 악기 연주하기

(1) 유아와 악기 연주하기

① 유아에게 악기 연주는 창의적 자기 표현의 중요한 방법이다.

② 자유로운 악기 소리 탐색, 즉흥 연주, 주변의 여러 가지 물건 연주하기, 집에서 악기 만들어 연주하기 등을 통하여 창의적인 자기 표현 기회를 제공하는 것이 중요하다.

③ 유아가 스스로 악기를 선택하여 소리를 흉내 내 보게 하기도 하고, 유아가 만든 소리를 그대로 녹음해 두었다가 들려줄 수도 있다.

 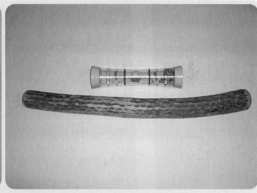

●그림 13-7 │ 상품화된 악기

 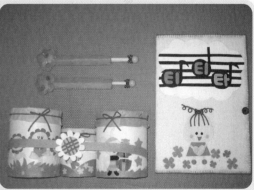

●그림 13-8 │ 폐품으로 만든 악기

(2) 악기의 종류

① 악기는 〈그림 13-7〉과 같은 상업적인 악기만을 의미하는 것은 아니다. 우리 주변에서 소리 나는 물건은 모두 악기가 될 수 있으며(그림 13-8), 우리 몸도 다양한 소리를 내는 악기가 될 수 있다.

② 인체 리듬이란 우리의 몸으로 낼 수 있는 소리로 나타내는 리듬을 말한다. 즉 손뼉 치기, 발 구르기, 무릎 치기, 손가락 튕기기 등이다.

③ 유아들은 태어나면서부터 여러 소리의 음색에 관심을 가지고 있으므로 가능하면 다양한 음색을 가진 악기들을 실험, 탐색해 볼 수 있는 기회를 많이 제공해 주어야 한다.

(3) 악기 연주 지도 방법

① 한 가지 악기로 연주하기: 동요의 반복되는 구절에만 악기를 연주한다.

② 여러 가지 악기로 연주하기: 두 그룹으로 나뉘어 악기를 연주할 수 있으며, 더 많은 악기를 함께 연주한다.

3. 음악 활동의 교수-학습 방법

1) 하루 일과 중 음악 시간

유아들이 교사를 중심으로 원형으로 둘러앉아 지시에 따라 음악 활동을 하는 것은 유아들에게 가장 좋은 방법이라고 할 수 없다. 또한 음악 시간은 하루 언제라도 일상적으로 유아 교육 프로그램을 통합하는 역할을 하므로 여러 차례 집단적 음악 시간을 가지는 것이 좋다. 실내에서 놀이 시간, 간식 시간, 낮잠을 준비하는 시간 등의 하루 일과 중에 다양한 방법으로 아름다운 청각 환경을 마련해 줌으로써 유아들의 소리에 대한 음조 및 음률 조성에 대한 반응을 발달시켜 주고 전반적인 신체, 정서, 지적인 성장을 증진시킬 수 있다.

2) 자유 선택 활동 중 음악 시간

자유 활동이나 자유 선택 활동 시간을 이용해서 이루어지는 음악 활동을 말한다. 이때 교사는 유아들이 스스로 선택한 한두 가지 이상의 활동에 자발적이고 적극적이며 능동적

●그림 13-9 │ 음악 영역에서 핸드벨을 이용하여 물고기 악보를 연주하는 유아

으로 참여할 수 있도록 격려하는 음악 환경을 만들어 주어야 한다. 이때 유아가 하는 모든 개별적 음악 활동을 격려해 주어야 한다(그림 13-9).

3) 계획된 집단 음악 시간

규칙적으로 계획된 집단 음악 시간은 모든 유아가 함께 참여함으로써 공동 의식과 주체성을 형성하게 되며, 집단 내에서 말할 차례를 기다리거나 집단 앞에 서서 청중을 바라보며 자신의 의견을 똑똑히 말하는 법 등, 집단에서의 규칙과 행동을 배우는 기회를 제공한다.

●그림 13-10 │ 대집단 음악 활동

새 노래 배우기나 악기 연주하기 등과 같은 음악 활동에 적합하며, 이 시기의 유아들은 주의 집중 시간이 짧으므로 손뼉 치기, 율동, 악기 연주, 손유희, 노래 게임, 음악 창작 등을 활용하여 활동을 흥미 있게 제공하여야 한다. 종일반의 경우에는 두 번의 짧은 음악 시간을 가지는 것이 좋다(그림 13-10).

3 동작을 통한 보육의 실제

1. 동작 활동의 교육적 의의

1) 동작 활동과 신체 발달

① 유아기에는 운동 기능이 급속도로 발달하여 달리기, 뛰기, 던지기 등의 기능을 훈련하기에 결정적인 시기이다. 연구자들은 기본적인 운동 기능의 경험이 이후의 더욱 복합적인 능력을 성취하도록 돕는다고 보고하고 있다. 운동 기능의 사용과 발달 사이에는 밀접한 관계가 있기 때문에 이 시기의 유아에게는 조심스럽게 계획된 프로그램이 주어져야 한다.

② 유아기에 자기 신체의 여러 부분을 활용해 볼 수 있는 다양한 기회가 주어지면 유아는 자신의 신체를 점차 더욱 복합적인 방법으로 활용할 수 있게 되는데, 기초적인 운동 능력을 기르고 신체 인식, 동작 가능성, 공간 인식, 조작 능력을 발달시키게 된다.

2) 동작 활동과 사회 · 정서 발달

① 동작 활동은 유아가 반 친구들이나 짝과 함께 서로 협력적으로 지낼 수 있는 기회를 제공해 줌으로써 사회적, 정서적으로 적응할 수 있도록 도와준다.

② 동작 활동을 통해 유아는 활동하는 중에 타인을 인식하게 되고, 공간을 함께 사용해야 함을 알게 되며, 차례를 지키고, 서로 도와야 한다는 것을 알게 된다.

③ 유아는 동작 과제를 수행하기 위하여 여러 가지 유형의 기본 동작과 동작의 기본 요소를 적절히 사용하여 자신의 생각과 감정을 표현할 수 있고 자신감도 증진된다.

④ 자유자재로 자신의 신체를 조절하고 탐색하여 문제를 해결할 수 있는 유아는 많은 성공적인 경험을 통해 긍정적인 자아 개념을 형성하게 된다.

⑤ 균형을 유지하거나 어떤 모양을 만들어 내기 위하여 다른 유아들과 협력하여 문제를 해결하려는 동작 활동에 참여하는 것은 자신의 역할에 대한 만족감을 증진시킨다. 또 다른 유아들의 생각을 들어 봄으로써 자기 생각과의 유사점과 차이점을 수용하는 기회를 제공하게 된다.

3) 동작 활동과 인지 발달

① 교사는 유아에게 동작과 관련된 과제를 해결할 수 있는 기회, 추상적인 개념(예를 들어 높고 낮음)을 신체적으로 실험해 볼 수 있는 기회를 제공해야 한다.

② 유아는 신체를 이용한 다양한 동작 활동에 참여함으로써 자연 현상 및 사회 현상에 대한 개념이나 수, 색, 공간, 시간, 어휘력 등의 기본적인 인지 개념을 학습하게 된다.

4) 동작 활동과 창의성 발달

① 유아들에게 단순히 교사가 하는 움직임을 그대로 따라 하게 하는 것은 유아의 창의성 발달에 전혀 도움이 되지 않지만 움직임을 탐색하게 하고, 문제를 해결하게 하며, 자기를

●그림 13-11 │ 다른 어떤 것 혹은 내가 아닌 다른 사람(동물)이 되어 보는 활동을 통해 다른 사람(동물)의 입장을 이해할 수 있다.

●그림 13-12 │ 친구들과 함께 높게, 낮게 움직이는 방법을 경험하면서 고저에 대한 개념을 자연스럽게 익힐 수 있다.

표현해 보게 하는 것은 창의성 발달에 많은 도움을 준다.

②교사는 유아의 반응에 긍정적인 격려를 해 줌으로써 유아 자신이 다른 유아들과 경쟁하지 않고도 인정받는 방법을 이해하도록 도와주어야 한다.

③동작 활동은 유아들에게 사물의 움직임, 자신의 기분 등을 상상할 수 있는 다양한 기회를 줄 수 있는 좋은 활동이다.

2. 동작 활동의 내용

①동작 교육 관련 연구자들은 동작 교육의 내용을 기초 영역과 응용 영역으로 대별하고, 이중 응용 영역에 포함되는 활동으로 동작 표현 활동(춤), 신체 게임 활동(스포츠 활동) 및 체조 활동을 들고 있다.

②이러한 응용 영역의 활동들은 동작의 기초 영역인 기본 요소와 기본 동작을 다양하게 경험함으로써 더욱 능숙해질 수 있다고 한다.

③ 응용 영역의 활동 중 유아를 위한 동작 표현 활동은, 내용 구성의 초점에 따라 음악을 주 매개체로 하는 리듬 동작(율동: rhythmical movement)과 창의적 사고를 주 매개체로 하는 신체 표현 활동(creative movement)으로 나눌 수 있다.

1) 기본 동작과 기본 요소

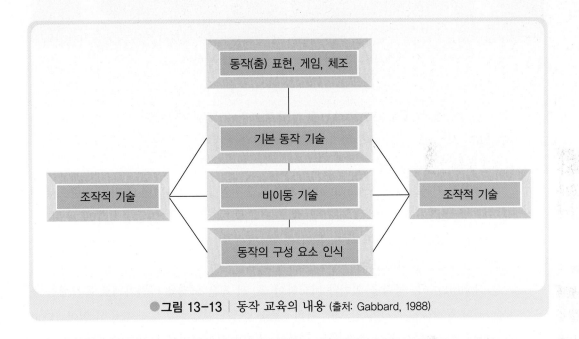

●그림 13-13 │ 동작 교육의 내용 (출처: Gabbard, 1988)

(1) 기본 동작(fundamental movement)

① 기본 동작이란 기본이 되는 신체적 동작으로 훈련 없이 나타나는 운동 유형이다.

② 2세 이후부터 7세까지 지속되는 것으로 유아는 초보적인 동작 단계에서 점차 다양한 기본 동작을 성숙하게 수행할 수 있는 단계로 발전된다.

③ 종래에는 기본 동작 유형들은 성숙에 의해 이루어진다고 보았으나, 최근에는 보다 정교한 동작 기술을 발달시키기 위하여 유아기부터 기본적인 동작 기술을 경험할 기회를 가져야 한다고 본다.

④ 기본 동작은 이동 동작(locomotor skill), 비이동 동작(nonlocomotor skill) 및 조작적 동작(manipulative skill) 등의 세 가지 범주로 나눌 수 있다.

⑤ 신체를 안정된 자세에서 굽히고, 뻗고, 흔드는 비이동 동작과 달리고, 높이 뛰고, 기어

●그림 13-14 │ 영아와 유아의 공 굴리기

오르는 이동 동작, 공을 던지고 잡는 등의 물체 조작 동작이 포함된다.

(2) 동작의 기본 요소

① 동작의 기본 요소는 Laban(1948)이 인간의 움직임을 분석하였던 네 가지 기준으로 설명된다. 즉 인간이 움직임 동작을 하는 데 반드시 필요한 '신체', 몸을 움직이려는 '힘' 또는 '노력', '공간'이 있어야 하며, 몸이 움직이면서 이루는 '관계'가 형성되므로 이를 중심으로 움직임을 분석하고 이해해야 한다는 것이다.

② North(1973)는 동작을 언어와 비교하여 글, 시 혹은 노래와 마찬가지로 동작에도 구(phrase)나 문장(sentence)이 있으며, 어휘·문장·구가 연합하여 동작 활동이 일어난다고 설명했다. Pica(1995) 역시 동작 활동을 문장 구조와 비유하면서 동작 기술은 동사(verbs), 동작 요소는 부사(adverbs)에 해당되며, 동작 요소는 공간(space), 형태(shape), 시간(time), 힘(force), 흐름(flow), 리듬(rhythm)으로 구성된다고 하였다.

③ 〈그림 13-15〉에 따르면, 인간의 동작은 동작의 기초가 되는 요소들로 구성되며, 동작 구성 요소를 이해함으로써 유아는 신체의 어느 부분을, 어디로, 어떻게 움직일 수 있는지 보다 분명히 인식하게 된다는 것이다. 특히 유아의 동작은 처음에는 단순하고 자연스러우며 비형식적인 것이 특징이나, 동작의 기초가 되는 기본 요소가 무엇인지 경험하게 되면서 공간을 적절하게 이용하는 법을 배우게 되고, 보다 구조적인 동작도 발달하게 된다.

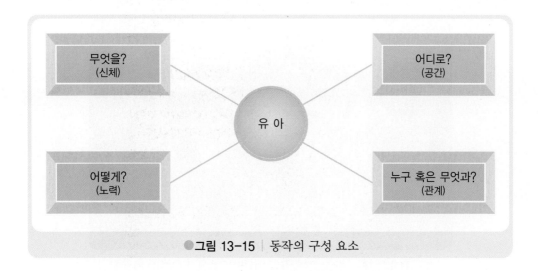

●그림 13-15 | 동작의 구성 요소

2) 동작 표현 활동의 유형

(1) 리듬 동작

① 리듬 동작은 여러 가지 다른 리듬에 맞추어 몸을 움직여 보는 것으로, 이러한 활동을 통하여 유아는 다양한 리듬을 인식하고 또 다양한 박자에 맞추어 움직이는 능력을 기르게 된다.

② 나이 어린 유아의 리듬 동작을 발달시키기 위하여 교사는 북이나 탬버린 등을 사용하여 간단한 박자를 만들고, 이에 맞추어 유아의 신체 부분(머리, 발, 무릎)을 움직이도록 할 수 있다. 타악기는 박자를 분명히 드러낼 수 있어 유용하다.

(2) 창의적 신체 표현 활동

주변의 여러 가지 모양과 움직임을 창의적으로 표현하고, 기본 동작을 이용하여 창의적인 동작을 만들어 보는 것은 누구에게나 있는 잠재적 능력인 창의성을 계발할 수 있도록 도와주는 것으로, 창의적인 삶의 토대로 볼 수 있다.

이러한 창의적 능력은 지적, 인성적 요소 모두를 포함하는 내재적인 요소와 물리적, 인적 환경을 포함하는 외부적인 요인들 간의 상호 작용 결과이므로, 교사는 유아들이 실제적 경험과 활동의 폭을 넓히고 자신의 능력을 탐색하며 창의적인 방법으로 표현할 수 있도록 정서적으로 안정된 분위기를 조성하고 융통성 있는 태도를 가짐으로써 유아들의 창의성이 발휘될 수 있도록 도와주어야 한다.

●그림 13-16 │ 리듬 동작 활동-음악에 맞추어 스카프 춤추기

창의적 신체 표현 활동은 유아에게 생각과 상상을 할 수 있는 다양한 기회를 제공하며, 자신의 생각과 느낌을 자유롭게 표현할 수 있는 기회를 제공하는 교육 활동이라 할 수 있다. 그러므로 창의적 동작 활동 시 교사는 유아가 자기 표현을 할 수 있도록 허용해 주고, 다양한 방법을 모색할 수 있도록 안내하며, 유아의 시도와 도전을 격려해 주어야 한다. 즉 유아가 창의적으로 움직일 수 있도록 유아의 상상력을 자극하는 이야기나 사건 등 다양한 소재를 활용하고, 적절한 질문을 통해 생각한 것을 신체로 어떻게 표현할 수 있을지 깨닫도록 도와주어야 한다.

창의적인 신체 표현 활동에서 교사는 유아들의 생각을 수업에 포함시킬 수 있는 다양한 상황을 고안하여 제시한다. 이러한 상황은 정답이나 오답이 없으므로 유아들은 자기 나름대로 독특한 방법을 사용하여 주어진 문제나 상황에 반응하게 된다. 유아의 창의적 표현을 요하는 동작 활동 내용은 대부분 유아들이 '～처럼 해 보기'와 같은 가장 행동(pretending behavior)이 일어나도록 하는 극적인 접근(dramatic approach)으로 이루어지는데, 이 극적인 접근은 두 가지 유형의 동작 활동 내용을 중심으로 구성된다. 다음에 극적인 접근 방법으로 활용할 수 있는 것에 대하여 간략히 소개하고자 한다.

첫째, 유아들이 짧은 이야기나 동시 등을 듣고 상상하여 동작으로 표현하는 활동이다. 문학 작품이나 이야기를 중심으로 하는 창의적 동작 활동의 경우 활동의 소재는 사람, 사물, 동물, 자연 현상 등 매우 다양하다. 동작 활동에 사용되는 문학 작품이나 이야기는 유아가 이해할 수 있는 내용이어야 하는데, 초기에는 단순한 행동이나 상황을 표현하는 활동

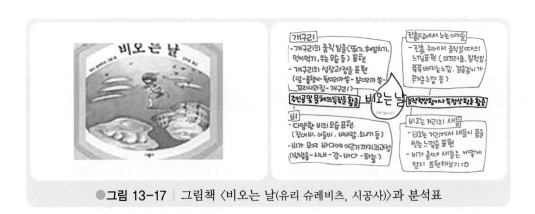

●**그림 13-17** │ 그림책 〈비오는 날(유리 슈레비츠, 시공사)〉과 분석표

들을 경험하도록 하고, 익숙해지면 보다 긴 내용의 이야기를 중심으로 창의적인 표현을 하도록 이끌어야 한다(그림 13-17).

둘째, 유아들이 음악에 초점을 두고 창의적 표현을 하는 동작 활동이다. 이는 다시 음악적 요소에 초점을 맞추어 움직여 보는 방법과 음악의 분위기나 줄거리에 초점을 맞추어 움직여 보는 방법으로 나눌 수 있다. 음악을 중심으로 하는 창의적 동작 활동도 처음에는 간단한 리듬에 맞추어 유아 자신의 느낌을 단순하게 표현하는 활동을 경험하도록 하고, 차츰 음악적 요소들이 조화된 보다 긴 음악을 들려주고 그에 따라 다양한 상상을 신체로 표현해 보도록 한다(그림 13-18).

●**그림 13-18** │ '빈의 음악 시계' 감상 후 시계 바늘이 되어 움직여 보기

3. 동작 활동의 교수-학습 방법

동작 활동은 도입·전개·마무리의 세 단계로 이루어지지만, 활동 구성 시에는 계획과 실행 후의 평가 단계가 포함되어야 한다(표 13-3 참조).

동작 활동 수업 과정을 도입-전개-마무리의 과정으로 나누어 살펴보면 다음과 같다.

1) 도입

유아의 동기 유발과 흥미 수준을 높여 자연스럽게 동작 활동으로 끌어들이는 단계이다. 도입 과정은 짧은 시간(3~5분) 내에 이루어지는 것이 중요한데, 여기에서 교사의 이야기가 길어지면 오히려 동작 활동에 대한 흥미를 잃을 수도 있기 때문이다. 도입 부분에서는 전시간에 배웠던 간단한 동작이나 손유희, 이동 동작 등을 반복한 후, 이번 시간에 배울 동작

● **표 13-3** | 동작 활동의 구성 절차 및 유의점

단계		내용	유의점
계획		· 유아 교육 기관의 생활 주제와 관련하여 활동 주제 선정 · 무엇을(활동 내용), 왜(목표), 어떤 집단 형태(집단 크기)로, 언제(활동 시간), 어디서(공간), 어떻게(활동 과정) 활동할 것인지를 고려	· 공간의 크기와 종류 · 동작 활동 지속 시간 · 필요한 소도구와 자료 · 유아의 연령 · 참여할 유아의 수
적용	도입	유아의 동기 유발과 흥미를 높이고 전개 부분의 동작 탐색 단계와 자연스럽게 연결시킴	전체 활동 시간은 15분에서 45분까지로 다양하다. 활동 시간을 30분 정도로 계획했을 때, 도입 3~5분, 전개 24분~20분, 마무리 3~5분으로 구성할 수 있다.
	전개	교사가 선정한 동작 활동에 유아가 직접 참여하여 자신의 생각을 신체를 이용하여 표현하는 부분이다. 전개 부분은 동작 탐색 단계와 동작 표현 단계 두 부분으로 나누어 이루어질 수 있음	
	마무리	동작 활동에 참여하며 느낀 것을 잠깐 회상하여 잘된 점과 잘못된 점, 가장 재미있었던 부분 등에 대해 이야기를 나눔	
평가		· 활동에 대한 평가 · 유아의 동작 표현의 평가	신체적 능력만 관찰하는 것이 아니라 개념이나 창의적 사고 등 언어·인지, 사회성, 정서 발달 측면을 관찰하여 기록하는 것이 중요함

활동을 알려 줌으로써 이어질 활동에 대해 유아가 호기심을 가지도록 계획한다. 유아의 과거 경험이나 다양한 시청각 매체를 이용하여 유아의 관심과 흥미를 모을 수 있다.

2) 전개

교사가 선정한 동작 활동에 유아가 직접 참여하여 자기 생각을 신체를 이용하여 표현하는 부분으로, 동작 탐색 단계와 동작 표현 단계의 두 부분으로 나뉘어 이루어질 수도 있다. 동작 탐색 단계는 동작 활동의 전체 시간 중 가장 시간 소요가 많은 부분으로 30분 수업의 경우 20분 정도가 될 수도 있다. 이 시간 동안 교사는 대상물을 면밀히 파악할 수 있도록 탐색적 질문을 한다. 예를 들어 고양이의 꼬리는 어떻게 생겼는지, 고양이가 몸을 길게 늘일 때 고양이의 앞발은 어떻게 하고 있었는지, 고양이가 느리게 움직이는 모습은 어떤지 등에

●표 13-4 │ 도입 단계에서 사용할 수 있는 방법의 예

동작 주제와 관련된 교수 매체를 활용하여 유아의 흥미 유발하기
사용될 수 있는 자료의 유형은 모형, 퍼펫류, 그림 자료, 실물 자료(애벌레, 물고기, 풍선 등), 녹음 테이프(동물 소리, 음악 등), 동영상 자료, 동작 활동에 사용되는 소품(후프, 리본 막대 등) 등 매우 다양하다.
수수께끼를 통해 동작 활동과 연결시키기
손동작이나 몸동작, 수수께끼 상자 등을 통한 주의 집중 게임을 활용할 수 있다.
활동에 대하여 이야기 나누기
활동 제목을 알려 주고, 유아들과 관련 경험에 대하여 이야기를 나눔으로써 흥미를 유발한다.
도구 사용에 대하여 토의하기
동작 활동에 도구가 사용되는 경우에는 이 도구로 무엇을 해야 하는지 알려 주어야 한다. 유아는 새로 접한 자료에 흥미를 느끼지만 익숙해지면 자료 사용법과는 관계없이 자료 활용을 방해하는 경우도 있다. 올바른 자료 사용이 되도록 유아들과 토의할 수 있다.

●그림 13-19 │ '고양이처럼 움직여 보기'라는 동작 활동을 위하여 도입 활동에서 고양이 동영상을 봄으로써 유아들의 흥미를 유발할 수 있다.

●그림 13-20 │ 친구들과 함께 웅크린 고양이 　●그림 13-21 │ 빠르게 움직이는 고양이 모습
모습 표현하기 　　　　　　　　　　　　　　 표현하기

대하여 질문할 수 있다. 동작 표현 단계는 교사가 준비한 주 자료(음악, 그림책, 혹은 분석 대상을 중심으로 교사가 구성한 스토리 등)에 따라 시간이 달라질 수 있으나 대략 3~5분 정도 소요된다.

전개의 전반부인 동작 탐색 단계에서는 교사가 분석한 동작 대상을 유아와 함께 집중적으로 탐색하며 움직이는 방법에 대하여 함께 알아본다. 예를 들어 '고양이처럼 움직여 보기' 활동을 위해 혼자 고양이의 모습 표현하기, 친구들과 함께 고양이의 모습 표현하기, 빨리 달리는 고양이 표현하기, 기지개를 펴는 고양이 표현하기 등 다양한 고양이의 움직임을 발견하고 동작 가능성을 탐색하는 과정이다. 이때 교사는 유아들의 생각을 골고루 들어 보고, 가급적 많은 유아가 참가할 수 있도록 주의를 기울여야 한다. 처음에는 한 명의 유아를 앞으로 나오게 하고, 두 번째는 두 명, 그 다음에는 세 명 등 점차 숫자를 늘려 가면서 표현해 보도록 기회를 주면 학급의 모든 유아가 골고루 참여할 수 있음은 물론, 다양한 방법으로 표현할 수 있다는 것도 알게 된다. 또한 표현이 독특한 유아는 다른 아이들 앞에서 시범을 보이고 다른 유아들은 이를 따라 해 봄으로써 다양한 동작 표현 방식을 익힐 수 있게 된다. 이때에도 교사는 시범자의 동작을 언어로 기술함으로써 시범자와 관찰자 모두에게 동작 어휘를 제공해 줄 수 있다.

전개의 후반부인 동작 표현 단계에서는 지금까지 탐색한 내용에 근거하여 자유롭게 표현해 본다. 이때 교사는 유아가 표현하고자 하는 대상물과 동일시하는 것을 지원해 주기 위하여 매직 도어(magic door)를 사용할 수 있다(그림 13-22). 예를 들어 교사가 "홀라후프를 통과하면서 고양이로 변할 거야."라고 말함으로써 유아들은 홀라후프를 통과하기 전과 후

●그림 13-22 │ 매직 도어를 통과하며 고양이로 변하기

의 자기 모습이 바뀌어야 함을 인식할 수 있다.

　수업의 전개는 교사의 교수 접근 유형−지시적 접근이나 비지시적 접근 유형인 발견·탐색적 접근−에 따라 언어적인 계획이 달라진다. 중요한 것은 유아가 자유로운 신체 탐색을 충분히 경험할 수 있도록 언어 계획을 세움으로써 효과적인 수업 전개가 되도록 계획한다.

3) 마무리

　마무리 과정은 활동에 대한 회상과 다음 활동으로의 전이가 포함된다. 회상하기 과정은 대부분 활동에 대한 느낌을 간단히 회상하는 것으로 끝나지만 잘된 점과 잘못된 점, 가장 재미있었던 부분 등을 이야기하는 과정을 통해 평가가 이루어질 수 있다. 동작 활동에서는 이미 활동을 전개하는 중에 부분적인 평가를 하게 된다. 즉 동작 탐색과 발견이 일어나도록 하기 위해 교사는 동작이 진행되는 동안 틈틈이 유아가 표현했던 동작의 특성을 찾아 유사한 점과 달랐던 점들을 비교하기도 하고 칭찬과 격려를 하게 되는데, 이때 유아의 발달적인 부분에 대해서도 평가(예 시범을 보이는 친구의 모습을 보고 그대로 모방할 수 있는지, 다른 친구들과 협력하여 표현할 수 있는지 등)할 수 있는 것이다.

　또한 다음 활동으로 연결지어 전이하는 활동까지 계획한다. 예를 들어 '고양이가 되어 움직여 보기'라는 신체 표현 활동이 끝나고 바깥 놀이를 하러 나가도록 계획되었을 경우

- 동작 활동 내용에 따라 유아가 동작 표현을 생각해 낼 수 있는 다양한 유형의 질문을 한다. 특히 유아가 대상물을 면밀히 파악할 수 있도록 탐색적 질문을 한다.

- 유아 자신의 생각을 동작으로 표현할 수 있는 자유로운 분위기를 허용해야 한다.

- 교사가 활동 내용에 따라 모델이 될 수도 있다. 지나치게 자주 시범을 보이는 것은 지양한다.

- 유아 자신의 생각을 표현하는 동작이 되도록 격려해 준다.

- 동작 활동을 하면서 충돌이 일어나지 않도록 관심을 가져야 한다.

- 교사는 세밀한 관찰을 통하여 유아 스스로 다양한 동작 특성을 발견할 수 있도록 이끌며 격려와 칭찬을 아끼지 않는다.

유아들은 고양이가 되어 느리게 혹은 빠르게 실외 놀이터로 이동할 수 있다.
마무리 과정을 통해 동작 활동의 즐거운 경험으로 마무리되도록 한다.

4) 동작 활동의 평가 기록

① 동작 활동 실행에 대한 평가 기록은 활동 계획에서 설정하였던 목표를 성취하였는가에 대한 평가 기록, 활동 전개 과정에서 계획과 다르게 진행된 점의 평가 기록, 그리고 동

●그림 13-23 | 활동 과정에서 재미있었던 점 발표하기

작 활동에 사용된 소도구나 자료가 유용하게 활용되었는지 평가 기록하는 것으로 세분할 수 있다.

② 유아 개인에 대한 평가 기록은 동작 활동 전개 시 유아의 동작 표현을 관찰하여 평가 기록하는 것과 유아의 인지, 사회, 정서, 신체, 언어 발달 영역, 즉 전체적인 발달 과정을 관찰하여 평가 기록하는 것을 말한다.

③ 평가는 다음 교육 계획을 구성할 때 중요한 역할을 한다. 그러나 우리나라의 경우 동작 활동이 대부분 대그룹 활동으로 진행되므로 교사가 평가, 기록하는 데 어려움이 있을 수 있으나 교사가 관찰할 수 있는 소수 인원을 계획하여 하루에 몇 명의 유아만이라도 간단한 관찰 기록을 하여야 한다.

1 유아의 3차원적 미술 표현 활동은 (   )가 중심이 되는 조소 활동으로, (   )을 활용하여 자신이 보고, 듣고, 생각한 것을 표상할 수 있다. 또한 직접 만지는 활동을 통해 감각 운동적 능력을 발달시키게 된다.

|정답| 점토

|해설| 점토는 유아의 3차원적 표현 활동의 중심이 되며, 이를 통해 다양한 사물의 형상화가 이루어진다.

2 유아들의 미술 감상 방법 중 토의법에서는 자신의 의견을 적절하게 표현하기 위한 특별한 형식적인 틀이 필요하다. Feldman(1970)이 제시한 미술 감상 토의법의 단계는 무엇인가.

|정답| 기술-분석-해석-판단

|해설| Feldman은 미술 작품을 감상하는 데에는 기술적인 측면, 분석적인 측면, 해석적인 측면, 판단적인 측면의 단계로 이루어져야 한다고 하였다.

3 유아들은 성인에 비해 청력의 발달이 덜 진행되어 있으므로, 여러 가지 소리를 들려주는 것보다 리듬 악기 위주의 간단한 악기 소리를 들려주는 것이 더욱 효과적이다. (O, ×)

|정답| ×

|해설| 유아들은 주변 환경이나 다양한 악기 소리를 들음으로써 소리를 변별할 수 있는 능력과 소리의 아름다움을 느끼게 되어 풍부한 표현력과 인지적 능력 등을 발달시킬 수 있다.

4 동작의 기본 요소는 다음과 같다. 인간이 동작을 하는 데 반드시 필요한 (   ), 몸을 움직이려는 (   ) 또는 (   ), (   )이 있어야 하며, 몸이 움직이면서 이루는 (   )가 형성되므로 이를 중심으로 움직임을 분석하고 이해해야 한다.

|정답| 신체, 힘, 노력, 공간, 관계

|해설| Laban에 의한 동작의 기본 요소는 신체, 노력, 공간, 관계로, 이 네 가지 기본 요소를 통해 동작이 이루어진다.

5   창의적 동작 표현 활동 전개 시 교사 역할 중 <u>잘못된</u> 것은?

① 동작 활동 내용에 따라 유아가 동작 표현을 생각해 낼 수 있는 다양한 유형의 질문을 한다.

② 유아 자신의 생각을 동작으로 표현할 수 있는 자유로운 분위기를 허용해야 한다.

③ 유아가 정확하고 자세한 동작 표현을 할 수 있도록 교사는 동작을 시범으로 보여 준다.

④ 유아 자신의 생각을 표현하는 동작이 되도록 격려해 준다.

⑤ 동작 활동을 하면서 충돌이 일어나지 않도록 관심을 가져야 한다.

|정답| ③

|해설| 교사는 활동에 따라서 모델링을 해 줄 수는 있으나 유아의 다양하고 창의적인 표현을 위하여 시범
보이기는 지양한다.

1 미술 표현활동

유아들의 미술표현활동은 2차원적 표현활동과 3차원적 표현활동으로 나눌 수 있으며, 2차원적 표현활동에는 그리기, 판화, 콜라주가 있고 3차원적 표현활동으로는 조소, 만들기와 꾸미기 등이 있다.

2 미술 활동 지도

미술 활동은 유아 주변의 일상적인 재료가 아닌, 다양한 미술재료를 활용하여 유아 스스로 창의적으로 미술 활동을 하도록 지도한다. 또한 유아의 새로운 시도에 대하여 격려하고 반응하도록 한다.

3 미술 감상 지도

토의법, 견학법, 게임법 등이 있으며, 그림을 새롭게 볼 수 있는 기회를 제공한다. 그림을 위, 아래, 옆 등 다양한 각도에서 바라볼 수 있는 기회를 제공하여 유아가 다양한 방법으로 미술을 감상할 수 있도록 한다.

4 듣기 놀이

유아의 주변에서 일어나는 다양한 소리에 귀기울여 듣는 태도를 기를 수 있게 한다. 또한 동화의 주인공의 심리변화에 따라 달라지는 목소리를 인식하도록 도와준다.

5 노래 부르기

노래를 한 소절씩 떼어서 가르치는 방법과 전체 노래를 처음부터 끝까지 반복해서 들려줌으로써 자연스럽게 그 노래에 익숙해지도록 하는 방법이 있으며, 노래를 한 소절 마다 떼어 반복해서 가르치면 노래의 전체적인 분위기를 느끼지 못하므로 새 노래 배우기에 싫증을 내기 쉽다. 교사는 노랫말을 기호, 그림 자료, 상징 등으로 바꾸어서 유아들이 자연스럽게 노랫말을 익히도록 도와줄 수 있다.

6 창의적 동작표현활동

춤의 한 형태로서 유아에게 생각과 상상을 할 수 있는 다양한 기회를 제공해주며, 자신의 생각과 느낌을 신체를 이용하여 자유롭게 표현할 수 있는 기회를 제공하는 교육활동이라 할 수 있다.
교사는 유아가 자기표현을 할 수 있도록 허용해주고, 자신의 신체를 이용하여 다양한 방법을 모색해 볼 수 있도록 안내해주며, 유아의 시도와 도전을 격려해 주어야 한다.

고문숙 · 김은심 · 유향선 · 임영심 · 황정숙(2009). 유아 교과 교육론. 서울: 창지사.

김정규 · 이광자 · 조정숙 · 김영신 · 방인옥 · 이은상 · 정갑순 · 권광자 · 이수남(1988). 유아미술활동. 동문사.

김혜경 편저(1996). 유치원 음악교육의 이론과 실제. 창지사.

이원영(1994). 유아미술활동의 과정과 교수법. 어린이교육 제12집. 한국어린이교육협회.

정미경(1999). 미적 요소에 기초한 활동중심 통합미술프로그램이 유아의 미술표현능력 및 미술감상능력에 미치는 영향. 중앙대학교 대학원 박사학위 논문.

Broudy, H.(1972). *Enlightened cherishing: an essay on aesthetic education*. Vrbana: Published for Kappa Delta Pi by University of Illinois Press.

Brownlee, P.(1980). *Magic Places—A guide for adults to encourage young children's creative work*. N. Z. Playcentre Federation.

Feldman, E.(1970). *Becoming human through art*. Englewood Cliff: Prentice Hall.

Gabbard, C.(1988). Early childhood physical education: The essential elements. Journal Physical Education. *Recreation and Dance, 59*(7), 65-69.

Kellog, R.(1970). *Analyzing Children's Art*. Palo Alto, Calif.: National Press Books.

Laban, R.(1948). *Modern educational dance*. London: MacDonarld & Evans.

North, M.(1973). *Movement education*. London: Ebenezer Baylis & Sons Ltd.

Pica, R.(1995). *Expreriences in movement with music, activities, and theory*. NY: Delmar.

제 **14** 장

방과후 아동 보육의 원리

현대 사회의 급속한 흐름은 가정의 교육적 기능을 상실하게 하고 사교육비의 지나친 증가로 인해 가정의 부담이 늘어나게 되었다. 이에 방과후 아동 보육은 사교육비를 현실적으로 완화하고, 일하는 부모들의 자녀를 돌보는 사회 경제적 측면의 기능과 교육 복지의 기능을 담당하게 되었다. 방과후 아동 보육을 담당하는 기관은 대체로 초등학교, 어린이집, 공부방, 복지 시설 등이다. 이들 기관에서 방과후 아동 보육을 제공받는 아동들은 주로 초등학교 3학년 이하의 연령에 해당한다. 이들을 가르치는 방과후 보육 교사는 이들의 발달적 특징이나 학습의 특징 등을 이해하여 지도하는 것이 바람직하다.

이 장에서는 방과후 아동 보육에 따른 아동 지도의 원리를 다룰 것이다. 구체적으로는 방과후 아동 보육의 개념, 방과후 아동 보육에서의 교수－학습 방법, 방과후 아동 보육 시설 운영에 필요한 기본적인 사항들을 살펴보고자 한다.

01 방과후 아동 보육의 개념을 이해한다.

02 아동기의 발달적 특징을 이해한다.

03 방과후 아동 보육에 필요한 교수－학습 방법을 이해한다.

04 방과후 아동 보육 시설의 운영에 대한 개념을 이해한다.

- **방과후 아동 보육** 정규 학교 학습이 끝난 아동들에게 돌봄과 더불어 교육 서비스가 주어지는 것으로 특기 적성 프로그램과 학습 보충, 특별 활동 등으로 구성되는 것으로 에듀케어의 성격을 지닌다.

- **에듀케어** 교육과 보육을 혼합한 것으로 돌보면서 교육하는 것을 의미한다.

- **방과후 학교** 방과후 아동 보육이 어린이집 등과 같이 포괄적인 장소에서 이루어지는 것이라면 방과후 학교는 초등학교를 이용하여 이루어지는 보충적 활동 서비스를 말한다.

- **발달에 적합한 실제** 아동들의 발달에 적합한 활동들을 의미하며 여기에는 개인 적합성, 연령 적합성, 사회 문화 적합성을 의미한다.

- **교육 평가** 교육 활동에 대한 전반적인 상태, 진척 정도, 목표 달성 여부, 개인의 변화 등을 점검하는 것으로 측정을 통해 이루어지는 가치판단적 성격의 교육 활동을 말한다.

- **종사자 관리** 방과후 아동 보육에 종사하는 사람들에 대한 관리로 교사 관리를 주된 내용으로 한다.

○, × 퀴즈

진단 문제	○	×
1 에듀케어란 교육과 돌봄인 보육을 서로 통합하고 있는 개념이다.	V	
2 방과후 아동 보육 교사의 자격 사항은 유아교육법에 명시되어 있다.		V
3 포트폴리오 평가란 대화를 바탕으로 평가에 필요한 자료를 수집하는 방법이다.		V
4 방과후 아동 보육 기관의 인사 및 사무 관리란 시설장과 교사뿐 아니라 아동의 관리를 의미한다.	V	

해설

01 에듀케어(educare)란 교육(education)과 보육(care)을 서로 조합하여 교육과 돌봄인 보육이 서로 통합하고 있음을 보여 주는 개념으로, 방과후 아동 보육이 가지는 두 가지 기능-교육의 기능과 보육의 기능-을 대표한다고 할 수 있다.

02 방과후 아동 보육 교사의 자격 사항은 영유아보육법에 명시되어 있다. 영유아보육법에 의하면 시설장의 경우 영유아보육법에서 규정한 시설장 자격을 구비한 자로 한다고 되어 있고, 방과후 교실 담당 교사는 보육 교사나 혹은 초등학교 교사로 한다고 되어 있다.

03 교육을 평가하는 방법 중 관찰법은 일상적인 상황에서 아동들의 행동이나 발달 정도 등을 눈으로 보고 그 기록을 통해 변화 정도를 파악하는 방법이며, 포트폴리오법은 누적하여 모아 둔 아동들의 작품을 통하여 아동을 평가하며, 면접법에서는 대화를 바탕으로 평가에 필요한 자료를 수집한다.

04 방과후 아동 보육 기관에서의 인사 및 사무 관리는 아동 관리와 종사자 관리로 나눌 수 있으며, 아동 관리는 아동들의 활동이나 발달 상황 등을 체크하여 관리하는 것을 말하고 종사자 관리는 시설장 및 교사에 대한 관리를 의미한다.

1 방과후 아동 보육의 이해

1. 방과후 아동 보육의 개념

방과후 아동 보육은 방과후 교실, 방과후 보육 프로그램, 방과후 보육 교실 등의 용어로 불리는 것으로 정규 학교 교육 프로그램이 끝난 후 이루어지는 여러 가지 형태의 활동을 의미한다. 방과후 아동 보육은 아동을 돌보는 것과 교육하는 것의 성격을 함께 내포하고 있다. 방과후 아동 보육은 정규 학교 교육이 오후 3시쯤 끝나고 이후 한 시간 혹은 두 시간 정도 독서 지도 프로그램이나 컴퓨터 학습 프로그램 등의 프로그램을 제공하여 아동들이 참여하는 미국의 방과후 프로그램(after care program)처럼 우리나라에서도 유사한 형태로 이루어지고 있는 학습 보조 프로그램이다.

방과후 아동 보육은 우리나라의 사회적 변화에 근거하고 있다. 여성의 사회적 참여, 가족 구조의 변화, 자녀 양육에 따른 과도한 양육비와 사교육비의 부담 등은 자녀 출산을 기피하는 사회적 풍조를 낳게 하였다. 특히 사교육비 문제는 부모의 경제적 여건에 따른 학력의 편차를 낳아 장기적으로 학력의 대물림 현상까지 예측 가능하게 만들었다. 방과 후 자녀를 가정에서 교육하고 양육하는 데 현실적으로 어려움이 있는 사회적 현상으로 인해 방과후 아동 보육은 1994년 초등학교 시설과 인력을 활용한 방과후 특별 교육이 허가되면서 특기 적성을 개발하는 교육 형태로 진행되었다. 2004년에 발표된 방과후 아동 보육에 대한 정책은 사교육비 경감 대책의 일환으로 방과후 아동 보육을 특기 적성 교육뿐만 아니라 학습 보조 활동까지 포함하는 것으로 보았다.

한국교육개발원(1994)은 방과후 아동 보육은 초등학생을 주된 대상으로 하여 학교 시작 전과 끝난 후 혹은 휴일이나 방학 기간 중에 일정 시설에서 아동을 보호 및 교육하는 활동으로 보았다. 또한 이재연(1992)은 학교 수업이 끝나고 성인의 보호를 받을 수 없는 학령기 아동들을 정기적으로 보호하고 교육하는 것을 방과후 아동 보육으로 보았다. 방과후 아동 보육의 이러한 개념을 정리해 보면 다음과 같이 몇 가지로 요약된다.

첫째, 방과후 아동 보육은 학교와 같은 교육 기관에서 제공되는 프로그램이기는 하지만 학교 교육 시간에 이루어지는 교육 활동이 아니라 그 외의 시간에 이루어지는 것이다.

둘째, 방과후 아동 보육은 학령기 아동들을 대상으로 이루어지는 것이다.

셋째, 방과후 아동 보육은 성인의 돌봄을 함께 제공한다. 성인의 돌봄을 제공하는 것은 방과후 아동 보육이 탁아의 성격을 지니고 있음을 의미한다. 즉 방과 후에 가정에서 성인의 보호를 받을 수 없는 아동들에게는 실질적으로 건강이나 위생, 그리고 영양 등의 측면뿐만 아니라 학교 학습 내용에 대한 보충적인 서비스를 받을 수 있으므로 방과후 아동 보육은 일하는 어머니에게 도움이 된다.

이러한 방과후 아동 보육은 광의의 방과후 아동 보육과 협의의 방과후 아동 보육의 개념으로 나눌 수 있다.

첫째, 광의의 방과후 아동 보육은 정규 수업 외에 이루어지는 각종 교육 프로그램 및 활동을 의미한다. 예를 들어 학교 안에서 이루어지는 컴퓨터 교실, 영어 교실, 악기 교실, 스카우트 활동 및 학교 밖에서 이루어지는 각종 캠프, 취미 및 운동 프로그램, 지역 사회 복지 프로그램(수영, 검도) 등을 말한다. 학교 내에서 이루어지는 방과후 아동 보육은 학교의 선생님이나 별도의 운영 형태로 전문 강사를 초청하여 이루어진다.

둘째, 협의의 방과후 아동 보육은 학교 수업이 끝나고 성인의 보호를 받을 수 없는 학령기 아동들이 허가받은 정규 기관에서 정기적으로 보호와 교육을 제공받는 것(이재연, 1992)을 말한다. 여기에는 연령에 맞는 적절한 활동과 환경 제공, 격려와 지원, 지도와 보호 및 감독, 가정의 연장 등의 성격을 지니고 있다(서영숙, 1996).

방과후 아동 보육은 복지 측면과 교육 측면에서 적절한 기능을 한다. 첫째, 방과후 아동 보육의 복지적 기능은 아동의 보호, 사회 문제 사전 예방, 가정의 지원 및 보상, 지역 사회 발전의 초석을 다진다. 둘째, 교육적 기능은 가정 교육 및 학교 교육을 보완하는 것, 비형식적 학습을 제공하고 나아가 교사와 학생 간의 긴밀한 관계를 형성할 수 있다. 또한 지역 사회의 자원을 활용하고 평생 교육의 장을 제공하는 기능을 한다.

2. 방과후 아동 보육의 의의와 필요성

1) 방과후 아동 보육의 의의

방과후 아동 보육은 정규 수업시간 이외에 주어지는 학교 학습의 보충이거나 혹은 아동의 잠재적 능력을 발견하고 신장하는 특기 적성 프로그램을 의미한다. 이러한 성격의 특별학습은 학교처럼 인가받은 교육 기관에서 제공할 수도 있지만 그렇지 않은 경우도 있다.

학교 기관 이외의 곳에서 이루어지는 특별 학습의 교육비는 사실상 비싼 것이 현실이므로 저소득층의 경우 이를 부담하는 것은 현실적으로 어려운 점이 많다. 이로 인해 여성의 경제 활동 참여는 가족 구조의 변화와 더불어 상대적으로 방과후 아동 보육에 소홀해짐으로써 가정적, 사회적 문제로 이어질 수 있다. 방과후 아동 보육은 가정이 가지고 있는 여러 가지 문제점, 즉 아동을 돌보는 문제, 아동을 교육하는 문제, 아동의 특기 적성을 개발하는 문제, 그리고 아동의 건전한 발달을 이끌어내는 문제 등을 해소할 수 있으며, 부모 입장에서는 일하는 동안 안심하고 일에 전념할 수 있으므로 생산성 향상이나 전문성 향상으로 나아갈 수 있다. 아울러 학교 이외의 기관에서 교육할 때 나타나는 교육비의 경제적 문제도 해결할 수 있어 큰 걱정 없이 자녀를 교육할 수 있다는 이점이 있다. 그러므로 방과후 아동 보육의 의의는 아동의 측면, 가정의 측면, 부모의 측면으로 나누어 생각할 수 있다.

첫째, 아동 측면에서의 의의이다. 근본적으로 방과후 아동 보육은 아동의 전인적 성장과 발달을 지향한다. 특히 가정에서 제공할 수 없는 전문적인 능력과 특기 적성 등을 개발하고 발달시킬 수 있다.

둘째, 가정 측면에서의 의의이다. 가정의 기본적 성격은 가족 간의 상호 작용을 통한 건전한 인성의 형성이다. 특히 가족 간의 상호 작용은 아동들의 성역할이나 인지적 능력, 정서적 발달 등에 많은 영향을 미친다. 가족 응집성이 좋은 가정은 가족의 적응성도 좋아서 자녀들의 사회적 인성을 보다 바람직하게 조성할 수 있다. 그러나 사회의 변화는 가정의 이러한 기능을 약화시켰지만 방과후 아동 보육은 아동들 간의 상호 작용, 교사와의 상호 작용 등을 통해 상호 작용의 기술들을 익힐 수 있다. 특히 초등학교의 방과후 교실은 저학년 학생들이 학년에 관계없이 한꺼번에 활동하고 생활하므로 자기보다 어리거나 나이 많은 아동들과 상호 작용하면서 다양한 기술과 기능들을 보고 배울 수 있는 좋은 이점이 있다.

셋째, 부모 측면에서의 의의이다. 부모는 일과 시간에 자녀를 돌보아야 하는 어려움에서 벗어날 수 있다. 또한 부모가 제공할 수 없는 전문적인 특기 적성을 제공할 수 있어서 부모는 안심하고 일할 수 있다. 방과후 자녀를 돌보아야 한다는 정신적인 스트레스에서 벗어나 일을 마치고 가정에서 자연스럽게 자녀들과 상호 작용할 수 있으므로 방과후 아동 보육은 부모에게 좋은 제도이다.

방과후 아동 보육은 두 가지 기능을 한다. 하나는 학령기 아동들을 돌보는 보육의 개념이고 다른 하나는 학습을 돕고 보충 활동을 하는 교육의 개념이다. 이론적으로 보육과 유아 교육의 개념은 약간 다르다. 보육은 건강과 위생, 영양, 안전 등을 토대로 유아의 건전한 발달을 조장한다면, 교육 특히 유아 교육은 유아가 가진 잠재 능력이 최대로 발휘될 수

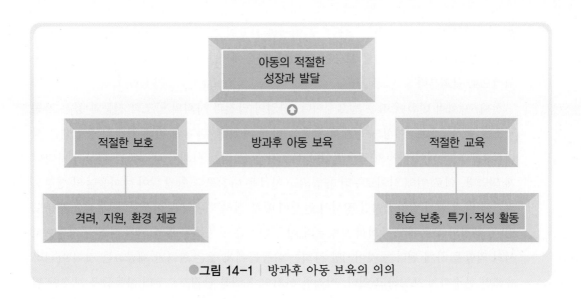

●그림 14-1 | 방과후 아동 보육의 의의

있도록 최적의 조건에서 최상의 발달을 이끌고자 한다. 보육은 아동을 돌보는 것(child care)으로, 영유아보육법에서의 보육은 0세부터 5세까지의 유아들에게 보호와 교육을 제공하는 것이다. 교육은 교육법이나 유아교육법을 따르며 유아 심신의 건강과 발달을 조장하기 위한 활동들을 제공하되 바람직한 방향으로의 변화를 지향한다. 그러나 현대적 개념은 보육과 교육을 서로 묶어 에듀케어(educare: education +care)라는 용어를 사용하여 교육과 돌보는 행위인 보육을 서로 통합하고 있다.

보육과 유아 교육의 이런 개념을 바탕으로 방과후 아동 보육은 유아의 보호와 건강, 안전과 위생, 그리고 적절한 환경을 바탕으로 하는 교육적 활동을 통해 최적의 발달을 이끌어내는 것에 그 기본적인 의의가 있다. 즉 방과후 아동 보육은 정규 교육 기관에서의 활동 이외에 성인의 보호가 필요한 아동을 안전하게 보호하고 교육함으로써 아동의 전인적 성장과 발달을 돕고자 한다. 방과후 아동 보육의 의의를 정리하여 나타내면 다음의 〈그림 14-1〉과 같다.

2) 방과후 아동 보육의 필요성

방과후 아동 보육은 사회적 변화에 따른 여러 현상으로 인해 아동들을 돌봄과 동시에 교육을 통해 발달을 조장할 필요가 있다. 특히 저소득층 가정의 자녀들은 방과 후에 가정에서 적절한 감독과 교육이 체계적으로 이루어지지 않기 때문에 관심이 다른 곳으로 향하여 사회적 문제를 야기할 수 있다. 그러므로 적절한 보호와 감독을 바탕으로 개인의 잠재적 능력을 개발하여 성장과 발달을 보충할 수 있다. 다음에서는 방과후 아동 보육의 필요성을 구체적으로 살펴본다.

첫째, 사회적 변화에 따른 필요성이다. 산업의 발전과 사회의 구조적 전문화 등은 가족 구조를 핵가족으로, 여성도 경제적 활동을 하게 하였다. 과거에 비해 가정의 응집성은 상대적으로 약화되어 가정의 교육권이나 보호권 등을 점차 사회가 대신하는 현상이 나타나게 되었다. 이로 인해 사회로부터 유입되는 자극은 이전보다 훨씬 많아져 아동들의 성장은 과거에 비해 훨씬 빨라졌지만 정서적 안정에 따른 심리적 취약은 이전보다 더 심한 부분도 있다. 가정의 보호에서 사회의 보호로의 이동 현상은 아동들이 훨씬 일찍 사회 구성원으로서의 역할을 하게 된다는 것이지만 사회는 아동들에게 좋은 환경만 제공하는 것이 아니라 유해한 환경까지 포함하고 있다. 이러한 사회의 유해한 환경으로부터 아동들을 보호할 필요가 있다.

또한 경제적 활동이 다양해지고 IMF 등으로 인해 빈부의 격차가 나타나면서 학습을 통한 학력 신장의 기회를 가지지 못한 아동들의 내면에 가지고 있는 다양한 학습적 욕구를 해소하는 것은 사회의 역할이기도 하다.

둘째, 방과후 아동 보육의 필요성은 아동의 복지권과 교육권에 있다. 아동의 복지는 기본적으로 아동이 가진 인권의 보장이다. 헌법 제34조에 모든 인간은 인간다운 생활을 할 권리를 가진다고 하는 것은 아동도 최소한의 권리를 가져야 함을 의미한다. 아동 권리에 관한 국제 협약은 아동에게 최상의 이익을 최우선적으로 고려해야 한다고 하며, 아동복지법과 영유아보육법은 아동 보육의 사회적 책임을 강조하고 있다. 이러한 법과 규정들이 의미하는 것은 정규 학교 수업이 이루어지지 않는 시간이라 하더라도 아동은 아동으로서의 최소한의 권리를 가져야 한다.

방과후 아동 보육의 교육에 관한 법적 명시성은 헌법과 세계인권선언 등에서 찾을 수 있다. 헌법은 모든 국민은 능력에 따라 균등하게 교육받을 권리를 가진다고 하고, 세계인권선언은 누구든지 교육받을 권리를 가지며 초등 교육은 무상이고 의무여야 한다고 명시하고 있다. 이러한 점은 방과후 아동 보육이 특정 계층의 특정인에게 주어지는 특권이 아니라 모든 계층의 아동들이 접근할 수 있고 받을 수 있는 것임을 의미한다.

셋째, 방과후 아동 보육은 교육의 다변화 및 활성화 추구와 교육 복지의 추구에 그 필요성이 있다. 정규 학교에서 활용할 수 있는 교육 방법에는 한계가 있다. 교실에서 교사의 설명이 이루어지고 개별적인 지도나 모둠식 토의는 많이 이루어지지 않는다. 아동들이 다양하게 생각하고 연구하며 토의할 수 있는 습관을 가지게 되면 교육을 통한 미래는 밝아질 수 있다. 특히 여러 가지 활동을 통해 아동들의 창의성을 조장할 수 있고 나아가 열린 교육을 실행할 수 있다. 방과후 아동 보육은 이를 활용할 수 있어 교육의 다변화를 조장할 수 있고, 아동들의 자기 주도적 학습을 이끌 수 있으며, 탐구 학습이나 문제 해결 학습, 실험 및 실습 등의 열린 교육을 실시할 수 있다.

넷째, 방과후 아동 보육은 교육의 효과를 높이고 학교 시설의 사용을 극대화하며 과도한 사교육비를 경감하는 데 그 필요성이 있다. 학교 시설은 일반 사교육 시설에 비해 활용도가 많이 떨어진다. 유휴 교실을 활용하여 학교를 활성화할 필요가 있으며 이를 통해 교육의 효과를 높일 수 있다. 나아가 과도한 사교육비의 지출로 가계 부담이 가중되는 것을 낮출 수 있어서 방과후 아동 보육은 필요하다. 현재의 사교육비는 많은 가정에 경제적인 부담을 지우고 있으며 가정의 경제적 부담으로 인해 교육의 기회를 가지지 못하는 아동들에게 방과후 아동 보육은 좋은 제도이다.

다섯째, 방과후 아동 보육은 아동의 발달적 욕구와 특성을 충족하는 데 필요하다. 아동기는 신체적, 심리적 및 학습적으로 발달이 왕성한 시기로, 아동의 왕성한 학습 동기와 의욕을 고취시킬 수 있는 다양한 프로그램의 제공이 필요하다. 또한 열린 공간에서 아동들의 기본 생활 습관 및 학교 생활에 필요한 습관을 형성하고 개방적인 또래 관계를 통해 사회성 및 정서적 발달을 돕고 원만한 인성 발달을 도모하는 데 방과후 아동 보육은 필요하다.

여섯째, 방과후 아동 보육은 보호를 필요로 하는 아동들에게 보호, 건강과 안전을 제공하는 데 필요하다. 아동뿐만 아니라 일하는 부모의 안정된 생활을 유지하는 데 도움을 줄뿐만 아니라 아동의 건전한 놀이 지도와 여가 선용을 도모하고 학습 지도를 통한 학업 성취 기회와 학업 성취 능력의 향상이라는 기쁨을 제공한다는 점에서 방과후 아동 보육은 필요하다.

3. 방과후 아동 보육의 현황과 유형

1) 방과후 아동 보육의 유형

방과후 아동 보육이 이루어지는 기관은 방과후 학교, 방과후 보육 시설, 지역 아동 센터 등 다양하다. 방과후 학교는 교육과학기술부에 의해 지역의 교육청에서 관할하면서 초등학교 시설을 이용해 이루어지고 있다. 2006년부터 방과후 교실, 특기 적성 교육, 방과후 수준별 보충학습 프로그램을 통합적으로 운영하고 있는 형태가 방과후 학교이다(교육인적자원부, 2006). 방과후 보육 시설은 여성가족부에서 관할하는 것으로 영유아보육법에 근거하여 보육 교사가 초등학교 저학년 학생들을 대상으로 운영되고 있는 것이며(여성가족부, 2005), 지역 아동 센터는 아동복지법에 근거한 만 18세 미만의 아동들을 대상으로 사회복지사가 교육이나 활동을 담당하는 것으로 보건복지부에서 주관하고 있다. 이러한 방과후 아동 보육은 인정받은 기관에서 운영을 담당하는 전담 교사가 대상 아동들과 더불어 상호 작용을 하는 형태이다.

외국의 경우 방과후 아동 보육은 인정받은 기관에서 아동과 더불어 활동하는 형태도 있지만 아동이 가정에 머물면서 이웃의 보호를 받거나 혹은 상담 전화와 같은 형태의 협조 전화를 통해 이루어지는 형태도 있다. 이러한 방과후 아동 보육은 성인의 감독이 이루어지면서 아동들이 어느 정도의 자율성을 가지고 있는가에 따라 다음의 몇 가지로 구분된다(Todd, Albrecht, & Coleman, 1990).

첫째, 성인 감독이 없는 형태의 방과후 아동 보육 프로그램으로, 이는 아동이 방과후 아동 보육에서 접촉을 주도해야 한다. 이 형태는 아동의 보육에 대한 주변의 책임이 없어서 저소득층 아동이나 수줍음이 많은 아동들에게는 부적절하다.

이러한 방과후 아동 보육의 대표적인 유형은 자기 보호와 전화 협조 라인이다. 자기 보호(self-care)는 부모가 일하는 동안 방과 후 아동은 혼자 지내거나 형제자매와 함께 지내는 것으로, 부모의 감독이 없거나 부모가 정한 규칙에 따라 멀리서 지도와 감독을 받는다. 전화 협조 라인(help-line)은 전화를 통해 아동에게 도움을 주거나 정서적 지원을 제공하는 형태이다.

둘째, 원거리 감독 형태의 방과후 아동 보육은 아동이 자신의 행방과 소재를 알리는 것으로, 감독이 전혀 없는 것이 아니라 일정 수준의 감독을 제공하는 방과후 아동 보육의 한 유형이다. 이 형태는 의사 소통이 적절히 이루어지지 못하면 비효과적이며, 초등학교 저학년 아동에게는 부적절하다. 원거리 감독 형태의 방과후 아동 보육은 부모 감독 하에 이루어지는 아동의 자기 보호와 이웃 주민이 아동의 행방을 확인하고 감독하는 형태의 안전 확인 프로그램(check in program)이 있다.

셋째, 일정 시간의 성인 감독이 주어지는 방과후 아동 보육의 한 유형이다. 이 유형은 아동이 자발적으로 참여하는 것으로, 친구나 또래와 함께 방과후 아동 보육 프로그램을 경험할 수 있는 기회가 주어진다. 일정 기간 동안 성인의 보호가 주어지지만 지속적인 보호는

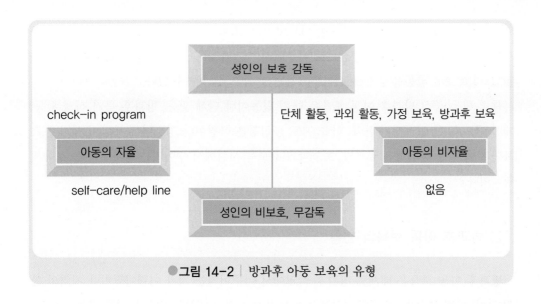

●그림 14-2 │ 방과후 아동 보육의 유형

이루어지지 않는다. 이 프로그램의 대표적인 형태는 단기 레저 프로그램, 학원이나 과외 활동, 청소년 단체 활동 등과 같은 과외 활동 프로그램과 레크리에이션 프로그램, 학습 강화 활동, 4H, 스카우트 등의 청소년 활동이다.

넷째, 성인이 직접 보호하고 교육하는 형태의 방과후 아동 보육이다. 이 유형은 친척이나 인척이 아동을 보호하는 것으로 가정 보육이나 방과후 시설 보육 프로그램 등이 있다.

이러한 방과후 아동 보육의 유형을 종합하여 살펴보면 〈그림 14-2〉와 같다.

방과후 아동 보육의 유형은 서비스의 시간과 재정 지원에 따라 나눌 수 있다. 서비스 시간에 따른 유형은 일과 전 아동 보육, 방과후 아동 보육, 방학 기간 아동 보육, 그리고 주말 서비스 아동 보육으로 나눌 수 있다. 우리나라의 경우 주말 서비스 아동 보육은 그 유형을 찾아보기가 쉽지 않다. 그리고 재정 지원에 따른 방과후 아동 보육은 수익자 부담에 따른 아동 보육, 정부나 자치 단체 지원에 따른 아동 보육, 그리고 자선 기부금에 의한 아동 보육이 있다. 우리나라의 경우 대체로 수익자 부담의 방과후 아동 보육의 유형으로, 정부나 자치 단체의 지원은 일부분에서만 이루어지고 있으며 자선 기부금에 의한 방과후 아동 보육은 사례를 찾아보기 어렵다.

방과후 아동 보육의 유형을 아동에게 주어지는 프로그램이나 학습 활동의 내용에 따라 분류하기도 한다. 이러한 형태의 방과후 아동 보육은 성인이 직접 지도하거나 간접 지도, 그리고 전혀 지도하지 않는 형태로 나뉜다. 우리나라의 경우 성인이 직접 지도하지 않는 형태는 그렇게 많지 않으며, 대체로 성인이 직접 특별한 형태의 프로그램이나 학습 활동을 계획하고 구성하여 방과후 아동 보육이 이루어지는 형태가 대부분이다. 이러한 방과후 아동 보육의 유형은 특별 활동을 중심으로 이루어지는 것과 학습 지도를 중심으로 이루어지는 것, 그리고 보육 활동을 중심으로 이루어지는 것 등으로 나눌 수 있다.

특별 활동 중심 방과후 아동 보육은 클럽 활동이나 단체 활동, 방과후 특기 적성 활동, 계절 캠프 등이 여기에 속한다. 학습 지도 중심형은 학원이나 청소년 공부방이 여기에 속하며 보육 활동 중심형은 공부방, 초등학교나 보육 시설에서 주어지는 방과후 아동 보육의 형태이다.

2) 방과후 아동 보육의 현황

방과후 아동 보육은 대체로 방과후 학교에서 이루어지는 것과 어린이집이나 지역의 복지 시설, 지역 센터 등과 같은 시설에서 이루어지는 것이 대부분이다. 방과후 아동 보육 시설 및 이용 현황을 살펴보면 다음의 〈표 14-1〉과 같다.

●표 14-1 | 방과후 보육 시설 및 이용 현황

| 구분 | | 계 | 국공립 | 민간 | | | 직장 | 가정 보육 시설 |
				법인	법인 외	개인		
방과후 보육	시설 수	838	122	98	140	430	2	46
	아동 정원	63,760	10,529	11,089	7,398	33,741	229	774
	아동 현원	12,642	2,449	1,306	3,125	5,524	20	218
	종사자 수	1,748	382	282	337	732	7	8
지역 센터	구분 년도	2004	2005	2006	2007	2008		
	시설 수	104	157	210	262	302		
	미취학	1,564	3,023	4,133	4,127	4,585		
	초등 학교 저학년	18,348	34,617	25,149	32,867	35,972		
	초등 학교 고학년			21,426	28,177	33,163		
	중학생	2,880	5,129	6,846	9,224	11,380		
방과후 학교		총 학교수: 5,827, 실시 학교 수: 5,823, 참여 학생 수: 1,691,033						

(2008년 12월 31일 현재)

2 방과후 아동 보육의 원리

1. 방과후 아동 보육의 목적과 목표

방과후 아동 보육의 목적은 궁극적으로 어떤 인간상을 추구하느냐와 직·간접적으로 관계가 있다. 교육을 통해 우리 사회가 추구하는 인간상은 다음과 같다.

첫째, 주위와의 조화로운 협력과 선의의 경쟁을 통해 스스로 할 수 있는 인간이다.

둘째, 다양한 활동을 통해 적응력 있고 미래 지향적이며 창의력이 있는 인간이다.

셋째, 자신과 타인의 이해를 통한 건강하고 독립적인 민주 시민이다.

넷째, 다양한 문화 경험을 통해 세계 속의 유능한 자질과 역량을 갖춘 인간이다

이러한 인간상이 의미하는 것은 민주 사회의 구성원으로서 효과적으로 기능하고 자기가 속한 사회에서 자질과 역량을 발휘하는 것을 추구한다. 방과후 아동 보육도 이러한 맥락에 근거하고 있다. 초등학교이나 어린이집과 같은 인정받은 기관에서 이루어지는 방과후 아동 보육은 교육의 측면을 떠나서 이해할 수 없는 것이며 학교 수업의 연장선에서 이해해야 한다.

이러한 인간상을 바탕으로 하는 방과후 아동 보육의 목적은 아동의 안전과 건강을 추구하면서 미래 지향적인 인간으로 성장할 수 있도록 지원하고 아울러 아동이 사회의 구성원으로서의 여러 가지 역량과 자질을 갖추도록 하는 것에 있다. 보다 구체적으로 방과후 아동 보육의 목적을 살펴보면 다음과 같다.

첫째, 아동의 안전한 보호를 목적으로 한다. 일하는 부모를 대신하여 아동들을 돌보는 것도 방과후 아동 보육이 지향하는 것으로 부모를 대신하여 아동들을 안전하게 보살피는 것은 중요한 목적이다.

둘째, 학교 교육의 보완과 더불어 창의적이고 다양한 흥미와 욕구를 충족하는 것이다. 아동이 가진 잠재적인 능력은 무한한데 이것이 초등학교를 통해 길러지지 않을 수도 있다. 특히 초등학교 1학년과 같은 어린 아동들은 자기가 무엇을 잘하는지에 대해 인지하지 못하는 경우가 많으며 교실에서 수업을 하더라도 교사가 잘 발견하지 못하는 것이 있다. 따라서 학교 교육을 보완하면서 아동이 창의적이고 다양한 욕구와 흥미를 표현할 때 아동의 잠재적인 능력은 계발될 수 있다.

셋째, 아동의 학습 성취 능력 향상의 기회를 제공하는 것이다. 학교에서 배우는 기회가 부족한 아동에게는 보충 학습의 시간을 제공하는 것이 효과적이다. 특히 학교 수업 내용을 다시 한 번 반복할 때 학습 성취 의욕은 향상되고 자신감이 형성된다. 방과후 아동 보육은 이러한 기회를 제공하는 것이 목적이다.

넷째, 가정이 건전하고 안정된 생활을 할 수 있도록 지원하는 것이다. 가족 구성원이 함께 모일 수 있는 시간까지 안전하게 아동들을 돌보면서 학습을 지원하는 방과후 아동 보육은 아동의 가정이 안정된 생활을 할 수 있도록 다방면으로 지원한다.

다섯째, 다양한 학습을 통해 아동의 지적 욕구를 충족할 기회를 제공해 준다. 특기 적성 프로그램을 운영하여 아동이 가진 잠재적 욕구와 지적 욕구를 다양하게 충족할 수 있는 기회를 제공한다.

방과후 아동 보육의 이러한 목적을 달성할 보다 구체적인 목표는 아동의 보호, 학습, 사회적 관계 영역으로 세분화된다. 방과후 아동 보육의 구체적인 목표를 보면 다음과 같다.

첫째, 보호와 관리이다. 방과후 아동 보육은 아동에게 건강하고 안전한 환경을 제공하고, 아동의 안전 및 위생을 관리·감독하며, 균형 있는 식사와 간식을 통해 균형 있는 영양을 확보하고, 다양한 흥미 활동과 놀이를 통해 아동에게 정서적 안정감을 제공하고자 한다.

둘째, 학습 능력과 개인적 발달 기회의 향상이다. 방과후 아동 보육은 아동에게 적절한 인지 능력을 향상시킬 수 있는 학습 기회를 제공하고, 부족한 교과 학습 영역을 보충하여 학습에 대한 유능감을 고취하며, 관심과 흥미 있는 활동을 통해 아동 개인의 능력을 계발하고, 나아가 다양한 활동을 통해 창의적인 능력을 향상하기 위함이다.

셋째, 사회적 관계와 상호 작용 기술의 향상이다. 방과후 아동 보육은 아동에게 자신과 타인 및 집단 생활을 이해하는 기회를 제공하고, 사회적 상호 작용 기술 등의 발달을 도모하며, 긍정적인 자아 개념을 형성하도록 지원하고, 사회적 적응 기술 및 타인과의 공동 생활에 필요한 기본 습관 및 태도를 형성하기 위함이다.

2. 방과후 아동 보육의 내용

방과후 아동 보육의 내용은 여러 가지가 있지만 크게 두 가지로 구분할 수 있다. 하나는 학교 학습을 보충해 주는 학습 내용과 다른 하나는 아동들의 잠재적 능력을 계발하는 특기 적성에 관한 것이다. 학교 학습을 보충하는 것은 아동들이 사교육비를 많이 부담하지 않고 학습할 수 있는 장점이 있으며, 특기 적성에 관한 프로그램은 학원과 같은 사교육 장소에 가지 않더라고 저렴한 경비로 잠재적 능력을 계발할 수 있다는 이점이 있다. 이러한 내용 외에도 아동들의 사회적 발달과 상호 작용의 기술을 돕는 사회 및 정서 발달에 관한 내용이나 위생 관련 내용, 신체 건강을 도모하는 내용 등을 구성할 수 있다.

김명례(1996)는 방과후 아동 보육의 내용으로 첫째, 사회, 정서 및 신체 발달을 돕는 내용, 둘째, 아동의 안전성이 확보되는 내용, 셋째, 아동의 또래 집단 및 타인과의 원만한 관계 형성을 돕는 내용, 넷째, 학교 기능을 보완하고 다양한 비형식적 학습 기회를 제공하는 내용 등이 방과후 아동 보육의 내용으로 구성될 수 있다고 한다. Posner와 Vandell(1994)은 첫째, 컴퓨터, 문학, 과학 교육 등의 교육 활동, 둘째, 산수, 읽기 등 교과 교육의 보충 학습 활동, 셋째, 각종 스포츠와 게임, 무용과 공작 활동 같은 과외 활동 등을 방과후 아동 보육의 내용으로 제시하고 있다.

여성개발원(1998)도 방과후 아동 보육의 내용을 보다 구체적으로 제시하고 있다.

첫째, 생활 지도(식사 제공으로 신체 건강 도모, 식사 예절 지도, 상담, 가치관 교육, 자아 개념 및 인성 교육 등 포함)에 관한 내용

둘째, 숙제 지도

셋째, 학업 계획 수립의 지원 등 학업 성취를 위한 지도

넷째, 특별 활동 지도(예능, 체능 등), 놀이, 자율 학습 활동, 독서 등

다섯째, 다양한 경험을 위한 집단 활동과 다양한 특별 활동 프로그램

여섯째, 저소득층 가정의 학습 부진과 정서 불안 아동을 대상으로 하는 학습 보충과 정서적 안정 프로그램 등

이러한 방과후 아동 보육 프로그램의 내용을 보면 전체적으로 건강 및 안전과 관련된 활동, 생활 지도나 숙제 지도 등과 같은 가정 혹은 부모를 대신하는 활동, 탐구 활동이나 체육 활동, 특기 활동, 창의력 활동 등의 학교 교육을 보완하는 특별 활동, 자유 선택 활동(컴퓨터 등)과 놀이, 게임 및 아동의 창의적 사고 능력을 기르는 활동 등과 같이 아동의 흥미, 관심, 요구를 위한 활동 등이 방과후 아동 보육의 내용으로 구성될 수 있다.

3. 방과후 아동 지도의 교수 학습 원리

1) 교수-학습의 개념

교수-학습이란 아동을 가르치고 아동이 학습하는 활동에 관련된 모든 것을 의미한다. 교수-학습은 교수와 학습이 연합되어 있는 것이다. 교수(教授)는 학습자를 위해 설정된 학습 목표를 달성하기 위해 교사가 사용하는 모든 기술의 총체를 말한다. 이를 위해 필요한 학습 내용과 그에 따른 학습 자료를 준비하고, 학습자에게 내용을 전달하기 위한 구체적인 교수 기술을 사용하며, 학습 내용에 따른 교실 환경을 구성하고 학습자의 능력, 흥미, 학습 욕구에 기초하여 일련의 경험을 세우는 것이 교수이다.

학습(學習)은 경험이나 연습의 결과로 인해 일어나는 인간 행동의 변화를 말한다. 이러한 변화는 일시적인 변화와 지속적인 변화가 있는데 학습은 일시적으로 일어나는 변화가 아니라 비교적 지속적으로 나타나는 변화를 말한다. 어떤 자극에 대해 이전에 보이지 않았던 행동이 어느 특정한 프로그램이나 내용이 주어진 후, 그 자극에 대해 반복적으로 같은 유형의 행동을 보인다면 이는 학습되었다고 본다. 그러므로 학습이란 어떤 행동이 어떤 자극에 대해 같은 반응을 지속적으로 보이는 것을 의미한다.

2) 교수 계획의 원리

방과후 아동 보육 프로그램에서 아동들에게 교수 학습이 이루어지기 위해서는 교수 계획이 필요하고 이에 따른 교수 활동의 전개가 필요하다. 또한 아동들의 학습이 효과적으로 이루어지기 위해서는 아동에게 필요한 학습 원리를 제공하는 것 또한 필요하다. 교수 계획은 아동들을 위한 교수 계획 원리를 바탕으로 설정하는 것이 좋은데 그것은 다음과 같다.

첫째, 학습자의 욕구가 무엇인지 우선적으로 파악하도록 한다. 학습자의 욕구는 기본적으로 어떤 교수 설계를 할 것인지 예측하게 한다. 만약 아동이 학습 내용에 대한 보충을 원한다면 그에 적합한 내용을 설계하여 학습을 진행할 수 있다.

둘째, 교수 목표와 평가 절차를 명확히 세운다. 교수 계획 없이 교육 활동이나 수업을 진행시키면 교사는 아동에게 제공할 수 있는 여러 가지 기회를 놓칠 수 있다. 또한 교사는 자신이 설정한 교수 계획이 바람직한 학습 결과를 산출할 것인지 결정할 필요가 있다.

셋째, 교수 자료 및 절차를 선택한다. 교수 목표를 달성하기 위한 구체적인 교수 기법,

교사로서의 접근 방법 등에 대한 정보를 바탕으로 교수 자료와 절차를 선택하도록 한다.

3) 학습 활동 전개의 원리

방과후 아동 보육 교사들이 교수 설계를 바탕으로 활동을 전개할 때 사용할 수 있는 원리는 두 가지로 나눌 수 있다. 하나는 내용 지향적 수업 활동을 전개할 경우와 다른 하나는 과정 지향적 수업 활동을 전개할 경우이다. 내용 지향적 수업 활동을 전개할 경우에는 다음과 같은 원리를 따라 전개된다.

첫째, 구체적인 활동 자료에서 추상적인 활동 자료 순서로 수업 활동을 전개한다.

둘째, 간단한 활동 자료에서 복잡한 활동 자료 순서로 수업 활동을 전개한다.

셋째, 간단한 정보를 담은 활동 자료에서 개념적인 활동 자료 순서로 수업 활동을 전개한다.

넷째, 이미 알고 있는 활동 자료에서 앞으로 알아야 할 자료 순서로 전개한다.

다섯째, 친숙한 활동 자료에서 덜 친숙한 활동 자료 순서로 수업 활동을 전개한다.

반면, 과정 지향적 수업 활동을 전개할 경우는 다음의 전개 원리를 따르는 것이 좋다.

첫째, 탐색 활동에서 실험 및 가설 검증 활동으로, 문제 해결을 위한 활동으로 수업을 전개한다.

둘째, 모방할 수 있는 활동 소개, 모방 대상이나 사물을 회상 또는 재생하는 활동, 새로운 것을 창안할 수 있는 방향으로 수업 활동을 한다.

셋째, 자기 중심적 관점의 활동에서 타인 중심적 관점의 활동으로 수업 활동을 전개한다.

넷째, 아동에게 연습 기회를 충분히 줄 수 있는 수업 활동을 전개해야 한다.

다섯째, 아동이 활동의 결과로부터 만족이나 즐거움을 얻을 수 있는 수업 활동을 전개해야 한다.

여섯째, 아동에게 다양한 경험과 체험을 주는 활동을 전개해야 한다.

4) 학습 지도의 원리

방과후 아동 보육에서 아동들을 대상으로 학습 활동을 할 때 교사는 아동들을 고려하여 학습 지도를 해야 한다. 어린 아동들에게는 아동 중심적인 방법을 사용하여 학습 지도를 하는 것이 좋으며 또한 아동의 존재를 인정하는 개별화 중심 학습 지도 방법이 효과적이다. 이러한 방법들은 아동의 연령이 낮을수록 더욱 효과적이다. 다음에서는 방과후 아동 보육에서 학습 지도를 할 때 고려해야 할 원리를 살펴보도록 한다.

첫째, 자발성의 원리이다. 자발성의 원리는 학습자 자신이 자발적으로 학습에 참여하도록 교사가 이끄는 것이다. 자발성의 원리는 유아가 흥미를 가지고 자신의 흥미를 발현하도록 하는 내적 동기에 근거한다. 특히 문제 인식과 해결에 필요한 다양한 방법을 활용하는 창의적 사고를 바탕으로 아동 스스로 문제를 풀어 나가는 자기 활동 원리에 근거한 원리이기도 하다. 교사는 학습 활동을 할 때 아동의 자발적인 내적 동기를 통해 학습이나 활동에 참여하도록 유도하는 것이 중요하며, 이를 위해 교사는 아동의 내면적 욕구나 흥미, 학습 과정 등을 이해하고 있어야 한다.

둘째, 개별화의 원리이다. 개별화의 원리는 아동 개개인이 가지고 있는 흥미나 욕구, 발달 수준에 근거하여 학습을 이끄는 것을 말한다. 아동의 흥미나 욕구 및 발달 수준은 아동에 따라 다르므로 교사는 아동의 흥미가 무엇인지 잘 관찰하는 것이 우선적으로 요구된다. 다음으로 교사는 아동의 흥미나 욕구, 그리고 발달 수준의 개인차를 인정하고, 그것에 적합한 여러 가지 학습 활동을 준비하고 환경을 구성하며 나아가 교수 전략을 구사하여야 한다.

아동의 발달적 욕구나 흥미, 욕구, 관심 등에 초점을 두면서 아동의 개성과 개인차를 인정하는 것은 '발달에 적합한 실제(DAP)'의 개념을 강조하는 것이다. 발달에 적합한 실제(DAP: Developmentally Appropriate Practices)는 아동들의 발달 수준과 연령, 그리고 사회 문화적인 배경 등을 고려하여 아동들을 교육해야 한다는 미국의 NAEYC(1987)의 주장이다. 이러한 주장이 나오게 된 배경은 당시 미국 교육 과정의 다운(Down) 현상과, 부모가 유아들의 현재 상태나 능력을 고려하지 않은 채 교육하는 사례가 미국에 퍼져 있던 것으로 인해 유아 교육이 왜곡된 현상에서 기인하였다. 발달에 적합한 실제(DAP)는 처음에는 개인 적합성과 연령 적합성으로 구성되었으나 교육 과정의 재개념주의자들의 비판을 수용하여 사회 문화적합성을 보완하였다.

발달에 적합한 실제에서의 개인 적합성은 한 개인의 현재 능력을 고려하여 자극과 교육을 실시하자는 것을 말한다. 즉 교육 과정은 개인의 흥미, 관심, 능력, 수준 등을 고려하여 구성되어야 함을 의미한다. 발달에 적합한 실제에서 연령 적합성은 아동의 현재 발달 연령에 적합한 내용을 교육하자는 것이다. 즉 교육 과정은 발달의 보편적 성향을 고려하여 구성되어야 함을 의미한다. 사회 문화 적합성은 사회 문화적으로 처한 환경은 아동 개개인마다 다르므로 사회 문화적 융통성을 교육 과정의 내용에 반영하여 구성하자는 것을 의미한다.

셋째, 통합성의 원리이다. 통합성의 원리는 경험의 범위와 깊이를 강조하는 원리이다. 통합은 이전 경험과 현재 경험과의 통합, 경험과 경험 간의 통합, 그리고 교과 경험 간의 통합이 있다. 이 가운데 이전 경험과 현재 경험 간의 통합과 아동 개개인이 가지고 있는 경험들 간의 통합은 아동들의 학습을 보다 용이하게 한다. 따라서 아동 개인의 경험들이 다른 아동들의 경험과 유기적인 연계가 이루어지도록 해야 한다.

넷째, 경험의 원리이다. 실제 경험을 통한 학습은 학습의 연쇄를 불러일으킴으로써 효과적인 학습이 이루어진다. 어린 아동일수록 직접적인 실물 교육이나 체험 학습이 효과적이며 어려운 개념도 실물을 통해 설명하면 효과적으로 체득한다.

다섯째, 놀이와 흥미의 원리이다. 학습이나 활동은 아동들에게 흥미가 있어야 하고 재미가 있어야 한다. 특히 아동들은 놀이를 통해 여러 가지 다양한 학습 개념들을 습득하는데, 어린 아동일수록 직접 경험을 강조하는 활동이 효과적이다. 사회적 상호 작용을 통한 학습이 이루어질 때 아동들에게는 효과적인 학습이 되며, 보다 나이 많은 아동들은 사회적 상호 작용을 통한 협력 학습, 문제 해결법 등으로 연결 가능하다.

여섯째, 학습 과정의 순환적 주기 원리이다. 학습은 다음의 순환적 주기를 바탕으로 일어난다. 즉 현상의 인식, 탐색, 조사, 비교 및 분석, 지식 활용의 순환이다. 이러한 순환 현상은 다시 또 아동의 학습에서 반복되어 나타나므로 이러한 순환적 주기를 바탕으로 학습 지도를 하는 것이 효과적이다.

일곱째, 다양성의 원리이다. 아동들은 개인에 따라 학습 형태, 성장과 발달 등에서 다르다. 또한 가족의 경험 및 사회 문화적 배경도 다르다. 이러한 아동들 개인의 다양한 배경은 존중되어야 하며 이러한 다양성의 인식이 좋은 결과를 낳으므로 이를 고려하여 학습 지도를 하는 것이 효과적이다.

5) 구체적인 지도 방법

- 직접 지도의 방법: 교사의 설명과 시범
- 관찰의 방법: 실제 사물의 관찰을 통한 학습
- 개별화의 방법: 아동의 수준이나 관심에 맞추어 개별적으로 지도하는 방법
- 흥미의 방법: 아동의 흥미를 불러일으켜 학습이 일어나게 하는 방법
- 토론의 방법: 문제에 대해 다양한 해결방법을 강구하고 창의력을 향상시키는 방법
- 문제 해결의 방법: 문제를 정의하고 해결책을 찾아 검토하여 그것을 적용하는 아동 중

6) 방과후 아동 보육 교사의 자질과 역할

방과후 아동 보육을 담당하는 교사는 현재 유치원 교사 자격증, 보육 교사 자격증, 사회복지사 자격증, 초등학교 교사 자격증 등을 가진 자 가운데 퇴직하였거나 관련 직종에서 일하고 있지 않은 자가 담당하고 있다. 방과후 아동 보육 교사의 자격 사항은 영유아보육법에 나와 있다. 영유아보육법에 의하면 시설장의 경우 영유아보육법에서 규정한 시설장 자격을 구비한 자로 한다고 되어 있다. 그리고 방과후 교실 담당 교사는 보육 교사나 혹은 초등학교 교사로 한다고 되어 있다. 그리고 초등교사 혹은 대학에서 아동 교육 혹은 아동 복지 관련 학과를 전공한 자가 방과후 아동 보육 전담 교사가 될 수 있으며, 또한 아동 복지 관련 기관에서 3년 이상 근무한 자도 방과후 아동 보육 전담 교사가 될 수 있다. 그리고 고졸 이상 학력으로 보육 교사 자격증을 소지하고 방과후 아동지도사 과정을 이수한 자나 사회복지사 3급 자격증을 소지하고 방과후 아동지도사 과정을 이수한 자, 대학을 졸업하고 방과후 아동지도사 과정을 이수한 자이면 방과후 아동 보육 전담 교사가 될 수 있다.

어떤 자격증을 가지고 방과후 아동 보육 전담 교사를 한다고 하더라도 기본적으로 교사로서의 역할을 수행하기 때문에 교사로서의 자질이 필요하다. Musson(1994)은 방과후 아동 보육을 담당하는 교사들에게 필요한 자질들을 개인적인 자질과 전문적 자질로 나눈다. 개인적인 자질에는 개인적인 동기와 열정이 있어야 하며 건강해야 하고, 아울러 정신적으로 건강한 사람이면서 방과후 아동 보육에 대한 책임감이 있어야 하며, 아동들의 감정에 민감하고 융통성이 있으며, 아동과 함께 있는 것을 즐겨야 함을 제시하고 있다. 전문적인 자질로는 아동 및 아동 교육에 관한 전문적 지식(교수법, 아동 발달 지식)이 있어야 하고 아동에 관한 정보나 사실들에 대한 비밀을 유지하고 아동 관찰, 평가, 자극, 지원 및 효과적으로 의사 소통하는 방법 등을 알아야 하는 것을 제시하고 있다. 이러한 개인적인 자질과 전문적인 자질들은 결국 아동과 직접적으로 관계하고 있으며, 아동들의 학습을 돕고 아동들의 건강한 성장과 발달을 도모하기 위한 최소한의 자질이라고 할 수 있다.

이러한 자질 못지않게 방과후 아동 보육 전담 교사는 아동들을 효과적으로 가르치기 위한 역할도 필요하다. 미국 NAEYC에서는 유아들에게 필요한 교사의 역할을 몇 가지 제시하고 있다(Bredekemp & Rosegrant , 1992). NAEYC가 제시하는 대표적인 역할들은 유아들에게 시범을 보이고 설명하며, 관찰하고 상호 작용을 하면서 이들의 학습을 촉진하는 것 등을 포함하고 있다. 이런 역할들은 결국 아동들의 건전한 성장과 발달을 촉진하고자 하는 것으로, 행동주의적 접근법에 근거한 교사의 역할에서부터 구성주의 접근법에 근거한 교사의 역할에 이르기까지 다양한 역할들을 교사의 역할로 제시하고 있다. 이러한 교사의 역할들은 다음과 같다.

첫째, 설명하기이다. 이것은 아동들에게 학습에 관련된 개념이나 정보, 사실 등을 직접 말로 표현하여 제시하는 것을 말한다. 구체적으로는 언어적 설명이 여기에 해당한다.

둘째, 시범 보이기이다. 시범 보이기는 교사가 아동들에게 시행 과정, 방법 등을 행동으로 보여 주어 방법을 익히게 하는 것을 말한다. 예를 들면 교구를 사용하는 방법, 활동에 대한 방법 등을 아동에게 시범 보이는 역할이다.

셋째, 인정하기이다. 인정하는 아동이 가지고 있는 능력, 감정, 기분, 학습 성취 등을 있는 그대로 인정해 주는 것을 말한다. 아동들은 자신의 감정이나 기분 등을 조작하지 못하고 표현하기 때문에 이를 수용할 경우 스스로를 통제할 수 있는 능력을 가지게 된다. 또한 능력도 있는 그대로 인정하고 칭찬한다면 아동들은 자신에 대해 긍정적인 자아 개념을 가지게 된다. 예를 들면 "네가 만든 것이 많은 사람을 기쁘게 하는구나."라고 한다면 아동의 일을 그대로 인정해 주는 교사의 역할이 된다.

넷째, 지원하기이다. 지원하기는 아동의 활동이 이루어질 수 있도록 자료를 제공하고 환경을 구성하는 것을 말한다. 학습 활동에 적절한 환경을 제공하는 것으로 아동의 학습은 풍부하게 일어날 수 있다.

다섯째, 상호 작용하기이다. 아동은 교사와 직접 상호 작용할 때 보다 효율적으로 학습하게 된다. 아동의 직접적인 상호 작용은 실제 작업이나 활동에서 할 수 있다. 상호 작용을 하는 동안 교사는 언어적 자극을 줄 수 있고 활동에 대한 정보를 제공할 수 있으며 과제에 대한 아이디어를 제시할 수도 있다. 아동과 직접적으로 상호 작용하는 것은 구성주의적인 교사의 역할이기도 하다.

여섯째, 촉진하기이다. 촉진하기는 아동의 현재 활동이 더 많이 일어나도록 아동의 능력 안에서 자극하고 도움 주는 것을 의미한다. 아동이 현재 하고 있는 활동이 보다 잘 이루어지게 하는 것은 교사로서 중요한 역할이다. 흥미를 보다 잘 북돋을 수 있는 자극을 제공하고 활동에서 교사가 아이디어를 보다 잘 표출할 수 있도록 하는 것 등을 통해 아동의 활동을 촉진할 수 있다.

일곱째, 관찰하기이다. 교사의 가장 중요한 역할 가운데 하나인 관찰하기는 교사가 상대적으로 소홀하게 취급할 수 있는 역할 중의 하나이다. 관찰을 통해 교사는 아동에 대한 여러 가지 정보를 획득할 뿐만 아니라 현재의 수준이나 능력 등을 파악할 수 있다. 이를 토대로 아동 개개인에 대한 포트폴리오를 구성함으로써 아동을 보다 심층적으로 지도할 수 있다. 구체적으로는 아동의 현재 학습 활동, 아동과의 상호 작용 등을 관찰하도록 한다.

여덟째, 의사 소통하기이다. 의사 소통하는 것은 교사로서 중요한 역할이기도 하다. 교사는 아동들에게 비계 설정자로서의 역할을 담당할 수 있다. 아동이 가진 능력을 바탕으로 행해지는 교사의 비계 설정은 아동의 능력을 보다 상위의 수준으로 이끌어 주는 역할을 한다. 구체적으로는 유아의 말(몸짓 등) 경청하기, 아동의 표현에 명확히 반응하기, 아동의 언어적 표현을 반응적으로 경청하기, 아동과의 의사 소통을 방해하는 요인(거리, 선입견, 부적절한 언어 사용 등) 제거하기 등이다.

아홉째, 정서적 지원을 제공하기이다. 정서적 지원을 제공하는 것은 아동에게 심리적 안정감을 제공하여 학습 활동에 보다 깊이 몰입하게 한다. 심리적인 안정감을 가진다는 것은 아동이 교사에 대한 믿음을 가진다는 것을 의미한다. 교사와 아동 간의 이러한 관계는 활동을 통해 편안함을 느끼게 할 수 있고 아동의 현재 감정을 인정하고 수용하며, 아동의 현재 능력이나 수준 등을 이해하여 그에 맞춘 상태에서 반응하는 것으로 이루어질 수 있다.

이러한 교사 역할 이외에 교사가 수행해야 할 중요한 역할은 평가하기이다. 교사는 아동들의 발달과 변화 과정을 이해하고 평가할 수 있어야 한다. 평가하는 것은 아동의 부모와 효과적으로 의사 소통을 하는 데 좋은 자료가 된다. 평가를 통해 아동에 대한 여러 가지 발달을 이해할 수 있고, 나아가 변화 과정에 대한 이해를 할 수 있으며, 방과후 아동 보육의 학습 내용에 반영할 수 있는 자료가 나올 수 있으므로 방과후 아동 보육 전담 교사는 평가에 대한 이해와 방법도 이해하는 것이 필요하다.

그리고 방과후 아동 보육 전담 교사는 방과후 아동 보육에 사용되는 교실을 정리하고 깨끗하게 유지하는 역할, 아동들의 부모와 상담하는 등의 상호 작용 역할 등이 필요하다.

4. 방과후 아동 보육 시설의 환경 구성

1) 환경의 개념과 구성

방과후 아동 보육 시설의 환경은 아동들의 학습과 보육을 지원하는 시스템을 말한다. 환경은 인적 환경과 물적 환경으로 나눌 수 있는데 인적 환경은 교사나 부모 등과 같이 아동의 발달이나 학습 등을 지원하는 아동 주변인을 의미하고, 물적 환경은 아동의 성장과 발달이 주로 이루어지는 장소의 개념으로, 여기에는 그 속에 들어있는 여러 가지 시설이나 기구 등을 포함한다. 일반적으로 물리적 환경을 의미하는 물적 환경은 시설이나 기구, 구조물이나 설비, 구조물이나 설비의 위치, 구조물이나 설비의 분위기와 어우러짐의 정도, 넓이, 색상과 밝기, 환기 정도 등을 포함한다. 이러한 환경은 그 안에 있는 아동이나 성인들의 정신 구조나 정신 건강에 많은 영향을 미치며 발달과 성장을 지원하는 시스템으로 작용한다.

환경에 대한 연구들을 보면 특히 아동들의 학습이나 상호 작용에 영향을 미친다는 것을 알 수 있다. 예를 들어 한 교실에 놀잇감의 수에 따라 아동들의 활동 정도는 달라진다. 즉 아동들의 수에 비해 지나치게 놀잇감이 적을 경우 아동들의 상호 작용은 공격적으로 변한다. 어두운 색으로 구성된 벽면보다 밝은 색 벽면에서 학습하는 아동들의 학습 결과가 좋게 나타났으며, 공간 구성을 위해 이루어진 영역들의 간격이 너무 좁을 경우 다른 아동들의 학습을 방해하는 행동이 나타나기도 한다. 또한 성인의 감독이나 관찰이 용이하지 않은 구조물로 영역이 구성되어 있을 경우 아동들은 성인의 눈을 피해 이루어지는 활동들이 늘어난다. 이처럼 환경의 구성이 어떻게 되어 있느냐에 따라 아동들의 성장과 발달은 다른 결과를 낳을 수 있다.

방과후 아동 보육을 위한 시설은 아동들의 보육과 교육에 필요한 환경을 구성하여야 한다. 방과후 아동 보육의 시설은 초등학교 저학년 아동들을 대상으로 부모를 대신하여 돌봄과 교육을 제공하기 때문에 이들의 신체적 발달 정도와 사회 정서적 발달 정도를 고려한 환경들을 구성하는 것이 좋다.

방과후 아동 보육 시설들이 갖추어야 할 시설은 크게 실내 시설과 실외 시설, 그리고 공동 시설로 나눌 수 있다. 실내 시설은 아동들의 학습과 학습 중간에 휴식을 취할 수 있는 시설들을 포함하며, 실외 시설은 주로 신체적 활동을 할 수 있는 시설들을 의미한다. 실내 시설은 교실 또는 보육실, 화장실, 휴식 공간, 부엌, 흥미 활동을 위한 활동실, 책상과 의자 등을 포함한다. 실외 시설은 놀이터, 휴식할 때 쉴 수 있는 의자나 벤치, 태양을 피할 수 있는 그늘진 곳, 종합 놀이 기구 등을 포함한다. 공동 시설은 지역 사회에서 다른 방과후 아동 보육 시설과 함께 사용할 수 있는 시설을 말한다. 주로 지역 사회의 수영장이나 소극장, 공원, 지역 사회 주민들을 위한 놀이 시설, 극장 등을 말한다.

방과후 아동 보육 시설이 실내 시설이나 실외 시설 등의 환경 구성을 할 때 몇 가지 고려해야 할 점들이 있다. 가장 중요한 점은 어린 아동들이 함께 생활하고 있으며, 신체적으로 잘 조절할 수 있거나, 통제할 수 있을 만큼 충분히 발달된 아동들이 아니기 때문에 안전을 최우선으로 고려해야 한다. 만일 실외 시설 중에 아동의 안전을 위협하는 요소들이 있거나, 계단의 높이가 서로 다르거나, 계단의 난간이 아동의 몸이 빠져 나갈 정도로 간격이 넓다면 아동들의 안전을 위해 고쳐져야 한다. 아동들의 안전을 우선으로 하면서 방과후 아동 보육 시설의 환경 구성을 위해 고려해야 할 몇 가지를 살펴보면 다음과 같다.

첫째, 다양한 활동을 할 수 있는 공간이 보장되도록 한다. 아동들에게 다양한 활동과 흥미를 제공하고 다양한 학습 내용을 함께 할 수 있도록 하기 위해서는 활동 공간이 다양한 것이 좋다. 활동 공간이 다양하면 다양한 형태의 활동을 할 수 있고 아동들의 호기심을 자극할 수 있다.

둘째, 활동 성질에 따라 활동실을 분리한다. 다양한 활동을 하기 위한 공간을 보장하는 것은 활동의 성질에 따라 활동실을 사용할 수 있다. 예를 들어 개별 활동과 집단 활동은 활동의 성격이 다르므로 실내에서는 활동실을 분리하여 활동한다면 활동으로 인해 아동들의 현재 활동이 방해받지 않게 된다. 또한 공간을 분리할 때 공간과 공간의 간격을 충분히 두어 아동들이 자유롭게 지나다니는 통로가 보장되도록 한다. 이럴 때 아동들은 더욱 자신들의 활동에 잘 집중할 수 있다.

셋째, 개인 휴식을 취하는 개인 공간을 둔다. 개인 공간은 아동이 혼자서 활동을 계획하고 생각하며 자기가 좋아하는 활동을 할 수 있는 곳으로 만든다. 나아가 다음 활동을 위한 재충전의 공간이 될 수도 있다. 그러나 개인 공간을 아동들의 행동을 조절하고 수정하기 위한 벌 주기 장소로 사용하는 것은 곤란하다.

넷째, 실내의 밝기와 환기를 잘 조절한다. 학습 활동에 필요한 채광이나 조도 등을 고려하여 최상의 환경 조건을 제공하도록 하며, 다양한 식물을 두어 신선한 분위기를 구성한다. 아울러 실내 환기가 잘 될 수 있도록 창을 열어 자주 환기하도록 한다.

다섯째, 화장실은 가급적 실내에 두어 아동이 생리적 현상의 두려움으로부터 벗어나게 한다. 요즘 대부분 화장실은 집안에 있는 경우가 많으므로 집과 같은 분위기를 제공할 수 있도록 한다. 또한 화장실 기구들은 아동이 손쉽게 이용할 수 있도록 아동들의 신체 크기를 고려한 기구들로 배치한다.

여섯째, 화장실 이외의 실내에도 손 씻는 곳을 두어 아동들이 붐비지 않도록 한다. 그리고 손 씻고 난 후 세면대에서 물이 흘러내리지 않도록 환경을 구성하도록 한다.

일곱째, 쉴 수 있는 곳에 소파와 간이 침대를 두어 개인적 휴식을 취하도록 배려한다.

여덟째, 간식 먹는 공간은 위생과 청결을 유지하도록 한다. 간식의 종류에 따라 간식을 먹은 장소가 더러울 수 있으므로 이를 정리하고 청결을 유지하여 아동이 머무르는 공간의 위생을 좋게 한다.

2) 환경 구성의 기본 원리

방과후 아동 보육 기관의 환경을 구성하는 데에는 다음과 같은 원리가 있다.

첫째, 접근 용이성의 원리이다. 구성된 환경은 아동들이 쉽게 접근할 수 있어야 한다. 공간을 구성하거나 아동을 위한 활동 자료를 제공할 때 아동이 사용하는 데 어려움이 있다면 곤란하다. 따라서 구성된 환경에 아동들이 접근하는 데 어려움이 없어야 한다.

둘째, 정보 제공과 교환의 원리이다. 다양한 정보를 습득할 수 있는 환경을 구성하는 것이 좋다. 아동들이 환경으로부터 아무것도 습득하지 못한다면 아동들의 학습과 발달을 조력하는 시스템으로서의 환경은 제 역할을 다하지 못하게 된다.

셋째, 상호 작용의 원리이다. 아동들은 상호 작용을 통해 더 잘 학습할 수 있다. 특히 나이 많은 아동들에게 배우는 것이 효과적이기도 하다. 이처럼 아동들이 환경 속에서 서로 효과적으로 상호 작용할 수 있어서 정보를 제공하고 교환할 수 있도록 구성하는 것이 좋다. 그러므로 환경을 구성할 때 아동과 아동, 아동과 교사 간의 적극적인 상호 작용이 이루어질 수 있도록 구성하는 것이 바람직하다.

넷째, 안전의 원리이다. 아동들의 안전을 위협하거나 위험이 되는 시설 및 환경은 없어야 한다. 모서리가 뾰족하거나 혹은 아동들의 손이나 발이 끼일 수 있는 구조물, 시설 및 설비는 없어야 한다.

다섯째, 정서적 안정의 원리이다. 환경으로부터 아동들이 편안함을 느낄 수 있어야 한다. 정서적 편안함을 느끼도록 하는 것은 아동들의 학습을 조력하는 데 많은 도움이 된다.

여섯째, 활동 다양성의 원리이다. 구성되는 환경이 다양하면 아동들에게 도전 기회를 제공하게 된다. 이로 인해 아동들의 호기심을 조성할 수 있다. 방과후 아동 보육이라 하더라도 아동들의 흥미를 조장하는 다양한 활동은 학습 효과를 더욱 좋게 한다.

일곱째, 개별적 기회의 원리이다. 환경을 통해 아동 개개인의 흥미와 능력이 추구될 수 있도록 구성되어야 한다.

5. 방과후 아동 지도의 평가

1) 교육 평가의 개념

평가(評價: evaluation)란 측정한 결과가 어떤 기준에 비추어 얼마나 바람직한가를 알아 보는 것으로 어떤 물건이나 현상에 대한 가치 판단 값을 매기는 것이다. 예를 들어 자동차 값이 1천만 원이라면 측정은 1천만 원이라는 것이고, 평가는 그 자동차가 1천만 원에 해당 하는 값어치가 있는가를 알아 보는 것이다. 그러므로 평가는 측정과 그에 따른 가치 판단 을 포함한다.

교육 평가(教育評價: educational evaluation)는 평가 개념에 교육적인 상황이 추가된 개념 이다. 즉 교육과 관련된 어떤 특성이나 현상에 대해 가치를 따져 값을 매기는 전문적 활동 이 평가이다. 교육은 어떤 목표를 달성하기 위해 선정된 내용들이 구성되고 그 결과로 바람 직한 방향으로의 변화를 일으키게 하는 의도된 활동을 의미한다. 여기에서 핵심적인 사항 은 '바람직한 방향으로의 변화'와 '의도된 활동'에 있다. 만약 바람직하지 않은 변화라면 이것은 교육이 아니며 따라서 바람직한 방향으로의 변화란 교육의 목표에 해당한다. 그러 한 목표가 실제적으로 달성될 수 있도록 의도된 활동을 구성하여 제공하는 것이 바로 교육 이라는 점이다. 그러므로 교육이란 궁극적으로 변화를 지향한다.

만약 교육을 했는데 변화가 없다면 이것은 어떻게 해야 할까? 우리는 이때 교육을 실시 한 사람이나 내용 혹은 방법 등을 점검하게 될 것이다. 여기서 생각해야 하는 것은 그 변화 가 '있다' 혹은 '없다'라는 것을 얻기 위한 방법이 바로 교육 평가이다. 그러므로 교육 평 가는 교육의 목적 달성도를 알아 보는 교육의 반성적, 자각적 과정이자 교수 프로그램의 교 육 효과에 관한 의사 결정 과정이며, 측정으로 얻어진 점수를 교육 목적에 비추어 해석하 고, 교육 문제 해결에 활용하려는 것이다. 이러한 교육 평가의 의미와 목적은 다음과 같이 정리할 수 있다.

첫째, 교육 목적의 달성도 평가이다. 즉 학생의 바람직한 행동의 변화량을 다룬다.

둘째, 행동 증거의 수집 방법이다. 교육 평가는 인간 행동의 증거를 과학적으로 수집하 고 해석하기 위하여 사용된다.

셋째, 학습자 현재 상태의 진단과 이해를 통해 교육의 질적 향상을 도모하고, 효율적인 교육을 실시하려 하고자 함이다.

넷째, 개인차의 변인 파악이다. 교육 평가를 통해 아동들의 개인차를 밝혀 효과적인 교육을 하려고 한다.

다섯째, 아동들의 진로 지도나 생활 지도에 필요하고 유용한 자료를 획득하고자 함이다.

여섯째, 교사들의 교육 활동에 대한 효과를 파악하고 아울러 자기 반성적인 자료를 획득하고자 함이다.

2) 교육 평가의 유형

교육 평가의 유형은 다양하지만 여기에서는 그 중 대표적인 유형만 살펴보도록 한다.

첫째, 선발형 평가이다. 이것은 아동의 선발, 배치 등을 목적으로 아동들의 학습 결과를 측정하는 평가 방식을 의미한다.

둘째, 충고형 평가이다. 충고형 평가는 아동의 능력 신장과 자아 실현을 돕고자 교수-학습 과정이나 결과에 대한 전문적인 판단을 하는 평가이다. 그 결과를 교수 학습 과정이나 내용에 반영하고자 한다.

셋째, 진단 평가이다. 진단 평가는 평가 시기에 따른 교육 평가의 유형으로, 아동들의 출발점 행동, 학습 결손, 학습 장애, 학습 능력 등을 진단하고 파악하고자 실시하는 평가이다. 이를 통해 어떤 내용을 제공할 것인지 혹은 어떤 반에 배치할 것인지 등에 활용할 수 있다.

넷째, 형성 평가이다. 역시 평가 시기에 따른 교육 평가의 유형으로, 학습 과정에서 이미 설정된 교육 목적이 제대로 달성되고 있는지 중간 점검하는 형태의 교육 평가 방법이다.

다섯째, 총괄 평가이다. 총괄 평가 역시 평가 시기에 따른 교육 평가의 유형으로, 특정 교육 프로그램이 끝난 다음 그 성과를 종합적으로 판단하는 평가이다. 특히 설정된 교육 목표가 제대로 달성되었는지를 중점적으로 알아 보아 그 결과를 내용이나 교수 방법 등에 반영한다.

3) 구체적인 평가 방법

방과후 아동 보육에서 사용할 수 있는 구체적인 평가 방법에 대해 알아보도록 한다. 일반적으로 많이 사용할 수 있는 평가 방법은 관찰법이나 면접법, 수행 평가로서의 프로젝트법, 포트폴리오법 등이 있다.

(1) 관찰법

관찰법은 일상적인 상황에서 아동들의 행동이나 발달 정도 등을 눈으로 보고 그 기록을 통해 변화 정도를 파악하는 방법이다. 일반적으로 자연스러운 상황에서 관찰이 이루어지는 경우가 대부분이다. 관찰법은 평가 대상자가 자료 수집을 위한 활동을 거부하거나 자료 수집 활동 능력이 부족한 경우와 유아처럼 언어적 발달이나 인지적 능력이 미숙하여 자신의 내면적인 생각이나 감정을 언어로 표현하지 못하는 경우에 적합하다. 관찰은 교사가 일상에서 수시로 가장 자연스럽게 사용할 수 있는 평가 방법이므로 적용하기에 용이하지만 주관적으로 이루어질 수 있는 점이 있어서 평가 결과가 객관적이지 못한 경우가 많다. 하지만 관찰 기록 방법으로 시간 표집법이나 체크리스트 혹은 평정 척도의 방법 등을 사용할 경우 일화 기록과 같은 기록 방법보다 객관적인 자료를 얻을 수 있다.

아동을 평가할 때 관찰법이 효과적인 이유는 다음과 같다.

첫째, 아동은 관찰자의 존재에 대해 그렇게 민감한 반응을 보이지 않는다.

둘째, 아동과 관련한 어떤 것을 이해하고 기술하는 데 필요한 기초로서 사용할 수 있다.

셋째, 아동과 관련한 정보를 얻기 위해 실험 처치를 하거나 조작하는 것이 윤리적인 문제를 야기하는 경우에 효과적이다.

넷째, 다른 평가 방법으로 얻어진 정보의 이해나 해석에 도움을 주는 보조 자료로 활용될 수 있다.

다섯째, 질문지법이나 면접법 등과 같은 방법을 시행하기 전에 예비 조사를 할 때, 또는 개인적인 행동을 연구하고자 하거나 특정한 행동에 대해 오랜 기간에 걸쳐 깊이 알고자 할 때 효과적이다.

여섯째, 아동의 개성을 발견할 수 있을 뿐만 아니라 관찰을 통해 얻은 자료를 아동 부모와의 면담에 효과적으로 활용할 수 있다.

관찰법을 실시하는 절차는 다음과 같다.

첫째, 준비 단계이다. 여기에서는 관찰하기 전에 구체적으로 관찰 목적이나 관찰 대상, 그리고 관찰 장면 등에 대해 미리 준비하는 것을 말한다.

둘째, 관찰 단계이다. 여기에서는 실제로 관찰이 이루어지는 것으로 관찰자의 위치와 관찰 기록이 특히 중요하다. 관찰하는 동안의 기록 요령은 관찰과 동시에 기록하는 방법, 일정 시간 동안 관찰하고 일정 시간 동안 기록하는 관찰과 기록을 병행하는 방법, 그리고 관찰이 끝난 다음 기록하는 방법이 있다.

셋째, 평가 단계이다. 평가 단계에서는 관찰 기록한 자료들을 보고 이후 관찰을 어떻게 진행해야 할 것인지를 점검하고, 관찰 기록 자료들을 바탕으로 현상이나 행동에 대한 가치 판단을 하며, 모든 관찰이 끝나면 관찰 기록한 자료를 바탕으로 관찰하여 평가하고자 하는 현상이나 행동에 대한 분석이 필요하다.

관찰 기록 방법은 서술적 관찰 기록, 매체를 이용한 관찰 기록, 체크리스트 형식의 기록 방법이 있다. 서술적 관찰 기록은 관찰한 것을 글로 자세히 기록하는 것으로 일화 기록법, 표본 기록법 등이 있다. 매체를 이용한 관찰 기록은 사진기나 녹음기, 비디오 녹화 등과 같이 기계적 장치를 이용하여 기록하는 것을 말하며, 체크리스트 형식의 기록 방법은 이미 관찰할 행동 목록이 정해져 있어서 그것에 따라 이루어지는 기록 방법으로, 시간 표집법과 같은 관찰 기록 방법을 말한다.

(2) 포트폴리오법

포트폴리오법은 수행 평가의 대표적인 방법으로 누적하여 모아 둔 아동들의 작품을 평가하는 방법이다. 포트폴리오(portfolio)라는 말은 활동에 대한 노력이나 성과, 변화나 진보 등을 보여 주기 위해 모아 놓은 서류철, 서류 가방의 의미로, 시간의 변화에 따른 한 유아의 발달과 성장의 다양한 모습을 알려 주는 항목들의 집합체를 말한다. 포트폴리오 평가는 포트폴리오라는 작품집에 들어 있는 여러 자료들을 통해 학습자의 관심, 능력, 진도, 성취, 노력, 성장 등을 평가하는 것을 말하는데, 평가에 필요한 다양한 자료나 작품, 결과물들을 바탕으로 한 유아의 변화나 발달, 노력 등에 대한 정도를 따져 보는 것을 말한다.

포트폴리오 평가의 특징(Oosterhof, 1994)은 개별화 수업 목표에 적용시키기 용이하고, 학습자들이 만든 결과물로 평가하며, 학습자의 장점을 명확히 드러내고, 평가 과정에 학습자를 참여시키며, 학습자의 성취도에 대해 타인과의 의사 소통이 용이하다. 이러한 평가를 위해 평가자는 사전에 명백하고 구체적인 평가 기준을 만들어야 하고, 다양한 평가 정보원으로부터 평가 자료를 수집하여야 하며, 다양한 정보 수집 방법을 동원해서 다양한 종류의 정보가 평가 자료로 수집되어야 한다.

포트폴리오의 목적은 다음과 같이 정리된다.

첫째, 유아의 발달을 이해하고 촉진하기 위해서 실시된다.

둘째, 유아의 다양한 능력과 수행의 증거들을 기록하기 위해서 실시된다.

셋째, 유아에게 다음 단계의 학습 활동을 안내하기 위해서 사용한다.

넷째, 교수-학습 방법의 수정 및 보완을 위해서 사용한다.

다섯째, 교육 과정을 수정 및 개정하기 위해서 사용한다.

여섯째, 성취를 경험하게 하고 유아의 자긍심을 향상시키기 위해서 사용한다.

일곱째, 부모와 효과적으로 의사 소통하기 위해서 실시한다.

포트폴리오 유형은 진행(혹은 학습) 포트폴리오, 전시 포트폴리오, 학습자 포트폴리오, 전문가 포트폴리오, 개인 포트폴리오, 교사-제작 포트폴리오 등이 있다. 이러한 포트폴리오 평가의 장점은 발달 과정에 대한 정보를 얻을 수 있고, 학습자의 긍정적인 자존감 형성에 도움을 주며, 매일의 친숙한 환경 속에서 평가가 이루어지고, 학습자의 장점에 초점을 두고 개별 학습자에게 적합한 평가를 실시할 수 있다는 점이다. 반면 단점은 비용과 시간이 많이 들고, 감상적인 기억들을 담은 상자가 될 가능성이 있으며, 기록물을 보관할 충분한 공간이 필요하고, 기록물을 수집하고 평가하는 과정에서 교사의 편견이 작용할 가능성이 크다.

포트폴리오 평가를 실시하기 위해서는 포트폴리오를 수집하는 목적이 무엇인가를 우선 결정하고, 다음으로 정보 수집 시기와 수집 기간을 결정한다. 그리고 자료에 포함될 수 있는 것과 제한할 것을 결정하고 포트폴리오의 보관을 위하여 내용물을 넣을 장소를 준비하여 실시한 후 포트폴리오를 해석하고 활용하도록 한다.

(3) 면접법(interview)

면접법이란 대화를 바탕으로 평가에 필요한 자료를 수집하는 방법으로 응답자와 밀접한 관계를 유지할 경우, 심층적 정보 획득이 가능하다. 면접법을 위해서는 일차적으로 신뢰감 형성이 중요하다.

면접법은 구조적 면접(structured interview)과 비구조적 면접(unstructured interview), 그리고 반구조화된 면접(semi-structured interview)으로 나뉜다. 구조적 면접은 원하는 정보에 대한 질문을 사전에 정해 놓고 실시하는 것으로, 전화 면접을 통한 여론 조사가 대표적이다. 비구조적 면접은 질문이 사전에 결정되어 있지 않은데, 면접 과정에서 필요한 정보를 얻기 위해 질문하는 방식이다. 반구조화된 면접은 질문 내용들을 미리 정하지만, 면접의 진행 형태는 비구조적 면접의 형태로 이루어지는 면접이다.

면접법의 유형은 이외에도 개인 면접과 집단 면접으로 나누기도 한다. 개인 면접은 일 대 일로 이루어지는 면접으로 면접자와 응답자 둘 사이에 이루어지는 면접이다. 부모 면접이나 유아 면접이 그 예에 속한다. 집단 면접은 다수의 응답자를 면접자가 질문하여 정보를 구하는 방식이다. 또한 심층 면접(in-depth interview)도 있는데 심층 면접은 비구조적 면접처럼 비형식적으로 이루어지는 면접법으로, 참여 관찰을 통해 어떤 현상에 대해 심층적으로 알아 보는 방법이다. 교육 현장에서 많이 활용할 수 있는 방법이다.

면접의 절차는 일반적으로 준비 과정, 면접 과정, 기록 과정으로 나눌 수 있다. 준비 과정에서는 시간의 계획과 면접에 필요한 자료를 준비하는 과정이 포함되고, 실제 면접 과정에서는 준비된 질문, 자료 등을 바탕으로 필요한 정보를 얻는 과정이다. 그리고 기록 과정은 면접이 끝난 후, 수집된 자료를 최종적으로 문서화하는 것을 말한다.

면접법은 질문이 자연스럽고, 인위적이지 않으며, 융통성이 있고, 면접 대상자의 분명치 않은 회답이나 언어적 반응을 심도 있게 알아 볼 수 있다. 그리고 의견이나 태도뿐 아니라 반응의 근원을 파악할 수 있으며, 면접 대상자로부터 직접 반응을 얻을 수 있기 때문에 면접 대상 누구에게나 실시할 수 있다. 또한 면접 도중에 면접 대상자의 행동과 반응들도 관찰할 수 있다. 반면 면접법은 면접자가 응답자의 표정, 몸짓 등에 영향을 받아 왜곡된 해석을 내릴 가능성이 있으며, 면접 과정 중에 응답자가 핵심 사안이라고 여겨지는 부분은 언급을 회피할 가능성도 있다.

(4) 프로젝트법

프로젝트법은 아동에게 특정한 연구 과제나 개발 과제 등을 수행하는 전 과정을 평가하는 방법이다. 일종의 연구 보고서법의 형식을 띠고 있으며 개별 과제일 경우 만들기 과제와 유사한 형태이다. 프로젝트법은 계획서를 작성하고 그에 따른 결과물을 평가하는 등 활동의 전 과정을 평가한다는 점에서 다른 평가 방법과 차이가 있다. 특히 계획과 실행, 연구 과정 등에서 서로 의견 교환을 할 수 있어 어린 아동들에게 유효하다.

(5) 선다형 평가 방법

선택형 문항의 가장 대표적인 형태로, 결점이 적어 보편적으로 많이 사용한다. 흔히 학습에 대한 시험이 많이 취급하는 형태의 평가 방법이지만 질문지법에서 많이 사용되기도 한다.

3 방과후 아동 보육 시설의 운영

방과후 아동 보육 시설의 운영은 여러 가지가 있지만 여기서는 시설 및 설비 관리, 인사 및 사무 관리, 부모 협력 및 참여 등을 살펴본다.

1. 시설 및 설비 관리

시설은 방과후 아동 보육 기관에 도구나 기계, 장치 따위를 사용할 수 있도록 설비하는 것을 말하고, 설비는 방과후 아동 보육에 필요한 것을 갖추는 것을 말한다. 방과후 아동 보육 기관에 필요한 시설과 설비는 여러 가지가 있지만 몇 가지만 알아본다.

1) 장소 기준

방과후 아동 보육 기관은 우선 접근이 용이해야 한다. 가능하면 아동들의 집에서 가까운 것이 좋고 1층에 위치하는 것이 좋다. 2층이나 3층에 위치하고 있다면 아동들에게 접근이 용이하지 않기 때문에 가급적 1층에 위치하는 것이 좋다. 1층에 위치해야 바깥 놀이 시설이나 놀이터를 이용하는 데에도 어려움이 없다.

또한 방과후 아동 보육 기관은 안전성을 갖추어야 한다. 방과후 아동 보육 기관은 화재에 대비하여 각 활동실에 스프링쿨러를 설치하고 각 교실에 소화기를 비치해야 한다. 비상시 안전하게 대비할 수 있는 대피 통로를 확보하고 계단은 아동의 신체적 특징에 적합하게 설치하도록 해야 하는데, 구체적으로 계단의 경사는 급하지 않게 하고 계단의 높이는 너무 높지 않도록 한다. 또한 계단 난간에 안전 보호대를 설치하여 계단 난간에서 아동이 추락하는 일이 없게 한다. 아울러 비상 탈출용 창문을 확보하여 비상시에 활용하도록 해야 한다.

방과후 아동 보육 기관은 다기능성을 갖추는 것이 좋다. 다기능성이란 여러 가지 다양한 활동을 할 수 있는 시설이나 설비를 갖추는 것을 말한다. 아동들이 모여서 활동하는 공간이므로 아동들의 흥미나 발달 상태를 고려하여 다양한 시설과 설비를 갖추는 것이 아동들의 학습에 효과적이다.

2) 시설 및 설비 기준

영유아보육법의 시설 설치 기준에 근거할 때 방과후 아동 보육 기관의 시설 면적은 보육실을 포함하여 아동 1인당 3.63㎡ 이상이어야 하고 보육실은 아동 1인당 1.98㎡ 이상이어야 한다.

방과후 아동 보육 기관의 시설 설비는 기본적으로 보육 시설 설치 기준을 적용한다. 구체적으로 보육실은 공동 생활 영역, 그룹 지도 영역, 학습 영역 등으로 구분하여야 한다. 보육실을 제외한 부대 시설은 동일 건물 내에 다른 시설을 공동으로 사용할 수 있다. 화장실은 남아와 여아를 구분하여 설치하되 대변기는 아동 30인당 1개 이상이어야 한다. 또한 화장실과 급배수 시설은 보육실과 같은 층에 설치하여야 한다. 화장실을 영유아 보육 시설에 부설하여 설치할 경우에는 사용 층을 달리하고 출입구를 분리된 구조로 설치하여야 한다.

방과후 아동 보육 기관에서 중요한 것 중 하나는 화재 보험과 상해 보험의 가입이다. 방과후 아동 보육 기관은 반드시 화재 보험에 가입해야 하고 그 비용은 설치자가 부담해야 한다. 그리고 아동들의 사고나 상해에 대비하는 상해 보험에도 가입해야 하는데 상해 보험의 비용은 아동의 보호자가 부담한다.

방과후 아동 보육 기관 1개 반의 아동 수용 인원은 30명으로 한다. 어린이집 부설 방과후 아동 보육 교실의 아동이 10명 미만인 경우는 유아반 정원에 포함되므로 별도로 신고하지 않고 운영할 수 있으며 방과후 보육료를 수납한다.

방과후 아동 보육 기관의 교재 교구는 의자나 책상 등은 아동 1인당 하나여야 하고, 이외에 필요한 교재 교구는 학급당 하나면 된다. 교재 교구에 대한 구체적인 기준은 다음의 〈표 14-2〉와 같다.

●표 14-2 │ 교재 교구의 설치 기준

교재 교구명	소요기준	교재 교구명	소요기준
의자, 책상(저학년용)	아동 1인당 1개	의자, 책상(교사용)	학급당 1개
책장(도서 100권 이상)	학급당 1개	게시판	학급당 1개
텔레비전	학급당 1대	VTR	학급당 1대
비디오비전	학급당 1대	컴퓨터	아동 1인당 1대
사물함	학급당 1개	신발장	학급당 1개

3) 설치 신고

방과후 아동 보육 시설의 설치 신고는 방과후 아동 보육 시설의 소재지를 관할하는 구청의 사회(가정)복지과에 설치 신고서와 구비 서류를 첨부하여 신청하면 이틀 이내에 처리된다. 구비 서류로는 특수 보육 시설 설치 계획서(기존 시설물 현황은 방과후 보육 시설로 변경하는 부분만 구체적으로 표시), 시비 보조금 교부 신청서, 장비 구입 계획서, 기존 시설 평면도(설치장소 표시), 종교 시설의 경우 등기부 등본 1통(토지, 건물 각 1통) 등이다.

2. 인사 및 사무 관리

방과후 아동 보육 기관에서의 인사 및 사무 관리는 아동 관리와 종사자 관리로 나눌 수 있다. 아동 관리는 아동들의 활동이나 발달 상황 등을 체크하여 관리하는 것을 말하고, 종사자 관리는 시설장 및 교사에 대한 관리를 의미한다.

1) 아동 관리

아동 관리를 위해 다음의 내용들을 관찰하고 그 내용을 아동용 포트폴리오에 기록한다.
- 아동의 기본적인 배경 정보(예 가정 상황, 발달 상태 등)
- 아동의 활동, 관심, 흥미, 또래 및 친구 관계 등
- 수시 혹은 정기적인 아동 상담 내용 및 결과
- 부모와의 면담(전화 면담 포함) 내용 및 결과

아동용 포트폴리오에 기록된 내용은 아동의 부모나 다른 전문가와의 상담용 자료로 활용하도록 한다. 또한 아동의 발달 상황 및 진척 상황을 수시로 체크하고 그 내용을 아동용 포트폴리오에 기록한다.

2) 종사자 관리

종사자 관리는 시설장에 대한 부분과 교사에 대한 부분으로 나눌 수 있다. 시설장은 영유아보육법에서 규정한 시설장 자격을 구비한 자로 인격을 갖추고 아동을 사랑하며 전문

적 훈련을 받은 자여야 한다.

교사는 자격을 갖춘 자를 교사로 근무하게 하며 교사로서의 품위와 전문성을 유지할 수 있도록 교사 평가를 통해 관리한다. 교사 평가의 구체적인 내용은 다음과 같다.

첫째, 자기 평가이다. 자기 평가는 교사 스스로 자신의 교수법이나 활동 상황, 전문성 등을 평가하는 방법으로 개발된 문항에 근거하여 점수를 평점하는 것이다. 자기 평가 결과를 통해 교사는 부족한 부분의 개발에 신경 쓸 수 있고 이를 통해 전문성을 함양할 수 있다.

둘째, 시설장에 의한 교사 평가이다. 교사의 근무 태도나 자질, 아동에 대한 보육 능력, 학급의 운영 및 사무 처리 능력 등을 구분해서 교사 능력을 평가하는 것을 말한다. 데커와 데커(Decker & Decker, 2001)에 의하면 교사 평가 영역은 신체적인 건강 및 효과적인 역할 수행 능력, 프로그램 철학, 교사로서의 욕구 및 역할, 전문가적 자질(교수 방법 및 교육 자료에 대한 이해), 동료와의 화합, 대인 관계의 민감성, 부모와의 원만한 관계 유지 등이 있다.

3) 부모와의 협력 및 참여

방과후 아동 보육이 아동을 돌보고 학습 도우미로서의 기능을 제대로 발휘하기 위해서는 부모와의 협력이 필수적이다. 부모와의 협력은 부모의 참여와 관심을 이끌어내는 것으로, 교사는 특히 부모와의 연계성을 통해 아동을 지도하는 것이 좋다.

(1) 부모 협력 및 참여의 필요성과 목적

방과후 아동 보육에서 부모 참여의 필요성은 아동에 대한 다각적인 정보를 수집하여 아동을 올바르게 지도하고자 함에 있다. 특히 방과후 아동 보육 시설에 참여하는 아동의 부모는 맞벌이인 경우가 많아 방과후 아동 보육에 관심을 가지지 못하는 경우가 많은데, 그럼에도 불구하고 교사는 부모의 참여와 협력을 이끌어낼 필요가 있다. 방과후 아동 보육에서 부모 협력 및 참여의 필요성은 다음과 같다.

첫째, 부모 참여 및 협력을 통해 아동에 대한 다각적인 정보 수집이 필요하다.

둘째, 아동이 가지고 있는 문제의 인식과 이해 및 이에 대한 공동 해결의 노력을 위해 부모의 참여와 협력은 필요하다.

셋째, 방과후 아동 보육 기관과 부모가 가지고 있는 요구 수준이나 기대 행동에 대해 상호 정보를 교류하기 위해 필요하다.

넷째, 아동에 대한 부모 역할의 중요성을 인식하고, 나아가 바람직한 부모 역할 기대를 수행하게 하기 위해 필요하다. 특히 방과후 아동 보육 기관과 부모는 서로 연계성을 가지고 아동에 대한 정보를 교환하여 지도하는 것이 필요하다.

다섯째, 아동의 자질, 능력, 흥미, 호기심 등에 대한 이해와 이에 대한 정보 교류를 위해 필요하다.

여섯째, 자원 봉사자 혹은 보조자로서의 부모 역할 수행을 위해 필요하다.

일곱째, 기관과 가정과의 효율적인 연계성을 확보하기 위해 부모 참여 및 협력이 필요하다.

이러한 부모 협력 및 참여의 필요성을 바탕으로 방과후 아동 보육에의 부모 협력 및 참여 목적을 정리하면 다음과 같다.

첫째, 아동의 여러 가지 상태 확인을 통해 자녀 교육에 대한 부모의 관심을 유도하기 위함이다.

둘째, 아동에 대한 여러 가지 정보의 교류를 통해 기관과 가정의 연계성을 확보하기 위함이다.

셋째, 방과후 아동 지도에 대한 부모의 긍정적인 태도를 형성하기 위함이다.

넷째, 자녀들에 대한 관심을 통해 아동의 자아 개념 및 성취 수준의 향상을 위함이다.

다섯째, 자녀를 대하는 기술을 향상시켜 원만한 부모-자녀 관계를 유지하기 위함이다.

방과후 아동 보육에 대한 부모 협력 및 참여의 수준은 수동적인 입장에서의 참여와 적극적인 입장에서의 참여로 나눌 수 있다. 수동적인 입장에서의 부모 참여는 교육 정보 수혜자로서의 부모 참여가 대표적이며 적극적인 입장에서의 부모 참여는 의사 결정자로서의 부모 참여가 있다. 부모의 참여 수준을 정리하면 〈표 14-3〉과 같다.

(2) 부모 협력 및 참여의 방법

방과후 아동 보육에 부모가 협력하고 참여할 수 있는 구체적인 방법은 다음과 같다.

첫째, 부모회이다. 부모회는 아동 지도에서 특별히 논의해야 할 사항이 있을 때 소집하는 부모 참여 방법이다. 부모회에서는 다음과 같은 점들을 고려하도록 한다.

· 회의 안건은 부모가 정할 수도 있고 시설의 필요에 의해 정할 수도 있다.

●표 14-3 | 부모의 참여 수준

교육 정보 수혜자로서의 참여	자녀 교육자로서의 참여	자원 봉사자 및 보조자로 참여	훈련된 보조자로 참여	의사 결정자로서의 참여
수동적인 부모 참여 ←		참여 수준	→	적극적인 부모 참여

- 논쟁이 될 만한 것은 의사 결정을 위하여 부모의 의견을 수렴하도록 한다.
- 결정한 사항은 기록하여 각 가정에 알리고 실시 여부도 알린다.
- 앞으로 진행할 부모회를 미리 계획하여 부모들에게 알린다.

둘째, 면담이다. 면담은 아동에 대한 정보를 시간을 정해 부모와 대화로 수집하고 전달하는 방법으로, 면담하기 위해서는 다음 사항들을 고려한다.

- 조용하고 편안한 분위기에서 이야기하도록 한다.
- 면담 목적에 적합한 자료를 사전에 준비해 놓도록 한다.
- 면담 시간은 너무 길지 않도록 하고 면담 내용은 사전에 준비하도록 한다.
- 부모와 의견 교환을 한다는 자세로 면담하며 부모의 의견을 존중하도록 한다.

셋째, 뉴스 레터(가정 통신)이다. 이 방법은 가장 흔한 부모 참여 방법으로 기관의 교육 활동 전반을 알리는 것인데, 정기적인 뉴스 레터와 비정기적인 뉴스 레터, 편지 교환 형태가 있다. 뉴스 레터에는 일반적인 상황을, 편지 교환에서는 아동에 대한 구체적인 사항을 알리도록 한다.

넷째, 참여 수업이다. 부모 참여 수업은 부모가 아동들의 실제 수업에 수업 참관 및 교사나 보조자로 참여하는 것으로, 참여 수업의 종류는 다음과 같다.

- 수업 참관: 실제로 이루어지는 아동의 수업 상황을 부모가 참관하여 정보를 얻는 것
- 보조 교사: 부모가 교사를 도와 교실에서의 수업 활동에 부분적으로 도움을 주는 형태
- 자원 봉사자: 부모가 교실 혹은 행정실에서 수업 이외의 활동으로 도움을 주는 것

다섯째, 강연회이다. 강연회는 전문가를 초빙하여 부모가 필요로 하는 아동 양육 및 생활 지도에 대한 강연을 듣는 것으로 요즘은 그렇게 많이 활용되지는 않지만 필요한 부모 참여의 방법이다. 이를 위해 부모회의 요구를 참작하여 1년 계획을 수립해 실시하고, 뉴스 레터를 통해 알리도록 하며, 주제는 아동 양육, 생활 지도, 발달 특징, 기관의 계획이나 방침 등이 좋다.

여섯째, 도서나 장난감 대여 프로그램이다. 이것은 부모용 도서실을 설치하여 도서 및 장난감 대출을 통해 부모를 참여시키는 형태로 직접적인 운영은 부모들이 하도록 한다.

1 정규 학교 교육 프로그램이 끝난 후 이루어지는 여러 가지 형태의 학습 활동 혹은 기타 활동을 의미하는 용어는 무엇인가?

|정답| 방과후 아동 보육

|해설| 방과후 아동 보육은 방과후 교실, 방과후 보육 프로그램, 방과후 보육 교실 등의 용어로 불리는 것으로 광의로는 정규 수업 외에 이루어지는 각종 교육 프로그램 및 활동을 말하며, 협의로는 학교 수업이 끝나고 성인의 보호를 받을 수 없는 학령기 아동들이 허가받은 정규기관에서 정기적으로 보호와 교육을 제공받는 것을 말한다. 즉 정규 학교 교육 프로그램이 끝난 후 이루어지는 여러 가지 형태의 학습 활동 혹은 기타 활동을 의미한다.

2 방과후 아동 보육이 가지는 교육 측면의 기능으로 올바른 것은?

① 아동의 보호 　　　　　　　　　　② 비형식적 학습의 제공
③ 사회 문제의 사전 예방 　　　　　　④ 가정의 지원

|정답| ②

|해설| 방과후 아동 보육의 복지적 기능은 아동의 보호, 사회 문제 사전 예방, 가정의 지원 및 보상, 지역 사회 발전의 초석을 하는 기능이고 둘째, 교육적 기능은 가정 교육 및 학교 교육을 보완하는 것, 비형식적 학습을 제공하고 나아가 교사와 학생 간의 긴밀한 관계를 형성할 수 있다. 또한 지역 사회의 자원을 활용하고 평생 교육의 장을 제공하는 기능을 한다.

3 방과후 아동 보육의 유형 구분과 프로그램의 연결이 바른 것은?

① 성인 감독이 없는 형태-안전 확인 프로그램
② 원거리 감독 형태- 방과후 시설 보육 프로그램
③ 일정 시간 성인 감독이 주어지는 형태-단기 레저 프로그램
④ 성인이 직접 보호하고 교육하는 형태-전화 협조 라인

|정답| ③

|해설| 방과후 아동 보육은 성인 감독이 없는 형태, 원거리 감독 형태, 일정 시간 성인 감독이 주어지는 형태, 성인이 직접 보호하고 교육하는 형태로 구분할 수 있다. 이 외에도 방과후 아동 보육 유형은 서비스 시간과 재정 지원에 따라, 또는 아동에게 주어지는 프로그램이나 학습 활동 내용에 따라 분류하기도 한다.

4 방과후 아동 보육의 목적으로 볼 수 없는 것은?

① 보호와 관리   ② 학습 능력의 향상
③ 사회적 상호 작용 기술의 향상   ④ 예체능적 자질의 향상

|정답| ④

|해설| 방과후 아동 보육의 목적은 아동의 안전과 건강을 추구하면서 미래 지향적인 인간으로 성
장할 수 있도록 지원하고, 아울러 아동이 사회 구성원으로서 여러 가지 역량과 자질을 갖
추도록 하는 것에 있다. 구체적인 목표를 보면 보호와 관리, 학습 능력과 개인적 발달 기
회의 향상, 사회적 관계와 상호 작용 기술의 향상 등이 있다.

5 방과후 아동 보육의 구체적인 지도 방법과 설명이 바른 것은?

① 개별화: 아동의 수준이나 관심에 맞추어 개별적으로 지도하는 방법
② 관찰: 문제를 정의하고 해결책을 찾아 검토하여 그것을 적용하려는 방법
③ 토론: 문제에 대해 교사가 설명하고 시범을 보이는 방법
④ 흥미: 다양한 해결 방법을 강구하고 창의력을 향상시키는 방법

|정답| ①

|해설| 구체적인 지도 방법으로는 직접 지도, 관찰, 개별화, 흥미, 토론, 문제 해결 등이 있다.

6 방과후 아동 보육에서의 교사의 역할로 보기 어려운 것은?

① 설명하기   ② 시범 보이기
③ 정서적 지원 제공하기   ④ 아동들을 비교하며 칭찬하기

|정답| ④

|해설| 방과후 아동 보육에서 교사의 역할로는 설명하기, 시범 보이기, 인정하기, 지원하기, 상호
작용하기, 촉진하기, 관찰하기, 의사 소통하기, 정서적 지원 제공하기 등이 있다.

7 방과후 아동 보육 시설의 환경을 구성할 때 고려할 점으로 <u>잘못된</u> 것은?

① 화장실은 가급적 실외에 두도록 한다.
② 활동 성질에 따라 활동실을 분리한다.
③ 개인 휴식을 취하는 개인 공간을 둔다.
④ 간식 먹는 공간은 위생과 청결을 유지하도록 한다.

|정답| ①

|해설| 방과후 아동 보육 시설의 환경을 구성할 때에는 화장실을 가급적 실내에 두어 아동이 생리적 현상의 두려움으로부터 벗어나게 한다. 이외에 고려해야 할 사항으로는 다양한 활동을 할 수 있는 공간이 보장되도록 하고, 실내의 밝기와 환기를 잘 조절하며, 화장실 이외의 실내에도 손 씻는 곳을 두어 아동들이 붐비지 않도록 하며, 쉴 수 있는 곳에 소파와 간이 침대를 두어 개인적 휴식을 취하도록 배려하는 것 등이 있다.

8 다음이 설명하고 있는 부모 협력 및 참여 방법은 무엇인가?

· 가장 흔한 부모 참여의 방법
· 기관의 교육 활동 전반적인 사항을 알리는 것
· 정기적인 뉴스 레터와 비정기적인 뉴스 레터, 편지 교환 형태가 있다.

① 부모회   ② 가정통신문
③ 자원봉사자   ④ 면담

|정답| ②

|해설| 방과후 아동 보육이 아동을 돌보고 학습 도우미로서의 기능을 제대로 발휘하기 위해서는 부모와의 협력이 필수적이다. 부모 협력 및 참여 방법으로는 부모회, 면담, 뉴스 레터(가정통신), 참여 수업, 강연회, 도서나 장난감 대여 프로그램 등이 있다.

1 　방과후 아동 보육은 방과후 교실, 방과후 보육 프로그램, 방과후 보육 교실 등의 용어로 불리는 것으로, 정규 학교 교육 프로그램이 끝난 후 이루어지는 여러 가지 형태의 학습 활동 혹은 기타 활동을 의미하며, 복지 측면과 교육 측면에서 적절한 기능을 한다.

2 　방과후 아동 보육은 아동, 가정, 부모 측면에서 의의를 가지며 사회적 변화, 아동의 복지권과 교육권, 교육의 다변화 및 활성화 추구와 교육 복지의 추구, 학교 시설 사용의 극대화 및 과도한 사교육비의 경감, 아동의 발달적 욕구와 특성의 충족, 그리고 아동에게 보호, 건강과 안전의 제공이라는 면에서 필요성을 찾을 수 있다.

3 　방과후 아동 보육은 성인 감독이 없는 형태의 방과후 아동 보육 프로그램, 원거리 감독 형태의 방과후 아동 보육, 성인이 직접 보호하고 교육하는 형태의 방과후 아동 보육으로 유형을 구분할 수 있다. 이 외에도 방과후 아동 보육의 유형은 서비스의 시간과 재정 지원에 따라, 또는 아동에게 주어지는 프로그램이나 학습 활동의 내용에 따라 분류하기도 한다.

4 　방과후 아동 보육의 목적은 아동의 안전과 건강을 추구하면서 미래 지향적인 인간으로 성장할 수 있도록 지원하고 아울러 아동이 사회의 구성원으로서의 여러 가지 역량과 자질을 갖추도록 하는 것에 있다. 방과후 아동 보육의 구체적인 목표로는 보호와 관리, 학습 능력과 개인적 발달 기회의 향상, 사회적 관계와 상호 작용 기술의 향상 등을 들 수 있다.

5 　방과후 아동 보육의 내용은 방과후 아동 보육의 목적과 일관성 있는 내용을 선정하는 것이 바람직하다. 이를 크게 두 가지로 구분하면 학교 학습을 보충해 주는 학습 내용과, 아동들의 잠재적 능력을 계발하는 특기 적성에 관한 것으로 나눌 수 있다. 방과후 아동 보육 프로그램의 내용을 보면 전체적으로 가정 혹은 부모를 대신하는 활동, 학교 교육을 보완하는 특별 활동, 아동의 흥미, 관심, 요구를 위한 활동 등이 방과후 아동 보육의 내용으로 구성될 수 있다.

6 　방과후 아동 보육 프로그램에서 아동들에게 교수 학습이 이루어지기 위해서는 교수 계획이 필요하고 이에 따른 교수 활동의 전개가 필요하다. 또한 아동들의 학습이 효과적으로 이루어지기 위해서는 아동에게 필요한 학습 원리를 제공하는 것이 필요하다. 방과후 아동 보육에서 교사의 역할로는 설명하기, 시범 보이기, 인정하기, 지원하기, 상호 작용하기, 촉진하기, 관찰하기, 의사 소통하기, 정서적 지원 제공하기 등이 있다.

7 　방과후 아동 보육 시설의 환경은 아동들의 학습과 보육을 지원하는 시스템을 말하는 것으로, 인적 환경과 물적 환경으로 나눌 수 있다. 방과후 아동 보육 기관의 환경을 구성할 때에는 접근 용이성의 원리, 정보 제공과 교환의 원리, 상호 작용의 원리, 안전의 원리, 정서적 안정의 원리, 활동 다양성의 원리, 개별적 기회의 원리 등을 고려해야 한다.

8 교육 평가는 교육과 관련된 어떤 특성이나 현상에 대해 가치를 따져 값을 매기는 전문적 활동으로, 교육의 목적 달성도를 알아보는 교육의 반성적, 자각적 과정이자 교수 프로그램의 교육 효과에 관한 의사 결정을 하기 위한 과정이며, 측정으로 얻어진 점수를 교육 목적에 비추어 해석하고 이를 교육 문제 해결에 활용하려는 것이다. 방과후 아동 보육에서 사용할 수 있는 구체적인 평가 방법으로는 관찰법, 면접법, 프로젝트법, 포트폴리오법 등이 있다.

9 시설은 방과후 아동 보육 기관에 도구나 기계, 장치 따위를 사용할 수 있도록 설비하는 것을 말하고, 설비는 방과후 아동 보육에 필요한 것을 갖추는 것을 말한다. 또한 방과후 아동 보육 기관에서의 인사 및 사무 관리는 아동 관리와 종사자 관리로 나눌 수 있는데, 아동 관리는 아동들의 활동이나 발달 상황 등을 체크하여 관리하는 것을 말하고, 종사자 관리는 시설장 및 교사에 대한 관리를 의미한다.

10 방과후 아동 보육이 아동을 돌보고 학습 도우미로서의 기능을 제대로 발휘하기 위해서는 부모와의 협력이 필수적이다. 부모와의 협력은 부모 참여와 관심을 이끌어내는 것으로, 교사는 특히 부모와의 연계성을 통해 아동을 지도하는 것이 좋다. 부모 협력 및 참여 방법으로는 부모회, 면담, 뉴스레터(가정 통신), 참여 수업, 강연회, 도서나 장난감 대여 프로그램 등이 있다.

김명례(1996). 초등학교 방과 후 교육활동에 대한 교사와 관리자의 관심도 연구. 이화여자대학교 교육대학원 석사학위논문.

서영숙(1996). 종합사회복지관과 보육기관에서의 방과 후 아동지도 프로그램, 아동연구 제10권, 숙명여자대학교 아동연구소.

여성부(2005). 전국보육교육실태조사: 보육시설 실태조사 보고.

한국여성개발원(1998). 방과 후 아동지도사 교육교재. 한국여성개발원.

이재연(1992). 탁아의 유형. 한국교육학회 유아교육연구회(편), 아동의 권리: 가정, 교육, 탁아. 양서원. 43-60.

Bredekamp, S., & Rosegrant, T.(1995) *Reaching potentials: transforming early childhood curriculum and assessment(Vol. 1)*. Washington, DC: NAEYC.

Decker, C. A., & Decker, J. R.(2001). *Planning and administering early childhood programs(7th Ed.)*. New Jergey: Prentice-Hall.

Musson, S.(1994). *School-age care: theory and practice*. Canada: Accison-Welsley Publishers.

NAEYC(1987). Developmentally appropriate practice in early childhood programs serving children from birth through age 8. Washington, D.C.: NAEYC.

Oosterhof, A.(1994). *Classroom applications of educational measurement(2nd Ed.)*. NY: Maxwell Macmillan.

Posner, J. K., & Vandell, D. L.(1994). Low-income children after-school care: Are there beneficial effects of after school problems?, *Child Development, 65*, 440-456.

Todd, C. M., Albrecht, K. M., & Coleman, M.(1990). School-age child care: A continuum of options. *Journal of Home Economics, 82*(1), 46-52.

제  장

방과후 아동 보육의 실제 1: 안전 및 건강 관리

이 장에서는 방과후 아동에게 적합한 보육의 실제를 실천할 수 있도록 아동 발달 이론에 기초한 안전 및 건강 지도의 원리와 실제 적용 방법을 제시하고, 자신의 신체에 대한 긍정적인 인식과 함께 생활에 필요한 기초 체력을 기르고 안전하고 건강한 생활 습관을 기를 수 있도록 지도 방법을 제시한다.

01 아동의 건강 발달을 이해한다.

02 아동에게 적합한 안전 지도의 원리를 알고 실제로 적용할 수 있다.

03 아동이 스스로 자신의 몸을 지킬 수 있도록 지도할 수 있다.

04 아동에게 발생하는 사고에 대처할 수 있는 방법을 알고 실제로 적용할 수 있다.

• 인터넷 중독 '인터넷에 탐닉하여 현실 세계와 가상 세계를 혼돈함으로써 초래되는 정신 질환'의 일종이다. 아동들의 잦은 인터넷 사용은 사회성 발달을 저해함은 물론 운동 능력, 언어 능력까지 떨어뜨린다.

• 성폭력 아동을 대상으로 성희롱, 성추행을 하여 정신적으로 고통을 주는 것을 말한다. 성희롱은 음란한 말이나 성기를 노출하는 것이고, 성추행은 아동의 성기를 만지거나 소중한 곳에 접촉하는 것 등 신체적인 성행위가 이에 해당된다.

• 성교육 성에 관련된 생물학적인 지식을 습득하고 이성에 대한 태도와 행위, 이성의 사회적 역할, 그리고 남녀 간의 인간 관계 및 평등한 권리까지도 이해할 수 있도록 학습하는 종합적인 인격 완성 교육이다

• 아동 비만 지방 세포의 수가 증가하여 전신적으로 지방 조직이 분포하는 현상이다. 성인이 된 다음에도 비만증이 그대로 유지되어 당뇨병이나 고혈압, 동맥경화증 따위의 원인이 될 수 있고 정신적으로도 열등감이 생길 수 있다.

○, × 퀴즈

진단 문제	○	×
1	실내에서의 안전을 위해 평소 아동이 창문 밖으로 상체를 내밀거나 베란다의 난간 설치 상태를 점검하는 것은 필수적인 일이다.	V	
2	아동이 혼자 컴퓨터를 사용할 줄 알면 혼자 사용하게 두어도 된다.		V
3	성교육은 남녀 간의 성의 특성을 이해하고 건전한 인간 관계를 유지하는 인간 존중 정신에 입각한 인격 교육이다.	V	
4	장시간의 컴퓨터 게임과 TV 시청 습관은 아동의 비만과 상관없다.		V
5	블록 쌓기, 색칠하기, 구슬 꿰기, 테이블 빙고 게임 등의 놀이를 통해 인터넷 게임에 중독되는 것을 예방할 수 있다.	V	

해설

01 베이비시터가 곁에 있을 때 게임하도록 지도하고 교육용 프로그램도 함께 보는 것이 좋다. 초등학생 정도만 되어도 교육 목적으로 인터넷에 접속했다가 다른 유해 사이트에 자연스럽게 접속할 수 있다.

02 한창 움직여야 하는 시기에 아이들과 밖에서 뛰어 놀기보다 홀로 컴퓨터 게임이나 TV 시청을 즐기는 요즘 아동들에게 비만이 많은 것은 당연한 결과이다.

1 방과후 아동 안전 지도

1. 안전 지도의 필요성 및 실천 내용

1) 안전 지도의 필요성

지난 1999년에 있었던 씨랜드 화재, 최근에 급격히 증가하고 있는 유아의 유괴 및 성추행(중앙일보 12. 18.) 등 안전의 범위가 우리의 모든 일상 생활을 포함하고 있다고 해도 과언이 아닐 것이다. 더구나 최근에 자주 발생하는 안전 사고는 경제 발전에 따른 급속한 도시화, 산업화와 개인주의의 팽배, 교육 활동의 다양화로 인한 학교 현장 학습 증가, TV 및 인터넷 등의 폭력물 노출, 사회적 문제로 만연된 인명 경시 풍조 등에 의해 계속 증가하는 추세이다.

아동은 신체 조정 능력과 운동 기능이 충분히 발달되지 못했을 뿐 아니라 사고가 일어날 수 있는 위험한 상황에 대한 지식과, 위험한 상황을 판단하고 결과를 예측할 수 있는 능력이 부족하다. 특히 발달 특성상 강한 호기심으로 환경이 주는 자극물에 대하여 매우 민감하게 반응하며 TV를 보고 주인공처럼 2층에서 뛰어내리는 등의 충동적인 행동도 서슴없이 자행한다. 또한 많은 아동들이 방임·방치되어 성인의 보살핌이나 동행 없이 등하교 시 밖에서 활발한 놀이를 많이 하며 교통 사고, 자전거 사고 등의 위험에 노출되어 있을 뿐 아니라 무분별한 컴퓨터 사용으로 인한 게임 중독 등의 심각한 문제가 발생하고 있다.

하지만 이러한 문제는 언제나 예측 가능한 범위 안에서 발생하는 것이기에 안전 지도를 담당하는 성인들의 철저한 사전 대책이나 감독에 의해 관리될 수 있다. 효과적인 안전 지도를 통해 일상 생활에서 쉽게 접할 수 있는 문제 상황에서 해결하는 경험을 지속적, 반복적으로 제공하면 스스로 위험한 상황에서 안전하게 자신을 지킬 수 있고 타인의 안전도 배려할 수 있게 된다. 또한 이렇게 얻어진 안전 지식과 안전 습관 형성은 단순 지시나 감독에 의한 것보다 영구적인 효과를 가지기에 아동이 자연스럽게 안전 태도를 형성하고 안전한 행동이 습관화되어 사고 발생률이 줄어들게 된다.

특히 학령기 아동의 경우, 유아기에는 다소 피상적으로 접했던 안전에 대한 개념이 더욱 구체적으로 형성될 수 있는 시기로 발달적으로 적합한 안전 교육이 절실하다. 따라서 아동의 탐색적인 활동을 지나치게 제한하지 않으면서도 안전을 최대한 보장하기 위해서는 베이비시터의 부단한 관심과 애정 어린 지도가 요구된다. 또한 어릴 때부터 안전에 대한 다양한 접근을 통한 이해가 이루어지고, 안전에 대한 올바른 의식을 바탕으로 주변 환경에서 사고가 발생할 수 있는 잠재적 가능성을 인식하며, 자신을 보호하기 위한 태도를 형성한다면, 경제적·인적 손실을 최소화할 수 있을 것이다.

2) 안전 지도의 실천 내용

부모들은 베이비시터에게 아동을 맡길 때는 안전한 보호와 재미있는 놀이와 학습이 이루어지기를 기대한다. 즉 안전한 보육 환경에서 즐겁게 생활해 주기를 바라는 것이다. 따라서 안전 교육은 어릴 때부터 시작되어야 하며, 아동을 보육하는 베이비시터 역시 자신의 안전에 대한 의식부터 갖추어야 한다. 이를 테면 안전을 위협하는 여러 가지 요소로부터 유아 스스로 자신을 보호할 수 있도록 안전 지식과 태도, 기능을 익히게 하여 건강한 생활을 할 수 있도록 도와주는 교육이 절실히 요구된다. 따라서 베이비시터는 자신에 대한 보호뿐 아니라 타인의 생명을 존중하고 인간 개개인의 존엄을 배우는 안전 교육에 대해 효율적인 대처 방안을 마련해야 할 것이다.

안전 수행 요소와 실천 내용을 알아보면 다음과 같다.
① 보행 관련
- 일상 생활에서 차례 지키기, 복도, 계단 등 오르내리기에 관한 지도
- 길을 걸을 때 지켜야 할 태도에 관한 지도(골목길, 보도, 차량 주의)
- 보도에서 기다리는 태도, 탑승 방법, 버스 승차 시 지켜야 할 예절 지도
- 육교의 난간과 계단, 차량과 신호등, 횡단보도 이용 시 지켜야 할 점들
- 교통 질서와 교통 안전, 횡단보도 건너는 방법 등 세부적인 위험 상황 지도
② 시설물 안전
- 계단이나 화장실에서 밀치는 장난이나 위험 행동에 대한 주의점 지도
- 방과후 교실, 복도, 현관 출입구 등 낙상 사고 위험과 시설물의 사전 점검
- 건물 화재 발생 시 적절한 탈출 방법 지도
- 창문의 안전 창살 설치와 간격 진단
- 소화기의 사용법

③ 실내 안전 활동
- 창문이나 베란다에는 창문 보호대나 난간을 반드시 설치
- 화장실 내에서의 안전 규칙 지도
- 책상 등의 가구도 창가에서 멀리 배치
- 평소 아동이 창문 밖으로 상체를 내미는지, 베란다 난간 설치 상태 점검
- 책상 등 모서리에 부딪히는 등 부상 시의 대처 방안과 구급 처치 방안
- 실험하는 과정에서 뜨거운 물이나 불에 데었을 때 구급 처치 방안

④ 응급 처치 활동
- 응급 상황 시 연락할 전화 번호와 비상 연락망 등을 전화기 옆에 비치함
- 응급 시 사용할 약품이나 물품 등 준비(구급함 구비와 비치)
- 출혈 시 지혈 방법
- 질식 사고 시 응급 처치 방법
- 옷에 불이 붙었을 때 가장 먼저 할 일
- 위험 물질이나 이물질 흡입 시의 응급 처치 활동, 숨을 쉬지 않을 때의 심폐소생술

⑤ 실외 활동
- 야외에 나갈 때는 가능하면 긴 소매의 옷을 입도록 해야 한다.
- 야생화나 야생 식물, 독이 있을 수 있는 버섯 등은 만지거나 입을 대지 않도록 한다.
- 벌이 가까이 오면 손이나 팔을 저어 쫓지 말고 가만히 있거나 몸을 서서히 조금씩 움직여 다른 곳으로 피하게 한다.
- 가시에 찔리거나, 독이 있는 식물에 스치거나 먹었을 경우에는 그 식물을 가지고 병원으로 간다.
- 팔, 다리 등의 골절 시 응급 조치 활동
- 차량 이용 시의 주의점과 차량 안에서의 바른 자세와 안전 사고 예방 지도

2. 안전 사고의 유형 및 안전 지도

안전은 인간의 욕구 중 하나이며 생명과 직결되는 부분이기에 삶의 기본 가치가 되어야 한다. 안전의 욕구는 불안과 공포로부터 벗어난 안전성으로 아동을 보육 또는 교육하는 베이비시터들이 매우 중요하게 인식해야 하는 영역이다. 이는 인간은 안전한 상태가 되어

야 소속과 존중, 개인의 자아 실현을 추구하며 다양한 경험에서 행복을 느낄 수 있기 때문이다. 이런 측면에서 안전을 위한 노력에 있어서도 개인의 발달 특성과 사회성 유형, 인식의 차이 등이 현저히 다르기 때문에 각각의 연령대를 고려하여야 한다.

따라서 아동에 맞는 안전 지도는 아동의 활동을 제한함으로써 사고를 예방하려는 소극적 자세를 지양하고, 아동 스스로 판단력과 사고력을 발달시켜 자신을 책임질 수 있도록 안전에 대한 지식과 경험을 제공함으로써 실생활에 적용할 수 있는 능력을 키워 주려는 적극적인 자세가 필요하다. 이를 위해서는 아동이 일상 생활에서 쉽게 접할 수 있는 문제 상황을 해결하려는 경험을 지속·반복적으로 제공해야 한다.

1) 안전 사고 유형 및 응급 처치법

(1) 머리를 다쳤을 때

- 귀나 코에서 혈액이나 맑은 액체가 흘러나오면 막지 않는다.
- 반드시 이동해야 하는 상황이 아니라면 유아를 함부로 움직이게 하지 않는다.
- 머리에 상처가 난 경우에는 다른 부위보다 피가 많이 나므로 침착하게 행동한다.

(2) 눈에 이물질이 들어갔을 때

- 아동의 눈에 이물질이 들어가거나 아플 때 눈을 비비지 않도록 사전에 교육한다.
- 눈에 화학 약품이 들어간 경우에는 1339에 전화하여 전문가의 지시에 따라 처치한다.

(3) 코나 귀에 이물질이 들어갔을 때

- 바퀴벌레는 빛을 피해 도망가므로 곤충의 종류를 모르는 경우에는 오일을 이용하는 방법을 쓴다.
- 고막에 염증 등으로 구멍이 있는 경우에는 오일을 사용할 수 없다.
- 면봉이나 귀이개 등으로 이물질을 억지로 빼내려 하지 않는다.

(4) 코나 입을 다쳤을 때

- 빠진 치아는 뿌리 부분을 절대로 만지지 않는다.
- 치아가 더럽다고 뿌리 부분을 문질러 닦지 않는다.
- 포크같이 뾰족한 것을 입에 물고 있다가 찔렸을 경우는 움직이거나 빼지 말아야 한다.

(5) 이물질이 목에 걸렸을 때

• 아동이 삼킨 물질을 뱉어 내거나 호흡 또는 기침을 힘차게 시작할 때까지 동작을 분명하게 반복한다. 매 5회마다 아동의 상태를 점검한다.

• 아주 작은 아이일 경우 양쪽 견갑골 사이를 손바닥으로 친다.

(6) 독극물을 마셨을 때

• 병원에 갈 때에는 아동이 삼킨 물질이나 그 용기를 가져간다.

• 억지로 토하게 하지 않는다.

(7) 가슴이나 배를 부딪쳤을 때

• 절대 음식물을 주지 않는다.

(8) 팔이나 다리를 다쳤을 때

• 골절이나 탈구, 염좌가 의심되는 경우, 상처 부위를 주무르거나 자세를 함부로 바꾸지 않는다.

• 목이나 척추의 이상이 의심되는 경우에는 유아를 그대로 둔다.

• 부목이 없는 경우에는 두꺼운 잡지를 활용한다.

(9) 손가락이 잘렸을 때

• 절단 부위를 세게 만지거나 소독약 등을 바르지 않는다.

• 모든 병원에서 접합 수술이 가능한 것은 아니므로 1339나 119의 도움을 받도록 한다.

(10) 피부에 상처가 났을 때

• 상처 부위를 함부로 소독하지 않는다.

• 포비돈 등은 얼굴에 바르지 않는다.

• 베인 경우에는 연고를 바르지 않는다.

(11) 뾰족한 것에 찔렸을 때

• 나무나 가시 등 부서지기 쉬운 물질을 억지로 뽑아 내지 않는다.

• 녹이 슨 못이나 압정에 찔린 경우 반드시 병원에 간다.

(12) 피가 날 때

- 유아는 한 컵(100~200㎖) 이상 출혈하게 되면 생명이 위험하다.
- 상처나 드레싱 위에서 기침하거나 숨 쉬거나 말하지 않는다.

(13) 화상을 입었을 때

- 화상 부위의 물집을 터뜨리지 않는다.
- 화상 부위에 밀착된 의복은 억지로 벗기지 않는다.

(14) 물렸을 때

- 개를 관찰하여 광견병 유무를 확인한다.
- 뱀에 물린 경우 절대 음식이나 물을 주지 않는다.

(15) 추위나 햇볕에 오래 노출되었을 때

- 추위에 노출된 경우 피부를 직접 문지르지 않는다.
- 더위에 노출된 경우 이온 음료를 준다.

(16) 이물질을 흡입했을 때

- 아동이 스스로 기침을 하고 숨을 쉬며 우는 동안은 아동을 방해하지 않는다.
- 이물질이 보이지 않을 경우 억지로 제거하거나 옮기려고 노력하지 않는다(이물질이 보일 경우, 검지를 구부려 제거함).

2) 안전 지도

(1) 놀이 안전

아동은 실내 또는 실외 놀이를 통하여 스스로의 에너지를 발산하고 리더십과 협동심을 고양하게 된다. 이때 베이비시터는 놀이 장소에서 예견되는 사고 유발 상황에 대해 스스로 대처하는 능력을 키워 주는 데 중점을 두어야 한다.

> **예시** **놀이터에서의 안전 지도**
>
> ❶ 가방을 메고 놀이 기구를 타지 않도록 한다.
>
> ❷ 놀이 기구는 싸우지 않고 순서대로 사용한다.
>
> ❸ 자전거나 롤러스케이트 등을 타고 놀이 기구에 올라가거나 가까이 가지 않는다.
>
> ❹ 햇볕이 강한 시간대에는 일사병의 위험이 있으므로 장시간 놀지 않는다.
>
> ❺ 미끄럼틀을 타기 전에 미끄럼틀을 만져 보아 뜨거우면 타지 않도록 한다.
---

(2) 시설 및 설비 안전

맞벌이 부부의 증가로 집에 혼자 남겨지는 아동이 증가하므로 아동이 사용하는 시설과 설비에 대한 사용법을 알려 준다. 가스레인지 사용법, 전기 용품 사용법, 문단속하는 방법 등이 그 예이다.

> **예시** **욕실**
>
> ❶ 욕조의 바닥과 욕실 앞 깔개 뒷면에는 미끄럼 방지 처리가 된 깔개를 설치한다.
>
> ❷ 수도꼭지에는 보호 덮개를 씌운다.
>
> ❸ 세면대의 높이는 아동의 발달 특성에 맞게 설치한다.
---

(3) 교통 안전

급속히 늘어 가는 차량으로 인해 교통 사고를 미연에 방지하기 위하여 자동차에 의한 사고의 위험에 대해 알려 주고, 아동 자신을 보호하는 데 필요한 교통 안전 지식-교통 신호와 안전 표지판, 교통 수단 이용법, 도로 횡단 요령 등을 알려 준다.

① 보행 시 안전

- 반드시 횡단보도나 육교 또는 지하도를 이용해야 한다.
- 자동차 사이에서 나올 때는 세워 둔 차의 좌우를 살펴야 한다.
- 횡단보도에서는 녹색 신호로 바뀌어도 손을 들고 좌우를 살핀 후 천천히 걷는다.
- 안전 횡단의 세 가지 원칙인 '선다, 살핀다, 건넌다.'를 반드시 지켜야 한다.
- 신호등이 없는 경우에는 손을 들어 운전자와 눈을 맞추고 '건너도 좋다.'는 사인을 받은 후 건너야 한다.
- 신호등이 없는 경우 교통 정리하는 사람의 신호를 따라 건넌다.

② 승차 시 안전
- 버스가 완전히 멈춘 뒤 차례차례 탄다.
- 창밖으로 머리나 손을 내밀거나 물건을 던지지 않는다.
- 버스 안에서 돌아다니지 않는다.
- 좌석에 앉아서는 장난을 하지 않는다.
- 반드시 안전띠를 맨다.

③ 놀이 시 안전
- 자전거 탈 때의 주의 사항
  - 자전거를 타기 전에 바퀴, 브레이크 작동이 정상인지 확인해야 한다.
  - 밝은 색의 옷을 입고 타도록 한다.
  - 늦은 시간이나 빙판길에서는 타지 않는다.
  - 자전거 타기가 충분히 익숙해지기 전에는 거리에서 타지 않는다.
  - 교통 표지판과 신호등을 보고 지켜야 한다.
- 인라인 · 롤러스케이트 탈 때의 주의 사항
  - 헬멧과 무릎 및 팔목 보호대, 장갑 등의 안전 장비를 착용해야 한다.
  - 자갈, 먼지 등이 없는 깨끗한 도로에서 탄다.
  - 차량이 있는 길, 불규칙한 길, 언덕, 장애물은 피해야 한다.

(4) 위험한 장소에 대한 안전

차량 통행이 많은 곳, 아파트 베란다처럼 높은 건물의 창가나 외부와 맞닿는 곳, 가파른 계단 등 사고 위험에 노출될 수 있는 공간에서 지켜야 할 안전 지식을 알려 준다.

> 예시 --- **학교에 갈 때** ---------------------------------
> ❶ 등교 시간에 시간을 넉넉히 두며 뛰어가지 않는다.
> ❷ 항상 인도의 안쪽으로 걷는다.
> ❸ 신호등과 건널목이 가장 적고 공사장 등의 위험한 장소가 없는 곳으로 다니게 한다.
> ❹ 뒤돌아보며 걷거나 친구와 장난하며 걷지 않는다.

> **예시** --- **창가와 베란다** -------------------------------
>
> ❶ 창문 보호대나 난간을 반드시 설치한다.
>
> ❷ 창틀 위에는 아동의 시선을 끌 만한 물건들은 올려놓지 않는다.
>
> ❸ 평소 창문 밖으로 상체를 내밀거나 베란다 난간에 기대어 서지 않게 주의시킨다.

> **예시** --- **골목길, 주차장을 다닐 때** -----------------
>
> ❶ 차나 오토바이, 자전거 등이 골목에서 나오는지 앞뒤 좌우를 살핀다.
>
> ❷ 주차장에서는 차 사이를 뛰어다니지 않는다.

(5) 위험한 물질에 대한 안전

표백제, 칼, 송곳 등은 아동에게 노출되지 않도록 보관하고, 이를 먹거나 가지고 놀지 않도록 주의시킨다.

(6) 환경 및 공해에 대한 안전 교육

환경을 보호하는 방법과 태도를 알려 주고, 인간에게 환경이 얼마나 중요한지를 인식시킨다. 수질 오염, 대기 오염, 토양 오염 등에 대하여 알려 주고, 자연과 함께 살아가는 방법을 실천하도록 한다.

(7) 화재 및 화상에 대한 안전 교육

화재 발생 시 이에 대처하는 방법과 화상의 원인 및 예방을 위한 교육을 실시한다.

(8) 동물이나 곤충에 대한 안전 교육

주변에서 해를 끼칠 수도 있는 동물과 곤충의 특성을 알려 주고 안전하게 대하는 방법을 가르친다.

> **예시** --- **야외** --
>
> ❶ 가능한 긴 소매의 옷을 입힌다.
>
> ❷ 잘 모르는 식물이나 곤충 등은 손으로 만지지 않는다.
>
> ❸ 벌이 날아오면 가만히 있거나 조금씩 움직여 피하고, 독이 있는 식물에 스쳤거나 먹었을 경우에는 곧바로 그 식물을 가지고 병원으로 간다.

3) 방과후 안전 지도 시 유의점

- 안전 교육은 기본적으로 예방적이어야 한다. 아동에게 보다 안전한 환경을 제공하고자 계획함과 동시에 방어적 기술 및 태도를 알려준다.
- 교사는 아동의 안전을 위해 놀이 활동을 적극적으로 감독한다.
- 일어날 가능성이 있는 사고에 민감하게 반응한다.
- 아동이 지나친 갈등 상태나 위험한 상황에 있을 경우 교사는 그것을 제지하거나 예방할 생각으로 갑자기 큰 소리를 내서는 안 된다.
- 안전을 위한 활동은 아동의 발달 특징과 관련이 있어야 한다.

3. 인터넷 중독

'디지털 키드'라는 말이 생겨났을 만큼 우리나라 아동들은 일찍 컴퓨터를 접하게 된다. 아동들의 잦은 인터넷 사용은 사회성 발달을 저해함은 물론 운동 능력, 언어 능력까지 떨어뜨린다. 사회성은 타인과 접하면서 그 상호 작용을 통해 길러지는 것으로, 인터넷에 몰입해 집안에만 있다 보면 다른 사람과의 접촉이 줄어들어 언어 능력이나 사회성 발달이 늦어질 수밖에 없다. 사회성이 제대로 형성되지 않으면 다른 사람의 생각을 이해하지 못하는 이기적인 성격으로 자라기 쉬울 뿐 아니라 비행과 정신 의학적인 문제까지 야기하게 된다.

1) 아동의 인터넷 사용 실태

2006년 정보통신부와 한국인터넷진흥원이 7,076가구 1만 8,683명을 대상으로 실시한 정보화 실태 조사에 따르면, 만 6세 이상 국민의 인터넷 이용률이 72.8%에 달했다. 연령별 이용률은 6~19세가 97.8%, 20대 97.9%, 30대 91.0%로 30대 이하 연령층의 경우 국민의 90% 이상이 인터넷을 이용하고 있다.

2) 인터넷 중독에 빠진 아동의 증상

- 인터넷을 하는 동안 기분이 좋고 행복하며 만족감을 느낀다.
- 인터넷을 못하게 되면 우울하고 초조해지며 불안감과 공허감을 느낀다.

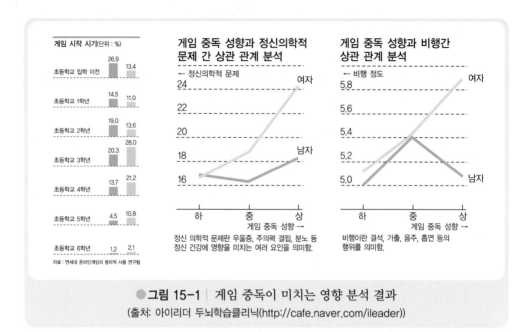

그림 15-1 | 게임 중독이 미치는 영향 분석 결과

(출처: 아이리더 두뇌학습클리닉(http://cafe.naver.com/ileader))

- 인터넷을 하는 동안에는 시간의 흐름을 인식하지 못한다.
- 다른 취미 생활에는 관심이 없다.
- 일상 생활이 제대로 이루어지지 않는다.
- 컴퓨터 사용과 관련하여 눈치를 보거나 가족 간에 거리감을 둔다.
- 평소 생활에서 성격이 급해지거나 게을러지고 신경질적이게 된다.

※이런 아동들은 만성 피로, 졸림 및 뒤바뀐 밤낮으로 인한 수면 장애, 손목의 통증, 눈의 피로, 긴장성 두통, 요통, 위장 장애, 개인 위생 불량 등이 오게 된다.

3) 인터넷 중독에 빠지지 않게 하는 지도법

컴퓨터와 무작정 억지로 떼어놓기만 할 수 없는 것이 현실이다. 그렇다면 좀 더 효율적으로 지도하여 최대한 유용하게 활용할 수 있도록 해야 한다. 컴퓨터를 바르게 사용하는 습관을 들이기 위해 베이비시터들이 알아야 할 컴퓨터 지도 방법을 알아보자.

(1) 유해 사이트 차단 프로그램을 활용한다.

유아들이 인터넷을 사용하다 보면 의도하지 않아도 우연히 충격적인 유해 정보와 마주

칠 수 있으니 차단 프로그램은 꼭 설치해야 한다. 정보통신윤리위원회(www.icec.or.kr), 청소년보호위원회(www.youth.go.kr), 학부모 정보(www.cyberparents.or.kr) 등의 홈페이지에서 프로그램을 다운받을 수 있다.

(2) 아동의 눈높이에 맞는 주변 환경을 조성한다.

어른이 이용하는 컴퓨터 책상과 의자를 아동이 이용하면 등이 휘는 등 성장 장애를 일으킬 수 있다. 짧은 시간을 이용하더라도 아동의 키에 맞는 컴퓨터 책상과 의자, 아동용 마우스, 눈을 보호하기 위한 보안경은 필수다. 컴퓨터를 거실에 설치해 놓아 아동 스스로 일방적인 접속을 하지 못하도록 하는 것도 중요하다.

(3) 연령별 콘텐츠를 선별한다.

아동은 사이트 선별에 대한 판단력이 없기 때문에 콘텐츠는 부모가 골라 주어야 한다. 아동의 발달 정도를 파악해 그에 맞는 콘텐츠를 베이비시터가 직접 찾아 주어야 한다. 교육 사이트라면 학습 내용이 체계적이고 단계적인 것 외에도 성취감을 느낄 수 있어야 하므로 학습 동기를 일으킬 수 있는 내용이 포함되어 있는지 확인한다.

(4) 전문 상담 센터에 자문을 구한다.

인터넷 사용 때문에 아동이 또래 아동들과의 대화에서 적절한 의사 소통을 하지 못하거나 자기 고집만 내세우려 한다면 인터넷중독예방상담센터(www.iapc.or.kr)나 소아신경정신과 등을 찾아 적절한 해결책을 찾는 것이 좋다.

(5) 아동이 인터넷을 사용할 줄 안다고 해도 절대 혼자 사용하게 두어서는 안 된다.

베이비시터가 곁에 있을 때 게임도 하게 하고 교육용 프로그램도 같이 보는 것이 좋다. 초등학생 정도만 돼도 교육 목적으로 인터넷에 접속했다가 다른 유해 사이트에 자연스럽게 접속할 수 있다.

(6) 인터넷 사용은 반드시 부모의 허락을 받고 정해진 시간에만 사용하게 한다.

부득이 시간이 길어질 때도 한꺼번에 오래 하게 하지 말고 쉬었다가 다시 하는 습관을 들이는 것이 좋다.

(7) 아동 스스로 규칙을 정해 보게 한다.

베이비시터는 아동에게 인터넷 사용에 대한 일관된 태도를 보여 주는 것이 중요하다. 전화 통화를 하거나 손님이 오거나 할 때는 태도가 느슨해져 아동이 인터넷을 계속 사용하도록 방치하는 경우가 있는데 한번 규칙을 정했으면 끝까지 일관되게 밀고 나가야 한다.

(8) 아동이 인터넷 게임에 중독되지 않도록 다른 게임으로 유도한다.

신체적, 정신적 자극을 직접 줄 수 있는 블록 쌓기, 색칠하기, 구슬 꿰기, 테이블 빙고 게임 등 놀이를 하도록 하여 인터넷 게임에 중독되는 것을 예방한다.

4) 성교육 및 성폭력 예방

(1) 성교육의 의미 및 중요성

성교육은 성에 관련된 생물학적인 지식을 습득하고 이성에 대한 태도와 행위, 이성의 사회적 역할, 그리고 남녀 간의 인간 관계 및 평등한 권리까지도 이해할 수 있도록 학습하는 종합적인 인격 완성 교육이라 할 수 있다. 성교육은 인격 형성의 초기 단계에 있는 유아 시기부터 사춘기 청소년, 그리고 일반 성인에 이르기까지 모든 연령에 해당하는 대상자에게 평생 교육의 일환으로 수행되어야 한다. 특히 아동 성교육의 의미는 정규 교육을 통해 건전한 성의식을 고취시키고 건전한 인격체를 길러 낸다는 데 그 중요성이 있다. 따라서 성교육의 일반적인 목적을 제시하면 다음과 같다.

첫째, 성에 대한 생물학적 이해를 통하여 새로운 환경에 적응할 수 있도록 한다.

둘째, 인간의 심리 발달 과정을 이해함으로써 건전한 인격체로 성장하도록 한다.

셋째, 남녀 간의 평등한 권리를 인정하고 상호 신뢰와 존경을 바탕으로 하여 생산적 사회 생활을 할 수 있도록 한다.

이렇듯 성교육의 목적이 남녀 간 성의 특성을 이해하고 건전한 인간 관계를 유지하는 인간 존중 정신에 입각한 인격 교육이라고 할 때, 아동기의 발달적 특성을 고려한 성교육의 구체적인 목표는 다음과 같이 제시할 수 있다.

- 생명의 소중함에 관심 가지기
- 우리 몸의 소중함 인식하기
- 위험한 상황을 알고 대처하기
- 다른 사람에게 관심 가지기

• 상대방의 성(性)을 소중히 생각하기

(2) 아동기의 성교육 내용

① 우리 아이에게 이것만은 꼭 가르쳐 주세요

가. 소중한 내 몸을 다른 사람이 만지지 못하게 합니다.

• 친척, 이웃, 낯선 사람 등이 내 몸을 만질려고 하면 "안돼요", "싫어요."라고 크고 똑똑하게 말합니다.

• 평소 자녀와의 대화로, 몸의 소중함과 자신의 몸을 스스로 지켜야 한다는 것을 알려 주도록 합니다.

나. 집안에 혼자 있을 때는 반드시 가족에게만 문을 열어 줍니다.

• 창문과 출입문을 항상 잠그고 있어야 합니다.

• 낯선 사람이 찾아 왔을 때는 문을 열어 주지 않으며, 경비실 등에 연락하여 도움을 요청합니다.

• 낯선 사람으로부터 전화가 와도 집에 혼자 있다고 말하지 않습니다.

다. 모르는 사람은 절대 따라가지 않습니다.

• 낯선 사람이 집까지 차를 태워 준다고 하는 경우
  - 절대 차에 타지 않도록 합니다.
  - 강제로 데려 가려고 할 때는 큰 소리를 질러 주위 사람들의 도움을 받도록 합시다.

• 길을 물으며 함께 가자고 할 때
  - 길을 모르는 경우 "잘 모르겠는데요. 집에 가야 해요."라고 말한다.
  - 길을 아는 경우에는 "○○는 거기 있는데요. 지금 엄마가 앞에서 기다리고 계셔서 가야 돼요."라고 말한 후 신속히 집으로 돌아옵니다.

라. 혼자서는 놀지 않습니다.

• 혼자 놀이터에서 놀지 않도록 하고, 특히 미취학 아동은 보호자 눈이 닿는 범위 내에서 놀도록 합니다.

• 화장실을 혼자 가게 하거나, 심부름을 시키거나, 자동차 안에 혼자 두는 것도 위험합니다.

마. 밖에 나갈 때는 부모님께 꼭 누구와, 어디서, 무엇을 하고 몇 시까지 들어올 것인지 말씀 드리고 나갑니다.

• 친구들과 여럿이 함께 놀도록 하며, 약속 시간을 지켜 귀가하도록 합니다.

- 야간에는 외출을 삼가도록 합니다.
- 이름과 나이, 주소, 전화 번호, 부모 이름 등을 기억하도록 합니다.

바. 집 앞이라고 방심해서는 안됩니다.
- 빌려 온 책이나 비디오를 반납할 때도 아이 혼자 보내지 않습니다.
- 낯선 사람과는 엘리베이터를 함께 타지 않습니다.
- 수상한 사람이 타고 있거나, 뒤따라 오는 사람이 있을 때에는 바로 타지 않고 다음을 기다립니다.

사. 학원에서 돌아올 때는 꼭 학원 차량을 이용하거나, 으슥한 골목길보다는 큰길을 이용합니다.
- 학원 차량을 이용하거나, 친구들과 함께 큰길로 다니도록 합니다.
- 부득이 혼자서 돌아와야 할 경우 부모님이 마중을 나오도록 합니다.

아. 위급한 상황이 닥치면 "살려 주세요! 도와주세요!라고 큰소리로 외칩니다.
- 평소 큰소리로 "살려 주세요, 경찰 아저씨를 불러 주세요."라고 도움을 요청하는 연습을 시키도록 합니다.

② 자녀의 행동 변화를 세심하게 관찰합니다.

가. 아동이 성폭력을 당했을 때는 무서워서 말하지 않을 수도 있으니 평소 행동 변화를 세심하게 관찰하도록 합니다.
- 깊은 잠을 못 자며 악몽을 꾸거나 밤에도 불을 켜고 자는 경우
- 밖에 혼자 나가는 것을 두려워하는 경우
- 특정 인물이나 장소를 무서워하며 보호를 요구하는 경우
- 평소와 달리 소변을 가리지 못하거나 손가락을 빠는 경우 등 자녀의 행동 변화에 관심을 가지도록 합시다.

나. 성폭력을 확인한 경우 화를 내거나 다그치지 말고 침착하게 행동합니다.
- 더 이상 피해는 없을 거라고 안심시켜 줍니다.
- 화를 내거나 다그치면 오히려 말하지 않을 수 있습니다.
- 아이의 문제로 부부 싸움은 피하는 것이 좋습니다.
- 보호해 주지 못해 미안하다고 말해 줌으로써 아이에게 잘못이 없음을 확인시켜 줍니다.

다. 여성 · 학교폭력피해자 ONE-STOP지원센터 또는 가까운 경찰서를 방문하도록 합니다.
- 성폭력 피해자 등에게 24시간 연중 무휴 상담 · 의료 · 수사 · 법률 통합서비스가 지원되는 ONE-STOP 지원센터를 방문하도록 합니다.

- 성폭력 당시 입었던 옷이 있다면 종이 봉투에 별도록 보관한 후 제출하도록 하며, 목욕을 시키지 않아 증거를 보존하도록 합니다.
- 진술 녹화, 해부학적 인형 이용, 신뢰 관계자 동석 조사 등 피해 아동에게 2차 피해가 발생하지 않도록 최선을 다하고 있으니, 반드시 수사 기관의 도움을 받도록 합시다.

(3) 어린이 성폭력 예방 교육

① 어린이 성폭력의 실태

어린이 성폭력은 전체 성폭력의 30%나 차지하고 있습니다. 친족이 30%, 동네 사람이 27%나 차지하고 있습니다. 친족 성폭력 가해자는 친부와 양부가 가장 많습니다.

② 어린이 성폭력에는 어떤 것이 있습니까?

가. 성희롱

음란한 말, 성기 노출 등 직접적으로 어린이의 몸에는 해가 없지만 정신적인 고통을 주는 경우입니다.

나. 성추행

아이의 성기 만지기, 가해자의 성기를 만지도록 하는 것, 어린이의 소중한 곳 접촉하기, 집적거리기, 키스 등 신체적인 것을 말합니다.

다. 성폭력

성희롱에서부터 강간까지 모든 것을 포함한 것입니다.

③ 어린이가 성폭력을 당하면 어떻게 됩니까?

- 악몽을 꾸는 등 잠자는 것을 두려워한다.
- 혼자 있는 것을 두려워한다.
- 자주 아프다고 한다.
- 집중력이 떨어져 밖으로 나가려고 하지 않는다.
- 부모에게 매달린다.
- 특정 장소, 인물, 물건 등을 두려워한다.
- 오줌을 싸거나 손가락을 빠는 등 이전보다 더 어린애 같은 행동을 한다.

④ 어린이를 유인하는 사람들의 특성은?

- 먹을 것이나 장난감을 주며 꼬인다.
- 혼자 노는 아이에게 놀아 주면서 환심을 산다.
- 선생님 등 아는 사람을 사칭하여 자신을 믿도록 한다.

• 아이가 말을 듣지 않으면 협박을 한다.

⑤ 왜 아이들이 이런 피해를 입게 되는 겁니까?

• 우리 어린이들은 몸도 작고 힘도 없기 때문입니다.

• 호기심이 많아서 자기에게 잘해 주는 사람을 좋아하죠.

• 또 자기에게 잘해 주는 사람에게 무언가를 해 주어 칭찬을 받고 싶어합니다.

아이가 밖에서 그런 일을 당하고도 말을 하지 않을 수도 있으니, 어머니나 주위 어른들의 주의와 관심이 가장 필요합니다.

⑥ 만약 우리 아이에게 이런 일이 일어나면?

• 어린이 성폭력은 하나의 사고입니다.

• 당한 아이가 상처 없이 밝게 회복할 수 있도록 도와주어야 합니다.

• 아이가 상황을 스스로 이야기할 때까지 기다립니다.

• 아이에게는 아무 잘못이 없다는 것을 인식시켜 줘야 합니다.

⑦ 어린이가 스스로 예방하려면?

• 혼자 다니지 말고, 사람이 많은 곳으로 다닌다.

• 비상 시 연락할 수 있는 전화 번호를 알아 둔다.

• 낯선 사람이 친구를 데리고 가면 어른들에게 알린다.

• 모르는 사람의 차는 타지 않는다.

• 호신용 호루라기를 가지고 다니게 한다.

⑥ 부모, 교사는 어떻게 예방해야 합니까?

• 자기 몸의 소중함과 자기 몸은 자기가 지켜야 한다는 것을 알려 줍니다.

• 아이에게 지나치게 친절한 어른들은 조심하라고 가르칩니다.

• 부모와 아이가 대화하는 습관을 가지는 것이 가장 중요합니다.

⑦ 어디서 도움을 받을 수 있나요?

• 아이를 안심시키고 병원으로 데려갑니다.

• 목욕은 시키지 말고 입었던 옷을 그대로 보관합니다.

• 가까운 상담 기관에 연락하여 도움을 받습니다.

(4) 방과후 아동 지도 시설에서의 성교육

성교육은 생활 속에서 자연스럽게 이루어져야 하는데 교사는 아동이 성문제에 대하여 궁금증을 가지고 있거나 질문을 할 때 자연스럽게 대답해 줄 수 있도록 연령에 맞는 성

교육 내용을 잘 알고 있어야 한다. 이때 단순한 지식보다는 건전한 성지식에 대한 인성 훈련을 위하여 교육 전체에 포함하여 지도할 수 있어야 한다.

따라서 교사는 아동의 성교육에 다음의 내용을 포함하여야 한다.

① 신체적, 심리적 측면에서의 변화를 종합적으로 이해시킨다.

② 남성과 여성의 생리적, 심리적 차이에 대해 이해시킨다.

③ 생식 구조를 이해시켜 인간의 성이 어떠한 것인가를 알게 한다.

④ 매스컴이나 인터넷에서 전달되는 성지식에는 편견이나 과장이 많다는 것을 이해시키고 올바른 비판력을 키워 준다.

⑤ 성병에 대하여 이해시키되 성을 아름다운 것으로 받아들이게 한다.

⑥ 사랑에는 진실한 사랑과 본능적인 만족만 주는 사랑이 있다는 것을 인식시킨다.

(5) 바람직한 성교육

아동기는 올바른 성지식 확립에서 중요한 시기이며 이를 위해 교사들은 스스로 자신의 성에 대한 상식이 정확한지, 혹은 왜곡되거나 고정된 관념을 가지고 있는지 확인하여 올바른 지식과 태도로 아동을 지도해야 한다(올바른 자녀 성교육, 1997; http://www.youth-n.com).

① 생식기 명칭에 대한 질문

흔히들 고추, 고치, 잠지, 찌찌 등으로 말하는데 가능하면 음경, 고환, 음순, 질, 자궁 등의 정확한 용어를 사용하는 것이 좋다. 중요한 것은 그 명칭을 사용할 때 장난스럽거나 더럽거나 부끄럽게 느끼지 않도록 진지하고도 자연스러운 태도를 취해야 한다.

② 출생에 대한 질문

"엄마, 나 어디로 나왔어?" 하는 질문에 거짓말을 하거나 얼버무리기보다는 "좋은 질문이야, 아기는 엄마의 질이라는 곳으로 나와. 질은 엄마의 다리 사이에 있는 길인데 여기는 겉에서는 잘 보이지 않지만 참으로 소중한 곳이야." 하며 그림을 그려 알려 주거나 동화책이나 비디오를 활용하는 것도 좋다.

③ 생식기의 차이에 대한 질문

5, 6세가 되면 몸에 대한 호기심이 많아져 생식기의 차이를 관찰하고 비교하는데 서로 다르다는 것은 어느 것이 좋고 나쁜 것이 아니라, 오히려 다르기 때문에 둘 다 소중하다는 것을 알려 준다. 또한 생식기가 다른 것을 가지고 으스대면서 흉보거나 부러워하면서 속상해하지 않도록 잘 교육해야 한다. 모든 사람은 다 다르게 생겼고, 남성과 여성 또한 다르게 생긴 것뿐이라고 알려 주어야 한다.

④ 성에 대한 질문을 하지 않는 아동

어떤 아동은 성에 대하여 질문을 하지 않는다. 이런 아동은 호기심과 관심이 억압된 경우가 많은데 홀로 자랐거나 성에 대한 호기심을 질문했을 때 부모가 너무 엄격해 핀잔을 들을까 봐 질문을 하지 않거나 호기심을 감추어 버린 것 등이 그 이유이다. 이럴 때에는 가능한 자연스럽고 부드러운 태도로 아동이 듣는 앞에서 성에 대한 이야기를 나눔으로써 질문을 할 수 있도록 자연스럽게 유도해야 한다. 주변의 성인들이 평범한 태도로 성을 받아들이고 있다는 것을 말이나 행동으로 보여 준다면 아동은 성을 있는 그대로 받아들일 수 있게 되어 자연스러운 태도를 가짐으로써 편안한 마음으로 생활할 수 있을 것이다.

⑤ 성적인 놀이를 하는 아동

생식기를 만지거나 성행위를 흉내 내는 놀이를 할 경우 야단치지 말고 평범하게 대하거나 너무 만지지 말라고 편안하게 이야기해 주는 것이 좋다. 크게 놀라거나 갑자기 야단을 칠 경우 아이들은 죄의식을 가지고 더 은밀하게 할 수 있기 때문이다.

그렇다고 성적인 놀이나 장난을 방관해서는 안 되며 죄책감을 느끼지 않으면서도 놀이를 그만둘 수 있도록 해야 한다. 이때 왜 그러면 좋지 않은지 설명해 주며 애정 어린 마음으로 머리를 쓰다듬어 준다. 남자의 음경은 아기를 만드는 것이라 함부로 만져서는 안 되며 여자의 질이나 생식기도 아기를 낳는 곳이기 때문에 만지거나 장난치지 않는 것이 좋다고 설명해 준다.

⑥ 자위 행위를 하는 아동

성기를 만지는 행동을 말하며 이 경우에는 원인이 무엇인지 분석해야 한다. 손이 허전하거나 심심해서, 가려워서, 옷이 꽉 끼어서 그런지 등의 원인에 따라 적절하게 지도해야 한다. 다른 관심거리를 제공하여 성기를 만지는 행위가 줄어들 수 있도록 하고, 성기를 만지지 못하게 하는 이유를 아동의 수준에 맞게 알려 주는 것이 좋다. 반대로 계속 만지면 벌레가 들어와 썩는다고 하는 등의 지나친 표현은 아이가 성에 대해 강박적으로 생각하거나 더럽게 생각할 수 있어 주의해야 한다.

2 방과후 아동 건강 지도

1. 건강 지도의 필요성 및 실천 내용

1) 건강 지도의 필요성

건강 교육의 궁극적 목적은 건강을 유지하고 증진시키는 데 필요한 지식, 태도, 행동의 발달을 통해 아동의 삶의 질을 유지, 향상시키는 것이다. 이는 아동이 자신의 건강에 영향을 미치는 것들을 인식하고 긍정적인 의사 결정을 내리며 자신의 건강을 책임질 수 있도록 함을 의미한다. 특히 삶의 초기에 건강에 대한 올바른 관념과 건강 관리 습관을 길러 줌으로써 질병으로부터 자신을 보호하고 행복한 삶을 영위할 수 있으므로 아동기의 건강 교육은 중요한 의의를 가진다.

2) 건강 지도의 실천 내용

건강 지도는 매일 실시하는 것이 좋으며 지도 내용은 아동의 요구나 관심, 경험, 이해 수준 및 가정 · 학교 · 지역 사회의 건강 요구, 보건 교육의 목적 등을 고려하여 선정한다. 그 내용을 살펴보면 다음과 같다.
- 청결과 단정
- 자세
- 구강 위생
- 영양
- 질병 예방 관리
- 안전 관리
- 환경 위생
- 의복
- 휴식과 수면
- 정서적 건강

(1) 베이비시터가 하루 일과 중 점검해야 할 건강 상태
방과후 베이비시터는 아동과 함께 시간을 보내는 만큼, 일과를 운영하면서 항상 아동들의 건강 상태에 대해 세심하게 관찰해야 한다. 실제로 신체 증상에 대한 표현이 미숙한 아동의 경우 건강 문제를 파악하는 것은 쉬운 일이 아니기 때문에 아동의 건강이 좋지 않은 증거를 찾아내는 방법에 대한 훈련이 필요하며, 아동에게 이상이 발견되면 즉시 아동의 부

	눈	귀	코와 목
증상 · 상태	· 염증(다래끼) · 충혈된 눈 · 사시 · 심하게 눈을 깜박거리거나 문지르는 것	· 귀의 분비물, 통증 · 질문을 듣지 못하는 것 · 귀를 후비는 것 · 듣기 위하여 머리를 돌리는 것	· 계속하여 입으로 숨을 쉬는 것 · 재발하는 감기 · 만성적인 코의 분비물 · 빈번한 코피 · 빈번한 편도선염
	피부와 두피	치아와 입	심장
	· 머리의 비듬 · 발진이나 뾰루지 · 두피나 살갗을 습관적으로 긁는 것	· 충치, 얼룩진 이 · 호흡 시의 악취 · 손가락을 빠는 버릇	· 지나치게 가쁜 숨 · 창백한 입술 · 지나치게 창백한 얼굴 · 쉽게 피로해하는 것
	일반 상태 및 자세	심장	행동
	· 너무 마른 것, 살이 너무 찐 것 · 안색이 좋지 않은 것 · 구역질 또는 토하는 것 · 어지러운 것	· 급속한 체중 감소 · 급속한 체중 증가 · 걸음걸이의 이상 · 어떠한 형태의 기형 · 근육 발육의 이상	· 뽐내고 지나치게 반항적이며 지배적인 것 · 지나치게 흥분하고 통제하지 못하는 감정 · 말더듬이나 기타 대화의 결함 상태 · 거짓말하는 것 · 비정상적인 성적 표현

모에게 알리고 적절한 치료를 받을 수 있도록 한다. 〈표 15-1〉은 베이비시터가 아동을 관찰할 때 중점적으로 보아야 할 내용들이다.

(2) 영양 지도

아동은 성인의 축소형이 아니므로 아동 영양의 목적은 성장을 최대한 증진시키는 데 있다. 아동기 식이란 7~18세의 발육기 청소년에게 완전한 발육과 성장기의 체력을 증진시키기 위해 계획된 식사를 말한다.

아동기에 일어날 수 있는 영양 문제인 편식, 식욕 부진, 결식, 비만, 영양 실조, 체중 부족, 충치 등을 예방하는 교육이 필요하다. 발육기의 어린이, 청소년들은 자칫 영양 불균형이 되기 쉽다. 특히 세 끼 식사를 제시간에 챙겨 먹지 못하고 간식에 의존하는 아동들의 영양은 건강하고 정상적인 신체 발육·발달에 장애가 될 정도로 심각하므로 가공 식품을 피하고 영양식을 권장하는 것이 바람직하다.

① 편식 지도

편식의 원인에는 알레르기와 불규칙한 간식이나 가족들의 편식, 지역적인 섭취 식품의 편식, 식욕 부진, 가공 식품의 증가, 어머니의 편식 습성, 심리적 편식 등이 있는데, 이에 대한 원인의 제거 및 개선 방법을 모색해야만 한다.

편식 교정을 위해서는 조리법의 연구 및 변화, 공복 시에 음식을 주거나 강제로 음식을 권하지 말고 싫어하는 음식은 되도록 조금씩 주는 등의 식사 분위기, 그릇에 담는 모양 등을 연구하면 의외로 쉽게 편식을 고칠 수 있다.

② 식욕 부진 지도

식욕 부진의 중요한 원인으로는 간식과 청량 음료 등의 과음, 지나친 운동으로 인한 피로, 수면 부족 등에서 생긴다. 그 외에도 신경질적인 아동, 과잉 보호를 받는 아동, 응석이 심한 아동들이 식욕 부진을 일으킨다. 아동의 식욕 부진을 위한 지도는 다음과 같다.

- 매 식사마다 양적인 면에만 너무 신경 쓰지 말고, 남은 것은 계속해서 주지 않도록 한다. 1회의 식사 시간은 20분 정도로 하며, 심할 때는 1~2일 제한식으로 공복감을 느낄 때 준다. 그리고 식단 내용과 조리법을 연구한다.
- 간식은 식사의 양과 관계 없이 정해진 시간에 정해진 양을 준다. 그리고 다음 식사 때까지 뱃속이 비어 있도록 한다.
- 식사 중에 지나치게 간섭하거나 신경을 쓰면 불쾌하거나 불안하여 식사를 기피하는 현상을 보인다.
- 전체 생활을 규칙적으로 하게 하고 운동이 너무 지나쳐서 피로하거나 부족되지 않도록 해 준다.

③ 식사 예절 지도

아동들에게 균형 잡힌 식사를 제공하는 것 못지않게 중요한 것이 식탁에서의 예절 지도이다. 아동의 식사 예절 지도에 가장 중요한 것은 성인의 모범적 식사 태도이다. 초등학생이 되어도 우리 음식 문화에서 빼놓을 수 없는 젓가락을 사용하지 못해 서양식 포크만 고집하는 아동들이 의외로 많아 문제로 지적되고 있다. 또 단단한 음식은 씹어 먹는 것 자체가 싫어 기피하고 부드러운 것만 찾다 보니 치아가 튼튼하지 못한 것이 요즘 아이들의 공통된 특징이기도 하다.

식사 예절에서 식사 전 반드시 손을 씻고 젓가락과 숟가락을 한 손에 잡지 않으며, 음식을 씹을 때 소리 내지 않고 식사 중 다른 일을 하지 않는 것 등이 기본이다. 또 어른을 모시고 식사할 때 어른을 좋은 자리에 앉게 하고 어른이 수저를 드신 후 식사를 시작하되, 속도를 맞추며 식사 중 자리를 뜨지 않게 하는 것도 아주 기초적인 예절이나 요즘 아동들에게는 잘 지켜지지 않아 주의시켜야 할 사항이다. 식당 등 집이 아닌 외부에서 식사할 때에는 과식을 삼가고 순서를 지키며 조용히 행동하고 다른 사람의 행동에 방해가 되지 않도록 지도한다.

④ 간식

아동은 성인에 비해 단위 체중당 필요 열량이 2배 이상 높다. 그러나 음식물을 씹는 능력이나 소화 기능이 완전하지 않고 위가 작아서 3회의 식사만으로는 필요한 영양을 섭취할 수 없으며 식욕을 만족시킬 수 없다. 간식은 식사로 부족하기 쉬운 영양소를 보충해 주어 유아의 전체 영양소 섭취의 일부분으로 보아야 한다.

간식으로 좋은 식품은 적어도 에너지를 위한 필수 영양소의 1일 필요량을 보충할 수 있으며, 포만감은 크지 않아야 한다. 유제품, 과일, 샌드위치가 간식으로 좋다. 간식으로 좋지 못한 식품은 칼로리 외에 아무것도 공급하지 않는 식품으로 탄산 음료와 사탕, 과자 및 크래커 같은 식품들이 여기에 속한다. 농축 설탕 음료는 식욕을 빨리 충족시켜 포만감은 크나 식욕은 감퇴시키므로 좋지 않다.

간식으로 적절한 식품

- 에너지원: 곡물식, 빵, 감자, 고구마, 떡 ・단백질, 칼슘원: 우유, 두유, 요구르트, 치즈, 달걀
- 비타민과 무기질원: 신선한 채소와 과일
- 음료: 무가당 주스, 우유, 두유, 요구르트, 미숫가루, 전통 음료, 보리 음료

---

2. 아동 비만 지도

1) 아동 비만이란

비만은 활동을 함으로써 소비되는 열량이 식품으로부터 섭취한 열량보다 많아 과도한 지방이 체내에 축적되어 발생한다. 성인 비만이 지방 세포의 크기만 증가하는 반면 아동 비만은 어른과 달리 지방 세포의 수가 증가하므로 전신적으로 지방 조직이 분포하고, 비만의 정도도 심하여 회복이 어렵다.

비만 어린이의 75~80%가 성인이 된 다음에도 비만증이 그대로 유지되어 당뇨병이나 고혈압, 동맥경화증 등의 원인이 될 수 있다는 점과, 너무 뚱뚱하면 다른 아동의 놀림감이 되어 정신적으로도 열등감이 생길 수 있다.

2) 아동 비만의 현황

(1) 사례 1

유치원 및 초등학교 아동의 10명 중 3명은 소아 비만인 것으로 나타났다. 체성분 분석기 제조 업체인 ㈜바이오스페이스(대표 차기철)가 지난 12월15일부터 1월 23일까지 코엑스에서 열리고 있는 '미생물 체험전' 관람객 중 6세에서 13세 사이 남녀 아동 487명을 대상으로 한 인바디 검사(비만도/체지방률/하체 근육 발달)를 실시한 결과, 전체 24.6%의

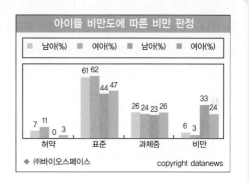

아동들이 과체중 또는 비만으로 조사되었다. 이 조사에 응한 아동들은 남자는 허약 7%(18명), 표준 61%(152명), 과체중 26%(66명), 비만 6%(16명)였고, 여자는 허약 11%(27명), 표준 63%(144명), 과체중 24%(57명), 비만 3%(7명)로 나타났다. 특히 체중은 표준이지만 체지방 축적률이 높은 비만을 가진 남녀 아동들은 9.4%(46명)에 달해 아동 열 명 가운데 한 명은 자신의 표준 체중만 믿고 비만을 인식하지 못하고 있었다. 이 아동들은 겉으로 봐서는 비만이 아니기 때문에 자칫하면 방치될 수 있어 주의가 요구된다는 의미이다.

(2) 사례 2

교육부는 학생들의 비만 방지를 위해 올해부터 전국 학교에서 '7560+' 운동을 펼치기로 했다. '7560+'란 '일주일(7)에 5일, 하루 60분 이상 누적(+) 운동을 한다.'는 뜻. 교육부는 또 체력 증진 효과가 있는 스트레칭, 빠르게 걷기, 달리기, 줄넘기, 순환 운동, 계단 오르기, 자전거 타기, 근력·구기 운동 등을 학생들에게 적극 권장하기로 했다. 비만 청소년 비율은 매년 늘어나고 있다. 20일 교육1부에 따르면 초·중·고교생들의

초·중·고교생 비만율 추이
단위: %, 자료: 교육인적자원부

연도	비만율
2002년	9.4
2004년	10.0
2006년	11.7

비만율은 2002년 9.4%에서 2004년 10.0%, 2006년 11.7% 등으로 매년 증가 추세에 있다.

(출처: 최민영 기자, 경향닷컴 http://news.khan.co.kr/)

3) 아동 비만아의 특징

(1) 성장적인 특징

비만아는 전형적으로 일찍 사춘기에 도달하여 초기에는 또래보다 일찍 키가 크지만, 결국에는 키의 성장이 더 일찍 멈추고 그 결과 작은 키가 되기 쉽다. 여아의 경우 비만과 성숙의 관계는 명백하여, 비만일수록 초경 연령이 빠르고 초경이 시작되면 뼈의 끝에 위치한 성장점의 폐쇄가 일어나 키의 성장이 멈춘다.

(2) 육체적인 특징

비만아는 성인처럼 동맥 경화로 발전할 수 있는 혈중 지질 농도가 일반적으로 높다. 특히 콜레스테롤과 중성 지방의 수준이 높은데 이는 열량의 과다 섭취와 관련이 있다. 또한 비만 유아의 경우 혈압이 높은 경향이 있으므로 소아 비만은 소아 고혈압의 원인이 될 수 있으며, 심혈관 질환과도 연관되어 있다.

(3) 심리적인 특징

비만아는 자신의 외모에 대한 주변 사람들의 편견으로 마음의 상처를 자주 입는다. 그

결과 스스로 자신에 대한 나쁜 자아상을 가지게 되는 경우가 많고 패배감이나 삶에 대해 부정적인 태도를 취하게 된다.

4) 아동 비만의 원인

(1) 이유식

너무 일찍 이유식을 먹이거나 너무 많이 먹여도 비만증에 걸리기 쉽다. 또한 아이가 배고프지도 않은데 울고 보챌 때, 애정을 보여 주는 대신 인공 영양이나 이유식을 주는 경우 비만해질 수 있다.

(2) 유전

비만증의 아동은 대개 그 부모도 비대증이 있는 경우가 많으므로 체질의 유전으로도 볼 수 있다. 비만인 성인들은 보통 성인들보다 고혈압, 당뇨병, 그 밖의 질병에 걸리기 쉬우므로 소아가 비만증에 걸리지 않도록 미리 예방해야 한다.

(3) 간식

간식으로 설탕이 많이 포함된 음료수나 과자류의 섭취가 많고 식사 내용도 당질의 섭취량이 많다. 또한 기름진 음식이나 서구식 고열량 음식을 좋아한다.

(4) 운동 부족

집 밖에서의 운동을 좋아하지 않거나 집 밖의 놀이터나 운동 장소가 없는 환경에 있는 아동들 중에 비만아가 많다.

(5) 컴퓨터 게임과 TV 시청

장시간의 컴퓨터 게임과 TV 시청 습관이 아동들을 병들게 하고 있다.

최근 영국 의학 저널에 게재된 한 연구 결과에 따르면 일주일에 8시간 이상 TV를 시청하는 유아들은 아동 비만으로 발전할 가능성이 높다. 미국이나 유럽, 일본 등지에서 시행된 다른 연구에서도 소아 및 청소년 비만의 중요한 원인들 중 하나가 과도한 컴퓨터 게임과 TV 시청인 것으로 확인됐다. 우리나라 비만아들의 여가 시간 조사 연구에서도 전체 여가 시간의 80%를 컴퓨터와 TV 시청으로 소비하는 것으로 나타났다.

한창 움직여야 할 시기에 밖에서 아이들과 뛰어놀기보다 홀로 컴퓨터 게임이나 TV 시청을 즐기는 요즘의 아동들에게 비만이 많은 것은 당연한 결과다. 섭취하는 칼로리에 비해 칼로리 소모가 부족하기 때문이다. 이런 아동들은 컴퓨터 게임과 TV 시청 시간만 줄여도 절반 이상의 비만 치료 효과를 볼 수 있다. 더 나아가 그 시간에 가족과 함께 재미있으면서도 적당한 칼로리를 소모할 수 있는 운동을 한다면 더욱 효과적일 것이다.

5) 비만의 예방과 치료

어릴 때의 비만은 성인이 된 후 비만증으로 옮겨지는 경우가 많으므로 신속한 예방 지도가 필요하다. 아동의 비만은 운동 능력이 나은 아동들에게 뒤지는 데에서 오는 열등감, 굴욕감, 소외감 등의 심리적 영향을 낳기도 한다. 비만의 예방과 치료를 위해서는 가장 먼저 운동량을 늘려야 하는데 매일 적당량의 운동을 계속하여 체중을 줄여 나가는 것이 중요하다. 만약 운동량 증가만으로 효과가 나타나지 않으면 식사를 제한하여 소비된 에너지양 만

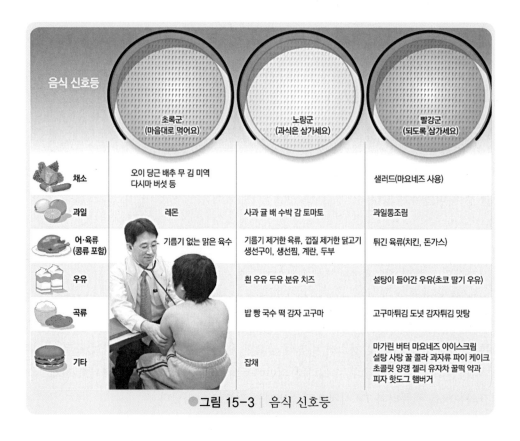

음식 신호등	초록군(마음대로 먹어요)	노랑군(과식은 삼가세요)	빨강군(되도록 삼가세요)
채소	오이 당근 배추 무 김 미역 다시마 버섯 등		샐러드(마요네즈 사용)
과일	레몬	사과 귤 배 수박 감 토마토	과일통조림
어·육류(콩류 포함)	기름기 없는 맑은 육수	기름기 제거한 육류, 껍질 제거한 닭고기 생선구이, 생선찜, 계란, 두부	튀긴 육류(치킨, 돈가스)
우유		흰 우유 두유 분유 치즈	설탕이 들어간 우유(초코 딸기 우유)
곡류		밥 빵 국수 떡 감자 고구마	고구마튀김 도넛 감자튀김 맛탕
기타		잡채	마가린 버터 마요네즈 아이스크림 설탕 사탕 꿀 콜라 과자류 파이 케이크 초콜릿 양갱 젤리 유자차 꿀떡 약과 피자 핫도그 햄버거

●그림 15-3 │ 음식 신호등

큼의 음식만 섭취하도록 지도한다. 이때 발육에는 지장이 없도록 양질의 단백질, 무기질 및 비타민을 충분이 섭취하고 당질과 지방의 감량에 초점을 맞추어야 한다. 특히 설탕의 과식에서 오는 질병을 교육시켜야 한다.

살을 빼기 위해서 단기간에 엄격하게 식사를 제한하면 아동이 이를 견디지 못해 실패하기 쉬우므로, 처음에는 가볍게 하다가 점차 제한을 증가시켜 장기간 계속하는 것이 바람직하다. 비만아를 지도하는 요령은 다음과 같다.

(1) 식사 관리

비만아의 첫 번째 목표는 체중 증가율을 줄이는 것으로, 계속되는 성장의 결과 체중 대 신장의 비가 바람직한 수준이 되도록 식사 관리를 한다. 비만아의 식사를 관리하기 위해서는 가족의 식사를 준비하는 과정에서도 열량을 조절해야 한다. 또 아동이 함께 식사하는 사람들과 식사하는 시간을 즐기도록 하고 만복감을 느낄 때 그만 먹도록 하며, 천천히 식사할 수 있도록 도와준다.

또한 저지방 스낵을 고르는 법과 스스로 적절한 1인 분량을 정할 수 있도록 도와준다. 아동이 식기를 깨끗이 비우도록 강요하지 않는 것도 하나의 방법이다.

- 단백질, 지방, 당질 중 어느 것의 섭취를 줄여도 체중은 감소하나, 단백질의 섭취를 줄이는 것은 좋지 않으므로 그 연령에 상당하는 소요량은 꼭 먹도록 해야 한다.
- 아침, 점심, 저녁 세 끼를 균형 있게 섭취하고 간식도 하되, 과자나 당질 식품은 피하고 과일이나 저칼로리 식을 중점적으로 먹도록 지도한다.
- 간을 짜게 맞추면 쌀밥이나 빵 등 제한해야 할 당질 식품을 많이 먹게 되므로 싱겁고 신선한 식품과 튀김, 초를 이용한 것을 먹도록 한다.
- 에너지 섭취를 제한하면 공복감을 일으키게 되므로 생 채소, 샐러드, 나물, 야채가 들어간 수프 등을 잘 이용하여 공복감을 해소하고 만족감을 주도록 한다.

(2) 신체적 활동

신체 활동의 부족은 비만의 주요 원인이다. 영향을 주는 요인으로 텔레비전 시청을 들수 있는데, 텔레비전 시청이라는 활동은 열량이 적게 소모되는 반면 좀 더 동적인 활동을 할 시간까지 빼앗기게 된다. 또한 시청 중에는 스낵 등 고열량 식품을 간식으로 먹게 되고, 광고에도 고지방 식품이 많이 나오므로 가족의 식품 구매에 영향을 미치게 된다. 이러한 환경은 자연스레 비만을 유도하는 식생활을 하게 하므로 텔레비전을 많이 보는 유아가 비

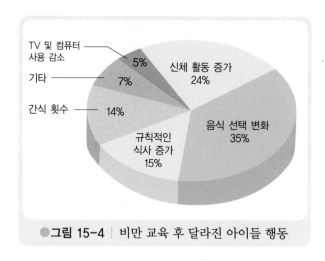

● **그림 15-4** │ 비만 교육 후 달라진 아이들 행동

만일 경우가 많다.

　비만아들은 실제로 잘 움직이려고 하지 않는데 신체 활동은 건강을 유지하기 위해 꼭 필요한 것임을 교육해야 하며 자전거 타기, 술래잡기, 줄넘기, 집안일 등 간단하면서도 도움이 되는 신체 활동들을 정기적이고 지속적으로 하도록 유도한다.

(3) 심리적 지원

　성인의 식품에 대한 태도는 그들 유아의 식습관 및 행동에 큰 영향을 미치므로 아동들의 모델이 되는 성인들이 항상 이를 유념해야 한다.

(4) 행동 변화 유도

　무엇을 먹어야 하는가보다 어떻게 먹느냐에 초점을 두어 식품 선택뿐만 아니라 음식 섭취량, 절제 방법, 운동의 중요성을 배우도록 지도한다. 이 방법은 유아가 많이 먹도록 형성된 기존의 식행동을 바꾸도록 노력하는 것이다.

●**표 15-2** │ 방과후 아동 지도 시설의 분야별 점검 사항

구분	분야별 점검 사항
시설 관리	· 비상 시 어떤 장소에서도 피난이 가능한지
	· 비상 계단, 아동용 미끄럼대 등 안전 사고에 대비한 시설 주변에 장애물이 있지 않은지
	· 비상구와 비상 통로에 내부로부터의 신속한 탈출을 방해하는 잠금 장치가 있지 않은지
	· 비상구로 가는 통로에 유도등 또는 유도 표지가 부착되어 있는지
	· 화재 경보기, 연기 탐지기, 스프링쿨러, 누전 차단기 등을 정기적으로 점검하고 있는지
	· 소화기는 각 층마다 비치되어 있는지
	· 방과후 아동 지도 시설 내부(벽, 천장)의 마감은 불연재를 사용하고 있는지
	· 커튼, 실내 장식물, 카펫, 벽지 등은 방염된 제품을 사용하고 있는지
실내 환경 관리	· 아동이 접근할 수 없는 안전한 장소에 응급 조치를 위한 비상 약품 및 간이 의료 기구 등이 비치되어 있는지
	· 급식 및 간식을 위한 식탁 배치에 충분한 공간을 확보하고 있는지
	· 모든 출입문 및 창문은 안쪽에서 잠길 우려가 없고 밖에서 쉽게 열 수 있는지
	· 출입문 및 창문의 가장자리에는 아동의 손이 끼지 않도록 손 끼임 방지 고무 패킹이나 완충 장치가 설치되어 있는지
	· 화장실 및 목욕실의 바닥이 미끄럼 방지를 위해 물기가 제거되어 있는지
	· 온수 사용 시 화상을 입지 않도록 필요한 조치를 취하고 있는지
	· 돌출형 라디에이터 또는 이와 유사한 온열기는 아동의 신체가 직접 닿지 않도록 울타리 등 적절한 보호 장치가 설치되어 있는지
	· 가구의 모서리가 둥글고 표면이 매끄럽게 처리되어 있는지
	· 교구장, 수납장 등은 아랫부분에 무거운 비품이 보관되어 있고 선반 설치 시 물건이 추락하지 않도록 지지대가 설치되어 있는지
	· 보일러 설비, 퓨즈 박스, 화기 소독수, 조리실의 칼, 가위 등은 아동의 손이 닿지 않는 위치에 배치되어 있는지
	· 시설 내에서 게시판 부착용으로 압정, 핀 등을 사용하고 있지 않은지
	· 방과후 아동 지도 교실에 환기 시설(환풍기, 공기 정화기)이 갖추어져 있는지
실외 환경 관리	· 놀이 기구 및 놀잇감은 아동의 신장 및 체중을 고려하여 선택하고 표면 도색의 독성 여부는 확인되었는지
	· 놀이터 시설의 볼트, 너트 등 이음 장치, 울타리, 구조물이 이상 있는지
	· 아동이 걸려 넘어지거나 부딪칠 수 있는 방해물은 없는지

(출처: 양승희 외, 2007)

●**표 15-3** | 119 구급대나 1339 응급의료정보센터에 도움을 요청하는 방법

전화통화 시 당황하지 말고 천천히 분명하게 말하는 것이 중요하다.

현재 응급 상황 발생 시 도움을 받을 수 있는 전화번호는 119 구급대와 1339 응급의료정보센터가 대표적이다.

전화할 때는 다음의 내용을 전달한다.

- 사고의 내용, 사고 발생 장소(아이가 떡을 먹다가 목에 걸렸어요!)
- 부상자의 상태(아이가 숨을 잘 쉬지 못하고 있어요!)
- 부상자 수, 성별, 연령(7세 남자아이예요.)
- 신고하는 사람의 이름과 전화 번호, 주소를 정확히 알려 준다.(제 이름은 ○○이고, 전화 번호는 000-0000번이에요. 위치는 ○○구 ○○동 ○○번지 ○○유치원입니다.)
- 번지를 잘 모르면 주변의 잘 알려진 건물을 알려 준다.
- 구급차가 도착하기 전까지는 119로부터 부상자에 대한 도움을 받을 수도 있으므로 전화를 끊지 않는다.

• 119 구급대와 1339 응급의료정보센터의 차이
- 119 구급대: 구조가 필요하거나 응급 상황일 때, 그래서 환자를 빨리 병원으로 옮겨야 할 때(국번 없이 119)
- 1339 응급의료정보센터: 갑자기 아프거나 다쳤을 때, 환자가 적합한 병원을 찾을 때, 응급 처치 상담이 필요할 때(국번 없이 1339)

• 휴대폰을 이용할 때에는 지역 번호를 누르고 119, 1339를 누른다. 공중 전화에서는 긴급 통화 버튼을 누르고 119를 누른다.

(출처: 김현자 · 신지현, 2008)

■컴퓨터 사용에 관한 궁금증

Q1 아이가 게임에 관심을 보이기 시작했어요.

　　◎ 아이와 함께 규칙을 정하세요.

　　　　일단 게임에 관심을 보이기 시작한 아이라면 무조건 나쁘다고 막기만 하는 것은 큰 도움이 되지 않는다. 학습에 도움이 되는 게임으로 접근하고 인터넷을 할 때 규칙을 정하는 것이 중요하다. 어떤 게임을 할 것인지, 어디서 할 것인지, 시간은 어느 정도가 적당한지를 아이와 함께 의논해서 정하고, 이를 어길 경우에 대한 벌칙도 정해 둔다.

Q2 게임에 빠지면 부르는 소리도 잘 듣지 못해요.

　　◎ 그래픽이 예쁘고 중독적이지 않은 게임을 골라 주세요.

　　　　게임 중에는 중독성이 더 강한 것도 있다. 둘이나 셋이 함께 하는 온라인 게임의 경우 상대에 따라 게임의 내용이 달라져 시간 가는 줄 모르고 빠져 들기 쉽다. 또 어려운 게임일수록 아동의 승부욕을 자극해 계속 파고들게 만들기도 한다. 이런 게임 대신 컴퓨터를 상대로 하는 게임이나 단순한 게임을 하도록 유도한다. 이제 막 게임을 배운 아동이라면 학습 위주의 게임을 골라 집

중하게 하는 것도 좋다.

Q3 학교에 다녀와서 늘 혼자서 게임하는 시간이 많아요.

◎ 주말에 가족이 함께 할 수 있는 게임으로 놀아 주세요.

맞벌이 가정의 경우 학교에 다녀와서 특별한 프로그램이 없으므로 게임에 쉽게 빠지게 된다. 게임을 혼자 즐기다 보면 그 안에 완전히 몰입하게 되고, 현실 관계보다 게임 속 관계에 더욱 열중해 대인 관계에도 영향을 미치게 된다. 엄마, 아빠가 매일 놀아 줄 수 없다면 친구나 형제들과 함께 어울려서 놀이를 함께 하는 시간을 마련해 준다.

Q4 가끔 소리도 지르고 난폭해지는 것 같아요.

◎ 컴퓨터할 때 아동의 변화를 잘 관찰해 보세요.

게임의 대부분이 자극적이고 격렬하므로 특히 남자아이들의 경우 로봇이나 전쟁 놀이 등의 게임에 빠지다 보면 성격의 변화를 가져올 수 있다. 게임으로 인해 아이의 생활에 나쁜 영향을 받는 것이 보이면 가정에서 최대한 빨리 교육시켜야 한다. 특히 행동이나 표현이 난폭해진다면 게임의 폭력성을 체크해 중독되지 않도록 주의한다.

Q5 틈만 나면 컴퓨터 앞에 앉으려 해요.

◎ 아동이 좋아할 만한 취미 생활을 만들어 주세요.

동네 친구들과 어울리게 하거나 집 주변 공원을 산책하게 해 본다. 집에서 지루할 시간이 없도록 바깥 활동을 적극 지원해 준다. 게임을 하다 보면 친구들과 어울리는 것도 싫어하고 좀처럼 움직이지 않으려 한다. 여러 사람이 함께 어울려 몸을 움직일 수 있는 운동을 취미 생활로 만들어 주는 것도 좋다.

■인터넷 중독을 예방하는 3대 원칙

Q1 공동의 장소에 컴퓨터를 놓는다.

◎ 컴퓨터의 위치를 거실, 주방 옆 등 공동의 장소에 설치한다. 트인 공간에서 컴퓨터를 하면 감시하지 않아도 언제, 어떤 사이트에 접속하는지 알기가 쉽다. 또한 아동 역시 독립된 공간에서 컴퓨터를 하게 되면 이용에 제한이 없으므로 더욱 오래 하기 마련이다. 집안에 컴퓨터가 한 대이더라도 가족 모두가 자주 이용하는 공간인 거실이나 서재로 옮겨 놓아 가족이 함께 이용하도록 한다.

Q2 꼭 필요할 때만 인터넷에 접속한다.

◎ 인터넷 중독은 단순히 이용 시간이 많은 것을 의미하기보다 습관적으로 늘 켜 두어야 할 것 같은 강박 관념이 문제이다. 인터넷을 하지 않으면 불안해지고 습관적으로 컴퓨터를 켜 온라인에 접속하거나 수시로 전자 메일을 열어 보는 행동도 중독으로 이어지기 쉬운 습관이다. 꼭 필요한 일이 있을 때 컴퓨터를 이용하게 하고 이용 후에는 반드시 전원을 끄게 하는 것이 좋다.

Q3 부모가 적극 참여한다.

⊙ 무조건 못하게 하기보다 최대한의 애정 표현으로 함께 놀자고 청한다. 또한 아동이 좋아하는 게임이나 콘텐츠를 공유하여 게임 전후 대화 시간을 많이 가지는 것도 좋다. 메일을 주고받거나 함께 퀴즈 프로그램을 풀어 보는 것도 좋다. 엄마가 편하자고 컴퓨터를 켜 주는 일은 없도록 한다.

1 베이비시터가 성폭력 예방을 위해 해 주어야 할 일이 <u>아닌</u> 것은?

① 아동 자신의 몸이 소중함을 알려 준다.
② 아동에게 지나치게 친절한 사람은 조심하라고 알려 준다.
③ 사람이 많은 곳으로 다니도록 알려 준다.
④ 성에 관한 영화를 함께 본다.

|정답| ④

|해설| 성폭력은 성에 관한 지식을 사전에 알고 예방하는 것으로 영화를 보고 즐기는 차원에서 해결되지
않는다.

2 인터넷 중독을 예방하는 원칙에 해당되지 <u>않는</u> 사항은?

① 공동의 장소에 컴퓨터를 놓는다.
② 부모가 적극 참여한다.
③ 컴퓨터와 무작정 억지로 떼어 놓는다
④ 꼭 필요할 때만 인터넷에 접속한다.

|정답| ③

|해설| 컴퓨터를 무조건 하지 못하도록 하는 것은 효율적인 지도 방법이 아니다.

3 비만아를 지도하는 요령에 해당하는 사항은?

① 에너지 섭취를 제한하여 공복감을 일으키게 한다.
② 단백질의 섭취는 줄이지 않는다.
③ 아침, 점심, 저녁 세 끼 중 두 끼만 잘 먹도록 지도한다.
④ 짜게 간을 맞추고 쌀밥이나 빵 등을 제한한다.

|정답| ②

|해설| 단백질의 섭취를 줄이는 것은 좋지 않으므로 그 연령에 상당하는 소요량은 반드시 섭취해야 한다.

4 베이비시터가 알아야 할 보행 관련 안전 지도의 실천 내용에 적합하지 <u>않은</u> 것은?

① 일상 생활에서 차례 지키기, 복도, 계단 오르내리기에 관한 지도
② 길을 걸을 때 지켜야 할 태도에 관한 지도(골목길, 보도, 차량 주의)
③ 보도에서 기다리는 태도, 탑승 방법, 버스 승차 시 지켜야 할 예절 지도
④ 건물 화재 발생 시 적절한 탈출 방법 지도

|정답| ④

|해설| 시설물 안전에 관한 실천 내용이다.

1 **안전 지도 내용**

　1) 화장실 내에서의 안전 규칙 지도

　2) 놀이 활동 시의 안전 규칙 지도

　3) 다쳤을 때 응급 조치 및 적절한 병원 확보와 판단

　4) 활동 교구 및 놀이 기구의 안전성 점검

　5) 소화기 사용법(유도등, 완강기, 비상등)　6) 찢어졌을 때의 응급 처치

　7) 화상 시의 응급 처치 방안　8) 이물질 흡입 시의 응급 처치 방안

　9) 팔, 다리 골절 시 응급 처치 방안　10) 숨을 쉬지 않을 때의 심폐 소생술 등

2 **성교육의 목적**

　1) 생명의 소중함에 관심 가지기　2) 우리 몸의 소중함 인식하기

　3) 위험한 상황 알고 대처하기　4) 다른 사람에게 관심 가지기

　5) 상대방의 성(性)을 소중히 생각하기

3 **건강 지도의 내용**

　1) 청결과 단정　2) 자세　3) 구강 위생

　4) 영양　5) 질병 예방 관리　6) 안전 관리

　7) 환경 위생　8) 의복　9) 휴식과 수면

　10) 정서적 건강

4 **비만아 지도 방법**

　1) 과식하지 않도록 한다.

　2) 단백질, 지방, 당질 중 어느 것의 섭취를 줄여도 체중은 감소하나, 단백질의 섭취를 줄이는 것
　　은 좋지 않으므로 그 연령에 상당하는 소요량은 꼭 먹도록 해야 한다.

　3) 아침, 점심, 저녁 세 끼를 균형 있게 섭취하고 간식도 하되, 과자나 당질 식품은 피하고 과일,
　　저칼로리 식 등을 중점적으로 먹도록 지도한다.

　4) 간을 짜게 맞추면 쌀밥이나 빵 등 제한해야 할 당질 식품을 많이 먹게 되므로 싱겁고 신선한 식
　　품과 튀김, 초를 이용한 것을 먹도록 한다.

　5) 에너지 섭취를 제한하면 공복감을 일으키게 되므로 생 채소, 샐러드, 나물, 채소가 들어간 수프
　　등을 잘 이용하여 공복감을 해소하고 만족감을 주도록 한다.

공창숙(2006). 방과후 아동 지도 총론-현장 실무자를 위한. 양서원.

김미예(2007). 아동의 성장 발달과 간호: 아동 건강 간호학 총서 2. 군자출판사.

김일옥 · 최경순(2006). 아동 건강 교육. 양서원.

류현수(2007). 방과후 아동지도론-현장 활동 중심의. 동문사.

양승희 · 공병호 · 유지연 · 조현정(2007). 보육과정. 동문사.

임미혜(2005). 영유아 건강 및 안전 교육. 양서원.

조경자 · 이현숙(2004). 유아 건강 교육. 학지사.

조인숙 · 오선영 · 유정은(1997). 방과후 아동 보육 시설 운영의 이론과 실제. 창지사.

성희롱 · 성폭력 예방 교육 프로그램 / 교육인적자원부(CD 자료)

※ 안전 교육 추천 사이트

http://ange.takos.co.kr/ 앙쥬

http://ccoma.redcross.ac.kr/ 꼬마 안전짱

http://cstp.snut.ac.kr/ 안전생활시민연합

http://envikid.ccej.or.kr/ 어린이 건강과 안전을 위한 환경위원회

http://kisel.or.kr/ 한국아동안전관리협회

http://user.chollian.net/~nrs119/ 중앙 119

http://user.chollian.net/~tonghsea/fire09.htm/ 어린이 응급처치법

http://www.aianclub.com/ 아이안

http://www.autokids.co.kr/ 오토키즈

http://www.babysitter114.com/ 고운빛 베이비시터

http://www.ebs.co.kr/kidsafe/ EBS 꾸러기안전일기

http://www.go119.org/ 어린이안전학교

http://www.police.go.kr/ 사이버 경찰청

※ 건강 관련 추천 사이트

국내　강&수정 소아과: 건강 진단, 예방 접종, 신생아 발육, 응급 처치 등의 소아과 정보
와 의료 상담 등을 제공한다.

소아치과학회: 대한소아치과학회 홈페이지로 전국 소아치과 의원, 어린이 치아

관리 등에 대한 정보를 제공한다.

국외 KidsHealth.org: 부모, 청소년, 아동을 대상으로 각기 다른 페이지를 운영. 아동의 건강 증진을 위해 신체 구조, 성장, 아동 질병 관련 정보를 제공하며, 재미있는 게임도 서비스한다.

Child Health Information Center: 소아과 의료 인력과 부모들을 위해 아동 건강 관련 다양한 정보를 제공한다.

Growing Healthy Canadians: 아동과 청소년 건강 증진을 목적으로 한 건강 정보 사이트

National Maternal & Child Health Clearinghouse: 모자 보건 관련 보고서나 관련 정책 및 미국의 주별 모자 보건 센터가 소개되어 있다.

방과후 아동 보육의 실제 2: 문화 생활 지도

아동의 사회에 대한 통찰력을 깊게 하고 새로운 의미를 발견할 수 있는 사고력 및 창의성을 기르기 위해서는, 문화적 소양을 기를 수 있는 다양한 학습이 요구된다. '문화 생활 지도'에서는 일상에서 공공 기관을 능숙하게 이용하는 등 사회인으로서의 행동 양식을 체득하게 하고, 전시 공연 체험 학습을 통해 문화 예술을 보고, 듣고, 느끼면서 문화 예술의 주체가 되어 볼 수 있도록 지도하는 방법을 구체적으로 알아본다.

01 문화의 의미를 이해하고 문화 생활 지도의 의의를 파악한다.

02 문화 생활 지도의 유형 및 방법을 알고 문화 생활 지도 계획을 세울 수 있다.

03 일상 영역에서 민주 시민으로 살아가기 위한 기본적인 문화적 소양을 기르기 위한 지도 방법을 습득한다.

04 예술 영역에서 문학, 음악, 미술, 연극 등의 전시 및 공연 체험 학습 지도 방법을 습득한다.

• 좁은 의미의 '문화' 문학 또는 음악 · 미술 등 예술과 관련된 활동이나 제도를 말한다. 신문, 잡지의 문화 면에 실리는 문학 작품과 미술 전시회, 그리고 음악이나 연극, 공연에 대한 평론과 소개를 생각하면 쉽다. 조금 더 넓게 문학 · 예술만이 아니라 과학, 교육, 종교 등의 영역까지를 포함한다.

• 넓은 의미의 '문화' 자연에 대립되는 인간 활동과 그 인간이 만든 산물 전체를 말한다. 코탁(미국 인류학자)의 정의에 따르면 문화란 사회의 구성원들에 의해 학습되고(learned), 공유되고(shared), 양식화되면서(patterned), 다음 세대로 이어지는 것(transmitted)이다. 문화란 주어진 환경에 인간이 어떻게 적응하면서 그들의 삶을 영위해 나갈 것인가 하는 생활의 지혜이자 삶의 적응 방식으로, 이것이 정신적, 행위적, 물질적 측면으로 반영되어 나타나는 것을 말한다.

○, × 퀴즈

진단 문제	○	×
1	넓은 의미에서 자연과 대비해서 사람이 행하거나 만든 것 전체를 문화라고 할 수 있다.		V
2	문화 생활 지도란 전문적인 문화 예술인을 양성하기 위한 교수 학습 방법을 뜻한다.		V
3	구청 및 동사무소 등 공공 기관을 자유롭게 활용할 수 있는 능력을 기르는 것도 문화 생활 지도의 한 영역이 될 수 있다.	V	
4	어린이를 위한 공연인 경우 공연장 앞까지 데려다 준 후 어린이들끼리만 공연장에 보내고 부모 혹은 교사는 밖에서 기다려도 괜찮다.		V
5	음악회 공연을 선택할 때에는 처음부터 유명한 작곡가의 고전 음악(클래식)으로 접근하도록 하는 것이 좋다.		V

해설

01 문화를 넓은 의미로 이해할 때는 사람이 본능적이 아니라 의식적으로 행하거나 만든 것 전체를 가리키는 말이 된다. 이렇게 넓게 이해하다 보면 도시뿐만 아니라 집단 수용소도, 건설만이 아닌 파괴도, 또 사는 방식뿐만 아니라 죽이는 방식까지도 문화에 포함되어야 한다. 따라서 문화는 인간이 의식적으로 '가치로운' 것을 행하거나 만든 것으로 한정하여 이해하여야 한다.

02 문화 생활에 대한 정의를 어떻게 내리는가에 따라 달라질 수 있으나 본 강의에서는 문화 생활을 크게 현대 사회의 일상 속에서 문화인으로서 가져야 할 기본 소양을 포함하여 문화 예술 영역 모두를 포함하는 것으로 한다. 문화 생활 지도를 통해 수준 높은 예술인을 양성하고자 하는 것은 아니다.

03 가능하면 부모나 교사도 같이 공연을 보도록 한다. 공연 관람료가 비싸다는 이유로 아이만 공연장에 들여보낼 경우, 집중하지 못하고 돌아다님으로써 옆 사람에게 방해가 될 수 있기 때문이다. 또 직접 연극을 보지 않았기 때문에 아이와 공연 후의 느낌을 나누기도 쉽지 않아서 교육 효과가 높지 않다.

04 서양의 클래식 음악이나 전통 국악 곡처럼 어린이들에게 친숙하지 않은 음악을 1시간 이상 지속적으로 감상하기란 쉬운 일이 아니다. TV 광고 음악이나 학생들이 좋아하는 드라마 음악, 만화 영화 음악, 영화 음악 등은 반복된 경험을 통해 익숙해져 있기 때문에 공연 체험을 위한 좋은 선택이 될 수 있다.

일상 관련 문화 생활 지도

- 시청, 구청, 우체국, 경찰서 등의 공공 기관은 거주 지역에서 가까운 곳을 선택하여 교사가 교육 프로그램 담당자와 직접 의논하여 기관 참관을 계획한다.
- 기관에 따라 차이는 있으나 공문서 발송을 필요로 하는 기관이 있으므로 공문 발송 여부에 대하여 먼저 확인해야 한다.
- 공공 기관은 대부분 사전에 전화 혹은 인터넷을 통해 예약해야 하며, 담당자에게 학생들의 이해 수준을 알려 주어 기관에서 교육 프로그램을 적절하게 조정할 수 있도록 준비시킨다.
- 현장 학습을 갈 때 각 기관에서 제공하는 책자나 브로슈어를 버리지 않고 모아 두면 이후 좋은 교재로 활용할 수 있다.

1. 관공서 체험 학습

1) 시청 · 구청 · 동사무소 이용하기

(1) 개관

- 시청(구청) 견학 프로그램은 시청(구청)마다 특색 있게 진행되고 있다. 시청(구청)에서 지역 주민을 위해 펼치는 시정(구정)을 홍보하는 내용이 주를 이루고 있으며, 각 시청(구청)별로 특색 있는 전시물이 있으면 전시물 관람도 할 수 있다.
- 시청(구청)에서는 대부분 견학을 희망하는 공문서만 발송하면 특별히 시청(구청)이 바쁜 시기가 아니라면 견학 일정을 잡고 여유롭게 견학할 수 있다.
- 견학 문의를 위해서는 홍보기획과로 전화를 하거나 민원봉사실에 전화를 해도 친절하게 안내해 준다.
- 만일 시청(구청)을 방문할 수 없을 때에는 동사무소를 견학하는 것도 의미 있다. 실질적으로 쓰레기 분리 수거 체험이나 주민등록등본 발급 신청을 해 볼 수 있고, 동사무소의 주민 센터 활용 방법을 배울 수도 있어 효과가 크다.

- 회의실, 사무실 등을 견학하면서 어른이 되어 사무직 직업을 가지는 것에 대하여 이해할 수 있다.

(2) 지도의 예(구청)

① 사전 학습
- 구청에서 하는 다양한 일들에 대해 알아보기
  - 일상적으로 접하는 구청에서 하는 일 알아보기
- 구청 홈페이지를 방문하여 구청이 하는 일 탐색하기
- 현장 체험 학습 일정 확인하기
- 유의 사항 및 안전 지도하기
  - 구청은 특히 민원 업무를 많이 보는 곳이므로 견학 과정에서 소란스럽지 않도록 주의하기

② 현장 학습
- 구청으로 이동하기
- 구청 직원의 안내에 따라 구청 견학하기
- 궁금한 점 질문하기
- 안전하게 귀가하기
  ※구청에서 하는 일들에 대하여 가능한 자세히 설명을 들은 후, 사후 학습 시간에 교사가 학생들 수준에 맞게 적절히 조정하여 설명해 준다. 그러기 위해서는 사진 자료가 좀 더 필요하므로 가능한 사진을 많이 찍도록 한다.

③ 사후 학습
- 사진 자료를 보면서 구청에서 하는 일 재확인하기
- 지역 행정 기구가 하는 일을 좀 더 알아보기 위해 동사무소 방문하기
  - 대형 쓰레기 폐기나 주민등록초본을 직접 떼어 보는 실습하기(교사의 시범)
- 개인별 현장 학습 참가 태도 평가하기
- 개인별 학습 내용 정리

2) 우체국 이용하기

(1) 개관

각 구별로 위치한 광역 우체국 외에 동네별로 있는 우편취급소를 견학하는 것도 좋다. 그런데 우편취급소에서는 우편물 분류 작업을 볼 수 없다는 아쉬움이 있다. 각 지역 우체국에는 유치원 등에서 현장 학습을 많이 오기 때문에 견학에 대해 우호적이다. 우체국의 마케팅부가 담당 부서이므로 마케팅부로 전화하여 신청하면 된다. 견학 내용은 우편물 접수 창구와 우편물 분류 작업실, 집배실 등을 견학하는 것으로 구성되어 있으며 우체국 직원이 안내해 준다.

(2) 지도의 예

① 사전 학습
- 우체국에서 하는 일에 대하여 알아보기
- 우체국을 이용했던 각자의 경험에 대하여 이야기하기
- 우체국 홈페이지를 방문하여 우체국의 다양한 역할 탐색하기
- 현장 체험 학습 일정 확인하기
- 유의 사항 및 안전 지도하기

② 현장 학습
- 우체국으로 이동하기
- 우체국 직원의 안내에 따라 우체국 견학하기
- 궁금한 점 질문하기
- 안전하게 귀가하기
  ※우체국의 경우 견학 시간이 상대적으로 짧으니 사전에 시간 안배에 신경을 쓰고 다른 프로그램과 연계시킨다.

③ 사후 학습
- 현장 학습 사진 또는 동영상을 보면서 우체국에서 하는 일 알아보기
  -우편 업무, 금융 업무, 지방 토산품 판매 등 변화된 우체국 업무에 대해 말하기
- 우체국을 실생활에서 이용할 수 있는 방법 알아보기
  -친구나 부모님께 편지 쓰기
  -직접 인근의 우편취급소에 가서 우표를 사서 편지 부치기

–우편취급소에서 판매하는 토산품 사 보기
* 개인별 현장 학습 참가 태도 평가하기
* 개인별 학습 내용 정리

2. 공원 등 생활 편의 시설 체험 학습

1) 청계천

(1) 개관

　서울 4대문 안의 한복판을 서쪽에서 동쪽으로 흐르는 하천이 청계천이다. 청계천은 서울 시내의 북악산과 인왕산, 남산 등의 여러 골짜기에서 흘러내린 물들이 모두 모여 흐르다 중랑천과 만나 흐름을 바꾸며 한강으로 빠져나가는 내이다. 이러한 청계천은 1957년에 복개되어 흐르는 물을 볼 수 없었으나 2003년부터 시작된 복원 공사로 그 모습을 드러내게 되었다.

(2) 지도의 예
① 사전학습
* 청계천 복원에 대한 인터넷 자료 검색하기
* 청계천 복원의 필요성 알아보기
* 청계천 복원 과정 살펴보기–미리 책자 살펴보기
② 현장 학습
* 청계천의 구조상 다수가 동시에 관람하는 것이 어려우므로 구간별로 나누어 관심 있는 곳을 관람하도록 한다.
* 다수 학생이 함께 청계천을 둘러볼 경우 모든 다리를 다 함께 보기보다는 구간별로 특징적인 것을 중심으로 돌아보도록 한다.
* 안내 책자를 가지고 시작점인 시청부터 물이 흐르는 방향을 따라 걸으며 관람하도록 한다.
* 책자에 제시된 곳에 모여 교사의 안내를 받는다.

③ 사후 학습
- 청계천의 이용 방법 생각해 보기
- 청계천의 환경을 잘 지키고 가꿀 수 있는 방안에 대해 토의하기

2) 월드컵공원

(1) 개관

월드컵공원 중 특히 하늘공원은 자연 천이가 진행되는 생태적 환경을 갖추고 있다기보다는 쓰레기 매립지 안정화 공사의 결과로 형성된 인공적인 땅이다. 따라서 이 공원은 척박한 땅에서 자연이 어떻게 시작되는가를 보여 줄 수 있는 공간으로, 현대 문화의 산물이라 할 수 있다. 장기적인 안목으로 자연을 되찾으려는 안정화 사업은 시민들에게 환경 교육의 장을 제공하고 나아가 환경의 새 천년을 상징하는 주춧돌로 기대되는 바, 학생들에게 교육적 의미가 큰 곳이다.

(2) 지도의 예
① 사전 학습
- 현장 학습 활동 일주일 전 월드컵공원 사이트를 방문해 보고 예전의 난지도 모습과 지금의 아름다운 공원 모습을 비교해 본다. http://parks.seoul.go.kr/worldcup
② 현장 학습
- 생태 학습 프로그램이나 환경 교실 프로그램에 참여한다.
- 난지도의 어제와 환경 생태 공원으로의 재생, 쓰레기 매립지의 환경 오염 물질 처리 현황을 알아보고 모둠별 혹은 개별 학습지를 해결한다.
③ 사후 학습
- 예전 모습과의 비교, 현재의 공원을 보고 친구들끼리 느낀 점이나 생각한 것들을 서로 이야기해 본다.
- 우리 시·도가 어떻게 달라지고 있는지 이야기해 본다.

체험 학습 관련 서적 안내

김효중(2007). 『청계천(신나는 교과서 체험학습 36)』 등. 스쿨김영사.
http://www.kyobobook.co.kr/product/detailViewKor.laf?mallGb=KOR&ejkGb=KOR&linkClass=422313&barcode=9788934924654

2 예술 관련 문화 생활 지도

　　미래 사회는 문화 감수성을 바탕으로 지식과 정보의 가치를 재창출하여 부가 가치를 높이는 문화 산업이 중심이 되는 사회이다. 문화 예술 체험 학습은 학생의 문화 예술 능력 향상, 창의성 교육, 인성 교육, 학생 활동 중심의 교육, 실력과 인성을 갖춘 창의적 인재 육성에 꼭 필요한 교육이다. 문학 관련 학습으로 도서관 체험 활동, 음악 관련 학습으로 음악회 체험 활동, 미술 관련 학습으로 미술관 및 박물관 체험, 그 밖에 연극이나 뮤지컬 등의 체험 학습에 대하여 살펴본다.

1. 도서관 체험 학습

(1) 개관
- 도서관은 도서, 기록, 시청각 자료, 국가·지방 행정 자료, 향토 자료 및 기타 필요한 자료를 수집·정리·보존하여 공중 또는 특정인의 이용에 제공되어 조사, 연구, 학습, 교양, 레크리에이션, 기타 사회 교육에 기여하는 곳이다.
- 특히 바른 독서법, 독후감 작성법, 독서 위생, 도서 선택법, 도서관 이용 방법 등 체계적인 독서 지도를 통하여 독서 능력 배양 및 문학적 체험에 기여한다.

(2) 지도의 예
① 사전 학습
- 도서관 견학 목적을 인식시키고 견학 내용을 자세히 안내한다.
- 견학하는 도서관에서 읽고 싶은 책을 미리 생각해 보도록 지도한다.
  ※가정과 가까운 곳에 있는 도서관부터 선정하여 이용하도록 한다.
  - 체험 학습이 이루어진 후 도서관에서 이루어지는 프로그램을 안내하여 도서관 이용을 권장한다.
  - 도서관 이용 방법을 숙지시키고, 특히 질서와 정숙을 유지하여 다른 이용자에게 방해가 되지 않도록 주의시킨다.

• 인터넷을 통해 다음과 같은 사항을 확인하도록 한다.

　－견학 도서관의 위치와 교통편 알아보기

　－도서관 운영 시간과 프로그램 알아보기

　－초등학생이 이용할 수 있는 프로그램과 시설 알아보기

② 현장 학습

• 도서관 시설을 둘러본 후 시설과 운영 내용을 알아본다.

• 초등학생이 이용할 수 있는 시설을 찾아본다.

• 도서관의 역할과 기능 및 도서 목록 분류, 도서관 이용 방법 등을 지도한다.

　※사서 교사에게 사전에 설명 및 지도를 부탁할 수도 있다.

●표 16-1 │ 도서관 관련 인터넷 주소(서울시 소재 도서관)

순	장소	사이트
1	서울특별시시립공공도서관	http://www.lib.seoul.kr
2	강남도서관	http://www.ganamlib.or.kr
3	강동도서관	http://www.gdlib.or.kr
4	강서도서관	http://www.gangseolib.or.kr
5	강북문화정보센터	http://www.gangbuklib.seoul.kr
6	관악도서관	http://www.gwanakcullib.seoul.kr
7	광진정보도서관	http://www.gwanginlib.seoul.kr
8	고척도서관	http://www.gocheok.or.kr
9	금천구립도서관	http://www.geumcheonlib.seoul.kr/
10	중계평생학습관	http://www.jgllc.or.kr
11	도봉도서관	http://www.dobonglib.go.kr
12	동대문도서관	http://www.dpl.or.kr
13	국립중앙도서관	http://www.nl.go.kr
14	동작도서관	http://www.dongjaklib.or.kr
15	서대문도서관	http://www.seodaemun.or.kr
16	송파도서관	http://www.songpalib.or.kr
17	양천도서관	http://www.yclib.or.kr
18	정독도서관	http://www.jeongdok.or.kr
19	종로도서관	http://www.jongnolib.or.kr
20	남산도서관	http://www.namsanlib.or.kr

- 학생 수준에 맞는 책을 고를 수 있도록 지도한다.
- 학생이 읽고 싶어하는 책이 어느 분류 목록에 있는지 찾도록 한다.
- 도서 분류 목록 확인 후 읽은 싶은 책을 찾아 조용히 책을 읽도록 한다.
- 책을 다 읽으면 제자리에 꽂고 다른 여러 종류의 책을 찾아보도록 한다.

③ 사후 학습
- 읽었던 책을 모두 제자리에 정리하도록 한다.

  ※어린이가 원래 위치를 찾지 못할 때 도서 분류 목록을 확인하여 제자리를 찾도록
    하거나 도서 반납대에 올려놓도록 지도한다.
- 책을 읽은 후 독후 학습지를 작성하도록 한다.
- 도서관 체험 학습을 마친 후 소감을 발표하도록 한다.

2. 미술관 및 전시관 체험 학습

(1) 개관
- 미술관은 미술 문화를 향유하고 즐기며 정신적인 쉼터의 역할을 한다. 이러한 미술 문화 대면의 장소이자 미술품의 정신적 소비를 위해서 미술관 경험은 매우 필요하다. 미술관 체험 학습은 실제 경험으로 인하여 학습자의 학습 의욕을 자극할 수 있으며, 학습이 실제 작품과 연결되면서 흥미를 유발시키고 참여를 독려하게 된다.
- 미술관 견학을 통한 감상 활동은 학생들에게 미술 문화가 사회 문화적 현상을 반영하고 있음을 발견하고 이에 대한 새로운 지식과 정보를 제공할 수 있다. 또한 미술 작품을 이해하는 과정에서 작품과 작가의 표현 의도와의 관계를 발견하고, 여러 가지 의미를 해석하는 과정을 통해 비평, 평가, 탐색, 추론, 분석, 분류 등과 같은 사고 능력을 키워 줄 수 있다.
- 미술관은 미술 작품을 전시하고 관람객이 관람하는 곳으로만 알고 있는 어린이들이 많다. 그러나 미술관이 하는 일은 전시뿐만 아니라 미술 작품의 수집, 보존, 연구와 함께 어린이 · 성인들을 위한 교육이나 다른 다양한 행사들도 진행한다.
- 미술관 전시에는 미술관이 소장하고 있는 작품을 전시하는 상설 전시와 일정 기간 전시하는 기획 전시가 있다. 기획 전시는 미술관에서 특별한 주제로 구성한 전시이며 대부분의 미술관 전시가 이에 속한다.

- 미술관: 그림을 보며 화가가 사물을 어떻게 보고 어떻게 표현했는지, 나와는 어떻게 다른지 생각해 보도록 한다.
- 박물관: 유물을 보면서 현재와 과거를 비교하고 상상해 보게 한다.

(2) 지도의 예

① 사전 학습

- 장소를 정한다.

먼저 아이와 함께 갈 곳을 정한다. 최근 아이가 관심을 가지고 있는 것과 관련하여 장소를 정하는 것이 좋다. 공룡에 관심을 가지고 있다면 선사박물관이 좋고, 한창 그림 그리기에 열중하고 있다면 가까운 미술관을 찾아보도록 한다.

- 사전 지식을 갖춘다.

미술관의 경우 그곳에 어떤 작품이 전시되고 있는지 정도는 알고 가도록 한다. 박물관에 갈 때도 박물관의 특성과 전시품을 알고 간다. 인터넷을 통해 해당 미술관이나 박물관 홈페이지에 들러 보고, 그곳에서 진행되는 행사가 있다면 그 시간에 맞춰 일정을 짜도록 한다. 아이와 함께 인터넷 사이트를 보며 화면에 나오는 작품을 직접 보러 갈 것이라고 이야기해 준다.

- 미술관 및 박물관에서 지켜야 할 예절에 대하여 생각해 본다.

[미술관 · 박물관에서 작품을 관람할 때 지켜야 할 사항]

① 박물관 · 미술관 또는 전시장에서는 잡담을 하지 않고, 안내원의 지시에 따르며 관람 코스를 따라 조용히 감상한다.

② 작품에 손을 대거나 훼손해서는 안 된다.

③ 사진 촬영은 허가를 받았을 때에만 한다.

④ 내용이나 재질을 알고 싶을 때에는 작품 설명서를 읽는다. 그래도 궁금할 때에는 작가나 직원에게 묻는다.

⑤ 작품의 감상 및 느낌을 큰소리로 말하는 것은 실례이다.

⑥ 단체 관람 시 한 장소에서 오래 감상하지 않는다.

⑦ 전시 작품의 도록이나 팸플릿은 수집하여 읽어 보고 보관한다.

- 부가 서비스를 확인한다.

요즘의 미술관이나 박물관에서는 전시뿐 아니라 체험 활동이나 영화 상영 등 다양한 부가 서비스를 마련하고 있다. 전시물을 보는 것뿐만 아니라 부가 서비스에도 관심을 가지면 미술관이나 박물관을 좀 더 효율적으로 이용할 수 있다.

- 아이에게 미리 체험 학습에 대하여 이야기한다.

하루 전 날에 "내일 ~ 갈 거야."라고 통보하기보다는 일주일 전에는 아이와 이야기하는 것이 좋다. 어린 아동의 경우 심리적으로 준비하며 갈 곳에 대한 호기심을 키울 기간이 반드시 필요하다.

② 현장 학습

- 하루에 한두 가지 정도 집중적으로 보고 온다.

어린 학생들이 미술관이나 박물관에 갈 경우 하루에 모든 전시물을 다 보겠다는 욕심은 버려야 한다. 아이들의 주의 집중 시간이 짧은 데다 움직이지 않는 사물을 계속 바라보는 것은 지루함을 줄 수 있다. 미술관의 경우 작품 하나, 박물관의 경우 유물 하나 등 한두 개라도 잘 보겠다는 생각을 가지는 것이 좋다. 관람 시간도 아동의 연령을 고려하여 저학년의 경우는 한 시간을 넘지 않도록 한다.

- 앞에서 보고, 옆에서 보고, 거꾸로 본다.

그림 하나를 선택했다면 정면에서만 보여 주지 말고 다양한 각도로 그림을 보며 느낄 수 있도록 한다. 가까이서 볼 때와 멀리서 볼 때가 어떻게 다른지, 옆에서 볼 때와 거꾸로 볼 때의 느낌은 어떤지 교사와 아이가 시각을 달리해 가며 재미있게 보도록 한다.

- 아이들이 이해하기 쉬운 말로 설명해 준다.

그림의 제목이나 유물의 명칭이 아이들에게는 어려울 수 있다. '정물화'는 물건을 그린 그림, '토기'는 흙으로 만든 그릇 등 아이가 이해하기 쉽게 이야기해 준다.

- 아이의 호기심을 자극할 만한 질문을 던진다.

- "와, 이 화가 아저씨는 사과를 이렇게 그렸네. 너라면 어떻게 그렸을 것 같아?", "이 그릇은 아주 옛날 사람들이 썼던 거래. 우리가 쓰는 밥그릇과 어떻게 다른 같아?" 등등 아이들의 사고를 확장시켜 줄 수 있는 질문을 많이 한다.

- 도슨트의 안내를 받는다.

미술관에는 도슨트라 하여 작품을 설명해 주는 안내원들이 있다. 보통 하루 2회 정도 안내해 주고 있으므로 안내 시간에 맞춰 관람하는 것이 좋다. 주요 작품을 설명해 주는데 미술관의 전시물에 대해 잘 알고 있더라도 도슨트의 설명에 참여해 본다.

- 사진 찍기보다는 느끼기에 초점을 맞춘다.

미술관이나 박물관에 가서 흔히 목격되는 상황은 작품 앞에 아이를 세워 두고 사진을 찍는 것이다. 사진을 찍거나 무엇인가 적으려 하기보다는 느끼고 생각하는 것이 더 중요하다.

③ 사후 학습

- 그림으로 느낌을 표현한다.

충분히 관람했다면 미술관이나 박물관 주변 공원에 앉아 스케치북을 펴도록 한다. 대부분의 미술관이나 박물관은 외부 조경 시설도 잘 갖춰져 있다. 잔디밭이나 벤치에 앉아 스케치북을 펴고 방금 보고 온 것을 그림으로 표현해 보는 것도 좋다.

미술관 관련 참고 도서

*장세현(2007). 『한눈에 반한 우리 미술관』. 거인.
http://www.kyobobook.co.kr/product/detailViewKor.laf?mallGb=KOR&ejkGb=KOR&clickOrder=LEB&barcode=9788990332639
*장세현(2007). 『한눈에 반한 서양 미술관』. 거인.
http://www.kyobobook.co.kr/product/detailViewKor.laf?mallGb=KOR&ejkGb=KOR&linkClass=&barcode=9788990332608&clickOrder=JAH
*아이세움 편집부(2001). 『그림으로 만난 세계의 미술가들』, 1~12권. 아이세움.
http://www.kyobobook.co.kr/product/detailViewKor.laf?ejkGb=KOR&mallGb=KOR&barcode=9788937810510&orderClick=LAH
*비외른 소르틀란(2000). 『안나와 떠나는 미술관 여행』. 김영사.
http://www.kyobobook.co.kr/product/detailViewKor.laf?ejkGb=KOR&mallGb=KOR&barcode=9788934906315&orderClick=LAH

박물관 관련 참고 도서

*한의숙(2006). 『너 이런 박물관 가봤니』, 1, 2. 글로연.
http://www.kyobobook.co.kr/product/detailViewKor.laf?ejkGb=KOR&mallGb=KOR&barcode=9788995790113&orderClick=LAH
*윤소영(2007). 『박물관에서 놀자』. 거인.
http://www.kyobobook.co.kr/product/detailViewKor.laf?ejkGb=KOR&mallGb=KOR&barcode=9788990332516&orderClick=LAH

*이원복(2004). 『나는 공부하러 박물관 간다』. 효형출판.
http://www.kyobobook.co.kr/product/detailViewKor.laf?ejkGb=KOR&mallGb=KOR&
barcode=9788986361902&orderClick=LAH
*편집부(2007). 『아이 손 잡고 고궁 박물관 미술관』. 중앙M&B.
http://www.kyobobook.co.kr/product/detailViewKor.laf?ejkGb=KOR&mallGb=KOR&
barcode=9788983750099&orderClick=LAH

3. 음악회 및 공연 문화 체험 학습

(1) 개관

- 음악은 소리의 예술이다. 음악에 관한 그 어떤 설명이나 글보다 한 번의 음악 공연 체험이 학생들에게 의미 있는 음악적 경험과 지식이 될 수 있다. 따라서 음악에 보다 쉽고 재미있게 다가갈 수 있도록 하는 체계적이고 철저한 음악 체험 활동의 중요성이 크다고 할 수 있다.
- 학생들에게 공연 문화 체험을 제공하는 일은 또 하나의 교육이라고 할 수 있다. 학교와 학원 사이를 오가며 놀이 마당을 잃어버린 채 인터넷 문화에 빠져드는 어린이들에 상상력과 창의력을 신장 시킬 수 있는 다양한 체험 활동이 필요하다. 그 중에서 공연 문화 체험 활동은 상상력과 창의력을 신장시키는 데 최고의 교육 매체라 볼 수 있다. 이의 실천을 위해 공연 문화 체험을 쉽게 접근할 수 있도록 안내할 수 있어야 한다.

(2) 지도의 예시(음악회)

① 사전 학습

음악 체험 활동의 성공 여부는 음악 감상 전 활동에 달려 있다고 해도 과언이 아니다. 음악은 단지 '듣기만' 하는 활동이 아니기 때문이다. 학생들의 음악적 사고와 음악적 상상력을 자극할 수 있는 감상이 될 수 있도록 철저한 준비와 계획이 필요하다.

- 음악 공연 정보 탐색하기

  음악 공연 정보를 탐색하고, 티켓을 구입하거나 공연장을 찾아 가는 등의 기본적인 탐색 활동을 할 수 있도록 지도한다.

[음악 공연 선택하기]

어떤 음악회에 갈까? 음악 공연 선택은 음악 체험 활동의 가장 중요한 출발점이다. 음악 공연을 선택할 때 다음과 같은 점들을 고려하는 것이 좋다.

① 학생들에게 익숙한 음악 공연

명곡이라 할지라도 어린 학생들에게는 어렵고 따분한 것이 될 수 있다. 친숙하지 않은 음악을 인내를 강요하며 듣게 하기보다는 생활 속에서 익숙한 음악을 선택하는 것이 좋다. TV 광고 음악이나 학생들이 좋아하는 드라마 음악, 만화 영화 음악, 영화 음악 등은 반복된 경험을 통해 익숙해져 있기 때문에 공연 체험을 위한 좋은 선택이 될 수 있다.

② 표제 음악, 이야기를 담고 있는 음악 공연

생상의 '동물의 사육제'와 같은 표제가 있거나 '페르귄트 모음곡'과 같이 이야기를 담고 있는 음악은 음악 감상에 입문하는 학생들에 좋은 음악이다. 표제나 이야기가 담고 있는 특징이 음악과 연결되어 학생들의 음악적 상상력을 자극하기 때문이다.

③ 관객의 참여가 있는 음악 공연

관객의 능동적인 참여를 통해 보다 깊이 있는 심미적 경험을 유도하는 음악회들이 많이 열리고 있다. 특히 집중 시간이 짧고 음악 감상을 어렵고 지루하게 생각하기 쉬운 초등학생들에게는 더욱 효과적인 음악 감상을 할 수 있게 해 줄 것이다.

④ 해설, 이야기가 있는 음악 공연

음악회를 시작할 때, 혹은 곡의 시작 부분이나 중간 부분에서 곡에 대한 설명이나 작곡가에 대한 재미있는 이야기, 혹은 악기 소개 등을 함께 하는 음악 감상 프로그램들이 점차 늘고 있다. 음악에 대한 경험이 적은 학생들의 흥미를 불러일으킬 뿐 아니라, 소리와 음악적 지식을 함께 쌓을 수 있기에 초등학생들에게 매우 유용하다.

• 머릿속으로 음악회 미리 가 보기

음악 공연 체험 활동을 하기 전에 미리 음악 감상 학습을 한다. 참석하는 음악회의 작품이나 음악가, 중심 주제 선율, 중심 악기, 연주가 등에 대해 미리 탐색해 본다.

• 음악회장에서 지켜야 할 예절 지도하기

음악회장에서 지켜야 할 예절 등을 살펴보고 왜 지켜야 하는지에 대해 생각해 볼 수 있는 시간을 가진다.

• 학생 스스로 음악 감상 계획 세우기

  소리 안에 담긴 음악적 의미를 찾을 수 있도록 음악 감상의 중점, 음상 감상 전과 후의 활동에 대해서도 생각해 보도록 한다.

② 현장 학습

• 공연 시작 20분 전까지는 공연장에 도착하도록 하고, 최소한 10분 전에는 지정한 좌석에 모두 앉을 수 있도록 한다.

• 지정 좌석에 앉기 전에 화장실을 다녀올 수 있도록 안내한다.

• 입구 쪽에 있는 좌석 배치도를 참고하여 티켓에 제시된 지정 좌석을 찾아 앉는다.

• 좌석에 앉은 후에는 간단한 프로그램 안내지를 살펴보고, 휴대폰 전원을 끈다.

• 학생이 스스로 세운 음악 감상 계획을 바탕으로 음악회를 감상하도록 한다.

③ 사후 학습

• 음악 체험 활동 소감문, 음악 감상문을 쓴다.

• 다음 음악 체험 활동 계획을 세운다.

• 음악 체험 활동과 관련된 자료들을 정리하여 스크랩한다(음악 체험 활동 계획, 음악 일기, 음악 정리 활동 결과물, 음악 체험 활동 사진, 음악회 티켓, 음악회 프로그램 안내지 등).

(3) 지도의 예(연극/뮤지컬/오페라 공연 등)

① 사전 학습

• 아이의 관심사를 풍부하게 해 줄 수 있는 공연을 찾는다.

-공연은 학년 수준과 주제에 맞도록 선택한다.

-아이가 공주에 관심이 많다면 '백설 공주' 등 공주를 소재로 한 연극을 찾아본다. 책에서 보던 것을 공연으로 접하며 아이는 표현 방식의 차이를 알게 된다. 또한 자신의 관심사이므로 집중해서 보게 된다.

-공연 제목, 공연 장소, 공연 날짜를 정확히 파악한다.

• 공연을 보기 전 관련 정보를 파악한다.

-공연 안내 자료(팸플릿)나 극단의 홈페이지를 통해 출연자의 범위, 주제가 등에 대한 상세 정보를 파악한다.

-공연을 보기 전에 미리 공연 내용과 관련된 책을 읽고 가면 아이들이 훨씬 쉽게 이해한다.

• 공연 관람에 따른 관람 방법과 공연 예절 등을 인지시킨다.

[공연 관람 예절]

① 예절은 그 사람의 인품이나 품격을 좌우한다.

② 관객들의 예절에 의해 공연의 성패가 좌우된다.

③ 공연 20분 전쯤 도착, 작품에 대해 미리 살펴본다.

④ 연극에 대한 의문점, 자신의 의견은 끝난 후 선생님께 여쭤 본다.

⑤ 주의 사항

 *시간 지키기: 본 공연 10분 전 정해진 자리에 앉기

 *공연 시작 후 출입 금지

 *음식물을 가지고 들어가지 않기

 *껌 씹는 행위, 잡담 금지: 정숙 유지하기

 *신발 벗는 행위, 배우에게 야유 보내는 행위 하지 않기

 *공연장 내에서 뛰지 않고 조용히 하기

 *무대가 보이지 않는다고 일어나지 않기

 *공연 후 티켓, 팸플릿 보관 및 감상 메모 습관 들이기

 *청결 유지: 휴지는 휴지통에, 침 뱉지 않기

 *공연 중 사진 촬영하지 않기

 *공연 후 꽃다발을 무대 위로 주는 행위 삼가기

⑥ 공연이 끝나면 출입문 쪽의 좌석부터 차례대로 밖으로 나온다.

② 현장 학습

- 공연 안내 자료(팸플릿)와 비교하며 등장 인물의 특징 및 내용을 파악한다.
- 등장 인물의 특징과 표현하는 방법, 재미있는 장면을 생각하며 관람한다.
- 출연자들과 동일체 의식을 가지고 관람한다.

③ 사후 학습

- 공연을 본 후에는 느낌을 정리한다.
  - 공연을 보고 와서 소감을 쓰게 하거나 그림을 그리게 한다.

공연 장소 안내 사이트

- *예술의전당(http://www.sac.or.kr/)
- *세종문화회관(http://www.sejongpac.or.kr/)
- *LG아트센터(http://www.lgart.com)
- *정동극장(http://www.chongdong.com/index.asp)
- *금호아트홀(http://www.kumhoarthall.com/)
- *국립중앙극장(http://www.ntok.go.kr/)
- *동숭아트센터(http://www.dsartcenter.co.kr/)
- *충무아트홀(http://www.cmah.or.kr/)
- *나루아트센터(http://www.naruarts.co.kr)
- *서울열린극장 창동(http://www.sotc.or.kr/)

음악 공연 정보 및 티켓 예매 안내 사이트

- *티켓링크: http://www.ticketlink.co.kr
- *인터파크: http://ticket.interpark.com
- *티켓박스: http://www.ticket- box.com/
- *사랑티켓: http://www.sati.or.kr/

음악 공연 체험 학습 관련 참고 도서

*크리스티아네 테빙켈(2006). 『음악회에 대해 궁금한 몇 가지』. 열대림.
http://www.kyobobook.co.kr/product/detailViewKor.laf?ejkGb=KOR&mallGb=KOR&barcode=9788990989161&orderClick=LAH

*니시하라 미노루(2007). 『클래식 명곡을 낳은 사랑 이야기』. 문학사상사.
http://www.kyobobook.co.kr/product/detailViewKor.laf?mallGb=KOR&ejkGb=KOR&linkClass=23030903&barcode=9788970128047

*김승일(2007). 『클래식 음악 알아듣기』. 예일출판.
http://www.kyobobook.co.kr/product/detailViewKor.laf?mallGb=KOR&ejkGb=KOR&linkClass=23090103&barcode=9788991304178

*안동림(2005). 『퀴즈로 배우는 클래식 음악』. 현암사.
http://www.kyobobook.co.kr/product/detailViewKor.laf?mallGb=KOR&ejkGb=KOR&linkClass=&barcode=9788932313474&clickOrder=JAG

*울리히 룰레(2004). 『음악에 미쳐서』. 비룡소.
http://www.kyobobook.co.kr/product/detailViewKor.laf?mallGb=KOR&ejkGb=KOR&linkClass=&barcode=9788949190730&clickOrder=JAI

1 지도 교사가 문학, 음악, 미술 등 문화 예술 영역에 대한 전문적인 소양을 갖추고 있어야 문화 생활 지도를 잘할 수 있다. (O, X)

|정답| X

|해설| 문화 생활 영역은 매우 범주가 넓다. 지도 교사가 문화 예술 전반에 걸쳐 전문적인 소양을 갖추고 있다면 보다 체계적인 지도가 가능하겠지만, 필수 조건은 아니다. 알고 있는 것과 그것을 학생에게 지도하는 것은 다르다. 비록 해당 영역에 대한 지식이나 경험이 없다 할지라도 의욕을 가지고 학생과 함께 해당 영역 관련 도서를 찾아서 읽고, 함께 체험하는 기쁨을 느낄 수 있다면 질 높은 교육적 효과를 기대할 수 있다.

2 전시나 공연을 관람할 때 주의해야 할 점으로 잘못된 것은? (   )

① 공연 20분 전쯤 도착, 작품에 대해 미리 살펴본다.
② 단체로 전시물 관람 시 한 장소에서 오래 감상하지 않는다.
③ 공연에 대한 의문점은 바로바로 선생님께 질문하도록 한다.
④ 전시 작품에 손을 대지 않고 사진 촬영은 허가를 받았을 때에만 한다.

|정답| ③

|해설| 예절은 그 사람의 인품이나 품격을 드러내는 것이다. 특히 관객과의 호흡을 중시하는 공연의 경우 관객들의 예절에 의해 공연의 성패가 좌우된다. 따라서 어린이들이 문화 예술 학습을 할 때 필요한 예절을 잘 지키도록 지도해야 한다. 전시나 공연 중에 큰소리로 작품 감상평이나 느낌을 말하는 것은 실례이다. 박물관이나 미술관, 전시장에서는 잡담을 하지 않고, 안내원의 지시에 따르며, 관람 코스대로 조용히 감상한다. 특히 공연을 관람할 때에는 무대 위의 배우 혹은 성악가가 공연에 최선을 다할 수 있도록 조용히 집중해 주고, 공연이 끝났을 때에는 훌륭한 공연에 대한 격려와 감사의 뜻으로 열렬히 박수를 쳐 주도록 한다. 공연에 대한 의문점이 있거나 자신의 의견은 공연이 모두 끝난 후, 혹은 중간 휴식(intermission) 시간에 선생님께 물어 보도록 사전에 지도한다.

3 음악 공연 선택은 음악 체험 활동의 가장 중요한 출발점이다. 어린이를 위한 음악 공연을 선택할 때 어떤 점들을 고려해야 하는지 설명하시오.

|정답| 음악 공연은 학년 수준과 관심사, 주제에 맞도록 선택해야 한다. 첫째, 학생들에게 익숙한 음악 공연을 선택한다. 명곡이라 할지라도 어린 학생들에게는 어렵고 따분한 것이 될 수 있다. 친숙하지 않은 음악을 인내를 강요하며 듣게 하기보다는 생활 속에서 익숙한 음악을 선택하는 것이 좋다. TV 광고 음악이나 학생들이 좋아하는 드라마 음악, 만화 영화 음악, 영화 음악 등은 반복된 경험을 통해 익숙해져 있기 때문에 공연 체험을 위한 좋은 선택이 될 수 있다. 둘째, 표제 음악이나 이야기를 담고 있는 음악 공연을 선택한다. 생상의 '동물의 사육제'와 같은 표제가 있거나 '페르귄트 모음곡'과 같이 이야기를 담고 있는 음악들은 음악 감상에 입문하는 학생들에 좋은 음악이다. 표제나 이야기가 담고 있는 특징들이 음악과 연결되어 학생들의 음악적 상상력을 자극하기 때문이다. 셋째, 관객이 직접 참여할 수 있는 음악 공연을 선택한다. 관객의 능동적인 참여를 통해 보다 깊이 있는 심미적 경험을 유도하는 음악회들이 많이 열리고 있다. 특히 집중 시간이 짧고 음악 감상을 어렵고 지루하게 생각하기 쉬운 초등학생에게는 더욱 효과적인 음악 감상을 할 수 있게 해 줄 것이다. 넷째, 해설이나 이야기가 있는 음악 공연을 선택한다. 음악회를 시작할 때, 혹은 곡의 시작 부분이나 중간 부분에서 곡에 대한 설명이나 작곡가에 대한 재미있는 이야기, 혹은 악기 소개 등을 함께 하는 음악 감상 프로그램들이 점차 늘고 있다. 음악에 대한 경험이 적은 학생들의 흥미를 불러일으킬 뿐 아니라, 소리와 음악적 지식을 함께 쌓을 수 있기에 초등학생들에게 매우 유익하다.

아동 보육에서 문화 생활 지도란 일상적인 의미의 문화인으로서의 원활한 생활이 가능하도록 지도하는 것과 문화 예술적 의미로 문학, 미술, 음악적 체험 또는 문화재 견학을 통해 문화적 소양을 높이는 교육 모두를 포함하는 것을 말한다.

문화 생활 지도의 목적은 모든 아동들이 사회에서 행복한 삶과 각자의 자아 실현을 위한 기본 학습 능력과 기본 생활 습관을 기르고, 아동의 소질과 적성을 최대한 발휘할 수 있는 기회를 제공해 주는 데에 있다. 문화 생활 지도는 아동의 인성 교육, 창의성 교육, 문화 예술 능력 향상 등 실력과 인성을 갖춘 창의적 인재 육성에 꼭 필요한 교육 활동이다.

문화 생활 지도는 학습 상황별로 경험 제공 학습, 내용 확인 및 심화 학습, 탐구 현장 학습, 감상 학습으로 구분할 수 있다. 또 학습 영역별로 구분했을 경우에는 일상적 문화와 문학, 음악, 미술, 연극 등의 영역으로 나눌 수 있다.

문화 생활 지도는 준비-탐색-정리-일반화의 과정을 거쳐 이루어진다. 준비 단계에서는 문화 생활 관련 내용을 탐색하고 선정하여 학습 계획 및 학습상의 유의점을 확인한다. 탐색 단계에서는 학습 주제와 관련하여 사전에 알아야 할 사항을 학습하고 실제로 현장 학습을 실행하며 그 결과를 확인한다. 정리 단계에서는 주제와 관련된 내용을 심화 학습하고 그 결과를 발표하거나 협의하는 과정을 거쳐 학습한 내용을 정리한다. 일반화 단계에서는 학습 결과를 실생활에 적용하여 생활화하고 학습에 도움을 준 사람들에게 고마운 마음을 가지도록 한다.

'문화 생활 지도의 실제'는 크게 일상 생활 영역과 문화 예술 영역에서의 지도 방법으로 나누어 살펴보았다. 일상 생활 영역에서의 문화 생활 지도란 공공 기관을 원활하게 이용할 수 있도록 하고, 공원 등과 같은 현대 사회의 문화적 산물을 효과적으로 활용할 수 있도록 하는 등, 현대 사회가 요구하는 민주 시민의 소양을 갖추고 문화적 복지를 누릴 수 있도록 지도하는 것이다. 문화 예술 영역의 지도는 도서관 이용 학습, 미술관·박물관·전시회 관람, 음악회나 연극 공연 관람 등을 통해 이루어질 수 있으며, 다양한 문화 예술적 장면에 참여함으로써 아동의 소질과 적성을 최대한 발휘할 수 있는 기회를 제공하도록 돕는 것이다.

활동 방법은 각 기관이나 장소별로 다양하나 실제의 사회 문화적 생활의 장에서 학습함으로써 사회 생활에서 꼭 필요한 기본 능력을 기를 수 있고, 공동체 의식 및 문화 의식을 가지고 더불어 살아가는 민주 시민이 될 수 있도록 지도하여야 한다.

특히 문화 생활 지도가 의미 있게 실시되기 위해서는 특별한 계획과 준비가 필요하며, 특별한 방법의 절차에 따라 진행되어야 한다. 단순한 방문 또는 관광이 아니라 교사와 학습자가 공동으로 계획·실행·평가 등의 제반 활동을 함께 함으로써, 아동이 학습의 주체가 되고 교육적 경험을 풍부히 하며 지식을 심화·확대시킬 때 연구심이나 탐구심, 지적 호기심을 배양할 수 있을 것이다.

류재만(2004). 초등 미술과 교수법. 교육과학사.

류현수 · 이정숙(2007). 현장 활동 중심의 방과후 아동 지도론. 동문사.

박휘락(2003). 미술 감상과 미술 비평 교육. 시공사.

서울대신초(2000). 현장 체험 학습 프로그램 적용을 통한 자기 주도적 학습력 신장. 서울시지정시범학교 운영보고서.

서울배봉초(2002). 아이들이 행복한 학교 만들기를 위한 다양한 특별 활동 프로그램 운영. 서울시지정시범학교 운영보고서.

서울성북초(2004). 현장 체험 학습 활성화를 통한 자기 주도적 학습 능력 신장. 서울시지정시범학교 운영보고서.

서울특별시교육청(2007). 신나는 체험 즐거운 공부 문화 예술 체험 학습 길잡이. 서울특별시교육청.

서울특별시교육청(2005). 신나는 현장 체험 학습. 서울특별시교육청.

서울개운초 체험학습연구회(2002). 교실 밖 체험 여행. 서울개운초등학교.

신혜영(2007). 방과후 아동 지도. 창지사.

유태용(1999). 문화란 무엇인가. 학연문화사.

중앙M&B편집부(2005). 7세 아이에게 꼭 해 줘야 할 60가지. 중앙M&B.

한경자(2006). 현장 체험 학습 프로그램 구안 · 적용을 통한 자기 주도적 학습 능력 신장 방안. 제43회 전국초등교육연구대회 보고서.

한성심(2007). 현장 교사를 위한 방과후 아동 지도. 태영출판사.

허정경(2006). 방과후 아동 지도의 이론과 실제. 파란마음.

제 *17* 장

아동 관찰 및
부적응 아동의 이해와 지도

본 강의에서는 아동들의 부적응 행동으로 나타나는 문제 행동을 어떻게 다룰 것인가에 대해 학습한다. 이를 위해 본 강의에서는 첫째, 아동을 관찰하는 것, 둘째, 아동들의 생활 지도 방법, 셋째, 부적응 행동의 지도 방법과 심리 치료 방법에 대해 간단히 살펴본다. 이러한 방법은 방과후 교실에서 아동들을 생활 지도하는 데 많은 도움이 되겠지만 무엇보다도 중요한 것은 성인 지향적인 관점보다는 아동 중심적이고 아동을 배려하는 생활 지도 방법에 익숙한 태도를 지니는 것이다.

01 아동의 관찰 방법에 대해 이해하고 구체적 관찰법을 실행할 수 있다.

02 방과후 교사로서 아동들의 생활 지도에 대한 바람직한 방법들을 이해한다.

03 아동들의 부적응 행동의 원인과 지도 방법을 이해하고 이를 실행할 수 있다.

04 심리 치료의 간단한 방법들을 이해한다.

• 관찰 눈을 통해 아동의 행동이나 특성에 관한 정보를 얻으려는 활동

• 일화 기록 관찰을 통해 나타나는 현상을 시간의 흐름에 따라 서술적으로 기록하는 관찰의 기록 방법

• 시간 표집법 관찰의 기록 방법으로 일정한 시간 내에 이루어진 현상을 부호나 체크리스트의 방식으로 기록하는 것

• 사건 표집법 관찰의 기록 방법으로 관심이 있는 현상이 나타나는 시점부터 현상의 진행 과정과 더불어 일어나는 일을 기록하는 것

• 평정 척도 관찰의 기록 방법으로 사전에 정해진 관찰 행동 목록 가운데 관찰을 통해 행동의 발생 여부를 체크하여 기록하는 것

• 적응 주위 환경의 변화에 대해 유기체의 내부 기제를 바꾸는 것을 말하며, 사람의 경우 적응은 사회 환경에 대한 여러 가지 현상에 대해 대처 방식을 터득하는 것을 말한다.

• 부적응 주위의 환경 변화에 대처하지 못해 변화를 일으키지 못하는 것을 말하며, 대체로 부적응은 도태되는 현상을 낳는다. 사람의 경우 부적응은 정신적 문제를 일으키는 경우가 많으며 심리적 일탈 현상이나 좌절을 낳을 수 있다.

• 심리 치료 부적응으로 인해 나타난 유기체의 여러 가지 내부 문제를 해결하여 주위 환경에 보다 적극적으로 대처하는 적응의 현상으로 나아가도록 하는 방법

○, × 퀴즈

진단 문제	○	×
1	관찰이란 관찰자의 오감을 통해 아동에 대한 정보를 얻으려는 것이다.		V
2	아동의 부적응은 발달의 결함을 초래한다.	V	
3	아동 간의 능력을 비교하는 것은 아동으로 하여금 개인차를 수용하게 한다.		V
4	심리 치료는 대화나 충고 및 경고 등의 기법을 사용하여 이루어진다.		V

해설

01 관찰이란 관찰자의 눈을 통해 아동의 특성이나 행동에 관한 정보를 얻으려는 방법으로, 연구하고자 하는 목적에 적합한 대상의 행동이나 상황을 관찰하여 기록하거나 부호화하는 것을 말한다.

02 아동들은 자신이 환경으로부터 스트레스를 받거나 문제에 직면하게 되면 이를 감당하고 해결할 수 있는 능력이 사실상 부족하므로 정서 및 사회적 문제를 초래하게 된다. 이로 인해 유아들은 개인적 발달이나 사회 현상들에 적응하지 못하는 부적응 문제가 나타나게 되며, 발달상의 문제뿐만 아니라 신체적, 정신적 결함을 초래하므로 중요하게 취급해야 한다.

03 아동의 개인차를 인정하는 것은 아동의 자율성을 인정하는 것이며 이를 통해 아동은 수용됨을 느끼게 된다. 그러나 아동을 비교하면 아동들은 자신의 실제 능력이나 가치를 인식하지 못한 채 다른 아동의 장점이나 능력을 시기하는 결과를 초래할 수 있다.

04 심리 치료는 심리학적 이론과 기법에 의지하면서 근본적으로 대화에 바탕을 둔 문제 행동에 대한 치료 방법으로, 내담자의 무의식적인, 오래 계속되는 성격, 문제 행동과 행동 양식의 해결을 다루는 것이며, 이를 통해 내담자의 행동을 돕거나 바꾸거나 개선하는 것이 목적이다. 언어적 의사 소통의 면담을 포함하지만 단순한 대화나 충고 및 경고와는 다르다.

1 아동 관찰

1. 관찰

1) 관찰의 개념

관찰은 관찰자의 눈을 통해 아동의 특성이나 행동에 관한 정보를 얻으려는 방법으로, 연구하고자 하는 목적에 적합한 대상의 행동이나 상황을 관찰하여 기록하거나 부호화하는 것을 말한다. 관찰은 관찰 대상의 생각, 느낌 등을 말이나 글이 아닌 행동으로 나타내는 데 초점에 두고 아동의 주변 상황에 치중하여 상호 작용, 관계, 행위, 사건 등의 자료를 관찰로 얻고자 한다. 관찰은 다른 방법보다 많은 시간이 소요되므로 왜, 무엇을, 어떻게 등을 정하고 관찰하는 것이 좋다. 관찰은 다음과 같은 의의가 있다.

첫째, 어린 아동들인 경우 대답하는 것에 한계가 있으므로 관찰이 효과적인 경우가 많다. 특히 유치원 연령이거나 초등학교 1학년 정도의 연령에 해당하는 유아들에게는 질문보다 관찰하는 것이 더 좋다.

둘째, 일반적인 평가 방법으로 얻지 못하는 자료는 관찰이 효과적일 수 있다. 예를 들어 유아들의 상호 작용을 평가한다고 할 때 관찰을 통하게 되면 더욱 효과적으로 평가할 수 있다.

셋째, 아동의 관심을 끌지 않은 채 자연스럽게 자료를 수집할 수 있다. 아동의 현재 활동에 개입하지 않고 관찰하거나, 아동의 주의를 흐트러뜨리지 않고 원하는 장면을 관찰할 수 있다.

넷째, 상황의 배경이나 이유 등에 관한 정보를 관찰을 통해 효율적으로 얻을 수 있다.

2) 관찰의 절차

관찰을 실시하기 위해 정해진 과정이나 절차가 있는 것은 아니지만 대체로 다음과 같은 과정을 거치는 것이 좋다.

첫째, 무엇을 관찰할 것인지가 정한다. 관찰하고자 하는 행동이나 사태, 분위기 등을 사

●표 17-1 | 관찰의 절차

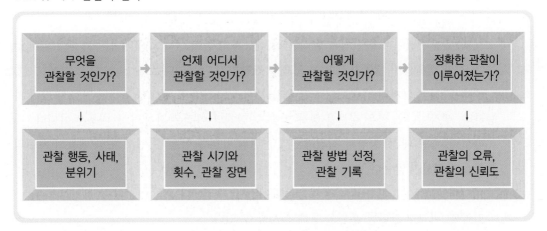

전에 정하고 관찰하는 것이 바람직하다. 관찰을 통해 어떤 현상을 알아내고자 한다면 당연히 무엇을 관찰할 것인지 사전에 정해야 한다.

둘째, 언제 어디서 관찰할 것인가를 정한다. 관찰의 장소와 시기, 그리고 관찰 횟수 등을 정하는 것이 관찰에 도움이 된다.

셋째, 어떻게 관찰할 것인가를 정한다. 참여 관찰을 할 것인지 혹은 비참여 관찰을 할 것인지를 정하고 이러한 관찰의 내용을 어떻게 기록할 것인지도 정해야 한다. 관찰의 기록 방법은 일화 기록, 시간 표집법, 사건 표집법, 체크리스트, 평정 척도 등이 있다.

넷째, 관찰이 실질적으로 잘 이루어지고 있는가를 체크한다. 관찰이 잘 이루어지고 있는지의 문제는 관찰의 신뢰도에 해당한다. 관찰의 신뢰도란 특정한 사람에 의해 관찰이 주관적으로 이루어지는 것이 아니라 객관적인 상태에서 객관적인 절차로 이루어지고 있는가의 문제이다. 흔히 관찰에서는 관찰자 간 일치도를 구하는 경우가 있으며, 이를 위해 관찰자 훈련을 실시하여 관찰자 간 일치도를 구한다.

관찰의 절차는 위의 〈표 17-1〉과 같다.

3) 관찰의 장단점

관찰의 장점은 다음과 같다.

첫째, 비언어적 행동에 대한 자료 수집이 용이하다. 즉 아동의 언어적 행동, 움직임, 태도, 얼굴 표정 등은 질문을 통해 알아볼 수 있는 경우가 많지 않다.

둘째, 관찰 대상과 친밀성을 유지할 수 있어 심층적인 자료 수집이 가능하다. 관찰 대상과 라포(rapport: 친밀감)를 형성할 수 있다면 좋은 자료 수집 방법이 된다.

셋째, 질문지법이나 면접법과 달리 관찰 대상자의 심리 상태에 의해 결과가 좌우되지 않는다. 현재 상황에서 행동하고 있는 모습을 관찰하기 때문이다.

넷째, 관찰 대상자의 생각이나 느낌을 정확히 모르거나 표현하지 못해도 자료 수집이 가능하다. 생각이나 느낌은 질문을 통해 얻을 수 있지만 이것은 관찰의 주 내용은 아니다.

다섯째, 행동 배경, 상황과 직접적으로 관련된 자료를 얻을 수 있고 또한 행동의 자연적 흐름을 방해하지 않는다.

여섯째, 관찰 대상이 어린 아동들인 경우에는 효과적이다.

일곱째, 비교적 간단한 훈련을 통해 실시할 수 있다.

관찰의 장점에 비해 단점도 있는데 그것은 다음과 같다.

첫째, 관찰자가 관찰 장면에 영향을 끼쳐 자연적이지 못한 결과를 낳을 수 있다.

둘째, 관찰과 관찰 결과의 신뢰도에 문제가 있을 수 있다. 관찰자 훈련을 어떻게 실시하는가에 따라 관찰 결과에 대한 신뢰도의 문제가 달라질 수 있다.

셋째, 전체 행동을 다 관찰하지 못한다. 관찰되는 일부분만 관찰되는 면이 있다.

넷째, 관찰 기록에 문제가 없다 하더라도 그것을 해석할 때 주관성이 들어갈 수 있다.

다섯째, 관찰자는 보다 강한 자극에 집중하는 경향으로 인해 약한 자극은 무시할 수 있다. 예를 들어 싸우는 행동을 관찰할 때 손을 들어 때리는 행동에 초점을 두다 보면 살짝 꼬집는 행동은 관찰하지 못하거나 무시할 가능성이 있다.

여섯째, 어떤 경우에는 관찰 행동이 나올 때까지 기다려야 하므로 시간이 많이 소요된다.

4) 관찰의 기록 방법

관찰의 기록 방법으로는 일화 기록, 시간 표집법, 사건 표집법, 평정 척도 등이 있다.

(1) 일화 기록(anecdotal records)

일화 기록은 자연적인 상황에서 특정 시간에 일어난 행동 혹은 사건을 사실적으로 기록하는 것으로, 예기치 않은 행동이나 사건 등을 기록할 때 주로 사용된다. 일화 기록을 위해서 관찰 대상 행동에 대한 조작적 정의를 강조하지 않으며, 사례 연구를 위한 자료 수집을 위해 사용되는 경우도 있다. 일화 기록의 장점은 시간과 장소에 제한받지 않고 기록할 수 있고 관찰자가 필요하다고 여기면 언제, 어디서나 관찰하고 기록할 수 있다는 점이다. 또한 행동이 일어나는 상황이나 배경을 고려하여 아동 행동을 이해할 수 있다.

일화 기록을 할 때는 우선 특정 사건이나 행동 및 상황을 구체적으로 기록해야 한다. 또한 사건이 발생하는 순서대로 기록하되, 관찰에 소요된 시간도 함께 기록한다. 그리고 한 번에 한 가지 사건만을 기록하되 사건은 발생 직후에 기록하는 것이 좋다. 실제 관찰한 행동이나 사건을 기록한 일화와 일화에 대한 해석은 구분하여 기록하고 한두 번의 관찰로 정확한 정보를 얻지 못하므로 여러 번 관찰하여 기록하도록 한다.

관찰 기록을 할 때 관찰 대상의 이름과 연령, 성별, 관찰 일시, 장소, 사건 배경 상황을 기록하고 관찰 대상의 언어와 행동, 주변 사람의 응답이나 반응도 자세히 기술하도록 한다. 그리고 자세나 몸짓, 얼굴 표정, 목소리 등도 상황을 이해하는 데 단서가 되므로 빠짐없이 기록하고, 정확한 의미를 파악하기 위해 관찰 대상의 말을 그대로 녹음하여 기록한다.

(2) 시간 표집법(time sampling)

시간 표집법은 관찰 행동이 특정 시간 내에 얼마나 자주 나타나는지의 빈도를 파악하는 방법으로, 정해진 시간 내에 일정한 간격으로 특정 행동을 관찰하고 기록한다. 이것은 단기간 동안 아동을 관찰하여 자료를 수집하는 것으로, 관찰 행동은 일상적인 행동의 '표본'으로 간주된다. 시간 표집법은 관찰하고자 하는 행동이 자주 나타나는(평균 15분마다 한 번) 경우에 적합하고 행동이 관찰 가능할 때만 사용한다. 또한 관찰 행동에 대한 조작적 정의를 내려 관찰하고자 하는 행동이 무엇인지 이해할 수 있도록 해야 한다. 그리고 관찰하기 전에 관찰 행동을 어떤 부호나 빈도로 표시할 것인지를 정해야 한다.

시간 표집법을 적용하기 위한 관찰의 절차는 다음과 같다.

첫째, 관찰 행동에 대해 조작적인 정의(operational definition)를 내리도록 한다. 조작적인 정의란 명료한 의사 소통을 위한 것으로 관찰하고자 하는 행동이 어떤 것인지 밝히는 것을 말한다.

둘째, 관찰 행동의 목록을 정한다. 관찰 행동의 목록이란 조작적 정의를 바탕으로 나오는 세부적인 행동을 의미한다. 예를 들어 교실에서 나타나는 유아들의 수업 행동에 대해 관찰한다고 하자. 여러 가지 수업 행동이 있지만 교사와 함께 이야기 나누기 시간에 나타나는 여러 가지 행동을 수업 행동이라고 조작적으로 정의내릴 수 있다. 또한 이러한 수업 행동에 대한 구체적인 행동은 손 들기, 몸 움직이기, 교사 응시하기, 손뼉 치기 등이 있을

● 표 17-2 | 시간 표집법의 관찰 절차

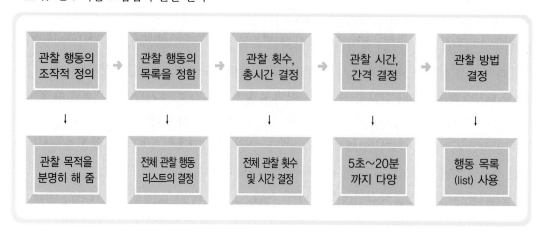

수 있는데 이러한 구체적인 행동들이 바로 수업 행동의 목록이 된다. 관찰 행동의 목록이 있어야 시간 표집법이 가능해진다.

셋째, 관찰 횟수와 전체 시간을 결정한다. 관찰 횟수는 관찰의 전체 시간에 따라 달라지는데 20분 동안 3일을 관찰한다면 총 관찰 시간은 60분이 되고, 관찰 횟수는 1분에 3회 관찰한다고 정할 수 있다.

넷째, 관찰 시간과 간격을 결정한다. 1분에 3회 관찰한다면 10초 동안 관찰하고 10초 동안 기록하는 것으로 정할 수 있다.

다섯째, 관찰 방법을 결정한다. 흔히 시간 표집법은 정해진 행동 목록에 따른 체크리스트 형식이 가장 많다. 관찰 기록 용지의 예는 위의 〈표 17-3〉에 나타나 있다.

관찰의 절차는 〈표 17-2〉와 같다.

시간 표집법의 장점은 다음과 같다.

첫째, 특정한 행동과 문제에 초점을 맞춰 관찰 대상을 통제할 수 있다.

둘째, 행동이나 사건의 발생 빈도를 결정하기 위해서 유용하다.

셋째, 단시간 내에 많은 정보를 얻을 수 있다.

넷째, 서술적 방법보다 시간과 노력이 절약된다.

다섯째, 관찰 대상의 일상 활동을 방해하지 않고 기록이 가능하다.

또 시간 표집법의 단점은 다음과 같다.

관찰자	김방실	관찰 대상 아동	조미애
아동 연령	16개월	관찰 장소	세상 어린이집
관찰 일시	2009. 6. 23.(수) 10:00~10:10		
관찰 대상 행동	의존성		

관찰 행동 시간 간격	30초(1) 유 무	30초(2) 유 무	30초(3) 유 무	30초(4) 유 무	비고
도움을 요청한다.					
신체적으로 접근한다.					
가까이 다가간다.					
주의를 끄는 행동을 한다.					
타인을 인식하고 운다.					

첫째, 자주 나타나는(적어도 15분에 한 번) 문제나 행동으로 제한된다.

둘째, 관찰 시 특정 행동에만 초점을 두기 때문에 행동 간의 상호 관계는 밝히기 힘들다.

셋째, 시간 간격으로 인해 전체적인 행동보다는 단편적인 행동만을 취급하게 된다.

넷째, 코딩 체계를 완성하지 못하면 환경이나 상황에 대한 정보를 얻을 수 없다.

다섯째, 미리 정해 놓은 범주만을 사용하여 관찰함으로써 편파적인 관찰을 하기 쉽다.

여섯째, 행동의 발생과 그 결과에 대한 인과 관계를 밝혀 주지 못한다.

(3) 사건 표집법(event sampling)

사건 표집법은 특정 행동을 표집하여 자연적인 상황에서 그 행동이 나타났을 때 그 행동의 행동 맥락, 전후 관계 등을 자세히 관찰하여 기술하는 방법이다. 사건 표집법은 관찰 대상 행동이 나타나기를 기다려 그 행동이 나타나면 그때 기록하는 특징이 있다. 따라서 관찰자는 언제, 어떤 상황에서 그 사건이 발생하는지 알고 있어야 한다. 시간 표집과 달리 시간의 제약 없이 행동의 전체 맥락과 관련지어 관찰할 수 있다.

관찰의 절차는 시간 표집법과 같지만 관찰 행동의 목록을 만들어 관찰하는 것이 아니라 관찰 행동의 출현을 기다린다는 점이 다르다. 이러한 사건 표집법의 관찰 절차를 살펴보면 다음과 같다.

첫째, 관찰 행동을 사전에 정한다. 관찰 행동을 사전에 정하게 됨으로써 관찰의 목적을

●표 17-4 │ 사건 표집법의 관찰 절차

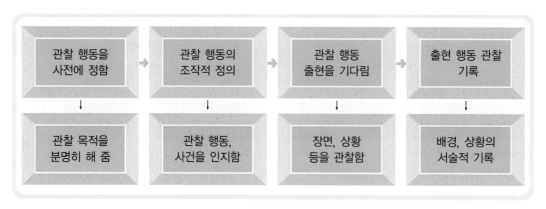

분명히 할 수 있다.

둘째, 관찰 행동에 대해 조작적인 정의를 내린다.

셋째, 관찰 행동이 나타날 때까지 기다린다.

넷째, 관찰 행동이 나타나면 관찰하여 기록한다.

이러한 관찰의 절차는 위의 〈표 17-4〉와 같다.

사건 표집법의 장점은 다음과 같다.

첫째, 관찰 상황을 행동과 상황의 자연적인 단위로 구성시켜 준다.

둘째, 자료 수집에 소요되는 시간을 절약할 수 있다.

셋째, 자주 또는 정기적으로 나타나지 않는 행동을 이해하는 데 사용할 수 있다.

넷째, 행동의 지속성을 규명할 수 있는 자료를 얻을 수 있다.

다섯째, 행동 특성을 자세히 밝힐 수 있다.

반면 사건 표집법의 단점은 다음과 같다.

첫째, 시간 표집 자료처럼 쉽게 수량화할 수 없어 자료의 신뢰도가 떨어질 수 있다.

둘째, 행동이나 사건을 일으킨 과거의 상태나 상황으로부터 일화를 분리시킨다.

(4) 체크리스트

체크리스트(checklist)는 단순한 행동 리스트로 중요하게 생각하는 행동의 유무를 확인하는 방법으로 행동 목록을 정해 놓고 이를 관찰하여 확인되면 체크하는 형식의 관찰 기록 방법이다.

체크리스트를 위해 관찰하기 전에 체크리스트를 만들어 두어야 하고 관찰하려는 목표 행동이 체크리스트에 열거되어야 한다. 그리고 체크리스트의 내용은 관찰 목적에 적합하게 구성되어야 한다.

체크리스트의 장점은 행동의 유무를 아주 빨리, 그리고 효율적으로 기록할 수 있고 체크리스트의 통합을 통해 발달적 경향을 알아차릴 수 있다. 하지만 단점으로는 행동 특성에 관한 정보를 거의 주지 못한다는 점을 들 수 있다.

(5) 평정 척도(rating scale)

평정 척도는 연속선 상에 있는 대상 행동을 평정(정도의 표시)하여 표시하는 관찰 기록 방법이다. 평정 척도는 척도를 구성하기 쉽고 사용하기 간편하여 가장 보편화되어 있다. 평정 척도를 위해 행동 출현 유무와 빈도, 행동의 질적 특성을 몇 등급으로 구분해서 관찰 기록하며 평정 척도의 항목은 정도에 따라 3개, 5개, 7개로 구분된다.

평정 척도의 유형은 다음의 몇 가지로 나뉜다.

첫째, 숫자형 평정 척도(numerical rating scale)이다. 이것은 각 척도치에 연속적인 숫자를 부여한 것으로, 문항 구성과 평정 척도 사용에서 가장 용이한 형태이다. 숫자 간격은 동간격인 동간 척도로 간주하여 자료를 처리한다.

둘째, 도표형(그래프식 평정 척도: graphic rating scale)이다. 이것은 기술적인 유목에 가로나 세로 선을 첨가시켜 평정을 보다 쉽게 만든 것으로, 항목 간의 간격은 평정의 각 단계가 동간격임을 나타낼 수 있도록 다음의 예처럼 배정한다.

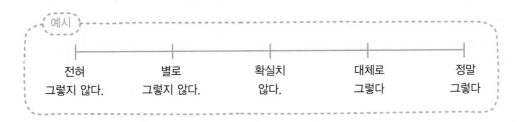

예시

| 전혀 | 별로 | 확실치 | 대체로 | 정말 |
| 그렇지 않다. | 그렇지 않다. | 않다. | 그렇다 | 그렇다 |

셋째, 강제 선택형이다. 이것은 몇 가지 예를 들고 가장 적절하다고 여겨지는 항목에 표시하는 방법이다.

넷째, 유목형(category rating scale)이다. 이것은 행동을 연속적인 유목으로 나누어 제시하고 가장 적합한 항목을 선택하는 방법이다. 유목형 평정 척도의 예는 다음과 같다.

남편이 아이에게 필요한 장난감을 사다 준다고 생각합니까?

_____ 전혀 그렇지 않다.   _____ 별로 그렇지 않다.

_____ 확실치 않다.   _____ 대체로 그렇다.

_____ 정말 그렇다.

평정 척도의 장점은 만들기 쉽고 사용하기 편리하며 평정자가 특별한 훈련을 받을 필요 없이 누구나 할 수 있다. 하지만 단점으로는 평정자의 판단을 요구하기 때문에 평정자 오류나 편파가 생길 수 있고, 모호한 의미의 용어를 사용하면 반응의 혼란과 어려움이 나타날 수 있으며, 행동의 원인을 알려 주지 않는다.

2. 사례 연구(Case Study)

사례 연구는 특정한 개인이나 집단 혹은 기관을 대상으로 문제나 특성을 심층적으로 조사, 분석하는 것으로, 연구 대상에서 일반적인 다른 연구와 차이가 있다. 즉 사례 연구의 연구 대상은 하나의 사례이거나 소수의 사례이다. 이러한 사례를 중심으로 사례가 가지고 있는 성격이나 현상을 파악하고자 하는 것이 사례 연구이다. 그러므로 사례는 개인도 될 수 있고, 특정한 집단이 될 수도 있다. 예를 들어 다문화 가정의 자녀들이 유치원에서 어떤 사회적 상호 작용을 보이는지 알아보고자 한다면 다문화 가정의 자녀들을 대상으로 관찰해야 한다. 이럴 경우 다문화 가정의 유아들을 대상으로 하는 사례 연구가 될 수 있다. 나아가서 장애를 가진 아동이나 그 가정, 장애 통합 유치원의 하루 일과 등등이 사례가 될 수 있다.

사례 연구의 주된 목적은 관찰 대상에 대한 기본적인 정보를 파악하고자 하는 것이다. 즉, 특정한 사례가 가지고 있는 구체적인 사실을 파악하여 그 문제 해결에 필요한 정보를 얻고자 한다. 이러한 사례 연구의 목적을 보다 구체적으로 살펴보면 다음과 같다.

첫째, 아동이 가진 신체적, 지적 또는 정서적 문제를 분석하는 데 도움을 준다.

둘째, 보고서의 작성이나 부모가 참여하는 면접에 필요한 정보를 제공한다.

셋째, 개인의 성장이나 발달 혹은 변화를 평가할 수 있다.

넷째, 적절한 지도를 하도록 각 개인의 학습 방식과 대처 양식을 알려 준다.

다섯째, 다른 교육자나 전문가들에게 유용한 기록을 제공한다.

사례 연구는 사례의 모든 요인을 조사하고 이를 토대로 사례의 당면 문제를 종합적으로 고찰하는 종합성의 특징, 면접이나 관찰, 표준화 검사, 자서전 등 문제 해결에 도움을 주는 방법을 사용하여 사례를 이해하고자 하는 다원성, 개개의 사례(개체에 관심)나 개인이 당면하고 있는 문제들과 같은 개별적 사례에 초점을 두는 개별성, 그리고 이로써 나온 결과들을 교육적으로나 치료적으로 사용한다는 특징을 가지고 있다. 따라서 사례 연구는 문제의 진단이나 치료 방안을 세우기 위한 연구에 적용되거나, 부적응 사례를 통해 구체적으로 해결 방안에 접근하고자 한다.

사례 연구의 장점은 여러 측면에서 종합적으로 연구하기 때문에 문제 해결에 보다 의미 있는 자료를 제공하고, 특정 대상에 대한 문제 해결에 도움이 되며, 아울러 상담의 기초를 제공하는 데 있다. 사례 연구의 단점으로는 특수 사례에 관한 결과이므로 일반화가 힘들고, 많은 사례를 동시에 연구하기 곤란하여 연구 대상의 외면적 사실에 치중하게 되므로 내면적 문제나 본질적인 문제를 간과할 가능성이 크다는 것이다.

2 부적응 행동의 이해

1. 적응과 부적응

1) 적응의 개념

적응(adaptation)이란 유기체가 주위 환경과 어울려 만족할 만한 관계를 맺으며 삶을 영위하는 것으로, 외부 자극에 유기체가 적절하게 반응하여 욕구를 조절함으로써 균형을 이루는 것을 말한다. 적응은 생존을 설명하기 위해 나온 생물학적 개념으로 유기체의 환경 조건에 순응하는 것이다. 즉 선인장이 사막에서 살아남기 위해 줄기와 잎이 사막의 조건에 적절히 변화하는 것이 적응의 대표적인 예이다. 적응은 주변 환경과 조화로운 관계를 유지하며 욕구나 갈등을 합리적으로 해결해 나가는 과정이므로 적응하기 위해 여러 가지 다양한 방법을 사용하는 것을 적응 양식이라 한다.

적응과 다른 개념으로 부적응이 있다. 부적응(maladaptation)은 자기가 처해 있는 환경 조건과 조화로운 관계를 이루지 못하는 상태로, 유기체 내부의 심리 상태가 균형을 잃고 심리적 불안에 빠져 긴장 상태에 있는 것을 말한다. 이것은 정서적 불안정으로 인성 내부 구조가 불균형한 상태로, 행복감, 사회적 공동 감정, 현실적 문제에 당면했을 때 자기 신뢰감을 가지지 못하는 것이다. 사실 정상인은 부적응 행동을 하더라도 적응하려는 노력으로 부적응 행동은 곧 사라지지만 어린 유아들의 경우 부적응이 나타나게 되면, 인격 구조의 불균형을 초래하여 부적응 행동이 고정화되고, 외부 자극에 개인이 정상적으로 적응하지 못함으로써 적절하게 대처하지 못하는 이상 행동이 나타나게 된다.

유아에게 부적응이 문제가 되는 것은 발달에 결함을 초래하기 때문이다. 어른들에 비해 유아들은 환경으로부터 스트레스를 받거나 문제에 직면하게 되면 감당하고 해결할 수 있는 능력이 사실상 부족하므로 정서적, 사회적 문제를 초래하게 된다. 이로 인해 유아들은 개인적 발달이나 사회 현상들에 적응하지 못하는 부적응 문제가 나타난다. 특히 유아들은 자신이 부모로부터 인정받지 못한다던지, 또래와 갈등을 겪는 것으로 인해 스트레스를 받아 부적응을 나타낼 수 있다. 또한 요즘과 같은 복잡한 사회에서 스스로 무엇을 해야 하는데 이것을 제대로 하지 못할 경우 가지게 되는 스트레스로 인한 부적응 문제도 나타나게 된다. 이러한 부적응 문제는 곧 발달상의 문제뿐만 아니라 신체적, 정신적 결함을 초래하기에 중요하게 취급해야 한다.

2) 부적응의 유발 요인

일반적으로 부적응을 유발하는 요인은 다음과 같이 개인적 요인, 가정적 요인, 그리고 사회적 요인의 세 가지로 나눌 수 있다.

(1) 개인적 요인

부적응의 개인적 요인은 개인이 가지고 있는 어떤 현상으로 인해 부적응을 겪게 되는 것을 말한다. 개인이 가지고 있는 어떤 현상이란 곧 유전적 결함이나 갈등 등이 여기에 속한다. 개인적 요인은 한 개인이 가지고 있는 문제의 측면이므로 이를 파악하여 도와주는 것이 필요하다. 개인적 요인을 보다 구체적으로 살펴보면 다음과 같다.

첫째, 유전적 결함이다. 유전적 결함은 개인이 가지고 있는 유전적 인자에 이상이 있는 경우를 의미하며 이로 인해 환경적 변화에 대처하지 못해 발달이 지연되거나 혹은 결함되어 부적응 현상으로 나타난다. 대체로 부적응의 유전적 결함은 장애로 나타난다.

둘째, 욕구 좌절이다. 한 개인은 사회적 삶을 사는 동안 몇 가지 목표를 가지고 있다. 그 목표를 통해 자신의 일을 추구하고 성취하고자 한다. 그러나 목표를 추구하는 과정에서 경험하게 되는 좌절은 개인이 가지고 있는 성취 목표가 달성되지 못하는 것이어서 욕구의 좌절로 연결된다. 욕구 좌절은 결국 목표를 달성하지 못한 개인의 상태이므로 이는 좌절과 절망으로 연결될 수 있어 문제 행동을 야기할 수 있다.

셋째, 갈등이다. 갈등은 긍정적이든 부정적이든 둘 이상에 대한 선택의 문제로 인해 나타난다. 두 가지의 선택 요인 가운데 하나를 결정해야 함에도 불구하고 이를 결정하지 못하는 현상은 우리 주변에 참으로 많다. 특히 유아들의 경우 이러한 갈등을 쉽게 해결하지 못하는 경우가 많다. 이러한 갈등이 누적되면 심리적 불안이 가중되어 사회의 여러 가지 현상을 받아들이지 못하는 부적응 문제를 야기하게 된다.

넷째, 자아 통제의 결여이다. 자아 통제란 근본적으로 내적 욕구의 조절과 외적 행위의 조절이다. 내적 욕구와 관련된 행위의 조절 및 통제가 자아 통제인데 이러한 통제를 못한다는 것은 갈등 상황처럼 의사 결정을 하지 못하게 할 뿐만 아니라 충동적으로 변하게 만든다. 어떤 일에 대해 만족 지연을 하지 못하여 나타나는 충동적인 행동은 결국 부적응의 모습으로 나타나게 된다.

(2) 가정적 요인

부적응의 가정적 요인은 가정의 문제로 인해 나타나는 부적응이다. 가정적 요인은 대체로 이혼이나 별거 등과 같은 정서 및 심리 현상에 영향을 미치는 것들과, 가족 간의 상호작용 형태 등이 주위의 환경 변화에 대처하지 못하게 하는 부적응을 낳는다. 부적응을 낳는 가정적 요인에 대해 보다 구체적으로 살펴본다.

첫째, 이혼과 별거이다. 부모가 이혼이나 별거를 하게 되면 유아는 정서적 및 심리적 영향을 받아 공포감, 긴장감, 무력감, 스트레스를 가져 불안해하고 주위 환경의 변화에 부적응 행동을 보이게 된다.

둘째, 한부모 가족이다. 한부모 가족이란 부나 모가 자녀와 함께 생활하는 경우로 정상 가정에 비해 상대적으로 유아는 외로움이나 우울, 사회적 행동 및 발달적 장애를 보일 가능성이 크다. 이러한 모습은 유아로 하여금 부적응을 낳게 한다.

셋째, 재혼 가족이다. 새로운 가족을 가지게 되는 유아의 경우 자신과 새로운 가족 간에 생기는 불안감이나 질투심으로 정체성을 상실하는 경우가 많다. 특히 자신의 위치를 위협

받는다고 생각할 뿐만 아니라 이로 인해 심리적인 상처를 받아 주위 환경에 대해 공격적인 반응을 보이거나, 혹은 자기 조절을 못하는 식의 부적응 행동을 보인다.

넷째, 맞벌이 가족이다. 맞벌이 가족은 현대 사회의 추세이고 맞벌이로 인해 자녀가 더 좋은 상태로 변하는 가정도 있어서 맞벌이가 반드시 부적응의 원인이라고 할 수는 없다. 하지만 어린 유아들에게 부모는 심리적, 신체적 피난처이자 안식처이므로 부모와의 상호 작용은 자신감을 가지게 하는 원동력이 된다. 특히 부모와의 분리에 대해 자녀는 자신을 버리는 것이라 생각하여 불안을 보일 수 있으므로 맞벌이 가정의 부모들은 자녀와 떨어지는 문제에 대해 특별한 관심을 보일 필요가 있다.

다섯째, 학대나 방임이다. 유치원에 다니는 유아나 초등학교에 다니는 아동들은 공격성을 학습하게 되는 경우가 많다. 이러한 학습에 영향을 미치는 주된 인자가 또래이기도 하지만 부모의 무관심이나 아무렇게나 방치하는 것이 아동의 사회적 행동을 위축시켜 자신감 없는 아이로 만들기도 한다. 이로 인해 또래를 괴롭혀 생활의 즐거움을 찾는 경우도 나타나 부적응 행동으로 연결된다.

(3) 사회적 요인

부적응의 사회적 요인은 다음과 같다.

첫째, 스트레스이다. 스트레스는 현대 사회인들이 가지는 여러 가지 문제의 가장 주된 원인이기도 하다. 스트레스는 신체적, 정신적, 인지적, 정서적 반응의 적절성을 떨어뜨리게 하는 것으로 특히 유아들은 스트레스에 대한 대처 방법이 다양하지 않기 때문에 발달에 장애를 보일 수 있다. 유아의 스트레스는 성인들에 의해 만들어지는 경우도 많고 스스로 스트레스를 이길 수 있는 대처 능력이 떨어지므로 유아들의 스트레스에 민감하게 반응할 필요가 있다. 유아의 스트레스에는 여러 가지 요인들이 있지만 또래 관계나 부모와의 관계에서 나타나는 경우가 대부분이다. 그리고 학령기 아동에게는 다양한 사회적 요인들, 예를 들어 학업에 대한 부담감, 또래와의 관계 등이 스트레스로 작용하여 문제를 일으킬 수 있다. 스트레스가 심해지면 부적응 행동을 보이기도 한다.

둘째, 과잉 경쟁이다. 현대 사회의 특징 중 하나로 경쟁이 적절히 활용되면 발전을 낳지만 심하면 부적응을 초래하게 된다. 특히 요즘은 경쟁에 대한 심리적 부담과 과잉 현상을 낳고 있으며, 이는 유아 및 학령기 아동들도 마찬가지이다. 좋은 대학, 좋은 성적, 그리고 사회적 명성 등에 대한 여러 가지 중압감은 결국 경쟁을 낳아 적절한 발달을 이끌지 못하는 경우가 많고, 신체적, 정서적 결함을 보이기도 하며, 심하면 인지 능력의 장애를 낳기도 한다. 또한 유아들은 사회의 다양한 경쟁 체제에 익숙하지 못해 무기력에 빠지고, 이로 인해 부적응 행동을 보이기도 한다.

셋째, 따돌림이다. 유아나 학령기 아동들에게 또래는 중요한 사회화 인자이다. 이들과의 적절한 상호 작용으로 건전한 성장과 발달을 낳을 수 있다. 그러나 이때의 따돌림은 행동의 위축을 낳을 뿐만 아니라 무기력감을 더해 자신감을 상실하게 함으로써 결국 부적응 행동을 보이게 된다.

넷째, 기대-욕구의 불일치이다. 부모 및 사회가 가지고 있는 아동이나 유아에 대한 기대는 유아의 능력이나 적성과는 무관한 경우가 많다. 한 개인으로서의 유아는 스스로 뭔가 하고자 하는 욕구가 있을 수 있는데, 이러한 욕구와 기대가 서로 불일치할 경우 기대를 달성하는 것이 너무 과중하다는 생각에 문제 행동이나 일탈 행동을 하게 된다.

3) 부적응 행동의 준거

우리가 어떤 경우에 부적응 행동을 부적응이라고 명명하게 되는지 다음을 통해서 알아보자.

첫째, 통계적 관점이다. 통계적 관점이란 정상적인 경우와 비정상적인 경우를 판단하는 관점을 통계적 분포에 근거하는 것을 말한다. 자연계의 많은 부분뿐만 아니라 사회 현상의 대부분이 정상 분포 곡선을 취하고 있다. 정상 분포 곡선이란 좌우 대칭의 종 모양 분포 곡선으로, 분포의 중앙 부분에 많은 사례가 몰려 있고 양극단으로 갈수록 점차 사례가 적어지는 분포를 말한다. 예를 들어 한 집단에 속한 사람들의 키는 평균을 중심으로 정상 분포를 형성하는데, 평균을 중심으로 평균보다 키가 작은 사람들이 50%, 평균보다 키가 큰 사람들이 50%를 의미한다. 정상 분포 곡선에서는 분포의 중앙 부분에 위치하는 것은 정상이고 양극단에 위치하는 경우 정상의 범주가 아니라는 의미이다. 그러므로 정상 분포의 양극단에 해당하는 행동은 부적응 행동이라고 보는 관점이며, 평균적인 상황에서 많이 벗어나 있는 경우를 의미한다.

둘째, 사회 문화적 관점이다. 사회 문화적 관점에서는 사회의 관습이나 규범, 습관 등에 근거하여 적응과 부적응을 바라보는 관점이다. 한 개인이 자기가 속한 사회의 규범이나 관습에서 크게 벗어나 용인될 수 없는 행동을 할 때 우리는 그 행동을 이해하지 못하거나 피하게 된다. 이런 경우 적응의 개념에서 크게 벗어나 있으므로 부적응으로 간주한다. 사회 문화적 관점에서의 부적응 개념은 절대적 개념이라기보다 상대적 개념이다. 즉 문화권의 속성과 특성에 따라 정상과 비정상의 행동들이 결정될 수 있기 때문이다. 그러므로 한 문화권에서 정상인 행동들이 다른 문화권에서는 이상일 수 있다.

셋째, 행동의 적응성 관점이다. 행동의 적응성 관점에서는 개인의 행동이 사회 집단의 복지에 부정적인 영향을 줄 때 부적응 행동으로 간주하는 관점이다. 부정적인 영향을 미치는 경우는 대체로 사회적으로 바람직하거나 적절한 행동을 할 능력이 없어 자신이나 사회에 부정적인 행동을 일으키는 것이다. 대체로 사회의 기준이나 규범 등이 스스로에게 짐이 된다고 생각할 경우 이에 대한 반대의 행동으로 나타나는 경우가 많다.

넷째, 개인적 준거이다. 개인적 준거는 개인이 경험하고 있는 심리적 갈등의 정도가 얼마나 심한가에 따라 적응 혹은 부적응으로 분류하는 것을 말한다. 이 관점에서는 개인적인 불편이 없더라도 부적응 행동으로 분류될 수 있는 행동도 있다. 예를 들어 혼자 지내는 것을 좋아하여 사회적 만남을 자제하고 혼자만의 삶을 영위한다면 다른 사람에게 불편을 주거나 이상한 행동은 아니며, 개인에게 불편함을 주는 것은 아니지만 사회적 상호 작용을 하지 않는다는 것은 개인적으로 부적응의 모습이기도 하다.

다섯째, 전문적 준거이다. 전문적 준거에서는 의사나 심리 진단 치료사가 부적응이라는 관점에 근거하여 판단하는 것을 말한다. 예를 들면 자폐증의 경우 진단 기준이 있어서 그 기준에 근거한 판단이 이루어지는 것을 말한다. 실제로 부적응 행동은 장애는 아니지만 그 정도가 심한 경우로 판단되는 경우가 많다. 대체로 이상 행동은 이러한 기준에 근거하여 판단하는 경우가 많다.

2. 부적응 행동의 이론적 모형

부적응 행동은 여러 이론을 통해 설명된다. 생리학적 입장에서는 신체의 어느 부분이 제대로 작동하지 못해 나타나는 것으로 정리하여 약물 치료를 주장한다. 그러나 행동주의에서는 부적응을 성장 과정에서 잘못된 행동이 강화된 것으로 바라본다. 이처럼 부적응 행동은 어느 이론의 입장에서 바라보는가에 따라 대처 방식이 다른데 여기에서는 부적응의 이론적 모형에 대해 간단히 살펴본다.

1) 생리학적 모형

부적응의 생리학적 모형은 부적응 행동의 원인을 신체의 어느 부분이 제대로 작동하지 못해서 나타나는 것으로 바라본다. 예를 들어 세균에 감염되었다든지, 유전에 의해 부적응 행동이 나타난다든지, 생화학적 물질에 의해 인체의 기능이 변질되었다든지, 또는 뇌가 정상적으로 기능하지 못하는 역기능에 의한 것으로 본다.

생리학적 모형에서는 부적응 행동이 생물학적 측면에서 나타난다고 보기 때문에 생물학적인 치료를 통해 부적응 행동을 교정하려고 한다. 예를 들어 약품을 투여한다든지 혹은 전기 충격 치료(ECT)를 통해 부적응 행동을 치료한다.

2) 심리 역동적 모형

심리 역동적 모형은 정신 역동 모형 혹은 정신 분석 모형이라고도 한다. 프로이드의 정신분석이론을 근간으로 하는 심리 역동적 모형에서는 부적응 행동의 원인이 인간 내면에 있는 서로 상이한 자아(이드, 에고, 슈퍼에고)들 간의 갈등이 잘 해결되지 않아 나타나는 불안 때문이라고 한다. 인간 내면의 자아 가운데 이드(id)는 충동적 본능으로 모든 행동의 근간을 충동으로 추진한다. 근본적으로 쾌락을 추구하는 이드는 쾌락을 충동적으로 추구하기 때문에 이것을 막으려 하는 슈퍼에고(superego)에 의해 제지당한다. 슈퍼에고는 자아의 도덕적 양심으로 자아 이상을 실현하면서 양심으로 표현된다. 이드와 슈퍼에고의 싸움은 자아의 갈등으로 표현된다. 자아는 현실을 바라보고 현실을 대변하므로 현실적인 측면에서 나타나는 상황과 문제점들을 이드와 슈퍼에고에 전달하는 역할을 한다. 이 과정에서 자아는 조금이라도 강한 입장을 취한다. 만약 이드를 취한다면 충동의 쾌락적 행동을 보일 것이고 슈퍼에고를 취한다면 자아의 조절적 행동으로 나타나게 될 것이다. 그러나 자아에게 이러한 선택의 문제가 늘 쉬운 것은 아니며 때로 갈등을 겪게 되어 선택하지 못하는 나타난다. 이런 일들이 쌓이다 보면 결국 부적응 행동들이 나타나게 된다고 바라보는 입장이 바로 심리 역동적 모형이다.

심리 역동적 모형에서는 부적응 행동을 치료하는 근본적인 방법으로 행동 자체를 치료하기보다 행동 저변에 깔린 갈등이 해소되어야 한다는 것을 강조한다. 즉 그러한 행동이 나오게 된 근본적인 배경이 무엇인가에 초점을 둔다. 초기 아동기에 형성된 무의식화된 갈등을 해결하는 것이 문제 해결의 첩경이라 보는 것이다.

3) 행동주의 모형

행동주의 모형은 행동주의 심리학을 근간으로 부적응 행동들을 설명하고 이에 따른 적절한 치료책을 제시한다. 부적응 행동의 원인은 성장 과정에서 잘못된 행동이 강화로 작용하여 학습되었기 때문으로, 이러한 행동을 관찰한 것에 따른 보상으로 부적응 행동이 습득되었다고 한다. 그러므로 주변에 부적응 행동을 하는 강화인이 존재하지 않게 되면 자연적으로 부적응 행동은 학습되지 않는다. 그러나 부적응 행동이 습득된 경우는 부적응 행동을 없애는 행동 수정 요법을 사용한다. 즉 문제의 행동이 보상받지 못하게 하거나, 문제 행동을 대체하는 새로운 행동을 학습시키는 전략을 사용한다. 흔히 문제 행동을 없애는 방법의 하나로 체계적 둔감화 방법을 사용한다.

4) 인지적 모형

인지적 모형은 부적응 행동의 원인이 잘못된 인지 도식으로 인해 나타나는 것으로 본다. 즉 한 개인이 가지고 있는 생각이나 믿음, 기대에 문제가 있음으로 인해 부적응 행동이 나타난다는 것이다. 인지적 모형에서는 모든 책임이 자신에게 있다고 보기 때문에 우울증과 같은 부적응 행동이 나타나므로 자신에 대한 생각을 보다 긍정적으로 바꾸는 것이 가장 현명한 대처 방법이다. 인지적 모형에서 부적응에 대한 치료 방법은 사고의 내용, 즉 기대나 평가, 신념 등을 바꾸는 것과 함께 인지 내용이나 인지 양식 및 인지 도식의 변화나 개선이 필요하다.

3 부적응 행동의 지도

1. 부적응 행동의 예방

부적응 행동은 나타난 이후에 치료하는 것보다 예방하는 것이 더 바람직하다. 부적응 행동의 예방은 근본적으로 적응 행동의 가능성을 높여 주는 것으로, 사회적 상호 작용의 범위를 넓혀 주는 것을 말한다. 특히 유아들의 경우 부적응 행동을 방치하는 것은 발달적으로나 심리적으로 좋은 결과를 낳지 못하므로 부적응 행동을 적극적으로 예방할 필요가 있다. 유아의 적응 행동을 위해서는 기본적으로 아동 중심적인 생활 환경이 이루어지는 것이 좋으며, 또한 유아가 필요로 하는 것이 무엇인지에 초점을 둘 필요가 있다.

요즘의 아동 양육 환경은 이전과는 다른 양상을 보이는 경우가 많다. 과거에는 단순히 아동을 돌보는 것, 즉 아동의 의식주 문제나 생리적 욕구를 해결해 주는 정도였다. 또 안전 문제를 해결해 주고 노동적 가치로서 아동의 생산력을 강조하였으며 이를 통해 가족 생활을 강조하는 모습이었다.

그러나 요즘의 아동 양육 환경은 그렇게 단순하지 않다. 성인 지향의 아동 양육 형태를 벗어나 아동의 감정이나 기분, 발달 수준을 고려한다든지 나아가 발달적 특성이나 개인의 가치를 고려하여 아동이 가진 개인으로서의 권리와 복지를 강조한다. 이런 측면은 가족 생활이 전근대적인 측면에서 벗어나 현대적인 모습으로 변화되었음을 의미하고, 아울러 부부 중심의 가정 생활이 이루어지고 있음을 말해 준다. 이러한 측면에서는 결혼 생활이 강조되고 가족 간의 상호 작용이 부족하여 아동의 정신 건강 문제가 나타나게 된다. 따라서 현재의 아동 양육 환경은 가정이나 사회 측면에서 체계적인 고려가 필요한 때이다.

아동 중심적 생활 환경이란 다음의 몇 가지를 의미한다.

첫째, 아동의 인권, 복지가 강조되는 생활 환경이다. 아동이 기본적인 권리를 누림으로써 인간으로서의 주체를 강조한다.

둘째, 자율적인 인간으로의 성장을 지원하는 체제로서의 생활 환경이다. 인간에게 필요한 자극 및 지원을 강조하는 생활 환경이 되어야 함을 의미한다.

셋째, 아동의 기본적인 감정을 인정하는 생활 환경이다. 아동을 하나의 인격체로 대우해야 하는 것을 강조한다. 아동이 가진 감정을 그대로 인정하는 것을 말한다.

넷째, 아동의 상태에 민감성을 보이는 생활 환경이다. 아동은 여러 가지 측면에서 민감한 모습이 많다. 이러한 민감성을 수용하는 생활 환경으로 문제를 사전에 예방할 수 있다.

다섯째, 아동의 능력, 욕구 등에 따른 공정한 생활 환경이다. 개인차와 잠재 능력의 실현 가능성을 강조하는 환경을 의미한다.

이러한 아동 중심적인 환경을 통해 아동의 여러 가지 문제를 예방할 수 있으며 나아가 아동의 생활을 지도할 수 있다.

1) 아동 생활 지도의 목표

부적응 행동을 예방하는 아동 생활 지도의 목표는 단기적 목표와 장기적 목표로 나눌 수 있다. 단기적 목표는 아동 자신과 타인의 권리를 이해하고 존중하며 안전과 안정을 제공하면서 이를 통해 기본 생활 습관의 형성을 지향하고, 장기적 목표는 개인의 잠재적 능력을 실현하고 조화로운 생활을 영위할 수 있게 하도록 한다.

(1) 단기적 목표

아동 생활 지도의 단기적 목표는 다음과 같다.

첫째, 권리의 이해와 존중이다. 아동이 자신과 타인의 권리를 이해하는 것은 사회적 상호 작용의 기본이다 이를 위해 사회적 규칙의 준수, 남을 방해하지 않기, 공정하게 대우받기, 욕구의 조절 등이 필요하다.

둘째, 안전 및 안정이다. 안전한 환경을 제공하여 아동이 편안함을 느낄 때 아동의 활동은 보장된다.

셋째, 기본 생활 습관의 형성이다. 개인으로서 필요한 생활 습관 및 사회에 필요한 생활 습관을 획득하는 것은 타인과 함께 살아가는 삶의 기본이자 공동 생활의 중심점이다.

(2) 장기적 목표

아동 생활 지도의 장기적 목표는 개인의 잠재 능력 실현, 안정성과 안전감의 획득, 조화로운 생활을 위함이다.

첫째, 잠재 능력 실현을 위해 아동이 가진 기본적인 능력을 발휘할 수 있도록 해야 한다. 이를 위해 아동의 자긍심을 함양하고, 이를 위한 최선의 환경과 자극이 제공되어야 한다.

둘째, 안정성과 안전감의 제공이다. 안전하고 안정성 있는 환경과 자극은 아동으로 하여금 최선의 발달을 조장하며 아동 중심적인 생활 환경의 주된 핵심을 이룬다.

셋째, 조화로운 생활이다. 규칙을 준수하고 타인의 권리를 인정하며, 욕구 조절 등을 통해 주위 환경과 조화로운 생활을 영위할 수 있어 자율적인 인간으로 이끌 수 있다.

아동 생활 지도의 목표를 달성하기 위해 고려해야 할 점들이 있는데 그것은 다음과 같다

첫째, 아동과 친밀한 관계를 유지하면서 아동 존중 및 인정의 태도를 보인다.

둘째, 아동들의 생활 지도 시 일관된 원칙과 방법을 적용하도록 한다.

셋째, 아동들과 유연하지만 단호하고 엄격한 의사 소통 방법을 적용한다.

넷째, 아동들의 건강 상태, 개개인의 특성과 배경 등에 대해 잘 알고 있어야 한다.

다섯째, 교사는 아동들의 모델이 된다는 것을 이해하고 모델에 어울리는 행동을 한다.

여섯째, 아동의 행동을 판단하고 질책하기보다 가능하면 중립적이고 객관적인 입장에서 바라보아야 한다.

일곱째, 아동을 잘 관찰하고 아동 상황의 기록과 보관 및 지도 계획을 세우도록 한다.

여덟째, 가정 및 학교와 연계된 생활 지도를 하도록 한다.

아홉째, 안정감을 주는 환경을 조성하도록 한다. 이를 위해 아동에게 관심을 보이고 의사 결정과 갈등 해결 과정에 아동을 참여시키며, 아동이 선택한 활동을 인정하고 수용하며, 부적절한 행동을 대치할 수 있는 행동과 방법을 가르치고, 확산적 사고 및 대안적 사고를 촉진하는 교수법을 사용하도록 한다.

2) 아동 지도 전략과 대화 기법

아동 생활 지도를 위해 효과적인 지도 전략을 사용하는 것이 좋다. 효과적인 지도 전략은 아동들로 하여금 자긍심을 높이지만, 비효과적인 지도 전략은 아동들로 하여금 실패자로 느끼게 한다. 다음에서 효과적인 지도 전략과 비효과적인 지도 전략을 살펴본다.

(1) 효과적인 지도 전략

교사의 효과적인 지도 전략은 아동 중심적인 성향을 보인다. 다음에서 그것을 간략히 살펴본다.

① 개방적인 의사 소통: 교사는 자신의 관점을 비판단적으로 표현하고 아동과 부모의 관점을 경청하려는 태도를 가지는 것이 좋다.

② 감정의 존중: 교사가 아동의 감정에 대해 존중감을 표현할 때 아동은 자신감을 가진다.

③ 긍정적 용어로 성격 언급하기: 아동의 특성을 긍정적으로 표현할 때 아동은 긍정적으로 반응하며 사회적 기술을 연습하고 사용하게 된다.

④ 충동 및 조절의 장려: 아동들이 스스로 충동을 조절하도록 교사가 모델이 되거나 격려하도록 한다.

⑤ 개인차의 수용: 아동의 개인차를 인정하는 것은 아동의 자율성을 인정하는 것이며 이

를 통해 아동이 수용됨을 느끼게 한다.

⑥ 기본적인 규칙의 실행: 모든 아동에게 기대나 제한 및 규칙을 똑같이 적용하도록 한다. 이러한 일관성은 교실 분위기를 친사회적으로 유도한다.

⑦ 친사회적 성향의 강화: 친사회적 지식, 기술과 더불어 행동 성향도 격려하고 강화한다.

⑧ 다양성에 대처하도록 도와주기: 교사들은 아동의 의사 표명에 대해 반응하는 방식으로 그들의 감정과 정서를 교육하도록 돕는다.

(2) 부정적인 방법들

교사의 지도 전략 가운데 부정적인 방법들은 다음과 같다.

① 실없이 협박하기: 아동의 행동을 수정하려고 실없이 협박하는 것은 성인의 권위를 잃게 하므로 사용하지 않는 것이 좋다.

② 암암리에 비교하기: 아동을 은연중에 비교하면 아동들은 자신의 실제 능력이나 가치를 인식하지 못한 채 다른 아동의 장점이나 능력을 시기하는 결과를 초래할 수 있다.

③ 부적절하게 칭찬하기: 칭찬을 남발하면, 아동들이 다른 사람의 눈에 잘 보이는가에 초점을 두도록 가르치는 결과를 초래한다.

④ 혼란스러운 질문 던지기: 교사의 간접적인 방법을 통한 질문은 아동들을 혼란스럽게 하고 방어적인 태도를 취하게 만들 수 있다.

⑤ 지나치게 강조하기: 교사가 강하게 말하는 것은 위협이나 협박으로 들릴 수 있으므로 조용하고 침착하게 말하도록 한다.

⑥ 타임아웃을 부적절하게 사용하기: 타임아웃은 수치심을 느끼게 하거나 자존심을 상하게 할 수 있어 반드시 좋지 않음을 인식할 필요가 있다.

(3) 효과적인 대화 기법

교사는 아동들과 언어적으로 상호 작용하는 경우가 많으므로 효과적인 대화 기법을 가지고 아동들을 대하는 것이 좋다. 효과적인 대화 기법은 효과적인 지도 전략과 함께 사용될 때 더 좋은 결과를 낳을 수 있다.

① 확인하기, 반복하기, 바꾸어 말하기, 요약하기 등을 사용한다. 확인하기는 상대방이 한 말을 바르게 듣고 이해했는지를 알아보는 것이고, 반복하기는 아동의 말을 재진술하여 아동이 한 말을 더 깊이 생각하고 느끼게 하는 것이다. 또 바꾸어 말하기는 아동이 말한 내용과 같은 의미의 다른 말로 전환하여 표현하는 방법이고, 요약하기는 아동이 한 말을 교

사가 정리하여 말해 주는 것이다.

② 공감하기를 보인다. 상대방의 관점과 입장에서 듣고 이해하고 말하는 것으로, 감정과 기분에 초점을 두어 이해하고 있다는 사실을 상대방에게 말로 표현하는 것이다.

③ 효과적인 질문하기이다. 효과적인 질문을 위해 개방형 질문(무엇을, 어떻게)을 사용하도록 한다.

④ 직면하기이다. 아동 잘못하거나 불일치, 모순점이 있을 때 지적하여 이해하게 하는 것이다.

⑤ 긍정하기이다. 긍정하기는 아동의 언어적, 비언어적 메시지에서 긍정적인 면을 찾아 부각시키는 방법으로, 아동의 자율성과 자신감을 촉진할 수 있다.

⑥ 나 전달법을 사용한다. 자신의 생각이나 감정을 표현할 때 생각과 느낌을 가지게 된 책임을 상대방에게 돌리지 않고 '나'에 초점을 두어 표현하는 방법으로 대화의 효율성을 높여 준다.

⑦ 관심 기울이기이다. 아동에게 관심 있음을 보여 주어 이해하려 한다는 사실을 전달하는 것이다.

(4) 부정적인 대화 기법

교사의 부정적인 대화 기법은 아동들에게 자신감을 제공하지 못한다. 따라서 가능하면 피하는 것이 좋은데, 부정적인 대화 기법의 예를 다음에서 살펴보자.

첫째, 과잉 행동이다. 교사나 부모가 아동과의 대화에서 동작이나 말을 너무 많이 하는 것이다. 예를 들어 지나친 제스처, 같은 내용의 말을 반복하는 것, 말의 속도가 빠르거나 큰 것, 상대를 무시하고 혼자 이야기하는 것, 미리 결론을 내려 설명하거나 훈시하는 것 등이다.

둘째, 지나친 소극성이다. 과잉 행동과는 반대로 대화에 참여하는 정도가 너무 부진한 경우이다

셋째, 부적합한 행동이다. 아동이 표현하는 것과 직접적인 관련이 없거나 부적절한 반응을 보이는 것이다. 예를 들어 화제를 자주 바꾸기, 부적합한 때에 미소를 짓거나 부자연스럽게 웃기, 중요하지 않은 내용에 반응하기, 아동이 관심 없고 관련 없는 내용으로 대화하기 등이다.

넷째, 일방적인 명령과 지시이다. 아동의 욕구를 억제하거나 대화 단절을 가져온다.

다섯째, 경고나 위협이다. 아동에게 불안, 공포감을 주며 반항이나 적개심 등의 부적절

한 행동을 심화시킨다.

3) 아동의 스트레스에 대한 교사의 대처 방식

아동의 스트레스는 흔히 성인에 의해 만들어지는 경향이 많지만 이에 대처하는 교사의 방식도 중요하다. 다음에서는 아동들의 스트레스에 대한 교사의 대처 방식을 살펴보도록 하자.

첫째, 아동에게 교사의 스트레스 대처 기술과 자아 통제력을 보여 준다.

둘째, 아동의 특별한 흥미나 기술, 대처 기술을 찾아 발달시키도록 격려한다.

셋째, 아동의 자존감을 높이고 긍정적 사고를 하도록 유도한다.

넷째, 행동의 결과를 생각할 수 있도록 유도하여 문제를 해결하도록 격려한다.

다섯째, 아동의 스트레스를 감소시킬 수 있는 전문가적인 개입 행동을 이용한다.

여섯째, 아동과 개인적 대화 시간을 많이 가지며 일상적인 상호 작용에서 부드러운 유머를 구사한다.

일곱째, 아동의 감정을 인식하고 적절한 언어적 개입을 이용한다.

여덟째, 경쟁보다는 협동적 활동을 제시하고 다른 아동과 함께 스트레스를 해결할 수 있도록 돕는다.

아홉째, 차분한 교실 분위기를 조성하고 스트레스를 유발하는 교실 상황과 규칙을 가능한 변경한다.

열째, 부모와 함께 스트레스에 대처하도록 돕는다.

2. 아동의 부적응 행동의 지도

아동의 부적응 행동은 여러 가지가 있지만 일상적으로 우리가 쉽게 접할 수 있는 행동들에 대해 어떻게 대처하고 지도할 수 있는지 알아보도록 하자.

1) 공격적 행동

공격적 행동은 언어적, 신체적으로 타인에게 피해 입히는 것을 말한다. 구체적으로 때리기, 꼬집기, 차기, 침 뱉기, 위협하기, 모욕 및 창피 주기, 험담하기, 욕하기 등의 행동들이 이에 속한다. 공격성은 자기 주장과 다른 점이 있다. 자기 주장은 타인의 권리와 느낌을 존중하면서 자신의 권리를 주장하고자 의도적인 행동을 하는 것(Slaby et al., 1995)을 말한다. 즉 비합리적인 요구에 저항한다든지 공격적 행동을 참지 않거나 불공평할 때 자기의 생각을 말하고 갈등에 대한 해결책을 제시하는 것 등이다. 이로 인해 자기 조절 및 자율성이 함양될 수 있고 자기 능력에 대한 긍정적인 감정 발달 및 사회적 유능감이 발달할 수 있다.

공격성은 다음과 같이 몇 가지 유형으로 나뉜다.

첫째, 우연적 공격성이다. 이것은 놀이하는 동안 의도하지 않고 우연히 상대에게 피해를 입히는 경우를 말한다.

둘째, 표현적 공격성으로, 다른 사람을 다치게 하는 신체 행동을 통해 즐거움을 찾는 공격적 행동을 말한다.

셋째, 도구적 공격성으로, 놀이하는 동안 놀잇감이나 권리를 얻고자 이루어지는 신체적 공격 행동이다.

넷째, 적대적 공격성이다. 이것은 신체적, 심리적 고통을 주어 타인에게 상처를 입히고자 하는 공격 행동을 말한다.

공격성이 표출되는 것은 다음의 몇 가지 원인을 통해 설명할 수 있다.

첫째, 생물학적 원인이다. 안전과 기본적 욕구가 위협받을 때 본능적으로 공격하도록 내재화되어 있다는 것을 말한다.

둘째, 좌절-공격 가설이다. 좌절을 하게 되면 이에 대한 반응으로 공격적 행동을 보인다는 것이다.

셋째, 직접적인 교수이다. 성인이나 또래 등에게 공격적인 행동을 배우는 것을 말한다.

넷째, 강화이다. 공격적인 행동을 했을 때 누군가 웃거나 잘했다고 칭찬하는 등 공격적 행동이 보상됨으로써 계속 공격적이 된다.

다섯째, 모델링이다. 타인의 공격 행동을 관찰하고 모방하여 공격적 행동을 보인다.

여섯째, 사회적 지식과 기술의 결여이다. 인지적 지식과 사회적 기술이 부족하게 되면 공격 행동을 하게 된다.

일곱째, 사회적 상호 작용의 결과로 공격한다. 직접 및 간접적으로 신체적, 언어적 공격을 받은 경우, 자기 소유의 물건이나 영역을 빼앗기거나 침해당한 경우, 놀림을 당하거나 편애당한다고 느끼는 경우, 갈등 발생 시 언어적 타협 기술이 부족한 경우 등을 통해 공격적 행동을 표출하게 된다.

공격성을 줄이는 효과적인 전략은 친사회적 행동을 모델링하거나, 친사회적 행동을 할 때 친사회적 행동을 강화하는 방법이 있다. 친사회적 행동을 보여 주거나 강화하게 되면 효과가 있다. 또한 직접적인 교수, 우연적 공격성을 인식하도록 도와주기, 공격적이 될 수 있는 활동 줄이기, 공격성이 받아들여지지 않음을 명백히 하기, 공격성에 대한 가능한 반응 가르치기, 계획된 활동을 통해 공격성의 대안 가르치기, 갈등 중재를 통해 공격성의 대안 가르치기 등의 전략들이 있다.

반면 공격성을 줄이지 못하는 비효과적인 전략들도 있다. 예를 들어 신체적인 처벌이나 공격적 행동을 무시하는 경우 아동은 공격적 행동을 용서해 주는 것이라고 생각하거나 인정해 주는 것이라고 생각하여 공격성이 보상된다. 또한 아동에게 공격성 표출의 기회를 주고자 무기나 폭력적 장난감을 주는 경우 공격적 행동을 부추기는 결과를 초래할 수 있다. 그리고 공격을 원래 대상과 관계없이 표현하게 하는 대치의 방법도 아동의 공격적 행동을 줄이는 데 도움을 주지 못한다. 왜냐하면 아동의 분노를 다루는 궁극적인 수단이 아니므로 아동은 공격적 행동을 다르게 표현하는 것을 배우게 되기 때문이다. 또한 비일관적인 교사나 어른의 태도도 공격성을 줄이는 데 효과가 없다.

2) 적응의 어려움

적응이 어려운 것은 새로운 환경에 적응하지 못하고 혼자 활동하거나 스트레스를 보이는 경우를 말한다. 적응하지 못해 어려움을 겪을 때 심하면 우울증, 수면 장애, 불안 등의 증상, 대인 관계 문제, 공격적 행동 등을 보이게 된다.

적응하지 못하는 주된 원인은 스트레스(학업 부진, 이혼, 경제적 어려움 등), 지나치게 허용적이거나 과잉 보호의 양육 환경에서 자랐을 때, 방과후 시설의 환경이 자신의 가정 환경 수준보다 낮아 편안함과 재미를 느끼지 못할 때, 방과후 시설에 같은 학교나 같은 동네 친구들이 없거나 친밀한 친구가 없을 때, 여러 이유로 부모와 떨어져 지낸 경험이 거의 없거나 적을 때, 그리고 대인 상호 작용의 기술이 떨어질 때 등이다.

적응을 잘 하지 못하는 아동들을 효과적으로 지도하는 방법은 다음과 같다.

첫째, 방과후 보육 활동에 참여하는 시간을 점진적으로 늘려 나간다.

둘째, 책 읽기, 만들기 등 혼자 집중하는 활동에서 점점 집단 활동으로 유도한다.

셋째, 아동의 흥미나 호기심에 초점을 두어 활동을 전개해 나가도록 한다.

넷째, 가능한 초기에는 낯익은 아이들과의 소집단 활동을 권한다.

다섯째, 친구 사귀는 법을 가르치고 할 수 있는 활동으로 안내한다.

3) 집중력이 약하고 산만한 아동

집중력이 약하고 산만한 아동은 주어진 과제를 집중하여 끝내지 못하는 경우이다. 대체로 아동이 몹시 피곤한 상태이거나 질병을 앓고 있는 경우, 또 주변이 시끄럽거나 다른 곳에서 더 재미있는 활동이 일어나고 있는 경우, 그리고 아동이 해야 할 활동이 재미없고 지루한 것이거나 어려운 경우에 주의를 집중하지 못하고 산만해지게 된다. 집중력이 약하고 산만한 것은 심하면 이상 행동이므로 집중적인 치료가 필요하지만 대개는 10세를 기점으로 이러한 행동은 줄어드는 경향을 보인다.

집중력이 약하고 산만한 아동들을 지도할 때 우선 아동이 피로하면 활동보다는 조용한 곳에서 휴식을 취하도록 하고, 아동의 과제를 잠시 중단하고 다른 장소의 또래 활동에 참여시키도록 한다. 과제는 아동의 능력과 욕구를 고려하여 부여하되 쉽고 재미있는 과제를 주도록 하고 과제를 해결하는 과정을 격려하고 결과를 칭찬하여 성취감을 맛보게 한다. 또한 교사와 함께 활동하고 작업하여 과제에 집중할 수 있게 하고, 문자로 된 자료보다는 시청각 자료를 활용하도록 한다.

4) 따돌림을 당하는 아동

따돌림을 당하는 아동은 또래로부터 소외되고 인격적 무시를 당하여 역할 수행에 제약을 보이는 아동을 말한다. 따돌리는 친구들의 집단 내 영향력, 인원, 정서적 응집력에 따라 심각한 경우도 있다. 따돌림을 당하는 아동의 특성은 대체로 신체적인 매력이 없고 학습이나 활동에서 다소 열등한 아동이며, 실수를 자주 해서 다른 아동에게 피해를 주거나 교사로부터 야단을 맞는 아동, 이기적이거나 자만심이 강하고 잘난 척하며 친구를 무시하는 아동, 내숭떠는 아동, 적극적이지 못하고 소심하며 자기 주장성이 낮고 연약한 아동, 그리고 선생님이나 엄마에게 자주 고자질하는 아동 등이다.

대체로 따돌리는 아동의 심리적 특성은 내성적이거나 열등감을 보이며, 신념이 부정확하고 부적절한 대인 행동을 보이는 경우가 많다.

따돌림의 원인은 다음과 같다.

첫째, 직접적인 요인이다. 이것은 따돌림을 당하는 아동의 직접적인 성향으로 인해 따돌

림이 나타난다. 예를 들어 엉뚱한 행동을 한다든지 타인 이해나 공감 능력이 부족한 경우
이다.

둘째, 부모의 양육 태도이다. 부모 양육 방식이 자녀들에게 학습되어 힘의 논리 내지는
무력감 등을 가르치게 된다.

셋째, 통제 위주의 학교 교육이다. 공부를 잘하면 대부분의 행동에 대한 면죄부를 주는
경향이 따돌리는 행동을 습득하게 만든다.

교사의 효과적인 지도법으로는 따돌림을 당하는 아동의 심정에 대해 공감하는 태도를
보이도록 하고 따돌림을 당하는 아동이 이룬 작은 성취를 칭찬하며 역량을 알리도록 한다.
그리고 학습이나 활동에서 편애하지 않아 주도권을 쥘 수 있는 기회를 제공하고, 아동을 객
관적으로 판단하며, 아동의 감정을 그대로 인정한다. 또한 활동에 참여할 수 있는 사회적
상호 작용의 기술을 가르치고 소집단 활동을 통한 특별 활동의 강화로 서로 어울릴 수 있는
기회를 제공한다. 아울러 따돌리는 아동의 작은 실수는 크게 부각시키지 않고 격려해 준다.

3. 부적응 행동의 심리 치료

아동의 부적응 행동이 심각해지면 심리 치료를 받는 것이 필요하다. 여기서는 심리 치
료에 대해 간단히 살펴보도록 한다.

1) 심리 치료의 개념과 목적

심리 치료는 심리학적 이론과 기법에 의지하면서 근본적으로 대화에 바탕을 둔 문제 행
동에 대한 치료 방법이다. 흔히 상담 방법으로 소개되고 있는 것으로, 상담자가 문제를 소지
한 내담자의 상태를 바탕으로 함께 문제를 해결해 나가는 것에 초점이 있다. 그러므로 궁극
적으로 심리 치료는 내담자의 무의식적이고 오래 계속되는 성격, 문제 행동과 행동 양식의
해결을 다루는 것이며, 이를 통해 내담자의 행동을 돕거나 바꾸거나 개선하는 것이 목적이
다. 언어적 의사 소통의 면담을 포함하지만 단순한 대화나 충고 및 경고와 다른 것이 심리
치료이다.

궁극적으로 심리 치료의 목적은 다음의 몇 가지가 있다.

첫째, 환자가 가진 정신 증상을 제거, 개선, 지연시키는 것이다.

둘째, 행동 양상 가운데 고통스럽게 느끼는 점을 조정하기 위함이다.

셋째, 인격이 긍정적인 방향으로 발전하고 성장하도록 돕는 것이다.

넷째, 환경에 더 잘 적응, 대처하는 길을 내담자 자신이 찾아내도록 돕는 것이다.

다섯째, 주위 사람, 세상과 조화된 삶을 영위할 태세를 갖추게 한다.

2) 심리 치료의 기본 접근법

심리 치료를 위한 기본적인 접근법은 정신 분석 치료법, 인간 중심 치료법 등이 있는데 이를 간단히 살펴보면 다음과 같다.

(1) 정신 분석 치료법

정신 분석 치료법의 기본 가정은 프로이트의 정신분석이론을 바탕으로 이루어진 심리 치료법이다. 기본적으로 무의식적 정서 및 동기를 심리적 장애의 근원으로 보며 무의식적 갈등이나 욕구 충족의 결핍은 결국 부적응 행동이나 성격 장애로 표출된다고 본다.

정신 분석 치료법의 치료 목표는 무의식적 갈등을 의식화시켜 개인의 성격 구조를 재구성하는 것이며, 치료자의 역할은 내담자의 문제 행동을 극복하고 성격의 구조적 변화를 추구하며, 내담자의 불만을 잘 처리하고 충동적이며 비합리적인 행동을 통제하도록 돕는 것이다.

정신 분석 치료법의 치료 기법은 해석, 자유 연상, 꿈의 분석 등이 있다.

첫째, 해석이다. 해석은 무의식적인 의미 종합을 의식화하는 것을 말한다.

둘째, 자유 연상이다. 사소하고 우스꽝스운, 떠오르는 모든 것을 남김없이 이야기하게 하는 것을 말한다.

셋째, 꿈의 분석이다. 수면 중에는 방어가 약화되고 억압된 욕망과 감정이 의식 표면에 떠오르므로 이를 분석하는 것을 말한다.

넷째, 저항 해석이다. 치료를 방해하고 내담자의 무의식적 기억을 떠올리는 것을 저지하는 '저항'을 수용하고 배려하면서 해석한다.

다섯째, 전이 해석이다. 과거의 중요한 인물에 대해 느꼈던 감정을 치료자에게 옮기는 내담자의 전이를 통해 다양한 감정을 이해하는 것이다.

(2) 인간 중심 치료법

인간 중심 치료법은 칼 로저스(C. Rogers)에 의해 창안되고 인본주의 심리학에 바탕을 두고 있는 치료 방법이다. 부적응에서 건강하고 능동적인 존재로 행동하게 하는 치료법으로 자아 실현의 개인 충동을 문제 해결의 중요한 추진력으로 변화시키고자 한다.

인간 중심 치료법의 치료 목표는 개인 독립성과 통합성을 통한 문제 해결 및 개성과 능력 발휘를 통한 자기 실현을 지향하므로, 치료자는 내담자와 친밀한 관계를 유지하면서 그의 주관적 경험에 대한 공감적 이해를 주로 보인다.

인간 중심 치료법의 치료 기법은 반영, 명료화, 공감적 반응 등이 있다. 반영은 내담자의 말과 행동에서 표현된 기본 감정, 생각, 태도를 치료자가 부연하는 것을 말하며, 명료화는 내담자의 감정, 암시된 생각, 내포된 의미 등을 분명하게 말해 주는 것이다. 그리고 공감적 반응은 내담자의 감정이나 갈등에 동조하는 반응이다.

(3) 행동 치료법

행동 치료법은 행동주의의 원칙을 바탕으로 이루어진 치료법이다. 인간의 행동은 학습된 것으로 보며 학습 원리를 통해 인간의 행동을 수정하려 한다. 궁극적으로 심리적 장애는 자극 및 반응의 유관 조건에 대한 잘못된 학습 행동이 근원이라고 본다.

행동 치료법의 치료 목표는 장애를 나타내는 증상 및 사회적 활동을 저해하는 비현실적 공포의 제거하는 것이며, 이를 위한 치료자의 역할은 요약, 반영, 명료화, 개방형 질문 등을 통해 내담자가 주는 단서에 주목한다.

행동 치료법의 치료 기법은 체계적 둔감법과 자기 표현 훈련, 모방 학습 등이 있다. 체계적 둔감법은 공포 및 불안과 관련된 부적응 행동을 치료하는 데 사용되는 기법이고, 자기 표현 훈련은 사회적 기술 훈련의 한 유형으로 대인 관계의 문제를 해결하는 데 이용되는 방법이다. 그리고 모방 학습은 관찰을 통해 시행착오 없이 원하는 행동을 학습하는 것을 말한다.

1 다음 중 관찰의 장점을 옳게 서술한 것은?

① 관찰 대상자의 심리 상태에 따라 심층적 자료를 수집할 수 있다.
② 언어적 행동의 자료 수집이 용이하다.
③ 관찰 대상자의 느낌을 정확히 몰라도 자료 수집이 가능하다.
④ 관찰 대상이 성인일 경우 보다 효과적이다.

|정답| ③

|해설| 관찰이란 관찰자의 눈을 통해 아동의 특성이나 행동에 관한 정보를 얻으려는 방법으로, 비언어적 행동에 대한 자료 수집이 용이하고, 관찰 대상과 친밀성을 유지할 수 있어 심층적인 자료 수집이 가능하며, 관찰 대상자의 심리 상태에 의해 결과가 좌우되지 않고, 관찰 대상자의 생각이나 느낌을 정확히 모르거나 표현하지 못해도 자료 수집이 가능하다는 장점을 가지고 있다. 또한 행동 배경, 상황과 직접적으로 관련된 자료를 얻을 수 있을 뿐 아니라 관찰 대상이 어린 아동인 경우에는 보다 효과적이다.

2 관찰 행동이 특정 시간 내에 얼마나 자주 나타나는지의 빈도를 파악하는 방법으로 정해진 시간 내에 일정한 간격으로 특정 행동을 관찰하고 기록하는 관찰 방법은 무엇인가?

① 시간 표집법   ② 체크리스트   ③ 사건 표집법   ④ 평정 척도법

|정답| ①

|해설| 관찰의 기록 방법으로는 자연적인 상황에서 특정 시간에 일어난 행동 혹은 사건을 사실적으로 기록하는 일화 기록, 관찰 행동이 특정 시간 내에 얼마나 자주 나타나는지의 빈도를 파악하는 시간 표집법, 특정 행동을 표집하여 자연적인 상황에서 그 행동이 나타났을 때 그 행동의 행동 맥락, 전후 관계 등을 자세히 관찰하여 기술하는 사건 표집법, 단순한 행동 리스트로 중요하게 생각하는 행동의 유무를 확인하는 체크리스트와 연속선 상에 있는 대상 행동을 평정하여 표시하는 평정 척도 등이 있다.

3 부적응을 유발하는 개인적 요인이라고 할 수 <u>없는</u> 것은?

① 유전적 결함   ② 기대-욕구의 불일치
③ 욕구 좌절   ④ 갈등

|정답| ②

|해설| 부적응을 유발하는 요인은 개인이 가지고 있는 어떤 현상으로 인해 부적응을 겪게 되는 개인적 요인, 가정 문제로 인해 나타나는 가정적 요인, 그리고 스트레스, 과잉 경쟁, 따돌림, 기대-욕구의 불일치 등의 모습으로 나타나는 사회적 요인으로 구분할 수 있다.

4 부적응 행동에 대한 준거로서 정상 분포 곡선을 사용하여 양극단의 경우를 정상 범주가 아닌 것으로 보는 것은 무엇인가?

① 통계적 관점　　　　　　　　　② 사회 문화적 관점
③ 개인적 준거　　　　　　　　　④ 행동의 적응성 관점

|정답| ①

|해설| 부적응을 바라보는 관점으로는 정상적인 경우와 비정상적인 경우를 판단하는 관점을 통계적 분포에 근거하는 통계적 관점, 사회의 관습이나 규범, 습관 등에 근거하여 적응과 부적응을 바라보는 사회 문화적 관점, 개인의 행동이 사회 집단의 복지에 부정적인 영향을 줄 때 부적응 행동으로 간주하는 행동의 적응성 관점, 개인이 경험하고 있는 심리적 갈등의 정도가 얼마나 심한가에 따라 적응 혹은 부적응으로 분류하는 개인적 준거, 의사나 심리 진단 치료사가 부적응이라는 관점에 근거하여 판단하는 전문적 준거 등이 있다.

5 아동 생활 지도를 위한 효과적인 지도 전략이라고 할 수 없는 것은?

① 다양성에 대처하도록 도와주기　　② 개방적인 의사 소통
③ 타임아웃 사용하기　　　　　　　④ 기본적인 규칙의 실행

|정답| ③

|해설| 아동 생활 지도를 위해 효과적인 지도 전략으로는 개방적인 의사 소통, 감정의 존중, 긍정적 용어로 성격 언급하기, 충동 및 조절의 장려, 개인차의 수용, 기본적인 규칙의 실행, 친사회적 성향의 강화, 다양성에 대처하도록 도와주기 등이 있다.

6 아동의 스트레스에 대한 교사의 대처 방식으로 바르지 <u>못한</u> 것은?

① 교사의 스트레스 대처 기술과 자아 통제를 보여 준다.
② 스트레스를 감소시키기 위한 개입 행동을 자제한다.
③ 차분한 교실 분위기를 제공한다.
④ 부모와 함께 스트레스에 대처하도록 돕는다.

|정답| ②

|해설| 교사는 아동의 스트레스를 감소시킬 수 있는 전문가적인 개입 행동을 이용한다. 이 외의 대처 방식으로 아동의 특별한 흥미나 기술, 대처 기술을 찾고 발달시키도록 격려하며, 아동의 자존감을 높이고 긍정적 사고를 하도록 유도하며, 행동의 결과를 생각할 수 있도록 유도하여 문제를 해결하도록 격려한다. 또한 아동과 개인적 대화 시간 가지기, 일상적인 상호 작용에서 부드러운 유머의 사용, 아동의 감정을 인식하고 적절한 언어적 개입의 이용, 협동적 활동을 제시하고 다른 아동과 함께 스트레스를 해결하도록 돕기 등의 방법들이 있다.

7 다음에서 서술하고 있는 아동의 부적응 행동은 무엇인가?

> · 또래로부터 특정인을 소외시키고 인격적 무시를 보여 역할 수행에의 제약을 보이는 것
> · 내성적이거나 열등감을 보이고 대인간 신념이 부정확하며 부적절한 대인 행동을 보이는 심리적 특성이 있다.
> · 아동의 직접적 요인, 부모의 양육 태도, 통제 위주의 학교 교육이 원인이 된다.

① 공격적 행동　　　　　　　　　② 적응의 어려움
③ 주의력이 약하고 산만함　　　　④ 따돌림

|정답| ④

|해설| 아동의 부적응 행동에는 언어 및 신체적으로 타인에게 피해를 입히는 공격적 행동과 새로운 환경에 적응하지 못하고 혼자 활동하거나 스트레스를 보이는 적응 곤란, 주어진 과제를 집중하여 끝내지 못하는 주의력 산만, 그리고 또래로부터 특정인을 소외시키고 인격적 무시를 보여 역할 수행에 제약을 보이는 따돌림 등이 있다.

8 심리 치료 접근법과 치료 기법이 바르게 짝지어진 것은?

① 정신 분석 치료법–반영, 명료화, 공감적 반응
② 인간 중심 치료법–해석, 자유 연상, 꿈의 분석
③ 놀이 중심 치료법–모래 놀이, 상상 놀이, 연상 놀이
④ 행동 치료법–체계적 둔감법, 자기 표현 훈련, 모방 학습

|정답| ④

|해설| 정신 분석 치료법은 프로이트의 정신분석이론을 바탕으로 하며 치료 기법으로는 해석, 자유 연상, 꿈의 분석 등이 있다. 인간 중심 치료법은 인본주의 심리학에 바탕을 두고 있으며, 치료 기법으로는 반영, 명료화, 공감적 반응 등이 있다. 그리고 행동주의의 원칙을 바탕으로 이루어진 행동 치료법의 치료 기법에는 체계적 둔감법과 자기 표현 훈련, 모방 학습 등이 있다.

1   관찰은 관찰자의 눈을 통해 아동의 특성이나 행동에 관한 정보를 얻으려는 방법으로 연구하고자 하는 목적에 적합한 대상의 행동이나 상황을 관찰하여 기록하거나 부호화하는 것으로, 기록 방법으로는 일화 기록, 시간 표집법, 사건 표집법, 체크리스트, 평정 척도 등이 있다.

2   관찰을 실시하기 위해 정해진 과정이나 절차가 있는 것은 아니지만 대체로 무엇을 관찰할 것인지를 정하고, 언제 어디서 관찰할 것인가를 정한 다음, 어떻게 관찰할 것인가를 정하며, 관찰이 실질적으로 잘 이루어지고 있는지 체크하는 등의 일련의 과정을 거치는 것이 좋다.

3   사례 연구는 특정한 개인이나 집단 혹은 기관을 대상으로 문제나 특성을 심층적으로 조사, 분석하는 것으로 아동이 가진 신체적, 지적 또는 정서적 문제를 분석하는 데 도움을 주며, 보고서의 작성이나 부모가 참여하는 면접에 필요한 정보를 제공하고, 개인의 성장이나 발달 혹은 변화를 평가할 수 있으며, 적절한 지도를 하도록 각 개인의 학습 방식과 대처 양식을 알려 줄 뿐만 아니라 다른 교육자나 전문가들에게 유용한 기록을 제공한다.

4   사례 연구는 문제 해결에 보다 의미 있는 자료를 제공하고 특정 대상에 대한 문제 해결에 도움이 되며 아울러 상담의 기초를 제공한다는 장점이 있는 반면, 특수 사례에 관한 결과이므로 일반화가 힘들며 많은 사례를 동시에 연구하기는 곤란하고 연구 대상의 외면적 사실에 치중함으로써 내면적 문제나 본질적인 문제를 간과할 가능성이 있다는 단점이 있다.

5   적응이란 유기체가 주위 환경과 어울려 만족할 만한 관계를 유지하며 삶을 영위하는 것으로 외부 자극에 유기체가 적절하게 반응하여 욕구를 조절함으로써 균형을 이루는 것이며, 부적응이란 자기가 처해 있는 환경 조건과 조화로운 관계를 이루지 못하는 상태로 유기체 내부의 심리 상태가 균형을 잃고 심리적 불안에 빠져 긴장 상태에 있는 것을 말한다. 아동의 부적응은 발달상의 문제뿐만 아니라 신체적, 정신적 결함을 초래하기에 어른보다 중요하게 취급해야 한다.

6   부적응을 유발하는 요인은 개인이 가지고 있는 어떤 현상으로 인해 부적응을 겪게 되는 개인적 요인, 가정의 문제로 인해 나타나는 가정적 요인, 그리고 스트레스, 과잉 경쟁, 따돌림, 기대-욕구의 불일치 등의 모습으로 나타나는 사회적 요인으로 구분할 수 있다.

7   부적응을 바라보는 관점으로는 정상적인 경우와 비정상적인 경우를 판단하는 관점을 통계적 분포에 근거하는 통계적 관점, 사회의 관습이나 규범, 습관 등에 근거하여 적응과 부적응을 바라보는 사회 문화적 관점, 개인의 행동이 사회 집단의 복지에 부정적인 영향을 줄 때 부적응 행동으로 간주하는 행동의 적응성 관점, 개인이 경험하고 있는 심리적 갈등의 정도가 얼마나 심한가에 따라 적응 혹은 부적응으로 분류하는 개인적 준거, 의사나 심리 진단 치료사가 부적응이라는 관점에 근거하여 판단하는 전문적 준거 등이 있다.

8 아동 생활 지도의 장기적 목표는 개인의 잠재 능력 실현, 안정성과 안전감의 획득, 조화로운 생활을 위함이다. 이를 위한 단기적 목표로는 권리의 이해와 존중, 안전 및 안정, 기본 생활 습관의 형성 등이 있다.

9 아동 생활 지도를 위해 효과적인 지도 전략으로는 개방적인 의사 소통, 감정의 존중, 긍정적 용어로 성격을 언급하기, 충동 및 조절의 장려, 개인차의 수용, 기본적인 규칙의 실행, 친사회적 성향의 강화, 다양성에 대처하도록 도와주기 등이 있으며, 효과적인 대화 기법으로는 확인하기, 반복하기, 바꾸어 말하기, 요약하기 등을 사용하기, 공감 보이기, 효과적인 질문하기, 직면하기, 긍정하기, 나 전달법 사용하기, 관심 기울이기 등이 있다.

10 아동의 부적응 행동에는 언어적 및 신체적으로 타인에게 피해를 입히는 공격적 행동과 새로운 환경에 적응하지 못하고 혼자 활동하거나 스트레스를 보이는 적응 곤란, 주어진 과제를 집중하여 끝내지 못하는 주의력 산만, 그리고 또래로부터 특정인을 소외시키고 인격적 무시를 보여 역할 수행에 제약을 보이는 따돌림 등이 있다.

11 심리 치료란 심리학적 이론과 기법에 의지하면서 근본적으로 대화에 바탕을 둔 문제 행동에 대한 치료 방법으로 프로이트의 정신분석이론을 바탕으로 한 정신 분석 치료법과, 인본주의 심리학에 바탕을 두고 있는 인간 중심 치료법, 그리고 행동주의의 원칙을 바탕으로 이루어진 행동 치료법이 있다.

제 **18** 장

현장 실습 지도

이 장에서는 현장 실습에서 얻은 경험과 지식을 토대로 아동을 보육하는 각 가정에서 베이비시 터로서 갖추어야 할 기술과 태도를 익히고, 실무에 관한 전반적인 역할 인식 및 전문적 자질 향상에 중점을 두고 실습 지도에 관한 지침을 소개한다.

01 실습을 통해 영유아 보육과 교육에 관한 실제를 경험하고 적용해 본다.

02 아동 양육과 지도에 필요한 전반적인 베이비시터의 역할 및 실무를 배운다.

03 베이비시터에게 필요한 대인 관계의 지식과 기술을 배운다.

04 베이비시터로서 자신의 적성과 능력을 점검해 본다.

• 일과 운영 아동과 함께하는 다양한 형태의 활동과 경험이 원활하게 이루어지도록 하기 위해 하루 생활을 준비하고 계획하는 것을 의미한다.

• 놀이 촉진자 놀이에 적합한 환경을 구성하고 필요한 자료를 제공해 주며, 아동의 놀이 활동을 관찰하여 적절히 개입하는 것을 의미한다.

• 상호작용자 적합한 환경 및 학습 활동을 제공하고 아동이 활동에 참여할 때 적절한 개입과 의사 소통하는 것을 의미한다.

• 실습생의 역할 실습생이 배우려는 정신 자세를 가지고 능동적이고 적극적으로 일과를 돕는 등의 보조 역할을 수행함으로써 베이비시터로서의 태도와 자세를 익히는 것을 의미한다.

○, × 퀴즈

진단 문제	○	×
1 베이비시터는 아동의 행동 특성을 관찰하고 평가한 정보를 부모에게 제공하는 등 부모를 지원하는 역할을 수행해야 한다.	v	
2 베이비시터는 전문가가 아니므로 부모들의 요구와 기대를 무조건 수용할 필요는 없다.		v
3 영아의 일과 계획은 일상적인 생활 중심으로만 이루어져야 한다.		v
4 베이비시터 실습생은 실제 경험을 통한 실습을 통해서 실습생의 역할과 임무를 익힐 수 있다.	v	

해설

01 실습을 통해 부모들의 요구와 기대를 수용하는 태도를 숙지하여 전문가로서 자신의 역할과 임무를 충실히 이행하여야 한다.

02 일상적인 생활, 일과 관리를 위한 시간, 자유 선택 활동 시간, 소집단 활동, 정리 정돈, 간식 시간, 낮잠, 실외 놀이 등이 다양하게 포함되어야 한다.

① 실습생의 역할과 준비

1. 실습생의 역할

베이비시터의 역할은 아동의 성장과 발달을 위해 교육하고 보호하는 일이다. 따라서 아동을 담당하는 베이비시터는 스스로의 전문성을 향상시키기 위하여 교육과 보육 실제에 적용할 수 있는 지식, 정보, 기술들을 배움으로써 전문성을 향상시켜야 한다. 즉 아동의 기본적인 물리적, 정서적, 생리적 기본 욕구를 충족시켜 주면서 건강을 돌보고 안전을 지켜 주어야 한다. 아울러 매일의 계획을 세워 아동의 일과를 진행하며 학습을 격려하는 교육 프로그램 운영자로서의 역할을 수행해야 한다. 또한 아동의 행동 특성을 관찰하고 평가한 정보를 부모에게 제공하여 부모를 지원하는 역할을 수행해야 한다. 이러한 베이비시터 실습생의 구체적인 역할에 대해 살펴보면 다음과 같다.

1) 보육 계획과 환경 준비자로서의 역할

베이비시터는 아동의 발달적 특성 및 요구와 지역 문화적인 상황을 반영하여 보육 계획을 세우는 역할을 수행한다. 아동의 성장과 발달 특성을 이해하고 연령에 맞추어 적합한 교구와 교재를 준비하여 아동의 관심과 흥미를 유발하고 놀이를 발전시킬 수 있는 준비된 환경을 마련해 주어야 한다. 따라서 베이비시터 실습생은 하루 일과를 시작하기에 앞서 보육 계획을 세워 보육 활동을 수행하기 위하여 안전하고 교육적으로 의미 있는 환경을 준비하는 방법을 숙지해야 한다.

2) 상호작용자로서의 역할

아동은 물리적 환경뿐 아니라 인적 환경과의 적극적인 상호 작용을 통해 많은 것을 학습한다. 베이비시터는 단순한 지식의 전달자가 아니라 학습을 촉진하는 상호작용자의 역할을 적절히 수행할 수 있어야 하며, 그러한 상호 작용 과정에서 유아가 스스로 문제를 해결하고 질문에 대한 답을 찾아갈 수 있도록 지원하는 역할을 해야 한다. 베이비시터는 하루 일과 중 보육 활동을 하는 특별한 시간뿐만 아니라 식사와 낮잠, 자유 선택 활동, 대·소집단 활동, 실외 놀이 등 하루 일과의 모든 과정에서 아동의 발달을 지원하는 질적으로 우수한 상호 작용을 해야 한다. 따라서 베이비시터 실습생은 발달에 적합한 환경 및 학습 활동을 제공하고 아동이 활동에 참여할 때 효과적인 상호작용자로서 적절한 개입과 의사 소통을 하는 방법을 숙지해야 한다.

3) 놀이 촉진자로서의 역할

베이비시터는 놀이에 적합한 환경을 구성하고 필요한 자료를 제공해 주며 아동의 놀이를 세밀하게 관찰하고 도움이 필요한 시점에서 적절히 개입하여 놀이를 심화, 확장시켜 가도록 촉진하는 역할을 해야 한다. 베이비시터는 아동의 놀이에 얼마나, 어떻게 개입하느냐 하는 개입 여부와 개입 수준은 아동 놀이의 종류나 내용, 놀이의 발달 수준, 놀이하는 아동의 개인과 가정의 특성을 토대로 결정해야 한다. 따라서 베이비시터 실습생은 놀이에 관심 보이기, 칭찬하거나 격려해 주기, 자료 및 아이디어 제공하기, 놀이에 참여하기, 흥미 유도하기 등을 통해서 놀이를 지도하고 지원해 주는 놀이 지도 방법을 익혀야 한다.

4) 기본생활 습관지도를 돕는 역할

영유아기는 기본생활 습관이 형성되는 중요한 시기이다. 영유아는 이 시기에 다른 사람들과 어떻게 지내야 하는지, 자신의 감정을 다스릴 수 있는 방법은 무엇인지, 어떻게 의사소통을 하는 것이 효과적인지에 대해 많은 것을 배운다. 따라서 베이비시터는 매일의 일과 활동 속에서 건강한 생활, 안전한 생활, 바른 생활에 대한 올바른 태도와 습관을 형성하도록 도와주어야 한다. 따라서 베이비시터 실습생은 영아의 수유량과 식사량, 선호하는 음식, 기저귀 가는 횟수 및 간격, 수면 시간과 패턴 등 일상적인 습관에 개인차가 있음을 인정하고 민감하게 반응할 줄 아는 방법을 익혀야 한다. 또한 유아들을 위해서는 사회적 기술과 효과적인 의사 소통 방법, 정서 조절을 위한 양육 기술들을 익혀 이를 실천해야 한다.

5) 관찰자로서의 역할

베이비시터는 아동의 일상 생활과 놀이 활동 속에서 아동의 행동을 관찰하고 평가하므로 아동의 발달 상황을 파악할 수 있고 그것을 기초로 아동에게 적절한 지원을 제공해야 한다.

가정에서 베이비시터가 아동과 상호 작용하면서 지속적으로 관찰하고 기록하는 일은 쉽지 않으나, 적절한 관찰 시간을 정하여 아동의 놀이 상황을 객관적으로 관찰하려고 노력해야 한다. 따라서 베이비시터 실습생은 항상 아동의 건강 상태, 행동, 생각, 느낌 등을 세밀하게 관찰하여 기록하고 그것에 기초하여 상호 작용하는 방법을 숙지해야 한다.

2. 실습생의 일반적인 특성과 준비

영유아기는 주위 사람들과 환경에 민감하게 반응함으로써 발달이 급속히 이루어지는 시기이다. 이 시기의 아동은 베이비시터의 행동, 몸짓, 언어 등을 그대로 모방하기 때문에 베이비시터 실습생은 올바른 마음가짐과 철저한 자기 점검을 해야 한다. 우선 베이비시터 실습생은 실습을 하기 전에 실습생들이 가지는 일반적인 특성을 파악한 후 반성적 사고를 통해 실습생으로서의 준비를 마쳐야 한다.

1) 실습생의 일반적인 특성

(1) 성인으로서 실습생의 특성
- 사전 경험을 해 보지 않았기 때문에 실습받는 것을 불안해한다.
- 실수하거나 다른 실습생에게 뒤질까 봐 걱정한다.
- 자기 주도적이어서 비전문가로 취급받기를 원하지 않는다.
- 실습 지도 교사의 역할을 배우는 데 진지하고 적극적이다.
- 실습생 자신이 한 일에 대해 공정하게 평가받기를 원한다.
- 실습생 자신의 경험에 기초할 때 효과적으로 학습한다.
- 실습생 자신의 가치와 견해가 존중되기를 원한다.

(2) 실습생의 심리적인 특성
- 정서적으로 복잡하다.
- 실수를 두려워한다.

- 부모와 원만한 관계를 형성할 수 있을지 걱정한다.
- 새롭게 요구되는 역할을 두려워한다.
- 하루 일과를 준비하고 실습생 역할을 수행하는 데 어려움을 느낀다.

2) 실습생의 준비

베이비시터 실습생은 실습에 임하기 전에 자신의 신체적, 정신적인 성숙 정도를 점검하고, 이를 토대로 보육 활동을 잘 수행해 낼 수 있는 능력을 갖추고 있는지 냉정하게 분석할 줄 알아야 한다. 훌륭한 베이비시터가 되려면 아래와 같은 자질과 기술이 필요한데, 실습생 스스로를 되돌아보며 올바른 베이비시터로서의 자세를 알아보자.

●표 18-1 │ 베이비시터의 자질과 기술

자질	· 온화, 다정, 보살핌	· 수용적	· 인내심
	· 창의적	· 이해, 감정 이입, 민감성	· 호기심이 가득함
	· 경쟁자와 효과적인 의사 소통	· 흥미	· 생기 있고 열광적임
	· 배우고자 하는 열의	· 긍정적이고 낙천적임	· 융통성
	· 유머 감각	· 권위 있음	· 자신감
	· 아이들과 함께하는 것을 즐김	· 건강함	· 상식
	· 공평함	· 성숙함	· 정직
	· 자의식	· 책임감, 신뢰감	· 행복
기술	· 아동과 아동의 행동을 이해할 수 있는 능력	· 아동 중심적으로 될 수 있는 능력	
	· 효과적으로 의사 소통하기	· 의미 있는 관계를 형성하는 노력	
	· 긍정적 행동 관리 전략을 사용하는 능력	· 기술 발달과 수행을 자극하는 능력	
	· 성격 개발을 촉진시키는 능력	· 안전 구조를 계획하고 수행하는 능력	
	· 집단 역동성을 이해할 수 있는 능력	· 생각하는 사람이 되기 위한 능력	
	· 배울 수 있는 능력	· 집단 지도자가 되기 위한 능력	
	· 방과후 아동 지도를 구상할 수 있는 능력		
	· 전문적 수행을 실행하기 위한 능력		
	· 자아 개념 확장과 자아 존중감 증진을 위한 능력		
	· 질적 프로그램 계획, 조직, 실행을 위한 능력		
	· 부모와 함께 일하는 것의 중요성을 이해하는 능력		

3) 실습생의 준비 사항

다음은 실습생이 갖추어야 할 건전한 성격 특성과 실습을 위한 구체적인 준비 사항을 제시 한 것이다.

- 건전한 생활 습관과 태도를 지니고 건전한 생활을 도모해야 한다.
- 자기 자신의 임무와 태도를 스스로 평가, 반성해야 한다.
- 원만한 대인 관계를 유지해야 한다.
- 성실함과 책임감을 지녀야 한다.
- 용모를 단정히 하고 바른 자세를 지녀야 한다.
- 지적, 정서적으로 안정되고 균형을 이루어야 한다.
- 진취적이고 능동적인 자세를 지녀야 한다.

4) 실습생이 지녀야 할 올바른 자세

베이비시터 실습생이 영유아와 따뜻한 관계를 맺고 영유아의 역량을 북돋우기 위해 상호작용 시 고려해야 할 사항은 다음과 같다.

(1) 자신의 한계를 인정하고 배우는 자로서 지도 교사의 비판을 긍정적으로 수용한다.

베이비시터가 활동 후 결과에 만족하지 못한다면 어떻게 해야 할까요?	
문제 보기	대안 보기
· 만족하지 못한 활동의 객관적 평가 　-주의 집중 방법 　-교수 자료의 준비성 　-교수 전개의 체계성 　-반응 정도에 따른 교사의 융통성 · 활동에 임하는 실습생의 입장 평가 　-자신감 　-적극성	· 활동 후 객관적 평가의 적용 　-다음 활동 시 발전된 전개 자료로 이용한다. 　-교수 자료의 체계적인 준비와 창의적 제시를 　 한다. · 사후 연계 활동 제시로 유아의 흥미를 확인하 　고 실습생의 성취감을 높인다. · 적극적이고 자신감 넘치는 실습생의 태도를 지 　닌다.

(2) 각 가정의 관습과 규범을 따르고 교육 계획, 환경 구성, 교재 교구 및 자료 준비,

활동 수행 등에 최선을 다한다.

베이비시터가 수업 계획과 관계있는 진행을 하려면 어떻게 해야 할까요?	
문제 보기	대안 보기
· 계획 없는 활동의 오류 · 실습생의 안일함은 없었는지 객관적 평가 · 특정 프로그램 무조건 따라 하기 식 활동 　(플래시카드, 학습지 등)	· 활동 계획의 중요성을 인지한다. · 활동의 융통성 여부와 의미를 파악한다. · 새로운 특정 프로그램에 대한 실습생의 입장 　논의 및 통합적 교수 방법을 고안한다.

(3) 언어와 태도, 복장은 교육 현장에 맞게 기능적이면서도 모범이 되어야 한다.

베이비시터는 활동 시에 어떤 복장이 바람직할까요?	
문제 보기	대안 보기
· 짧은 미니스커트 · 지나치게 많이 파인 옷 · 짧은 반바지와 민소매 티 · 고정 관념을 키워 주는 옷차림 　－공주 같은 드레스, 앞치마, 매일 입는 원복 　　이나 단체복 등 · 하이힐 등의 신발	· 전문성을 살리는 옷차림을 한다. · 상황에 따른 적절한 옷차림을 한다. 　－부모님 면담 시에는 정장을, 현장 체험 학습 　　시에는 활동적인 복장을 착용한다. · 아동의 창의성을 장려하는 옷차림을 한다.

베이비시터의 바람직한 외모는 어떠해야 할까요(머리 모양, 손톱 길이, 액세서리 등)?	
문제 보기	대안 보기
· 길게 풀어 늘어뜨린 머리 모양 · 여러 가지 색깔의 머리 염색 · 지나치게 화려한 화장이나 긴 손톱 · 지나치게 크고 화려한 귀고리, 목걸이	· 활동에 방해가 되지 않는 머리 모양과 장식을 　한다. · 아동과의 스킨십에 방해되지 않는 화장을 한다. · 청결한 복장과 위생적인 몸가짐을 한다. · 활동 시 불편하지 않은 액세서리를 착용한다.

(4) 출근 시간을 엄수하여 교수-활동 준비를 한다.

| 베이비시터의 출근 시간은 어떻게 해야 할까요? ||
문제 보기	대안 보기
· 지각으로 인한 여러 가지 피해	· 성실한 근무 태도의 필요성을 인식한다. · 성실한 교사에 대한 학부모의 신뢰도를 인지한다.

(5) 모든 일에 책임을 다하고 능동적인 자세를 가진다.

| 베이비시터가 융통성 있는 수업을 진행하려면 어떻게 해야 할까요? ||
문제 보기	대안 보기
· 융통성 없는 수업의 이유 · 활동 교수 자료가 충분하며 적합했는지 여부 · 유아 수준에 맞춘 교수 방법 난이도의 적합성 · 지도 교사의 교수 방법 따라 하기 식의 수업	· 융통성 있는 수업을 위해 다양한 교수 자료를 준비한다. · 다양한 유아 반응에 최선을 다하려는 마음의 준비를 한다. · 다양한 유아 반응에 대한 사전 협의 및 논의를 한다. · 지도 교사 따라 하기 식의 수업 방법 외에 통합적이고 창의적 교수 방법을 실천한다.

(6) 자신의 임무에 자부심을 가지고 현재에 안주하지 않으며 발전적으로 노력한다.

| 베이비시터가 발전하려면 어떻게 해야 할까요? ||
문제 보기	대안 보기
· 열악한 근무 조건 · 베이비시터가 담당해야 할 업무(잡무 포함) 　－교실 청소 　－흥미 영역의 청소(교구장 닦기) 　－교실의 화장실과 싱크대 청소 　－모양 종이 오리기 　－교구의 세척 　－유아 용변에 사용한 것 세탁 등	· 베이비시터가 담당할 수 있는 교수-학습 자료 준비를 위하여 단순한 작업에 대한 슬기로운 업무 분담과 지원 방법을 모색한다.

(7) 의사 소통 방법을 배운다.

| 베이비시터가 유행어를 사용하면 어떻게 될까요? ||
문제 보기	대안 보기
· TV 유행어의 선정적 위험성 · 대중 매체 언어의 오락성	· 표준말을 사용한다. · 정확한 어휘와 좋은 관용구를 사용한다. · 명확하고 부드러운 음성과 적절한 억양을 구사하며 자연스럽게 말한다. · 전후 연결이 정확하고 알맞은 말을 선택하여 사용한다.

| 베이비시터가 제한된 발문만을 사용하면 어떻게 될까요? ||
문제 보기	대안 보기
· 예, 아니요의 수렴적 발문의 제한성 · 무의미한 질문과 연쇄적 질문의 난해성 · 획일화된 질문(답이 미리 계획된 질문)	· 확산적 질문을 사용한다. · 아동의 수준에 맞는 수준별 질문을 한다. · 해답을 알아 가는 과정을 스스로 찾도록 격려하는 질문을 한다. · 질문한 후 조급하지 않게 영유아의 반응을 이끌어낸다.

| 베이비시터가 강요적인 언어를 사용하면 어떻게 될까요? ||
문제 보기	대안 보기
· 언어 사용이 강요적임 　- 신경질적으로 이름 부르기 　- 지시하기 　- 명령하기	· 바람직한 언어를 사용한다. 　- 친근하게 영유아의 이름을 부른다. 　- 호칭을 부른다. 　- 설득과 격려를 한다. 　- 존중해 주는 존댓말을 사용한다.

(8) 영유아에 대해 편애를 하지 않는다.

베이비시터가 대상 아동을 편애하면 어떻게 될까요?	
문제 보기	대안 보기

· 편애가 미치는 나쁜 영향
  －아동의 우월감 증대
  －아동의 의존성 증대
  －다른 아동의 소외감
· 베이비시터로서의 전문성 상실
	· 편애를 극복하는 방법은 어떤 것이 있는지 알아본다.
	  －일관성 있는 태도와 중립적 자세를 취한다.
	  －객관적으로 상호 작용을 관찰한다.
	· 신뢰 관계를 형성한다.

(9) 영유아와의 관계는 교육적이어야 한다.

베이비시터가 체벌을 해도 될까요?	
문제 보기	대안 보기
· 체벌의 나쁜 영향 · 체벌이 아동의 정서 발달에 미치는 영향 · 부정적 강화의 역효과	· 부적응 행동 원인을 정확히 파악한다. · 인정하기, 칭찬해 주기, 보상하기 등 적절한 지도 방법을 사용한다. · 영유아의 인격을 존중한다. · 영유아에게 문제 상황에 대해 질문하고 스스로 갈등을 해결하도록 돕는다.

(10) 잘 모르는 일이 생겼을 경우 실습 지도 교사와 의논하여 해결한다.

베이비시터가 잘 모르는 일이 생겼을 경우 실습 지도 교사와 어떻게 의논해야 할까요?	
문제 보기	대안 보기
· 문제 상황에 대해 부모님께 전화 연락이나 메모를 통하여 상황을 설명할 경우, 베이비시터의 상황 전달이 미흡하여 부모들의 의구심을 키울 수 있음.	· 지도 교사에게 문제 해결 상황에 대하여 상세하게 이야기한다. · 가정에서 일어나는 관찰 상황에 대하여 긴밀하게 협의한다. · 유아 관찰 기록을 실시한다.

5) 실습을 위한 구체적인 계획과 준비

(1) 아동의 신체적, 생리적, 심리적, 사회적 발달과 요구를 잘 이해하여야 한다.

베이비시터 실습생은 하루 일과를 통해 아동의 행동을 관찰하고 이를 기록하는 방법을 익혀야 한다.

- 아동의 개별 요구를 알고, 요구에 대한 적절한 방법이 어떤 것인지 알아야 한다.
- 다양한 학습 지도 방법을 알고 학습 지도 준비를 철저히 해야 한다.
- 학습 지도의 준비, 계획, 학습 내용, 활동, 그리고 시청각 자료에 대하여 자세히 알아야 한다.

(2) 실습에 대한 목적 의식을 분명히 한다.
- 실습생은 열린 마음으로 모든 문제를 지도 교사와 의논하고 조언을 구하며 협력적인 관계를 맺어야 한다.
- 실습생은 아동이 속해 있는 가정을 교육의 장으로 여기고 그 가정에 대하여 바르게 이해하여야 한다.

② 실습 유형

아동 양육의 지도 방법을 결정할 때는 대상 아동의 연령과 이용 가능한 자원을 고려하여 아동을 적극적으로 참여시키는 직접적인 학습 경험이 가장 바람직하다. 따라서 베이비시터는 하루 일과 중에서 아동의 양육과 학습을 강화하기 위해 돌보는 아동에게 활동을 반복할 기회를 주고, 성취감을 맛보게 하기 위해 격려와 긍정적 강화를 해 주는 것이 좋다. 이를 위해서는 베이비시터는 일상 생활에서 기본 개념과 태도를 숙달시키기 위해 모범적인 태도를 보임으로써 모델이 되어야 한다. 또한 여러 가지 보육 활동을 수행할 때에도 필요에 따라 직접적인 시범을 보임으로써 지식과 태도를 분명히 전달해 주어야 한다. 베이비시터 실습생이 자신의 역할과 임무를 다하기 위해 경험해 보아야 할 실습 유형을 알아보면 다음과 같다.

1. 실제 경험을 통한 실습

아동의 경험은 일상 생활에서 계속적으로 자연스럽게 이루어진다. 따라서 교육은 특정한 시간의 형식적인 교수만으로는 충분하지 않으며 매일의 일과에서 실제로 경험하게 하는 것이 효과적이다. 한 가지 예로 손 씻기, 이 닦기, 배변 후 뒤처리, 휴식, 요리, 식물 재배, 동물 돌보기 등은 통합된 하루 일과 속에서 자연스럽게 경험할 수 있는 교육 내용이 된다.

2. 토론 및 이야기 나누기를 통한 실습

토론과 이야기 나누기는 아동들에게 적절한 행동을 해야 할 필요성과 그 이유를 논리적이고 체계적으로 생각해 볼 기회를 제공함으로써 기본 개념의 획득과 태도 형성을 돕는다. 일례로, 실습생은 토론 및 이야기 나누기 실습을 통해 건강 생활을 위한 기본생활 습관 지도, 안전한 생활을 위한 안전 규칙 지도, 다양한 상황에서 문제 해결하기 등 아동이 자율적으로 의사 결정을 하도록 돕는 실제 교수 전략을 배울 수 있다.

●그림 18-1 │ 토론 및 이야기 나누기

3. 극화 놀이를 통한 실습

●그림 18-2 │ 극화 놀이 활동

소꿉놀이나 병원, 식당, 소방서, 교통 안전, 슈퍼마켓 등을 주제로 한 극화 놀이는 주변에서 실제로 경험한 사건이나 인물을 모방하는 역할을 해 봄으로써 언어적 표현력이 증진되고 사고력과 문제 해결력이 발달된다.

따라서 베이비시터 실습생이 역할 놀이를 지도하기 위해서는 아동의 역할 놀이에 참여자나 관찰자로서 참여하여 역할 놀이 상황을 정확히 파악하고 있어야 한다. 즉 아동이 많이 참여하는 역할 놀이 주제는 무엇인가, 각 아동이 역할 놀이에서 주로 어떤 역할을 맡는가, 역할 놀이에서 사용되는 놀잇감은 무엇인가 등 아동에게 필요한 지식과 태도, 실제 수행 능력을 향상시킬 수 있도록 도움을 주기 위해 실제로 역할 놀이를 경험해 보아야 한다.

4. 지역 사회 인사의 활용을 통한 실습

아동은 주위의 성인으로부터 다른 사람과 원만한 인간 관계를 맺는 행동 양식을 배울 뿐 아니라 그들의 경험과 지식을 통해 주위 사람들과 더불어 살아가는 데 필수적으로 요구되는 사회적 기술을 습득하게 된다. 따라서 베이비시터 실습생은 소방 대원, 구급 대원, 치과 의사, 의사, 간호사, 체육 지도자, 영양사 등의 전문가를 초빙하여 직업에 관련된 지식과 경험에 대해 설명을 듣거나 아동 양육 시 요구되는 여러 가지 사항들을 시연해 보고, 보육

●그림 18-3 | 전문가 초빙 활동

하는 과정에서 일어날 수 있는 사안들을 토의해 보는 기회를 가짐으로써 아동의 건강, 안전, 영양에 관한 전문적 소양을 쌓을 수 있다.

 3 실습생의 대인 관계

베이비시터 실습생이 영유아 보육 실습의 성과를 극대화시키기 위해서는 지도 교사, 부모, 지역 사회 인적 자원들과의 원만한 대인 관계를 유지하여야 하며, 이들과의 협력적 관계 형성이 필수적이다. 그러므로 실습생은 실습에 임하기 전에 올바른 마음가짐과 철저한 자기 점검을 위해 다음과 같은 사항을 알아 두어야 한다.

1. 실습 지도 교사와 수용적인 관계 형성하기

실습에서의 성공은 지도 교사와 좋은 관계를 맺는 것에서부터 출발한다. 실습생은 지도 교사와의 좋은 관계 속에서 능력 있는 베이비시터가 되고자 열심히 노력하는 자세를 가져야 한다. 즉 실습생은 지도 교사가 오랜 경험을 통하여 터득한 지식과 양육 기술을 전수하고자 할 때 이를 겸손하고 진지하게 수용하는 열린 자세를 지녀야 한다. 또한 지도 교사와 여러 가지 문제를 논의하고 조언을 구하는 등 충분한 지도를 받을 수 있는 기회를 가져야 할 것이다. 이를 위해 실습생은 다음과 같은 점에 유의해야 한다(이소희 외, 1998).

첫째, 지도 교사의 지도 하에 영유아를 책임 있게 지도한다.

둘째, 지도 교사의 의사를 존중하여야 한다. 실습생은 자신의 의사와 일치하지 않더라도 지도 교사가 결정하는 방향으로 활동을 실시하고 협력하는 태도를 가져야 한다.

셋째, 전문적 태도를 견지하고 불평이나 비생산적인 비평은 삼가고 지도 교사의 방침을 이해하려고 노력하여야 한다.

넷째, 지도 교사의 허락 없이 사적으로 유아들과 자유로이 외출하거나 가정 방문을 해서는 안 된다.

2. 부모와 신뢰 관계 형성하기

베이비시터와 부모의 관계는 매우 중요하다. 따라서 베이비시터 실습생은 실습 기간을 부모와 신뢰 관계를 유지하는 방법을 배울 기회로 삼아야 한다. 실습생이 부모와 직접 접촉할 기회는 많지 않으나, 실습을 통해 부모들의 요구와 기대를 수용하는 태도를 숙지하여 전문가로서 자신의 역할과 임무를 소홀히 해서는 안 될 것이다. 실습생은 자신이 돌보는 아동의 부모가 가정에 없을 때 벌어질 수 있는 상황을 가정하여 일어날 수 있는 일들을 제기해 본 후 그에 대한 해결 방안을 전문가와 의논하여야 한다. 이를 위해 베이비시터 실습생은 아동의 부모와 어떻게 의사 결정을 하고, 어떻게 아동을 지원해 주는 역할을 하는지에 대해 베이비시터의 역할 수행을 숙지하여야 할 것이다. 실습생으로서 부모와의 관계에서 지켜야 할 사항은 다음과 같다.

첫째, 부모에게 항상 인사를 잘하고 친절하게 대한다.

둘째, 부모의 성격과 기질을 이해한다.

셋째, 부모에 대하여 선입관을 가지지 않는다.

넷째, 부모가 궁금해하는 영유아의 일과에 대해 진솔하게 대답한다.

베이비시터의 역할 수행은 교육과 보육을 통해 길러야 할 인간상을 형성해 나갈 수 있도록 다양한 발달을 돕는 것이다. 이를 위해 베이비시터는 아동과 함께 생활하는 매일의 일과 속에서 아동과의 따뜻한 관계 형성이 밑받침되어야 한다. 베이비시터와 아동의 관계에서 형성되는 신뢰감은 아동의 심리적 지지대 역할을 할 뿐 아니라 아동이 타인과 관계를 형성해 나가는 과정에서도 지속적으로 영향을 미치기 때문이다.

이렇듯 베이비시터 실습생도 아동에게 긍정적인 영향을 주고, 아동의 발달에 의미 있는 공헌을 할 수 있다는 신념을 가지고 다음과 같은 점에 유의하여 실습에 임해야 한다.

첫째, 실습생은 아동의 자율성과 창의성을 북돋워 주면서 학습에 도움을 주어야 한다.

둘째, 아동의 다양성을 인정하고 다른 사람을 존중할 수 있도록 해 주어야 한다.

셋째, 아동이 부적응 행동을 보일 때 부적응 행동을 이해하고 부적응 행동이 개선될 수 있도록 지원해야 한다.

넷째, 실습생은 모든 아동을 동등하게 대하며, 가치 있고 존엄한 개인으로서 인격적으로 대해야 한다.

다섯째, 실습생은 아동과 긍정적인 상호 작용을 하는 기술을 익혀야 한다. 즉 상호 작용할 때 비언어적 행동(눈맞춤, 미소, 끄덕임 등) 하기, 의사 소통하기, 이야기 잘 들어 주기 등의 기술을 익혀야 한다.

만약 실습생 스스로 '나는 왜 사람들과 의사 소통이 잘 안 될까?' 하고 생각한다면 〈표 18-2〉를 참고하기 바란다. 과연 실습생 자신에게는 아무런 문제가 없는지 한번 살펴보자.

4 일과 운영에 대한 이해

일과의 운영은 베이비시터가 가정에 도착해서 귀가할 때까지 아동과 함께하는 다양한 형태의 활동과 경험이 원활하게 이루어지도록 하기 위해 하루 생활을 준비하고 계획하는 것을 의미한다. 베이비시터는 돌보는 아동과 가정에서 장시간 머문다. 이에 따라 일상 생활에서 보호를 위한 식사, 수면, 배변 등의 생리적인 측면에서 편안하고 안전한 환경을 제공해 주어야 할 뿐만 아니라 최상의 교육적 경험을 제공하기 위해서도 노력해야 한다. 베이비시터들은 돌보는 아동이 가정에서 부모와 함께 편안한 마음으로 머물고 있다는 것을 느낄 수 있도록 친밀한 관계를 유지해야 할 뿐 아니라 돌보는 대상 아동들이 경험하는 교육 과정에 대한 충분한 이해에 기초하여, 아동 발달 및 사회적인 요구에 적합한 일과를 계획하고 실행할 수 있어야 한다. 베이비시터 실습생은 하루의 보육 활동이 체계적이고 원활

구분	장애 요인
의사 소통하는 사람의 부정적인 태도	시선과 표정이 긴장되어 있는 경우
	대화 내용을 기억하지 못하는 경우
	한 사람이 일방적으로 대화를 이끌어 가는 경우
	끄덕임, 음성, 질문 등의 반응이 없어서 듣고 있는지 확신할 수 없는 경우
	언어적 표현과 몸짓, 눈맞춤, 음성 등이 일치하지 않는 경우
	대화의 내용을 비밀로 지키지 못하는 경우
의사 소통 기술의 부족	대화를 유도할 수 있는 다양한 질문을 하지 못하는 경우
	적절한 칭찬을 하지 못하는 경우
	너무 많은 정보를 제공하는 경우
	문제 해결의 기회를 제공하지 않는 경우
	평가를 하는 경우
의사 소통하는 사람들의 지식 차이	대화에 공감대가 형성되지 않는 경우
	대화의 내용을 이해할 수 없는 경우
	대화의 주제에 흥미가 없는 경우
기관의 조직 풍토	대화가 상의 하달 식으로 이루어지는 경우
	모든 사람들의 의견이 수용되지 않는 경우
	집단적인 의사 소통만 이루어지고 개별적인 의사 소통은 이루어지지 않는 경우
	모든 사람들에게 발언권이 주어지지 않는 경우
의사 소통 환경의 문제	주변이 소란스러운 경우
	조명, 채광, 환기 등에 문제가 있는 경우

(출처: 교육인적자원부, 2001)

하게 이루어질 수 있도록 일과 운영의 원리를 알고 이를 실천해야 한다.

1. 영아의 일과 계획

2세 미만의 영아의 경우, 베이비시터는 주 양육자의 역할과 함께 발달 촉진자로서 정서 발달과 애착 형성, 신체적 급성장의 중요한 시기를 고려하여 영아들의 개별적인 욕구를 충족시키고 신뢰감을 형성하며 놀이를 지원하고 확장해 주어야 한다. 또한 영아의 안전과 건강을 고려하여 편안하고 보호적인 환경에서 양육되도록 보살펴야 한다.

하루 일과 계획은 영아들이 편안하고 안정감을 느낄 수 있도록 일관성을 가지되 상황에 따라 조절할 수 있도록 융통성 있게 구성해야 한다. 일반적으로 0~1세 영아의 하루 일과는 등원 및 귀가 지도와 실내 자유 놀이, 실외 자유 놀이 등의 놀이 활동, 낮잠, 수유 및 이유, 점심 및 간식, 기저귀 갈기, 씻기 등의 일상 생활로 구성할 수 있다. 이러한 하루 일과는 영아 관찰에 기초하여 개별적인 신체 리듬, 욕구, 관심, 발달 수준에 따라 재구성한다.

2, 3세 영아를 위한 일과를 계획하고 진행할 때 고려할 점은 다음과 같다.

- 일상적인 생활, 일과 관리를 위한 시간, 자유 선택 활동 시간, 소집단 활동, 정리 정돈, 간식 시간, 낮잠, 실외 놀이 등이 다양하게 포함되어야 한다.
- 매일 유사한 일과를 계획하고 운영하는 것이 바람직하지만, 융통성과 변화를 주어야 한다. 또한 몇 가지 일과 활동은 특별한 시간대에 진행되어야 한다(간식, 점심 식사, 화장실 가기, 낮잠, 휴식 취하기).
- 일과를 계획할 때, 영아의 개별성에 대한 고려가 있어야 하고 개별 영아의 자유를 허용할 수 있도록 시간대와 활동이 조직되어야 한다.
- 새로운 만남이 형성되는 초기에는 가능한 한 간단하게 활동을 계획하고 점차 활동을 추가시킨다.
- 2, 3세 영아를 위해서는 주로 개별 활동을 하되, 몇 가지 대 · 소 집단 활동을 시도할 수 있다.
- 동적 활동과 정적 활동, 구조적 활동과 비구조적 활동, 대 · 소 집단 및 개별 활동, 실내와 실외 활동 등 보육 활동 유형별로 균형을 이루어야 한다. 특히 동적 활동과 정적 활동은 시간대를 번갈아 가며 교대로 제시한다.

2. 영아의 일과 운영 시 베이비시터의 역할

베이비시터는 '돌보는 사람' 이다. 영아들은 하루하루의 일상적 돌봄 속에서 탐색과 놀이를 통해 나날이 발달해 나간다. 베이비시터는 영아의 등원을 맞이하는 것으로 하루 일과를 시작하여 신발과 옷 벗기, 손 씻기와 양치질하기 등의 자조 활동, 수유 및 이유, 간식과 식사하기, 기저귀 갈기와 대소변 가리기, 낮잠 및 휴식하기 등의 일상적 양육, 자유롭게 탐색하기, 실내·외 놀이하기, 산책하기 등의 교육적 활동, 영아의 귀가 후 가정 생활을 지원하는 부모와의 협력에 이르기까지 다양한 활동 속에서 끊임없이 상호 작용을 한다.

유능한 베이비시터라면 영아들의 관심사나 행동에 따라 바람직한 돌봄 속에서 교육이 일어난다는 확신을 가지고 영아들과 보내는 일과의 다양한 생활 속에서 영아들과 끊임없이 상호 작용을 해야 한다. 영아기의 자녀를 둔 부모는 보육 내용에 대하여 특별한 기대를 하기보다는 가정과 같이 편안한 분위기에서 사랑받으며 보육되기를 바란다. 영아기는 신뢰감이 형성되고 양육자와 애착이 형성되는 시기이므로 영아들이 가지는 발달적 특성과 욕구가 반영되는 활동으로 운영되어야 한다. 각각의 활동에 따라 요구되는 베이비시터의 역할을 살펴보면 다음과 같다.

1) 수유 및 이유

영아는 신체적인 성장이 빠르며 에너지를 매우 왕성하게 소비한다. 따라서 영양학적으로 균형이 맞고 질이 좋은 음식을 먹어야 하루를 잘 보낼 수 있게 된다. 베이비시터는 수유와 이유식 시간이 단순히 음식을 먹는 시간이라기보다는 영아가 다양한 음식을 접해 보고, 영아가 음식에 대한 선호를 넓혀 갈 기회가 되도록 상호 작용을 해야 한다. 영아의 개별적 욕구에 따라 수유하며, 영아의 발달에 따라 적절한 이유식을 제공해 주기 위해 다음과 같은 역할을 수행해야 한다.

- 12개월 이전 영아의 경우 분유를 3, 4회 먹게 되는데, 영아가 먹게 되는 분유의 종류, 양, 횟수 및 간격 등 개인적 사항을 고려하여 수유할 수 있도록 한다.
- 수유할 때는 젖을 먹이듯이 영아를 안고 눈을 맞추면서 언어적 상호 작용을 하여 심리적인 안정감을 준다. 수유를 마치면 교사의 한쪽 어깨에 영아의 머리가 오도록 하고 등을 가볍게 두드려 트림을 시킨다.
- 이유식은 월령, 가정에서의 이유식 정도, 유동식과 고형식에 대한 선호 등의 개인적 취향, 알레르기 반응, 영양의 균형 등을 고려하여 여러 가지 맛을 경험할 수 있도록 한다. 처음 이유식을 시작하는 영아의 경우 맛보기라는 개별 활동을 통

●그림 18-4 | 이유식 먹이기

해 이유식으로 자연스럽게 유도할 수 있다.

- 수유 및 식사 후에는 먹은 양, 시간 등을 일일 보고서에 기록하여 귀가 시 부모가 참고할 수 있도록 한다.
- 식사할 수 있는 고정된 영역을 구성하여 안정되게 식사할 수 있도록 배려한다.
- 식사 후 손과 얼굴을 씻기고 영아용 칫솔로 이를 닦아 준다.
- 이 닦기와 손 씻기가 끝난 후에 휴식 시간과 낮잠 시간으로 활동이 전이되도록 한다.

2) 낮잠 및 휴식(동영상 – 수면)

베이비시터는 영아들이 낮잠뿐 아니라 하루 중 중간 중간에 개별적 휴식을 취할 수 있도록 공간을 마련해 주어야 한다. 낮잠과 휴식은 오전 활동으로 쌓인 피로를 풀게 하고 활기찬 오후 활동 참여를 도우며 면역력을 높여 준다. 또한 영아가 잠을 자는 동안 뇌 세포는 쉬게 되고 기억을 재정비하기 때문에 이 과정에서 영아의 기억력이 강화되기도 한다. 영아의 편안한 휴식을 위해 베이비시터가 해야 할 일은 다음과 같다.

- 영아는 월령에 따른 발달 차와 수면에 대한 개인차가 크기 때문에 영아가 개별적으로 잠드는 것을 도와주고, 낮잠을 자거나 휴식을 취하고자 할 때는 방해받지 않도록 수면실을 따로 마련해 준다.

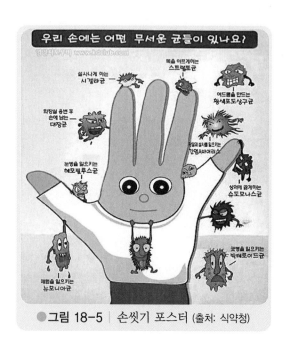

●그림 18-5 │ 손씻기 포스터 (출처: 식약청)

- 자기 전에 미리 수유하거나 이유식을 먹이고 기저귀를 갈아 주어 수면 중에 깨지 않도록 한다.
- 잠투정이 심한 영아는 부드럽게 안아 주고, 침착해지도록 낮은 목소리로 자장가를 불러 주거나 등을 토닥거려 잠을 청할 수 있도록 도와주어야 한다.

3) 기저귀 갈기

기저귀 갈기는 영아 보육에서 건강과 위생에 관련된 일상 생활로서 하루에도 여러 번 반복되며, 영아의 정서 발달과 관련된 매우

중요한 일과이다. 베이비시터가 기저귀를 갈
때 유의해야 할 사항이다.

●그림 18-7 │ 기저귀 갈기

- 기저귀를 가는 일정한 장소를 정해 놓고
  위생적으로 관리한다.
- 기저귀를 가는 장소 근처에 영아가 흥미
  를 가질 수 있는 그림이나 모빌을 달아
  주고 기저귀를 갈 때는 영아의 손에 장
  난감을 쥐어 주면 좋다.
- 월령이 낮을수록 수시로 기저귀를 갈아
  주고, 기저귀를 가는 동안 영아와 눈을
  맞추며 이야기하거나 노래를 불러 주면
  기저귀 갈기가 놀이처럼 즐거운 경험이 될 수 있다.
- 기저귀를 갈기 전후에는 반드시 손을 씻고, 영아의 배변 상태를 보고 건강 상태를 점
  검한다.
- 영아의 건강 상태가 좋지 않은 경우는 물론, 평상시에도 기저귀를 간 횟수와 대변의
  상태 등을 기록하여 귀가 시 부모에게 알려 준다.

4) 실내 놀이(동영상-자유 선택 활동)

영아의 발달 수준에 적합한 자료가 충분하고 잘 정리된 환경을 구성하여 영아에게 충분
한 탐색 기회를 부여한다. 영아가 선택한 놀이 방법을 최대한 인정하며, 영아의 놀이에 참
여한다. 놀이를 격려하고 촉진하기 위해서 주의해야 할 사항은 일방적인 상호 작용보다는
영아의 반응을 수용하고 확장하는 양방향적이며 적극적인 상호 작용이 되도록 해야 한다.

- 신체·쌓기·역할·언어·창의적 표현·탐색·조작 놀이 활동이 하루 일과 중에 골
  고루 이루어지도록 한다.
- 개별적인 놀이를 할 수 있도록 계획하고 활동에 능동적으로 참여할 수 있도록 준비해
  준다.
- 다양한 놀잇감을 구비해 놓고 월령에 따른 적합한 활동을 준비하여 일 대 일로 상호
  작용을 해 준다.
- 놀이를 관찰하여 잘할 수 있도록 격려해 주고, 놀잇감이 영아의 움직임에 방해가 되지

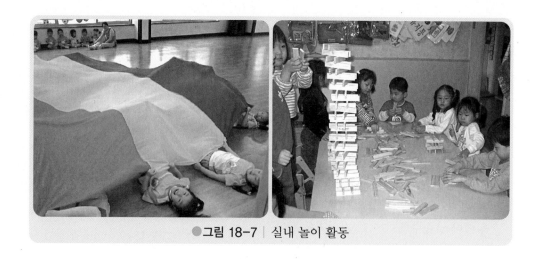

●그림 18-7 | 실내 놀이 활동

않도록 해 준다.

5) 실외 놀이와 나들이(동영상 – 실외 활동)

영아들은 실내뿐 아니라 햇볕과 바람, 흙이 있는 실외에서 하루 중 한 시간 이상은 지내야 한다. 실외의 개방된 공간에서 자유롭게 지낼 때 영아는 실내에서의 긴장감을 풀고 하루를 즐겁게 보낼 수 있다. 영아에게 실외 활동은 신체적인 발달을 이루고 심리적인 발산을 하는 동시에 주변의 자연 환경을 탐색하고 느낄 수 있는 경험을 준다.

특히 실외에서는 실내에서 할 수 없는 복합 놀이 기구를 이용하여 전신을 활용하는 대근

●그림 8-8 | 실외 놀이 활동

육 활동이나 물·모래 놀이, 자전거 타기, 뛰어다니기, 동·식물 관찰하고 기르기 등 매우 다양한 경험이 가능하다. 실외 놀이를 더욱 의미 있게 하기 위한 베이비시터의 역할은 다음과 같다.

(1) 안전한 환경 제공(동영상 – 안전)

① 실외 놀이가 길어지거나 지나치게 날씨가 더운 경우를 고려하여 영아들이 휴식할 수 있는 공간을 제공한다.

② 구급약과 물휴지 등을 항상 비치한다.

(2) 시간의 계획

① 바깥 온도나 날씨 변화에 따라 실외 놀이를 하는 시간을 융통성 있게 조정한다.

② 실내 활동과 연계하여 균형이 이루어지도록 한다.

(3) 다양한 활동의 제공

① 오르기, 걷기, 뛰기, 넘기 등과 같이 다양한 신체의 움직임이 가능하도록 다양한 놀잇감이나 놀이 기구를 준비한다.

② 자연 환경을 직접 탐색하고 관찰하는 경험을 제공한다.

③ 동화 듣기, 간식 먹기, 그림 그리기 등의 정적인 활동도 실외 놀이 영역에서 경험할 수 있도록 한다.

④ 실내에서는 부담스러운 풀, 모래, 물감을 이용한 활동을 제공하여 공간에 제약받지 않고 놀이에 집중할 수 있도록 한다.

3. 유아의 일과 계획

3세 이상 유아의 경우, 주위 환경에 대한 호기심이 많으므로 신체적, 사회적, 정서적, 지적 성장을 자극하여 유아로 하여금 다양한 경험을 할 수 있도록 배려하고, 유아의 개별적인 성장을 파악하여 그 능력에 따른 지도를 해 나가야 한다.

- 이 시기 유아는 운동 능력이 세분화되어 다양한 대근육 발달이 이루어지므로 창의적인 움직임과 함께 다양한 실외 활동을 계획한다.

- 이 시기 유아는 대 · 소 근육 기술이 향상되어 색칠하기, 사실적으로 그리기, 가위로 자르기, 구성하기 등을 시작하게 되므로 다양한 자료를 주어 자유로이 탐색할 수 있는 기회를 준다.
- 피로의 누적과 질병 감염이 빈번해질 수 있는 시기이므로 항상 깨끗이 하고, 휴식, 수면, 식사 등의 양과 질을 적절히 조절한다.
- 독립성과 자율성을 기르고 성취감을 느끼게 함으로써 긍정적인 자아 개념을 형성할 수 있도록 도와준다.
- 유아의 상상력을 자극하고, 유아가 당면한 여러 사회적인 문제를 또래와의 상호 작용을 통해 해결할 수 있는 기회를 다양하게 제시해 준다.

4. 유아의 일과 운영 시 베이비시터의 역할

유아는 부모와 떨어져 있게 되므로 심리적 안정감을 느낄 수 있도록 보호해 주는 것이 가장 중요하다. 또한 유아가 요구할 때 적절히 반응해 주고 유아의 개별적 특성과 욕구에 민감하게 반응해 주어야 한다. 유아는 독립적 욕구도 강하지만 반면 의존적 성향도 강한 시기이므로 이에 유의해야 한다. 이들은 끊임없이 움직이며 호기심이 강한 시기이고 강한 탐색 욕구를 보이는 시기이다. 교사는 이러한 유아의 발달 특성을 잘 알고 건강하게 성장할 수 있도록 도와주는 조력자와 안내자의 역할을 수행해야 한다. 하루의 일과 활동은 정적인 활동과 동적인 활동, 개인 활동과 소집단 활동, 실내 놀이와 실외 놀이의 균형이 고려되며, 매일 매일의 활동은 일과표를 참고로 융통성 있게 실시한다.

1) 맞이하기(동영상 - 등원)

유아와 반갑게 인사하고 부모와 유아에 대한 정보를 교환한다. 베이비시터는 유아의 건강을 눈으로 점검하고 기분 상태를 파악한다.

2) 자유 선택 활동

유아 스스로 자신의 놀이 계획을 세우고 흥미 영역별로 자유롭게 선택하여 놀 수 있도록 다양한 교재와 교구를 준비하여야 한다.

3) 정리 정돈

자유 선택 활동이 끝날 때쯤 미리 활동을 마무리할 수 있도록 시간을 알려 준다. 10분 동안 정리하고 주변을 깨끗이 하도록 지도한다.

4) 화장실 다녀오기

화장실을 다녀오는 것은 하루 일과 중 수시로 일어나며 개별적인 배려가 필요하다. 베이비시터가 언제라도 유아들의 요구에 즐겁게 응하고 있다는 분위기를 느껴야 유아는 편안하게 자신의 배변 욕구를 표현한다. 또한 유아가 놀이에 몰두하고 있을 때는 화장실에 가고 싶은 신호를 인식하지 못할 때도 있다. 베이비시터는 유아의 표정이나 자세 등을 민감하게 파악하여(예 두 다리를 꼬고 있다거나 얼굴이 빨개지는 등) 유아가 화장실에 갈 시간인가를 판단해서 다녀오도록 한다.

(5) 간식 및 점심(동영상 - 식사)

먹기 전에는 손을 씻도록 하고 올바른 식습관으로 흘리지 않고 제자리에서 먹도록 한

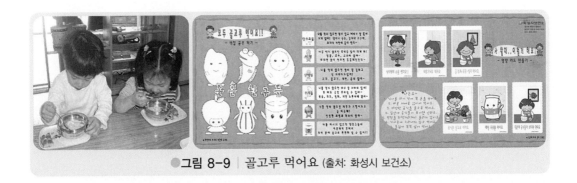

●그림 8-9 │ 골고루 먹어요 (출처: 화성시 보건소)

다. 먹을 만큼 용기에 담을 수 있고 다 먹은 용기는 일정한 장소에 옮겨 놓을 수도 있으므로 적절하게 지도한다.

6) 휴식 및 낮잠(동영상 - 수면)

동적인 활동을 한 후에는 적당한 휴식 시간을 주어 쉴 수 있게 한다. 낮잠은 30분~1시간 정도가 적당한데 자지 않고 휴식을 취하고 있어도 좋다. 잠옷으로 갈아입을 경우 자신의 옷을 정리하도록 하고, 일어난 후에는 잠자리와 잠옷을 정리하도록 지도한다.

7) 평가 및 마무리

활동이 끝나거나 하루의 일과가 끝났을 때 그 날의 활동을 회상하면서 재미있었던 일, 속상했던 일, 고쳐야 할 점 등을 반성하게 한다. 또한 놀이가 계획대로 되었는지도 평가하게 한다.

1 실습생의 역할 중 바람직한 것은 무엇인가?

① 보호자로서의 역할　　　　　　② 놀이 참여자로서의 역할

③ 놀이 촉진자로서 역할　　　　　④ 안전 관리자로서의 역할

|정답| ③

|해설| 베이비시터는 놀이에 적합한 환경을 구성하고 필요한 자료를 제공해 주며 유아의 놀이를 세밀하
　　　게 관찰하고 도움이 필요한 시점에서 적절히 개입하여 유아가 놀이를 심화, 확장시켜 가도록 촉
　　　진하는 역할을 해야 한다.

2 다음 중 실습생의 특성인 것은?

① 경험해 보지 않은 실습에 대해서 전혀 불안을 느끼지 않는다.

② 무엇이든지 능숙하게 처리하고 대처할 수 있다.

③ 자기 주도적이어서 비전문가로 취급받기 원한다.

④ 지도 교사의 역할을 배우는 데 진지하다.

|정답| ④

|해설| 새로운 것을 배우는 데 진지하고 적극적이다.

3 베이비시터 실습생의 역할과 임무를 익힐 수 있는 실습 유형에 해당하지 <u>않은</u> 것은?

① 지역 사회 인사를 통한 실습　　② 토론을 통한 실습

③ 극화 놀이를 통한 실습　　　　　④ 간접 경험을 통한 실습

|정답| ④

|해설| 실제 경험을 통한 실습

4 실습생이 아동과 원만한 관계를 형성하기 위한 언어로 적합한 것은?

① 유행어　　　　② 확산적 질문　　　　③ 명령어　　　　④ 지시어

|정답| ②

|해설| 해답을 알아 가는 과정을 스스로 찾도록 격려하는 질문을 한다.

1   실습생의 역할

1) 보육 계획과 준비자로서 역할   2) 상호작용자로서 역할

3) 놀이 촉진자로서 역할   4) 기본생활 습관지도를 돕는 역할

2   실습생의 특성

1) 성인으로서의 실습생의 특성

① 경험해 보지 않는 실습에 대해서 불안해한다.

② 실수하거나 다른 교육 실습생에게 뒤질까 봐 걱정한다.

③ 자기 주도적이어서 학생으로 취급받기 원하지 않는다.

④ 새로운 것을 배우는 데 진지하고 적극적이다.

⑤ 교사의 역할을 배우려 하고, 이런 목표가 달성되었는지 평가를 원한다.

⑥ 자신의 경험에 기초할 때 효과적으로 학습한다.

⑦ 자신의 가치와 견해가 존중되기를 원한다.

⑧ 유아 교사의 역할과 관계된 일에서 발달한다.

⑨ 성인의 신체 특성을 가지고 있다.

2) 심리적인 특성

① 정서적으로 복잡하다.

② 실수를 두려워한다.

③ 부모와의 원만한 관계 형성을 걱정한다.

④ 새롭게 요구되는 역할을 두려워한다.

3   실습 유형

1) 실제 경험을 통한 실습   2) 토론 및 이야기 나누기를 통한 실습

3) 극화 놀이를 통한 실습   4) 시범과 실험을 통한 실습

5) 지역 사회 인사의 활용을 통한 실습

4   실습생의 대인 관계

1) 부모와의 신뢰 관계 형성하기   2) 유아와의 친밀한 관계 형성하기

5   일과 운영에 대한 이해

베이비시터들은 영아의 발달 및 사회적인 요구에 적합한 일과를 계획하고 실행할 수 있어야 한다. 베이비시터 실습생은 하루의 보육 활동이 체계적이고 원활하게 이루어질 수 있도록 일과 운영의 원리를 알고 이를 실천해야 한다.

류왕효(2005). 예비 교사를 위한 보육 실습. 신정.

서영숙 · 천혜정 · 윤매자(2006). 보육 실습. 학지사.

양서원 편집부(2006). 보육 실습 일지. 양서원.

유아정책개발센터(2008). 보육 교사를 위한 보육 프로그램 영상 자료. 보건복지가족부.

윤기영 외 4인(2006). 유아 교육 실습 지도서. 양서원.

이집로(2005). 영유아 보육 실습. 교육과학사.

조운주(2006). 유아 교육 실습. 창지사.

한성심 외(2007). 현장 교사를 위한 방과후 아동 지도. 태영출판사.

허정경(2006). 방과후 아동 지도의 이론과 실제. 파란마음.